金石文獻叢刊

八瓊室金石補正

五

〔清〕陸增祥 撰

上海古籍出版社

唐十八 大曆七三月至貞元三年五月

五佰八十八行 三十頁

唐十八

龍門山題名三段

党臨等題名 高一尺四寸廣二尺四寸十一行人名字徑一寸餘至二寸不等末二行略小正書左行

右有重題記

李□ 党曄 趙驊 盧政 王俊已 王銷 崔縱 王

澄 盧誧

大曆七年二月十二□□人同宿此寺

大曆中□ □大夫與李 缺二字 □□□從□□尚男方□

□題言□年月□久塵跡 下泐不可辨 重題 南府兵□

□軍□之附題

首一人不知何以剷去觀後跋□大夫與李□云云細

唐大曆七年二月十二日

審首一人李字尚有筆蹤可辨也後跋五行亦左行殘

泐不見人名字徑一寸重題二字下有□□壁屺落五

小字餘亦泐末一行字徑七八分似别自一人

李公璵題名 高一尺二寸廣三寸左行字徑七分至二寸不等

西李公璵温之

唐貞元十九年五月題

西上疑有隴字拓者失之

譚行義題字 高八寸五分廣五寸四分題字分書橫徑一寸八分署款正書徑一寸

三生石

潼川譚行義爲

孟亭王使君題

北岳恒山祠碑陰題名 正碑在於開元十五年 榮編補正均已錄

低一字

盧暐等題名十八行 在上截高一尺九寸廣三尺五寸凡二十段 十八行行八字字徑一寸五分行書

敕祭岳使正議大夫守左散騎常侍上柱國平昌縣開國子

賜紫金魚袋盧暐

亞獻朝散大夫檢校□□員外郎兼侍御史□□□賜紫金

魚袋 以下泐

終獻朝□郎守長史賜緋魚□□鄭□

節度勾當祠祭官押衙朝散大夫太僕少卿賜紫金魚袋王

臣源

唐大曆九年二月六日

大曆九年二月六日

敕監祭使監察御史盧□

王士則書

終獻給事郎前行趙州甯晉縣尉攝定州大都督府恒陽縣

令賞緋魚袋賈晟

唐人書用缺筆作冈華嶽精享昭應碑恩恒律師墓誌外亦屢見之未明其故恒陽即曲陽元和十五年以前名

低一格

趙融等再題名 在前列之右高二尺二寸三分廣九寸五分六行行字不一字徑一寸行書左行

上係張茂昭此處張茂朝初稿亦書張茂朝未識有誤否簽出待核

敕貞元十八年十月四日立冬祭

初獻節度判官檢校兵部郎中兼御史中丞趙融

亞獻將仕郎前守恒州大都督府石邑縣丞攝定州大都督

府倉曹參軍李敬冋

終獻節度副使判官奉義郎前行深澤縣令權知恒陽縣事

□踐

低一格

河東節度范希朝題名 在前列之左高二尺廣一尺八寸五分十行行十五字字徑一寸三分行書

河東節度支度營田觀察處置等使開府儀同三司檢校司

空□□尹御史大夫北都留守上柱國□□□□王范希朝奉

詔統領馬步□万人□□□武合軍赴恒州討安天王□領 泐下 二十五

人□拜廟□□□ 空下 靈□邌於縣城南□軍 泐下 鐫紀當時之

事也

元和五年二月六日鐫

范希朝元和四年六月自檢校司空靈鹽節度拜太原尹北都留守河東節度使十月成德軍節度使王承宗反以中官吐突承璀為鎮州行營招討處置使討之希朝奉詔往討本紀不載新書五年四月書河東節度使范希朝義武軍節度使張茂昭及王承宗戰於木刀溝敗之此刻在是年二月有奉詔統領馬步□万人□□□武合軍赴恒州云云蓋在承璀失利之後奉詔繼進者也武上泐一字據史為義所謂合軍即張茂朝軍矣范希朝之上有上柱國□□□□王字必是上柱國某某郡王而兩書本傳無封王之文此史之漏尹上所泐據舊書本紀知是太原二字此與開府儀同三司御史大夫傳皆略之恒州史作鎮州舊書恒州元和十五年改為鎮州史述五年未改時事而書鎮州亦疏

低一格

元和殘題春祭官 在碑中間高一尺廣六寸五行行約九字正書左行

祭

元和十季三月十四日□□春祭官觀察推 此下三行全泐年月一行之右尚有二行惟攝□令二字約略可辨與此刻是一是二不可知矣

低一格

劉磻等題名 在河東節度一刻之上高一尺四寸廣七寸七行行十五十六字字徑八分正書左行

初獻□□□□掌書□朝請郎試詹事府司直上□車都尉

劉磻

亞獻承奉郎守定州義豐縣令攝司户參軍□□

終獻給事郎行易州淶水縣主簿攝曲陽縣令李□夼

長慶三年九月廿六日立冬祭磻書

低一格

劉

劉磻再題 在河東節度一刻之右高一尺四寸七分廣九寸七行行字不等字徑一寸正書左行

初獻節度掌書記朝議郎試詹事府司直劉磻

亞獻將仕郎守易州易縣主簿攝定州司倉參軍張□

徵

終獻徵事郎前行定州新樂縣尉攝曲陽縣令皇甫璀

元

寶麻六年九月□八日奉

勅冬祭

上泐郎邢博書

低一格

劉磻三題 在碑右下截高一尺三寸五分廣一尺八行行十二十三字字徑一寸正書左行

初獻節度掌書記朝議郎監察御史裏行上柱國劉磻

徵

亞獻徵事郎前行定州新樂縣尉攝曲陽 以下及前四行為宋王淳題名所掩

泐字鑿滅

三

劉磻三主祀事長慶三年稱朝請郎寶麻元年稱朝議郎由正七品上轉正六品上也詹事府司直正七品上監察御史則正八品上磻以節度掌書記階朝議郎而兼監察御史裏行殆幕吏兼憲職不以階品論歟第三題終獻官泐其名銜與第二題同則亦縣令皇甫璀也

低一格

劉賞等題名 在下截中間偏右高廣各一尺一寸八行行十四十三字字徑七分正書左行

初獻義武軍節度參謀朝議郎監察御史裏行上柱國賜□

魚袋劉賞

亞獻朝請郎前守易州遂城縣令□□□□攝定州司

□□□□郎前行定州新樂縣尉□□陽縣□皇甫璀 泐下

大和元年十月十日奉

勅冬祭

低一格

劉賞等再題 在前刻之左高一尺一寸廣八寸八行行十四十五字字徑六分正書左行

初獻義□軍節度參謀朝議郎監察御史裏行上柱國賜緋

魚袋劉賞

亞獻節度□軍徵事郎前行定州新樂縣尉知曲陽縣事皇

甫璀

終獻□□□前試□□衛倉曹參軍□ 此行泐

大和二年九月廿日奉

勅冬祭

低一格

劉賞等三題 在前刻之左高一尺一寸廣一尺二寸九行行字不等字徑一寸正書左行 終獻結銜存字與下一刻同亦史備也

國

初獻易定觀察判官朝議郎殿中侍御史內供奉上柱國賜

緋魚袋劉賞

四

度

亞獻節度隨軍徵事郎前行定州新樂縣尉知縣事皇甫璀

終獻將仕郎前試左武衛倉曹參軍攝尉史備

奉

勅冬祭 大和三年十月二日

趙傅□等題名 在元和殘題之左高一尺三寸廣一尺八行行十三字字徑七分正書左行

國

初獻節度判官朝議郎 泐下 供奉上柱國賜緋□袋 泐下

亞獻宣德郎行定州豐□尉攝曲陽縣令趙傅□

攝

終獻宣德郎前試左衛率府冑曹參軍攝尉辛大儒

大和四年十月十三日立冬奉

勅祭　陪位官兼御史張異

定州領有義豐縣此脫義字

上元和殘題已改春祭官 此處照注應二段抄錄見 初題出修撰

魏中慶等題名在前刻之上高一尺五寸五分廣一尺七行行字不計字徑一寸正書

初獻義武軍節闕朝議郎撿挍尚書兵部員外闕□上柱國

賜緋魚袋魏中慶

亞獻文林郎前試家令寺闕下令戚賓□

終獻朝請郎行曲陽縣尉李宏敏

□昌元年閏九月十五日奉　勑闕

家令寺有丞有主簿此已闕泐觀後一刻亦有戚賓年

其人則主簿也

張述等題名在中閒第二列高一尺四寸五分廣一尺七寸十行行字不一字徑一寸四分正書

初獻闕諸大夫尚書司封郎闕柱國張述

攝亞闕攝定州司馬將仕郎守□澤縣令苗劍

攝終獻闕□郎前□□令寺主簿攝闕縣令戚賓年

會昌元年闕月九日奉

勑祭

攝太祝官闕試左衛兵曹參軍闕下

大中殘題在劉礎等題名之右高一尺三寸五分廣及行數不可辨行字不一字徑一寸正書左行

勑大中九年九月十九日立冬祭

初獻節度□□□押衙充□國兵馬使□□光祿大夫撿挍

國子祭酒守定州□□□□□□□以下全泐

張璠題名在魏中慶題名之左高二尺七寸廣五寸五分四行行字不一字徑一寸正書左行

初獻易定節度使撿挍闕□□兼御史大夫張璠

亞獻易定觀察判官撿闕□□□□員外郎兼侍御史李士李

終獻儒林郎前行易州闕□□□□攝定州曲陽縣令□□

末行全泐

司功參軍殘題在張述題名之右高一尺四寸廣五寸五分行字不辨字徑八分正書左行

闕□博陵郡司功參軍同闕□題充亞獻□□朝請大夫□□郡太守□挍□□

□□□□□□□郡司馬□□置

充抱卿等題名在碑左角下高一尺四寸廣五寸六行行字不一字徑六分正書左行

初獻義武軍節度判官將仕郎前試太常寺協律郎鄭□□

亞獻試太常寺協律郎攝曲陽縣充抱卿

終獻將仕郎前守□州湞□縣尉攝曲陽縣主簿□論

陪佐官文林郎中為劉賞題名首行所掩□陽縣□劉君□

王泰殘題在碑右邊一行字徑一寸正書

上泐太祝官攝獄□王泰書

宋王潭題記在碑下截之右高一尺四寸廣八寸五分九行行十二字字徑七分正書

太米宣和庚子歲庚辰月丙辰日入內供奉官王潭被

命為泐下冬祀禮畢嘗

□書來謁

嶽祠因□唐□相張公所述碑數字剝□□□□□□迺

將□□召刻工以碑□所有字補足之庶□跡自茲復完云

像

張進玉母馬造像
拓本高五寸廣七寸七分八行行四字
字徑七分正書在唐縣雷溪山壽聖寺

山陽村張進玉母馬為亡妹法林敬造業道像一鋪合家供
養
大厤九年建記

唐大厤九年

國
金城郡王辛公妻肅國夫人李氏墓誌銘
高一尺五寸六分廣一尺六寸三
十行行三十字字徑四五分分書
河東節度使檢校尚書左僕射同中書門下平章事金城郡
王辛公妻隴西郡夫人贈肅國夫人李氏墓誌銘并序
御
朝散大夫檢校尚書倉部員外郎兼侍御史賜魚袋獨孤
幗撰
朝議郎守太子中允武陽縣開國男翰林待　詔韓秀實
書
夫人隴西成紀人也自係姓受氏為天下先故能世載忠良
光朽
審
休烈有光嘉言孔彰此之謂不朽曾祖徽明徽明生審則皆
唐大厤十三年七月廿四日
縱
以肥遯不干于時有儉德而無營仕審則生儒珪沙州長史
夫人即儒珪之長女也天生神惠親戚受之當其櫛縱之歲
也服勤教導以詩禮自處及乎繫纓之年功恭齡端肅以淑
順其身將此而歸我　金城挺攘華閭令則言成禮節行合
圖史宗族以之嬪敘閨門以之肅穆非夫人之至賢其孰能
與於此且以　金城當將相之任仳心膂之臣或有謀之否
臧政之頗類夫人嘗以義制事必考而洛之是以　金城終
然允臧大揚休命　天子聞而嘉之乃下詔曰李氏宜于
室家是稱哲婦致茲勳業實佐良夫可封隴西郡夫人宜其
實寵光膺徽号也非夫人之望明其孰能與於此夫致敬於

五　蔭　難

宗廟盡心於蘋藻貞順之義也睦長幼以序訓姊姒以德禮
樂之和也織紝組紃女工也婉娩聽從婦道也莊敬慈惠母
儀也昭五美臥理內體三從以飾外內外正而人道備矣雖
伯姬之守節敬姜之知禮無已尚之非夫人之至柔其孰能
與於此而中年體道知生生之不可以久將也有離俗之志
金城諭而止之而志不可奪由是。。上聞有詔度為崇敬
寺尼法号圓寂以一乘妙用見諸法皆空非夫人之至精其
孰能與於此夫富與貴是人之所欲也夫人視之猶塵垢粃
糠焉則知純德克明不可及已況始乎從人中於立身終以
歸真行之盛也嗚呼哀哉天胡不仁獨與之靈而奪其壽使　二
貞松落蔭寒泉不流以大麻三年閏六月十五日寢疾於太
原順天寺因歸寂滅時年五十八比以歲時未吉權厝晉陽
已十三年六月十日啓殯西歸有時將葬　聖慈軫念詔贈
肅國夫人備物典策及乎哀榮義之大者已其年七月廿四
日永窆于萬年杜陵之南原禮也　聖上以　相府有保
乂之勳以夫人有明哲之行護問弔賻用加恒制有子曰浩
霜露增感欒欒棘心孝之至也銘曰
本支茂族百代良家寔維邦媛用配國華才之難得智也無
涯霜凋蕙草風落晴霞天生淑人深不可測克邁乃訓日新
其德處室鳳儀梁門禮則嬪始敬終溫恭允塞忽嗟逝諦因

歸龍緣不礙彤管直指青蓮定水自滿真容莫傳應超十地
無恨三泉
右河東節度使辛公妻肅國夫人李氏墓誌銘辛公者
辛雲京也雲京蘭州金城人客籍京兆誌書官爵皆見
本傳金城唐縣為漢金城郡隋亦為金城郡故雲京封
王以此夫人三代並無考誌夸美閫德頗侈其後出家
詔度為崇敬寺尼法號圓寂唐會要崇敬寺在靜安坊
本隋廢寺高祖為長安公主立為尼寺按唐書高祖時公主無封長安者會要似誤宋敏求長安志靖安坊西南隅崇敬尼寺龍朔二年高宗為長安定安公主薨後立為尼寺今按太宗二十一女高宗三女亦無是封惟中宗八女其三封定安長安志語不分明似亦有脫誤長安志　三
坊在朱雀街東第二街次永樂坊之南誌云夫人大麻
三年六月十五日寂滅於太原順天寺是雖出家而仍
隨辛太原任者也雲京大麻三年八月薨去夫人示寂
不過兩月至十三年始歸葬萬年杜陵朝廷護問弔賻
用加恒制是仍以命婦禮葬非浮屠氏之法也元和郡
縣志杜陵在萬年縣東南二十里撰文人獨孤愐宰相
世系表云左司郎中此後來所轉官屬尚書省書人韓
秀實善楷隸八分見書史會要桂林有平蠻頌摩崖亦
秀實書其銜惟梁州都督府長史與此太子中允為異
餘俱同太子中允一年內所轉官也秀實又有鮮于氏

里門碑　先大夫補正載有不全本據平齋頌結銜證金石錄目謂韓秀弼書之誤今得此刻又一證矣

李嘉珎墓誌銘

方一尺一寸六分十七行行十七字字徑六分正書在京師編午倫家

唐故隴西郡李君墓誌銘并序

君諱嘉珎隴西成紀人也因官遂宅乃爲滏陽縣人焉　曾祖諱慈恩石州司馬　祖諱待丈　皇朝任宋州司法參軍邠州長史　父仕畢寧州別駕君　皇枝遠胤分派異邦隨官遷居名傳杞梓去天寶壬年正月五日歿於官舍春秋六十有八夫人彭氏大曆十三年歲次戊午九月廿七日巳巳殁蘭閤春秋九十有四三從夙著四德傳芳蘭保氤氳霸宵夏蓟以其年十月癸酉朔廿五日丁酉合遷窆於縣西南卌里先祖塋之禮也東瞻故鄴壯氣猶存西望太行慈雲尼起前臨漳水如逝川而不停却枕平原風雲以之千里嗣子峯恐年移代改陵谷遷移刊乎貞石析諸不朽詞曰

春去秋來不相待物華遷兮人事改日居月諸兮時勢流空見山川兮宛然在

唐大曆十三年十月廿五日

誌云去天寶壬年正月五日歿於官舍按天寶元年歲次壬午十一年次壬辰不知爲何年也曰終於官舍而不書其爲何官是嘉珍並未入官而官舍乃誤用耳

尚書左僕射扶風王司徒馬璘廟殘碑
斷缺高不知幾許廣三尺二寸二十二行上截連額存六字至十七字不等下截存四五六字不等字徑一寸二三分正書在涇原

唐
故尚書左僕射知省事扶風王贈司徒馬公廟
碑 額四行二十字字横廣二寸四五分分書
□□開府儀同□缺
朝缺 二行皆從第八格起
金缺不知幾字□題額在行末空止一格
雷霆之師有九伐缺□三司檢校尚書左僕射知省缺□服以
禭馬冊公以贈馬賜謚缺字仁傑扶風茂陵人其在兩漢□ 一
唐大麻十四年七月
□缺風動夷夏二千石國之藩翰外缺豈甲科望苑有環衛
以司禦㭊□缺四鎮二十載矣初蓟門之將叛□公小激雷
斗
電氣干星斗缺下空 肅宗壯之曰虜在吾目中矣及澧水横
陣公缺於西郊僕固引天驕也公伏弩池陽轝鼓者千級□
缺□風策斃且乾元初克兩都廣德中減二胡功大 缺
□建大功者忠烈之事崇明祀者純孝之志堅□尸霜缺□
翼三室君子言之合禮比□徒之孝誠□□□□於缺所以
備神位陳戴弁所以尸賓尸及祀之日樂㭊爾缺□□□疊
勒
作閟宮詩人載□頌衛錫夷鼎史臣列缺□以封寵葬也勒
五營以□中命 相國河缺之宗廟享之彰厥頌聲□
□□筆頌曰
天監 □唐誕□扶風門載□德缺 —之金□□□□
宀心言嘉我司徒纂缺 —靄雲煙庭□松柏神之格思肸蠁
如覩缺

唐馬璘新廟碑程浩撰顏真卿書璘岐州扶風人官至左僕射封扶風郡王贈司徒謚曰武碑以大麻十四年七月立集古錄目

右馬璘殘碑歐趙兩錄並載之于司直天下金石志亦有目其餘金石家皆未之見殆石湮明季而今始復顯然十不存三四矣魯公書從古珍重天下宜有明以前 二 搨本留遺一二惜不得一覩以徵全文也今就存者按之兩唐書璘傳悉合其字仁傑則兩傳均失載可據碑以補之澧水說文出南陽璘有神道碑文常袞撰作澧水見姚鉉唐文粹按此敘珍寇陝郊功當以澧為正漢華山廟碑禋祀豐備孔廟碑豐本多㭊負承碑名豐其爵史晨碑以祈豐穰皆以豊為豐蓋漢隸省筆後遂沿用之耳相國河者新書宰相表常袞以大麻十二年拜同中書門下平章事袞傳是時封河內郡公知碑河下所缺為內郡公字蓋言袞也撰碑者歐趙皆作程浩於史無攷全唐文云代宗朝駕部郎中而此文不載

蕭俱興墓誌銘

方一尺二寸二分十八行行十八字方界格徑六分正書在京師端午橋家

私

蕭君墓誌銘并序
蕭氏之先蘭陵人也因高祖釋庸任嚴州刺史因官遂爲相
州安陽人也名俱興少而高節長而堅強夫人李氏當代名
流洛浦之姿巫山之質祖父軒東一門朱紫不幸凋殞公以
乾元二年四月十五日崩背辛於私家春秋五十二夫人大
厤十四年九月十三日空於寢室春秋七十四即以大厤十
五年正月丁卯朔十六日壬午啓舊殯崇新塋於安陽高平
村東北半里平原禮也西太行山天地之壯界東郡城衣冠
之德集南孫登館宇北洹水清零嗣子子昂海淨江澄忠信
之士鄉邦稱美負土爲塋三年以杖七日絶漿恐年代改移
故刊石立銘其詞曰
高山万仞園木千尋花蕊璀璨顏色深沈其一夫人李氏貞
潔過人豐肌南國美貝東鄰一朝零落化而爲薪其二天地
運行万物迴薄春日取榮秋乃凋落如何斯人見此銷鑠泉
門一閉芳長夜窮窴看夜臺之如斯成万古之蕭索

唐大厤十五年正月十六日

嚴州即相州武德二年割林慮縣置五年廢蕭釋庸爲
刺史在此三年中

明承先夫人李氏墓誌殘石

石裂爲四佚其一方一尺一寸四分十七行行十七字字徑五六分正書在偃師

唐故明府君夫人隴西李氏墓誌銘并[ ]
府君諱承先平原人也祖宗藩茂國史備焉
公門蔭解褐藳州參軍調補恒州功曹次授
青州壽光令政能清白擢邠州三水令嗚呼
府君先夫人早世夫人隴西李氏涼武昭王
十一代孫七代祖虔後魏太尉高祖君緝白
水令曾祖恬德方輿令祖光嗣安東都護父
諤饒陽丞孝友爲天下重夫人年十四歸于
明氏之門有姬姜之德　秋卅貫孀婦之首
從子濟佐邑武陟三　□不仁以大厤十
四季十一月廿七　手官舍嗚呼時
年六十有六以大　十八日祔葬□
継氏之原禮也　孝兩銘□曰
婉嫕夫人聖　孫翼子昔
閫孟母令　旋清華天不
高紫泣血継山有
□銘旌

唐大厤十五年以後

方輿即兩書地理志兗州之魚臺寶應元年改

銘

乘如和尚塔銘殘石并陰 核

注篆額六字三行而未標
三六字兩行初稿亦然茲爲出補

連額存高二尺四寸廣一尺九寸五分十五行行存八字至十三字不等字徑一寸正書

蕭和尚靈塔銘 篆額六字三行字徑四寸

唐故臨壇大德乘如缺

大缺

大師号乘如姓蕭梁武帝六代缺皇朝太子洗馬大師神龍

年中七缺以律藏為生□□□□□子□缺學□ 大

□長老人莫得而知缺故□□□餱實甚□身有□時服缺

門居臨壇之□卌八年□□□□缺恩詔追赴上都□安□

西明兩寺缺代宗多可其奏行年八十一大麻缺□□□已

唐建中元年八月

□夏六十有一門人哀缺於嵩岳寺中□□□光曰時和□

缺矣歎曰大師捨我而缺東律大師 □達缺法忍之資

大師缺

碑陰

二十行行存八字至十八字不等字徑五分正書

皇唐兩京故臨壇大德乘如和尚碑陰記 額四行十六字字徑寸餘分書

勤

和尚法諱乘如俗姓缺度於東都崇光寺勤求佛事缺殊勝

之域卌間心地於 對公虛缺元宗以其行容道高特

詔為臨壇大缺歸會寬憎者解□釋憾嘗以念佛功德為

缺坐或行耳無暇聽非夫淺深善誘說可衆缺以弘教雖委

身儉艱竭已衣食皆不□倦缺和尚振錫萁頴南登江漢回

依而行□全忠缺肅宗即位之明年也聞而嘉之徵還長安

親缺□與石隨趣定患而得將捨對 上益稱歎缺代宗

御極禮有加焉於對敬之時納付囑之缺賴尋以羸老懇請

閑居優 詔許之遂宴缺弟子曰法性無住世相不留緣

報寄形形盡缺赴良震京師佛日以之昏霾禪林以之摧折

缺約曰我居士 和尚之仁兄也東山未旋缺和弱歲與

和尚席居中岳雖生滅之理缺護起身塔於嵩□不忘

本也 和尚昔與缺之遊而數公蘊崇德馨迭居台輔莫

不隨其缺堂□□□□上乘如何一朝空慕遺□□缺

建中元年龍集庚申仲秋缺

嵩岳會善寺戒壇牒後有安國寺沙門乘如謝表即此

乘如和尚也碑有安□西明兩寺云云當即安國

初稿建中一行低四格

李寶臣殘碑

高存四尺二寸五分廣存四尺三寸存字十五行半行十四字字徑二寸前三行較小行書在正定

大唐成德缺七州節度觀察處置等使[]缺下
缺上額　　金紫光禄大夫門下侍缺下
上柱國齊國公王縉[]缺下
缺上趙之地常山磅礴乎其缺下
缺上名寶臣字爲輔世居柳城豪缺下
曾祖素　　皇左驍衛大將軍缺下
信之業席硯戎狄鷹揚邊鄙出陳攻缺下
幼有志氣又多敏悟量大言闊出於缺下
附唐建中二年
爲名將張鎖高所重以致遠期之一缺下
五六侔一人而旋勇夫愕眙猛將心缺下
之就擒多掉鞅之暇有請纓之志功缺下
知無不言　　上愛其材將有意缺下
禮樂呂望六韜之術管仲九合之[]缺下
人怙乱君子用晦則思[宏]濟者不[]缺下
家室握兵有禁暴之德導河除墊溺缺下
[][][][]義[][][]缺下

萃編載李寶臣紀功頌碑在正定此亦寶臣碑就所存尺寸以文義覩之是碑之大不下紀功頌碑斷缺者十且七八前人均未著録新修畿輔通志亦未收入知出土無幾時其爲墓碑與否存字無幾不可得而知也新書藩鎮傳寶臣范陽内屬奚善騎射范陽將張瑣高畜爲假子冒其姓名忠志（志）碑云世居柳城柳城屬營州蓋寶臣本柳城人後遷范陽者也碑云爲名將張瑣高所重即傳所（所）稱畜爲假子也寶臣冒姓張嗣又爲安禄山假子姓安肅宗時歸（歸）命於（於）朝河朔平賜姓李改今名其本姓誰氏碑已缺失敘先世僅見曾祖素一人以彼及鼎不常之降虜卒與田承嗣輩爲有唐藩鎮禍始其氏族不可攷亦不必攷也碑云缺五六侔一人而旋即傳覘虜陰山追騎及射六人盡殪乃還也上愛其材者即傳從安禄山入朝留爲射生子弟出入禁中時事導河除墊溺者即紀功頌碑治滹沱事傳不詳也寶臣不受史朝義之命舉其地歸國拜節度使遂有恒定易趙深冀六州地後又得滄州以七州自給故標題稱七州節（節）度觀察處置等使也立碑年月缺寶臣以建中二年死因次是年　次行額字上當是篆額人銜名據（據此）此度之上截斷缺尚多六行以後各行首非即原碑行首字其斷缺不獨下截矣標題大唐成德[]五字乃原碑左上角片石與七州節度云云中間正多缺字得石者强黏

合之不相連屬未知然否姑如打本錄之請繩疑請纓誤書

印稿白去左金吾上字此宋

左金吾衛大將軍宋儼墓誌銘并蓋 方一尺五寸十六行三十字至三十九字不等字徑四五分正書在昌平州朱氏 蓋字徑二寸四周鐫十二生肖獸首人身

宋公之銘

故雲麾將軍守左金吾衛大將軍試鴻臚卿上柱國宋公墓誌銘并序

祖諱仁貴　男長豐縣丞再興　次子太子　次子再榮

府君宋公諱儼西河郡人也宿著天雅英雄越風當才周武文烈古今料敵先鋒決勝千里衝突兵衆煞氣横屍建中二年七月出薊城奉　恩命　元戎朱公我神將府君宋公親 唐建中四年四月廿七日

領甲兵收掌恒定圍深州尅伏其年十一月破恒定節度張惟岳十万餘人積屍遍野收聚屍骸埋築𨹧塚何期　國家負德不与功勲及禍燕師授太原河東節度馬遂惡奏先領朔方兵甲隴右道李懷光領秦兵及殿前兵馬同廿餘万乇營魏博御河西側我幽州節度并以恒冀兵馬建中三年三月離深州至魏貝相去秦兵十里乇營鞞鼓烈陣弓矢相文六月卅日破馬遂兵馬廿餘万積屍遍野血流御河我府君名將節操衡□先鋒决命於先不顧残軀名播後世何期運命將終逝水長流永絕卒於此日陣也身年春秋卅有八嗚呼痛哉哲仁亡矣愁雲佐無悲風慘色為此忠効　冀國王

第 右臨仍西右字
積無從不知有誤否

小字俱改作大字居中寫

歲 封予長豐縣丞報其名父　夫人公孫氏孀居亘歲撫育家
眉 業禮有曹家之誠孝絶孟母之慈齊眉雙明琴瑟同韻何期
光奄於卜塋良日建中四年歲次癸亥四月丁未朔廿七日
癸酉葬於幽州昌平縣東北十里武安鄉墳門數仞後擁月
嵂堆阜千重橫瞻玉按右帶房山之秀右臨滄海之涯宜其
倫矣勒石千古万世銘曰
名將賢良　貞幹負霜　榮枯万世　惟德洋洋

宋儼誌出土於昌平州其人於史無攷觀誌所述蓋從叛鎮朱滔抗王師建中三年戰死於薊山者也（通鑑作帷山在魏州今大名縣北）誌曰不顧殘軀名播後世又曰為此忠効冀國王（滔僭號）封予長豐縣丞報其名父嚏當時藩鎮踞地自雄稱戈逆命悍然不以為怪隸其下者以助逆為忠節以偽命為榮遂大書特書勒之豐石不自知其貽臭千古也誌敘滔破張惟岳及馬遂李懷光事皆見於史惟岳父李寶臣先為張瑣高假子冒其姓後平史朝義有功賜姓李氏（大歷十三年寶臣抗章請復本姓張氏從之故惟岳史稱李氏而誌稱其舊冒之姓為張氏與建中三年彭洮誌同）也遂燧之誤滔以幽州留後從討惟岳取深州德宗進滔檢校司徒領節度賜德棣二州還鎮報功亦厚矣誌乃以不與深州為國家負德又滔言於衆曰將士有功者吾奏求官勳皆不遂衆曰太尉司徒皆受國寵榮將士亦各蒙官勳不敢復有僥冀是滔所言不過激衆附己以叛耳而誌亦以不與功勳為言何其悖也

魏段干木廟銘
高一尺六寸四分廣二尺四寸五分二十六行行十七字字徑七分正書左行在芮城

圖

魏文侯師段干木廟銘并□
將仕郎前守河南府伊陽縣主簿盧士牟撰
朝議郎行□□靈寶縣令趙彤書
□之芮東有祠署於道曰魏文侯師段干□廟謹按春秋後
語文侯過其廬未嘗不式呂覽云秦攻魏司馬康以先生□
諫其君又按圖經先生於原上草廬中高枕□卧秦遂□兵
昔子貢救魯挾辯詐□危亡然後□而獲免豈若先生靡勞
師徒曠然晏息□國不加害尸受其□誠以德充氣融道義
唐貞元元年八月七日 一
□備□也貞元元年秋八月范陽盧士牟載想遐蹤顧□遺
廟銘曰
鼎湖在南中條在北洪河橫流以紀□國□地渊靈山澤粹
精惟公克生爲魏之楨鄰不加兵邑用紓禍秦□虎□毅厲
重傷毒螫斷侵軼西疆瞻我仁人沛然知方以義易□以
柔易剛善師不陳古□至德先生晏然婆娑偃息蓬居草廬
是敬是式兆彼□戈俄成禮則士之生世人爵爲貴功成不
居惟德之□士之遊世或蹈遐□公則靖邑以義爲利我行
其野祠宇巋然袛詠仁風□誠□傳□山如厲河水如帶先
生之德永□不□

貞元元年八月七□□
承議郎行□州芮城縣令崔□
丞李□　主簿□□　尉□□
□鄭敦□　試尉王□

右魏文侯師段干木廟銘在芮城縣水經注河水自河北
城南東逕芮城二城之中有段干木冢後人因建廟于其
地范陽盧士牟撰此銘新唐書宰相世系表盧士牟和州
刺史碑剛作剛偃作偃避作避皆異文碑記平津諸
序引呂覽語見呂氏春秋察賢篇其諫秦君者爲司馬
唐畢尚書云古今人表有司馬庾與魏文侯相接淮南 二
正作庾注云秦大夫或作唐今碑作康蓋當時所據寫
本有異文也魏文侯式閭事即在是篇上文別引春秋
後語今其目不見於隋唐經籍志惟太平御覽開引之蓋
與圖經均就佚矣伊陽縣唐先天元年析陸渾置屬河
南府元省入嵩州明降州爲縣仍屬河南今河南府嵩
縣是其汝州之伊陽在唐爲伊闕縣宋省入伊陽明以
伊闕故縣置者也靈寶本漢宏農縣隋置桃林縣屬陜
州天寶元年於縣南尹喜宅掘得天寶靈符遂改縣爲
靈寶至今仍之芮城本河北縣地屬河東郡魏置安戎
周改今名屬河北郡武帝建德二年於縣置芮州 陳芳 靖照

代地理沿革表誤載常建二字作唐武德二年宜據元和郡縣志以正之唐貞觀元年廢尚
州以縣屬陝州今為山西解州者金所改屬也碑靈寶
尚城上二字皆鑿缺不可見其並為陝州字無疑洪筠
軒以銘詞剛作剄為異文按碑實作剄他碑從未之見
若作剄則漢魏六朝碑版中指不勝屈矣疑寫刊時誤
增二點也

三

景昭法師碑

建額高八尺廣二尺八寸二十五行行五十六字字徑八九分正書在句容茅山

有唐華陽三洞景昭大濾師碑題額篆書陽文三行

華陽三洞景昭大法師碑幷序

朝議大夫檢校國子司業兼御史中丞吳縣開國男陸長
源才
泉
朝議大夫檢校尚書兵部郎中兼侍御史上柱國竇臮書
幷篆額
夫載宇宙懸日月提萬象而首出者其唯道乎夫通聖神詼
經
品彙冠百靈而獨立者其唯人乎道所以包渾元經始萬象唐貞元三年正月上元　一
者也人所以稟淄粹司會百靈者也故人因道而集祉道因
人而垂休不宰之功地乎造物無言之德洽乎生民然後蕭
散乎汗漫之閒沖融乎希夷之表與天籟而吹萬並谷神而
長存者矣紫陽真人大法師諱景昭字懷寶本丹楊延陵人
也其先系自顓頊大彭之後在雲為陶唐氏在夏為御龍氏
在商為豕韋氏因國命氏□□□苗裔蔓延以至于裔孫孟孟為楚
太傅賢為漢丞相昭入吳為侍中昭兄慎為司空法師即吳
司空之十六代孫也司空覺葬于延陵子孫因而家焉祖道
會父思藏皆邱園養素道高跡隱載于列仙之籍法師方□
稟異自幼表奇孕元和之粹靈體太元之妙質初以素書發

跡配度于延陵之仙觀後以丹臺著稱隸居于長安之肅明
寄
觀屬　元宗廣成問道姑射頤神放心於凝寄之
場垂拱於穆清之上法師因得羽儀金籙簡頏玉繩稓稓京
師垂廿載爰辭　上國思還故鄉重窺茅山之太平觀
天寶中與元靜先生奉詔修功德造紫陽觀因而居焉遂於
練丹傳黃素之方修齋醮之法祥雲瑞鶴飛舞於壇場甘露
神芝降生於庭院初法師師事大法師包士榮榮師事崇元
觀道士匡包法法師事上士包方廣廣師事華陽道士王
軌軌師事先　生王遠知知師事華陽隱居陶弘景自道
源錫派　玉堂銀關之人羽蓋毛旌之客府無虛籍　二
泉
代有其徒法師至行稽乎元化通識合于靈造與其有也萬
物不得而不有與其無也萬物不得而不無得嘗以春秋為
死生盈虛以天地為旦暮雲外席頭之佩雪中鶴氅之裘孩
季通而撫子元師仇公而祖黃太教戒示乎傳授服餌見乎
延長侍杖屨者跡徧于江湖傳經籙者事同乎洙泗一居山
觀三紀于茲還神契乎時來寄魄同乎物故以貞元元年十
一月癸卯委蛻于紫陽之道場顏色怡悅屈伸如常春秋九
十有二以其月己酉遷神于雷平山之西原元靜先生壽宮
之左傳授蘇州龍興觀道士皐洞虛得沖虛之妙用躡上真
韋
之元蹤梁市之客負來華陽之人聞出矣道士韋崇珣主修

齋醮祭俯仰節度道士朱惠明掌法籙經書修真祕訣法師
上編仙籙傍契道樞神含渾元德與涓粹誘進摩動感通眾
靈邈然非寰宇之閒超然在風雲之表至如身經世故跡混
俗塵發忠孝以飾躬演信義而旌行蓋隨時而不器豈常道
之可師歟浙江東西節度支度判官檢校尚書兵部郎中兼
侍御史扶風竇公曰泉布武區中棲心象外與法師聲同道
韻理契德源追往想琴高之祠傳神著務光之傳見徵副墨
用琢他山其詞曰
惟道之大提功混溟惟人殆庶與道迴翔素韻凝寂元功靈
長聲形無跡啓迪逾光矯矯法師錫羨華陽本族命氏在寘　三
成
系唐御龍事夏豕韋居商巍然靈表自幼而彰理冠容成賀
倖夏黃尋仙發跡肅明始楊宵禮金殿晨朝　玉皇丹
臺道侶白雲帝鄉楚山萬里故國丹楊醮宮鳴磬齋室焚香
芝生庭院鶴舞壇場茅君祕洞葛氏真方來時去順齋鼓洎
邐
殤化鮮風翥委蛻雲驤峯巒邐迤松桂蒼蒼塵生杖屨苔染
巾箱龍銜彩旄虎綴盤囊閒風元圃瑤軒玉堂追存如在頌
德不亡孫石斯然萬古連岡
太平觀道士徐元沼道士許長久徐則內行克修外通儒學
許則宿推公幹虔奉真宗
貞元三年歲春正月上元之辰建造

清河張伯倫刻字

按景昭法師碑陸長源撰竇泉正書道家碑題多著俗姓此碑但題華陽三洞景昭大法師碑而序中則云商為豕韋因國命氏溯其先世曰孟曰賢曰昭曰慎則法師乃韋姓也長源撰碑贊美竇泉而泉即自書亦所罕見長源結銜檢校國子司業吳縣開國男兩唐書皆不載竇泉扶風人撰述書賦元和姓纂扶風竇氏魏晉以後史傳無聞得此皆足補其未備　金石續編

法師丹楊延陵人延陵唐屬潤州天寶元年改為丹陽郡乾元元年復故此以天寶時郡名繫之也丹陽字古皆作楊已詳吳天紀元年芮氏軌跋法師先隸長安之肅明館按長安志親仁坊咸宜女冠觀初置昭成肅明二皇后廟號儀神會要作坤後遷昭成入太廟至開元二十一年肅明亦祔太廟遂為肅明道士觀寶應元年以咸宜公主入道與太真觀換名焉法師居觀蓋在開元天寶閒故曰肅明觀志目為女冠觀者在改咸宜觀後也會要宜誤作宣小歐陽集古錄目載有咸宜公主碑武元衡撰叔中季書李陽冰撰額公主元宗第十八女碑以興元元年立寶應會要作寶曆時主薨已四十年亦誤書人竇泉徐浩古跡記云檢校刑部員外郎汴宋節度參謀全唐文云字靈長扶風人建中時官范陽功曹檢校戶部員外郎汴宋節度

參謀與此碑結銜皆異按諸部員外郎從六品上郎中從五品上泉殆於建中後又自刑部或戶部員外郎轉兵部郎中耳法書要錄謂泉草隸精深此碑正書圓渾有虞永興意味而刻手拙劣多失神處或後人曾經修整所致未可知也碑替美竇泉而泉即自書紹聞先生以為罕見愚觀兩泉字皆書作泉自書其名而若避寫缺筆者然尤不可解通志金石略題為茅山三洞景昭法師韋公碑頗疑鄭氏所見原碑額題如此紹聞先生所謂道家碑題多著俗姓是也今額及標題皆作景昭無韋公二字豈後人重摹者耶

佰十九　貞元三年十月五十八年正月
五佰五十九行
二十八頁

唐十九

太保張延賞神道碑并陰 萃編載卷一百二無碑陰

唐故贈太保張公神道碑 篆額二行字徑三寸

首行標題全泐萃編以篆額為標題與全書體例不一

□□□□銀青光祿大夫□尚書戶部侍郎 泐下

貞元三年秋七月壬申丞相張公薨于位冬十月乙酉歸葬

于洛陽□□□□□□□□□□□□□□□□□□□其

北一里嗚呼往□□□哀可極也歿而不□德之盛也公諱

延賞字延賞河東猗氏人漢留侯之□□□□□□雅□

先祖□烈□□□□□□□□□□部尚書中書令□□

□都督謚曰恭肅光輔　玄宗成開元之理公三歲而

唐貞元三年十月乙酉

孤□□□重服勤□□□□□□□□□□□□□□

□□□□□□□□器公而薦□□□名寶符　玄宗名見

奇之且思恭肅之德□錫玆嘉名辭褐□□□□□□□□

□□□□□□□□□□□□□□□□□□□□□太師

□□□□□□德深於知□□□歎異中以姻好及還山□

□公□　行在四□□門□□□□□□□□□□□

□□□□赤□千□□□□城邑□□□□□□鎮北都

公□□兼田尹守入拜給事中龢封河□郡公歷御史中

丞□□□□□□□□□□□□□□□□大夫□□□□

□□二節度□□□□□□□建中□□左　輦轂駐

蹕近郊以公□力竭誠進封魏□公□□□□□□□□□

□□□□□□□拜中□□□□時都邑□□□□

□□□□□□重於蜀故□□仍領之□□□□□□□乘□反

正　□□□□□□□□□□□□□□□□之望

漢□□□□□殺戎□□□□□□□□□□心尤切□

□□□□□□□□□□□□□□□□□□□□□□□

□□□□□□□□□□□平章事　□□□□□□聽

遠邇相□□□之亻時情所屬□□□□□□□□□

□□□□□□□□□□□□□□□□□□□□□□□

□□□□□□□□□□□□□吊賻有加□□□尹監護

喪事□□□□□□□□□□□□□□□□□□□□□

□□□□□□□□□□□□□□□□□□□□□□□

□□□哲人□□□□□□□泣云介太常□□□□□□

□□□□□□□□□□□□□□□□□□□□□□□

□□□□□□□□□□□□□□禾黍繁□躬□□

□□□知集德禮□□□□□□□□□□□□□□□

□□□□□□□□□□□□□□□□□□□□□□□

□□□□□□□□之□□□如東周之理其在荆楚也亻

□□□□□□□□□□□□□□□□□□□□□□□

□□□□□□□□□□□南□□□□□□□□□□□

國

□□□□愛成頌皆因俗施政而同歸於中其□□□□□
□□□□□□□□□□□□□□□□□□□□□□
□□□□□□□□□□□孴其□□□□□□□叔山甫
成中興之業而不□□時□□□□□□□□□□□□
□□□□□□□□□□□□四海□□□□六祀煥□若
星□□□若山岳斯可謂殁而不朽者夫詩云惠此中國□
□□□□□□□□□□□□□□□□□□□□□□
□□□□□□□□□□□□□□□脩盡鞶□之孝遺令薄
葬布衣瓦器以終于嵩祁國夫人太師之□□□□保□
□□□□□□□□□所及皆爲實錄其詳則□□□□剬
詔璽書歷鎮碑記及家傳備矣今祖□其□□□□□□□
□□以下不辨約幾字而記
太保受氏滔滔其流本系軒轅胄分留侯烈祖來之遼屋河
東□□□□□□□□□□□□□□□□□□□□□
□格于　皇天太保嗣烈克光前人勤勞　皇家弘濟
艱難外□武將內□武相功被□□□□□□□□□
□□□□□□□□□□□邁種厥德閭閻懷思周愛甘棠
荆淚空碑泥乃粉本□□□□山□□□□□
內侍將侍官馬瞻刻字并模勒

碑陰

邑

拓本僅見下截一尺六寸七分二十行行存十三字方界格徑一寸二分正書

缺□侍御史四邊□中書舍人歷三
缺□□□□□郎有高文至性不幸
缺□□□□刻于左方以脩遺闕禮
缺流巳□□二年去壤咸闘三年家
缺□□變邸墟爲閭里散災祲爲和
缺□□□□其五郡邑□備三蠲其
缺□以□揚子□縣之衛也□爲小
缺□□□□月□有二天化洽歟州
缺□□□□國作旱歲之霖令　公
缺□而□事舉□色而聳心服邊鎮
缺□刳木爲舟用五行潤下之功息
缺□□□連性命之際融正氣以發
缺而□□□臨再相天地之宜三秉
缺□□□□吏自□乃設提防□過
缺□歸朝執憲專替　皇猷河南銘
缺□李邏旱□穀焚蔬人化於　公
缺人不知　公興其教我箱千斯揚州銘
缺精□□平政均滔滔蜀江來自天
缺□軍□統□師旅弛張柵□不戰

訣命□□□□□留授鉞又命富人

末行訖於上故此從無字

億按新唐書延賞傳大歷初除河南尹諸道營田副使河洛當兵衝邑里墟榛延賞政儉(簡)約輕傜賦疏河渠築宮廟數年流庸歸附都關完雄碑河南銘即指其事又出為淮南節度使歲旱民他遷吏禁之延賞曰食者人恃以活拘此而斃不如適彼而生尚存啚(吾)人何限為乃具舟遺(遣)之勅吏為修室廬已逋債而歸者更增於舊瓜步舟艫津湊而遂繁江南延賞請度屬揚州自是行無稽塞碑前第九行作旱歲之霖當即指此又累拜荊南劍南西川節度使成都自揚國忠討南蠻三屬(蜀)疲弊及乘輿臨狩糜用百出後吏鄧英乂崔寧楊子琳亂益務惜公私蕭然延賞事為之制薄入謹出府庫遂實碑第十八行滔滔蜀江一段當即指此史稱延賞更四鎮所至民頌其愛今銘已有其三信不誣也偃師金石錄

右張延賞碑漫漶已久萃編錄此距今百餘年今所得墨本於萃編所錄字有剝落無影者決非舊搨而多見百八十餘字殆當時據以箸錄之本搨甚劣緻摘句枝補為繫因全錄之昔有今無者偏注於旁第八行龤封河□郡公龤作散十行寂戎作總戎十五行東周之理作禮則其誤也延賞襲封河□郡公兩唐書皆略之按延賞父嘉貞傳嘗封河東侯據此知河下所泐為東字延賞襲父爵何以稱公又知嘉貞嘗進爵為公可據以補書之闕矣碑有陰蘭泉潛研二先生皆未採及按金石錄目有元和八年十二月張延賞碑次前碑之後即此陰也搨本以十三字之上皆就漫滅故僅搨下截倘得全幅當必有可辨字惜不得親至碑下窮目力以審之文前十三行為記後八行為銘銘當是四首述延賞政績補正碑所未詳者武虛谷有跋

太保張延賞墓誌

高二尺二寸餘，殘缺存廣二尺，十六行，行十九字，後三行各多一字，字徑一寸，內外分書，在偃師

張氏系自帝軒，卌載其違。我府君諱延賞，河[ ]人也。祖義府君以經明仕成紀丞，贈秦州都督。父嘉貞府君，皇中書令，光佐[元]宗，名暢四海。粵我府君受天正性，文武命世，開國魏土，再昇台曜，三十年聞，以德行政事為天下宗師。貞元三年正月，自尚書左僕射同平章事，其年秋七月壬申，薨于長安，享年六十有一。上以哀痛之詔，追贈太保。嗚呼！昔周公輔政六年而天下甫定，公在位七月而運奪其成。天不降康，何享令之人，豈一時之痛，寔百代之痛。長子調，次子諗，肅

唐貞元三年十月乙酉

奉遺命，百度從儉，以其年冬十月乙酉[窆]神于此。夫人祁國夫人，故太師苗韓公之女，內則柔範聞于天下，俾志以頌曰：浩浩昊天，育此庶類，昌勤其生，而秘其治，大化久滋，生靈瘁矣。時屬府君[踵]若二紀，帝方印成，[ ]政茲始，運之不叶，緬焉中止。於惟緬烈，繼相開魏（缺十五字）地卜之啚原。缺

前碑王錢武諸公皆見之，此（此）石近始出土，故不知也。碑無書誤人姓名，末有頌，缺約二行。延（延）賞歷官事蹟詳載神道碑，此（此）特撮大要書之，文極簡質，蓋壙中誌石也。世系表延（延）賞祖思義，成紀丞；碑作義，當据（以）碑以（為）正之。（張）延賞子宏靖相憲宗，唐書有傳，表云初名調，次諗，主客員外郎，皆與碑同。

范陽縣新置文宣王廟碑
高四尺九寸七分廣二尺七寸五分二十五行行四十五字字徑八分行書在涿州學宮
涿州范陽縣文宣王廟之碑 篆額行十一字字徑寸分
皇唐幽州盧龍節度觀察等使工部尚書御史大夫幽州□
都□□□□□□□□□城劉公新置文宣廟碑
幽州觀察判官撿校尚書主客員外郎□侍御史賜緋魚
袋上□□韋稔撰
本
天下郡縣悉有文宣王廟而范陽□無者何范陽本幽之屬
右碣石左替亢流水經其前後有林藪陂池之利至於閭閻
井肆之大關梁襟帶之固自河達燕其北不過一二
唐貞元五年二月
□朝次列縣之級第為望領戶萬流庸附占者如之兵興人
折兹又獨异且陪□之南百里而遠居戶之陰二百里而近
磅礴周廣隱然名區控扼蕃戎九五六所大麻祐詔剖幽
之范陽郡義固安為州因涿郡之地題為涿第為上以范陽
為治所縣□遂□州□矣□此為邑者率以多故未遑建置
春秋釋奠盡伺州之已事假邊豆寄井降於故階迨
今幽州盧龍節度觀察等使工部尚書御史大夫彭城劉公
建中初假道州縣操□是邑覩兹遺闕喟然歎息顧其寮老
曰學所以知君臣父子之義者昔在三代皆鄉里有教兩漢
已降罔不述用三德剢令 朝廷頒宗予之詔郡縣畢置

清廟溥崇明祠令州達大張縣署□□而□聖先師時饗無
所宜導人□□□意乎彼劉昆創祭器為禮范寧□生徒興
化皆所以濟達萬類而朝宗至理也以吾宰主百里作人父
母必權興斯廟以為人紀乃視縣前近里之爽塏□規其制
□劃其地度廣狹之量平廬舍之□□其居人直以官俸□
□瓦□□鐵之費匠人作徒之要又以家財劑之人不之知
器蕭
廟條云擁聖賢之象備饋奠之器具庭除肅如黎元翕如□
不待施而□□□教而變於是置食錢二百万生徒三十
員洙泗之風集於朞月時 公年始弱剢冠方剬之日克明
古□君子是以知
公奉若典謨有將來之大矣今廣平宋□方介□之至也倚
法不削發公如私以能名自薊縣而來邈政率由舊願 公
之躅守而勿失觀 公之為政而□及學舍□文翁之
後罔□繕修琴堂挹子賤之風恒餘踴躍歌詠不足頌言發
揚見求徽詞以載貞石其所書者止於㓰州置廟之實即夫
子□□□□蓋存諸史冊且溢於今人之口豈余頑童敢紀
頌爲銘曰
振頹周室警寐殷樞曠千百年炯作□程 聖唐御極
治致昇平□□□三□孰興□ 明王既興夫子乃貴
崀茅列爵建廟崇□蘋蘩祴海聳牆華思春誦夏絃於焉辯

校

志惟范□陽於□□邑　朝命有作州徒乃立廟草新題
堂昇故級縣案寄奠生徒罷習　崇崇大賢昔歲□茲匪
頌勞役克就□祠□矣像設森然具儀風化之源一□雍熙
斷斷伊人恪居所職食蘗苦志戴星任力瞻我宏規闡我明
德爰琢琬琰阼階之側
貞元五年歲次己巳二月□十日建
涿州團練書記推官行□州密雲縣尉張濬書并篆此行在年
月一行之下字較小
□檢校官涿州□□劉光□
□□□□□□□□

范陽郡新置文宣王廟碑韋稔撰張濬行書貞元五年二月今在涿州金石文字記

碑為貞元五年范陽縣令宋□□所建碑前題皇唐幽州盧龍節度觀察等使工部尚書御史大夫幽州□都督初九字劉公新置文宣王廟碑新唐書藩鎮盧龍列傳朱滔貞元元年死劉怦乃總軍事俄詔為節度副大使彭城郡公居鎮纔三月死子濟嗣節度累遷檢校尚書此所稱劉公者乃濟也碑為韋稔撰張濬書稔結銜稱幽州觀察判官檢校尚書主客員外□兼侍御史稔魏人見朱滔傳平津讀碑記

右碑題云幽州盧龍節度觀察等使工部尚書御史大夫幽州大都督闕八字使繼輝按碑是城非徒劉公新置文宣王廟碑按額無王字新置云者天下郡縣皆有文宣王廟范陽獨無而劉公創建之也碑不著其名字按史劉濟父子為盧龍節度怦卒於貞元三年又二年而碑始建碑云建中初公宰是邑特興斯廟又云時公年始弱冠與濟傳合濟以貞元五年充幽州節度即以是年立碑追頌其牧宰時事也夫子之教能使蠻貊盜賊感而為善故唐之藩鎮擅自繼襲者皆驕蹇不奉法濟特恭蔡順朝獻相繼殆本崇奉先師之一念而後能遵王度守臣節歟金石錄補

三世像讚

高二尺四寸廣一尺四寸二分十三行行二十二三字字徑七分行書在曲陽

三世像讚并序

節度判官兼掌書記朝議郎殿中侍御史內供奉許琳撰
節度支度判官朝散大夫檢校尚書虞部郎中兼侍御史
高述書
宅真體如隻乎因像之義如梯斯瞰繄筌與蹄明矣有唐成
德軍　故節度押衙贈禮部尚書張公曰孝義　令
相國檢校司空符陽郡王曰孝忠之介弟也鷹揚翾昭依仁
贖悕適來色界衆入空門遂躐徧名山賾得勝剎逈出鳥路
究臨諸天巉峭寒閒寔靈眐之所棲宴也　公徘徊久之欲
休於斯　王逵未逮匪遑乎而差藏佛事偽素工去來見
在一堂四列而丹繪未就羅惟岳之亂以身殉國哀哉洎
元方東錢蜚覽泫然減俸紹成觀宻幽躅讚曰
道實因人人實因像金光紺色心存目想識自內融形斯外
擗肇迹伊李纘功惟長猗歟緋歟緋歟猗歟克影乎椎輿
貞元六年□□庚午五月一日建
易州田自英刻字

唐貞元六年五月一日

碑言成德軍節度押衙張孝義素像未就殉李惟岳之
難兄孝忠紹成之掌書記許琳讚支度判官高述書貞
元六年五月一日建孝忠銜相國檢校司空符陽郡王
並與傳合舊書作范陽郡王證以此碑則新書是已孝
忠初授成德軍節度使既破惟岳調義武軍其弟孝義
當孝忠討賊時家恆州爲惟岳所害亦見本傳碑稱成
德軍節度押衙其時孝忠猶未移鎮定州也孝忠以立
碑之明年卒追封上谷郡王謚貞武

杜公夫人韋氏墓誌銘

京師工部郎中編方藏有翦欂本疏接粘處度之高約二尺二寸五右廣稱是三十四行行三十四字字徑五六分正書

唐故京兆尹兼御史中丞杭州刺史杜公夫人京兆韋氏墓誌銘兼序

朝議郎守萬年縣令賜緋魚袋隴西李宣撰

夫人姓韋氏諱元存字平仲京兆城南人也自覇殺啓氏佐漢承家歷魏晉迄隋唐人物才彥蟬聯諜記爲天下著族矣曾祖餘慶　皇贈坊州刺史祖景駿　皇房州刺史父之皇太子中舍人贈秘書監皆以醇量休問輝耀士林循政茂學

唐貞元十年八月廿日

表儀中外積慶儲美誕生夫人夫人即秘書府君第二女太原王出也外祖□宮至黃門侍郎贈禮部尚書夫人天与至性弱不好弄靜諧婉順動合禮則年十歲侍親疾憂色滿容能調藥餌伯父工部侍郎述賞重歎異焉既笄嬪于同郡杜公濟輔佐君子道光宗姻於是杜公才望日崇班秩滋大爰自持憲西臺起草南宮擁旄巴蜀馭正左掖再兼獨坐二尹京師莫不職舉而事清績著而名遠繄夫人匡贊之効也天寶末秘書府君即世夫人哀過常度既卒哭方食鹽菜永泰初丁太夫人憂以身不及喪一慟幾絕殆至滅性終身不衣羅綺杜公有韋氏外生女早孤鍾愛適茅方擇良對欲妻清

憂

河張滂官初釋褐杜公意未能決夫人雅有知人之鑒自內覘之謂杜公曰此必貴且壽勿或疑焉遂妻之今張公已歷戶部侍郎御史大夫則聞望前進未量也其明見如此夫人有子四人其長叔於齔年次曰元次曰匡次曰亮並才而無壽華而不實未逮祿仕而終有女四人其長適隴西李宣次適范陽盧少康次適安定皇甫澈次適河東薛技咸高妙朗秀輝映閨閫自長至第三薛華既榮隂霜□殞數歲之內凋落以盡今助臨朝夕之奠唯薛氏幼女存焉悲夫初夫人既喪所天復失三女悲戚厭世歸心元門身衣道服家絕葷血屏居衡茅飡和養真而已無何遘亂西蜀長子幼子遘疾不

救前年夫人以幼女從夫仕越命子匡往省焉遇毒於途而卒山訃既至夫人寢疾匡之嗣子方孩賊復夭殞薛氏女聞之遠自會稽弃家赴覲未及閩數百里夫人捐館舍嗟乎其嗣既絕其身復謝生人冤痛何甚於斯僉以杜公之淵粹忠信合昌慶緒夫人之德門懿範宜延派流昊穹匪忱降此殃各福善之義君子惑焉蠟夫人孝敬在躬柔和植性度奉法度旁達化源及嬰沉痼知不復起顧謂愛弟家老曰榮枯死生齊之已久唯痛杜氏遂絕耳又曰吾歿之後欲與俗流可於故原卜一高處絕岸之側攢□元堂□門扃固前空窆白焚香之室上建顯敞降真之臺庶靈仙賜歸諧吾宿志言訖

執

□終于長安崇賢里之私第嗚呼享年五十九時貞元十年
歲在甲戌五月癸酉朔十四日景戌燮弟富平縣令嬰齊涇
陽丞柏尼殫力極慮忘寢食奔走醫巫竟無所及哀哉子胥
大理評事薛技受詞其家敬遵遺約以其年八月辛丑朔廿
日庚申葬于黃臺鄉姜堡原南面□故塋六里從道门之制
也薛氏女痛侍疾之不及哀本枝之永墜號毀過禮行路所
傷及沿於甥氏詢于良人謀及家老請從父弟替主眞馬以
宣嘗忝姻偽譜中表見託為誌不獲致辭退惟曩昔歔筆
悲感銘曰
赫赫鼎族義崇德尊柔嘉繼生孀則斯存孝敬慈愛發乎心

哀

源家𡺸□楓久而弥敦英英夫人適嬪圖史肩壽洪□合享
斯美天胡匪仁降洪不已未登耳順殞身絕嗣言言故原阡
堂迥閉高楸異俗上製仙臺眞想自凝生人徒哀與千秋兮
萬歲望鸞鶴兮往來

右杜濟夫人韋氏墓誌銘夫人有子四人皆不壽女亦
四比老一星而已次子匡卒於途凶訃至夫人寢疾匡
子方孩復殤絕嗣季女適薛者自會稽赴覲未及闕數
百里夫人捐館舍薛氏女哀本支之永墜請從父弟替
主眞焉葬薛技遵遺約以道門之制葬之長婿李宣撰
此誌詳密委折悽惋動人自是作手全唐文止載宣對
立生祠判一篇此文佚不傳也顧亭林金石文字記云
李宣撰姪成均行書在西安府城外寺坡寰宇訪碑錄
云李成均行書書譜作杜成均此本無書人名或翦裱誤被割
棄惟兩家並曰行書而此為正楷秀勁有法豈近人別
寫勒石耶杜濟有墓誌銘顏眞卿撰宋時已出土歐趙
二錄皆載其目趙目別有杜濟碑亦魯公撰書與誌同
為大曆十二年十一月立今碑久不傳誌則黃虎癡錄
入古誌石華未知從魯公集寫出抑果見搨本也宋敏求輯入顏魯公集
魯公自稱友婿則夫人魯公之姨矣誌云夫人
曾祖餘慶祖景駿父□太子中舍人贈秘書
監按餘慶韋宏機子舊書見機傳中官右驍衛兵曹早
卒景駿兩書並有傳為時循吏終房州刺史子述適迪
誌僅存逌旁徵之濟誌則迪也迪兄述史才博識迪學
業亦亞述並為禮官搢紳高之誌所謂循政茂學表儀
中外是也夫人為迪第三女亦見濟誌舊書韋機子餘
慶餘慶子岳岳子景駿推此則述迪等為餘慶曾孫與
誌敘三代不合新書宏機傳云孫岳子景駿景駿別傳
岳子武后時為汝州司馬是岳子其名與景駿為兄弟
舊書舛之甚矣然於韋述傳則曰宏機曾孫父景駿未
嘗有誤此特偶失檢耳杜濟史無傳宰相世系表襄陽

杜氏有濟字應物給事中京兆尹其上三世名位並與
濟誌同濟下列五子長曰匡證諸此誌匡次三長無名
仲元李亮皆早殀是表載陟絳甯楊俱誤也濟誌云夫
人生三子四女不曰四子必其一殤尤幼故不數耳又
云公即世夫人躬護櫬轄與子肅歸窆萬年合兩誌參
之肅即為匡其互異者殆長而更名也誌敘濟官曰持
憲西臺起草南宮擁旄巴蜀駁正左掖再兼獨坐二尹
京師並見濟誌此特藻辭約舉之耳濟葬洪原鄉之少
陵原先塋夫人卒於崇賢里第葬黃臺鄉姜保原南面
元（此字疑去之訛）故塋六里蓋其從會真之志不合祔也崇賢
坊在皇城西第一街次八黃臺鄉萬年縣四十五鄉之
一並見宋敏求長安志

館　建

河南府戶曹參軍陳諸墓誌銘

（縱一尺二寸一分廣一尺一寸八分二十四行行二十六七八字字徑四五分正書）

唐故朝散大夫河南□戶□□□□陳府君墓誌銘（并序）
公諱諸字諸穎川人也有虞之後周封于陳（下空）
因以氏焉自周至于　有唐或卿或相代有其人諜具載其
美此略而不書也曾祖瑾皇朝贈工部尚書祖希烈皇朝左
相許國公父汭前太僕少卿兼少府少監公即少監之長子
也性本純直志敦禮樂文不苟合言必依仁（補注）年八歲弘文
館明經擢第起家補　太子通事舍人次授宗正寺主簿屬
國家重乱時俗衰薄公心尚至靜欲忌官情無何澤潞節
唐貞元十一年四月十二日
度使相國李公特以表薦拜潞州大都督府錄事參軍三載
于茲六曹是肅黠吏屏迹公勤著聞上黨之風人多狡猾屬
縣宰吏屢有變更相國嘉公之才美公政所知是舉又以
上聞制除長子縣令三年政成解印而去及　堯舜御宇江
漢再清時少監受　命分司居于東洛公志全忠孝願在庭
闈調補河南縣丞次授鄭州湖城縣令次授河南府戶曹參
軍加朝散大夫天寶中許公秉國政金印紫綬者一門世餘
人公生當其時少而從事不以榮寵自貴唯以政理為心□
清廉儉素之天性故累居郡府皆著嘉績及罷河南掾猶無
廷帛倉之斗儲脒下承顏闕居門自樂雖時俗或議君子雖

之久縕調鼎之才未展經邦之志不幸短命以貞元十年九月二十二日寢疾終于宣教里之補注第行年五十有七嗚呼慈父在堂嗣子猶稚追念泣血哀感隣人夫人河內縣君隴西獨狐氏禮敎四德義重三從不失帷堂之儀有過崩城之痛明年夏四月十二日葬于北邙山之原礼也仲剛不敏得事高門顧非衛氏之才實愧郗公之遇用之貞石以紀二字補注斯文辭曰

有嬀之後潁川之祥積善之慶惟公補注是彰冀其永久用爲棟梁天不慭遺哲人斯亡邙山之上河洛之陽千秋万古松栢蒼蒼

誌石新出土辛丑九月　兩宮回鑾駐蹕洛陽有從臣得是石及陳夫人獨狐氏誌載歸京師朱(未)詳何姓名也陳君諱諸史無名諸祖希烈唐書列姦臣傳天寶年拜左丞相封許國公後降安祿山爲賊相西京復論斬肅宗以上皇素所遇賜死杴(於)家誌稱希烈左相許國公與新書合舊唐書作潁川郡開國公以誌證之不如歐書之核矣諸父汭軍相世系表不載元和姓纂有之官少府少監亦與誌同兩傳並稱希烈宋州人姓纂云世居均州誌稱潁川人者蓋舉其世望也希烈既誅罰弗及嗣汭爲東(京)少府少監諸補河南縣丞授虢州湖城縣令又授河南府戶曹參軍皆在肅代兩朝諸以澤潞節度使相國李公表薦復用方鎮表澤潞置節度使始於至德元載李公不詳其名攷之史傳其李抱玉歟誌有脫字補注者五亦有未補者閑居門闾樂句不知譌脫幾字撰文人名仲剛見序尾而不特書未詳何姓

鼎譜

監察御史王仲堪墓誌銘

古一尺八寸二十二行行三十五字至四十字不等字徑五分正書直界格在大興

唐故監察御史裏行太原王公墓誌銘并序
族弟盧龍節度掌書記監察御史尉平述
公諱仲堪字仲堪其先太原人也弈世珪鼎紛綸藏蕆國史
家譜詳之備矣十九代祖西晉京陵公渾位掾台司功格帝
室曹充技散遍於九州五代祖沖徙居幽州安次縣子孫家
馬令則又爲邑人也爲郡右族繼生才賢曾祖扶王父幹儒
墨傳家以孝悌自任故時君不得而官之矣皇考令仙蘊孫
吳之術好立奇功累以勲伐稍遷大理評事公即評事　府
君之元子生而岐嶷體備剛柔越在齔年便志於學逮乎弱
冠乃爲燕趙閒人經史該通詞藻艷發本道廉察使賢而薦
之自鄉賦西遊太學羣公卿士聆其聲而交之所居結轍名
動京邑大麻七年進士擢第稽古之力自致青雲所謂扶乎
其莘爲山九仞者也解褐授太原府參軍事居無何丁太夫
人憂服闋本道節使奏授幽州大都督府戶曹參軍以能幹兵
曹參軍事雍容府賓名檢摽舉局無留事庭宇生風節使嘉
之俟其碩畫乃奏充節度參謀拜監察御史盧諶本郡未足
稱榮買臣居鄉豈云顯達我
相國彭城王方任以參佐宏贊　　帷謀略邁韓彭慕繼袁

唐貞元十三年四月

伏矣以爲諸侯聘問歲惟其常妙選行人以通兩君之好十
二年冬十一月公奉使於瀛春二月旋車自滿經途遙遙旅
次雲鄙以貞元十三年二月三日不幸暴殂於望嚴之傳舍
享年六十有四嗚呼哀哉自古有死人誰不終公有厚德而
壽不永公有全材而位不高則梁棟悲乎州縣嗚唐老於郎
署可以言命矣以貞元十三年二月十七日殯於薊東之別
墅從權也以其年四月六日遷神於薊縣燕夏鄉甘棠原禮
也不祔舊塋從先志也次弟仲坰季弟僧法源等悲摧鴈序
痛折連枝嗣子存次子較方在幼童茹感過禮子壻前鄉貢
明經清河張存義感於情春深國士慮絕故老永遺志業刊
石紀德銘而旌之所謂沒而不朽者矣銘曰　　易水
湯湯兮燕山崇崇有斐君子兮穆如清風簮筆摳裾兮佐
我上公直哉惟清兮允執厥中奉使于瀛兮自西徂東天
胡不仁兮如何遒終丹旐戾止兮啓茲元宫青松森列兮永
翳我宗悲壯圖兮已矣惟芳名兮不窮

旌

唐王仲堪墓誌乾隆己酉庚戌閒出於京師廣渠門內翁
檢討樹培宜泉得之置臥榻下祕不示人既而時作光怪
或中夜見緋衣坐榻隅宜泉懼不敢有嘉慶中　　詔開唐
文館余充總纂官遂以石屬余曰不以此時表彰之使前
賢姓氏湮沒不傳吾之辠也余亟命工拓數十紙既錄其

總

文以補館書之遺并分贈海內金石家此碑蘇齋老人曾跋其尾謂所云相國彭城郡王者幽州節度使劉濟也所云奉使於蒲者河中節度使渾瑊也銘曰曰日字猶見唐以前古意石藏余家二十九年道光丁酉移置崇效寺院壁崇效寺劉濟捨宅事見析津志載永樂大典仲堪爲劉濟參謀故使與幕府相依此平徐松記

碑稱仲堪授幽州大都督府戶曹參軍以能轉兵曹參軍新唐書百官志大都督府列曹參軍事皆正七品下戶曹第三兵曹第五此由戶曹轉兵曹蓋事有繁簡也碑又稱奏充節度行軍參謀百官志節度行軍參謀關豫軍中機密開元十二年罷行軍參謀尋復置平津讀碑記仲堪舉大厤七年進士是年知貢舉上都禮部侍郎張謂進士三十三人今可考者張式見柳宗元先友記暢當見唐才子傳王礎見韓昌黎集與陸傪員外書注胡珦見昌黎集少府監胡公神道碑注與仲堪而五餘無可考矣順天府志

李規李子侯七誌石并蓋

方九寸六分十四行徑空行十六字字徑五分正書在京師端午橋家

唐趙郡李氏殤子墓銘 篆蓋九字三行字徑一寸四分

趙郡李氏子小字侯七　壽州刺史府君諱規之季子以貞元三年歲次丁卯仲冬之月抱疾夭逝於宣州當塗縣年甫志學矣乃權厝於盧江之南郭衬　先君之捲瑩蓋　聖善痛念深意也至十三年丁丑長兄將順仲兄簡能自江淮奉先府君先夫人之喪歸於河南府緱氏縣公路澗西原祔王考之兆域曰尒營謙其櫬陪列松櫝申友愛也嗚呼惟尒幼弟生而岐嶷敏銳之性發於童年親黨異焉僉有所屬而不幸之至夭於下殤所謂家門不競矣況尒惠尒幼而我尚存天乎何哉顛倒其理以其年十一月三日甲申窆焉□兄將順銜哀撫柩誌于幽隧

唐貞元十三年十一月三日

宰相世系表趙郡李氏有規壽州刺史子將順並與誌合將順弟簡能表未之及規文宗時門下侍郎同平章事固言之從父

衛　貞　建建　授霄　檀

涿州司馬劉建墓誌銘

高廣並一尺六寸三分，直界格二十四行，行二十八至三十三字不等，字徑五六分，正書。拓本自潘文勤家散出。

唐

故行涿州司馬金紫光禄大夫彭城郡劉公墓誌銘并序

夫人㕲農楊氏祔

宣德郎前節度駈使官試左衛兵曹叅軍郭洪撰

府

仁德忠貞君臣之節義理家孝悌亾(為)爲政之榮基方

府君能盡忠於國純孝於家可謂忠孝雙全者矣　府君諱

建字建　漢室本(本)宗彭城是望昔□塵飛中夏□士蓮(?)沤(?)逐

勝而還　燕臺廳納于茲數代不湨彭城今即燕人也自大

父以前多遇荒□不明難爲具載　昭穆

唐貞元十四年十二月八日

故順化州刺史兼侍御史諱瓌即其　先人府君伯季

六人房居弟二　元兄諱逸青春之年巳登人廿痛哉絶嗣

府君天授仁孝襲□□綱閑居即共被同飡分飛乃良鳴霄

漢大𠩄中詩書成立即行聞天特賜金紫光禄大夫行涿州

司馬仁佑勲賢振乎千里次弟九覺弟諱迅□□丈華儉素

守官行幽府司户叅軍再歷檀州司馬謝於瀛州景城縣之

令長其次弟十諱　□才兼文武勲業重重歷職　轅門驰

鷄五邑　奄於潞涺縣□仙宰次諱□□□迴車二宰大邑

終於涿郡歸義縣季日諱　遵守檀州□氵叅軍三十未

餘巳傾下壽或日鸎鴒群飛　聖代急難追及子孫餘慶未

□　府君歷任年代碎務開心夜(被)氣儀臨疾忽於甚貞元十

四年十二月八日謝於□□之公館時春秋四十有五子(有)兩

人長日拭次日模聡敏孝行人所難偕模則徂於不幸拭乃

孝嗣奉　先有女一人適吴郡朱氏婦德廿知朱君早逝府

君靈櫬比者龜筮未□權在　大塋今乃地還潞城西南舊

里之原禮也衰(?)號送　往孝思未□高紫護儀毀容誠可繼

於曾□□□當□相幼沐　殊恩無路効於始終言銘紀於

貞石詞曰

府君物望兮聞氣自天　雙持文武兮　聖代勲賢　鷹行

忽斷兮各沒天際空存嗣子兮孝行相傳　新開巍巍兮看

成拱木　銘記昭昭兮將憑万年

誌稱建伯季六人(此)歷敘名諱官位短命者記其年任職

者記其終殁之地此誌銘之希見者建以孝悌著稱故

其詳若此亦一例也六人與建及建子拭模(等)皆不見於(於)

唐書表傳

釋　宿

慧炬寺僧智力遺德碑　碑高三尺九寸廣二尺二寸二十二行行三十五至四十一字不等字徑七八分行書在曲陽北五十里柏靈院

唐故大德智力禪師遺德之碑額三行十二字字徑寸分正書

自國□釋風幾遺興廢肇成寶界福襲生靈則　我大德禪
師諱智力焉泐下家本上京其門緒簪纓已標青史故不書
禪師生乃聰敏長而貞謹内蘊泐下慈早厭世榮剃落從釋及
摧戒秉持律儀稱則樞衣訪道涉水勝山居海島而□□□
□釋而□法志堅雪立鍊想空門經二紀乃得珠龍泉密教
燕塞燈傳千照杖錫南來永泰年初泐下介桐遇果感宿緣聞
名覩顏啓頟歸一醍醐灌於恒岳蓎蔔薰於曲陽味道趍風　唐貞元十五年正月十日

俱勝　與　度

者數泐下禪師久探松穽□智宗□遂買地山泉經始福舍開
田鑿井倏爲須達之園弥險芰榛泐下建普通院一所未愜素
懷更於此北二俱盧舍瞻選形勝爲上方像剎菴居澗飲代
蘪泐下爲命於是四衆奔湊千里投誠供獻川盈覼搶山積工
倫維踵良木輸逘月殿雄崇映林巒而泐下齊嶻嶭而臨空曲
宇迴廊聯甍翼棟或經行宴坐目瞰雲峯乘興登攀嵐翠可
泐下□覽也　成德軍故相李公聞而邀迎躬礼前席　和上
啓論切顗請奏寺名允表上陳
聖題慧炬之号隨額度僧皆　吾師入室之賢也乃辭南
府却至東林以穽滅圓通是本依泐下叵雜理歸涅盤於大厢

俱勤私功

九年冬季月八日無疾告囑怡然坐終享齡八十六僧臘五
十七嗚呼痛竭才□□踵傳樹門人僧道生等祇承訓要咸
沐法流悲戀遺音禮旋靈塔叶和淨務爭效勤勞架上□□
□無私於已有盂中香飯每至時而讓飡義越鶺鴒行同持
遠白衣弟子李惠全信植叢成契□□宣形參俗□志徹真
乘傾捨珎財建功德塔廟餙殫金碧酬薦　師資且院控□
天千峯□掩門瞻迴漢萬井可分立功立事仰託於前規紀
德紀名永傳於後業靈曜濫陪釋族才謝□□梗槩其文媿
銘貞石頌曰
天慶釋祚挺生上人俗宏像季洞悟元真禪林巳茂戒月難
隣伏魔拔苦佛日重春　得地□山布金酬價石立高墉材
成廣廈俯逸征鴻傍瞻野馬臺殿崛起力同造化
結搆爰畢良圖亦終舟沉巨海光散長空懷仁仰教輸施求
工禮茲靈塔如挹清風　長河□□斜漢悠悠翠華可採令
德難留風悲谷響雲慘人愁頌諸琬琰垂裕千秋
貞元十五年正月十日樹　沙門靈曜撰　缺約五字則書
日淨寺僧大悟題額泐下
成德軍節度故相李公者李寶臣也

縣　於

張氏女殤墓誌銘

方一尺四寸七分二十八行行二十八字
字徑四分正書石歸端午橋中丞

唐故清河張氏女殤墓誌銘并序

女殤韋出也慕道受籙因名容成丁　太夫人憂號泣
過禮哀瘵成疾疾不至病不廢行步貞元十七年歲次辛巳
十二月四日奄然而殁時年一十有九距　禫制二甲子矣
家人親戚蒼遑相視不知所以然也明年正月廿七日窆於
河南縣龍門鄉午橋村　先太夫人宅兆之次禮且順
也伯兄安時深惟　若而人賢惠優長要備敘述退讓爲
誌故不假文於人　高祖文琮皇朝戶部侍郎大王父槃

唐貞元十八年正月廿七日

降伏魔族苦佛日重春　得地[]山布金酬價石立高墉材
成廣廈俯邀征鴻傍瞻野馬臺殿巘起力同造化
結搆爰畢良圖亦終舟沉巨海光散長空懷仁仰教㘅施求
工禮茲靈塔如揖清風　長河[][]斜漢悠悠翠華可採令
德難留風悲谷響雲慘人愁頌諸琬琰垂裕千秋
貞元十五年正月十日樹　沙門靈曜撰　缺約五字則書
日淨寺僧大悟題額　泐下

成德軍節度故相李公者李寶臣也

縣　於

張氏女殤墓誌銘

方一尺四寸七分二十八行行二十八字
字徑四分正書石歸端午橋中丞

唐故清河張氏女殤墓誌銘并序

女殤韋出也慕道受籙因名容成丁　太夫人憂號泣
過禮哀瘵成疾疾不至病不廢行步貞元十七年歲次辛巳
十二月四日奄然而殁時年一十有九距　禫制二甲子矣
家人親戚蒼遑相視不知所以然也明年正月廿七日窆於
河南縣龍門鄉午橋村　先太夫人宅兆之次禮且順
也伯兄安時深惟　若而人賢惠優長要備敘述退讓爲
誌故不假文於人　高祖文琮皇朝戶部侍郎大王父槃

唐貞元十八年正月廿七日

並　舅　　年　藝

皇朝朝散大夫許州司馬王父蘊皇朝瀛州平舒縣令父弈
朝散大夫前尚書主客員外郎兼侍御史次兄孫次君雅並
舉進士未登科弟季舅皐見任司徒兼中書令若而人立性
稟識婉嫕柔閑有德禮賢和仁孝聰慧具美如是信而不誣
若夫幼不戲弄立而雅正非德歟生知謹敬動合法度非禮
歟　家君三子唯是一女愛念所鍾罕有其儔若而人
恭謙益隆非賢歟動靜不悖於理喜慍莫見於色非和歟性
命之間必念其生聞人疾苦若在於己非仁歟　先太
夫人寢疾累年若而人侍膳則飽進藥則劬嘗暨丁艱凶哀毀
不勝非孝歟諷誦詩書必蹟先儒之旨趣博通藝能皆出常

惠與慧古通否

人之閫閾非聦敏立事必適時宜悟理在於言下非恵敏然
其淵順明敏觸類而長不可殫紀以是　家君與夫諸兄
常奇此女欲與賢人前後致娉多矣視之卒非其匹由是依
違之閒竟使簪珮無歸追恨所深痛斷肌骨嚮使得之良士
為之嘉偶必能傳婦則母儀於當世書清規令範於彤管永
狐此望為悉難勝雅好元默臻道之深自受法籙修行匪懈
每聞楚詞乘彼白雲至于帝鄉則悠然長想時或居閑無人
整容靜處飄飄然沖虛之意深焉由此而論庸非上僊之所
謫耶則焉肯復處人閒之累但骨肉之痛其可弭忘嗚呼日
月有時塗芻𦬆事幽埏一閉存歿長辭平生恩愛今日何日
且得卜兆是從克次　先殯東西密迩樹栢同陰不離　塋
域之中粗展　晨昏之事䰟兮有識少慰余心文者感以夭
桃穠李為之比方予以若而人容質清明非此類也珠明玉
潤可取象焉銘曰
石韞玉兮蚌含珠玉温潤兮珠皎潔石不鬭兮蚌不剖英華
光彩何由發重泉厚壤埋其寶□□上天神入月高山可平
川可竭伊予此恨何時絶

發

右張氏女殤墓誌伯兄安時撰文稱女弟曰若而人似
未協然别求所以稱之者不得也女先世惟文琮有傳
官戶部侍郎世系表作吏部侍郎可以訂表之譌矣表於文琮檢
下列戩挹錫三人而無槩故大王父已下並無攷韋臯
時為司徒兼中書令與傳亦合

唐二十

左神威大將軍焦𤍠斷碑
存上半截高二尺九寸七分廣二尺九寸二分
存二十一行行二十二三字字徑一寸行書
唐故雲麾將軍守左神威大將軍知軍事兼御史大缺下
從弟登仕郎京兆府涇陽縣尉郁缺下
國
天列將星所以資警衛也　國寵武臣所以戡暴亂
缺下牙是任生死以之亦何代無其人矣　公諱𤍠字
世□缺下因氏焉尓後祚土分榮承家繼祉儒林著傳外黄究陰
陽之缺下刺史子孫因家于高平　曾祖誨以孝廉登科
終衛州缺下父伯瑜開府儀同三司檢校右散騎常侍兼右龍
武軍大將缺下長子也爰在童幼即便弓馬義勇自立果斷有
唐貞元十八年七月十九日　一
謀以為書是缺下年十六河東節度辛公始以將門子擢昇勇
勇闓
爵洎河北俶擾缺下列剽掉鞅賈勇數矙示闕引顏髙之六鈞
復養由之一矢□缺下二第十一十行全缺
聖上有梁洋之蒐六軍之師中亦散潰公揔其部下為
缺下前射生左虞候加御史中丞進封高平郡王食邑二千戶
□缺下宜署美名因改為左右神威軍累遷公充左神威大將
軍□缺下寄以心腹有頃遷御史大夫依前知軍事古將備以
時須缺下十八年二月廿八日寢疾薨于神威之軍舍
寶
缺下十九日葬于咸陽原於戲以涪陵威業肇啓于天寶
之末缺下四朝輝映冠於一代迴瞻往古鮮有其儔宜乎享以

精字上下似脫一字

遐齡缺下幽冥杳然孰知所問嗣子忻王府參軍炭次子雅王
府參缺下末泥郁忝㳺宗末實欽英猷承命為文庶表陵谷銘
日
充周孚靈輔　唐降精端肅雄毅寔生髙平髙平烈缺下
王鑾輿反正亦克衛　聖心腹内輸爪牙外靖缺下
此後當尚有一二行拓紙淺邊糙然而止缺有所遺也
第一千六百五十六唐焦𤍠碑從弟郁撰朱獻任行書貞
元十八年七月金石錄
右焦𤍠斷碑存上半截姓氏及立碑年月俱佚自宋以來
諸金石家惟趙錄載之撰文者從弟郁猶存其名書者　二
朱獻任繫銜當在撰人一行下今不可見矣焦君及其
祖父子嗣撰書人兩唐書皆無孜𤍠以功封髙平郡王
兩德宗本紀亦未一見石係為人鑿斷又居中鑿臽兩
行許不知用作何物埋沒數百年今始復顯惜乎僅存
其半而猶幸德甫之曾著錄也不然誰復知為焦君哉
碑言河東節度辛公按兩書當是辛雲京其兼太原尹
節度河東在肅宗季年也𤍠是時始以將門子擢昇勇
爵年甫十六循是而推其以貞元十八年薨年才五十
五六耳碑敘𤍠父伯瑜開府儀同三司檢校右散騎常
侍兼右龍武軍大將缺按職官志開元二十七年始改

左右翊衛爲左右龍武軍知其服官在天寶年間矣左右神威軍本號殿前射生左右廂貞元二年改殿前左右射生軍三年四月改爲左右神威軍置大將軍二員正三品碑第十四行前射生上所缺知爲殿字其左虞候官名則史未詳也子岌忻王府參軍次子雅王府參軍二王皆代宗子

三

遂

諱

曉寬

畢遊江墓誌銘

方一尺五寸二十一行行二十二三字字徑五分行書在正定崇因寺今歸叙毓舵氏

唐故畢府君墓誌銘并序

公諱遊江平陽王彥之後也世居太原豪族弟一英材倜儻
智謀深邃讓約節儉廉慎有規於家以孝有曾閔之心事君
以忠眈縱橫之略寬而能猛猛而能寬接用友盡盛德之儀
理室家剛柔得中有仁人爲有社稷爲賢妻在室遽豎於山
濟令子理家吏崇於幹蠱　公閫之宗盟也繼世在茲王庭
之種遊官不遂蓮轉於茲降志辱身隱於城市苟得甘脆以
奉　慈親日居月諸世餘載公之　太夫人以貞元

唐貞元十九年七月

十三年七月六日傾背公　禮制不虧大事終畢奉　親也
生事之以禮死塟之以禮祭之以禮可謂孝道全矣　公有
子二人長曰忠義次曰元清並有令聞皆　公之有典有則
也將以積善之人保受其福豈爲降季未永罹此禍殃以貞
元十九季六月十四日壽終於恒府敬愛坊之私第也時年
將耳順深可哀哉里巷不歌鄉隣歎息則其年七月一日歸
塟於府城西北七里氷河鄉之原也傾城出祖縞素盈途□
塟者執拂而行赴弔者隨柩而哭白馬前引頑步而悲鳴啼
鳥以臨向風而悽惻恐陵谷屢遷紀茲貞石用昭不朽聊述
德音詞曰

均低一格

樂只君子，邦家之光。日來月往，身歿名彰。松風切切，野霧蒼
蒼。昔作人中之賓，今歸泉下之鄉。
大唐貞元十九年七月一日
道光九年八月九日石出於白雀寺住持趙正方立本寺（此行刻誌石末）

右墓誌銘無撰書人姓名，道光九年石出正定府城西十里斜角頭白雀寺，府志所謂斜角頭寺是也。余守常山，舉致郡廨，今與隋唐諸碑並存崇因寺中。志云公諱遊江，平陽王彥之後也，世居太原，豪族第一。案遊江及平陽王彥皆無可攷。元和姓纂太原畢氏狀稱畢諶之後，唐滁州刺史畢諴生操（原志作摻，誤），操生正表、正則、正義，正表生重華，縣州刺史，生彥雄；正義，大理正。當即遊江之族。又李惟岳長史畢華，後事王武俊，歷顯官，未知是其親屬否。又志云有仁人焉，有社稷焉，仁人即人民。古本論語此句作有人民焉，不作有民人焉，梁書元帝紀大寶二年詔書所引可證。蓋唐諱民字，皆改為人，而又嫌複舉人字，故以仁代人，可訂宋以後論語本之誤。又云遊宦不遂，蓬轉於茲，降志辱身，隱於城市，則畢君乃一市井之徒耳，可見唐人無墓不志。又志稱恆州為恆府，州城為府城，攷恆州係大都督府，唐人於諸州凡置都督府者多稱某某府，唐碑中恆見之。冰河鄉方志不載，元和郡縣志載恆州開元時有鄉八十七，元和有鄉七十□，其名皆佚，此其一也。（常山貞石志）

審

婁山題名四種 在永年 貞元九年

劉□海等題名 高二尺七寸餘廣一尺四寸五分四行行字不一字徑二寸餘正書

監察御史劉刂海
邢州别駕楊審言
闕州□□縣尉李亻同　登此
大唐　貞元□□年九月廿八日

畿輔通志載王樹枬跋劉□海作劉荊海李亻同作李嘉同□登此六字九月上失載大唐字貞元字年字廿八下有日字今就所得拓本審之劉下一字左旁殊無开形李下一字左旁顯有一撇其形似亻又似金合右旁審視頗似鎮未可遽定然決非嘉也登下此字及末行日字今拓本遺漏據以補之其大唐字元字拓本頗明顯貞字亦甓而可識唐下貞上空一字與同下登上空一字皆避石泐而跳一格挪下者

唐貞元九年

郁久閭明達題名 一行長二尺十一字字徑一寸七分正書

監軍判官濟陰郁久閭明達

案魏書蠕蠕傳蠕蠕姓郁久閭氏郁久閭即木骨閭首禿也后妃列傳有景穆恭皇后郁久閭氏而列傳又有閭毗閭大肥皆蠕蠕人蓋郁久閭又可省稱閭也北齊有郁久閭業碑見金石錄目舊唐書職官志節度使所屬判官二人天寶後置此郁久閭稱監軍判官則為唐人無疑蓋唐時此姓猶有存者 王樹枬跋

郗士美盧頊題名 在上刻之下高一尺七寸廣七寸餘三行字徑二寸餘正書

侍御史魯國郗
士美　洺州刺史
范陽盧頊

集古錄目有禱聰明山記洺州刺史盧頊撰元和二年七月立記云頊謬職分符今逾一紀據此則刺洺之始在貞元十一二年宰相世系表載盧頊澤州刺史從其終官之年言也郗士美新舊唐書皆有傳高平金鄉人故稱魯國其為侍御史傳皆不載以官階考之當在為坊州刺史之先其由刺史擢至安黃節度傳載在貞元十八年則題石在前數年可知

盧叶夢題名 高一尺餘廣六寸二行行四字左行字徑三寸正書

處士盧叶夢

婁山即狗山在永年縣西六十里有羣臣上醻漢刻此唐題名四種在漢刻之東又有宋人題名一種

慧炬寺僧智力神道影堂紀德碑　高四尺二寸廣二尺八寸八分三十二行行四十九字至五十三字不等字徑七分正書在曲陽

唐恒嶽故禪師影堂紀德之碑　此行擬額字是篆文
唐北嶽慧炬寺建寺故禪師神道影堂紀德碑并敘
沙門良說撰
篆　門人比𨙫貴道篆額并書　馮惟政鄭重逸等鐫
言立所以理宏象達所以真取功大者必書迹于金石名垂
盡、者是流美于無窮外作元教之藩隍內盡塵勞之迍動代嶽
之下　禪師一人空九字　禪師諱智力俗姓馮長安人也祖考
李父皆從容爵位鳴玉拖紳姉為邠王妃寔與　元宗近
唐永貞元年十二月八日　一
□每優遊宮禁飛息空六字　帝閣乆覩元年、　禪師方齠齔
亂遇安和上　則天太后之師也因隨落髮住西明寺末
冠而□氣自高又以地隣黃屋衆所賓許任以典綱開元八
豪　年始為歡悅念捨榮族思去囂逸則魚畏網以深鱗鳥驚弦
而上翼迺步履河朔鑽仰幾獻聞来隰山有天竺道人可三
疑　百餘歲不以波泛塗阻北面師之諮受本源琢磨宗向繁疑
頓泧猶商秋之巻霄真性自凝譬黃金之陶冶与到次山明
禪師俱為門下後太史占曰東北海中望見一燈邦之寶也
國詔范陽節度安公専使詢訪以彰所在旻□□島
濟　見僧徒甚多避俗秘錄聿求既濟故時人莫之覿也具以表

聞尋　制移居到次先師遺明禪師洎禪師皆出化人膏
腴品物咸□限有遠近殊續有睞密智顗及師於思大多聞
迴席於飲光而　禪師拜首明公猶孔堂之顏氏也明公
獨之到次　禪師偏留都□廣貲擅福捴給往来殆廿年庶
隣投刃循届百丈山峭險幽陰廢隆猛噬風雨晦雜蝍弃居
人　禪師深入定門嘿通元境毒龍□之竄顧犲□無以
搖　悽宮晚年又振錫中山州伯張南容待以安亻之禮一門趍
敬四部逢迎皂素所以星馳軒綬由而波委思以□刹封而
淨性已欲求長而大道寧永泰初卜選荒閑有終焉之計遂
次老翁山之朝陽實恒岫之南趾孤𡺸嶺以迥出秀萬木而　二
遐映□翅前向羣峰北崺　禪師俳佪企之謂期頤之宅也
而開鑿巖穴剪夷梗塞傾巨坎以補壑發地甃而危聳栱五
間佛殿列三世尊容粉澤盡土木之奇彩塑極丹青之態載
葺堂宇為演法之場漸漑磑磚廣經行之地淥泉泌於石上
靈　靈蛇窔於林下清風旋環白雲滿室固胎聖之原藪也因所
修掘得古代銘云北齊天保年之舊伽藍日月緬為荊榛淺
臟非　禪師寘感嘉應孰能舉茲況迮山南十里置供養
招提名堪忍精苦者四十餘人播穀藝蔬躬行塈閫同一衣
鞭　以寒暑共一飯而晝夜勤倦不以宣訴鞭責剿之慈色由是
上下康濟暄靜均立故成德軍節度李公聆而邀之偉其勝

行　禪師亟辭耄疾願託林泉大厤九年為申寺額
獻勑日慧炬仍度僧一十人掃灑守護於獻功未半與化緣俄
盡即以其年十二月八日奄歸大寂春秋八十六僧夏五十
七四輩行長天人慟哭十一年十二月八日建塔荼毗餙以
爲終禮　禪師自少捨家㨋逞出要身戒心恵是所羈縻弗
道德為宗繩杖慈仁為規憲且體無緩速簡拘頓漸之門理
對絕中邊嚋繫有空之教對六塵而不動逆八風以安然一食
精麁迮将五紀脇非到席過六十年故所歷之邦侯王鄭重
宰官貴俗尤見欽承若朗鑒之孤懸等洪鐘之虛受而影登
垂夕神用清英却掃深松冲融不撓是以還源之日草木聲　三
悲焚燎之辰山川黯色所居南薩無故自崩兩處白光一道
終七非夫冞探七覺研會三禪其孰能若此者乎門人寺主
僧道生上座僧□實都維那道暉僧恵海无價道滿等稟教
露一期誓終九仞至黃輔佐良有勲焉豈謂甘露中傾舟人遽
橐空長五內徒碎百身俱進歿後之勤共荷生前之誨續揚
大業倍益崇成自火疊推遷巳多霜捻衣不栽有食無異他
全故師之晟轍守遺蹤而不癈者諸徒之力也比岡貴道俗
娃馬氏常山人也幼入山門獨有確爲之志早從禪師律徧懷
方外之情義則由衷孝因天性博聞强識衆所高之一律孤
峰峰三□餘載迹稀塵俗心用規謀協紹經營不遑晝夜必躬

俾使勞過半是修俾後事之有令續前芳而不墜者律師之故也
近與同流計議建影堂一口貞先師容止寫存殁門生嶷然
面南左右引翼依佛本質若雲外之飛來髣髴學徒似林中
之化出曩時利往畫圖方丈之閣舊日威儀咸象簷楹之下
一以報　大師之恩德一以旌休烈之可覿律師恐滄海
為山刼爐經行之處歷陽成水風飄金地之塵沸余小才式
陳大略良說以聖開之暇曾願工文再奉所求則從三請其
詞曰　渭川浩〻秦嶺峩〻抱茲勝氣以生禪那孤舟
瀛海□到米際為無上道處〻經過迴錫岳陽嘿之林樹手
捻伽藍心灰動慮棟梁遺教天人筏喻能事未終奄（此字添註）焉　四
斯去有後匡繼□□□蹤平磨咽壑不墜前功華堂粉迹更
貞尊容門生列武畫与真同寂〻精廬寥〻松月雲變四時
橐風驚八節余念〻以非昔爲□□而辭別鴻休与橐籥俱春
陶大名共陶鈞無斁
永貞元年歲次乙酉十二月景申朔八日癸卯建

甎

倪氏甎文二　長八寸四分廣四寸厚一寸二分正書兩端各四字删一字獨反文二甎同出喙縣

永貞元年　歲次乙酉　亻

永貞元年　十二月葬　倪

乙酉爲德宗貞元二十一年是年正月帝崩順宗即位

八月立皇太子爲皇帝自稱太上皇改元永貞明年正

月太上皇崩改元元和倪氏以十二月葬故書永貞也

唐永貞元年十二月

裴承章墓誌銘　方一尺二寸三分二十三行行二十三四字不等字徑四五分正書石原在陝西今藏閿縣陳氏

唐裴氏子墓誌銘并序

秘書省校書郎于古撰

夏　焉

有唐故侍御史裴公諱琚知京北饋餉時夏州連帥韓全義

以王命討淮夷不剋歸鎮　德宗期孟明於異日釋而

不問疑懼之甚而意端公焉遂有青蠅之間白圭成玷貞元

十七年竟貶崖州澄邁縣尉至廿年十一月終于南海明年

靈輤北歸至襄陽夫人史氏在焉我之出也有一子曰承章

聰勤遊藝精敏工文幼學之年迨成人矣而志慕賢才心尚

善道人之所保不居過地可謂令子矣年十八娶扶風竇氏

父瑞余之從　祖姑之子七歲以孝廉登名太常文詞學業

衣冠名表而四十五十遷歸泉裏孤女藐然歸于承章之事

親也孜孜孝敬　親之念承章也慈愛亦過至於跬步之間

不見不得去年　端公凶訃遠到襄陽承章哀號幾滅天性

將奔迎焉　親以其怯弱懼其毀也止而不許及護靈車由

東洛將歸京師在路遘疾若輕而未遷其友也至永閽竟終

焉春秋廿矣殆及屬纊精神分明辭母別妻意緒哀恨所謂

天難忱命靡忱善人而夭顏子其如斯乎　太夫人哀念愈

痛晝夜叫呼殆將不勝以元和元年四月將柩至城其年十

唐元和元年十一月廿六日

一月廿六日歸葬于城南陪　先父之塋禮也雖其未祿功
德不被於人已而施於有正孝友已及於親戚於此傷悼彌
可以銘乃作銘曰
積善之家必有餘慶端公之仁有子之令其令維何孝悌恭
和孝悌而友天命如何佳城鬱鬱松栢森羅年年歲月空此
經過
承章父裴琚為韓全義所闒䀢死炎荒於史無攷案相
世系表裴氏亦無琚名韓全義以夏綏銀宥節度為淮
西行營招討使討吳少誠潰退帝不知其敗尋還夏州
事具本傳撰人于方于頔子元和中祕書丞誌繫銜校
書郎時猶未轉丞也端公當是琚字

李世三娘墓誌
方一尺七分十五行行十五
字字徑六分正書有行撥寫
維唐元和三年歲次戊子隴西李世三娘之墓
大
世三娘小字汧國時年十七即　景皇帝之後　大鄭
王亮之孫　曾祖孟舉祖翼父嵩以其年五月十六日遘疾
旬日終於尊賢里之家室傷其一身幼喪慈父孝不展情長
適
未遑人奄歸泉壤嗚乎命至此耶枉之致耶茫茫誰測杳杳
難聞卜曰有期歸本吳阻以其月十九日葬于伊水之西用
祔外兄楊泛之墓若神而見知幽魂有託生為秦晉沒也豈
狌
殊何必盧充冥昏狌契詞曰
唐元和三年五月十九日
礼初過笄　年未及嫁　空懷婦德　蕣花先者
卜宅伊西　將為長夜　幼女無依　遂隣泉舍
陵
不失其親　存沒姻亞　陵谷慮變　尅石於下
世娘
誌稱世三孃為景皇帝之後大鄭王亮之孫曾祖孟舉
云云宗室世系表大鄭王房不載孟舉以下名按鄭王
亮子二神通神符傳言神通十一子表止見十人神符
七子表止見五人則固有就逸者已生未許字殁祔外
兄楊泛之墓託為冥婚此風於唐為甚故碑誌數見展
作展幼作紉慈作蕬適作適皆繆

年

陳夫人獨孤氏墓誌銘　方一尺二寸十九行行二十字字徑五分正書

唐故隴西獨孤夫人銘　蓋字徑一寸正書

大唐故河南府戶曹參軍陳府君夫人河內縣君隴西獨孤氏墓誌銘并序

前太僕少卿知東都少府少監事陳汭撰

夫人貞懿皇后從父之妹開元初左羽林大將軍諱禕之親姪孫祖左衛郎將知巡諱琊祖母博陵崔氏故兵部侍郎敦禮之姪女美容貞能治家亦謂鵲巢麟趾之貴冠代蓋時之族與僕　相門親懿三重綢疊更盛迭貴亦謂煒曄哉　唐元和四年十月廿四日

夫人父諱踑贈工部侍郎性仁孝信智與僕相善如弟如兄共祈余長子故朝散大夫河南府戶曹參軍諱為夫人之伉儷生一子二女夫人以元和四年八月十四日寢疾卒于恭安之里第享年六十有六長女□弟生亦極養殁亦崇喪貽責求財以充凶事以十月廿四日合祔於邙山東原禮也嗚呼兼余子歲之戚嗣親之悲聞之者感傷見之者殞淚悲哉悲哉覩塗車之宿進痛繐幕之晨征丹旐飄風縞素盈野其銘曰

太虛漫湯　有死有生　莫不歘逝　飲恨吞聲　浮休之世　彭殤亦一　千變万化　歸于其室　泉門永閉

有入無出

右陳諸妻獨孤氏墓誌銘與諸誌同出土撰者陳汭夫人之君舅也誌云夫人貞懿皇后從父之妹唐書后妃傳代宗貴妃獨孤氏大曆十年薨追號皇后謚貞懿是也云開元初左羽林大將軍諱禕之親姪孫祖左衛郎將知巡諱琊父踑贈工部侍郎敘家世而首及其從祖猶後魏韓顯宗誌第曰妻故鄴州刺史昌平侯孫元明之叔女而不及其父蓋舉顯者以表門第耳禕珍踑史皆無攷云祖母博陵崔氏故兵部侍郎敦禮之姪女崔敦禮太宗朝中書舍人四遷兵部侍郎永徽閒官太子少師同中書門下三品卒贈開府儀同三司并州大都督謚曰昭誌繫衛偏舉兵部侍郎何歟新書貞懿皇后傳云失其何所人舊書后傳載常袞哀辭溯后家世曰元魏戚藩周隋帝后又曰肇啟皇運光膺文母謂高祖之母元貞皇后獨孤氏也后父周太保衛國公獨孤信傳言雲中人祖俟尼和平中（魏文成帝紀元）徙鎮武川因家焉（姓武川縣魏地形志荆州北清郡武川縣有別北清郡所領之武川在今河南南陽縣北而信傳云父庫者為領民酋長北州咸服之又云信以北邊喪亂避地中山是武川在北古明矣地誌未詳存俟細攷）長女周明敬后第四女（元和姓纂作第二）元貞皇后第七女隋文獻后戚族之盛自古未有貞懿為其族裔不應無屬

籍可稽而史失之何歟此誌亦不詳夫人家貫惟以隴西表之而元和姓纂及通志氏族略俱不言獨孤有隴西一望以意會之隋有獨孤楷者史言本姓李父屯從齊神武與周師戰敗為獨孤信所擒給使信家賜姓獨孤氏李望隴西夫人豈楷之後歟若然則貞懿亦為楷裔於唐有同姓之嫌當時諱其所自出後故不可考歟又夫人父楚據誌即貞懿之叔而舊書后傳言大麻初后寵遇無雙以恩澤官其叔卓少府監新書同楚不與焉殆貞懿從父不僅楚也

孫庭林等題名

方一尺二寸六分十八行行十字至十四字不等字徑四分至六分不等正書在京師端午橋家

樂安郡孫馬將開府儀同三司試太常卿兼左金吾衛大將
軍上柱国樂安郡開国公孫素朱匕父雲麾將軍注智婆高
氏三前任□州兵馬使孫興国四孫紫華五兄□□魏州馬
軍大將懷真身馬軍輔□□□行左金吾衛大將軍員外
置□□□兼試殿中監樂安縣開国公□□一千五百戶孫
庭林
李朱妻李氏興國妻馬氏□華妻王氏懷真妻郭氏庭林張
氏李朱男九陵懷玉□壁懷幹興國男惠達惠□□清茶奴

唐元和四年十一月十八日

黑子美子石頭百憶庭林男光□□□光義光□孫男万德
万□万勝□子
元和四年十一月十八日

石刻多不成字敘銜名歷亂無緒村豎所為不足論也

修禪道場碑 元和六年十一月十二日　萃編載卷一百六

額題修禪道場碑銘六字篆書原注失載

陳朝崇之（之字）及隋建國清（國清字）灑掃大師之舊居（之字）感應緣

迹載在別傳（緣字）昔如來乘一大事因緣菩薩（一大字）以授南嶽

思大師（思字以上八字共以文不可辨據天台山志要增注於魯公搨本內尚有之非泐也）旁施萬

物（旁誤湯）

唐元和六年十一月十二日

南巖亭記 摩崖高二尺五寸廣一尺七寸餘左行十七行行二十四字字徑九分正書有行體在英德

南巖亭記　隴西李蕃撰

湞之陽因以謚邑邑以定四封之位巖峙邑之南故又謚之

抵望公門元黄不迷得曰寰乎為江之右泝沿所經得曰

（年）邃乎而綿歷年代寂漠蕪沒泉元和七正　邑長侯君亭巖

焉故晝君著其名伯昭其字先三祀始至鑒拔衆識勝不能

隱具以民懷嫗煦姑務富庶故未暇經搆及是日三載後百

（民）工休乃與佐曹唱和其事且曰民和序成我懷渫靈谿是折

清白俸成林寰境與人共之雖四十里古不為廣剡不廣乎

唐元和七年正月

民飽其德恥後陳力况用悅使先程告成彼覲舞之行綴知

德□薄厚孰若□衆之就功明人之樂康谿迹蹐遠理可徵

矣□□□花糹□□□□宿煙是方載陽周歲造解春卉布茵

夏木如（下缺）鶯浪步不勞趾情捐多累四時流目一無違□噫

（齜跳）□□齜結几千萬祀豈無他跳莫先我視天之所置信將有

歸歸無其私惟智自得不然何不臟耳目而一日徯我緬彼

謝公東山右軍蘭亭向微二公亦為樵藪因人而大今古同

遂蕃也拯人目遊勝槩將無紀述如筆硯何至若政餘而成

亭亭成而飾喜是事之藩翰故不書□亦非文為意也聊□

（漏）□□□之不漏佳境云

唐英州南巖亭記并到難篇李蕃撰不著書人名氏湞
陽縣南山巖上有石室縣令侯着因之以立亭故以爲
名集古錄目
右南巖亭記歐陽公嘗著其目王象之輿地紀勝亦載
之　本朝金石家皆未箸錄阮文達輯廣東通志稱其
已佚而不知巖石非比碑版易就堙毀爬羅剔蘚求事
者之所憚遂云佚耳侯着李蕃皆無攷

魏府狄梁公祠堂碑
闕下少半截存高五尺六寸廣四尺三寸二十七行行六十字今存三十五字至三十八字不等字徑一寸五分正書在大名

大唐魏闕下
朝議郎行尚書虞部員外郎上柱國馮宿下闕在標題下
上闕等州節度副使朝議大夫檢校太子左庶子兼御闕下
后不可以獨臨必　誕生嶽靈扶既傾緊將絕茲　梁國狄
公是以興於天授之朝蘊沉謀奮奇節　也物不可以終否必
繼起邦傑欽往續懋來功茲
沂國田公是以挺手河朔之郊勑新祠修舊典也勑　梁
唐元和七年
公出牧于魏實宜斯人冈遂乞留則　深遺愛屬境同力生祠
其神畏威懷仁如在乎上祈恩徼福
亦若有荅洎胡起幽陵毒痡中邦腥羶遺餘漸漬旼俗六十
李于茲矣戰血滿野忠魂歸天階祀之容隱嶙猶在元和壬
辰歲
我天子恢拓千古之不庭凡在率土冈不來服惟　元侯
保和一心之有衆舉茲列城表正多方歸職貢而奉官司尊
漢儀而東周禮鳳鳴而梟音革蘭芳
而棘刺死醴湧而盜泉竭慶飛　而　濁祲消四郊廓清萬戶丕
變癸後辯正封疆咨謀耆老得是舊　址作爲新祠鳩材傭功

蔵事頒役上下有度東西惟序披圖
以立儀像據品以昭命數不僣不偪經之營之越十月五日
厥功成　沂國公於是手請護軍追賓僚將校虎貔之羣
撰吉而致饗焉先一日執事設次於
門西設柔毛翰音腯肥鮮薧之具以俟詰朝公至則改服于
次率護軍等升拜將校已下序拜於堂下公親酌以奠揚觶
而言曰昔者　皇風中微陰沴
勃興六宮弄其神器　萬乘遜于房陵生人之耳目盡
迴元老之肺肝殄固蹈巖武尾鸞魚鯨口薙除蔓草扶持忠
賢元良克正萬國居貞秘策潛授五
潛
王起包復夏之大業於心術貽安劉之永圖於身後再造
唐室時維梁公願不腆之是羞獲守斯土實牽帥與
三軍之衆逮封內之黎老勤請於
天王天王重違斯人而鑒厥誠未及浹辰而　璽書金
印命服瑞節一日騈至且又須非常之　清問下莫大
之　洪澤焉逐逐車闐闐野接
跡空駕肩彼感心與喜氣固已翔九天而滲九泉今所以靡
遑寧處思有上報竊慕神之志義景神之忠功薦神於此堂
吉辰良日以織懇陳告至於修廢繼絕興仁樹善乃守臣之
職烏敢為名再拜而退由是六州之人士知之　狄公之

崇德可享而　田公斯言可復也詩云雖其有之是以似
之乃作銘曰
奕奕新祠于䰟之疆巖巖　梁公惠此一方其惠伊何其
人則亡在昔通天契丹猖狂衝陷連城勢莫與亢山東繹騷
駘藉犬羊顧是都會孰能保障
天后召公飛傳靡遑至自彭澤屹為金湯以逸待勞以柔摧
剛緩賦寬役勉農勸桑外示無虞內為之防虜則引歸歲獲
大穰人荷公來踊躍歡康人惜公還
涕泣徬徨援刀割膺守　闕上章終然莫克詎可弭忘
衆志城城經始斯堂立公儀形薦此馨香於此祝之萬壽無
疆於以歌之久久芬芳追惟
我公寔邦之良岐嶷有聞金玉其相學以時習闇然日彰文
武是經謨謀允臧測圭知正函鼎難量碩大博厚靖和端莊
逮使絕域義聲孔揚居憂致感有烏
呈祥毗于大理決獄平當亟觸龍鱗驟探武狼西門沉巫汲
直開倉蜀守興學晉臣撫牀　公兼有之謇謇在旁宣咸中樞
論道上庠慰薦幽仄懷來暴强天授
以還燎火無光謪謪本枝困於斧斨下室入願上迴天綱拜
洛受圖非劉而王　后實當宸　唐還
於房時雖□□□□□□□□

正色中激剛鵰婁婁　俊謀將易　　儲皇公陳不可校短
摧長血瀝太階心祈彼蒼長戈　倒日勁草橫霜一柱巍然四
維重張
帝拜元老春歸少陽潛安爪牙密布棟梁七日寢疾五賢興
唐道優三仁功茂一匡始終　無愧夷夏所望維此魏
邦實維樂康燕寇之後中為戰場何
人不䌰羅室不喪祠宇煨燼階除墟荒故老懷思遺甿慨慷
猶依封畛時奠壺觴否道既傾　　聖歷會昌
元和御宸
天子垂裳九夷八蠻山梯海航禮備樂陳執贄奉璋思我懷
人寘彼周行是生　　沂公忠順激昂倒久埋嶽雖能處囊
道言愔愔武烈洸洸業尚管蕭化臻
龔黃掃除氛霧弔恤災傷尾斷蜂蠆苗鋤莠稂萬夫歸誠有
死無將
天子嘉之霈澤瀼瀼龍節虎旗玉珮金璫班其慶賜覃及潛
翔　沂公滋恭扶服兢惶愧負山嶽誓酬毫芒乃建新祠
媲彼甘棠航其廈屋繚以周墻吉蠲
門巍容衛兩廂仰止何遠中心是藏地迴沙麓河枹衛漳刻
勒豐碑揭乎中央

右魏府狄梁公祠堂碑馮宿文每行下闕二十餘字據全唐文補之未知石果斷闕抑搨未全也書者節度副使佚其名碑云沂國田公剏新祠修舊典元和壬辰歲十月五日厥功成壬辰為元和七年沂國田公田宏正也宏正本名興為魏博節度田季安兵馬使封沂國公是年八月季安卒軍亂士卒擁興為留後十月興舉六州版籍請吏於朝憲宗從李絳言即拜興節度使又遣知制誥裴度宣慰賚其軍錢百五十萬緡六州給復一年舊書憲宗紀魏博三軍舉田興事以十月乙未上聞甲辰即授興節度碑云未及浹辰璽書金印命服瑞節一日騈至又須非常之清問下莫大之洪澤皆紀實也既興又請除副貳詔以胡証兼御史中丞充魏博節度副使仍兼左庶子見証本傳此與書碑之副使結銜合于司直天下金石志謂為胡証書信然已馮宿兩書亦有傳其轉虞部都官二員外郎正在元和年間書法規仿魯公蹈履武尾遂探武狼皆避虎作武而龍節虎旗直書虎字偶失檢也碑當立於七年十一月以後蓋裴度之宣慰賜錢胡証之為副使皆十一月事也畿輔通志作元和七年十月[illegible]考[illegible]是全唐文載是碑兩是以字三行四皆作是已六十季五行作十六醴涌慶飛七行作廿醴涌慶雲飛序拜於堂下九行序作敘遜於房陵十行作遜

於羅川舊魚□□十行作攘奪鯨口王起十一行起上多舊字重違斯人此碑脊一字也十二行違作韙且又須十二行作於是又須今所以靡遑寧處十三行無以字又此行依全唐文有六十四字碑通體皆六十字不知何句為多終然莫克十七行莫作不衆志城城十七行上碑城字本當作成作衆心欲成毗于大理十九行毗作毘下窒人願二十行窒作適此行后上空五格以全碑例度之唐上亦當空五格時維下當是梁公梁上當空二格公下當有四字一句又二字連屬正色為句全唐文竟作時維正色辭義不貫必有闕文也婺婺俢謀二十一行婺婺作婺伊七日寢疾五賢興唐二十二行寢作變賢作月掃除霽霁二十五行作氛祲扶服輓惶二十六行扶作俯吉蹕□羞容衛兩廂二十六行□羞作羞容容衛作羽衛識此以備校勘者取焉

又碑云梁公出牧於魏閻遂乞留闔境同力生祠其神

按金石錄有狄梁公生祠記李邕撰張廷珪八分書開元十年十一月未得拓本石不知猶在大名否

鼓山北響堂寺崔某題名

高一尺六寸廣九寸可辨者三行行字不一字徑一寸二分正書

太子通事舍人博陵崔泐下

元和八年四月廿九日泐下

□遊而過泐後

鼓山響堂寺有二在山南者為南響堂寺屬直隸磁州山北為北響堂寺屬河南武安此刻在北寺

唐元和八年四月廿九日

高承金墓誌銘

高一尺四寸廣一尺三寸五分二十一行行二十一字字徑五分正書

唐故左千牛衛長史渤海高公合祔墓誌銘并序

鄉貢進士李說復撰并書

維元和八年冬十一月九日戊午左千牛衛長史高氏捐館
舍于磁州立義里弟春秋四百四十五甲子巷之居人皺春
相吊越三日庚申殯於阼階明月景申葬我公于昭義縣臨
水鄉之西原近先君塋順我公之孝心禮也公諱承金字承
金渤海人也齊文宣帝都鄴子孫食邑於臨水遂從家焉周
衰齊主夏盟高子實為宗卿元氏御攬天命文宣受革魏匹
唐元和八年十一月六日
霸王之後宜乎甚盛父祥克勤素□不墜清修養卹國之和
以高尚為事笑于張之千祿鄙甯戚之飯牛好爵莫得而縻
焉故天鍾美于我公公幼而□□長而貞固以刀筆為吏文
而無害攻書劍之術謀而有伐郡以　聞拜朝散郎左衛兵
歸
曹遷左千牛衛長史以富貴為憂告歸中歲嘉止足之分養
老工庠清齋以齊其心蔬食以樂其道故降年有永德音無
瑕夫人武功蘇氏賢明淑慎君子好仇窈窕幽閑大邦之媛
彬
先公六年而歿至是祔焉有子懷彬蘭州廣武府果毅搰心
泣血喪致其哀追養繼孝葬之以禮懼岸谷將化咨說復為
銘詞曰

石鼓㗊兮銅臺平　漳河曲兮滏水清
歲
高揆□壠九原上　千秋萬歲識佳城

高承金高齊之裔文宣都鄴子孫食邑臨水遂家焉承金葬於昭義縣臨水鄉永泰初置臨水鄉即臨水故縣置自魏黃初三年廢於後周建德六年故高氏食邑臨水為縣而承金葬時則為鄉也昭義縣宋省入滏陽明又省滏陽入磁州石出土當在磁州西北境承金官左千牛衛長史唐六典後魏有千牛備身本掌乘輿御刀取莊子庖丁解牛數千牛而刀刃若新發於硎意言此刀可以備身固以名官北齊統於左右領將軍隋改左右備身郎將一人直齋二人統之唐改左右千牛府龍朔二年改為左右奉宸衛神龍元年改為左右千牛衛長史各一人從六品上承金子懷彬蘭州廣武府果毅新書地理志蘭州有府二曰金城廣武即此

慧炬寺再修題名

高一尺四寸廣七寸七行行字不一不一字徑六分八分不等正書在曲陽

維大唐元和九年歲次甲午三月己酉朔廿二日庚午邑人

不空再修　　古慧炬寺

□主僧元清　僧常省　沙弥雲豊　童子智深　張馮仵提行頂格

孫良晟　□□　焦□新　□□□寶　趙滿提行頂格　張□

趙□　郭宏　宋土仙光朝進　□□提行頂格　孫□　賀□

興　高□□　林廣□

末行泐

唐元和九年三月廿二日

唐州長史劉密夫人崔氏墓誌銘

方一尺五寸六分廿六行行二十八字第五行多一字字徑四分正書在曲陽蓋題唐故夫人崔氏墓誌銘九字徑十篆蓋九字三行字徑一寸五分

唐故夫人崔氏墓誌銘

唐朝請大夫唐州長史兼監察御史彭城劉公故夫人崔氏

墓誌銘并序

外甥鄉貢進士辛劭撰

夫人博陵崔氏甯劭之從母其先則齊太公之允泱泱大風

表式東海慶鍾後嗣錫壤于崔因爲氏焉簪組相承名冠族

茂二十七代祖峯封汶陽侯家于涿郡漢桓帝時改爲博陵

郡至十一代祖懿爲燕秘書丞生八子分爲六房　姨即弟

唐元和九年十月六日

景

五房魏本郡功曹景異之後曾祖標皇恒州井陘縣令祖元

績皇左衛兵曹叅軍皆貫綜道德窮達理要考興宗皇大理

評事行潔政清敦學尚禮定規儀之則著纂述之功希世之

才非常所及　姨即評事之仲女容工言行克備于躬閫範

內脩芳聲外積自歸乎劉氏已二十餘年如塤如篪既保成

家之道以敬以奉當申齊體之宜劉公名密積襲衣冠門爲

世重即皇朝進士出身授秘書省秘書郎道積之曾孫皇開

府儀同三司行太子賓客上柱國滕國公贈涼州大都督

之仲子歷官唐州長史兼監察御史雅量深沉英姿挺特位

以公進名由德昇崇禮讓之風守謙恭之節接衆尚尔於家

固然繾綣同心彼覲此佩誰謂吉凶反也積善生灾蓮疾嬰
綿方藥無効顧西景之猶未忽東流之與俱遷分幽明倏變
哀樂天也何昧喪淑于茲以元和九年六月十八日終于襄
陽郡之私第春秋四十有七親戚悲慟行路驚歎即以其年
十月六日建塋于郡東八里漢陰之原禮也有子二人長曰
可復次曰宏復皆稟性沖和幼有成德詩書立志孝行居心
執喪毀容哀過其制有女三人長即劭之季弟勸之室劉公
戲鞠
前夫人齊氏所生早虧所恃鞠育於繼親既習女儀又彰婦
道實資內訓得如是焉處室二女並齠亂之年已傅令淑痛
懐
乖慈念殆不勝哀劭忝列外甥實佩恩德追懷同及痛割難
任輙申愚斵之詞恭命以述其誌銘曰
謂聰明正直兮惟神無私何吉凶報應兮今則有違仁德既
崇兮福當依榮壽不延兮禍反歸寒郊慘兮日色微輀車駕
兮旌旐飛孤墳晝掩兮永絕兇暉哀哀孝子兮泣血霑衣宿
漢
馭還兮人亦稀漢水縈迴兮峴山巍巍(巍)

右劉密夫人崔氏誌與(與)密誌同於(於)光緒八年四月襄(襄)陽府城東十里康家堍出土時母舅徐星甫轉餉秦隴駐襄(襄)陽手拓以寄　先大夫比達太倉於(於)　先大夫棄養已兩旬矣而母舅亦以是年十月卒於(於)差次今撿故篋仲紙錄之不勝(勝)悲愴新書世系表崔鯗五子連琨格邈殊

又三子怡扮偘為一房號六房誌稱夫人先世為苐五房是殊之後表不悉載也密誌云曾祖道積終襄(襄)州樂鄉縣令祖希順終祕書省祕書郎考粲終澤州刺史此(此)誌稱密為祕書省祕書郎道積曾孫開府儀同三司行太子賓客上柱國滕國公□之仲子室其名不書蓋(蓋)即粲也敘曾祖及父而不及祖又以希順之祕書郎屬之道積而粲階勲爵贈密誌曾不一及其官澤州刺史又為此(此)誌所(所)遺多不可解誌無書人名愽作博佩作佩毀作𣪊旌作旌於(於)六書形聲殊為夢(夢)以夢

張頡彌勒像讚

高九寸五分廣一尺一寸五分十三行行十七字至二十字不等字徑五分正書在東平州吼山

大唐故節度隨軍宣德郎試大理司直權知齊州司馬清河
張府君弥勒像讚文并序
夫善而能固者莫若於山理而不可窮者莫若佛雖冲虛同
測終相好可觀
府君諱頡字頡令嗣三人伯曰元賛仲曰元質季曰元實痛
枌榆之戀感陵谷之□遂嶶訪奇工鐫礱弥勒佛一鋪於孝
妣塋西北山之巔山名吼山也每泣涕歎劬勞則昔賢何足
加尚因旌厥善而為讚焉

唐元和十年四月

峨峨万重　□天之力　鑿山為佛　佛号弥勒
曙霞昭彰　嵐煙拂拭　敬之敬之　永為登陟
元和十年歲在乙未四月　日建
清河孟渺下

唐二十一　元和十年七月　大和八年十月
二十八頁

唐二十一

安國寺尼性忠墓誌銘

高九寸七分廣九寸四分十九行行二十字末二行十九字字徑四五分正書在京師端午橋家

唐故東都安國寺比丘尼劉大德墓誌銘并序
弟徵事郎前行宋州文學陟撰
有唐元和十年五月六日東都安國寺尼大德奄化於伊闕
縣馬迴山居春秋五十有四大德俗姓劉氏法諱性忠唐
右相林甫公五葉孫曾祖齊敬徐州司馬祖正心趙州平棘
縣令考從乂鄭州滎陽縣令妣隴西李氏大德即滎陽　府
君之長女也器比氷臺門承高烈生知猒俗不尚浮華童齡
出家稟性端潔纔七歲師事於　姑年廿授戒於佛持經五
部沉理精通秉律三千條貫博達內鑒融朗不捨慈悲外相
端莊已捐孰縛嗚呼積善無疆不授福於今世　色身有滅當
穫果於未來妹性貞弟陟門人辯能恒靜等痛手足剝缺哀
法幢傾摧感顧百身流涕雙樹以其年七月十三日歸窆於
龍門望仙鄉護保村　先師姑塔右宗道教也應歲紀綿
邈陵谷頹遷陟不揆才拙粗書於石情深感切悲不成文銘
曰　色身示滅法性常存慈悲濟苦雅操殊倫超然猒俗
邈矣歸真道雖離著恩豈忘親仰德如在瞻　容靡因寂寂
空山悠悠白雲涕泗橫集紀哀為文

唐元和十年七月十三日

誌稱尼右相林甫公五葉孫兩唐書不列劉林甫傳新

書宰相年表亦無其人世系表林甫中書侍郎樂平男子祥道孫齊賢並相高宗亦不言林甫爲相惟劉祥道傳云文林甫武德時内史舍人典機密與蕭瑀等撰定律令藝文志武德律十三卷式十四卷令三十一卷裴寂蕭瑀等奉詔撰定中書舍人劉林甫與焉著律議萬餘言歷中書吏部二侍郎賜爵樂平縣男誌以林甫嘗典機密故以右相稱之齊敬以下表皆不載

高陽軍都知兵馬使石默啜墓誌銘

高廣各一尺九寸七分二十行行二十一至二十六字不等字徑六分至八分行書在京師端午橋家

義
唐義武軍節度易州高陽軍故馬軍都知兵馬使銀青光祿
大夫兼監察御史樂陵郡石府君墓誌銘并序
嬀時
府君諱默啜字默啜渇封氏於嬀皇之時振芳猷於晉趙之
代富可以擊破珊瑚樹貴可以達趙稱至尊史籍具列談何
匪□祖考雄人並名光玉墀連還著累代之勳繼踵播搏天
縣國
之勢即銀青光祿大夫兼監察御史河東縣開國男賞封食
邑五百戶是　公之爵祿此者蓋非一度乃積重還應承百
勝
戰百勝之勞武是七縱七擒之略而致耳大丈夫到此孰不

唐元和十一年八月廿四日

□□於□□矣久來展動之所道侶上自亡魂近日遊獵之
山啼猿猶□見□於戲人生運有終極命無長□享年七十
有三奄休壽於元和十一祀季春沽洗之月十三日在本鎮
易縣南坊之別業矣是用龍泉隱匣　靈魄歸山金骨見瘞
玉譽流芳武侯斯傾狂師仍怙哀兮切兮況一寶痛兮悼兮
傷二龍即長曰少琳次曰少清及夫人康氏子母聚酷而號
訴工天泣血横澗然禮有常格須安永□以其年八月廿四
日窆於州西北燕山之陽陵雲鄉之勝埠卜兆□生她之塋
藥龍之穴高墳深壘而下貫九泉仍恐後山河混淆勒□珪
而紀實尔　銘曰　榮霸標青史　功勳振大音　運終蹤樂

有極　限到若難任　慟哭唯妻子　推殘貫古今昔時一

國　國寶　此日九泉沉　萬憎千古万古　松柏前林沒林一盤

塚　旋兮唯日与月　相望兮荒塚青岑　人生若是　孰不傷(傷)

心

石默啜題銜義武軍節度易州高陽軍故馬軍都知兵馬使銀青光祿大夫兼監察御史按易州本隸成德軍節度廣德元年罷(罷)領易州義(義)武軍建中三年以滿(滿)城縣永清軍置方鎮表未(未)詳其領某州觀此(此)誌則易州隸之矣都知兵馬使兩唐書職官志不載辛雲京列傳官至北京(京)都知兵馬使何進滔列傳爲衙內都知兵馬使蓋(蓋)節度使軍官也誌於(於)默啜致此(此)爵祿無功可敘作應承盛(盛)是之辭(辭)按會要大中三年十月中書門下奏銀青階兼檢校賓客及朝散大夫階並三品資歷近年諸司使多以白身虛(虛)竪此(此)色頭銜奏請授官踰濫僥(僥)倖云云默啜殆即此(此)類歟(歟)默啜望樂陵郡是晉(晉)石苞之後其用石崇碎珊瑚樹自合又以羯胡石勒(勒)爲其先世矣然誌莫詳其所(所)出而以默啜爲名大似胡種疑所(所)謂樂陵(陵)郡者亦依託之辭耳

李岸夫人徐氏合葬墓誌銘

方一尺四寸三分二十行行二十六字至三十一字不等字徑五分行書石藏京師琉璃廠古董肆論古齋

大唐故李府君夫人徐氏合葬墓誌銘并敘

府君諱岸字岸隴西李氏冀州阜城縣人也曾祖滔開府儀同三司守左金吾衛大將軍試殿中監祖寰任相州錄事叅軍父現雲麾將軍試太常卿自曾祖洎乎　府君歷代有四凡一千二百甲子皆衣冠繼世禮樂承家以詩書仁孝爲業傳於子孫矣當　府君好仇之日屬　夫人擇李之春男笙女簧應指成韻備灑掃之禮昇　舅姑之堂虜新主饋六十餘載府君以元和二季夏四月十七日殄於博野縣西沙河

唐元和十一年十一月廿九日

別業春秋七十有四以有禮亡時遂擢殯於園嗣子李陽起服授職於恒州大都督府禮日夫歿從子　夫人其來乎居子思之堂享陳滕之祿每見饔餼即悵而不食謂其子日味從何加乎首末之閒未曾一日不以忠孝爲誡雖王陵在漢孟氏擇隣方之於今亦無以加也元和十年歲次乙未冬十有二月奄遘疾殄於郭下縣崇道坊私第享年八十有二丙申冬十一月廿九日卜葬於府城北一十五里壽陽之原禮也迎　府君之柩(柩陽)轜車發滹水之陽啓　夫人之窆旌旐引常山之路一榔旣掩雙棺永存合葬非古周公所從也嗣子李陽授成德軍節度作坊判官泣血庀窆觸途盡禮可謂後

来之曾閔也恐卭裏泉寶故集事書年子陽之外兄莪在文
什愴有當門之石方垂不朽之名銘曰
夫為斧而薪之辱　姊為釜而味之和　同壽孝而歡
慶多槃乎槃乎駒彰過　樹欲靜而風奈何　泉中鏡
而無弄磨蘿上路而徒悲歌　日居月諸墳隴盡　千
峯万岫空嗟哉

李岸無官予李陽授職於恆州大都督府為成德軍節
度作坊判官岸及夫人徐氏合葬其地恆州元和十五
年改為鎮州撰誌時猶稱恆州也其置都督府在興元
元年恆州郭下縣為真定誌不書真定而稱郭下他碑
罕見撰人為陽外兄不當不稱名蓋予即其名

蕭子昂合祔墓誌銘

高一尺一寸九分廣一尺二寸二分直界格二十四行行二十八字三十字不等字徑四分正書在京師端午橋家

彰
唐故相州彭城郡蕭録公合祔墓誌銘　并序
汝南郡周□撰
公諱子昂字貫相州安陽縣感化鄉曲濟管之人也　祖諱
敏　考諱興皆有其德而無其位　公家代儒門氣色殊異
或
敼言与　公使之腹心規矩得鄉閭之取則或州縣不均曲
理偏訟雖各有司存　公且能直諫牧宰納諫於四方賓階
邑闘辨之為智者於是　專城政德令長自人考令得其中
中譖揚舉為上上　朝廷節使畿內頻知府幕轅門熟人不
諾
歎公信行志高曾無宿諂為甲為長有謙有德尋古覽今在
醜不黨嗚呼天降之禍寢疾弥流不幸以元和十二年三月
廿二日終高平噇之私弟享齡七十有八　賢高氏夫人去
貞元四年傾歿每聞承順　舅姑謙和娣姒訓子不踰禮節
事夫相敬如賓非紅妻孟母之賢誰能備於此　公再婚清
河郡張氏夫人孀居主饋不失儀度訓撫孤子無黨無偏內
言不出於閫外言不聞於耳居仁執礼克儉成家孝行畢施
令
肖賢備著令用元和十四年三月廿五日啓葬舊鎮州西卅
五里即　公之　先代塋內西北也松栢蕭蕭溫風時起南
日
近大道北有流渠東西俚然平源礼也嗣子五人長曰自勉

唐元和十四年三月廿五日

次曰自察三曰自寬四曰自通幼曰自峯自勉等雖兄雖弟
舍孝舍忠毀滅過情傷乎天性偎与自勉昆季相識曰近託
述斯文慮陵谷將變年代推遷刊石記銘以傳不朽
公之盛德銘云曰
美哉　蕭公　德重深遠　人皆仰之　好賢不倦　討習
文墨先禮後傳　拯孤濟貧　敬愛親眷　孝慈於家　六
姻悲戀月落濁水　珠沉九泉　屛帷寂悵　空有嬋娟
嗣子泣血墳左喧嗔　內外表裏　祭饌心專　素繐懸懸
專
門車搖搖形㥶重壤　䰟飛碧霄

蕭子昂誌不敘官職標題稱蕭錄公未詳何謂誌云發
言與公使之腹心又云且熊（能）直諫牧宰納談𧬈（貽）嘗為州
縣錄事故為是稱而𩰲（消）事字歟彌留作流紅妻當是鴻
妻皆誤文原源孰熟古通用而平原之原從水訓誰之
孰加火則罕見

唐元和十五年七月以前

左僕射李光進碑元和十五年編載卷一百七　草

唐故朔方靈鹽等州節度副大使知節度事左僕射李公碑
銘額二十四字字徑二寸餘正書原編漏錄
無靈州靈作靈與御府醫藥与作與醫作醫号別部大人号作號靈武豐州豊作豐以防其走集缺走字蟜蟜蟜誤蟜戎王昔在偏裨其道則
直昔誤皆其誤與白楊黑栢多悲風多誤夕

太保李良臣碑 長慶二年 萃編載卷一百七

立其次將夯以請　斬夯首以獻 夯均作𡗗跋云𡗗即夯字 與个介相通同例按碑夯
下二直中劃併混而右豎 實偏在右知非作𡗗也 自以麾下万人 缺字 自盛德未彰 未誤
不封於弱水之北 於誤于 号阿跌部 号作號 不酬其德 缺酬字

按此碑趙氏金石錄目作長慶二年蘭泉先生以碑敘李夯事據據舊書李光顔傳在長慶四年謂碑非二年所立愚按穆宗本紀書夯反在長慶二年六月 舊書在七月 即於八月伏誅光顔傳繫諸四年誤也先生偶失檢耳仍當從趙氏作二年為合

唐長慶二年

合州刺史造盧舍那佛記 高一尺八寸廣一尺二寸七行行十二字 字徑一寸二分正書在合州濮巖

敬造盧舍那佛一軀菩薩二
唐長慶三年歲次癸卯三月十九日銀青光祿大夫使持節
合州諸軍事行合州刺史□御史中丞□溫 下空
溫自幽燕而來□□羽林軍使改授此記之歸正寺巖

唐長慶三年三月十五日

沈朝墓誌銘

縱一尺一寸五分廣一尺一寸直格十九行行十九至廿一字不等字徑五六分正書在上虞

唐故吳興沈府墓誌銘并序　進士胡不干撰
門□大隱〻□□賢□□□士浪跡逸民今我吳興沈君跡
憲儒□斯哲也公諱朝字憲忠父玖祖敬雲溪人也廿傳緒素業
以潤身㫖因避廿卜居上虞代麻星霜存没榮曜莫之能紀
也公雖不仕志隱旗亭不趍非類習古風邁素□門通廿財
以益其業也公以天期不永梁木倏摧嬰以沉痾遹月不康
以寶麻元年六月十七日終於私第春秋六十有三有子一
人名曰良遇□魯之□習□典之書威儀堂〻藝在人上女
有四人並有歸矣公□□淑男有柴泣女慕娥號夫人張氏
執喪盡哭毀瘠盡哀孰謂礼有奪情哀有易祭擇先吉日龜
筮叶從以其年八月十日窆於寶泉鄉□□子之村□也嗚
勒呼人之云〻不可〻矣歲月推遷難以記矣刊石勒銘迺為
詞曰
泉澀〻長流泉　〻竹敎〻兮長嘯煙　風搖泉竹聲濺
〻不休不息常翁然　府□□□沉茲墻　日來月往年
復年
巨唐寶麻元年歲次乙巳八月辛丑朔十日庚戌建立茲
銘故記　使主元　邑宰張

唐寶麻元年八月十日

前試左内率府兵曹參軍左仇書并勒字
此誌書刻俱劣標題府下脫君字

左金吾衛郎將諸葛澄墓誌銘

方一尺七分二十二行行二十至二十五字不等字徑四五分正書在孟縣

□□□右武衛執戟□中武將軍試左金吾衛郎將諸葛府君墓誌銘

宣德郎試右武衛兵曹參軍韓宬撰

□□澄其先瑯琊人也承蜀相武侯亮曹允　曾祖

孝　初受太子文學次遷崇元宏文館大學士

君器宇玶邈調韻不羣才智天生識量神

累授□□府

假□□有□以武舉擢第拜左武衛執戟實鼎鉉之清階也

□□左金吾衛郎將出入　禁衛警蹕嚴廊踰令清嚴親

唐寶曆元年九月十五日

□□辰辰鳴呼瑚璉之器正異用於朝家棟梁之材將成功於□□豈圖安生二豎夢起兩楹秦緩退醫鶣俟息藥享□□有八以　年　月　日終於河陰縣三山鄉三山里之私第矣□人滎陽鄭氏名邁班謝禮越孟姜柔順天資婦德彰□□年七十有七以元和十五年四月廿一日終於河陽縣之第矣有子二人女二人嗣子立副見任寬府左廂馬步都虞侯次子立成見任河陽軍後院十將幼承雅訓風荷　仁慈雖日月逾邁每哀慟過禮敬以寶曆元年歲守辛巳九月辛未十五日乙酉營葬于河陽城南六里大和里之北原禮也將恐人代遷易谷變山移刻石命文誌于幽隧詞曰

元氣氤氳　肇降人倫　英旄獨秀　貞幹不羣
事親竭孝　奉國忠勤　佐茲武衛　班袂縉紳
豈圖安變　殲我良人　轜車儼駕　將奄松門
□石絕□　万古攸存　望蕭颸兮白楊　□□□
□此君

諸葛澄誌三代皆不書名其考初受太子文學次遷崇元宏文館大學士唐書百官志崇元館天寶二年置大學士一人以宰相爲之會要作二員宏文館武德初曰修文館尋改宏文神龍初改昭文儀改修文景龍四年置大學士四員會要云二年四月二十二日景雲中減其員復改昭文開元七年依舊爲宏文按會要開元十三年上改集仙殿麗正書院爲集賢院以中書令張說爲大學士說辭曰學士本無大稱中宗欲以崇寵大臣景龍中修文館有大學士之名如臣豈敢以大爲稱上從之又貞元四年李泌爲集賢殿大學士奏言竊尋故事中書令張說中朝元老碩德鴻儒懇辭大字衆稱達禮其後至德二載崔圓爲相加集賢殿大學士其後因循遂成恆例伏望削去大字崇文館大學士亦准此以燕公鄭侯所不敢居而澄父猶稱大學士知當時因循恆例諸館學士未概削大字也惟諸館學士皆以他官兼五品已上稱爲

學士六品已下為直學士至大學士則多宰相為之其分甚崇澄父初授太子文學纔正六品何以次遷遂為兩館大學士誌所稱殆未可信

德　慶

石牛洞李德脩等題名

高二尺廣五尺七寸十五行行四五六字字徑三四寸正書左行在潛山

趙郡李德脩　博陵崔確　河東張案　隴西李夷中　魯郡祝元膺
吳興[邱]上卿　太原王𤥨　彭城劉洪　高陽齊餘　汝南周遜　范陽
盧尋　高陽齊知退　魯郡祝元慶　寶[曆]二年二月　廿七日題

李德脩附父吉甫傳寶麻中自膳部員外郎出為舒胡楚三州刺史今之潛山縣即唐懷甯縣治為舒州治所此題在寶麻二年正初任舒州時也崔確以下十二人當是幕賓僚佐祝元膺邱上卿並見全唐詩集上卿字陪之會昌三年進士第猶在此題十七年後也首行之

唐寶麻二年二月廿七日

左有□□□素嘗携家等字各行下亦時見半字當係宋題名之僅存者素上似國姊趙三字

亳兵參軍李羣墓誌銘

方一尺五分十九行行
十七字字徑六分正書

唐故亳州司兵參軍趙郡李府君墓誌銘

姪女壻河東裴縝撰

府君諱羣享年四十有九官歷郡掾邑佐自宰民之長者七
擫政真攝由之東剛健健而捨□敷誠信而與物篤實貞確鄉黨
義慕有譽服義奉教者知所慕焉寶曆二年歸閑于洛陽以四月
十七日終于伊川之別墅爰卜七月一日歸祔于先塋禮也
曾祖陳同州刺史　祖昂尚書倉部員外郎　考冑尚書　一行空格
刑部郎中兼侍御史知雜　君即刑部之第三子也襲祖宗
之餘慶稟□知之惠和智周其身跡盛於義與善無報竟孤
其分不享豐祿不躋永年夭歿有生神微孰信夫人吳興姚
氏有五男且稚二女未笄惟是一日二日洎踰月之事實從
父弟前和王府參軍友仲主焉爲縝獲接姻好見託銘石其
詞曰
蒼蒼平原新阡舊阡昭穆列侍前賢後賢□泉大夜復土終
天窮寞佳城歷千萬年

前河南府河陰縣縣尉裴緯書

唐寶曆二年七月一日

裴緯書宗顏魯公

右將右字初搨似有竄改作古字形

鳳翔節度押衙楊瞻墓誌銘

縱一尺五寸五分廣一尺四寸二十四行行
二十七至三十三字不等字徑五分正書

唐故鳳翔節度押衙兼知排衙右二將銀青光祿大夫兼太
子賓客宏農楊公墓誌銘并序

鄉貢進士任唐詡撰

天子有熊羆之臣諸侯有爪牙之士是以上配列宿下比山
嶽義獄以資於忠義以成於志節者公其蘊焉公諱瞻字士寬宏
族諱農人也　曾祖及　祖出於幽冀盛族史舊已載故不書諱
父孝直守鄧州長史兼山南東道團鍊使臨漢監牧副使
兼侍御史貞元初洎　常山逋帥太師王公宏賫壽之心撫
騎士如子招綏有禮賞罰必中公之　家君遠慕風教授事
麾下　太師署以重職將殄戎行歲月弥綸受　恩益
重及　僕射出常山之日公特獻誠懇搘從　旌旗　僕
射美其父作子述俯乃允從公少而岐嶷長而恭懿文武不
墜器宇天然有右將之風懷國士之量特授鄭滑親事兵馬
使兼東城使雖爲裨將得子文之儔名冠當時不阻爲貫之
賀家傳孝義外讚惠和濟濟沉沉宏敷羣望　僕射拜鳳翔
日授節度押衙兼排衙右二將轉益清慎夙夜匪懈雖惣戎
伍口不言武每誡其軍士曰少長有禮出入克諧得其衆心
如肘運臂彎弓得鴻超之善援筆得鍾褚之能韜藏機密用

唐寶曆二年八月廿五日

律衙正時人可謂金貞玉粹者乎何啚昊天無狀將星戲晦
太山其頹哲人其萎以寳曆二年七月八日寢疾殁于鳳翔
德
府敷化里之私第也享年卌有八夫人渤海高氏令德有聞
夫人即擇交之女也有子三人方立方本方古爲嗣以其非
年未有室叙痛瞋目之日家君在遠夫人嗣子不得親斂嗚
呼壯年不永奄弃白日朱顔未凋殁于幽壤　僕射念忠貞
繼代閫畏傷悼凶事親令部署禮合於儀以其年八月廿五
變
日厝于岐山縣望雲里禮也恐陵谷遷變故勒銘貞石其詞
曰
義
陰山降神　生彼哲人　忠勇成志　禮義立身
生涯永隔　秋月爲隣　原野何依　既封既樹
名德難存　䰟歸太素　貞石勒銘　紀于千古

楊瞻父孝直守鄧州長史兼山南東道團鍊使臨
漢監牧副使兼侍御史諸道置團練使始自肅宗史未
詳其品秩新書謂節度觀察防禦團練使大率皆兼所
治州刺史刺史上州從三品中下遞降一階團練使得
兼之秩當在正四品以上孝直守鄧州長史凡階卑任
高曰守鄧爲上州長史從五品上孝直官侍御史從六
品下故曰守其何以得兼團練使史文闕略莫可詳攷
臨漢監牧會要云元和十四年於襄州穀城縣置以山
南東道節度使兼充監牧使太和七年停之監牧有使
號自儀鳳三年太僕少卿李思文檢校隴右諸牧監使
始六典駕部郎中掌監牧六十有四分東西南北使而
統之亦監牧有使之證而副使之設則未詳也臨漢本
襄州領縣天寳初以安養縣改貞元二十一年移治古
鄧城因改臨漢爲鄧城縣其置監牧仍舊名者牧地在
臨漢縣境故也其屬穀城者殆移縣之後地入穀城歟
孝直初事常山連帥太師王公者成德軍節度使王武
俊也武俊卒贈太師誌云僕射出常山之日公特獻誠懇誓從
旌旗僕射美其父作乎述俯乃允從僕射武俊孫承元
也承元兄承宗嗣鎮叛服不常既死其下推承元爲帥
承元約左右不得稱留後密表請帥於朝穆宗嘉之授
義成軍節度鄭滑觀察等使遂出鎮州入朝瞻爲鄭滑
親事兵馬使兼東城使蓋在是時百官志節度使有親
事一人兵馬使亦節度軍官東城使則因事立名者也
承元改鳳翔節度在長慶二年尋加檢校左僕射瞻授
節度押衙兼排衙右二將在其卒前四年計時皆合押
衙數見於唐刻題銜而六典兩唐書文獻通考於節鎮
所統將校都無明文蘭泉先生謂押衙惟見於舊書憲
文太子傳金吾天子押衙語按舊書王思禮傳思禮與

哥舒翰對為押衙及翰為隴右節度使思禮為蕃(副)押衙此(此)亦見於(於)史者也排衙右二將之稱石刻題名中亦不經見萃編載大麻十三年□震(震)經幢有押衙兼右二將一人右四將一人左二將右二將副將各一人左四右四副將各一人左右二將四將判官四人左右二三四將虞候五人今瞻以押衙兼排衙右二將是押衙之外別有排衙與(與)押衙兼右二將又異也瞻以寶麻二年七月終(終)於(於)鳳翔時父孝直在遠妻子皆不得親斂王承允親令部署厝於(於)岐山縣望雲里任唐翊為撰此(此)銘石出土當在其地

盧士瓊墓誌銘

方一尺六寸五分二十八行行二十八字方界格徑六分正書在長安

唐故河南府司錄叅軍盧君墓誌銘并序

外孫歐陽湙書

瓊

君諱士瓊字德卿范陽人家世為甲姓祠部郎中融之長子明經及第□商陵華陰二縣主簿知泗州院事得協律郎鄭少師之留守東都奏為推官得大理評事韓尚書代為留守請君如初尚書節將陳許奏充觀察判官得監察御史府罷歲餘(除)河南府戶曹以疾免河南尹重其能奏為司錄叅軍大和元年歲次丁未九月庚申發疾而卒年六十九君少好著

唐大和元年九月

文精曉吏事少游故丞相楊炎張延賞之門楊美其文辭張每嘆其吏材過人當職同州當徵官稅錢時民就出粟易錢以歸官斗至十八九君白刺史言狀請倍估納粟下以澤民上可以與官取利刺史詰狀君辨其所以必然刺史行之民

饒

用得饒未一日果被有司牒和收官粟斗級六十後□史到欲盡入其羨于官君既去職猶止之曰聖澤本以利民民戶知之□可以獨享刺史乃懸牓曉民使請餘價因以絹布高給之民亦徵受□□羨錢六百萬其為戶曹決斷精速曹不擁事及為司錄始就官□□□□曰前例某人等一十五人

錢

合錢□餞人與司錄養馬敢請命因□□□□曰汝試我耶

使擅之将加杖□□□□進仰曰前司録皆然□□□□□
曰司録豈不自有手力錢也叅軍□司録居□□□□□
□□□□□力数既別官品矣此食錢之餘不當計位髙
□從□□自司録□□□平分之舊事掾曹之下各請家僮
一人食錢助本司府吏廚附食□□□□或三人或四人就
公堂餘食侵撓廚吏弊曰益長君使請家僮□□□□於司
録府吏廚附食家僮終不入官廚名諸縣有望吏吉曰其□
□□乆官吏清濁侵病人者每鬪之司録職當舉非法往各
白汝長官□□□靖□滍池令為戒其所改易皆克□便人
堪為故事及君卒士君□□□哭咸以為能髙而位卑不副

墓

有子□人孺方嗣宗嗣業號慕祇一□□□法女□人前娶
清河崔敏女無子□娶滎陽鄭虬之女有子□□□□□東
北孺方叩頭泣曰丈人嘗與先子同官而游宅居南北隣敢
請□□□不得辭□據所見聞者鎸其實可推類以知允所
從事□賢銘曰
盧君性直而用瓊約已以利人宜壽宜貴以極時下
難其緘而不伸以喪厥神豈奪恵□東□悲夫

盧士瓊誌石碎為五合而東之後丰多闕文撰人為士
瓊僚友其姓名在闕處不可知矣誌稱士瓊祠部郎中
融之長子新書宰相世系表盧氏有融祠部郎中下系
士理次及士瓊字德卿河南府司録叅軍又下系孺若
嗣宗嗣業並與誌符合惟融名有水旁士瓊非長子少
異當以石本為正也表於士瓊之次有弟士瑛士玫士
璵士玫兩書有傳

誤書

不空

強公夫人杜氏墓誌銘

高九寸六分廣一尺一寸六分十七行行二十至三十四字不等字徑三四分正書刻甚草率在京師端午橋家

唐故夫人京兆杜氏墓誌銘并序

鄉貢進士杜師顏述

虞　杜氏之先帝堯之冏冑堯以天下讓舜其子作賓於虞故歷虞
商爲夏商周世爲諸侯軒冕不絶卒難得而詳述　大父諱　皇雲
麾將軍試金吾衛大將軍　父諱華皇成德軍節度驅使官試
太子賓客　府君以名宦爲累恬養道隆遂弃職遁名葆全真
之理　夫人即其第一女也幼曾家訓□有令儀爰始笄年婦
節有聞矣　強公高其賢行納幣而親迎之夫人自相夫□□
迨卅餘年　夫人正以佐夫嚴以訓子極倫禋祀協和宗親賓
由鴈鳩有居巢之德宜其享五福迎百祥天胡不僞壽不盈於
中筭年五十七以大和四年六月廿日卧疾終於鎮府真定縣
安樂里之小寢以其年九月廿九日還祔於府城西北五里
壽陽村之原　先塋之左次有男三人長男惟□次推順幼
推義令夫惜如賓之不復愛嗣思陟屺之無由惟原陵有變慈
行無文刊石泉扃誌其不朽銘曰
婉婉夫人　令儀令質　光宣内範　以保家室　如松之茂
如蘭之芳　德雖備□　壽胡不昌　生涯日短　泉夜長　千
年白骨埋幽荒　嗚唏月落九秋暮　一月中蕿草凋瀼霜

唐大和四年九月廿四日

大和四年九月廿四日記之耳

強公妻杜氏誌杜師顏迷（述）文敘大父及父名位之下云
府君以名宦爲累弃（棄）職葆真夫人即其第一女也稱夫
人之父爲府君似師顏即夫人兄弟矣字雖畫零落軒
冕不絶誤絶爲纔還祔於（於）府城西北云云還下衍於字

軑文 在端廣四寸二分厚一寸四分正書

大和四年

唐大和四年

讓　族

還　國

唐州長史劉密合祔誌 高一尺三寸二分廣一尺二寸八分二十四行行二十四字字徑四分正書在襄陽

大唐故劉府君墓誌銘 篆蓋九字字徑一寸三分

唐故朝請大夫唐州長史兼監察御史彭城劉府君墓誌并序

公諱密字霞夫其先望出彭城自漢楚孝王已降執珪璋佩

侯印史諜載之備矣銘紀三代故略而不書　曾祖諱道積

進士擢第終襄州樂鄉縣令　列祖諱希順終秘書省秘書

郎　昭考府君諱綮明經擢第終澤州刺史公　皇祖姑為

睿宗皇帝正后誕讓帝唐昌公主由是枝附赫弈輝光冑

族公幼不好弄能敬師受詩及春秋左氏傳既習遊大學三

年舉孝廉不中第因與諸生譁罷語及時之通塞窮達之事

乃奮然起曰大丈夫得不以畫干天下而求富貴者耶焉能

久戚戚於斯而已遂東書東游濟漢捭漢南節度使樊公澤

澤愛其材表為試太常寺協律郎兼列職於轅門之内奉禮

樂於清袂蹔介冑於軍旅貞元十五年于公頔節制漢南尚

以洎闔阻命陸境是憂念陸賈之使南越思食其以下齊城

府幕軍戎無所當選乃命往說焉有功兵還　奏加兼監察

御史元和六年裴均相國領鎮録以前功奏授朝請大夫唐

州長史後亦累為廣使奏叙勲階元和十一年孝袂既滿職

請退休優遊别墅尋繹黄老嗟乎萬鳥已盡自弃良弓宴息

唐大和六年七月十九日

鵬革變
林園潛心道術一旦鵬来萃災變寢門以大和五年八月二
十二日終於宜城縣私第享年七十公前娶高陽齊氏有一
女齊夫人先公三十七歲而殁後娶博陵崔氏先公十八年
而殁崔夫人有二男二女長男曰可復次男曰彝復長女適
隴西董氏次女適宏農楊氏先公一歲而殁背泣血過禮不
勝毁瘠以大和六年七月十六日啓崔夫人之殯十九日與
公合祔于襄州襄陽縣東臺鄉之南原禮也銘曰
生而惠　長而強　禄亦為豐　壽亦為長　有子有孫繼
其光

誌敘劉密三代官位與夫人崔氏誌不同已詳前跋誌
言皇祖姑為睿宗正后即肅明皇后也后祖德威父延景
景子昇並見德威傳後以皇祖姑之稱推之密曾祖道
積當是延景之子誌稱后誕讓帝唐昌公主后傳言甯
王壽昌代國二公主甯王即讓帝壽昌作唐昌並遺代
國誌誤也樊澤于頔裴均相繼為山南東道節度使皆
興傳合密歷事諸使並見任用官至唐州長史秩滿退
休十六年終於宜城密蓋家宜城而夫人隨宦卒於襄
陽同葬其地密故越境而合葬襄陽也次男彝復崔氏
誌作宏復

漢

福田寺僧常儼置粥院記
高四尺三寸二分廣二尺六寸二十六行行三十字下截
題名三行額篆而旁題二僧名字均徑八分正書

大唐福田寺□大德法師常儼置粥院記
承奉郎行閬喜縣尉檀執柔撰
自大漢永平中西域之教流于中國垂千載矣而演□妙理
開示群品有以為三昧之舟檝有以作五蘊之燈炬異相一
貫其惟我　□師□法師俗姓鄭衛州新鄉人也始自童齔
志求出家至貞元六年夏四月言□□□□軍御史大夫符
璘言之公與其事迺上表縷陳請令正度隸于此寺有
詔依焉遂□壇受戒時年廿師誕鍾□氣聰悟夙莪幼讀外
唐大和六年
典而長崇釋教探討法華維摩二經洞達真旨使愚者發焉
智者懋焉迷者返焉視世界中常以憂如不及於寺内剏置
粥堂施衆僧及往来道俗凡歷廿九載無一日而闕爲又會僧
□轉藏經歷十三載與常住造立鋪店并收質錢舍屋計出緡
鏹過十万餘資咸捨所用服玩化俗之利曾不為已有也當
寺有所遺闕法師常悉力濟之皆去難就易轉交成福至貞
元十五祀天下大旱人用之食百姓流離京師米斗至五百由
是父子兄弟不相保焉寺有家人号山東苦□顛之衆羅凍餒
之患將適樂土詣師而別法師誡之曰法無有二尔身我身當
以美蔬合糗同濟艱難使□棄乎清淨之域吾所不忍也由是

一邑之衆俱來賀焉加以拔去沉迷度脫生死衣冠接之以脩
悅服敬長老聞之而悅服又至貞元十九年送五臺山金□□供羅
數列牖花龕隘道路鈠誦肆齋遊繕寫經論所費莫計其數詩所
矣謂□□□荷冝乎允歸吾師有之矣不幸至元和十一年春遘
疾往彌留遂命諸弟子及告門□曰法本住乎無住生乎無
生吾壽考過人今將去矣遂命筆立遺訓施隨身所有供養僧
冀徒衆　聖祚遐遠人民乂安吾雖死由生且無□矣又命入
瞑室弟子海順傳付瓶鉢遂瞑目而去享年九十一僧臘六十一
流郡縣鄉閭遠近會塟者千餘人咸仰師之教誡號慕流涕海順
恭承遺旨便冝粥院于□十有二年門□歸依不易其素常結
戀慕之志哀纏于心恐歲月□□斯風漸泯敬爲先師琢石立
詞用旌不朽余大味五年春捽此邑尉海順與上□□□□余
啐爰請製斯文辭不能已爰考行書事荒蕪寡學用媿于懷時大和
　　　　　　　　　　前河中府永樂縣尉裴□慶書
年縣六年□□二日記
和尚常儼
和尚禮與
右在額
後左右
聞喜縣令□有□
主簿韋師
尉檀執柔

右在碑下截

碑云法師貞元六年言□□□□軍御史大夫符璘上
表請令正度隸于此寺時年卅按符璘字元亮父令奇
初爲叛鎮田悅右職密令璘委贅朝廷遂乘間以三百
騎歸於馬燧入朝試太子詹事兼御史中丞封義陽郡
王後拜輔國大將軍具見兩書本傳通鑑綱目附其歸
降事在建中三年越八年而法師得緣表度是碑軍上
所泐當是輔國大將四字碑稱御史大夫者蓋由中丞
進位而傳略之也又言貞元十五祀天下大旱京師斗
米至五百舊書德宗紀貞元十四年以旱再出太倉粟
賑糶十五年四月以久旱令陰陽人祈雨碑與史並合惟
碑云法師元和十一年遘疾瞑目而去享年九十一僧臘
六十一以所稱貞元六年得度受戒時年卅計之元和十
一年年不過五十六僧臘二十七耳而其彌留時告門
徒曰吾壽考過人云云是享年九十一又不爲誤據是
以推其受戒之時年已六十五碑何以云卅又何以云
僧臘六十一誤之至矣書人裴宏慶見新書宰相世系
表東眷裴下官屯田郎中後所轉也

平盧軍討擊副使劉逸墓誌銘

方一尺二寸五分二十三行行二十一至二十七字不等字徑四五分正書

唐故平盧軍討擊副使銀青光祿大夫檢校太子賓□□□
□彭城郡開國男食邑三百戶劉府君墓誌銘并序
朝請郎試左武衛兵曹參軍趙商述
諱公諱逸字海其先彭城人也昔□氏之後裔祖諱方□少□
孤不羣孤標獨異公忠濟物多略稱時終雲麾將軍試左金吾
衛大將軍父諱元宗素蘊奇志早踐戎旃親衛爪牙內外經
歷終義武軍兵馬使金紫光祿大夫檢校太常卿公即弟四
鎮子也幼專詩禮長藝弓裘不墜門風雅稱宗祖長慶初以鎮
允眞不軌醜跡彰聞　元戎太原王公乃臏彼兇妖束身詣
闕公乃親為侍從共扶海壖殊節既成衆望斯洽　主上
以太原公勲績超拔乃授義成軍節度使公即行焉俄又□
除鳳翔節制公又親從既至十年從事一旦無虧尒又有
國命除平盧軍節使公又從至復署前衙時　元戎自丁家
戚將謀葬於京輦乃命公行事無纖大一以歸付既達所務俄
聞　元戎寢疾即星馳却迴及到以至　薨殁公乃號慟發
泣情不勝哀悲懷欝結因茲成疾大和八年三月廿日終于
廿青州私第享年五十有九以其年四月廿五日吉權窆青州
益都縣永固鄉之原禮也凋弓既罷□施遽樹之能實劒沉
埋自有斗牛之氣公夫人清河孟氏晨昏號泣痛不可勝有子
位尊一人儒林郎試隴州汧陽縣尉曰燈秘兼居職位已及尊親
易為子之道斯亦當矣慮其年代更易陵谷潰移□刊貞石將
期不朽其銘㘥（日）
江陵之才　挺生於世　毅勇相襲　英謀斯□
天何不佑　降此禍殃　質形雖滅　其名永□

唐大和八年四月廿五日

右平盧軍節度討擊副使劉逸墓誌討擊副使佐節度以討擊為職因事置使非有常額史不載其目也會要平盧節度兼押兩蕃及渤海黑水等四府經略處置使是以有討擊副使劉逸階銀青光祿大夫從三品官檢校太子賓客正三品討擊副使秩亦稱是可知誌言長慶初鎮冀不軌元戎太原王公束身詣闕公親為侍從太原公授義成軍節度使俄除鳳翔節制後又除平盧（盧）軍節使逸皆從焉太原王公即王承元事具揚瞻誌跋王承元除鳳翔節度居鎮十年移授平盧節度淄青登菜（萊）觀察等使與誌言十年從事合承元卆（卒於）於大和七年十二月逸悲結成疾大和八年三月終於青州四月廿五日權窆青州益都縣永固鄉趙商為述是誌石出土必在益都不知今藏誰氏將謀葬於（於）京輦乃命公行輦字屬上屬下讀皆不可通不知何字之誤

尼明空墓誌銘

高廣未詳既據拓搨度之約高一尺四寸十八行行十九字字徑六分正書據京師工部郎中瑞古所得舊搨本

唐故唐安寺抽住大德比[丘]尼明空墓誌銘　并序

鄉貢進士王鋌撰

爰

大德諱明空姓段氏齊郡人也　大王父貫皇鎮軍大將軍守懷州刺史襲褒國公　王父畋皇彭州叅軍事贈眘州刺史　皇考興宗皇鳳翔府司錄　大德生此　德門幼而聰敏當在齠齔有老成之風中外咸氣無不推重迨至笄年爰議行適得隴西公　李君俞者亦當世之茂族其他略而不書及　李氏將殁因茲出家律範僧容特為人表非熟舊莫可得而知也以大和八年十一月廿日疾作薨于唐安精舍享年九十春僧臘六十夏有女子一人痛幼冲之早孤吊形影之單孑不衣綵不茹葷齋心落髮便請歸依遂得終養高堂寶蔭亂之可佳也法名圓淨哀號泣血杖而後起以其年十二月廿日護[]窆于萬年縣[滻]安鄉北李村不祔　先塋以其歸佛故也銘曰

旌旐轜車進以驅　漫漫長夜　窅窅幽衢　嗚呼哀哉永為訣　古原月冷霜風切

唐大和八年十二月廿日

誌言尼明空(空)姓段氏齊郡人大王父貫襲褒國(國)公按唐初齊郡段志元封褒國公午瓚襲瓚卒午懷簡襲並見本傳宰相世系表懷簡以下並不載据(據)誌則襲封不自懷簡而絕而貫於(於)志元為曾孫元矣唐安寺舊(舊)書宣宗紀會昌六年(年)(會要作大和六年)以法雲寺尼改為長安志在朱雀街東第四街南宣平坊(一作宣政)標題稱抽住大德抽住二字僅見於(於)此(此)釋家之稱夏臘與四時之錯舉春秋同意誌云僧臘六十夏正亦稱僧臘夏並(分)用圓窣(敍)書蘉尤舛

大和末五成函四載六月
五百九十八行
三十頁

序字提行旁注
第二行移讓行

唐二十二

九姓迴鶻可汗碑殘文

碑斷缺存五石兩石文理相屬共存二十四行行存四十四五六字不等餘小石存字不一正書在蒙古賽音諾顏部右翼中前旗游牧地

歲

九姓迴鶻□登里囉汨沒蜜施合毗伽可汗聖文神武碑并序
賀□□□紆伽哩伽思闕下紆伽
聞夫乾坤開闢日月日□受命之君光宅天下德化昭明四
方輻湊□□□□表歸仁□□□□□□□□□□闕下
□國於北方之隅建都於嗢昆之野以明智治國積有歲年
子 □□□嗣位天生英斷萬姓賓□□□□□□□闕下史
舟革命數歲之間須□我舊國于時九姓迴鶻世姓拔悉蜜

唐大和末

國

三□□□諸異姓僉曰前代中興可汗並見□□□□闕下囉
沒蜜施頡翳德蜜施毗伽可汗嗣位英智□□□□□警子
□□□里囉汨沒蜜施頡咄登蜜施合俱錄□□□□闕下使
㡘重言甘乞師併力欲滅唐社，可汗忿彼孤恩竊弄神器
親□驍雄與王師犄角合勢齊驅剋復京洛 皇帝□闕下師
將睿息等四僧入國闡揚三祀洞徹三際況法師妙達明門
精□七部才高海岳辯若懸河故能開政教於迴鶻□闕下□
今悔前非願□正教奉 旨宣示此法微妙難可受持再三
懇□□者無識謂鬼為佛今已悞真不可復事特望□闕下□
受明教薰□□俗化為ㄙ 飯之鄉宰殺邦家變為勸善之國

故□□之在人上行下效 法王聞受正教深讚虔□闕下□
可汗襲位雄才勇略內外俯明子 登里囉沒蜜施俱錄毗
伽可□子 汨咄祿𠐍伽□闕下□合毗伽可汗嗣位治化國
俗頗有次序當龍潛之時於諸王中最長都督刺史內外宰
相□□官等奏曰 天可汗垂拱寶位輔弼須得賢闕下□
汗宰衡之時与諸相殊異為降誕之際禎祥可持自奴及長
英□□武坐籌帷幄之下決勝千里之外溫柔惠化撫闕下□
□英雄智勇神武威力一發便中堅昆可汗應弦殂落牛馬
谷□□械山積國業蕩盡地無居人復葛□与吐蕃連闕下□
□庭半收半圍之次 天可汗親統大軍討滅元兇却復

城邑□土黎庶含氣之類純善者撫育悖戾者屏除遂闕下□
□□遺弃復吐蕃大軍攻圍龜茲 天可汗□領兵救援吐
蕃□□奔入于術四面合圍一時撲滅屍骸與積非人闕下□
□□百姓与狂寇合從背戲職貢 天可汗躬總師旅大
敗賊□□奔遂至真珠河俘擄人民萬萬有餘驅馬畜衆闕下
□□□□知罪各衰請祈訴、 天可汗矜其至誠赦其罪
戾遂与□王令百姓復業自茲已降至自 朝觀進奉方闕下
□□□□軍將供奉官並皆親覲至於賊境長驅橫入自
將數□□號施令取其必勝勍敵果摧追奔逐北直至□闕下
□□□□□攻伐葛祿吐蕃搴旗斬馘追奔逐北西至拔賀

毗國刮獲人民及其畜產莱護為不受教令離其土壤□闕下
□□□□□□□□□□姓毗伽可汗復與歸順蔦祿冊真珠智
惠莱□□王又十箭三□□□□□□□□□□□□□□□□闕下
□□□□□□□□□□□宇令僧徒寬泰聽士安樂自門法
來門□□　石末曹降□□□□□□□□□□□□□闕下□□
□□□□□□□□□□□有□□□□□四□□中外國□
□□委付□□里□□□□□□□□□□□□□闕下□□
□□□□□□□□□□□□□□□□□□□□□□定禍□
□□□□□□□□□□□□□□□□□□□□闕下

右二石連屬

□特異常宇內
為兄弟之邦永為
□為法立大功績乃
□既有志誠伍即持受
忌領諸僧尼入國闡揚自
姓康樂崩後　登里囉羽□
□昆治之才海岳之量國家體
世作則為國經營筭莫能紀初
偏師於匀曷戶對敵智謀□遠
女磧凡諸行人及於畜

京觀敢沒餘燼
餘衆來歸
甪沓實力
□

右一石十四行行存四字至十二字不等

帝蒙塵史思明
乃頓軍東都因觀風了
俟惠德于時都督刺史內外宰相口
應有刺畫魔形悉令焚爇祈神拜鬼並
後□慕闍徒衆東西循環往來教化
沒蜜施合汨咄祿胡祿毗伽可汗繼承
入法令須明持望　天恩允臣等所請
北方堅昆之國空玄廿余舄支

右一石八行行存六字至十五字不等

□合伊難主莫賀
空
表裏山河中建都□
汗在位撫育百姓若赤
丞高祖　闕毗伽可汗
諸邦欽火匀厶

右一石五行行存六字至九字不等

碑殘闕不見立石年月撰碑者亦胡人名已泐標題九姓迴鶻□登里囉汩沒蜜施合毗伽可汗登字下半猶存其上所闕當是愛字按迴紇之改迴鶻新唐書本傳繫其事於貞元四年通鑑書四年十月會要在貞元五年七月舊唐書則云元和四年藹德曷里祿沒弭施合蜜毘迦可汗遣使改為回鶻其見於本紀者元和之前皆書迴紇至元和十一年始書迴鶻知劉書必有所本然歐陽公亦必據所是而改之也愛登里囉汩沒蜜施合毗伽可汗者按迴鶻傳敬宗即位之年登囉羽錄沒蜜施句注毗伽崇德可汗死其弟曷薩特勒立帝遣使冊為愛登里囉汩沒蜜施合毗伽昭禮可汗即其人也昭禮可汗大和六年為其下所殺然則此碑殆立於大和開成間矣迴紇姓藥羅葛氏為九姓之一天寶初骨力裴羅擊走烏蘇可汗破拔悉蜜自稱骨咄祿毗伽闕可汗南居突厥故地徙牙烏得韃山昆河之閒悉有九姓昆河會要作嗢昆河碑稱建都於嗢昆之野是也其言助王師剋京洛及破堅昆攻伐葛祿吐蕃皆見於史惜文多闕佚無可詳徵耳江建霞錄此以餘三石不能得其次序別列於後今亦如之

河中府參軍劉伏墓誌銘

縱九寸四分廣九寸十八行行十九至二十五字不等字徑四五分正書

唐故宏農郡河中府叅軍劉府君墓誌□

公葬南陽縣安衆鄉吐蒄里白水之西□會昌四年歲次甲子四月甲寅五日戊午

前太常寺奉禮郎吳鏜撰

公諱伏官河中府叅軍士從宏農郡人也享年九十三歲

夫人扶風馬氏　孤子弇　長女李氏廿二娘　次女魏氏廿八娘季女賀氏廿四娘　長女孫子彭□公有志焉孝行無比遠讓宦槻葬于究壤猶□□□纓帶積廿內外軟秩綿□紱□　公強氣有謀廣壽多義忽逝風燭遊子未還遺訓弥及有長女聓李氏宗源部□儀製龜□□□紼旐素□□悲風而□□窆長原兮歸夜泉□□魂兮白水泯流是曰祥禽應慶瑞麃巡車挽長歌□嘵里之□歎行路於涕□□少栭楸堂乎□□□□□□□陵谷□能為變其誌也□偹多辯何代而能改乎事□□□故記之□銘曰

滔滔白日　名士何從　鬱鬱芝田　左虎右龍

積善之家　豈期禍鍾　言偹于茲　德歸重價

□□終□　祿竆求暇　杳杳冤廷　福滋營□

唐會昌四年四月五日

唐劉伏誌光緒戊戌得於縣西南十八里草店隋書地理

志南陽舊曰上陌後周併宛入更名上宛開皇初改爲南陽新唐書地理志南陽武德三年置宛州領南陽上宛馬安固四縣並寄治宛城八年州廢以上馬入唐州餘三縣入南陽後漢書注安衆在南陽縣西南太平寰宇記南陽舊七鄉今三鄉元豐九域志南陽縣有安衆鎮明一統志安衆城在南陽縣西南三十里今誌出草店東瀨湍水西南去安衆鋪十二里而云葬南陽縣安衆鄉上宛里白水之西岡與史志均合蓋唐上宛縣本理宛西南後雖併省猶以爲里名又按安衆故城明統志謂在縣西南三十里向齊據水經注疑其誤今以是誌攷之實即唐安衆鄉耳漢安衆故城故當在湍涅之間也張忠甫跋

右河中府叅軍劉伏墓誌南陽西南鄉草店出土吳鏜撰文蕪沇寫刻草草有歷落不可句讀處孫六皆太守寄貽打本及張忠甫孝廉跋揭工率芳字多隱缺嗣復購得一紙釋之誌稱公諱伏官中府叅軍士從宏農郡人也故宏農郡在唐爲虢州天寶元年改復故名肅宗時復爲虢州誌稱伏宏農郡人者廣韻劉氏二十五望其一爲宏農蓋擧其望也河中府開元八年以蒲州改旋罷乾元三年復置尋又罷元和三年乃復爲河中府伏歿於武宗時年九十三其官叅軍蓋年近六十矣士從二字未詳誌稱孤子弇長女李氏廿二娘又曰長女孫子彭等孝行無比遠護靈櫬葬於宛壤又曰遊子未還遺訓彌之及有長女壻李氏云云是伏之殁不在宛而壻家李氏迎櫬以葬於宛者也兩唐書武宗紀會四年二月甲寅朔誌書四月甲寅五日戊午與紀正合特脫朔字耳宛亦作菀乃宛之變或作苑皆古通用字安作安唐石本屢見之安祿山有兩角女子之謠知當時俗體沿用久且遠矣餘已見張跋頗詳碻

河陽節度押衙張亮墓誌銘

方一尺六寸六分三十一行行三十至三十七字不等字徑五分正書

唐故河陽軍節度押衙兼循武鎮遏兵馬使馬軍都教練使
金紫光祿大夫檢校太子賓客兼監察御史上谷張府君墓
誌銘并序
儒林郎前守棣州蒲臺縣令上官蒙撰
公諱亮字　其先上谷人也曾祖　以壯乱不紀皇祖庭光
易州刺史兼御史大夫祖妣王氏瑯瑘郡夫人皇考英傑義
武軍節度押衙兼侍御史妣潁川陳氏並適賢仁風徽猷早
茂名彰清懿垂裕後昆至於寵秩封榮終葬甲子皆已備諸

唐大中元年七月十九日

形
前誌斯不重載　公天授中和聰明間世卓犖孤秀氣彫風
雲節操氷霜志堅金石端恭處道靜謐居心抱經濟之材蘊
文武之略奉上以忠孝撫下以慈仁加以識用知機通方叶
古風心武節傾蓋轅門二紀于茲躬勤軍伍凡所吏踐其政
必行　公始于長慶新載入仕累赴昇遷而能躬儉衣勤端
恭　綱紀動由禮讓人必知之及授　公出領偏師而能誓
衆身先建功殊効武託以關河重鎮地接雄藩斯得於　公
斷邪不作而又權於爪牙之任轅門之內可謂風生將禮四
方誠謂不辱君命及委之以訓練師旅而能發號施令決策
難
奇方動靜知機明於勝負柳又軍府劇曹權總司重尤難其

奮
壽
人　公之所精簡而能理庭無宿訴獄絶滯冤既國盈於
藩垣實歌詠而斯遠　公之善理足以匡輔　時政宣洽風
猷方期奮翼雲霄獲伸高步無何以景福不永會寒暑遘疾
殆于綿輟以大中元年閏三月十六日終于孟州河陽縣豐
平里之私第也享齡六十　公有三子長曰鈢次曰鍊季曰
壽符年弱質皆以仁孝著名柳又鈢鍊等並就列　旌軒署
衘前虞候之職自公寢疾躬執飲膳湯藥昆季必先嘗之面
垢體羸不餚符帶及　公奄息大謝而發哀隕血號扣天地
一哭三絶俄而晦朔遄流纔及終哭皆迫禮起復之任也
公三女長曰二十八娘次曰三十娘季曰三十一娘並處子

度
經
閨儀哀毀居疚哭無時也　公夫人太原王氏盛族仕流也
平生奉　公以巾櫛及歿居喪以終禮撫孤號慟髮毀容
追亡顧存晝夜是哭也　公有長兄曰鳳翔節度馬軍都教
練使兼御史中丞以職係遠拜臨喪不及也日月云邁龜筮
叶吉先遠告期以其年七月十九日護櫬葬于孟州河陽縣
豐平鄉趙村里之北原禮也慮他年陵谷之變不以予之鄙
固命載筆遂略述斯美刊諸貞石以紀其年祀焉銘曰
賢哉大夫　挺生忠烈　器負孤標　風姿皎潔其一　軒冕
承家　公侯閥閱　金紫風流　聞望清切其二　才推經濟
德邁前哲　芳譽外彰　清輝內發其三　洪勳早立　榮寵

斯至驊騮望逸　步於天衢　騏驥思千里而一致其四誰
謂天地不仁　禍階將起　遘況痾而莫瘳竟大漸而云已
其五流景不駐　逝波無返　悲大夜之何長　愁秋光而
若短其六臨危揮涕興悲嗣子　痛昆友之猶睽　顧孀妻
之嗚嗽其七悠悠白雲　茫茫秋水　魄謝泉臺魂歸蒿里
其八龜筮叶吉　先遠屆期　既啓園浩　輀旋將還　蘩
露哀湲　雲慘千里風悲九原　萬古千秋　長波逝川
刻銘貞石　惟紀德年其十

河陽軍建中四年置治孟州修武懷州屬縣亦河陽軍
所領也張亮文英傑義武押衙義武軍在定州誌言軍
府劇曹權總司重庭無宿訴獄絕滯究蓋亮又嘗兼幕
佐者矣銘辭十章章四句九章十章凡十一句龜筮卜
吉三句無韻疑既啓元浩下奪一句及其九二字末又
併兩章為一章也

闕

左衛大將軍契苾公妻夫人何氏墓誌

石一尺五寸五分二十四行行二十二字至三十
字不等字徑五六七分正書在京師端午橋家

唐左衛大將軍兼御史中丞契苾公妻何氏墓誌并序
鄜坊丹延等州節度掌書記監察御史裏行韋遇撰
夫人何氏望在廬江郡曾皇不仕祖蘇州法曹參軍諱□考
單于府兵曹參軍諱□甫其先皆有功勞代為將家門傳武
略咸名馳振人皆慕焉以是　夫人嫁得　良聟有柔
順之德惠和之性明逾片玉芳越幽蘭動有威儀克彰婦道
□蕬□□□合於詩禮故致其家肥焉　夫人乃姨妹也
自為伉儷四十餘年合心齊體臻於和睦閨門之內入則嘻

唐大中元年十月二日

嘻笑語怡怡梁妻是儔冀婦何遠始至其家
契苾公乃為振武都頭權握萬餘兵致名最咸往來皆□□
子□遊其門飲食必精需膂必厚雖出於　大賢特達□
□內成美也從　良夫歷數郡治家承奉之心未嘗暫皆
以會昌六年十二月廿四日終于丹州享年五十有八有子
十人孟曰慶郎□□□□因戲不覺墜井而亡仲曰公度終
于節度押衙兼殿中侍御史季曰公□□□□□□□兼
節度押衙次曰公應見任河東節度衙□兵馬使弟公廉□
□節度□□兵馬使公廉已下五人幼小未仕不可列名皆
成器□　公將赴　闕□子護喪歸葬□□□□

朔

以大中元年丁卯歲十月癸巳朔二日甲午□□□□□之
□□泣血之痛恨胡越之地隔死生之別離權葬于振武軍
□□□□原之□也至堅者石不朽者文銘曰
顯顯令儀　□□明德　懿範端莊　溫柔充塞
生既稱賢　婦道乃全　百行咸備　四德□宣
徽音外暢　惠淑中堅　既將比玉　俄成逝川
夜臺凝月　壠樹含煙　倏為昔事　萬古千年
夫人之父單于府兵曹參軍此朔方節度所領單于大
都護府也撰誌之前四年改為安北都護矣夫人從夫契苾
公歷數郡而其官為振武都頭軍中稱都將為都頭蓋
都知兵馬使之屬非典郡也夫人終於丹州按方鎮表
鄜坊丹延時隸鄜州節度非振武軍所轄

搨

北嶽廟石幢題名五段 宋題名附列 宋天聖七年

高二尺六寸八面面廣四寸五分均正書在曲陽本廟

韋損等題名 面高一尺七寸七行左行末二行在右一面行二十二十一字不等字徑八分

勅大中二年二月十三日准　制祭
初獻義武軍節度易定等州觀察處置北平軍等使正議
大夫檢校禮部尚書使持節定州諸軍事兼定州刺史御史
大夫上柱國彭城縣開國男食邑三百戶賜紫金魚袋韋損
亞獻節度掌書記登仕郎試大理評事薛廷章
終獻攝令朝議郎前試左金吾衛兵曹參軍衛璠

李公度等題名 在前刻之左高同上六行末二行在左一面行二十二二十五字不等字徑五分至八分

唐大中二年二月十三日

搨

勅大中二年十二月廿一日准　制祭
初獻銀青光祿大夫檢校工部尚書使持節定州諸軍事兼
定州刺史充義武軍節度易定等州觀察處置北平軍等使
御史大夫上柱國李公度
亞獻節度推官將仕郎試太常寺協律郎韋□
終獻攝令將仕郎前守揚州高郵縣尉鄭照隣

義武軍節度判官□□題名 在前刻之左三行行存字不一字徑四五分

義武軍節度判官朝請郎監察御史 下泐不辨幾字
府主尚書之　命往以時雨□降乞靈於　□□ 泐下 令休申命
廣庭大中三年四月一日 泐下

御

李公度等題名 高一尺七寸八行左行末三行在右一面行二十一二字字徑八分

□大中六年九月十六日准　制祭
初獻義武軍節度易定等州觀察處置北平軍等使銀青
光□大夫檢校工部尚書使持節定州諸軍事兼定州刺史
御史大夫上柱國隴西縣開國男食邑三百戶李公度
亞獻節度判官朝散大夫檢校尚書司封郎中兼侍御史李
元夔
終獻將仕郎權知令崔貽

韋絢等題名 高與幢等五行左行末一行在右一面行二十五字字徑一寸

初獻易定等州觀察處置等使太中大夫定州刺史兼御史
大夫上柱國賜紫金魚袋韋絢
亞獻觀察支□朝請郎試大理評事兼監察御史柱國紇干濬
終獻節度掌書記試秘書省校書郎柳告
咸通六年二月廿九日奉　勅醮祭

潛研堂跋於韋絢獨無節度及北平軍使之稱存而弗論按兩書及會要文獻通考開元二十二年初置十道採訪處置使乾元元年改為觀察處置使中原用兵要衝大郡皆置節度使節使主兵政廉察主民事各專一使初非兼職諸州節使因軍旅而設寇盜稍息則易以觀察故無常額厥後優寵方鎮節度多兼觀察即支度營田招討經略等使亦多以節度使兼之元和十三年詔復舊章多所停罷而河北諸州相仍弗革故大中年韋絢李公度皆稱義武軍節度易定等州觀察處置使也自是至咸通六年易定久不聞有兵事節度使或已量停故絢獨不稱節度歟方鎮表建中三年置義武軍此後別無增置改革之文北平軍在定州西三里例以本州刺史為使絢為定州刺史則其為北平軍使乃例銜耳備詳則書約舉則省亦如上言易定等州觀察處置等使等州者包祁州言之義武軍治定州領易祁二州等使者即包北平軍使言之否則等字為衍文矣惜不及起錢先生而質之其題石諸人名則新書宰相世系表韋氏南皮公房有損者元宗相見素曾孫初名諶忠義高沐傳有李公度者初在平盧叛鎮李師道軍隨沐引古今成敗切諫師道後又偕大將李英曇勸師道歸誠皆不納沐英曇先後被殺及師道誅劉悟為義成軍節度使請以公度為僚屬事在元和末年韋絢全唐文載有嘉話錄敘一首字文明宰相執誼子大中時歷吏部司封員外郎江陵少尹此大中十年絢作敘時官也世系表執誼四子皆以日旁字為名無絢與此不同三人與題名時世並相當惟表於損無官公度與絢亦皆不及其後所歷官未能徵實然表據諸家譜系訛脫甚多傳於附

移前跋之前

見之人例宜從略公度時推忠義歷二十餘年而爲節
度禮亦宜之絢大中十年官江陵少尹至咸通六年歷
九載典州察郡亦事所有存其說以備參可也大中三
年義武判官某題名錢跋未及所稱府主尚書郎李公
度令休申命廂庭休當即其名又兩書有李元皋戶部
員外郎死甘露之變與此刻節度判官李元夔未知是

兄弟否

右北嶽廟石柱題名凡八面皆唐時祭嶽三獻官姓名向
來金石家皆未著錄庚戌九月予游曲陽於廟中搜得之
亟命工摹拓周遭讀之得文四通云云攢公度結銜皆云
義武軍節度易定等州觀察處置北平軍等使獨絢稱易
定等州觀察處置等使無節度及北平軍使之稱未詳其
故咸通終獻官節度掌書記試秘書省校書郎柳告字□
益蓋子厚之孫咸通四年以第三人登科者也下方有元
祐戊辰吳興劉燾緐言題字云徧讀題刻唐人書頗有楷
法而二石柱尤佳是廟中石柱有二予惟見其一耳潛研堂金石文跋尾

置

年闕

內侍李從証墓誌銘

方一尺九寸五分二十七行行二十六至三十一字不等銘詞行三十四字字徑六分正書

唐故宣義郎行內侍省內僕局丞員外置同正員上柱國李
府君墓誌銘并序
鄉貢進士尹震鐸撰
海波動搖珠璣先沉飈風暴起茂葉前落秀木先折甘井先
竭將徵其物以顯於人不幸短命少年身歿者痛乎　府
君姓李名從証漢將李廣之苗裔歷魏晉宋齊梁陳隋
唐于今一千年餘名氏傳於後移族關內高陵縣　曾
祖諱溫傲時不仕東皋自閑名利去慷平揖卿士　祖
唐大中五年正月廿三日
諱進超興元監軍賜緋魚袋　烈考諱行邕磔立偉材
莫賢閒出器冠□咸字名揚者德有命子三人長曰忠義故汴
州監軍賜紫金魚袋次曰從誠階朝散大夫行內侍省掖庭
局宮教博士上柱國　公即第三子也　公多藝
不群聰明天折博讀經書偏精左氏春秋傳學晉右將軍書
墨妙筆功時稱能者通老氏六博周人十二棊中得其一可
以對人而闕覩所重者重於道所貺者貺於琴德韜如毛藝
成羽翼獲右神策軍中尉劉公慕而取之置之於肘腋如臂
舂注屬用親於閤門　公跂足拳揮管灑刃翰立書
奏牓點畫無缺未逾數歲出入殿庭善好和光明時濟會

直

歐初入仕事　　武宗皇帝授宣義郎行內侍省內
僕局丞員外置同正員上柱國身衣綠綬面對　　天聰
復遇方今　　聖皇帝受　　命銜恩爲　　主
心腹直道事　　君結誠許　　國是知善人猶短聰明
□折身染于疾漸寢于榻虛徵百藥蹯月三歔心神不慼知
時而終以大中四年十一月十六日終于廣化里私第昔禮
聟王氏比有所娶今與其家年少失倚以吏爲業有命子一
人曰敬融託長留門未任時務以喪事辦於仲伯從誠堂兄
敬賓偕曰龞筮龜卜而不吉曰告月地而不利遂不入于大
塋以大中五年正月廿三日葬於　　先塋碑堂之東地

置

即京兆府萬年縣滻川鄉上傅村置其墳焉　　公仲兄
從誡會震鐸於　　閣下情深於与遊請菲薄之詞遂握管
搜思銘曰
瑞雲暫見　散而成空　念人在世　與此略同。
水有迴波　命無重生　名姓榮貴　如風響聲。
當官成客　入土是家　宼不長壽　少年可嗟。
影滅䰟消　藝隨身去　深壙塼床　永爲歸處
試左金吾衛長史林言書　　滎陽毛文廣篆額

賜沙州僧洪䛒等二敕高四尺五寸廣二尺一寸上半截大小字不一十八行行大者行二十一字小者字數不等下半截方界格十九行行十六字又下一列十五行後空行五字敎正書雜行體小字正書在敦煌千佛洞
缺
□□□身依本鎭石下撰未題字徑六分
勑釋門河西都僧統攝沙州僧政法律三學教主洪䛒入朝
使沙州釋門義學都法師悟真等蓋聞其先出自中土頃曰
及瓜之戌陷爲辮髮之宗尒等誕質戎壇栖心釋氏能以空
王之法革其異類之心獷悍皆除忠貞是激虔恭教旨夙夜
修行或傾向天朝已分其覺路或奉使䰟闕頓出其迷津心
惟可嘉跡頗勞止宜酬節義之劾或獎道途之勤假內外臨
壇之名錫中華大德之号仍榮紫服以耀戎緇洪䛒可京城
內外臨壇供奉大德悟真可京城臨壇大德仍並賜紫餘各
如故
　　大中五年五月廿一日以上字徑八分
中書令闕　中書侍郎兼吏部尚書平章事臣崔龜
從當奉　中書舍□臣崔□行此行字徑四分
奉
勑如右牒到奉行　　大中五年五月　　日此行字徑八分
侍中□　右僕射兼門下侍郎平章事鉉　給事中㠯
□□□都事　左司郎中此行字徑四分
禮部尚書闕　禮部侍郎懇　尚書左丞璪　書名較故此行排字疏

唐大中五年

告京城内外臨壇供奉大德兼釋門河西都僧統攝沙州僧
政法律三學教主賜紫洪䛒奉
勅如右符到□□奉行
大中五年五月日下（此三行字徑八分）
郎中□　主事□從　令史鄭全璋　書令史（此行在前一行）
奉行之下大中之上（上偏右字徑四分）
右截上

勅洪䛒師所遣（以下失攝）　師中華良裔西土律儀修行而不失
戒珠調御而深藏慧劒而又遠懷故國願被皇風專遣僧徒
倫申懇切令則達鄉閭之的信攄祖父之沉冤惟孝与忠斯
謂兼美宜率恩唐之侶終成歸化之心勉遵令畓以就休烈
今授師京城内外臨壇供奉大德仍賜紫衣依前充河西釋
門都僧統知沙州僧政法律三學教主兼賜勅牒僧悟真充
授京城臨壇大德仍賜紫衣兼給勅□錫兹寵渥慰尔忠勤
當竭素誠用荅殊遇師等所上陳情表請依往日風俗大行
佛法者朕精心釋教不捨修持師所陳論深愜本意允依來
奏其崇恩等師宜並存問之今賜師及崇恩等五人少〻物
具如别録并師家書迴報並賜往至宜領之餘並具所賜議
潮勅書處分想當知悉夏熱師比好否遣書指不多及
一日
右下截

首行缺　勅賜物□　賜内外臨壇大德河西都僧統賜紫僧洪
䛒物四十疋　錦二疋　色吴綾二疋色小綾二
疋色絹八□　雜絹廿一疋紫吴綾僧衣二副内一綿銀大
□椀二枚（以上字並徑八分）
右在下截之下

右宣宗賜沙州僧洪䛒等敕牒並賜物敕大中五年五
月行通鑑是年二月攝沙州刺史張義潮自拔歸唐旋
略定瓜伊西甘肅蘭鄯河岷廓等州遣其兄義澤奉十
一州圖籍入見河隴沒入吐蕃百餘年至是悉復故地
敕云洪䛒等其先出自中土頃因及瓜之式陷為辮髮
之宗蓋即肅宗朝十州淪陷時也又是洪䛒使沙門悟
真入朝遂降斯敕則與張義潮遣使來降為同時矣別
敕云餘並具所賜議潮敕書處分議潮即義潮當是初
以議名後改為義史從其改定者書之非有異也宣宗
崇尚釋氏修復武宗所廢諸寺度僧幾復其舊觀敕於
二僧獎諭懇摯雖以河湟初附用示懷柔致羈縻之術
而所謂大行佛法深愜本意者亦由中之言也崔龜從
結銜中書侍郎兼吏部尚書平章事宰相表係此於大
中五年四月龜從傳不言為吏部尚書舊書有之惟繫
諸四年為異牒以五年五月行其銜如此與史正合右

僕射兼門下侍郎平章事鉉崔鉉也右僕射兩唐書本傳並作左獨表作右据牒則表為核矣禮部侍郎慇史無攷全唐文錄有韋慇重修滕王閣記太和初進士大中朝拜禮部侍郎則慇爲韋慇殆無疑義尚書左丞璪者兩書有崔璪附其兄珙傳新書位刑部尚書不敘其所歷官舊書大中初由吏部侍郎改兵部侍郎檢校兵部尚書充河中晉絳磁隰等州節度觀察使七年入爲左丞與牒五年已爲左丞少異未知即其人否

年

張再清墓誌銘殘石

方一尺五寸二十三行行二十餘字不一字徑五分正書在京師端午橋家

唐故清河張府君墓誌銘并序

府君諱再清字洪□先清河郡人也家承冠蓋累代勳□□
□□官□□其子□□□□□為□府□□縣望仙□□梁村
人也曾祖諱□祖諱□考泐約十二字才□□□□資身孝悌泐睦
行末逸長吟□□□詠新詩訪泐毎吐瓊而□□撒娱泐大中
五再六月十八日不幸寢□告終泐有五□□乎□□□□
□有泐惻親□□伍□□□以冠泐儀惢□六□□□宗下全
泐□巾泐綱縩始□□備□□成泐下全□府泐下全□□門下全

唐大中六年十月廿四日

泐□亻也有女泐次女十一娘□於隴西□氏次女十二泐
廿十四娘□□□泐大中六□十月廿四字泐五西北泐更改
□代□泐張君兮名不朽泐道□□兮□所傳泐氣兮
身□□泐万古兮封□

趙建遂夫人董氏王氏合祔墓銘

方一尺三寸八分二十行行二十二至二十五字不等字徑五七分正書在京師龐方家

大唐易州遂城故鎮遏敵副將雲麾將軍左金吾衛大將軍
天水趙府君故董氏王氏二夫人合祔墓銘并序
公諱建遂郎簡公後裔也　今爲易州遂城縣人　曾諱詵
祖諱寯易州孔目　夫人董氏以開成元年□先風燭
年
有子三人德行德榮德猷　太原王氏以大中六卉九月而
歸正寢　今以大中九年二月十七日遷祔於州東南五里
舊墳

唐大中九年二月十七日

此誌文不足存書亦出市井人手故摘錄其要以存其目敘三代不及父者殆就其子德行而追稱之歟

左武衛兵曹參軍李君墓誌銘

方一尺六寸二十四行行二十四至二十九字不等字徑五六分正書在京師龐午橋家

唐故振武節度隨軍登仕郎試左武衛兵曹參軍上柱國李
府君墓誌銘并序
上空十五字撰并書厓篆蓋節度要籍張元贊
漢
公諱　其先隴西郡人也源流出於姜姓夏禹之苗裔漢大
榮晧
將軍安之後曾諱丑萁曾任亳州司馬祖諱榮晧曾任試寧
國籌
衙前兵馬使銀青光祿大夫檢校太子詹事上柱國李公籌
謀勲績銘於鼎彝威振蕃夷名光竹帛公即是府君之第六
發
子也公在提孩嶷然秀發至於禮義忠孝明懿生而知之年
駈
及弱冠授筆從戎去寶歷初都護張公司空以公風蘊幹能
恪勤奉職補署散駈使官至大和中節度使李公儀射補充
正駈使官後去開成三年中都護劉太保改署節度要籍迄
今累至隨軍之職溷職歲久累任年深不可具載公即志性
厥
沉厚襟懷恒袁忠孝洽於友用勇毅彰於軍府接下以禮居
以以
上而寬　元戎以軍中宿舊早著能名嘗以嘉歎其德而
貴不登於大用壽不及於期頤則天之高神之明胡爲賦我
以大中十年二月中不幸寢疾終於振武軍社母理之私弟
也享年五十一知与不知無不驚歎嗚呼閱水有涯梁木其
劉
壞俄歸大夜奄謝　明時夫人劉氏父諱佾曾任振武節度

唐大中十年十月廿四日

受

衙前討擊副使適之長女溫惠慈和親族仰則躭服浣濯勤儉理家有子三人長曰敬釗受職節度子弟次曰敬儒幼曰敬初在家㸃教未職宦於公門嗣子等風稟庭闈之訓早彰孝弟之風有女一人未出於適哀茹荼毀瘠過禮義𧓍叶吉痛封樹之有期即以其年十月廿四日殯於軍城正西三里平原之禮也嗣子等感先父之舊眷見命乃為銘曰

天文著象　人文可覩　龍鵰豈易　鱗角成難

陰氿慘色　颼颼悲寒　哀人旦哭　感動山川

千秋万歲　蒼涏古原　輴車送往　何時復還

振武軍在單于東都護府城內屬朔方節度乾元初分置振武節度領鎮北大都護府寶應元年以鎮北隸朔方廣德二年并罷振武節度大歷十四年析朔方復置之仍領鎮此誌云寶歷初都護張公司空開成三年都護劉太保皆鎮北都護也李君不書名曾諱祖諱字皆闕筆曾祖單學曾字皆甫見於此不言父某者就其子敬釗等之稱榮賂即李君父也斌甯衙前兵馬使以邠為斌滙職歲久歷加水旁並誤字撰書并篆蓋人張元贊官節度要籍益節度幕下司文籍者官志不載先撰書而後銜名變例也誌云殯於軍城正西三里平原之禮也黃虎癡謂唐誌用此句法者甚多無皆倒互之理當時自有此文法信然振武軍治單于都護府其地為今歸化城午橋之得此石其來遠矣篆蓋未見打本

鄭
鄭惄已墓誌銘

方一尺五寸六分十八行行廿一二十八至廿九三十字不等
字徑五六分正書有行草在京師端午橋家

鄭
唐故鄭府君墓誌銘并序
諱儐
公諱惄已字惄已貫屬滎陽郡公侯之家衣冠之敘須嶋□
涉艱阻安史乱常士庶流離失其夲末或遁世山谷或浪跡
他邦乃事農桑使為井邑亦未験元夲裁自曾高至于祖考
諱
継業於定州今家為中山人也　曾王父諱璀　祖王父
諱璘父已道高不侍性慕山泉盤石鈞磯是為取適蘭芳芝
术以代生涯志於琴書流輩懸邈　公早經離乱遁世潛
名每思瞻家或覩橘植上承貴地下引芳苗綿〻將勲重〻
組綬嬰疾継月方藥不及以大中五年九月廿八日終于趙
母鄉之私第　故夫人平盧郡氏殁於庭室六載于茲一女
一男婚嫁皆畢晦朔不乖於着膺旦夕常俟於溫清天也云
亡同歸泉戶以大中十年十一月九日合祔於莊西南一里
平原之禮也嗣子傢㪉獨恨血濺棺側視之者淚流沾襟聞
之者情愴傷神日不駐於西陵生期何促殁若逝川東注魂
返無期劬勞之愛空深昊天之恩何報罄家徒之財貨猶未
申哀飾金翠之彫輩徒為訟目是以命工刻石惄地久天長
金石難期乃為銘曰
殁
一去冥〻長夜臺　扃門一閉吏無開　兩劒雙芳一時殁

唐大中十年十一月九日

孤子哭兮淚漼〻　□言百種命無天　長短難知一事□
花落得春開有日　人隨流水不歸年

嶋作嶋安作安其敘葬地曰平原之禮也與前唐誌同例文如
是者多蓋當時習用語

孫徵妻韋夫人墓誌銘

方一尺九寸二十九行行二十九字字徑四五分正書

唐故京兆韋夫人墓誌銘并序

前河東節度推官試秘書省校書郎孫徵撰

魏

夫人姓韋氏其先京兆人也脩絛祖于顓頊氏之後洎漢魏迭
遷分族為東西眷蕃衍盛大於隋朝尤熾靡焉　曾祖府君
諱藩周　皇朝滑州韋城縣尉曾祖妣安平李夫人　大父
府君諱滌　皇朝贈秘書少監　祖妣范陽縣太君盧夫人

烈

烈考府君諱行貫　皇朝尚書左司郎中犄𨺅犄𨺅闕
闕門華軒棠茂緒官瞥禮樂蔚為儀則　郎中府君娶太

唐大中十三年八月廿日

原王夫人錫闕爕炳時推勢族　夫人即　郎中府君第三
女也粹含明晤柔資淑哲動協禮法不虧教誡年踰笄委跡
予稱雍容婦道周旋孀則事　長存敬撫弱示慈適達
中規限程古制其外能以居貞自嗜固節有立矩道弥膺執
性不回督馭僮僕能以毅訓咨之悼耄樂而愛焉予嘗竊曰
柔和婉媚明順膚敏諒從天假矣則又何執性固節督馭毅
訓能兼之耶噫東身冤琉者茍生於代稟是操亦足為貞獨
之士矣剏閫帷之内祇剌是心我很情尚淡薄不務華袨佩
服圖史外居常則以如來教自克予亦毋私謂曰能聲梵詰
不輟於晨暮足以資予偕老矣闕止身分耶嗟乎風露邁疾

矣

積成沈痼鍼石藥餌畢集其體洎天星二周矣曾不能少損
一日忽起西昇心冀攻乎良術遂適京師館于　仲兄之私

瘵陰

室嗚呼醫工無補勿藥不瘳瘵毒陰陽遂至加極以大中十
三年六月七日終于上都新昌里之別第享年三十一　有女
一人曰雍兒歲未及卝患利不群　夫人以是而注念加篤
噫余遊鱗失瀨犆翼忘林想舊愛之同塗成新悲之異世寬
腸矗東愲臆鋒丈一慟徒興百生莫贖嗟夫日月有期龜筮
叶吉即以其年八月廿日歸窆于河南縣杜翟村平樂鄉祔
大塋禮也嗚呼　夫人淑德柔儀形于六姻矣若質乎陋
見焉能盡于筆端我識其要者用紀年月云尔揮涕勒石不
勝其情銘曰
璿源瑞激靈派芳流　德容淑質鍾此英休禮著柔賢詩稱
令哲孰能兼美資之閫閫承　顏婦道撫幼　母儀纖
程古制動協中規積善之家期天報施於此何鑒伲齡蕣悴
蕣蘭敗萼水鏡埋塵虞泉一閟潒汜不春東洛旋環北邙蹲
峙揮涕勒石哀不勝既金飆淅淅　清芬悠悠隴樹蕭索蔚
千萬秋

第廿姪鄉貢進士孫綵書并篆蓋

右韋夫人誌其夫河東節度推官秘書省校書郎孫徵
撰第廿叔鄉貢進士孫綵書徵見舊書文苑孫逖傳逖

子宿宿子公器公器子簡簡子徽登進士第新書宰相世系表簡八子徽次六緣次七誌稱緣第廿卅（叔）者統諸從兄弟爲行也徽常州刺史緣字子韋河中支使皆後日所至之官誌有篆蓋亦緣書未見拓本

諱

馬惟良夫人王氏合祔誌銘

方一尺餘十六行行十九字至二十字字徑四五分不等正書

唐故扶風馬公故夫人太原王氏合祔墓誌銘
公諱惟良其先扶風郡人也代継簪裾軒冕承襲名標書策
此故不述　公生而敏哲性全冲粹樂道閑居優游不仕豈
意穹蒼不祐以太中二年十月五日遘疾終□私第享年七
十五夫人太原王氏性本令□溫柔守則閨□素敷風儀不
易何菑忽尔霜悲掩至潛□咸通二年八月十五日終歿於
世春秋七十有□有子二人長曰季寬任平盧軍節度副將
□□孝敬乎有才能次曰季昌忽鍾天禍絕漿茹荼女二人
長適徐氏次適王氏並哀毀殆□慟哭無時至咸通三年正
月七日祔葬於□州城西南約七里髙□礼也恐陵谷之遷
故刊貞石以爲銘曰

蘋

俱

懿哉府君　德重人倫　不苟名利　豈貪財珎
夫人之美　不墜採蘋　昭彰令德　和合□□
天不憖遺　俱喪哲人　塋之龍福　榮顯千春

唐咸通三年正月七日

乎疑爲之譌古厥字也即五字文義不協此

智力寺僧重雅等造像殘碑

石存高二尺四寸五分廣一尺六寸七分中鑿龕像記在
龕下直界格二十二行行存十一至十四字不等字徑五
六分正書在京
師端午橋家

大唐咸通癸未歲磁州天缺下
闢主宇宙者以海岳爲墉塹　缺　在亂溪谷爲居獨章无导
缺　釋迦調御頂旋金輪肉髻王　缺　吐溫涼之水沐浴
豪苑
金軀七年　缺　抽一萃八方俱現鹿王苑内□　缺　化即學
解漢
者之津橋解脫无爲是　缺　湛然　現金仁於漢代未涌一
缺　西望有此靈峯巔危嶺峻如青　缺　□印手南崖于今
尚在貞觀十　缺　道化之原再令修建當今　聖□　缺　武

唐咸通四載六月十八日

尚書丈操七步武縱六奇内　缺　次見□　朝遊鳳闕夕
詣龍庭清　缺　智力寺主僧囊雅佛殿功德主僧整□　缺　宗門
以穀重爲□撫骨肉而内外咸□　缺　軒門佐百城之守早年
慕道知畢音　缺　次維鄉孫家　白少□　樂應　韋方　王叢□　缺
邑衆七十餘人咸削金燈覽□□　缺　宣中句四方信士
皆奏此山佛之□　缺　造長留什物及每年設供三千恐　缺
何者爲珎好　金□是堅□　缺
咸通四載六𠥱十八□□

碑下截斷佚礠州武德初置貞觀初廢永泰初復置史
志皆作磁新書地志作慈州天祐三年以慈磁聲一更名惟元和郡縣志作礠
與此碑同謂以河東有慈州武德八年以南汾州改故此加石是
字本作慈也按河東道慈州以治近慈烏戍故名河北
道慈州以山出慈石故名漢書藝文志猶慈石引鐵此
古止作慈之證或謂取母子相慈之意未知所本自唐人加石爲礠
而慈爲本字蓋有不知者矣後又有心作礠而礠爲後
起字亦有不知者矣碑末年月襲天寶舊文以載爲年
本合於古至用僞周製字以𠥱爲月則好異之過也

唐二十三咸通六年七月至中和二年二月
五百八十八行
三十頁

唐二十三

張義全造像記

刻石兩面邇邊闊高五寸廣八寸第一面六行行四五字字徑八分第二面八行行六七字字徑六分正書在蔚州南二十里石佛寺

義歲
蒙

清信弟子張義全伏以沉瘵歲久敬造釋迦牟尼佛一鋪闔
門長幼永賴福恩內外宗親咸蒙吉慶咸通六年七月十三
日前飛狐鑄錢院押衙　張義全　弟義深　新婦
紫氏　紀氏

唐咸通六年七月十三日

張義全結銜前飛狐鑄錢院押衙唐書地理志飛狐蔚
州領縣為今直隸廣昌縣治唐於縣置三河銅冶有錢
官食貨志天寶時天下鑪九十九蔚州十每鑪歲鑄錢
三千三百緡大和八年鹽鐵使王涯置飛狐鑄錢院於
蔚州即此刻所云也押衙如今都司守備之官

賈讓造像題記

座高三寸四面周刻正背各廣五寸五分七行兩側各廣五寸六行行四五字字徑五分正書在完縣西北七十五里三娘子廟

安□自堯時□于路傍借□山側鑿龕□影礼敬□□彳
務□□□應□□□□□於捌造既成命工巧而
裝彩以□□私願合□保安課□無虧興慈造咸通六年歲
次乙酉七月庚辰朔廿九日戊申午時討擊副使都知□治
務賈讓建造
梁遼書
造三娘子并鑄□人王國

唐咸通六年七月廿九日

石像在完縣西北七十五里土人謂之三娘子廟記云自
堯時□于路傍借□山側鑿□龕影謂高祖神堯時也
至是修之故下有咨□修字賈讓結銜討擊副使都知
□治務按完縣為唐定州北平縣地定州置義武軍節
度使此討擊副使者義武將佐也治上一字打本不顯
新書地志唐縣有銅有鐵唐與完鄰宜為銅冶今此字
右旁頗似艮之上半則銀冶也然於史無徵使搨工少
精其字未嘗不可識俟得別本再為校定

雲居寺主真性神道碑

高六尺四寸廣三尺一寸二十九行行四十九至六十一字不等字徑一寸行書額失拓在房山西峪寺東南

唐雲居寺故寺主律大德神道碑銘并序

滿江栖夷子何籌撰

前盧龍節□驅使官張景琮書并篆額

昔者金人教演西方化流東土神功莫測妙用難窮日月不
世 能擬其明聖賢無以究其奧歷□涉之世□論億劫之修行
既立三乘又開不二執之則纖毫有別契之則絲髮無差共
脫 證菩提俱登解脫巍巍蕩蕩無得而稱末代宗徒隨性而入
大德諱真性俗姓□氏涿郡范陽人也曾祖及父晦跡夷

唐咸通八年十一月四日

名忠遵林泉勤業皐壠　大德逸步孤立介然而貞性自
天鍾議非師得觀色身之假立潛趣真宗知至道之可依精
修梵行既端清而秉志乃受具以依年薰然律風輝振前古
雜 万行內茲湧起六事於是齊修堅剛迴持清淨靡雜狂風雖
振富搖赤崗之堂欲浪徒翻不著青蓮之色剝煩惱之縈刹
蘊劃鍾斷會之緣錯合切玉而乃聽讀忘倦蓋忍兼習操
持勇猛佩服精進非唯二百五十淨戒洞達無關抑以八万
泳雲 四十法門游詠真際則知鴻鵠飛翔必造雲霄之上龍象騰
躍簡留沼沚之間繇是四遠嚮從一方□敬高行□節時為
美談頃者合寺耆年至于初學同誠壹志請舉寺綱空八格大
德固執撝謙抑而不許乃曰雲山裏境禪律兼居若非通明
何以悅衆　大德曰顧無捷連統衆之術且乏末田乞地之
功凡練紀綱必資德業非安於己不利于人寺衆愈堅其辭
志不可奪乃唱言曰佛剎戒嚴固難條貫孝祥視履非　上
德而誰師之不從吾將安附三請而後許之四衆歡然合寺
相賀　大德至性平等慧用圓明規繩既陳高卑自序奉
精勤以敬榮隨愣以嚴共樂推誠咸稱悅服遂使施財者松
門繼踵賫供者溪路相望佛宇益崇常住滋贍是知道行高
而歸依雲赴福德具而感應響從又以巾錫之餘牀榻之外
曾於本院別起道場請高行數人轉藏經七徧　大德宿植
精進專至饑餒禱寒飾餞每損節其衣盂拯溺持瀕窗顧蹈
其水火殊蹤異行難可思量累著屢移始終一貫元和中
廉察使相國彭城劉公慕其高節亟請臨壇手字疊飛使
國 車交織　大德以情田不雇鑒用忘機久處山林已遂平生
之志那能師證更登名利之場待觀馬勝之威儀誰識羅侯
之密行懇寫牢讓持堅不迴暨大和有九　方伯司徒史
公之領戎也常自重山聆風仰德乃曰昔三藏傳經於天竺
紬注 六祖闡化於曹溪方知涿鹿名區時有異人開出佛法漸遠
吾宗繼明益傾南望之誠兼陳北巷之挍奇香異藥上服名
衣使命往來難可稱計以其年季秋下旬有三日示疾歸寂

直與千業不知逮
上屬下句乃能讀

於本寺東院俗年八十四法歲六十五猿鳥悲鳴松筠改色
淒涼士庶喟悼　元戎於戲火宅方然羊車脫輻師之已矣
人何歸依　大德學行該通□感□遠端肅所依上足皆是名人
難具昇堂躋書入室曰　仲説　恒智　懸直　惠增　志千　大底
寶定　等七人焉惟增也早歲辭鄉游京就學曾於薦福寺
講大花嚴經聲振洪都藝交清級衆稱開士時謂入流細行
密用難具詳紀直與千業擅小乘學游多地盡得南山之要
皆揚東塔之能彼四人者精通秘奧博達多聞虎步遺宮鸞
翔梵宇感師之教報師之恩焚榇於碧岫之陽起塔於清流
之左雖朝昏展敬未盡□所誠更議刊乎貞珉紀其盛德良工
方瞻朴而未形佛偶　先朝大興沙汰寺皆毀廢僧
適林巖洎佛日重明慶更星歲七□木之内惟寶存焉其誠則
深其力不貲有説公門人前寺主僧閻儈即釋門之孫也戒
律清肅義心堅勇悲本師之早歿宿志未陳與□宋之相扶
再議営立訪余以至感而直書襄巡祀往來披文知行
銘曰
圓覺真乘多不能造　吾師正性盡入其奥　操持淨行契
叶深教　意馬忘奔心猿不躁　戒月圓滿律風清涼　白
璧無瑕明珠有光　利根精進密行包藏　破暗燈炬濟難
舟航　寧寺開經施財供食　但益勤勵曾無退息　時遭
其義衆悅其德　不可思議多所饒益　法性無滅色身有
殺　悲纏上足追慕先師　既崇靈塔又立豐碑　遺風餘
烈千古長垂
咸通八年丁亥歲十一月四日建

律大德禪師神道行碑正書咸通八年續通志金石略
何壽撰張景琮書并篆額咸通八年十一月京畿金石考
雲居寺主大德神道碑何籌撰張景琮書咸通八年十一
月直隸房山寰宇訪碑錄

右雲居寺主律大德碑在房山碑稱大德姓史氏涿郡范
陽人元和中廉察使相國彭城劉公慕其高節亟請臨壇
又云暨太和有門祀方伯司徒史公之領戎也常目重山
聆風仰德新唐書本紀元和五年七月乙卯幽州盧龍軍
節度使劉濟卒其子總自稱留後此稱劉公未知是濟是
總又太和八年十月辛巳幽州盧龍軍大將史元忠逐其
節度使楊志誠自稱權勾當節度兵馬碑所稱史公即其
人碑題灉江楯吏予何壽撰以號入結銜亦唐末有此
金石文字續跋此跋昔從畿輔通志錄入近得授堂書並無此碑跋尾不知志錄誰氏之跋而誤屬授堂也原
雲居寺主律大德神道碑何籌撰張景琮行書并篆額咸
通八年十一月在西峪寺東金石分域編
雲居寺隔河墓地有唐咸通八年律大德碑石經山訪碑記

正書在西峪寺東南半截埋土中書撰人名無攷末行有
唐咸通八年字游房山日記
謹案續通志作正書訪碑錄作行書疑誤分域編大半據
訪碑錄採入蓋亦承其訛也浮屠之書分大小乘而大小
乘之中又各分經論律三類故僧人有講經講論講律之
別此云主律大德主律其所職司大德其稱號也訪碑錄
作主大德訪碑記作律大德殆未究其詳矣畿輔通志
碑係行書續通志誤作正書畿輔通志反以訪碑錄分
域編為誤未見石本故也標題雲居寺故寺主律大德
云云主與上故寺二字連屬若如黃子壽讀作主律大
德則雲居寺故寺五字不成文矣畿輔通志金石跋外
謂往往類此

右雲居寺故寺主律大德神道碑銘行書續通志金石
略京畿金石考寰宇訪碑錄金石分域編皆有目又見
於石經山訪碑記及遊房山日記按標題故寺主三字
連讀律大德者凡僧持行有三品一曰禪二曰法三曰
律見唐六典徒衆稱之為禪師法師律師行高者尊之為大
德續通志金石略載此題律大德禪師道行碑畿輔通
志採此條作主律大德禪師神道行碑衍主字神字未
免費解孫氏題雲居寺主大德神道碑者寺主連讀並
省律字非主大德之謂訪碑記稱律大德正與續通志
同而黃子壽彭年修畿輔通志未見搨本反謂訪碑錄
及分域編作行書為誤又據其衍文之續通志目主律
連讀謂孫氏之主大德與訪碑記之律大德皆未究其
詳則真未究其詳者矣試即碑標題主字屬下讀之上
文故寺二字將作何解耶其以講經講論講律為此律
字注解亦非　全唐文載此碑龍象騰躍騰作趹請舉
寺綱關舉字綱字考程視履作詳拯溺持癲作顛惠壇
作惠直焚棺作宮其誠則深關深字契叶深敎深作流
碑中磨泐字據文補注於旁

後魏洛州刺史昌黎王馮熙新廟碣 咸通八年十一月九日 萃編載卷一百十七

新廟碣 篆額碣誤碑 首行標題同

從其家屬於代 徙從誤 坎皷啾管以趍赴 之赴誤 碑板堙滅 板作版

大唐咸通 提連紀末 不提行

偃師縣志金石錄碣亦誤作碑字晉國作晉昌魏書熙傳本作昌北史作國碑 國 據北史耳錄碑文者不當援魏書改之從亦誤徙其二爲后其誤且爲政仁愢仁誤任佳數不已佳誤嘉前後羽葆鼓吹脫前後二字將捨家財作舍坎皷坎誤吹愢之十二代祖也愢作余脫代字邵德實思作召 若 績化深洽績 愢 誤積績 旦 脫旦心二字蹤石重紀作斲異日修志者當正之

唐咸通八年十一月九日

魏惟儼等題名并陰 高存一尺五寸廣一尺三寸一面十四行一面十六行行存字不一兩面額上亦列諸人姓名字徑四五六分不等正書石當在雄縣

儷

魏惟儼　咸通□年巡禮

陽文俺妻李氏男左使傔公楚盧榮建妻□氏男師簡韓缺

張友信弟友韓弟友遇母劉氏嫂武氏新婦郝氏子二娘缺

薩全□妻郭氏男行官元素張士政祖君亮盧士歆缺劉自

進蘭文升張自撰陳宗拒母張真愢陳宗夫缺劉士垣劉進

昌弟進儒弟進用歸義縣千秋鄉劉□缺朱忠憲劉文粹陶

蹤

惟順兄惟正新婦高氏田自缺常侍　下隨蹤押衙賈公佐

唐咸通十年後

男文恭母王氏新婦缺張太宏庆副張士平親事兵馬使史

義

莫建 三字添注 妻趙氏男全立全缺田妙德蘋十三田昌田加義

胡万興周建豈梁士雄□缺李存礼妻孟氏佟建達高公遇

高君操張宏霖王建宗缺傅朝用李君乘裴君約王士澄妻

陳氏男宏亮宏昌新婦缺郭進通　蔡行縝王重和李灈清

提行

梁薩

母梁氏□缺曹蓮花智薩保□樂孝昌男君用妻樊氏王士

進　歸義縣通漢鄉　朱公佐妻李氏 左行　四縣巡檢副

將澗遠將軍試左遠衛將軍張君乘　韓危　王全度

吳全政 以上六題在額

右一面

首行不可辨識 李□□□□武□太□母如意寶泐下 張重□劉宗
璘翟文温劉程逸兄□□金□縣之士□缺 孟 邢建昌
弟建初弟建武妹十四娘盧元妻牛缺 朱□方母張氏盧自
□母□氏弟自□泐下 上谷郡張成元母耿氏妻□□□孫
忠順□□氏張敬言母王氏盧缺 □□□田良最宋□用徐
師素王良□□□德泐下 威武將軍吕師勇男全安親事兵
馬使□公□韓仲温韓上雲女□缺 □君□百人將劉君逸
趙建□史文昌妻酈氏梁文弁□□缺 太□觀道士郝方度
張庭方孫李初王文簡父王君亮張志宏泐 歸義縣王建
安男士倫弟士端母張氏嫂陽氏妻劉氏□男□恭李如缺
歸義縣李建逸妻馬氏男方□元益女金鳳娘劉□兒言□
妻□缺 父□加順母李氏裴可諭張宏下及後三行浸漶間有十餘字可識皆村
男女姓名
趙大□ 高五娘□□娘 齊二娘□□通 寶如清男□
方 駱士□武□亮 張□瞻□□□ 寗福□□ 妻田
氏 □□傅行立 □士倫比上十題在額
右一面

歸義縣唐置屬涿州為今雄縣地石當在彼寫刻鄙俗無足取也

比邱洪雅重修諸經刻 高一尺二寸廣二尺九寸五分四十二行行十八至二十字不等字徑五六分正書在咸甯卧龍寺

千手千眼觀世音菩薩廣大圓滿無礙大悲心陁羅尼 呪二十四行不錄
無量壽如来根本陁羅尼 呪十行不錄
阿弥陁心真言 一行不錄
咸通十二年辛卯歲月次孟春廿七日重修建
授持教法比丘洪雅
唐咸通十二年正月廿七日
弟子王元詮

潛研堂金石文跋尾存其目題為大悲心陁羅尼

缺名供養題字（另提行低一格寫）

在周保定四年五月八日郭贊造像之一面 八行字徑六分正書 濰縣陳氏藏

咸通□□四□日弟□□□於李懷□邊屬釋迦牟尼亻一
區一心供養
此匠人錐畫之作

唐咸通末

晚

甘泉院僧曉方塔記

高一尺五寸廣二尺八寸三十行行十六字至二十字不等字徑七分正書在大興今歸繆太史荃孫

唐故甘泉院禪大師靈塔記
性相湛然是無來去光陰飄忽故有悲哀無常必見於有常
生滅期歸於寂滅道光尚在過隙難追則有船侍梵筵心傳
法寶極追攀於痛悼盡愛敬於師資鏤字支提用彰先覺
故甘泉院禪大德諱曉方蘇州常熟縣人也師事五㵎山靈
默大師姓氏經游未之嘗言故莫詳悉其於慈悲以濟物勇
猛以化人擲身塞河決之波舉手正山崩之勢碎裂龐綱高
張法雲得岸拋舟不師文字上天燒尾別創風雷方岳公侯

雲

連城守宰偃風渴道靡不歸依牽迷手於未歸破石心於難
捨三獸極淺深之渡百草滋甘苦之牙皇哉哲手則置院之
碑詳矣
咸通十一年三月十日遷神於此山報齡七十九僧夏五十
八嗟乎𡶴陽陷兮栢梁爇九鼎沈兮□山折乃千乃百哭盈
庭山慘雲愁淚成血□□日兮人失目推臆頓頭皆慟絕世
尊當歿□□羅空有闍維禮容設予即闚風企仰臨紙酸悽
以 師之形則還流委順矣以 師之神□光明清淨矣以
師之法則一燈燃百千燈矣故門人法順等悉心勤力
肇建靈龕於院西南一百步盤龍山首焉以明年 月○○日

唐咸通十二年閏八月

空二格

年

奉邊神坐於是山日往月來懼移高岸人亡地□是紀色絲比金石而弥貞擬蘭蓀而可久後之人覩斯文而知其行則姬公謚法得其一端者耶時大唐咸通十二年歲次辛卯閏八月甲辰朔十三日丙辰　盧龍節度衙前兵馬使前攝幽推朝議郎試大理司直中山郎肅記

右北平釆思倫書

右甘泉院僧曉方塔記咸通十二年閏八月十三日郎肅撰釆思倫正書肅結銜前攝幽推者幽州節度推官省文也是年正月幽州盧龍軍節度使張允伸病以午簡會為節度副大使權知兵馬事肅為衙前兵馬使正簡會權知時矣全唐文載此文自第七行故甘泉院禪大德起刪首段六十八字大德之德作師常熟縣人也節也字允行節姓氏經游以下十四字山崩作山崗十三行靡不歸依作皈依下刪二句十二字又下三獸二句上下互易淺深作淺源甘苦之牙作甘露之芽十六行刪嗟乎下至二十二行故一百字又刪志心勤力四字二十三行一百步節一字又刪以明年下至二十七行時大唐六十四字又刪甲辰朔十三日丙辰八字節度衙前衙作衛又刪攝幽推三字

大般若波羅蜜多經殘石

兩面刻正面高連題額存三尺一寸五分背面高存二尺四寸廣各二尺三寸五分正面三十行行三十餘字背面三十三行行五十餘字字均徑五分正書在房山小西天

奉為　□相公敬造般若波羅蜜多經一□□□四月八日

□□　以上刻碑額六行行五字字徑一寸七分正書

上闕波羅蜜多經卷第四百七十五

經文不錄

上闕□郎王居安鐫字并書額

書經楊元宏

咸通十五季四月八日建造　以上在背面末行　唐咸通十五年四月八日

畿輔通志載石刻般若波羅密經碑一條採金石分域編云楊元宏正書王居安書額咸通十五年四月八日又載石刻般若經殘碑一條採石經山訪碑記云藏經洞口咸通十五年斷碑一兩面刻大般若經旁有題識皆助刻經男女姓名疑即此一石誤而兩列者惟旁題姓名今未見拓者遺之耶

懿宗咸通十四年癸巳七月崩僖宗立明年十一月始改元乾符故甲午四月稱咸通十五年也額題奉為相公云云是為盧龍節度使張公素公素逼走權知留後張簡會自稱留後在咸通十三年尋授節度使累加中

書門下平章事性暴厲眸子多白燕人號白眼相公乾
符二年為李茂勳所襲乃立碑之明年也

北岳真君敘聖兼再修廟記

高連額六尺廣二尺六寸二十二行行三十三字字徑八分正書在曲陽

唐北岳眞君敘聖兼再修廟記 篆額　行　行　字　字徑　寸　分

唐北岳眞君敘聖兼再修廟記

山泉上清道士崔旒述

夫穹隆設象晷刻區宇委之何而古今垂照日太極太極持
之何而晝夜運度日眞靈眞君即　太極眞人姓徐諱來勒
達
頂太冥之𧙾衣冠服佩長□晤眞之印宿蹈元理上達于斯
仍翼儔　太上降次十天伍佪　五老蓋自道學之階無
修不修至于眞修抱素遺骸亾情樸眞陰氣殫而陽氣究始

唐乾符四年七月廿五日

歸根復命颷起出乎仙品可謂之　眞人其昇于漂渺着自
德
洞澗闡其幽微昭然本際由是乎陰德肆之虞覓感聖賢所
彰　禹乃封為　黑帝然是邪也冈不　太上福之
勤播
禹教以勤儉天錫元珪　堯敎以牧人庭生蓂莢其諸[illegible]
植陶冶之利咸沐如是方明天法道道法自然自然息之萬
品萬品用而不知道之与天成功而不敢令之　元元協
運　帝祚遐昌　太上即烈　祖也自尒　眞君
樹　廟土宇方礦圖樞豈啚循朽　眞聖一座　勅建
于大茂之幽谷足下西北五十里仰視蘭臺西維紫府至天
勝
寶十一載復稟　[illegible]　綸旨遷此嘉禾山前椒瓦土選勝造院

四所旅仕一營以禦奸寇至乾符一百二十三祀其所存舊
貫廊廡四之唯一其奈乎星紀霈遠桑田尚如世使湊替仍
營基趾四十畝據□一百餘間住地也所係其邑是　岳之
湯沐所鍾其　廟是郡之康衢致　公卿負郎迴合禱賜
尒來唯洞神道士一人劉知微洒掃祗迓勵勉廿寒暑但聽
里閭稱之曰幼來朴素罕叱公忠姑務贊修勿憚艱迫況災
祖及考尤好善篤成以道行精選在茲詎不慶貽後昆靡爵
下劾然終慮墉堵危陷病雀鼠之牙角豈棟欹漏致風雨之
數殘幸感適十五季方鎮　主公刑部尚書崔季康支本廟
利潤錢一百三十貫□躍於補修方通物理至乾符二年復
遣　勅命切須崇餙　主公道契前蹤旋給人匠物料兼
粉繢神仙無使不備計役功二千五百至三年五月十八日
斤斧事畢抑亦虛心寘扶地合壇鎮動天　休命草故惟新
允宜刻石旌遠山存即存莫京永矣
乾符四季歲次丁酉七月庚子朔廿五日甲子建
三禮魏宣教書　王保誠刻

崔季康兩書無傳碑云方鎮主公刑部尚書者易定節
度使也檢僖宗本紀乾符五年十一月河東宣慰使崔
季康爲河東節度代北行營招討使十二月及李克用
戰於洪谷敗績六年二月河東軍亂殺其節度使崔季
康當即其人其還河東宣慰使在立碑後一年中也旋
旋二字不見於字書疑占施之異文

附
宋魏常等題名 在碑額之左高七寸廣三寸左行三行行七字字徑八分正書
崇寧甲申七月壬午任城魏常南昌吳埏弟圻同來
張希真題名 在碑額之右一行字徑一寸正書

張希真歷五岳

焦山道德經殘幢

原石約高五尺六寸今存下截一尺二寸餘八面面廣四寸餘一五六八面七行餘皆八行行字疏密不齊存十四至二十三字字徑五六分正書在丹徒

首行下空

難

上缺七十五字是為一行下文不錄 善斯不善已故有無之相生難易之相成長短□□

上缺子德經 河上公章三下空此在第四面第五行

上缺三娘 次廿四娘 廣明元年十一月 日建此在第八面末行

檢經訓堂傅奕校定本校之使心不亂此作乱後同是唐廣明元年十一月

猶

澂

以聖人之治也此無也字與河上公同以萬物為芻狗作蒭

猶下句同不以其無私耶不作非與王弼淮南子同耶作邪金

玉滿室室作堂與各本同成名功遂成作功與各本同餘在提行

缺處三十輻共一轂作世作聲與各本異寵辱若驚寵愛以身為

天下者則可以寄天下矣作愛身以為天下者乃可以

託於天下與河上公同惟以身不作身以迎之不見其首隨之不見其

後二句此倒置與各本均異可以御今之有無可字與河上王弼同

能知古始能作以與河上公同孰能濁以澂靖之而徐清作

孰能濁以靜動之以徐清下句動之而亦作以與各本均異

妄作凶知常容凶作凶常下有曰字各本皆無智慧出焉作知

恵知與王弼同恵與河上同六親不和有孝慈和下有焉字各本皆無美

之與惡美作善與河上王弼同畬畬作察察與河上同我獨若悶悶

作我獨悶悶與河上王弼同淡兮其若海淡作忽與河上同上無其字飂

兮似無所止飂作瀏與各本均異似作若與河上同自今及古作

自古及今與河上王弼同吾奚以知衆甫之然哉奚作何與河上王

弼同無之字各本皆有稀言自然作希與河上王弼同故飄風不崇朝

無故字各本皆有飄作飃崇與下句均作終與河上王弼同有不信

企者不立信下有焉字與河上王弼同企作跂與河上同此句之上

有喘者不久四字各本俱無彊為之名作強下凡彊字皆視

此遠曰返作及與王弼同道大上有故字與河上王弼同輕則失本

本作臣與河上同善數者數作計與河上同雖知大迷此謂要妙

知作智此作是大制無割作故大制不割並與河上王弼同而

為之者無者字與河上同必有凶年故善者凶作荒各本均作凶

無故字各本均無以恬憺為上無以字與河上王弼同憺作淡與各本異

故不美也若美必樂之樂之者是樂殺人也十七字此

只作勝而不美而美之者是樂煞人十二字與各本同惟煞不作

煞功成而不居居作名有二字與河上王弼同衣被萬物衣被

作愛養與河上同故常無欲無故字與河上王弼同天下之物生於

有之作万河上王弼作萬質直若輸作質真各本均作直若渝與河上王

弼同人之所以教我亦我之所以教人十三字作人之所

教我亦教之八字咎莫憯於欲得憯作大則無不爲則
作而將欲取天下者無將欲者三字而民之生生而動
動八字作人之生動四字無死地焉無焉字（並與河上王弼同）
歿身不殆作沒（與各本異）服文采作綵以邦觀邦邦皆作國
（並與各本異）吾奚以知天下（其）然哉奚作何無天下字哉𢦏字（哉字）
（外與河上王弼同）夫天下多忌諱而民彌貧無夫字（與各本同）彌作
弥（本與各本異）多利器多上有民字（與河上王弼同）其無正衺衺作耶
（河上無此字）故爲下也故字在缺處不知有無下下無也字
不如進此道也無也字爲之乎其未有乎作於無其字
而民弗重弗作不以陳則正作以戰則勝（並與河上王弼同）無
狎其所居狎作狹（與河上同）夫惟無猒作不猒（河上王弼皆作不）民
常不畏死如之乎其以死懼之無常字如之何其四字
作奈何二字無以生爲貴者無貴字是賢於貴生也無
也字（並與河上王弼同）孰能損有餘損作以（與河上同河上無孰字）受國
之不祥是爲天下之王無二之字（河上王弼無下之字）正言若反
也無也字（各本皆無）安其俗樂其業作安其居樂其俗（與河上王弼同）雞犬之聲作鷄猶（與各本均異）凡與傅本互異者六十八
條此六十八條中與河上公注本同者五十餘條按德
經下有河上公章三五字是書幢必據河上公本而覺
身以爲天下者之身以二字迎之不見其首二句之倒

置六親不（和）焉有孝慈之多焉字吾何以知衆甫然哉之
少之字飄風不終朝上無故字跂者不立上多喘者不（猗）
久一句必有荒年之荒償真若渝之真雜（猗）猶之聲之猶（猗）
不獨與各本不同即河上本亦復不同暇當以景雲龍
景福易州二石本及開元廿七年邢州石本互勘之

易州刺史李繼政理幢

高三尺四寸八面一至七面各面廣五寸五分各六行第七面五面二四六八廣四寸各四行行三十五字至四十一字不等字徑七分正書在易州開元寺

當州市老奉為

太守隴西公政理衆造　尊勝陁羅尼石幢讃并叙

軍事衙推文林郎前守滿城縣令王悚撰

樞

上谷郡扼燕趙之中樞摽河山之壯觀俗惟獷悍兵本驍雄

苟非正人孰董斯任洎

天子憂邊乃心北眷爰命

隴西公付之是理　公承榮鼎鼐積慶　庭闈　勲功

唐廣明二年四月九日

倚天寵眷蓋代冀不銀黃照路棨戟盈門列藩翰以推才非

由黨援繼軒裳而受　命盡出忠貞惟　公器能迴拔

乎萃實為世濟其美代不乏賢昔荀氏九公大誇晉室楊門

三組獨耀漢朝方之寵榮諒有慚德況　公宏才博識應

物知機洞教化之根源導生靈之骨髓内是以闡揚聲教翊

贊　謨猷扶　社稷之洪基外足以戡定戎夷恢張土

宇壯　皇王之大業始者褰帷問俗露冕觀時領政事

於六條貊纆盡舉播威聲於十郡異化斯彰且楊震懷金徒

為克慎胡威賜絹未曰清貧弃無益以功成賤易物而已是

刑期不濫劉寬何曾於蒲鞭信及無私郭伋詎慙於竹馬由

是西臨朔塞北拒胡虜戒刁斗晝驚戒烽煙夜起雖軍兵示

難

勇壁壘爭雄而蜂蠆難防犬羊易擾　公乃增崇雉堞克

濬池隍領月俸以具□粮伺農隙而興畚築量功命日應事

國

庇徒楚令尹以立沂城方之未重趙宣子之臨晉國比此攸

輕而又創修馬軍營別立防城院當講武論兵之地實曰訓

齋在今戎羅狄之秋何妨致備□□□設妙畫斯彰矗俏廉

雲

以連雲敞橫軒而對日文梲手映藻井交分既大壯於軍威

鐵

亦允陳其師□至若武賁驫屑鐵騎夬翔森鈒鋏以霜攢聳

□轅而岳立精而養銳習以程功連營懷□□□□□覽

射雕之勇頃以苗螟作厲萊縢興宄致比戶以流離當數畢

年

之耗竭加以横征重斂囚□□□□□□暴須何嘗曠日

公乃大敷仁愛□蘇疲羸一年而俗阜時康再歲而家給

人足自然□□□□□兩知期堰多合穗之祥川有還珠之

媚市無易賈農不遷業將畏愛以兼行在恩威而畢□高楼

賈□堆貨書以如山廣陌長衢沸歌□鍾而若市既庶且富熱

樂無荒昔為獷戾之邦今作□□之地□□郷父杜母□□前

聞牟字賈名抑為虐稱市老□謂曰夫百姓不能以自治是

立　君以治之　明君不能

獨治是為臣以佐之□　公之賢其孰能繼誠歎詠之

不足遂□呼以無窮□□□□□陁羅尼幢立在　開元

寺　　　上以光昭　　　　懿績次以顯答　休恩
是宜刻石傳功垂文著美將依妙法式贊　嘉猷且釋氏
共
廣慈啟之門開緣果之路慧燈長照□海前流三十三天共
法青蓮之會百千万　佛感觀白馬之經況妙畫雕鐫功
窮篆籀鸞鳳舉似到龍宮鳥跡垂文如窺貝葉晴峯迴映
究祇
便同靈鷲之山晚木旁臨宛是祇陁之樹眞不金龍護助寶
剎莊嚴增壽劫於恒河布福田於淨域天長地久將乘不朽
疆
之功万古千秋永保無疆之慶讚曰　巍巍
受
我皇　膺圖受命　挺生聞傑　應時翊聖　百氏丹青
九流龜鏡　四岳惟賴　六條斯正　理若砥平　心如水
惇
靜　剄以觸邪　直不容佞　人惟愷樂　境絕紛爭　獵
虔懷柔　恂嶷遂性　福矜興謠　倉箱起詠　爰崇妙法
用答良因　奇工既就　衆願斯伸　規摸盡妙　彩飾如
神　千花爭映　七寶交陳　慈雲布雨　慧草留春　祥
煙入座　瑞馬迎人　　　童叟歡呼而塞路　齋
壇惑潔以清塵　將垂　懿範　永勒貞珉
唐廣明二祀孟夏月九日記
開元寺沙門燈書　　　　鐫人梁清閒劉居泰
銀青光祿大夫檢校國子祭酒使持節易州諸軍事
守易州刺史兼御史中丞充高陽軍使上柱國李縱

攝
□高陽軍副使銀青光祿大夫檢校太子賓客榮
王府司馬兼御史中丞上柱國張建時下空
軍事判官攝易州長史將仕郎試太常寺協律郎
郭筠　都押衙兼馬步都虞候石彥昭
討擊副使充軍城都虞候張審言　左廂兵馬使
吳□□　都句當修功德主衙城都虞候兼右廂
兵馬使王景芳
易州開元寺東西階有隴西公政理經幢二見上谷訪古記高
各七尺五寸上中二層俱鑿佛像東幢下層書陀羅尼
經未得拓本此與此為西幢下層刻易州刺史李縱政理讚
敘或謂父老稱頌長吏德政依附經幢以為重見當日
人心崇信釋教之甚余謂非也劉夢得高陵令劉君遺
愛碑云天寶詺銘書凡以政績將立碑者其具所所紀之文
上尚書考功有司考其辭辭宜有紀者乃奏又會要貞元十
四年考功奏所所在長史請立德政碑並須去任後申請
違者委本道觀察使勘問是未請於於朝不得立碑況在
任耶幢敘李縱修濬城池創馬軍營立防城院恤災導
敘皆當官所應為未為殊績讚後題名僅軍使所所屬屬數數
人而僚佐及令丞已下無一與與者其非出自當州吏民
公論可知假借經幢肓諛長上而縱縱特首題銜名乃盜
名欺世之究所畜為也縱結銜守易州刺史充高陽軍使高

陽范陽節度九軍之一例以刺史爲使也會要僖宗昭宗兩朝使相並有李繼是後又擢節度使拜平章矣副使張建時榮王府司馬榮王名憒憲宗子廣明元年薨子令平嗣王府有司馬一人建時所事蓋令平也軍事判官攝易州長史郭筠隨將仕郎從九品下官太常寺協律郎正八品上敘在都押衙都虞候之前幕職視偏裨重也軍城都虞候屬軍衙城都虞候屬州又按天寶元年天下諸州盡改爲郡刺史改爲太守乾元元年復故改太守爲刺史其名稱不相通假也繼銜不言有爵而標題稱太守隴西公殊混

佛頂尊勝經石塔并讚及題名

二層各八面上層高三尺四寸刻經一三五七面廣八寸餘二四六八面廣七寸餘每面六八九行行四十七八九字不等字徑六分正書下層高三尺七寸廣與上層同分兩截上截刻讚每面六七八九行行十七至二十一字不等字徑八分行書下截刻人姓名每面六行至十行不等行字莫辨字徑四五分正書在唐縣令名鎚子塔

經文不錄字多剝蝕不可辨

□西京大興□寺主在經末主下尚有十餘字不可辨識

右上層八面

佛頂讚

竊聞黃覺之宗垂真詮之三藏老君之教演妙典之五千或養性玄元或凝空寂滅一則表因緣之理一則彰清淨之門

饒

暨乎制其三綱訓其十義脩五常之則述百行之規師表人倫經□邦國則宣父之書是知三教者義雖同致理則殊途究其道以量之乃優與劣而差矣且夫以上一面不生不滅顯晦之跡難思無去無來饒益之情靡被慧日昇而大夜朗慈雲布而火宅□仗四攝以隨機密六通而自在窂櫳沙界濟拔塵之洞照人天高超像表是有善住天子□乎七返之殃調御金仁示以一言之教乃得 殊功□□ 其至苦託此□□□□之中而□□□□在名言以上第二面之豈述□□數以□窮者□□□□□□兹□□佛頂尊勝□大悲心陁羅尼也

唐廣明二年九月廿三日

羲
我皇帝陛下德比軒羲道超堯舜□□法地垂訓像天俯視
八紘光居六合
我僕射太原王公上[元]鍾秀列嶽降□□□□三傑豈侔舜
日之八元難比隶臣　君之大節□輔國之深謀四巳歌邱
伯之風雨郡□文翁之化我邑大夫清河張公及縣尉〃公
叙
等珪璧星輝□佩以上第三面銅章之□氷臺瑩徹□標黄□之
□□化俗以成人□省傜而薄賦貞廉立事馳□□之□□
清白在躬播四□之善政　鎭遏兵馬使米公　山河兵馬
使史公等並忠貞奉主孝友承家英傑出於□□□勇□於
□□□平戎之妙策矢石傳功韞佐命之全材□□□□都
使劉公及　山河都使封公等並雄豪迥出□□□□□
□而□樹撥啼流星發而晴空鳥落乃有縣□□□□□□
儉慎持誠忠勤立事□□□□□珪璋以上第四面□□□□□
□□之下不可辨□□乎闤闠耆年鄉閭風德下不可辨□□□□用
之規百工咸理悉□□□事□□□□□□□□□爭投玉
帛乃有兩院□主僧□□□□□□□松行堅□□戒□
□而在下不可辨□□□氏之真皇作法門之龜鑑爰有□□□
□□□□□□及次維鄉邢□□雍董澄川□□□□□□
□□□樂以□□□□司□□而□□□□□而射已韞
六度以脩心達□□之□□□□以上第五面□□□□而注想

仰覺路以□誠下不可辨□□□□畫室貲財奉□　國□僕射
□縣文武□賢四生六趣含識有情□敬造玉石□□□□
□□□□是日也雨集良工雲臻喆匠他山之石[既]□□□□
□□□□迴□□空□□鳥道對長槐下不可辨莫不瑩□尊容
雕鐫妙相龍繞下不可辨□□□舍衛之城若□行以下不可辨以上第六面
第七面揭光惡劣墨暈浸淫無一字可辨　上泐十一二字妙道難窮下數字及次行均不可辨
上泐約八字功超有截□□無邊恒□□□□□上泐約九字善趣□
及下數字及五行八字並俱泐
唐廣明二年九月廿三日建此行字特大以上第八面
右下層上截
攝令將仕郎前守□州□□縣泐
攝尉將仕郎試太常泐
泐三行
前攝唐縣尉將仕郎試太泐
前攝唐縣尉將仕郎泐
節度□使官□□□試左武衛泐以上一面
使□□提□□官泐
節度軍使官將仕郎試左泐
□□施主等劉泐
泐三行

[ ][ ]施主等泐以上二面泐八行
諸[ ]村施主等泐
又一行為第三面並四五六七八面均泐
縣管內都維那僧[ ]仁此末行字特大
右下層下截

右石塔嚌後半殘泐已甚其稱僕射太原王公者王𧈅處
存也廣明明元年十二月黃巢陷陷京師帝走興元義武軍
節度使王𧈅處存號哭不俟詔詔起兵勤勤王進屯渭橋詔詔檢
校尚書右僕射正此此建塔之年也是年七月改元中和
此刻九月仍書廣明二年時車駕在西蜀詔詔書阻兵猶未
達河北耳

祖君夫人楊氏墓誌銘

高一尺二寸七分廣一尺二寸三分直界格二十行行二十六字至三十四字不等字徑五分正書

大唐故幽州節度要籍祖君夫人[宏]農楊氏墓誌銘并序
前攝滄州司馬鄉貢進士徐滕撰
楊之受氏宗于有周始於魯史所傳迨乎　唐年攸盛歷代
軒冕嗣光簡書今不復云矣　口挑行　曾祖昇皇不仕
　祖輔皇攝幽州安次縣令　父瀛皇不仕
夫人家奉詩書門續青紫清潤挺生之善道聽聞未教之清
規故動叶禮[經]言[ ]廿躅洎乎成人之歲以　父兄之命歸
于　祖氏及移彼天益煥明德率盡乃性爰穆其親家加以學
唐中和元年十一月合
道自怡探微愈晦閨門坐肅埃壒潛融故　夫人之子暲不
仕　王侯髙眠藪澤洞啓去莊之扃鎖退全箕潁之性情魯
連三辭不[ ]譚笑萊子五綵自悅晨昏間中之龜曾堪悲天
寡
上之鵝書莫起嗚呼時當訛薄人寡坦夷覽以勞生罕躋中
壽而　夫人逍遙外物怡澹安貞克保遐長諒因頤養以
年
廣明二年七月十四日　終于滄州清池縣善化坊享年八
十五是歲改元　中和以十一月八日葬于所　終之邑[元]
都鄉流祥里惟暲跡擲漂梗禮至茹荼情疾送　終省自良
友逢蜀潛倫松檟克[充]其道實髙其孝弥顯　夫人女二人
長適李氏次適劉氏咸稟　夫人之明昂成[ ]族之嘉猷暲

儀
與余交分不渝素風徧熟俾其紀石難諒濡毫銘曰
□□□儀　符彼内則　進盥適恭　柔聲靡慼　雍穆其
道　馨香在德　閨闈益清　簪裳去飾　暗謝繁華　堅
歸窀默　壽考保終　希夷自得　誡子適跡　遠辱全生
輕辭世網　靜締塵纓　上士斯達　弋者何營　伊誰
砥礪　夲我髙明　碧岫無業　滄茆寄塋　難詳彼美
空愧斯銘
族前攝滄州司兵叅軍從白書

和夕字畧偏肆
右

王府君墓誌銘
方一尺三寸六分二十行行廿二至廿八字不等字徑五分正書在京師端午橋家

唐故王府君　墓誌銘并序
府君周王之後㐫太原人也　曾不顯其諱　祖諱千　父
諱昕　聰俊明哲孝有温恭仁焉慈惠夫氣量弘深綬度廣
大汪汪焉皓皓焉與不可测深□可量足以幹事採覽經史
是以仁經義緯敦穆於閨達孝敬𣶒深寧由斯至盡歡朝夕
人無間言騶翔礼樂之表風儀与秋月齊明音徽与春雲等
潤韻宇弘深喜愠莫見用人通亮必於猶巳澄之不清撓之
蕩
不濁性自跡野為人蕩蕩不止祖父𨛦園樂土即往遊於
湯
湯陰縣東北界薛家莊曈養身自在何期福去禍來灾隨疾
起神針無驗靈藥無負花隨風以槲樹人困疾乃終身享年
八十有一私室椎穸累歲再啓攢塗有子二人長曰成沿皆
於柴氏次曰成晏皆於崔氏有女五人早以適事紀女等並
以號天慟哭五内崩催三日絕漿哀哀泣血六姻慘然夫人
年
魏氏望孤塋而撫憶罄竭家財將充殯禮於中和二年二月
廿四日献　相州東北三里古北王村先塋礼也恐後桑田
變海嶺峪有移刊勒貞石用章不朽空六字詞曰下空
神精感通　昂靈發祥　永言必孝　股肱惟良
義既川流　文然露散　窈窈户闔　兮燈滅夜

唐中和二年二月廿四日

何時兮燒歸　後讚曰
青烏卜地　吊鶴來翔　長辭人世　冥路蒼遑
祖塋後穴　新墓昂藏　勢起四李　散花之塋
殯之於中　万代吉昌

祖父名諱闕筆與大中十年李君墓誌同銘詞窈窈戶闔兮燈滅句夜何時兮燒歸以前行四字爲句故亦四字跳一格而末五字擠刻也孝友作有倉皇作遑昂靈作昂曉歸作燒皆誤字銘後加讚始見於此

唐二十四　佑二十四　中和三年九月三　乾寧元年十月　五百六十五行　二十九頁

朝陽寺鐘款

凡八紙行字不一字徑四分至六分正書在鎮江丹徒普寧寺

縣
維唐中和三年歲次癸卯九月甲子朔十三日丙子潤州丹
楊縣朝陽寺奉
勑於本□鑄銅鍾一口重二千三百斤都料劉昱　董瑋
直歲僧可□　典座僧惠甯　都維那僧德元　上座僧惟
□　寺主僧□□　同句當僧行若　奏請鑄鍾　泐下
都主持功德當□□□寺賜紫大德普愿
當寺徒衆僧　泐下
爲　國施□□□□大德懷□

唐中和三年九月十二日

僧□端僧　泐約十字　僧契文　僧行璡　僧行圓　僧□□
僧法□　僧可澄　僧敬詳　僧行甯　僧行□　僧釋元
僧□□　僧□□　僧德規　僧師約　僧元慶
□弟子　泐下

右一紙高一尺一寸八分廣一尺六寸左行十四行右空三寸餘

度
鎮海軍節度浙江西道觀察處置南面招討管內營田兼諸
道租庸應接閣使光祿大夫檢校司空同中書門下平章事
使持節潤州諸軍事兼潤州刺史上柱國汝南郡開國公食
邑三千戶周　寶
鎮海軍節度副使兼諸道租庸應接使判官朝請郎檢校尚

書吏部郎中兼御史中丞上柱國賜紫金魚袋薛□
度御　鎮海軍節度判官朝請郎檢校尚書戶部員外郎兼侍御史
賜緋魚袋田　□
觀察判官兼郡□管田判官朝請郎檢校尚書水部郎中兼
侍御史柱國賜緋魚袋崔　□
泐約十字　司郎兼侍御史賜緋魚袋陸　謂
泐約九字　監察御史裏行殷　皓
泐約八字　試太常寺協律郎崔　絢
泐約十字　監察御史裏行崔　軻
右一紙高廣行數左行右空均同前

度　鎮海軍節度後樓決勝軍使銀青光祿大夫檢校右散騎常
國舉　侍守右武衛將軍兼御史大夫上柱國周　譽
御　將仕郎守國子四門博士周　璠
武衛軍節度押衙銀青光祿大夫檢校國子祭酒兼御史大
夫上柱國周　琪
翊麾校尉前守左千牛備身周　鄰
右一紙高八寸五分廣一尺一寸左行七行人各空一行
置　浙江西道監軍使通議大夫守內侍省內侍員外置同正員
上柱國賜紫金魚袋第五　彝禮
置　監軍副使朝議郎行內侍省宮闈局令員外置同正員上柱

一行　九行　三行　四行　二行　六行　七行　行　五行　八行

國賜紫金魚袋李　遂弼
置　監軍判官將仕郎行內侍省內府丞員外置同正員上柱國
郭齊述
監軍判官登仕郎行內侍省內府丞員外置同正員上柱國
魚布嚴
監軍判官□□郎行內侍省內府□員外置同正員亢丞庚
右一紙高一尺一寸廣九寸七行後空
御　銀青光祿大夫檢校國子祭酒前守威王友兼御史中丞上
柱國杜　亢卿
朝議郎使持節岳州諸軍事前岳州刺史柱國賜緋魚袋薛

位
右一紙高廣同前左行三行
浙江西道般運　上供錢物使銀青光祿大夫檢校國子祭
酒守左羽林軍將軍知軍事兼御史大夫上柱國趙　嵒
右一紙高一尺二寸八分廣四寸三行前二行字稍大後一行稍小
承奉郎行潤州丹楊縣令李　元翊
將仕郎守潤州丹楊縣丞獨孤岳
攝尉儒林郎前行丹楊縣尉臧　臻
右一紙高廣同前三行
女弟子王十四娘請鐫　智炬如來破地獄真言經不錄右

殊

經不錄一行有半

文殊五□真言

經不錄五字

右一紙高廣同前左行五行款

右朝陽寺鍾款中和三年九月鑄領銜者鎮海軍節度

使周寶方鎮表建中二年合浙江東西二道觀察處置

使治潤州賜號鎮海軍節度貞元三年分西道治蘇州

元和二年卅升浙江西道都團練觀察使為鎮海軍節度

使嗣後屢置屢廢咸通十一年復置周寶字上珪乾符

五年黃巢寇宣州寶自涇原節度移鎮鎮海兼南面招招

討使僖宗入蜀加檢校司空中和二年同中書門下平

章章事兼天下租庸副使封汝南郡王鍾題銜多與傳合

傳云租庸副使此此不言副傳云王此此云公為小異諸使

各置判官薛固為副使兼諸道租庸應接使判官田□

為節度判官崔□為觀察判官陸諤等上銜殘缺當是

押衙虞候之屬屬寶傳部將劉浩等叛寶出奔官屬崔綰

陸鍔田倍皆死陸鍔疑即陸諤史誤作金旁鍫鍫崔綰田

倍未知即此此田與崔否鍾又有後樓決勝軍使周與下半

字蝕此此等題名寶傳子璵璵統後樓都孱不能馭軍部伍伍橫肆

即此此周與特移玉於下書作鑿而就剝剝耳通鑑寶募觀軍千人蹤後

樓兵傳言都者都將也實發杭州兵戍縣鎮判八都石鏡都清平都於潛都驗官都新登都唐山都富春都龍泉都皆以都名周璠周珙周鄰當亦以寶字故與鑿同為一列又

有監軍使等一列內官也一使而判官多至三人當時

闒豎充濫如此此前守威王友杜元卿前岳州刺史薛位

二人別為一列當是鄉宦之致仕者王府屬屬官有友一

人威王懿宗子名侃浙江西道般運上供錢物使史志

無之唐季置使猥多因事立名不勝舉也丹楊字鍾凡

四見皆從從木可見唐末尚未有作陽者

記

孫樵龍多山碑

高五尺六寸廣三尺四寸九行行二十二字字徑二寸餘分書在蓬溪

前缺九行

缺三字□㝑寞澄泉傳壺別鑿鏡明㕒開境清㝑寥無聲缺二字芙竹

巖罒密交植鳳来怒黑靁動崖谷山翕巖巘捷翔缺字驚曉嗑瞑

嚁聽之悽〻迴環下瞩萬類在目埋山帶川□縈碧聯莽蒼

際天杳〻下分月上于東囯溥于泉晛旣輪昏出入目前其

縛淨彧宿霧朝雲糊空縛山漠〻潯〻下知其端陽曜始升澈癸

昏紅輪高而赤光深散射濃透溥䆁錦裂綺拆千狀萬態倏

鑿間焚收霽雙起辛而逆暨甲而体登缺□宿闘見習𪉸姑曰山

乎曾未始有傳虖無處載兮此缺□曙汚此豈扃乎具欲聞於

唐中和四年

潁陽之徒乎

碑無建立年月文載可之集中可之孫樵字也石刻缺前半篇或二石分刻而遺其一或一石兩面刻後人磨其一面改立他碑未可知也文字與集異者鳳開境清境集作景山翕巖巘作嵓巘山翕埋山帶川埋作因月上于東東作天不知其端不作莫陽曜始升升升升作浴光流散射光作洪起辛辛辛而遊暨甲而休辛作來暨甲作洎車姑曰山乎姑作始曾未始有傳虖無處載作有得乎無處脫載字按樵為韓昌黎門人其自序云大中九年進士廣明元年遷遷職方郎中中和四年自編其文之可觀者三十五篇以貽子孫今其集並自序一篇凡廿六篇原集未見今據據全唐文此此記亦在其中因次中和四年

孫士林神道碑

高四尺二寸廣二尺六寸二十六行行四十七字至五十七字不等字徑七分正書有行草體在房山西南六十里

大唐故樂安郡孫公神道之碑 篆額三行□十二字字徑寸分

唐幽州內衙副將中散大夫試殿中監樂安郡孫府君□道

碑并序 標題下撰書人銜名全泐

□□□□□□□□□載日月麗乎上川瀆注其下無一物不
受無私之照乃滄溟不阻久泄之流則如天地之仁甚難費
生之德孝彼始終之道窮茲聚散之〻今古廢興孰其免也
府君諱士林字茂卿其先樂安人也姖姓周

唐光啟四年五月十一日

姖

文王少子武王母弟康卅為衛侯居河淇之間□為同司寇
賜以衛□器以彰有德傅嗣康伯孝伯伯至真伯子頃侯
五周夷王命衛為侯□侯子釐侯釐侯子武公和終□卅之
政百姓和集周幽王遭犬戎之難武公將兵佐周平戎其有
功平王命命□□公生惠孫□□耳為衛上卿食邑於戚其
孫武仲以王父字為氏焉繼位上卿良父林□著於春秋其
後孫武入吳王闔閭將善用兵孫臏六國時齊宣王將煞魏
將龐涓於馬陵虜魏太子名遠謚子孫遂居齊樂安矣其裔
孫會宗漢安定太守　曾祖諱潤字澤□□軍□使銀青
光祿大夫檢校國子祭酒兼御史中丞　祖諱進　烈

考諱□幽州內衙副將　府君弱年入仕壯歲從戎負扶危
□□之才□□勝□□之□□諳戎律頗識士機典戩三令
之威不挫萬夫之銳累遷幽州內衙副將加中散大夫試殿
中監以□□□□堅請歸閒拋七□之□□創白帶之別業
遊從率逸卜勝安居朝昏而掭鳥吟風掩暎而煙霞蔟戶佳
以石經逼近緇衣交衛或榮杖而尋□或□□而訪道□中
與闍□律大德知聞分深出入無間道話連宵繼燭□心而
對景忘機寔可謂在家出家深通達□也更以□□□□
大藏經兩遍於蓋中灘山院佛堂一所并畫佛事內立續命
經條一お別業莊內蓋佛堂一坐塑其佛事文□□經□□
□福累設夫人□川陳氏亦□大般若經□遍一門積善千
里瞻風念念無差豈無靈祐者矣已中和四年十月染疾終
于涿州范陽縣□化鄉□□□私舍春秋七十九以當年十
一月葬于別業之西南二里平原禮也有兒曰孝□□瀛州
馬步都軍頭游擊□軍試左監门衛中郎將有男二人長曰
克紹早亡次曰克繼未仕孫一人存感有女二人長適天水
趙氏次適彭城劉氏有姪一人曰自豊幽州內衙□□官致
果校尉試率府中郎將姪孫□□思確　府君
承家閥閱襲世弓裘好善礼賢輕財重義□□設□□□□
□□ㄖ之□因官寄燕向數世矣齊孟常之門館上客連䘵

謝靈運之國林高人繼踵率性而忍遊朝市□□而□□□
□□□□□□□□□　府君孝行無□□□□
□□居骨肉□□無□□□同□□□□□□□州軍
頸□□□乎風燭易推□駒難駐已起逝川之浪徒燒返魂
之香思年代推移陵谷遷變請文刊石用紀　徽猷照以
不才恭命而作　詞曰
□王高枝　樂安茂族　□代聯芳　千年令續
豪
武壯群英　文彰列宿　葉盛江東　雄豪鼎足
爰年
爰有裔孫　志高不群　北年習武　弱冠從軍
祖勛勤勳　名繼殊勳　年代遐遠　爲□所
聞　□□帰田　創基別業　□□□□　營生甚
攄　巷陌深沉　驕嘶□蹤　□畫龜齡　□隨
馬驥　□哉府君　孝義難論　膚□霧集　骨肉
雲屯　帰依福地　瓓谿高門　固勒貞石　以
貽後昆
光啓四年歲次戊申五月丁酉朔十一日戊申建陳存
陳存實刊字
□婦二人　張氏　次曰張氏　孫男新婦□氏孫昭孫
男他他　孫女五娘子　七娘子　八娘子　姪男新
婦劉氏　姪孫新婦□氏　重孫□□　泐末行　造碑人

姬

陳□□僅見行末此數字
案唐書宰相世系表樂安孫氏系出嬀姓齊田完四世
孫桓桓子無宇無宇子書齊大夫伐莒有功賜姓孫氏
食采於樂安書孫武武子髕至漢安定太守會宗則髕
八世孫也碑以爲出自姬姓襲史記衛康叔世家語而
康叔作唐叔周司寇作同司寇考伯作孝伯貞伯作眞
伯頃侯立作須侯五武公佐周平戎甚有功平王命武
公爲公作其有功平王命命□□公撰者書者之謬誤
如此又攄伯之攄與銘詞營生甚攄同乃捷之別體史
記作庚伯音義曰音捷碑譌庚爲捷又變庚爲庳庳也
孫武入吳王闔閭將句當有敘字士林及曾祖潤祖進
皆無攷撰碑人已泐觀序尾知其名照而已是碑纖輔
通志失採

孔從玥墓誌

方一尺四寸七分二十行行二十四至三十字不等字徑五七分正書在京師端方家

唐故會稽郡孔氏府君之墓誌

府君曾祖諱年代深遠不載爭名　先考諱懷順本貫青[州]
人也授職在軍任副將兼門搶官次處班烈有竭力奉公主
忠信而謹即三端身貞仁出儕流六藝道昇府衙俱美廿年
前以歸幽冥　夫人王氏□從葬蘊毅行奮礼尚貞嚮左於
經
琴瑟奈何不消仁德使此去留為守孫兒康經寒暑[充]子二
人是曰從玥孝道侍親名求榮祿市易為徒年卅有八大順
元年四月廿八日終於私弟克取當年八月七日葬於青州
唐大順元年八月七日
益都縣永固村之塬大塋內永　先娶妻黄王氏二人至
日合祔大礼畢後娶任氏女無□見存侍奉有子一人馮哥
寬
有弟一人從礼調□□常寬□雅志黄天不祐傷手足吉日
祔近□□安府瑅□□從□奉　□存有姪二人忙忙女
妹妹
昔府君安塵宅永□[充]室大礼以畢後恐桑田變移
故刊石為記以俟後日
詞曰
難
府君行堅　立性難□　為情昊澣　語無宿言
寬
濟人振苦　慈善心寬　轜車啓路　墳塵為塬
閭里傷嘆　朋友追攀　骨肉相送　六親哀戀
孤墳寂寂　悲風落然
一往歸於萬里永别万歲千年

此石端午橋購存當即來自益都者文尤雜書刻尤脫誤陋劣殊不足取孔君名從玥字書無玥字以刊字書作肝例之或是胵字說文鳥胃也集韻肥也又同郅誌云先考諱懷順諱乃諱之誤餘不悉舉青郡未詳

歸義節度索勳紀德碑

石廣約二尺三四寸額下斷缺不知幾許搨本二紙一高一尺二寸存額及碑文後十三行之上數字一高二尺八寸文二十二行前後約各少一二行行存二十餘字不等字徑六七分正書在敦煌學宫

大唐河☐道歸義軍節度索公紀德之碑額高九寸字徑一十八分正書

首行撰人缺未刻

節度推官權掌書記☐☐郎☐☐史中丞賜緋魚袋南陽張景俶撰

缺☐安邦什柱石分憂節度押衙沙州誕賢材而膺用固有提綱軍俗封長榮

而☐☐☐☐　缺☐地中興　聖運叙有人焉公王裕禰諱

勳字封侯燉煌人也☐☐☐☐　缺　祖靖仕魏晉位登一品

才術三端出入兩朝功名俱遂曾祖諱☐☐☐　缺☐鍾慶于

唐景福元年

度

茲來慕之謡既著才駒之詠益深乃保龍沙永固城衣☐☐

竹☐　缺　父琪前任燉煌郡長史贈御史中丞早承高蔭皆

顯才能儒雅派分弓裘不　缺　宣宗啓運☐勝西顧太保東

歸☐手☐☐河西克復昔李玉宇一旦光輝沒　缺☐☐☐

☐☐西節度張太保☐子☐也武府當時文蕭識達得才囊

之上策　缺　明主☐☐☐☐皇王之☐☐☐☐翰鈐而五

涼廓靖☐布鶴列而生擒六戎　缺　始藏寢擾字泐九　上廉厥功

特授昭武校尉持節瓜州諸　缺　墨壘軍押蕃字泐八　繼先人之

閥閱不媿於荀彧劾忠烈於　缺　牢落之天字泐八　外之金湯

之險自從莅守實以皃全築龜☐☐　缺　☐垂布☐疆字泐七

名部厥田唯上周迴萬頃沃壤肥☐既用下河　缺　☐☐禾

字泐六　☐通飛騰☐渠流頓絶洎從分竹乃運神機玉宇宏☐延隄☐　缺

者　缺　☐濡字泐　皇成功俄就布蟠石☐西☐川響波瀾旅於☐輻湊

荷鍤之勞鼓腹　缺　☐西戎☐☐☐☐咸感　神靈蹤☐應水☐流均而☐☐☐無

治城内東北隅☐古昔☐　缺　日設法以濟人推圯木臺憲置功而再

摧雨爛尊彛塵濛棟宇蹤廊空餘基址　缺　木壁猶存模儀尚宛☐直以風

四廟掀立八壁重修南建門樓北安寶殿俳佪聳仞　缺　賀王于時改作

階墀古樹却吐鮮芳玉砌流泉莓苔復點城隅之下别葺衙　纜

廳　缺　☐儼☐光輝于時景福元祀白藏無射之末公特奉

綵綸就加　缺　☐也軍中投石争誇拔拒之能幕下吏已

恙展接梟☐勇☐性　缺　☐基之☐術材兼文武次亞夫以當年

幸遇　昌時雍☐營之☐　缺　率欽崇於大漠洋洋政聲翔

功文☐此行拓本末字于☐下☐功立☐此下並闕

右索勳殘碑中斷處缺字尚多前後搨亦剝蝕故前不

見標題僅撰人名亦何處來末半缺蕃紙盡後幅文勢

未竟就石度之僅少一二行而文猶不可以止不如環

刻碑陰否也趙撝叔補訪碑錄載此云樊彬致勳為靖

曾孫按索靖西晉人其曾孫何得在唐末碑云☐祖靖

者溯源於遠祖也下自有曾祖諱☐在趙錄曾字當是

寫刻之誤碑云靖仕魏晉兩朝按靖傳州辟别駕雖未繫以年而與傳元張華厚相結是其起家已在晉代未嘗仕魏碑不知何所據而云然索勳兩唐書無攷立碑年月已缺所稱景福元祀白藏無射乃詔加爵位之時碑以紀德相去或不遠姑就是年編次之舊唐書沙州置歸義軍在大中五年十一月是年十月沙州刺史張義潮以瓜沙伊肅等十一州戶口來獻遂以義潮為節度使即碑所稱河西節度張太保是也勳隨軍有功授昭武校尉持節瓜州諸以下缺失後曰自從蒞守又曰洎從分竹皆稱揭其治州政績則其為刺史可知顧繕城郭飭田事興水利固政之美者而翔修古寺崇飾尊象六修陳以為美亦可見當時風尚之歧矣又按張義潮咸通十三年薨沙州長史曹義金繼為歸義節度司馬通鑑云此後中原多故朝命不及回鶻陷甘州自餘諸州隸歸義者多為羌胡所據碑則景福初年勳猶特奉絲綸拜節度沙州尚未為戎有也碑於公下諱勳上有王裕稱三字不可曉安作安當時俗體唐刻屢見所謂兩角女子也來慕之謡乃暮之誤葺以皃全皃當即完旦字基字皆不缺筆祧廟不諱也書法大有北碑遺意

龍興觀道德經碑

高七尺四寸廣三尺一寸碑陽三十三行行七十六字陰三十六行行八十二字字徑七分正書在易州

老子道德之經 題額六字分書

經文不錄 碑陽道經 碑陰德經

唐景福二祀歲次癸丑孟秋月中元日

上泐 御史大夫上柱國王 下泐　易定節度 約泐十四字

銀青光祿大夫檢校右散騎常侍御史大夫上柱國王□ 不空

唐景福二年七月

右道德經石刻在易州之龍興觀正書分兩面刻之碑末題唐景福二祀歲次癸丑孟秋月中元日又有易定節度及銀青光祿大夫檢校右散騎常侍御史大夫上柱國王等字龍興觀唐人刻道德經凡三本予皆得之此則王處存為節度日所刻也如春登臺令板本作如登春臺唐人有登春臺賦或謂明皇本始誤予以所藏石臺注本校之則明皇本亦未誤此本及元人樓觀石刻本春字亦在登字之上然則元明以後刻本始誤爾詩蔌蔌方有穀蔡邕釋誨作速方轂轂穀古蓋通用景龍本及此本孤寡不轂之轂亦是一證 潛研堂金石文跋尾

龍興觀道德經王處存正書景福二年七月直隸易州 寰宇訪碑錄

碑高五尺三寸廣二尺八寸三十六行行六十字 繼輝按尺寸行字均誤 碑陽道經碑陰德經經文於今本頗異可以參訂舊已斷作二截字畫多殘同治十三年三月知州趙烈文鳩工扶石立起上谷訪古記

盧夫人劉氏墓誌銘

方二尺七寸七分三十六行行三十四至四十四字不等字徑七分正書

唐魏國太夫人劉氏墓誌銘并序

賜緋魚袋使　瀋川撰 泐約十餘字

夫大塊茫茫有南海北溟□固元穹浩浩□東烏西兔之□□三才而攝舉□□二氣而崇貴運雖智窮冈象德合無爲言符造化之□□羽華裔之長而不能□天地之大數□脩短之常期即有鍾慶德門積善洪胄厥惟令族□□□上襲高光之餘風播□龍之美允即　我郡夫人之貴嗣也

二方循八一格宮

度

夫人曾祖□□皇任鄭州滎陽縣令祖尸皇任義昌軍節度

景福二年八月七日

參謀殿中侍御史內供奉上柱國皇考續皇任朝議郎守滄州臨津縣令試宏文館校書郎柱國皆襲慶基仁奉珪搆室資忠履信誕發蘭儀外族姑臧李氏外祖操皇任朝議郎行青州壽光縣令親舅適榞見任義昌軍節度副使檢校尚書工部郎中兼御史中丞賜紫金魚袋　夫人授訓公宫承顏內幄懿德光於婦嫄柔順洽於宗親咸曰非海內名家人中偉望無以爲　夫人正偶也長適于范陽盧氏即

我司空也　夫人齊鳳和鳴琴瑟合奏言容貴于國史德行才於□□六姻之內爲規矩焉而孝於舅姑恭於與饋寒暑不易其適風雨靡懈于時終始一心朝昏罔□

雖古之純和德行無以過也洎　司空杖鉞登壇分
茅巨鎮　夫人持儉謙之行無恃貴之容高卑共榮內外
崴峻咸睦是歲封為彭城縣君閨門峻設天秩永昌而內則外言
不逾規矩雖魚軒□軾曾未留心而象珥兗庭莫能屈意此
則　夫人之懿德也又明年封為彭城郡太夫人爵位
厚轉高恭虔益厚同貴珠玉不務綺羅□儉德於中閨革奢華
發於外署有以見輔佐君子之道有以崇發揮允嗣之□而尚
惴惴無□□□若訥居　（祖行）王侯之右敬之如賓奉
節制之尊待之以禮雖門登九戟而職貳三台□　夫
人之情由埃　公卿□進止恩無固必義合典彝此又
夫人肅雍之德也方期□榮九錫共享百齡豈期罹律谷之
瞻轂龍鄉之晚樹風蕙露家凝殯妣之寬縞服□韓國起亡
歎嬙之歎即以景福二年正月廿九日寢疾薨于使宅享年卅
七奉當年六月十日　敕下追封仍領國號其□詞曰生榮
死哀孝子之事親終也揚名追遠有國之延賞至焉推而行
之義歸一揆不有寵錫何彰厚恩銀青光祿大夫檢校工部
尚書使持節貴州諸軍事守貴州刺史兼御史大夫上柱國
盧允奇亡母彭城郡太夫人劉氏生稟令儀歿垂素範踵孟
陵母擇鄰之訓勉王陵事主之忠鵲巢勳臣居吾昭代徽猷既
茂典禮宜加是昇封國之榮用示及泉之寵式光子道克勵

此下疑有缺字　下句當空

乃誠可追封魏國太夫人其長子允奇幼而聰晤孝敬自天
長實溫凊承順在己洎鍾　外禍焉柴比肩哀感過於曾
顏禮義形於高棹切曰□（社言）渥洼異狀鸑鷟殊姿已知孝
敬之方曲盡銜哀之旨是武陵泣血之歲同宜都求夢之年
雖日童蒙已有成人之風矣有女二人乞姓長馮四娘子幼
幼馮五娘子年方知小志□溫柔慕謝氏之風儀襲班家之禮
寐法自纏哀禍悲悴形容晨夜追思夢寐悲感皆情深陟屺念
切扃泉於是窀穸有期龜筮咸許青烏擇日白馬臨郊奉常
才加等之儀鹵簿具送終之禮親賓拜哀公台護喪哀榮畢
備於斯晨盟好同聽於此際四方致奠千里持函導從禮儀
輝映今古即以其年八月七日葬於將相鄉祔（空六格）大塋禮
也高原茂草林薄迴翔瞻望　松楸咫尺□塋闕鸞騰
玉羽向天路以□迴風引霞裾入霄□而不返□作銘曰
大道冥冥　□功悄悄　育聖誕靈　開祥啟兆（其一）
茂族華□　崇基峻址　乃瞻豐譙　是惟邦□（其二）
姊姒開國　夫人起家　作配方伯　榮兼物華（其三）
郁郁祥煙　□□瑞草　霞錦相鮮　霓旌照□（其四）
鳳蓋魚軒　歌臺舞榭　燭日鳴鑾　輅車文馬（其五）
令淑長往　音容日賒　□□□範　作世芬葩（其六）
內則外儀　親族皆推　恭儉節用　閨門是資（其七）

婉
行操蘋藻　德配鳲鳩　嬿婉君子　福禄是□□□
宀符經典　□□□□　苦塵已矣　泣血漣洏其九
百子千孫　天長地久　陵谷遷□　□□□□□□

誌石不詳何在太夫人劉氏范陽盧司空之妻景州剌刺史允奇之母誌云司空分茅巨鎮是嘗為節度使者誌不言何軍亦不著其名夫人景福二年卒年三十七是歸盧不過二十餘年盧為節度當在僖宗以後兩唐書范陽盧知猷昭宗朝撿校司空未嘗為節度彥威充義昌軍節度使見紀大順元年未嘗為司空鈞撿校司空節度河東進司徒在大中年與諸盧為節度者以時考之皆不合不知此司空為何人也允奇及夫人父祖與外祖李操親舅道樞並無考誌云司空仗鉞之歲封彭城縣君又明年封彭城郡太夫人六典外命婦一品及國公母妻為國夫人三品已上為郡夫人五品若勲官三品有封為縣君其母皆加太字各視其夫及子之品若兩有官爵者皆從高今劉氏子允奇銀青光禄大夫從三品撿校工部尚書正三品景州剌刺史上州從三品兼御史大夫從三品上柱國正二品母封郡夫人自合令典其夫官節度使位司空正一品而妻封止縣君何歟至歿後敕下追封國號則異數也夫人女二人乞姓長馮四娘子幼馮五娘子

今俗婦人愛其子女寄名別姓謂易長養此殆同意故以馮為姓所謂乞姓也

李大賓修功德碑記
高連額六尺四寸左右缺損約廣二尺二寸存二十四行行五十二字字徑七分正書偶有行體在敦煌千佛洞
□唐隴西李府君修功□碑記篆額四行字徑二寸六分
前有闕行□閣□□霞連依□□居□出□土□□時照一川
星□□鍾□□□□□靈仙鬼□往々而在□以賊臣子
□□綴□□□□地維暴弥天物東自隴□舊陌走狐兎之
群西盡陽關遺邑聚豺狼之窟□木夜警□門晝扃塔中妄
塵禪處生苗時有住信士朝散大夫鄭王府諮議隴西李大
賓其先指樹命氏紫氣度流沙之西剣□騰芳□名感懸泉
之下時高射虎人望登龍開國西涼稱藩東晉諮議即典聖
唐
皇帝十三代孫遠沠　天分廿濟其美靈根地植代不
乏賢六代祖寶隨使持節侍中西陲諸軍事鎮西大將軍領
護西戎校尉開府儀同三司沙州牧燉煌公王門西封邑三
千戶曾祖達　皇燉煌司馬其後因家爲祖操
皇大黃府車騎將軍孝奉國　皇昭武校尉甘
州和平鎮將早進　昌運渴展雄材一命是淩雲之資
百齡懷捧　日之慶雍絛布穎葉繼弓裘築室連閭里
成冠蓋難兄令弟卓然履道之賢翼子謀孫究尔保家之主
諮議天授閑粹神假正直交遊仰其信鄉黨稱其仁義泉深
沉酌而不竭道氣虛遠感而遂通嘗以爲挹江海者難測其

斯　奮　勒　於　分　於走

深淺望　乾坤者不究其方圓況色空皆空性相無相
豈可以名言悟豈可以文字知夫然故方丈小室默然入不
二之妙智度大道々尔表無念之真以其虛谷騰聲洪鍾應
物所以魔宮山斯佛日天開愛水朝清昏衢夜曉一音演法
四衆隨緣直解髻珠密傳心印凡依有相即是所依若住無
爲還成有住由是巡山作礼歷險經行盤迴未周軒檻□斷
刂削有地拂搆無人遂千金貿工百堵興役𩐳鎚聲鑿揭石
聒山靈涅盤像一鋪如意輪菩薩不空罥索菩薩各一鋪畫
報恩天請問普賢菩薩□殊師利菩薩東方藥師西方淨土
千手千眼觀世音菩薩彌勒上生下生如意輪不空罥索等
門各一鋪賢劫千佛一千軀初坯土塗旋布錯彩諮開石壁
儼現金容本自不生示生於千界今則無滅示滅於雙林孝
經尋源備物象設梵王奔廿佛母下天如意聖輪圓轉三有
不空妙索維持四生人其報恩天則須聞六牙象寶樞紫珮
以栖真五色獸王載青蓮而捧聖十二上願列於淨剎十六
觀門闢其樂土大悲來儀於鷲嶺慈氏降跡於龍華不休我
千佛分身聚成沙界八部數衆重圍鐵山希夷無聲悉寧欲
勤尔其簷飛鷹翅砌盤龍鱗雲霧生於戶牖雷霆走於階陛
左门平陸目極遠山前流長河波映重閣風鳴道樹每韻苦
空之聲露滴禪池更澄清淨之趣時節度觀察處置使開府

儀同三司御史大夫蔡國公　周公道洽生知才膺命
廿清明內照英華外敷氣邁風雲心懸日月文物居執憲之
重武威當杖鉞之雄括囊九流住持十信爰因蒐練之暇以
從
申礼敬之誠揭竿操矛闌戟以從蓮頭胼腦傍車而趍熊羆
啓行鵷鷺陪乘隱〻軫〻蕩谷揺川而至於斯窟也層軒九
空複道一帶前引簫唱上干雲霓雖以身容身投跡無地而
舉足□足登天有階目窮二儀心出三界有若僧政沙門釋
學
靈悟法師即諮議之愛弟也戒珠圓明心鏡朗徹學探萬偈
於
辯折千人出火宅於一乘破空遣相指化城於四坐虛往實
歸於是引兄大賓弟朝英姪子良子液子望子羽等拜手於

初稿本有此十段此未錄上

階下法師及姪僧志融餞袂於堂上曰　主君恤人求瘼
戢難濟時井稅且均家財自給是得傍開虛洞橫啟危樓將
以翼　大化將以福先烈休庇一郡光昭六親況祖孫
五枝圖素四刹堂搆免墜詒厥無慙非石何以表其貞非文
何以紀其遠且登高能賦古或無遺遇物斯銘今宜遐弃紛
然遁進來以求□　蔡公乃指精□而謂愚曰操斧伐柯
取則不遠屬詞比事固可當仁仰恭指歸俯就誠懇敢□□
其狂簡庶竭歸於真宗末行上泐二尺四寸州學博□□庭誠

碑首尾各泐一二行不見立石年月因次李氏再修功
德記之前李大賓等名及蔡國公周公史並無攷大賓

鄭王府諮議興聖皇帝十三代孫按唐宗室封鄭王者
凡八最後為代宗昭靖太子邈寶應元年封大厤九年
甍舊書禮儀志天寶二年尊涼武昭王為興聖皇帝碑
有是稱必立在天寶以後則惟昭靖太子足以當之諦
審碑末行第四至第十字殘賸之筆略似十一年集凵
辰十上一字似从厂宜碑立於大厤十一年丙辰歟篆
額以攻為功釋名釋言語功攻也攻治之乃成也此段
借字

李氏再修功德記

高連額六尺左右缺損約廣二尺二三寸拓本見二十八行行六十三字字徑六分末行小而密正書在敦煌千佛洞

唐宗子隴西李氏再修功德記　篆額四行字徑二寸

缺八字籍□□乃缺八字宇九缺七字王□□宗也　增祖缺九字司郎中賜緋魚袋缺十一字
□暐歸　唐贈石散騎常侍英髦驤□□□□靈皆以□古
微言留心儒素或登華弟更高拔□之名文戰都堂每中甲
科之的雖云派隔居□而不隆弓裘暂将□□猶□将軍之
列子既承恩　鳳闕父乃擢處貂蟬朱門不媿於五侯樹戟
崇隆於貴族至而源分特秀門継簪裾家承九錫之枝流派
祥雲之㴱時遭西陲汨沒□于至德年中十郡土崩弥絶玉

唐乾甯元年十月五日

芒　纔　擿

閼之路凢二甲子運偶大中之初　中興啟途是金星耀芒
之歲　皇化溥洽通乎八宏遐占雪山綿邈万里　府君春
秋纔方弱冠文藝卓犖進止規常逈然獨秀時則妻父河西
隴右一十一州節度管内觀察處置押蕃落營田支度等使
金紫光禄大夫特進食邑二千戸實封三百戸賜紫金魚□
南陽張公諱義潮慕公之高望藉公之文武於是乃為秦晉
遂申伉儷之儀將奉承祧世祚潘陽之美公其時也始蒙表
薦因依獻捷親拜彤廷　宣宗臨軒□□所以公具家諜
面奏玉階　上亦冲融破顏群公愕視乃從別　勅授涼州
司馬撿校國子祭酒兼御史中丞賜紫金魚袋錫金銀寶貝

詔命陪臣乃歸戎幕□□餘載河右厖戈拔幟抉囊龍韜
盡展克復神烏而一戎衣殄勍寇於河蘭纖獯戎於瀚海加
以隴頭霧卷金河泯湍瀨之波蒲海梟鯨流沙弭列烽之患
復天寶之□□□致　唐堯之壽域晏如也百城無拜井之虞
十郡豐登吏士賀來蘇之政此乃三槐神異百辟稀功英雄
半千名流万古公又累蒙　朝奬恩渥日深方佩隼□用堅
磐石勲猷未□俄已亡亡享齡五十有二终于燉煌之私第
亡姊僧妙□在蕃以行高才峻遠近瞻依名達戎王贊普
追召特留在内兼假臨壇供奉之号□以擅持談柄海辯□
流恩洽燉煌莊麻家井高僧寶月取以為儔僧叡餘蹤扇于

爲

河隴　亡妣氾氏太夫人龍沙鼎盛旗孤標庭訓而保子
謀孫軌範而清貲不□承家建業荐累代而揚名閥閱聯綿
長緒　帝王之室今乃逝矣佳譽存焉　故府君贈石散騎
常侍生前遇三邊無警四人有暇於東皋命駕傾誠謁　先
□□□剎迴顧粉壁念疇昔之遺蹤瞻礼　玉豪歎紅樓之
半側豈使林風透閣埃塵寳座之前嶺陽烏曝露荼毗之
所嶝道之南復有當家三窟今亦重修泥□□□□籀存焉
於是乃慕良工詢其杞梓貿材運斧百堵俄成魯國斑輸親
臨勝境雲霞大豁寶砌崇墉未及星環斯搆矗立雕篋化出
巍峩不讓於龍宮懸閣重軒□□□於日際其功大矣筆何

術字上似脫一字

宣哉　亡兄河西節度衙推兼監察御史明達天與孤貞松
筠比節懷文挾武有張賓之策謀破虜擒奸每得玉堂之術
曾朝　絳闕數奏金鸞指畫山川盡蹤横於天險　兄明
德任沙州録事參軍操持吏理六曹無阿黨之言深避四知
切慕乘鷁之詠　兄明詮敦煌處士今古滿懷瀟落卿雲之
彩□先効義充騰喬露之文五栁閑居慕逍遥於莊老
夫人南陽郡君張氏即河西萬户侯太保張公弟十四之女
温和雅暢淑德令聞深遵陶母之仁至切齊眉□操　先君
歸　覲不得同赴於京華外族留連各分飛於南北於是兄
亡弟喪社稷傾淪假手託孤幾辛勤於蜀免所賴　太保神
靈辜恩勤鸞重充嗣子再鑿遺□雖手掬大功而心全弃致
見機取勝不以爲懷乃義立姪男秉持旄鉞惣兵戎於舊府
樹勲績於新墀内外肅清狄豪屏迹慶豊山湧呈瑞色於朱
軒隙覇動容歎□□壯室四方嚮義信結隣羌運籌不媿於
梓橦貞烈豈慙於世婦閑生神興成　太保之徽猷雖處閨
門寔謂丈夫之女然心悟道併弃樊籠巡礼仙巖彩圖籙於
瑞□於時頓捨青凫市縈金於上國解瓔珞弃珠珎銷金鈿
於廊廡運嚧縈於庭隙乃得玉毫朗耀充衛有頂之峯寶相
發輝直拉大羅之所　長男使持節沙州諸軍事□沙州刺
史兼節度副使撿校右散騎常侍御史大夫上柱國圖扆輔
唐憂國政立祥風忠孝頗聞於君親禮讓靡忘於伯玉六條
布化千里隨車人謌來暮之□□績龔黄之績　次男使持
節瓜州刺史墨離軍押蕃落等使兼御史大夫圖定文武全
材英雄賈勇晉昌要險能布頗牧之威巨　野大荒屏盪匈
奴之迹挾纊□□□士卒泯燧不媿於襄陽都河自注神知
有道之君積貯万㢊東郡著雕金之好　次男使持節甘州
刺史兼御史中丞上柱國圖諫飛馳拔拒唯慶忌而難儔□
□□楊非由基而莫比洎分符於張掖政恤惸孤布　皇化
於專城懸負發詠　次男朝議郎前守左神武軍長□兼侍
御史圖益三端俱修六藝精通工書有類□□□石札連芳
於射戟子雲□特達文雅而德重王音于時豊年大稔星使西
臨覲拉敦煌須宣　聖旨内常侍□□□□□□玉裕辯克
珣副倅師大夫稱齊珙判□□大夫□思回偕　□□□□
區寮杞材避耀　天威呈祥塞表因鑿樂石共紀太平余所
不□□然狂簡□□□□□□□牵歲次甲寅拾月庚申朔
伍日甲□□
度
上以拓紙僅及石少半故字不可見度使兼司徒張惟□　妻弟前沙瓜伊□
□□度使中泐二尺有奇州節度使兼御史大下抵行末缺三字此行之後有字無字不可知也

此碑與李大賓脩功德碑並在敦煌千佛洞首行缺失末

二行亦多剝落記所撰涼州司馬檢校國子祭酒兼御
史中丞賜紫金魚袋贈右散騎常侍者已佚其名立碑
年月但存歲次甲寅十月庚申朔五日甲□据記大中
之初李君方弱冠而其卒年五十有二計在僖宗廣明
中和間知碑言歲次甲寅者昭宗乾寧元年也通鑑目
錄是年八月庚寅朔十一月己未朔與十月庚申朔正
合額題再修功德記記云府君東泉命駕傾誠謁先以
□寶剝金時昔之遺蹤歎紅樓之半側於是募工賞材
斯搆矗立先人云者先字下墨瀋淋漓似是人字蓋謂前碑修功
德之李大賓矣碑敘李君親屬曰亡姊僧妙□曰亡妣
氾氏太夫人曰亡兄河西節度衙推兼監察御史明達
曰兄明德任沙州錄事參軍曰兄明詮燉煌處士曰夫
人南陽郡君張氏曰長男使持節沙州諸軍事□沙州
刺史兼節度副使檢校石散騎常侍御史大夫上柱國
宏愿曰次男使持節瓜州刺史墨離軍押蕃落等使兼
御史大夫宏定曰次男使持節甘州刺史兼御史中丞
上柱國宏諫曰次男朝散郎前守左神武軍長□兼侍
御史宏益其人皆不傳墨離軍本月支舊國唐初置軍
於此李君四男三皆領州是時中原多故河西諸州屢
為羌胡所奪陷復不常朝命弗及諸州刺史輒自為之

朝廷亦因而授之李以宗室世家西陲兄弟同領一州
宜也李君妻父張義潮大中五年以瓜沙伊肅等十一
州來獻咸通元年入朝十三年薨碑言夫人張氏太保
公第十四女先君歸覲不得同赴京華外族留連分飛
南北兄亡弟喪社稷傾淪假手託孤辛勤苟免賴太保
神靈專字書無攷疑即辠与辠同恩勤艷重光嗣子再整遺□乃義
立姪男秉持旄鉞史無張義潮傳莫徵其事碑末勝有
度使兼司徒張惟□字按通鑑義潮入朝命其族子惟
深守歸義觀碑惟下一字石旁之下作木疑即惟深所
謂義立姪男秉持旄鉞也義潮薨後朝廷以沙州長史
曹義金為歸義節度距乾寧時已二十年惟深之繼為
節度亦事所有耳柳古柳字捷捷之變四人有暇以人
代民也展作展願作願皆從草書轉而成俗瀟作瀟募工
作慕皆誤字又索勳碑公下諱勳上有王裕稱三字不
可解此剝內常侍字缺六下克珣上亦有王裕稱三字作
王不作王亦莫曉其義碑又有副將師大夫討擊齊洪云
云師大夫他處罕見稱字亦不知作何解

唐二十五　乾寧四年正月五　唐末
五百六十二行
二十九頁

唐二十五

升僊廟興功記

高一尺三寸廣二尺一寸五分二十一行行十二字字徑七分分書末行正書在偃師

升僊廟興功記

尚書禮部郎中賜緋魚袋李綽撰

夫大道陽敎重[无]妙理存虛无之跡合慌惚之言剿有[門]
[周靈王太子駕鶴沖天遺廟之]所在也綿祀千百與丘瞻
依丽[棟]楝陷傾塗壁摧剝肅恭奚展焚藍無歸今　河陽
行軍懷州刺史僕射清河張公即　[留守太保相君之令
乘
弟游心泉妙隶志岀塵有四日費之資託星冠之侶鳩工合力
易朽為堅扶西檻於層甍正飛甍於絕巘畢容可久勝事盡
唐乾甯四年正月三日
新雲路重闢庶覲霄天之駕風望無廢如闢夾月之笙飄主蘇
尊師以克就厥功空刊貞石謂綽執翅昇之敬沐檪直之仁
猥命撰詞不敢堅拒時乾[甯]四季正月貳日記
鎬
觀主道士蘇鎬
前進士鄭珏書 光化三年跟前字

此碑武虛谷偃師金石錄失載畢尚書中州金石記黃玉圃金石孜皆遺之記云河陽行軍懷州刺史僕射清河張公即留守太保相君之令弟舊書昭宗紀景福元年五月以河南尹張全義檢校司徒同平章事兼孟州刺史充河陽三城節度使五代史張全義傳初李罕之據河陽全義襲取之罕之奔晉晉以兵助罕之圍全義梁遣丁會擊敗罕之晉軍解去梁以丁會守河陽全義還為河南尹記所稱相君蓋全義也傳云梁祖開平二年冊拜太保據記則先十餘年已進太保矣全義之弟傳惟見有全武當李罕之攻河陽全武及其家屬為晉兵所得晉王給田宅待之甚厚此懷州刺史乃別一弟矣撰者李綽宰相世系表字肩孟此記收入全唐文大道作人道存虛无之跡存作考接楝陷傾作傾頹

重修蜀主廟記并陰
高五尺四寸廣二尺四寸二十二行行五十三字
至六十二字不等字徑七分正書在涿州

使持節涿州諸軍事守涿州刺史兼永泰軍營田等使諸縣
御
鎮護鄉保勝攻討都指揮使撿挍兵部尚書兼御史大夫上
柱國婁居延　重修
蜀主廟記
攝録事叅軍朝請大夫前行漢州綿竹縣令柱國郭蒟撰
漢
太□之南第一州□涿涿之郡城雄峻山水清竒人戶殷繁
農桑沃壤凡為牧守必假賢明
我太保彭城王蘊翼聖之沉機抱安人之妙算舉□三略動
唐乾符四年
應六韜秉千里之戎麾持一方之相印以其郡為鄰之㪅必
當慎選其材乃命
使持節涿州諸軍事守涿州刺史兼永泰軍營田等使諸縣
鎮護鄉保勝攻討都指揮使撿挍兵部尚書兼御史大夫上
柱國婁公牧之　公自涖是州數和氣以應天時布恩澤
而叶地利遂得餘粮捿畒朽粒盈囷唯聞鼓腹之歌頓絶分
歎歎
麋之歎是以封壃畢曽壕寨咸修人播謳□事成容暇致其
險固皆自指揮邊烽無偵邏之虞武庫有縱横之備論竒功
則韓彭未是較至理則龔黄不髙揚歴三州撫綏一致遂使
鄉閭相慶皆謌　太守之恩寮吏交歎悲感　使君之德

覃
仁覃遠延道合隆平況龍章鳳姿有叔夜仙中之趣琛林瓊
夷
樹多夷甫塵外之儀政化之餘訓練之暇凝神珠頂注意玉
蠉
毫每分禄俸之中以補伽藍之闕俾得蠉飛蠢動皆沐陰□
甘雨和風自叶冥禱然後衙庭公署成華麗於指蹤月榭雲
亭創新竒於心匠至於僧巷佛室靈跡神蹤或一經遊皆謀
薦
修飾丁巳歲仲春月因薦奠於蜀主歎其年代綿遠廟貌荒
廗
凉棟宇㪚傾透風霜□□廗篭纓零落雜塵坌於珠金欲再
修崇曠於故實乃命紀吏曰顯其先主懿跡俾得世人咸知
尓宜為之無所辭也蒟嗜然㪚流軒墀末□□□塵土但愧
賤毫徒懷雀躍之誠叨紀龍飛之地捧承□巖盲誠謂斐
然夫膺天誕聖應運披圖未有無殊常之徵而無□倚特之地
者分日□□□□□月䏭以騰暉□星□□□□電□樞表慶此皆
明於史傳不接見聞唯先主姓劉氏諱備字元德涿郡人也
瑞啓竒表言符法駕遺芳尚在傳異無窮□景帝之金枝□
靖王之玉葉□□□□蜀國中興世以陸亭失侯而家涿鹿
後因三訪謀臣而獲卧龍祖父雄父弘世仕州郡孝廉官至
東郡范陽令先主少孤其母販屨織席為□□□舍□南□角有
桑生髙五丈餘遥望幢幢如小車蓋往来瞻矚咸謂當出貴
兒
人時先主與宗中小兒戲於樹下自言吾必當乘此羽葆蓋
車及長大意氣不群□□□衆人皆竒恠共許絶倫不樂披

尋□使馳騁既留心於音樂仍致意於衣裝身長七尺五寸
垂臂下膝顧目見耳少言語善接□人負不羈之才富寬和之
舉荐歷艱計方叶霸圖至建安六年四月即帝位於成都武
擔山之南章武三年夏四月昇遐于永安宮時年六十三謚
曰昭烈皇帝洎平南征北伐時乜運泰載之志記略而不書
以冠細□□□陵祠宇崇於故里甘皇后配享於神座之中
諸妃媠圖形於毓扆之後孔明孝直股肱皆列於東廂關羽
張飛爪牙惎摽於西廡咸生戶牖武耀庭除北□顯髙仙之臺
常□□□東□海□之廟□□清風當□境之要衝為邠原
之勝槩春祈冬賽非獨功並於舜祠選異搜奇抑亦事同於
異
禹跡今則百堵俱作一夫不勞殿宇精嚴□□□□□□□
□蕭望之者自茲以茲永為涿水之光輝常作燕南之壯觀
昔以為無□名人皆口呼姓諱而又□之牌額用以曉示□
蒙若以昭烈之□□盧不詳故實□□□□□所貴易蓮俗
風皆□□置之良規敢漏　僉度□妙旨於軍州察吏
文武官銜□載□文期於不朽時大唐乾□四年□□□□
□月五□□□
烈

鄭□撰正書乾甯四年今在涿州樓桑村廟中剝蝕其首
行曰婁居道重修 金石文字記
乾甯四年鄭藹撰 日下舊聞

鄭藹撰正書乾符四年直隸涿州 寰宇訪碑錄
鄭藹撰正書乾甯四年八月在城西南十五里樓桑村廟 金石分域編
謹按訪碑錄作鄭藹鄭乃郭字之誤又乾甯作乾符亦誤
畿輔通志
廟為涿州刺史兼永泰軍營田等使婁居延重修居延
無考 顧氏作居道拓墨方也 永泰軍兩書與會要皆未之及營田
等使先皆節度使兼領元和十三年改復初制不歸節
鎮居延以刺史兼營田使刺史主民事固其宜也唐季
諸雜使名目繁夥此衙稱諸縣鎮護鄉保勝攻討都指
揮使皆非史志所有會要諸雜使亦無之記云我太保
彭城王者昭宗紀乾甯二年以幽州兵馬留後劉仁恭
檢校司空充幽州盧龍軍節度使即其人也當時藩鎮
封王幾為常例故仁恭本傳與其進位太保史並略之
撰記之郭藹見李継政理幢題名其敘昭烈帝父宏官
至東郡范陽令衍陽字蓋以昭烈涿人誤即涿州之范
陽當之未檢兩漢地志一觀者

蜀主廟碑陰常尚貞修廟記

碑末及下截有空處凡二十一行行字不一前十四行字徑六七分題名七行字徑三四五分不等正書

使持□涿州諸軍事攝涿州刺史充永泰軍營田等□□□

□□□保□□尉□□□使撿挍(以下泐不知幾字)國劉守□立記

□□□□□□□□□□□□□有能□營度其

不自獨神應凡□謀兩(以下全泐不辨幾字)□□勤　王敵得□□

□□□是力此乃在昔時之後因誠禱□□□方今同之

(以上三格)□□□何□□(以下全泐)公本(姓)常名尚貞時□□

□□□范陽□□□□□□□忠蔫□□行□人(以下泐)□□

□□大□□□□□鏡編揚豳□之名豈止黃陂乃□□□

唐光化元年十二月廿五日

之(以下全泐)公一臨□□□□□□川近遍周歲□□□惟不□

擬史不敢歌頌(以下全泐)命直書務在□□□□□四年正月

自武州擢授涿州刺史

□□任□其□□□□□侍史曰當州□□□□祠宇不蓋聚

殘(以下全泐)蜀主廟前□□□□殼跡已存良□□□□□□□

□立(以下泐)□斷石□□□□□□頹漆□履壁□□□□化

時仁□契實與之際(以下全泐)幸闕□□□附祀於□紀於

數履□□□□□□坡壓

厚德□□□□□之嘉蹈已具如文者□其名用旌不朽時

光化元年十二月廿五日謹記

遥

節度押衙遥攝順州　刺史銀青光祿大夫撿挍國子祭酒

兼御史大夫上柱國充昭□巡使王(下泐)□

隨使節度押衙遥攝鎮遠軍使充涿州馬步都虞候(下泐)□

攝軍州孔目官張□□　錄事參軍李□　司功參軍□□

□　司倉參軍□□□　司戶參軍范□□　司法參軍楊

題□(下泐)□□參軍劉□□　衙□□□元□　攝范陽縣令

張□□　攝丞□□□　攝主簿□□□　□尉劉□□

攝尉張□文(下泐)□□參軍陳□昭　倉曹參軍董□□□

曹參軍□□□　□曹參軍劉□□　都押衙□□□知

□□□□□□(下泐)左虞候李□□　右虞候紀□□　□□

□□□　□□□□□□□　□□□□□□□□□　衙□□□

□□□□　□□□□□官□□□　衙□□□官□□□齊

節度衙前虞候銀青光祿大夫撿挍國子祭酒兼殿中侍御

史上柱國孔□□　押衙□衙馬使充□南巡判官

(下泐)邵師教□□(在下截字較大)

涿州刺史常尚貞修廟記劉守文撰正書光化元年十二

月在涿州乾符(當作)化主廟碑陰(順天府志)

顧氏孫氏載正碑而遺碑陰文甚殘剝首二行劉守□

題銜與(與)正碑異居延(延)大同小異文云公本(本)姓常名□貞

又云□□四年正月自武州擢授涿州刺史順天府志

題為常尚貞修廟記劉守文撰諦審碑文常名二字下似安形不與尚近未敢遽從劉守文下立記二字尚顯其釋為撰字亦未碻文字今不可見其人即正碑所稱太保彭城王劉仁恭之子見仁恭傳府志以為守文非無因也按正碑乾寧四年□月立是年值丁巳文云丁巳仲春命文於崇則功畢立碑必在數月後時涿州刺史既為婁居延矣此稱四年正月即是乾寧四年而自武州擢授涿州刺史者又為常□貞且劉守文題銜亦稱攝涿州刺史文多闕佚幾於索解無從惟碑於常□貞特書本姓云云必後嘗改姓更名者以是揣之常□貞或即正碑之婁居延未可知也碑陰記成於光化元年十二月婁居延或已遷他官而劉守文攝之故刺史又為劉守文歟正碑末云軍州寮吏文武官銜具載陰文期於不朽是碑陰記及題名與正碑勒石一氣呵成者也題名可見者曰節度押衙還攝順州刺史充唐□巡使曰隨使節度押衙遂攝鎮遠軍使充涿州馬步都虞候新書地志順州本以突厥部落置貞觀間僑治營州之五柳戍隸幽州都督府後移寄幽州城中鎮遠軍在檀州故並曰遂攝軍州孔目官錄事參軍司功司倉司戶司法司士參軍是為州佐涿上州故有錄事參軍六曹諸司其不見司兵參軍者

在磨泐處也攝范陽令攝丞主簿二尉是為縣佐范陽上縣故尉二人也都押衙押衙都虞候左右虞候衙前□兵馬使南巡判官是為軍使將佐押衙虞候並銀青光祿大夫檢校國子祭酒兼御史大夫殿中侍御史當時諸道節使之軍將幕僚有功奏敘文階遂兼憲銜皆成例如此

石經山石浮圖題記
塔內佛號題名三紙各十行行各六七字塔門外左右各一紙塔東西面各一紙高三尺廣一尺五寸塔背上紙一紙又西側一紙又東西石側一紙行字多寡大小不一均正書在居山

西方極樂世界阿弥陁佛
大慈大悲觀世音菩薩摩訶薩
勢
大慈大悲大勢至菩薩摩訶薩
亡過曾諱信□亡過曾母彭城劉氏供養（以上一面）
千百億化身釋迦牟尼佛
大慈大悲迦葉菩薩摩訶薩
大慈大悲無盡意菩薩摩訶薩
唐乾甯五年四月八日
亡過祖諱顗供養
亡過祖母壠西李氏供養（以上一面）
右三面在塔內
當來下生弥勒尊佛
大慈大悲無量力菩薩摩訶薩
慈
大慈大悲地藏菩薩摩訶薩
亡過父諱國供養
亡過母玉田榮氏供養（以上一面）
歲藏
乾甯五年歲次戊午四月庚子朔八日丁未（下泐）
彥
惠化寺僧緣遇同學僧欽朗　莫州器仗官張彥章鐫記

寶光寺僧敬緣四人同遊此山記張慶義
李行恩趙行國　張重興妻清淨真
右在塔門之右
塔門左有題名無一字可辨似亦四行
劉
（上泐）李氏男（下泐）　（上泐）□君□王文進劉公（下泐）　（上泐）德女弟子張
氏　（上泐）楊君建　此後約略尚有六七行下截亦有題名五行均漫滅不可辨
右塔外東面
（上泐）方妻周氏男□□　（上泐）王大□妻趙氏　史方立劉知仁
（泐）楊景（下泐）　曹文約劉仁（泐）殷（下泐）　高（下泐）　李公平妻□氏
男（下泐）　莫州女弟子（下泐）　杜□□妻（下泐）此後尚有二行下截亦有數行僅見同
遊□此山字餘均漫滅
右塔外西面
馬□付　李大奉　田應節　馬忠
真定府曲陽縣民（下泐）
陳天□
（上泐）有（下泐）
右塔外北面
勤興
□□數□王知勤宋□興因來巡禮得□□□（下泐）
涞水縣弟子王（下泐）　張□□（下泐）
右北面一石之西側

別有東西一石之北側上截字三行下截一行均漫漶不可識
是年八月改元光化此記四月立猶爲乾寧五年也本紀五月己巳朔與四月庚午朔合

右拾遺崔𧤫鄭夫人合祔墓銘
方一尺五寸六分三十四行行三十四字字徑四分正書在京師端午橋家

□故右拾遺清河崔府君與滎陽鄭氏夫人合祔墓銘并序
國
覲舅朝散大夫行尚書司勳員外郎柱國李冉撰
再房兄朝散大夫國子周易博士柱國德確書
府君諱𧤫字濟之清河人也地冑清高門風儉肅元魏以降
冠閥閻燭擢四姓清河之族寔為華茂其於德望熏燀軒冕
難
蟬聯代有其人世不乏嗣史諜具紀難備斯文
異
曾祖異　皇任尚書水部員外郎渠州刺史贈太傅
㒒
祖從　皇淮南節度使檢校尚書右僕射贈太師謚曰貞
唐乾寧五年八月六日
父安潛　皇太子太師贈太尉
我家與　崔氏世接姻媾迨榮泰晉　長姊適
太尉公生三人
府君即次子也敏識茂性孝敬居心仁義睦親謙和與物推
誠於朋執敦友悌於閨門見善必遷惟賢是押窮經而義貫
心腑靡耀於人奮筆而詞動菁英莫務於世洞乎理道之本
濟俗之謀剖拼而洞究根源練達而皆明機要雖先儒之輿
業良吏之優才力諳精通莫能偕比年廿八擢進士甲科第
故相國太尉杜公總征賦之任署鹽鐵巡官奏授秘
國
書省校書郎　故相國司空鄭公奏充集賢殿校理乃

歲　授京兆府叅軍兼職歲滿轉渭南縣尉又轉長安縣尉皆職
如故俄拜右拾遺
府君幼負偉量不拘小節加以磊落奇表曠達襟靈時人咸
籍　許之以開濟之才待之以卿相之位豈期一登通籍俛越壯
年彼蒼者天殲我良妙何蘊其才而不展其用積其善而不
享其齡耶不幸寢疾旬日以乾寧四年八月廿日終于華州
度　之官舍享年三十有三　府君娶故度支巡官監察御史榮
陽鄭景琳女　鄭夫人亦我之自出也族氏高顯著美
闈閫　山東鍾慶閨闈誕生賢淑稟性而溫明可則飾身而恭順自
持遠於刀尺之上詩書之業匪因訓教咸自通曉洎歸
歲族克嗣婦儀夙夜惟勤於笄總衿纓之禮敬恭同慈奉蘋
姒　蘩祭祀之職而又端貞爽範儉素作程慎休宗姻敦睦娣姒
式叶宜家之道雅明主饋之方不幸天不與年先　府
年毀　君即世以大順元年正月廿四日寢疾終于長安開化里享
年二十有八有女一人名曰玉章年若干歲毀瘠歸慕有加
成人須者　府君與　夫人辭代之際皆屬歲月非
吉未克歸于　大塋權窆於華州華陰縣　鄉　村令
因　太尉公靈輿東祔　先遠有期令　集賢
國　相國公　府君之堂兄也銜表疟事痛毒于懷乃悲
叟龜　府君之喪已易歲時未還鄉陌是詢龜筮果叶吉良遂

議　舉遷同歸洛食即以乾寧五年八月六日合葬于河
南府壽安縣甘泉鄉運里村祔于　先塋禮也余奉
長姊岐國夫人命以府君之官皆行業特屬編載不敢
以荒蕪辭遂得摭實始卒濡毫揮涕乃為銘曰　國有
盛族　族有令嗣　惟善惟仁　宜壽宜貴
懿彼嘉偶　誕生清門　百行無玷　四德
可尊　孰期殲美　皆悲夭促　所謂蒼蒼　[illegible][illegible]閨風
孀　逝波奔海　良玉成塵　魂掩重壤　名載
貞珉　我我蒿蒿　潺潺洛水　永祔　松楸　儼扁泉
里

崔巘曾祖異祖從父安潛具見兩書異位終渠州刺史
傳不言其贈太傅縱從淮南節度檢校尚書左僕射贈司
空謚曰貞誌作右僕射未知孰是安潛官至東都留守
太子太傅卒贈太子太師謚貞孝子柅巘宰相世系表巘有弟伽提
與誌稱太尉公生三人蓋巘為右拾遺與誌亞同誌言縱從贈太師安
潛贈太尉蓋與異之太傅皆由子孫遇恩追贈史故無
之而誌不書安潛謚貞孝則漏筆也撰者李冉無攷題
銜稱親舅文云長姊適太尉公又云鄭夫人亦我之甥
出是巘與夫人皆冉甥以縱從母姊弟為偶也云故相國
太尉鄭公者攷史為杜讓能光啓二年同平章事景福

元年守太尉先一年領諸道鹽鐵轉運等使誌所謂總征賦之任也讓能以景福二年九月貶越月賜死曦署鹽鐵巡官奏授秘書省校書郎以在景福元二年間以其卒年三十三為乾甯四年推之即年二十八擢進士弟之後矣相國司空鄭公者鄭畋鄭從讜皆司空同平章事然並在中和年鄭昌圖光啟二年同平章事未為司空亦在曦未第之前鄭延昌景福元年同平章事尋罷鄭綮乾甯元年同平章事自言歇後鄭五作宰相時事可知累表避位未幾致仕亦皆未授司空不能定為何人以時約之或是鄭綮誌又云集賢相國公府君之堂兄則允也允拜集賢殿大學士傳所未及書人國子周易博士崔德雍見世系表為曦同曾祖昆弟書法不工繆體甚多嗔咻左傳作燠休燠於求切疏厚也休吁句切疏美也以休為咻合於古矣以慎為燠則妄又珉字不闕筆博士當如是耶枝崔縱貧力學擢進士第起家立朝棱棱有風望史稱忠厚方嚴不交權利士大夫多推重之安潛歷職清顯光長吏事允慎由端厚有父風並貴至一品而慎由子允傾險樂禍與盜合縱身死家亡用覆唐杜初拜平章事安潛謂所親曰吾父兄刻苦樹立門戶一旦終當為緇郎所壞緇郎允小字也

嗚呼天不祚唐故假手若人秉政以速禍而諸崔咸通以來歷臺閣藩鎮者史冊相望海內甲族無與為比自此亦遂替焉盛極必衰理無或爽可慨也夫

劉君夫人侯氏墓誌銘

方一尺一寸九分十七行行十七字字徑六分正書在京師端午橋家

劉府君故夫人上谷侯氏墓誌銘并序

夫人侯氏其先易州人也年五十八有唐壬申歲辛亥月卒于外生深州管記之私第踰月歸祔擬厝於先塋常山城東北五里之平原禮也寔以星□□□常娥助質閨門儀範動合規蹈至如□□織紝之□宛自天假非關傅母薀兹令淑□□□芳故我彭城劉君儷而娉也和鳴應□□□叶韻翺翔焉浮敬鳳之稱和柔焉有□□□□向卅餘稔而挐三男三女矣所冀偕老不幸而先卧螻蟻嗚呼良婦既殁弔客騈委陽臺之下但望行雲鳳樓之前□聽去吹是以琢石旌善□之遷隧其詞曰

唐附[illegible]年十二月天祐九年

有淑女兮作□君子行婦道兮卅餘紀曾誠夫兮斷織武訓子兮勞徒當是徙之誤既于飛兮鳳凰何先卧兮螻蟻素車轉兮滞渡空垂丹旐飛兮哭聲不弭方刻石兮旌能異傳芳兮播美

誌稱有唐壬申歲辛亥月卒於外生深州管記之私第踰月歸葬常山此唐亡後六年之壬申也是歲爲梁乾化二年晉天祐九年其前三年深冀鎮定等州爲梁襲取晉主遣兵救之自是鎮定復稱唐天祐年號至是年二月梁師大敗走還誌書有唐壬申不附梁而亦非屬於晉故書法如此外生即外甥自晉及唐皆去男旁書生字

李敏墓誌銘

高一尺三寸四分廣一尺四寸三分二十五行行二十五
字至三十二字不等字徑五分正書

大唐故府君李□墓誌銘
高祖渭州隴西郡義陽王諱□真之後嗣自官渺下葉五□乃爲
扃曰　府君諱敏□灰豪傑井邑賢良枝葉渺下姻忠信准繩
於鄉黨春秋天命八終於大夜夫人□淑質邕杏□□□□
花□芳馨於蘭桂□箴戒於□□年不惑有三終於私室而
年
六子□長曰元則新婦程氏孫男三人重安□踐漢年幼仲
元謹元溫早亡□曰元發新婦郭氏孫男三人重□新婦郭
氏重贇鐵兒次曰元祐志忠志孝貞□居身以謙讓爲懷在
信以修身爲務年成弱冠先禍室姐新婦張氏掐叙素範莞
順成家陳詩禮以人謚謙和而立得時登花葉性值霜波孫
一人小關小弟元裕新婦王氏挈房守□□祔改娶夫人揚
氏□□言怡風骨卓卓然行摽人孝爲邦縣之□探神六書之
務要春耳順有一疾漆沉痾夫人□氏霜凝霧□□淨氷容
桂影流芳瓊姿莞約頃因羅乱骸骨散殤而生二子元約元
雪
掂詞閨珪璋德譜氷雪弱冠之年花顏□亘新婦郭氏魏氏
□改離孫男二人皈兒趙七改娶夫人傅氏生一子陳八未
成恍□兄謹剬□奕莫彦用儕共欽末親有甘盲之能行有
曾孫之志時知天命有一大限□終夫人任氏生二子趙八
終
趙九弟□新婦苗氏昆李等孝思□□竭力盡心終身慎行
以養其親新婦曰言行默琴瑟有繩貞操不□□□□美失
其尻則掐而置之得丹幹遷而曆之有其詞者存其後無其
□者祔其先昆李商議和會䍦於塋禮一塋三穴同裕祔
人扶護而來人拱於新□西南四□土藏壙高五尺壙深丈
梓
五栢木爲鄉禮置有宜昔天祐十年歲次癸酉四月癸酉朔
十日壬午會塟於銅鞮東一十七里庄一里豈源禮也地推
形勝□□膏腴東觀長謝之路曰車馬而開闕西望閣梨之
神有毫光之瑞相南□峻□連苞樹之煙雲北控大川□漳
河之秀氣其墳也□代稱美傳世無窮□□□之□榮而天
地而永固□恐陵易位山谷變移故刊紀文以□厥美其□
空堪
□嗣子悲兮守空堂田□悲兮堪斷賜黄泉一掩千秋□□
□□□□□□
天祐十年四月十日

誌稱敏高祖渭州隴西郡義陽王諱真之後嗣按德宗
時李抱真封義陽郡王誌單舉真字耳抱真本安興貴
曾孫從兄抱玉爲李光弼裨校祿山亂守南陽上言世
占涼州恥與逆臣共宗有詔賜之姓因徙籍京兆舉族
以李爲氏誌稱渭州隴西郡者其故籍也敏及其六子
並兄剬合祔一塋以天祐十年四月十日會葬於銅鞮
東一十七里莊唐銅鞮縣爲今山西沁州其舊城在州

南四十里石出土當在其地誌云北極大川□漳河之秀氣水經（經）注濁漳出上黨長子縣西發鳩山其地在銅鞮東南與北極地望不合此（此）所（所）指乃西漳水也沁州漳有二源一出伏牛山西谷一出州西北三十里滑山流至交口合為一川名西漳又名小漳亦謂之銅鞮水東南入襄垣縣合於濁漳故曰北極是歲唐亡已七年晉（晉）王李存勗猶用唐天祐紀年誌故首書大唐也撰書者鄙俗不足（足）取以不蔑天命耳順代稱其年始見於此（此）

史元豐造觀音題名

高一尺一寸廣七寸三分八行行字不一字徑七分書刻俱劣

缺縣□□史□　功德主史元豐為少缺父母特捨□財
□救苦觀世音菩缺承供事
缺豐兄史元覇史元廣阿嫂黄氏田氏缺曹氏掌男文遇
妻阿杜男逐會缺貴兒阿女阿□孫男福留阿□
天祐拾貳年叁月貳拾玖日
缺主史元豐阿姊二姑
此村夫草草剜畫之作

附唐末天祐十二年

能

再修文宣王廟院記

高六尺四寸五分廣三尺四寸六分二十七行行五十七字字徑九分正書在定州文廟

□唐再修文宣王廟記　篆額

太師中書令北平王再修文宣王廟院記
若夫厥初生人人不能自治必維天降聖而治之則太始太
素之古□□□□□莫之知洵乎容成大庭農皇軒后之世
則□□□□化之上以虛靜恬淡治其本下以抱質悅□奉
其化及歷唐虞時更三代當□□□□禮樂刑罰而治之
至周道中微乳綱不振皇靈□□□侵代爲横流懷譎詭爲
常道君臣父子之禮隳□人王霸之政斂暴亂無象摩雄力

唐天祐十五年四月廿一日

與德

爭萬□分崩王□□□由是天降　宣聖拯斯墜典宏
濟時艱發揮至教體含造化道均覆載陰□東鑽仰之弥高
與天地合其德照洞無際智周萬物有□墨□無得而稱與
日月合其明抱春生夏長之仁定陽闔陰闢之紀正五氣分
三統與四時合其序索隱洞冥知微知章變化無方元覽無
始與鬼神合其吉凶貴而無位志在垂訓爲百王之令軌爲
千載之世師遇此周衰載揚魯道宏敷典禮顯正國風故入
其國其教可知也行詩教則溫柔敦厚行書教則疏通知遠
行樂教則廣博易良行易教則潔靜精微行禮教則恭儉莊
敬行春秋教則屬辭比事是知挺生　聖德實爲教父所

以和君臣順父子定人倫莫上於儒且歷代王者唯慕嘗之
禮隨而絕之獨以　秦王區宇之內聲教所至莫不備俎豆
腥熟氣臭而不絕享薦焉配天地而長久則知至德孟子之
言明矣是時也復遇守文不萬中原蕩析鐘皇運之百六值
四海之尋戈□道紛紜□武孔熾禮樂由是道汚儒宮又滋
枳棘□今遇
太師令公太原公應辰緯之純精禀□□之秀氣天骨特異
研道知機太史群書罔有不總風宣愷悌教行禮樂寬惠足
以愛人肅正足以威暴遜讓足以協比德操足以爲範人洽
其□□降太和德教充塞功被動植國出兩政合窮之秀即

兩獻

德及稼穡也馳素翼霜毛之產即德及飛走也八風不姦十
雨順暑即德合覆燾也其將必忠士必銳即德及軍旅也耕
者擊壤路者行歌即德及黎獻也况仁被昆蟲澤覃幽顯不
可備得而稱焉蓋少明其大略也值此四郊多壘痛毒元元
天未悔禍人崩厥角兮以隳封不聳邑里庶閒非
我公獨以詩書禮樂化人成俗則何以見興儒導訓變風變
雅當擬擾之運行鄒魯之道俾鄉黨之間復洙泗之風焉且
以　先師廟昔自大中歲　范陽盧公伏鉞
中山因令再葺以今之去　范陽公又六十載顧時雖
未久而摧朽攸深今所餘者唯列序牆基脩廊遺堵矣

亂公曰昔者　夫子救亂世拯頹綱垂五典顯七教敦忠
孝博文行爲人靈之大訓于今治國之道昭昭乎爲化之本
□可使　夫子之寢廟不能庇於燥濕即何以行其道
忘其本能無愧乎於是乃命步軍都虞候王超經營傭工揆
革時度費集剞劂積梴栟匠石□□之役畢革乃於天祐十三
年七月十九日始修正殿取規大壯綺棟交鍈繡桷横飛藻
梲睍睍珽題灼灼煥乎華構肅然　清廟所以火
藻龍章儼若魯堂之貞楦珪轂辟礌如沂水之賢棟宇輪奐
象設咸備闈闥列侍翼翼有容次葺三禮堂覽之見歷代禮
備矣次創齋院以爲釋菜三獻修齋之所次修學院及特建
講書堂以俟近思切問之士次列長廊廣室以止青衿橫經
之子然猶於　范陽公前所製置之外復添建堂室至
多則　夫子之廟宇大備矣時未周星百工咸畢夫如
是且　聖人受命賢人濟時刱立儒之教唯聖人行儒
漢之教唯賢人即覩之文侯漢之文翁豫章之學臺南郡之絳
帳皆於治平之代師儒行教豈比　我公當茫茫九服幅
難裂豆分屬茲多難光揚丕訓啓迪文教而行　夫子之
道化人修　夫子之宮勸學者哉校斯　盛美復
寇前史顧惟鴻懿允昭永代諷韋叅幕吏實愧謏聞奉
命紀石以旌不朽時天祐十五年歲次戊寅四月癸卯朔

廿一日癸亥建
易定祁等州節度觀察處置北平軍等使開府儀同三司
撿校太師兼中書令使持節定州諸軍事兼定州刺史上
柱國北平王食邑五千戶食實封三百戶王處直
御節度巡官朝請郎□□尚書工部員外郎兼侍御史柱國
賜緋魚袋高諷撰并書及篆額
　逐要王允章鐫
碑稱太師中書令北平王者王處直也案舊唐書處直傳
天祐元年加太保封太原王從仕僞梁封北平王檢校太
尉又案通鑑梁太祖開平四年鎮定復稱唐天祐年號今
此天祐十五年爲梁之貞明四年晉王已拔楊劉矣金石文字記
謹按　畿輔通志引宋韓魏公定州儒學記略曰定處
北邊琦（忝）忝命來守躬行釋奠禮於夫子廟閟（閣）舊（舊）記大中
末州師盧公簡永以廟本會昌所廢天祐佛祠其制猶
若浮圖（圖）氏所居乃更而大之天祐中王公處直本朝開
寶初祁公廷義祥符初李公允正能於兵厄之餘因其
既廢而復興焉云云攷兩唐書盧簡求傳簡求范陽人
大中十一年由涇原渭武節度使遷檢校工部尚書定
州刺史義武軍節度北平軍等使十三年改鳳翔隴西

節度觀察等使其鎮定州正在大中末年碑所稱范陽盧公仗鉞中山因令再葺者即蘭求也通志引作蘭永當是寫刊之誤王處直結銜檢校太師中書令傳皆略之定州重修聖廟碑自唐大中至宋皇祐二年魏公儒學記凡五今惟見處直是碑而已大中碑寶刻叢編寶刻類編存其目盧肇撰行書（類編作正書）大中十三年八月立今佚魏公自撰儒學記志載其文而不見於先輩金石諸書（潜研堂金石文目載此）開寶祥符二刻并州志亦不載則就佚者多矣碑有陰上十行行書下截僚屬題名正書未得拓本

修醮文殘幢

高四尺六寸存五面面四行前一面存末一行後一面存三行行四十字字徑八九分行書有篆額每面一字今僅見一告字

在曲陽

融

（上闕）□揚彌文悉舉率土脩育輿誦多歡律呂回環未盈七載禮容首冠俄已三成自先置（上闕）鑠既已有融　美既禎圖抑復無筭尔乃甘泉滋液神草紛披琢木交柯靈龕（上闕）氤氳日月揚於榮輝星宿應於瑞諜考於曩古蓋文史之未傳莘于方今乃耳目而（上闕）璣之七政和玉燭之四時通範圍之書文惠海域之黎獻千倉之積盈儲峙於大農三尺之繁措刑辟於司冠斯惟眇薄成此洽平欲仰報於　百靈用永安於

附唐末

茫　緯　贇

九寓乃詢甲令于掌禮之官乃訪秘□于脩真之士載念始□儀於　岱嶽俄飲至於譙都式豐厥牲牷式潔斯蘋藻式崇壇而斯建式　靖館而斯臨雖須欽翼内增齋明上達然而茫茫　曾宙杳杳　方輿其載無聲其功不宰高也明也豈禪竈之所詳知經之緯之豈豎亥之所徧步穹壤之表非可以臆論鬼神之形莫諧乎□見寒門所會既秩序而靡□□山所朝六壇宇而昌識　璇臺珠闕□處於鴻濛之中金簡琅函莫盡於杳冥之際其有黙測　妙用幽贊　丕□式　命歷之云毗式　造化之攸輔烈風迅雨仰其節宣精氣遊魂資其陶冶式高處於清都紫府

庶

彧下居於名山秘洞彧　德及庶物世同之闡彧　力濟
羣生人弗之諭雖茂承於　純嘏而終闕於豊禋孟謂
弗欽何伸大報由是内懷闕若遠考□于庶達寅威以觭
況施剏復載稽地志緬眺　靈區挺　高嶽以奠方
□　□都而□□　神鄉福地咸紀寶章　乗煙御風
常迴　斂駕是以擇陽和之序瞻　峻極之峯祗遣輶車
遐倚離□□□善禱醫達至虔夫國之所保者民民之所尚
者生生之所切者食食之所豊者歲瘥或疵癘靡作□□□
登壽考可期□□□洽然後八荒之外俗變風移九服之中
導德齊禮衣冠不異何止於幾刑□闕後

從

何叔平夫人劉氏墓誌殘石并蓋

方一尺二寸約二十行可見者僅六行行約二十六字字徑四分正書

□□□劉氏墓誌銘　篆蓋題八字字徑一寸

唐平盧節度□□□□□□武衛兵曹叅軍何叔平故夫人
彭城劉氏墓誌銘
上泐節度隨軍前明經梁昕撰并書
□□□□陰陽之□□男女流形伉儷之義重故牝馬之象
著□□一字泐十四德之儀礼備三從之旨諭之於代□二字泐十昔
漢高祖封合肥於齊國史戴焉其三字泐十丕大父祥□□□□
優□□□□以下惟七行下見里之二字八行下見清字十行見二字十一行見私第二字十二行見悼中

附唐末

闕之四字餘盡剝泐

石何叔平妻劉氏誌石左半剝泐已盡篆蓋石半亦然
蓋石中凸頂平方六寸七分刻篆文八字四面斜削刻
十二辰生肖面各三辰物首人身方袍執笏

縣

居士趙光墓誌銘

縱一尺三寸七分廣一尺四寸三分後泐存十五行行二十餘字不等字徑五六分正書石歸京師端午橋家

唐故居士天水趙府君墓誌銘并序
將仕郎前試左武衛兵曹叅軍申盻述
府君姓趙氏裏天水人也別業易州来水縣須回先父ミ□
□仕流浪海隅從軍地遠徙居青□□廿迄今凡二百年矣
先妣夫人□原王氏生公是季□也　府居生居□北每之
郡志好雲林山水南北貿貫利有攸往履涉□川博學古墳
與朋友交言行敦美□□彰聞輕金玉□善外著孝行□□
府君諱□字光婚夫人太原王氏有男三人長曰審□次
曰審ㄔ季曰審□女一人初笄之年適夫□氏孟男年□弱
冠□□居然泐之堅操行□□立信溫一一泐令淑賢□
居□淚血在苫塊之內殉□泐謦聞□□之□導者　府君
之□□泐不遺毀藝錢穀湛然上泐月五日遇疾青泐得吉
夕殯於泐松筠彫後有二行及低二格者六行均氷滅

唐末

右趙居士墓誌銘其諱不可辨其字為光文稱先父某從從軍地遠徙居青□迄今凡二百年自父逮子焉得有二百年殊難索解涞水作来府君作府居寫刊率譌不足取年月已佚姑附存之

范陽令造觀音像記殘石

上下左右皆斷缺多處存高廣各二尺餘十三行行存字不一字徑一寸餘分書在房山

刻金言
若官發於
□通虛以實歸隨
脩敬問知來趣便以經歸
處若眾見聖何以喻凡踐彼莓
觀音像於寺中法會如林洪鑪將
神人致銅務在廳下睸發而視悉
散法雨以灑容塵操慧刀而□
曰夫速朽者身不可久恃
縞者盈門是月辛巳
瞻仰范陽令樂安
□自近代□
□□□

附唐末

王府君誌蓋

方一尺四周鵝花飾篆書三行行三字字徑一寸

大唐故王府君墓誌銘

夫人玉氏誌蓋

縱六寸六分廣七寸一分四周鵝花飾二層篆書三行行三字字徑一寸有界格三緘

大唐故夫人玉氏墓誌

按元和姓纂玉音宿黃帝時公玉帶造合宫明堂見尸子後改為玉氏漢司徒玉光府字文伯又按後漢書有玉況見侯霸傳

唐末

崔公誌蓋

方一尺三寸四周刻十二人人各奉生肖一篆書四字在中心字徑一寸五分

崔公墓誌

右誌蓋其誌石不存無從知其時代近得宋嚴墓誌其蓋亦周列十二人製與此同彼為建中四年則此亦為唐刻矣

後梁

義武軍討擊副使造幢

高三尺八寸八面廣五寸三分五行與三寸七分三行相間經五面行約三十九字正書記三面行約卅三至卅六字行書徑八九分正書略小在定州石佛寺

真言不錄

□□□勝陀羅尼記

□□□□□□□至靈□□乎人心□則□稟二儀順陰陽以□□聖則佛通三界無汲引□□□□□勝因□□□□悟□□□由 佛化假推□以歸真洎佛□□□林顯濁世死生□□□□□□□□□聲□□□□□□□□□葉傳經

梁開平四年五月

流震旦魚牋譯偈□□銷除七返摧破□□□□□□□高幢□□□塵霑□□□覆滅諸罪於無量無邊目覩耳聞益多福於有□□□□□□□尊勝陀羅尼之謂歟爰有義武軍衙前討擊副使雲麾將軍試左武衛□□□□□□內持孝悌外著謙和每懷曾閔之心以奉 晨昏之禮其本生有數限□□□□□□ 怙恃之無依痛骨髓之啚忍祿不詶於撫養恩豈報於劬勞退想平生將何賽謝是以因豈減膳從儉抽衣大捐良緣裏資前路雖茹荼泣血空懷蓼莪□□刊石旌功用雪沉淪之苦詞輒染飾事愧直書略叙遺芳以無永代時梁開平四年五月□□□□□慕峯記

初不知幾字 □□□ 妻清河張氏男審柔孫女禪師　新婦
徐氏

承運下有名奪字查拓本

穆君宏墓誌銘并蓋
縱一尺六寸餘廣一尺五寸六分三十二行行三十一至三十六字不等字徑四分餘正書
蓋中高廣各六寸餘三行行九字字徑一寸五分正書

河南郡穆徵君墓誌銘
大梁洛州河南郡穆徵君歿墓合祔墓誌銘并序
監察御史前涿州范陽縣丞張嶠撰
夫元穹之大德曰生生之者無不欣其遂性大道之休息以
死死之者罔不懼於長霄若非絕跡於多門遊心於罔象以
身世爲行容視泉壤爲歸途即焉能弃榮利而若浮雲觀變
化而如脫屣其誰得之耶　徵君于君諱君宏字仁壽稟道
而生儲靈以降作大儒之詩書滿腹調正氣而陽秋在膺禮
以檢身儉能率下其　曾高之爵諱　祖考之風猷別具
豐碑略而不敘　徵君佩觿之歲諸族稱奇有容指梅
猶擅聰明之對前庭跨竹不遊戲弄之場洎弱冠之年交遊
不離在鄉里則出言成式於動靜則非禮不行每昆弟同遊
兒童在列談論必關於至道承迎對其嚴君至於聚彼群書
該乎百氏忘其貧而樂其道緘其口而綜於心此外或命一
二故人生平親舊以烹羊炰羔爲伏臘之費以弋林釣渚爲
朝夕之娛琴酒相歡歌詠自適常歎曰鵠蓋盈門擁豪影附
之聚非吾之所望馬革裹尸丈夫報國之事非吾之所能也
東纖操衡賈豎趨勢之動非吾之所擬也一擲千万博徒謠

後梁開平四年十月十七日

一

縱之欲非吾之所好也惟彼四事我無一焉但巢林一枝飲
河滿腹㦲陵稱少遊之善慎陽得黄憲之交優遊暮年聊以
卒歲而足矣嗚呼處士沒兮星落秋風勁兮蘭摧絳幃遽掩
於芳塵丹旐載揚其啓路以唐咸通十二年十月二日寢疾
損背於私第享年七十三以是月十七日埜於幽都縣禮賢
鄉别駕村之原禮也夫人清河張氏緯有懿德著於家聲
徵君沒後二十六年而終享年七十有三育子二
人長曰元嵩次曰元恪惟元恪　夫人没三年而終享年
卌十三惟長子元嵩在焉娶瑯琊王氏有室家之宜有子二
人長曰奴子幼寧其明有聡敏之志次曰霸孫歧嶷異焉有　二

女四人長曰二十六娘子次曰悟娘子次曰惆娘子次曰美
娘子元嵩天而孝思時推博洽常日惟故鄉之涿鹿實先君
之舊廬嵳松楸未列於戎阡埛壠尚遥於他縣誠恐幽魂不
昧遐思温序之歸髙樹有情摘欝東平之靡是以重申禮殺
爰具塗蒭乃啓殯於舊塋將返柩於新壤庶乎存者没者顯
晦咸終先亡後亡形魂畢萃大舉徙權之制用申永固之扃
且曰咸得其宜神雖幽而必察苟失其利木雖栱而可移青
烏之卜史既從白馬之故人復至以新朝開平四年十月十
七日合埜於涿州東三里孝義鄉河村之原禮也嗚呼　徵
君與　皇祖自先賢而歸孝義信宿而來矣自咸通而開平

三紀而餘矣可以畢嗣子終身之㥘慰　徵君久客之思
惟　徵君之賢宜有良允惟元嵩之孝宜獲殊祥余早
罹穆生与之交友自始識而未曾革心謂余曰僕少遭憫凶
孤苦成立瞻彼天而難申罔極求他山而以慰朋勤如或不
敘　德馨空傳永宅則小人得沒於地若見　徵君何辭
以對知余曾攻桑翰薄竊時名敢告終天請以為誌銘曰
皇天無親常與善隣戴誕徵君璨若星辰味彼墳素
狎於隱倫既文且質適或彬彬惟鄉与黨無殆恂恂天鑒斯
昧纖嚴良人惟薊之□二紀窮塵惟涿之東十載荊榛膴膴
平原馬鬣攸遵風悲月吊永矣徵君　三

後唐

修王子山院記

高四尺七寸五分廣二尺五寸七分二十四行行四十九字至五十三字字徑八分行書碑末有宋人重鐫題字二行在曲陽北六十里王子寺

奉爲國令公修王子山院之記 篆額十二字　行字徑

修王子山院記

鄉貢進士馬蕘　撰

昔太古未分混成元氣及太極初泮□立規風於是清氣上
騰高羅圓蓋濁氣下降厚布方輿或散作江河聚爲岡嶽玆
山突兀自彼于今詢以嘉名咸因有故雖未見於史冊而備

後唐天成元年八月十五日

聽於鄉人洎乎湯君諸王內唯箕子避紂殘虐來此潛居遂
以王子爲名置院久矣星連趙郡地屬恒陽鑿大茂之巽宮
鎮少容之乾位蟠桃下覷蟾桂平攀迴占幽奇獨標勝槩觀
漫而藤羅翁鬱縱橫而怪石巉巖則有偃仰如屏伍乘若蓋
或蹲踞而類虎或盤屈以成龍奇狀生獰異形恐悚嶬巔枯
栟毀排密跡金剛洞口巔峯似湧多寶佛塔紆迴巘崿錯雜
崢嶸聳碧嶂以千般密青溪而十里名花軟草石棠錦步障
閒高木芳林王凱珊瑚樹啓穿雲嶮嶝何殊三道寶階噴玉
亂泉豈讓八功德水靈禽異鳥重聞出和雅音谷響山層又
聽傳諸妙法寶謂住持者樂道巡礼者忘憂四時之物象皆

別十洞之煙花窣足　院主僧敬暉者太原人也臺山
受業雲水娛情訪道參禪通微悟理以不有中有有精進居
心謂不無中無無是非到耳靜如皎月湛若澄泉護惜戒珠
甚皮囊之過海執持祖印賽油鉢以趍朝國得攝伏檀那化
緣徒弟伍欲超於四果教密會於三乘爰自天復年中飛錫
遊此周覽基址愴滿榛蕪復念山勢崔嵬不必在鷲峯雞足
水聲嗚咽何須向鸛諸晃洲秖此修行深爲利益遂解瓶鉢
便結茅茨旋葺頹垣漸修遺堵盖堂四座塑　佛三尊右
建僧房左安廚庫架槽引水瀉瀑布於屋中甃岸成橋虹
霓於院內鋸解嚴之半腹跳起石龕瓔珞崖之下鐫刻裁琪

樹興於心匠豈異神工妙盡魯斤巧窮郢斧致山節藻栱循
矣得丹楹刻桷煥乎可謂鳳髓堅牢魚膠壯麗較量物外依
稀兜率施天比類人間髣髴迎鑾衛國創新柰苑化出蓮宮
皆藍宰苦行匡持肯修到此伏遇
故府主北平　王道德弥高化滌蒸盛煙塵跡滅雨露
勻施聲華伏天下諸侯惠愛眞生靈　父母去天祐十
三載曾持瑞節來詣名山旌旆行時過野之雲霞散湧橐鞬
排雲盈川之錦繡耆芳金輪王再降人寰玉皇帝重離洞府
退遊聖跡歎覽靈蹤盡悟　台顏別添喜色遂施免稅地四
至列于碑陰俸料麥五十斛以助齋莊貴申虔禱兼留石記

表入山門詞含白雪清風字鬪飛鸞舞鳳揄揚梵宇顯耀縚
流頓使落菌林中覺花競發菴蘿園内妙果皆成千生願為
主為王万劫冀同緣同會再遇　令府主　令
公瑶壇緒美金鉞傳榮天授沉機神符秘略鴈塞之烽堠不
起瀚若長城　鳳樓之宗社保安凝然大柱加以三軍整
肅咸遵細柳之風百姓蘇舒覺詠　甘棠之化佇看凌
煙寫　貞寫儀貝以難偕垂露書　勲書功勲之
不盡褒瀛贍矚莫可數尤廊廟欽降無因儔疋兹蘭若也福
感兹禪伯也福招幸居有道之邦永奉先為之教吹玉螺而
敲金磬上獻
台巖吟寶偈以諷真經下資群品其合院徒衆及在
鎮官員内外緣人往來善友凡諸方号並掛碑陰所冀同詣
化城齊登覺道蓋以藝跡黃絹學昧絳紗方捲恥於中郎恰
芭羞於太守不謂相尤所切解免終難不得已始授牋毫和
悚愧徑書其事
時唐天成元年太歲丙戌八月十五日記
使院王進恩書并鐫字
愚嘗謂此山逈境中花巖之所也然有記事之碑經其雨
雪字體虧殘愚雖不達惻然憫之於是請匠以重鐫之庶
後觀者得以□覽□時巨宋宣和二年庚子八月十五日

中山府畞鼉嵓客趙仙重修記
院主僧智升岳陽楊彦刊
是碑繼輔通志未載金石家無著錄者馬蕢撰文琅琅
可誦蓋即夔之異文王進恩書得右軍遺意惜為宋人修鐫間
有譌誤及以意妄補字結尾不謂相尤所切句不可解
亦當有誤字也古刻虧殘誠可深惜而唐劉鐫補更出
畞豎之手又自詆之不幸矣藍室當即院主之稱言伽
藍之主也碑云故府主北平王去天祐十三載曹持瑞
節來訪名山施免税地兼留石記又有再遇令府主令
公云云按北平王者王處直也見定州再修文宣王廟
院記碑跋令公者王都也舊五代史有傳本姓劉妖人
李應之得之進諸處直遂以為子其後篡據父位遷太
尉侍中明宗嗣位加中書令天成三年制削官爵遣宋
州節度使王晏球討之四年拔定州都自焚死是碑立
於天成元年故稱令府主也處直當時亦嘗建碑是院
其存其佚不可知矣此碑有陰記施地四至及徒衆官
員緣人善友等名未得拓本

宣霧山造羅漢記十一段 起天成三年六月俱正書

楊偃題記 高六寸廣一尺八寸八分二十四行行七字至十一字字徑七分

刑州兗山縣宣務鄉山北楊村弟子楊偃爲十六尊維鄉數
同勾當造石堂兼修第十一尊羅漢頭逐脚人數等維鄉頭
楊偃同修功德人楊珎住楊村身充使院爲母添修同修功
德人楊楚住孫村同修功德貴傅呰住東董村同修功德馮
遠住楊村同修功德梁貴住染□村同修功德周雟周穽住
梁村同修功德翟儒住小霍村同修功德霍進住大霍村同
修功德張成住圯□村伏緣修此功德上爲
帝王萬歲當州

後唐天成三年六月

太保千秋下爲縣鎮圖寮常居祿位更爲修此功德者伏願
過去先亡見存眷屬□爲供養天成三年六月日弟子楊偃
等疏

趙宏珪題記 高六寸餘廣八寸三分十行行七字至十一字字徑七分

趙州昭慶縣太平鄉尹固村施主趙宏珪造羅漢　尊爲母
陳氏嫂孟氏妻蘓氏侄男方可　次男韓七小男鄢留女二
娘子三娘子四娘子右件功德令以圓龍奉爲過去先亡見
存眷屬永爲供養天成四年二月　日弟子趙宏珪

霍珪題記 高六寸餘廣一尺餘十二行行字不一字徑七分

邢州兗山縣光藝鄉韓解村修第十三尊羅漢維鄉頭霍珪
獨造一尊合家供養　霍珪　妻杜氏十姑霍氏男審瓊
比丘尼審登　男八郎　男瑪留男□　伏以修此功德
上爲
帝王伏願長居寶位本州太保福比松筠縣鎮三廳慶同卿
嶽更願閤門老幼恭保安康天成四年三月十一日

晁遇等題記 高六寸五分廣一尺八寸二十三行行字不一字徑六七分

內卿縣長春鄉　弟子晁遇爲十六維鄉數同勾當造石
堂兼修第十六尊羅漢人數　維鄉晁遇住中平村
副維鄉周友住西周村從故符令公押　同修功
德人左亮住東楊□同修功德人晁從晁瓊住中□同修功
德人馮貴住時村同修功德人周慶周敬住西馮村同修功
德人孔讃孔珪住處□同修功德人楊泐　同修功德泐泐
同修功泐　同修功泐　同修功泐　同修功泐　伏以修
泐　帝王泐貞長居宮泐達西方□□泐供養天成四年三
月十一日

王立等題記 高六寸三分廣一尺五寸五分十六行行字不一字徑七分

兗山縣宣務鄉東傒村維鄉王立修弟五尊羅漢　同修功
德人劉奕住亦□同修功德人王遇住樓村同修功德人李
瞻　李興二人並住慕化村同修功德人王習住安仁坊
同修功德人石恭住尹村同修功德人蘓江住南薛村同修

功德人牛德住南王村伏以脩此功德上願
國王萬歲夲州太保千秋縣鎮官員常居禄位天成四年三
月十五日弟子王立等謹疏

眭忠等題記 高六寸餘廣一尺二寸十二行行字不一字徑六七分

兖山縣宣務鄉李村維那頭押司錄事眭忠　同脩功德
人李貴　同脩功德人周沵　同脩功德人李進　同脩
功德人佐史　進大寍□　同脩功德人尚贇住尚村伏以脩
此功德上願
國王萬歲夲州太保千秋縣鎮官員常禄位天成四年三月
十五日弟子眭忠等謹疏

穆金等題記 高六寸五分廣一尺五寸十九行行字不一字徑四分至六分左行

□□□□□太原村共造石堂第九尊維那頭穆金同村共
勾當副維那王　勧同村施主等王唐王遇王感眭□眭□
南光村趙□張馬村施主二人高□韓遂　清河村施主劉
鐸趙貴趙洪李霸男□蔥潤村李貴　北光村施主　前兖
山縣鎮使趙□義營都頭張晏程端　□儀村施主尹實宋
□樂□宋佺解賓　施主翟晟翟練右件施主石堂共製
羅漢同脩上願
聖皇國祚萬歲當州司徒文武寀寮永居禄位更願過去先
亡考妣隨佛壽生見存父母闔家長幼保安清吉咸願證□
永為供養
天成四年歲次癸丑四月庚子朔

討擊使等題記 高六寸六分廣二尺一寸二十二行行字不一字徑七八分

邢州兖山縣宣務鄉□言村脩第一尊羅漢都維那討擊使
充鎮□□□□□會　同脩功德　官張真　住北薛村
同脩功德　寰候李□　十將馬　同住畢村　同脩功
德咸選住咸子王□　同脩功德趙太住尚村　同脩功德劉
□住北大帝村內邱縣　長春鄉新莊村維那頭衛千同脩
第一尊羅漢　施主眭誠眭存住新豐村施主楊存常
侍楊贇楊玘楊立楊琮住累東村施主王媒王殷孔鱗孔□
趙進悉閻並住新豐村惣殷捨財已後合家安樂永保無災
現存春屬一心供養天成四年四月廿□

霍選等題記 高六寸八分廣一尺二寸十三行行九字至十一字字徑六七分

造第十尊羅漢都維□霍選住南侯村　兖鎮副將兼
知□務巡同造功德人衛瑫住北衛村同造功德人李立住
大□□鄉霍村　同造功德人□邵住東梁村　同造功德
人馮端住光□鄉西□□各捨財施主惣殷無□□□中諸
佛□□合家□為供養天成四年四月廿□後留故記
五日甲寅維那王勧書

末行之前隔著一行有後留故記四字不可解

申智賢等題記 在趙宏珪一刻之右高六寸餘廣一尺二寸十四行行七字至十一字徑七八分左行
邢州鉅鹿縣君子鄉南合沓村維鄉中智賢昭慶縣臨河鄉
王澗村同修功德人府公汴聖佛村王公誠南衛村蓋公進
胡文珪楊　申蔡郭金肥鄉縣和村同修功德人張行武宗
縣邸國村同修功德人女弟子智香林田十姑南和縣孫趙
村同修功德人王宏遇曹選劉簡王迺王謙趙會郝進

張他村邑衆等題記 在宏遇一刻之左高六寸八分廣一尺三寸十四行行字不一字徑五分左行
邢州内邸縣長春鄉張他村□頭諸方邑衆等　郝維鄉
孫□□□邑録□□邑□　王臻　趙貴　□□□□
□進□□趙興邑人孫□□遇□□　張□陳謹　李慶
張學李□　劉霸　李裕　李□□　呂□　劉鐸馬武
劉太紫裕孫□趙万德　允慶　允金　石貴　朱瑞吳亮
鞏保　王謙　薛貴　賈遇　孫霸　霍□胡戩□□
□□□□□　王存道

僧智訥建□猛院記 高五尺二寸六分廣二尺六寸二分二十八行行五十六字字徑七分正書有額失拓
□猛院記
鄉貢進士郭峭撰
觀夫大像無形若無形何以測其奥至道無言若無言爭可
窮其理則有馬鳴垂訓牛口傳芳於東國之桒門起西方之
柰苑觀時變俗變貝改形忽其大也立向須弥忽其小也藏
於芥子涅而不死槃而不生平滄浪爲万頃之田消患難作
無壃之福威儀有異夢中之金色明明化現無難足下之蓮
花種種顯光大世暗度群靈掛衣於寶樹之間留履向金砂
唐長興四年十一月
之上以天爲大惟我獨尊無量之由爭可具載有故廣濟
大師本貫湖州雲水人也自中和初年荷笈而來提錫而住
因尋基址方務營崇心欲化於鄉村人已持於畚鍤始添精
舍大闡法門誘無緣爲有緣變惡事爲美事欲使一方之内
普攢生天万類之中咸登覺路莫不代釋迦之手足作淨世
之津梁自後有府 空十二格 主王公盥手焚香齋心待礼專来沂
上迎歸魯中寔嘆
國祥遂聞 空九格 天聽 空二十格 皇恩益重 空四格 紫服尋加乃又建
一寺名日延壽其功甚廣計日而終崄閣層樓出廛㢈而壓
地成碑立碣鐫巖屓以擊天於戲佛像儼周人寂奄弃重縉

疊緣徒裝
坐化之身万戶千門但寫生前之相空十二格復有院主僧智訥
本是范陽人也始因訪道便乃棲心□先師建□之基蕟住
院添崇之志從微至著竭力勞神行升五級之皿唯彰儉德
空四格坐說三乘之法是解迷途自雪嶺以開禪指
□□而化空八格俗動無傷物行但憂空十格人看七軸之蓮經
何嘗釋手捨万般之塵事未憶閑情積德累功以日□月□
□□也多有□□連仲尼□□之　鄉近童子詠歌之
地背山臨水處要居中而又早欲求真不忘素懇爰徙建立
漸致功夫在日往□□□□□夲□□天□而地覆難改初
基演化空三格群情劬勞獨力乃見周圓之果以憑方便之門
遂得空下
□□□□□□□立元其謀始今已樂成故鞘響遂贊来影
隨摽出言纔啓口事早從心乃於紺殿金軀次建此堂彌勒
泗州大聖早以功圓千佛觀音近方成就再□□殿別有顧
誠起羅漢一十六尊課真言一百万遍皆為助
大師之因緣廣□□
□□□福壽延長始拖私心今已畢手覩禪閑之閒淨窺梵
苑以清雲樹變鶴飛臺多蜂集花堂炳煥高連慧日之光寶
殿巍峨遠拂慈雲之□　□□盛事可謂良緣得不鐫以全
文勒其石販鹿錢後代不滅其因乃為銘曰
始自修持　今方圓備　結以良田　酬其風志
七寶蓮彩　千佛依次　還疑神化　不若人致
樓臺斯立　尊像齊裝　泥金縷玉　透色通光
覺捉金地　爭燒寶香　□□就列　鴈塔成行
寂尓空門　當兹大路　積日而㧗　隨人所慕
遐迩皆来　愚迷盡許　百神相佑　諸佛共護
敵山壓野　棲汶通沂　院宇斯盛　人倫所歸
螭頭若活　鷰瓦如飛　明明壯麗　烋烋靈威
衆力相扶　群材共搆　摽功紀績　唯銘與鐫
陵遷谷變　天長地久　乃立斯文　載千不朽
大唐長興肆年歲次癸巳十一月癸酉朔十九日辛卯
院主僧智訥建　小師歸正　比邱師吟書　皇甫珪
鶴　同製人王環
□□□真言曰　囊謨云云不錄
文林郎守沂州□□縣令孫知黙　將仕郎守□□
□水縣主簿杜匡□□充隨押衙充沂水鎮使程超
上三司押司錄事李延超　下三司押司錄事孫晏
錄事司夏侯欽　下三司句趙朗
押衙充沂水鎮使知鹽麴税務事郭仁澤

後漢

石君誌蓋

方一尺三寸四邊斜削字在平面三行字徑一寸二分篆書

大漢故石府君墓誌銘

後漢

後周

興國寺陁羅尼幢讚

墨本未搨佛像高二尺四寸三分八面面廣四寸經五面各四行行存二十八九字字徑八分讚序三面各四行行存三十二三字字略小正書

佛頂尊勝陁羅尼啓請

□圕□□書臨壇大德　□謙書（在標題下）

經不錄

佛頂尊勝陁羅尼幢讚

（泐約五字）經僧□紹（泐）

聞千花世界万德能仁廣開方便之門大啓慈悲之化他方

後周顯德元年正月二十五日

□□隱顯難思天上人間（闕）□□□□□□□□□織卜□□論於

□生□□□於□性此陁羅尼者因□帝釋之天□見（闕）□

□□□□□□□□□□□□□□□□□□□願□□□□念□□□□□

□□滅□異類□□□（闕）□刀□鋒鋋靈驗□彰神功著顯

福□千齡殃消万劫但所建意者夏有女弟子□（闕）亡男孫

□嗣立身未□夭逝□□憶念情深悲傷心腑何門薦拔冥

冥□誠仗託（闕）超昇□□重□解脫仍□見在骨肉内外親

姻百福□臻千災永殄洪□既□巨□（闕）

偉哉大聖　□□獨尊　□施甘露　□洒乾坤　如来雖

滅　妙法恒存　□□（缺）　照曜重昏　巍巍自在　聖

德雜論　忌傷有恨　控告無門　愁□西□　□水闕
追資夜魄　□拔幽魂　仗□妙□　□□勝因　捨泡
幻質　獲堅固身　□□闕　□礼□仁　□□□志
□□思真　見在一宅　內外諸□　史□永□　福祐長
闕
時大周顯德元年歲次甲寅正月二十五日庚子朔建
石作匠人朱□闕

幢未詳何在拓本有籤題曰興國寺尊勝經幢紙色甚舊幢必在其寺暇當更考之幢係女弟子某為亡男孫□嗣造下截缺失字數以序尾語氣論尚不少也標題下書人名之上先有某某書字不可解

清河張氏
[illegible][illegible]六書軒字　若訂時[illegible]以五易

清河張氏建彌勒上生經幢

高四尺九寸八面面廣五寸五分各七行行七十餘字不等第一面上截佛龕下起字徑六七分正書經從龕

佛說觀彌勒菩□上生兜率天經

經文不錄

時大周棣州滴河縣顯德貳年歲次乙卯拾月乙丑朔
捌日壬申清河郡妻張氏奉為　亡夫建上生經幢子
壹座永充供養　孫子高德崇一行在經尾十一字下又空五格起
新婦劉氏　女課姐　孫女三十娘子此末行比前一行又低四字
院主僧義廣　師智深　智敏　智圓　智凝在末行之上
功德主僧法照在末行下　都料匠人主知讚　男光晋

後周顯德二年十月八日

鶬字

搨本未詳來路滴河縣即今山東武定府之商河縣幢當在其地也隋地理志滴河開皇十六年置元和郡縣圖志云本漢朸縣後省隋復置因北有滴河以名之滴河者漢成帝鴻嘉四年成帝元和志誤作武帝據正河溢為害都尉許商鑿此河通海故以商為名後人加水焉一統志及陳芳績歷代地理沿革表於五代已改為商今幢立於後周猶書滴河洪亮吉乾隆府廳州縣志云宋改蓋据宋地理志言之是也按太平寰宇記成於太宗朝亦尚作滴是宋初猶未改矣張氏為夫造幢不詳其名因其

子如其姓高氏而已

㓰修六曹軒宇四時祭敬記

高五尺廣三尺二寸三十一行行五十至五十七字不等字徑八分正書在邢臺東岳廟

□岳六曹□官廟堂碑 額題九字字徑二寸餘正書

□周邢郡坊里社衆㓰修六曹軒宇四時祭敬記并序

開元寺圓照大師賜紫　應文　撰

詳夫幽顯難昧陰陽詎測大則五山四瀆列祀典以欽崇深
則地府冥關標祭書而敬奉變通假式嶽感□靈應虔禱以
流慈逃諸沵青逐齋瘥而示德准百殃尤是以清廟聿興嚴
相大壯三□四□蒸嘗陳如在之勤万井九流鄰腈膚至誠
之敦視其護□託以威容苟武時旱陽苗藉霖雨之沃□祟

周顯德元年八月二十八日

女□物恃祛斥之□衛怒目張而魑魅銷潛笑靨開而休徵
顯被雨 霆電掃療厲氷消皆焉收捲之功寄仗悠舒之力精
肅莅筥之餽潔鮮蘋藻之□鑽仰□歆披戴陰騭其來久矣
孰敢慢焉惟六曹上德九□名寮冲和别稟於天然明悟殊
凌於坤府山含玉潤珠貯川明正直難忏守位□私於盻嚮
英襟莫儗當仁何啻於優庸肯託石以為攸未因河而作恠
同侄　泰嶽各掌一司羽翼
天齊股肱王室揮毫案牘人倫之事有盛衰指顧吏官鬼部
之情懸憂樂吉凶俯仰禍福華夷應無逃曲之端自有翕張
之理撫忠讜之流葦漸陟有衛懲姦宄之儔　逞埋藏跡蘊

玆貞固之問譽動陰君叶彼妄録之宜運符幽贊朱袍爲簡
黴然臺署之姿玉珮金章煥矣鷺鴻之列爰有坊郭邑士鄉
墅社公□□□□□□□□人各抱謹恪俱懷柔良偘偘風
彩誾誾儀容寒松之節槩難移璞玉之温明易秀或緜纖棘
門武業居商賈知機識變見義行仁能恂誠於探湯善成交
於淡水公暇相誨市門同籌治生各便於經□濟活咸充於
贍給歲忻靖泰物樂豐盈承　一人垂拱之恩晉安閑放
荷　二天矜穩之惠盡慶優游左右忠良内外齊肅撫
我厚我懷德懷仁苟無禱祭之勞胡沓休祥之澤須憑香火
用報神靈繇□共竭丹衷鳩會□顒一約卒集久醵鏹蚨始
天禧□年届廣順三載凡經一紀冈替初終擇地慎材捌墘
搆棟雅容肇塑想元室之儀美狀方圖挺陽聞之氣骨多□
列扃吞窺祿筭之文端秉正形如慎憲章之理四時殷薦六
珎嚴具紅鱗白鹿彈水陸之新鱻清酌紫尊畢庖鎬之甘滑
至於車舉壯飾金礐相宣畜馬雄強丹素交瑩向司方而竦
敬瀝瀝傾情對貞位以肅恭動動祈洗所冀降
靈威祐歆胙臨床執盃肆意於蘭□猶乎夜飲下筋□□於
嚴胥多類羊羹卒奉少牢妄邀多福俾夫　帝力廣運遍八
極而混車□　相府秉居仁一方而隆惠愛上卿小相
兢敦毗贊之能右職左寮闢益匡扶之略然後龍調十雨亘

川之□　穡有秋兵戢三邊迺野之樵漁□畏老少富壽泉貨
斧乇遠者来而迩者安兇者臧而勃者遜百祥五福貽慶緒
於社人三苗四凶殲叛亡□徒黨將佚夫勠力無怠奉□有
脩宗厚地之列官奉明　神之享禘遂□貞珉於嚴嶠
鑿肩屭之形軀聳真巨鼇雕鐫大篆□古不□勿迷苔蘚之
痕刼灰莫灰更麗菁華之跡何將盛事見酬非才刊韓未弃
於斐然撫捨終慙於蒐尔乃為銘曰
厚壤諸真　正直聰明　無□無讜　心平理平　縻臀掌
薄　任村司寘　批殖録鬼　注活蒼生　虔祈錫祚　昭
告□情　薦之薄醴　潔于至誠　功潛護物　力着加貞
岱岳良佐　崇山福星　曹扃畏愛　邪僻消停　塑像
興宇　列饌唯馨　牲牢肥腯　漿液泠泠　動奉儼肅
竦慄惕兢　粢盛歲序　車馬蹤撗　楮幣牋贄　彩妓
繪禮　春憑夏禱　秋賽冬蒸　奠酹殷恪　國有專□
皇屋基壯　光聲聖名　紅旆鎮永　蘘黃含聲　三辰耀
朗　九土和閒　休牛牧馬　務農銷兵　漁歌樵唱
富□豐興　晟肩巵酒　無敢慢輕　公私育叶　上下登
昇　福謙助順　獎善禍盈　兇殲蠹削　地平天成　風
調雨捋　海晏河清　翠琖龍邕　篆纂鼇擎　攄詞紀事
万古千齡

顯德元年歲次甲寅八月癸酉朔二十八日□己建
輸忠翊戴功臣安國軍節度邢洺等州觀察處置等使金
紫光禄大夫撿挍太保使持節邢州諸軍事邢州刺史兼
御史大夫上柱國京兆縣開國伯食邑七百戶田　景咸
節度行軍司馬銀青光禄大夫撿挍尚書右僕射兼御
史大夫上柱國王　保勲
節度副使光禄大夫撿挍太保兼御史大夫上柱國太
原縣開國伯食邑七百戶王　氵□
節度判官朝請大夫撿挍禮部尚書兼御史大夫上柱
國賜紫金魚袋王　□□

周顯德元年八月二十八日

觀察判官朝議郎試大理司直兼殿中侍御史崔說
節度掌書記朝議郎試大理司直兼監察御史何　翰
觀察支使將仕郎試大理評事兼監察御史李　搏
馬步軍都指揮使撿挍司空昭州刺史兼御史大夫上
柱國曹　□金
衙内都指揮使田　漢明
馬步都虞候銀青光禄大夫撿挍太子賓客兼侍御史
飛騎尉□　守□

濟州刺史任漢權屏盜碑銘

高一丈一尺八寸廣四尺一寸五分二十六行行七十五字字徑一寸三分行書額未見在鉅野

大周推誠奉義翊戴功臣特進撿挍太保使持節濟州諸軍
事行濟州刺史兼御史大夫上柱國西河郡開國公食邑二
千三百戶任公屏盜碑銘并序
朝議郎行左拾遺充集賢殿修撰臣李昉奉　勑撰
翰林待　詔朝議大夫行司農丞臣張光振奉　勑書
降婁魯之分濟河惟兖州大野既荒西狩獲麟之地崇山作
鎮東漠見日之峯郡國已來五賦稱大舊制非便必惟其新
盖民衆吏少則舒易生治稱任平則時克乂

後周顯德二年閏九月一日

皇朝建濟州於鉅野縣猶魏室分㪚次爲樂陵郡耶
我太祖聖神恭肅文武孝皇帝發天機張地紀皇建丕作
帝于萬邦不枉政以厚民生不尅法以重民命以爲分
是理須是𦙍施之一方而用□通之四海而不泯者其惟良
二千石乎故□選牧守咸用賢能得人者昌於斯爲盛
今皇帝嗣守洪業光揚　聖謨率勤儉爲天下先惟幾
微成天下務所謂　皇王綱統之道明矣邦國紀律之
務成矣而研覈精鍊日不暇給以戒弛墮之患所謂視聽聰
明之德充矣中外上下之情通矣而啓迪開納國無留事以
防壅塞之弊凡軍國機要刑政樞務事無巨細必詳於聽覽

凡公侯卿士牧伯長吏任無輕重必考其才器是以設爵愈
重分職愈精人人自謂我民康家家自謂我土樂粵嗣位元
年冬十月　詔以前趙州刺史任公撿挍太保牧于濟濟新
造之郡也麟州之名其廢已久歲月差遠土風寖醨民忘其
歸或肆爲梗重以控地既大邑荒用遐山幽藪深已命攸萃
灌莽恚伏戎之地萑蒲爲聚盜之資姦以人興嘯召或成於
風雨法由貪弊霸縻遂至於逋逃良田有孟實害嘉穀雖夫
年号豐稔時無札瘥滯穗餘糧棲偃于千畞京倉坻庾阜衍
于九年猶或胥遊墮之夫釋耒耜之用鉤鋤弦木竊弄於鄉
閭之間剽飢渴之歲乎至乃野無戰血天藏殺機韋甲琱戈
戢鋒鎧於武庫庸租井賦緩徵督於鄉胥尚或誘輕生之民
聚無賴之族巢壘穴狡竊發於晦暝之中剡兵草之際乎民
既病而疇思其治醫雖良而藥或末工蓋用有所長才難求
備文吏柬名教之撿則必曰導之以德盜用侮而益慁法家
持剛猛之斷則必曰齊之以刑□用駭而弥逸自非文武兼
資之用英雄斷制之才莅是任而居是邦者厥惟艱哉　公
天授將才生知理本以戰則勝元機出應變之先以化則孚
心術洞希微之表抗一麾而庶止撫萬室以聽言以爲川壅
汚瀆利源泒而當宜濬畎田荒蕪蒙樹嘉苗而必極芟夷於
是令以先庚申之後甲介馬貿先馳之勇陰門提夜出之兵

獵蘩杜以平姦盡誅其類狩平林而得猶恚伏其皐狂童震
驚四野棘駭狼心盡革民患皆除乃峻以隄防斂其窟穴决
獄盡跡其留滯窮源用滌其瑕疵分命鄉民設其警候伏乙
夜之蒐慝扼衝途而伺奸盜跡之來若羅罝畢申命降寇招
其叛徒恩信著用以結其心懾伏羈留以杜其變盜意之改
若愈膏肓非夫術以變通奸由惠與太阿所擊劃洪鍾而不
留玉弩載張應靈機而自發其孰能如此耶甚矣哉除盜之
難其來有素中古澆醨之後群心變詐之興縱燎夷荒或敗
蕭蘭之秀尋柯伐蠹因傷杞梓之材唯賢者之用心則是非
而無混故　公嫉盜之意切而誅盜之令嚴去盜之術行而
屏盜之譽彌夫盜既去矣民將息矣然後緩之以約束寬之
以法令養之以惠愛勸之以禮讓化之無或戾信之無或欺
則襲黃之風彼亦奚尚是以黃髮鮐背之叟農工商賈之類
含哺而嬉既舞且詠以爲康莊播頌雖昭盛德之容疏國裁
碑宜雕披文之質郡將官吏唱言僉同乃詣　闕上陳願
塞群望　帝用嘉許綸言式敷　詔左拾遺李昉譔文其
事以述濟民之請微臣不才孤奉　明旨攜闔秘書思懼
遺休聲暫實課虛斯譔無愧而太史氏紀功臣之績云　公
名漢權蜀國人也以武略事　累朝以戰功登貴仕丞握
兵要連分使符初牧于丹荷排亂折衝之績移治于趙有安

邊鎮静之功所至皆有能名而濟之人獨能宣其事業以示
不朽亦可謂賢矣系曰事有該于謡俗傳于耆儒者千載之
下尚爲美譚刻文之以銘而勒之於石乎他日知　使君之
政者其將質於此故其詞云
道失其要　刑滋而暴　人心用違　良民爲盜
令嚴而申　政肅而滈　人心用依　盜爲良民
民即盜也　盜亦民也　善惡之化　實由乎人
猗歟使君　克善其治　始以嚴誅　去其姦宄
申以約束　静其鄉里　里無墮農　鄉無狡童
曾未逾月　澄清四封　桐彼林矣　豈無豺虎
暴心不生　與麟爲伍　循彼陵兮　亦有荆棘
惡莠既除　與蘭同色　使君之賢　如山如渊
濟民之頌　聲聞于天　刻石播美　垂千万年
軍事判官朝議郎試大理司直兼殿中侍御史張穆篆額
顯德二年歳次乙卯閏九月一日丙申剏建
右碑標題一行次撰書銜名二行文廿二行末篆額銜名及年月一行篆額者不與撰書人並列蓋以前二人皆奉敕故也撰文者李昉案宋史本傳昉在漢乾祐舉進士爲祕書郎宰相馮道引之與呂端同直宏文館改右拾遺集賢殿修撰此碑列銜正同則仕周太祖朝亦仍此官惟拾遺轉左耳周世宗覽昉章奏詩文每稱賞之此碑辭句華贍洵爲稱旨之作書體蒼勁有法間有異文如遊惰作游隋耒耜作耒耟澂按碑作秬也之秬是也萑蒲即萑苻案左昭公二十年傳取人於萑苻之澤萑字唐石經後改作萑苻唐石經原刻作蒲皆與此合或以爲唐人别體者由未細檢耳鉅野諸生李伊晉云此碑有額題任公屛盜之碑六字碑陰題職官人名數列拓者皆遺之山左金石志

金石例篆額皆與撰書人並此獨居後以前二人奉敕爲之任公功略所著皆未有詳徵惟以屛盜列之豐碑則其時所尚若此可悲也已授堂金石文字續跋

謹按山左金石志録是碑李昉繫銜充集賢殿修撰充誤文文首行東滇誤東瞋必惟其新其誤具六行凡軍國機要凡誤非九行耒耟碑自作禾旁蓋原誤耜爲耟志僅以作耟爲耜異文末的此行下輕生之民生誤主十行晦順誤海濵十一行一麾誤一旅十二行當宜濬畎誤當宜濬畝麃蓑麃誤蘑十三行署用誤着用銘詞次句刑滋誤滋刑皆當刊正

王子山院長老舍利塔記

高五尺五分廣三尺四分三十行行四十九字至五十六字不等字徑八分正書在曲陽北六十里王子寺

大周王子山禪院長老和尚舍利塔之記篆額　行行十六字字徑　寸　分

定州曲陽縣龍泉鎮王子山院長老和尚舍利塔記

詳夫蒼蒼稱大測竹管以猶知杲杲雖明聚土圭而可驗則
知四時代謝五靈無以出其闕七字不能逃其性与夫
我佛三祇練行六度化緣齊空色而混圓通斷煩惱而登正
覺一乘調御中天共躡闕五字居尊三界獨稱其上士因滿果
滿智圓福圓騁威力以無邊得神通而自在稱域中之大彼
分爲三盡天下之能我居其一洎乎

後周廣順四年二月十五日

□輪託蔭寶樹化生神光上貫於紫微周星隱耀聖教東来
於中夏漢夢先徵其後目文翻譯寶偈喧騰飛錫爭馳白蓮
覺結僧會東下吴帝從風羅什西來秦人大化佛圖澄揚名
河冀陸居士混迹荊蠻盛事芳蹤不可偹載今有
王子山院長老者法字棟梁空門瑚璉持戒珠而月滿淨恵
劍以霜明桂質清貞根自生於高岳蓮心芳潔葉不染於飛
塵五蘊皆空諸漏已盡等杉松而並操異蘭菊以同英才妙
道於他方情非有待達慈舟於彼岸理在無言何須玉出荊
山徧推思靜不必珠生漢水獨比道汪夫大小佛乘二三禪
定皆波濤於口海咸馳驟於心田洋洋焉赫赫焉不可得而
論也至於吼石飛泉化龍行雨蓮生鉢內虎伏庵前乃是尋
常之事抑蓋東土之菩薩也　長老自言代州
人也生而有異弱而能言忽謂父母□□身如石火風燈電
光露穀不可得久也惟彌弥勒可能免矣聚塵之歲五臺佛
光寺出家侍塔院
長老爲師既而因辭師遊河東假以聽學數年將行謂其僧
侶曰□諸經言法王之筌蹄□□其旨惟法華經大乘經
也□如來解脫之門□入天井山長誦法華經一部猿供山
果且不異於世瑜魚聽江舡□何殊於淨瓶時□□□緣頭
李筠聞　長老之名糺諸檀越請長老來住此山院其山
也林泉勢異峯巒秀絶掌燕擘趙礎日凌天洞乳凝華光連
碧落巖□結氤瑞接青城若非忽生忘形者不可得而□□
　長老於是忘機內境棲慮元闢擬高閣於天台狀重
樓於勾曲蓮宮化出長廊四合以環周寶座飛來正殿中央
而岳立龍泉潋玉磬韻敲金架飛岳以長懸梢雲門而下潋
雨翻石□□□瓔珞之巖花拼松庵　香惹瑠璃之地凢斯
異跡不可殫□蓋菩薩之洞天神仙之福地也
長老自天井山來住此五十餘年而不下山闢恵遠之匡廬
空七格與前庵字下一格俱原石剝損處歎無出矣賔頭盧之化寺人莫知前後
所度門人亦五十餘人皆方道人心中弟子咸連其桂字取

其高高絶塵之義也大唐天祐中時
府主先令公来祭岳侍從甚盛猷羅罔遊山寺覩斯勝境樹
貞石很田税蕪賜米一百碩□惠約於褚澗靡開減俸同笁
潛於王導不立豐碑比夫
長老遠有懿德至漢朝乹祐之元年也忽振錫往飛狐彼之
戍守張公父聞
長老德行又盖院因留之舉家歸敬日月不從春秋已矣忽
逢灰劫遽奄沍亘以顯德元年秋九月二日遷化於彼院季
年八十也
張公悲慟舉闔城感戚儀尋荼毗於郭之外三日而收其舍
利祐
長老□終謂張公曰吾本院在定州曲陽縣有門人焉吾歸
空之□幸（石剥損空四格）爲名之及殁張公如其言門人桂巖等尋
亦遥知之令同□□□□□二人往取而歸之其在鎮□□
□
□□□□□□□□□□□□自有来而致果由無取以
相歡遂各捨家財共□（石損空二格）於院之東南一里夕寳山前
永爲供養天長地久□□□睟之容日月来往感荷因緣之
福起□讃同茆泰律謝張馳過去中賢劫（泐一字空三格）佛雖知已
矣未来廿龍華三會當彌進之敢（石剥損空三格）同□郡之功曹幸
作山陰之都講時大周顯德四年歳次丁巳二月己未朔十
五日建　　定州開元寺業百法論大德賜紫守
謹書
銀青光禄大夫撿校太子賓客監察御史大夫前龍泉鎮使
索君進　銀青光禄大夫撿校太子賓客兼殿□侍御史
雲騎尉前副鎮霍廷翰　隨使軍將前鎮都虞候董福感
□□□押衙銀青光禄大夫撿校太子賓客兼殿中侍御史
充龍泉鎮使鈐轄瓷窯商税務使馮翱　隨使討繫副使充
龍泉副鎮馮全礼　隨使討繫副使充龍泉鎮都虞候王（泐）

長老代州人不著名號俗姓書者僧守謹撰者起□僅見記中不别列名疑亦僧也後有龍泉鎮使索君進等銜名六人皆無攷唐書兵志戍邊之兵大曰軍小曰守捉曰城曰鎮皆有使定州有北平軍刺史爲使置節度使爲義武軍而所領之曲陽有龍泉鎮則地志不詳當是五代時所設金史地理志中山府曲陽下鎮一曰龍泉即此樂史太平寰宇記採摭繁富所未及也碑十八九行有脱譌字慧劒作惠劒唐人慧惠每通用劒集韻入質切鈍也此用爲劒蓋誤討擊作討繫尤繆時唐亡已五十年碑書淵字世字皆闕筆而周祖諱威反直書不闕何也

南漢

郁嶋山中峯石室羅漢記

高連額二尺五寸彌廣一尺四寸四分二十二行行三十二字字徑五分正書在容縣

五百阿羅漢記額横列六字字徑八分正書

漢容州郁嶋山中峯石室五百羅漢記并序

前雄武軍節度副使奉義郎撿校尚書禮部郎中賜紫金魚袋陳億撰此與書人二行共在撰題之下

恩政殿使銀青光禄大夫撿校工部尚書兼御史大夫上柱國楊洛書并搭一佛二菩薩

粤以覩史天宮降淨飯王室尊稱十号教闡五乘闢法界之乾坤佛道自覩閉釋天之日月覺路自明指二地因觀化城南漢乾和四年八月十五日喻與聲聞記前教菩薩法馬故經云我諸弟子咸儀具足其數五百皆當授記即　五百大阿羅漢也洎乎祇樹韜輝雙林奄耀諸尊者明慈炬而乾覺海秉法刃而破邪山即心傳心乎爲化主斯之所謂焉伏惟

當今皇帝轉金輪而演慶治玉諜以調元龜鏡元解之宗澄湛真空之本恢無爲而致理契有道以乘時所謂翔泳知歸草木被化有匡達禪大德容山覺樹合浦道源邀尒空宗超然釋性早得在衣之寶久棄出宅之車常曰報以四恩崇之十善虔皆二儀之大少裨　而曜之明即無先大阿羅漢也雖燃辭灰軀鍊心爐體所弗能缺也迺届　京師陳之善惆一之月而二之月喜捨雲乇半之年而朞之年壇施缺下其阿羅漢也咸琢五成身鎔金作體咸碾之自石劚以香檀彝眼乾陁六銖缺下衣裀罽金襴九條回淨而廣若紺蓮毫騰而白如珂月重環掛錫峻座敎缺下象神秀松栽烟骨排道樹以森森石界水湔漱法泉之淼淼有之靈缺下具奏　聞乞將五百尊者於兹地焚脩奉

恩勅俞允其榮也三無竝大其福也九有齊寬咸資

臨缺下

延洪之祚既擒無邊之緒普成不竭之功根訪郡辭刊之翠缺下

湛湛無爲　空空無著　德潝真如　功圓正覺

入無量義　說大乘經　缺下　住聲開地

得菩提記　無漏丰千　正法一味　屈伸應請

皇王化缺下　五百法身　定兹蓮宇　必淨必清

無斁無譽　容山禪客　向缺下　帝道克昌

皇明永熿　綿長兮五運同輪　攸久兮三缺下

時乾和四年歲次丙午八月□□□十五日癸未住持禪大德缺下

羅漢融建尊勝幢記

八面高二尺餘面廣二寸二分經六面每面四行第七面三行行三十九四十字記從第七面末行起至第八面四行止行四十四五六字字徑五分至七分不等並正書在容縣都嶠山

經文不錄

維乾和十三年歲次乙卯十月乙未朔廿七日辛酉於桂州

特發心贖造　佛頂尊勝靈驗加句陁羅尼幢一座今[ ]良

工雕鐫偈滿嚴飾周圓敬捨於容州都嶠山中峯　五百羅漢

院[ ]充供養奉爲資薦　先考府君羅十七郎超度生界伏

彫　先父承茲功德沭此良因永離幽塗早超淨域伏以漢

融立身宦路歷館職司恒保禎祥魁加[寵]謚次彤母親壽祿

南漢乾和十三年十月廿七日

乞保延長妻子福田益增永遠仰繫　佛力俯錫塵庥漢

融不任誓蔔瀝懇虔切之至謹向

南贍部洲大漢國弟子左龍虎軍子將行右龍虎軍句

當執行桂州招討軍兵桒羅漢融同母女弟子蕭氏十

二娘建造　弟子羅貴寬書

後銜桒執桒寬等字皆不可識按南漢劉巖僭號更名

龔音儼乃別造字上行下致當時必有加甚者此亦其

類歟

將

內常侍梁懷[ ]等造菩薩記

高二尺九寸餘廣一尺一寸八分頂有宋還瑕珞作蓋趺作蓮座承之蓋下像二層上層題榜四題名年月各一除下層題榜八題名二除字徑四分除正書在容縣都嶠山

諸天一切聖衆在上層第一列之中　梵王帝釋[ ][ ]　曇荼羅神　婆

羅門神仙三榜在上層第二列之中左右

天龍二十八部神衆在下層第一列之中

歃脂大嶈將守壇護界護伽藍神衆在下層第二列之中下　四天王　四天

王二榜在左右　金剛滅跡　堅牢地神二榜在末列左右　護法善神　護

法善神二榜兩邊除

內勾檢司使銀青光祿大夫行內侍省內常侍上柱國梁懷

南漢大寶四年正月十五日

下缺

七十二賢菩薩二十躯漢大寶四[ ][ ][ ]歲正月十五日記

二題在上層兩邊除

內僧錄內供奉曉真大師賜紫[ ][ ][ ][ ]造

女弟子[ ]懷貞鄧廿五娘等二題在下層兩邊除

此石刻像平凸並題榜均有漢畫像遺意

馬二十四娘買地券

高六寸六分廣一尺二寸五分十九行順逆相間行十六至十九字不等直界格寬六分正書前刻符一道上端有合同地券一道各右半字在廣州府城北三里寶漢茶寮

維大寶五年歲次壬戌十月一日乙酉朔　大漢國内
侍省扶風郡殁故亡人馬氏二十四娘年登六十四命終魂
歸后土用錢玖萬玖阡玖伯玖拾玖貫玖伯玖拾玖文玖分
玖毫玖厘於地主武夷王邊買得左金吾街咸寧縣北石鄉
石馬保菖蒲觀界地名雲峯嶺下坤向地一面上至青天下
極黄泉東至甲乙騏驎南至丙丁鳳凰西至庚辛章光北至
壬癸玉堂陰陽和會動順四時龍神守護不逆五行金木水
漢大寶五年十月一日
火土並各相扶今日交券應合四維分付受領百靈知見一
任生人興功造墓温葬亡人馬氏二十四娘万代温居永為
古記厲買地内侍省扶風郡殁故亡人馬氏二十四娘券
賣地主神仙武夷王　賣地主神仙張堅固　知見神仙李
定度　證見領錢神仙東方朔　領錢神仙赤松子　量地
神仙白鶴仙　書券積是東海鯉魚仙　讀券元是天上鶴
鶴上青天魚入深泉崑山樹木各有分林神仙若問何處追
尋太上老君勅青詔書急急如律令

潛研堂金石文載晉太康五年楊紹買冢地莂為明徐文長故物余四弟在杭州得漢建寧元年馬氏兄弟買山坵莂琢為硯以貽余皆葬家聽術士言為買地於神之券此亦其流派也文云買得左金吾街咸寧縣北石鄉石馬保菖蒲觀界地名雲峯嶺下坤向地太平寰宇記南漢僭命析南海為常康咸寧二縣按咸寧廢縣在今南海縣西北又番禺縣北十五里有白雲山其南麓有菖蒲澗相傳為安期生故居秦始皇訪之於此見東坡蒲澗寺詩自注據此刻則宋以前為道觀後改僧寺也迤北為碧雲峯即此所謂雲峯嶺矣券惟此為紀實餘多荒誕劉鋹昏愚女巫樊胡子自言玉皇降附其身呼鋹為太子皇帝鋹於内殿設帳幄陳寶貝崇奉之宋史劉鋹世家云又有梁山師馬媪何擬之徒出入宫掖馬二十四娘為内侍省亡人殆即所謂馬媪者其有此怪妄之作固宜

靈景寺塑佛慶讚記

連額高三尺廣七寸五分八行行六十餘至七十餘字不一字徑四五六分正書在容縣都嶠山

同會弟子慶讚齋記額字徑六分正書四行八字

太上三五正一盟威弟子南瞻部洲大漢國左靜陂指揮使
南面討捕軍并海門防遏防托等軍都部領將金紫光祿大
夫檢校工部尚書守右監門衛將軍兼御史大夫上柱國蔡
缺 捨已俸銅錢貳伯貫文於容州都嶠山靈景寺塑造
釋迦牟尼佛 弥勒下生佛 无量壽佛 阿難迦葉菩薩
獻花善神共壹拾叁軀上資
當今皇帝聖祚無疆 龍圖永固同會弟子管田□指揮
南漢大寶七年二月二十一日
使李彥暉李延賞陳延嗣 高品梁廷玉 都知兵馬使蘇
廷蘊 西頭殿前承旨裴璵 英羅廻甫院陳延進 女
弟子阮氏六娘 女弟子劉氏六娘等玖人捨錢玖貫文
同會弟子討捕軍營隊中軍十將楊彥興李清吴承欽 陳
諮 黃延嗣 黃彥通 楊雲 趙匡子 阮行恩 王志
□ 曾匡勉 龐法住 伍彥祺 鄧政 蔣魯 徐承道
甘婆錫 陸敬忠 王昌嗣 秦軍 梁宣 陳英雄
梁承宥 伍齋 龎□懸 李匡忠 梁道宣鄭延□ 芽
承恩 鄧紹邃 龐韜勉 鄭金保 楊佛相 □延□
李保通 李光琢 陳得華 李師保 梁崇信 叁拾玖
人捨錢壹拾捌貫叁伯文
漢大寶七年太歲甲子二月 朔二十一日 勸首監
寺大德賜紫沙門 智昔 住持賜紫智聰僧□通 義誠
義海 義江 義真
管內道門道正栖真觀焚修賜紫王 □一 太上三五
正一盟威道士白鶴觀焚修盧保宗書 □□克鐫軍□
□陪戎 泐下

鋹有內官陳延受寵信用事此題名中陳延嗣陳延進
豈其兄弟行耶

□十五娘造幢記 八面上有缺損存高一尺四寸五分兩廣二寸內外不一經每面三行行存二十七八字題字在七八兩面提行下空處及末一行字徑五六分正書在容州都嶠山

經文缺下

奉為三世冤家同世冤家

奉為今世冤家過去未来冤家

缺□□月一日□□□女弟子□□十五娘造幢一所永充

供養

南漢

大德智普建佛像銘殘碑 上斷缺存高一尺四寸廣一尺十七行行存二十一字又二十六字不等字徑五分行書標題下撰書銜名將寫直下一行正書在容縣都嶠山

標題缺

祠部郎中知□□□□□□揔陳德撰

翰林書詔孔目官將仕郎試秘書省著作郎楊懐信書

缺像教始滋休於西域次流廣於中華海岳寰區神都會府

基布靈蹤缺□即容管三神境之一焉粵有藍院大德智普

挺生法性迥鼓靈源缺□此山以為駐錫堂廊遍葺殿宇皆

崇以佛像未嚴歸儀有闕伏以缺寺覩菩薩至文殊師利法

王成其數矣十六羅漢者即執師子國缺其住處名号云受

佛付囑不入涅槃為世福田作人利益　我智缺化生心勸

衆聚之一毛半甲尺素寸金未度恭年遂成諸相堂々缺妙

覺之位人天福聚寰宇因緣又造十六粹容相儀圓畢莫缺

於洪崖邃峒奇功既就殊善克周將鎮名藍永溫勝地令缺

珠界內泛涵々之覺海句漏峯前齊地久以天長同河清缺

□發法王之弦命選調御之正文是詔菲才勒於貞石謹為

銘曰

缺　法允千年　地為金地　園作祇園　都嶠名峯　神

仙繡嶺缺臺表正　爰造粹容　勸諸喜捨　五十二聖

南漢

十六尊者　缺名藍　擁千花座　鎮七葉巖　乃崇乃敬
無北無南　缺□　無相無為　非空非色　比堅切石
綿綿何□
缺建
缺計銅錢伍拾貳貫文

此碑不見年月惟大德智普見大寶七年靈景寺慶讚記又撰文之陳德乾和四年阿羅漢記亦其所撰故列於此

報國院西方并大悲龕記

高連額三尺七寸廣一尺七寸七分十九行行三十八字字徑八分正書左行在樂至

報國院西方并大悲龕記 額十字字徑一寸正書橫排左行
夫慈心廣大弘彰殊常開塵　煩惱之門啓解脫菩提之路
心·□　至　八　果斯則無量壽尊也曰
地之時於世間自在王佛所發四十八願　有情
果尊居淨土利濟含靈無數聲聞皆來聽法百億
菩薩咸彩儔纓寶鍾擊而聲質　琴　而韻舍仙籟
人歆席竟求解脫之源幺覺趣蓮欲究眞詮之理瞻仰者咸
臻異慶於崇者　走良緣　斯莫大之因又同鴻休之善則
後蜀廣政二十六年五月十五日
有簪裾盛族禮樂名家　自灒佗　令衙超勝職　未
把輪誠風播於　明　然聲歡著矣洎休事
務散逸林泉遊心於覺苑之　意　福田之　知身似芭
蕉不永悟躰為蘭槿非堅歌樂　而觸時聲色追而非久遂
令良工也鐫　西方妙相　造滿願大悲當來　佛國會中
咸使受　記前院乃退　遠崗椓千尋山突光而交橫
石逕峨出而壐迎於是瓊樓寶殿　皓月之輝華珠牖瓏
流霞之彩□欄楯綴十重纓絡階墀鋪百　珎仙女持
花似墜　之豔鈞天　奏亻儔兀　之音花雨零　鶯
飛蓮　平　窩浴　玉石恒聚化生家閣瑚臺戲諸禽

鶴　罩樹雖　綱之　嚴　黜軒交雜筠簾之影歷其
浩劫豈幻死生依歸　清氵之鄉永奉
白毫之相雕鐫　睪粉繪　周將窮□須作之功是磬披宣之
懇伏願冥冐身康　災星不才於　夫婦咸安諸
佛匡扶於動止闔宅少長　保乂閤内外枝羅盡期繁盛𧺫
刊金石俟育言揚
萬法祕桐　三　本空　有爲皆賈　無爾不通
霞明翠岫　煙□孤松　巖鋪皓月　壑引清風
爰有信士　早悟眞詮　思崇妙福　乃結良緣
遂鐫變相　保祐壽年　斯設既□　永鎮金田
□□前當州長史□□王文
弟子前　可元
女弟子杜氏　女四娘　六娘　□娘子□新□
簡州清化軍鎮字　推揚　前崇龕場鎮　監
侯
大蜀廣政二十六年歲次癸亥伍月拾伍日丙寅題記
永爲瞻敬　奉命書野和知鐸
次男充　縣句當衙司曾　魯　魯

南唐

攝山棲霞寺詩殘字　高一尺六寸六分廣三尺二十九行前七行行十八字餘行十七字字徑七分正書在上元

古人□□□□□□□□有不□□鼓腹謳
吟賦詠者哉泐下
境遇時下及第四行全泐
皇風留連□□□□□□□□□□蓋慕□□
第六七行全泐
題去
寺居方外喜□□□□寰中最占幽□□好
南唐
第十行全泐
鏡古泐下
名跡向茲休
宿□下不辨有字無字
境占江南下及十五六七八行全泐
勢迴中秋出海泐下
彩分雖遠金□下及二十一二三行全泐
樂之居山泐下
雪曾□□□黃梅敢比肩鎮泐下
畔看雲□□立庵前天台從好泐下

湏□□□□

泐□上元甲子歲泐下

泐僧用泐下

石殘泐不見作詩者名前七行序八行以下七律四首末有上元甲子歲五字上上有字少半為口當是唐之泐賸者按唐高宗肅宗兩號上元其年皆未直甲子南唐李景以周顯德五年去帝號奉周正朔逾二年周亡宋太祖受禪建隆二年景卒子煜立其年為辛酉此刻稱上元甲子乃後主嗣位之四年宋乾德二年也時江南不自紀年猶未用宋年號故如是云云爾上元者蓋本術家三元之說由今逆推是年甲子正術家所謂上元也與史志厤法所推上元甲子迥異　適檢于司直天下金石志應天府有南唐棲霞寺詩僧用虛撰即此

攝山徐鉉徐鍇題名

各高八寸餘廣五寸二字字徑三寸

一有闕字略長篆書在上元

徐鉉

徐鍇

按楚金卒於南唐將亡之歲

南唐

千佛院僧智堅塔記

縱一尺廣一尺二寸五分十九行行十六字至十八字不等字徑五分正書在

洛京千佛禪院　故院主和尚塔記

噫生兮究理殞乎歸真賢聖有以示同貴賤無以逃此　先和尚諱智堅姓曹氏即范陽人也志僻好山雲遊届洛纂空門離染懐倭履絶塵遂礼本院　從公以剃髮至同光元年受戒凡一聞多悟而内淨外嚴為處直心勸人苦口無私入已有傾於師　師之師謂以往仁因付院宇洎天成初住持持一院華麗可觀供養衆僧勤勞莫竝檀越以之沽善王侯以是欽風奈何春秋遞頽日月催限雖一真性立而四大身

宋建隆元年二月九日

非緣畢東陲果圓西去時歲在戊午仲秋月十二日遷化享壽七十有九徒弟號悲士庶抵掌用荼毗之禮也　夏臺大王夙仰其風傷聆掩化廼翻傳晴樹鴈塔焉　門人法倫等感國遺風共和進道今雲愁水噎境是送終地久天長名傳不朽時庚申歲春二月辛未朔九日己卯叙記

法眷師叔智悟　智温　小師院主賜紫法倫　賜紫法寬　法順　法照　法光　法朗　法廣　法澄　法新　法遵　法德　法美　法義

後唐同光天成以後歲值庚申者為宋建隆元年是年正月四日太祖即皇帝位明日大赦改元定有天下之號曰宋此石立於二月九日書庚申歲而不書紀元時殆猶未奉詔歟

宋

經幢類列二十二

常樂寺陀羅尼幢

高四尺七寸八面面廣七寸二分各八行七八面九行行七十餘至九十字不等字徑六分正書在武安南四十里鼓山本寺

佛頂尊勝陀羅尼經幢　第一面閣首額九字三行字徑一寸五分正書

佛頂尊勝陀羅尼經序　經題下起序經不錄

建隆三年壬戌歲三月十八日乙彥建造訖

泐五字後二行同　功德主僧令詮塔主僧守啓供養主僧善通□□

行者晤□　泐　子江宋茂義井村□州隨使押衙檢校李前

起建隆三年三月十八日

一

陽河口官張□　泐　書表官許讓坊河村都邑錄事穆守□

泐三字　隨使押衙兖昭義縣鎮遏使□蘊　泐四字後同　守磁州昭

義縣主薄田　南金前攝陳州司馬鞭□□　泐　試大理評

事守磁州昭義縣令麻　希□　以上在第八面經後題名之第一列

上寺莊□直維那□　都維那常進永義莊副維那李暉

羅漢都維那胡□□南和村副維那紀興胡村王進　永義

莊邑錄事王□吳進上寺莊邑人曹敬趙遇劉暉常諫□□

村維那張黃邑人左溫楊威張□連呂陳溫永義莊邑人賈

□趙興□□元章□章姚榮郭　泐　村邑人郭暉胡□王斌□

杜村邑人左興李贇　泐　上寺莊邑人張□□南候村邑人郭

贇　下泐此第二列以下題名字較小漫漶甚亟是村壁姓名不具錄

乙彥當是人姓名彥彥之俗題銜兩見磁州字知宋初

猶未作磁也

又一幢

式與前幢同惟有經無序每行六十餘字字徑七八分正書在武安常樂寺

佛頂尊勝陀羅尼經幢　第一面閣首額九字三行字徑二寸正書

佛頂尊勝陀羅尼經　經不錄

□壽院功德主僧自進與檀越王廷嗣共造佛頂尊勝陀

羅尼經幢壹座伏願十方含識三界　泐　生死之因□證菩

提之果　大宋乾德三年歲次乙丑九月一日戊辰朔建

二

□師講金剛經僧惠深　僧迴南　檀越妻牛氏

男延□

寺主僧紹琦　供養主僧紹欽　塔主僧□啓　功德主

僧詞□　□住僧□真

資聖禪院講金剛經沙門紹英書

幢下半漫漶題記一行三界下泐當四字而度其分寸

約有八九字殆原有跳格也後三行之下似尚有字不

可得而識矣

金河令張傅墓幢

高四尺八面面廣五寸六分與四寸七分相間經七面面八行六行行六十餘字不等記一面六行五十三字字徑

六分正書在
易州興國寺

佛頂尊勝陁羅尼經

經不錄

佛頂尊勝陁羅尼幢記

粵以利濟殊深因緣廣大書寫則無灾不滅誦持則有苦皆
消靈驗尤多不能備載即　佛頂尊勝陁羅尼也今有講
論大德賜紫可遷奉為先亡考妣先考諱傳試太子正字前
守振武金河縣令張公特樹斯幢用安灰骨是以空遠邀魯
匠特採燕珉空雙波利再取之文建千佛同宣之空教所冀
塵霑影覆資神識以超凡妙果勝因薦貞魂之生界至于風

三

軋巨海髙幢□□□空金田大烈群山寶字長光於佛日卿
述紀錄以俟他年時開寶四年歲次辛未十一月癸巳朔十
一日癸卯坤時建　門人僧惠甄

鐫字張贇

安衆院主法勝為師建立塔幢

拓本高五寸五分八面面廣三寸三分真言二面各四行行十字記及題名各三行行八字至十字不一記字徑六分餘較小正書在淶縣陳氏

滅惡趣真言不錄

智炬如来破地獄真言不錄

京兆府小師安衆禪院主賜紫法勝奉為先師和尚建立

此卯塔報師資之厚德答法乳之深慈樹斯妙幢永嚴覺
本更願塵霑影拂皆消罪累之□□喜見聞盡趍菩提之果
時大宋天禧元年二月十五日記

小師　法進　師孫惠昱　惠廣　賜紫惠玉　惠永
惠勤　惠寶　惠海　惠聰　惠詮　惠選　惠遵　惠
最　惠靜　惠清　惠雅　惠彬

記末有蔡襄書三字乃後人妄鐫

寺主瓊環塔幢

高四尺七寸七分八面面廣四寸九分各三行序二面行五十七五十九字經三面行五十三四五字題名二面行七十餘字字徑六七分正書

四

佛頂尊勝陀羅尼真言幢子并序

紹惟真言妙旨乃佛頂之獨出群經神呪幽文寔尊勝之偏
超衆教佛陀秘傳於東土淨居虔請於西方風一吹而塵利
四生光一均而影資三有大哉尊勝難思者哉　今有殁故
寺主法諱瓊環者上駐是倩郡彪彭城俗壽六十四年僧臘
五旬三載晝燃檀篆夜柄玉鐘心鏡淨而日月潛暉道樹堅
而松筠讓操比為常光精宇永壯靈峯其奈濁世無緣真界
有託于是上足重才等覩鑛中煙滅覩棪上塵生擧全體以
荼毗收舍利而安厝遂乃同鳩道眷共建茲幢略伸有限之
勳用報無涯之德但小師書嗜情非動石智昧投針恥乏賦螢

之能𢢔無剪蒲之業以編實録用紀歲月矣
時聖宋天聖二年歲次甲子十月乙卯朔十八日建
吴興郡沈陞刻石　景祐丁丑歲再換
佛頂尊勝真言啓請
真言不録
師弟新寺主講上生經僧　瓊忠　師弟等　功德主賜紫
僧瓊深　僧瓊恩　賜紫僧瓊信　維那僧惠奭　僧惠明
典座僧惠用　講法花上生經僧惠洪　庄典座僧惠且
僧惠芳　僧惠遠　僧惠可　僧惠豐　僧惠凝　僧惠
忠　僧惠詮　僧惠筠　塔主僧惠昭　僧惠玭　僧惠典
五
僧惠沐　僧惠海　僧惠琳　賜紫僧惠若　僧惠立
僧惠堅　賜紫僧惠廣　僧惠隰　講工生經賜紫僧惠鑒
小師等　重才　重律　重雨　賜紫重淨　重行　重
滋　重澄　知庫重振　重念　重依　重月　知山塲重
象　重緣　重倫　重仙　重受　重□　知客重遂　重
□　表白重來　重果　重琪　重坦　重告　重吉　重
和　重唯　講因明論重晧　重量　重歸　重潛　重之　重宜
重泂　重廉　重匀　重閏　重珍　重質　重□　重
錫　重一　重暹　重扠　重緒　重遵　重固　講百法
論重□　重周　重景　重爲　重嶽　重寺　重支　重
邑　重勍　重能　重溫　重居　重晉　重育　重詡
重平　重表　重申　重寬　重巨　重休　重榮　重登
重貫　重旭　重祥　講經論傳戒重秘　重京　重
造　重迺　重定　重溫　重賢　第八面拓本未得
幢爲故僧瓊琭而作字書無琭字當即環之譌體

靈巖寺大師瓊信塔幢

高四尺五寸六面面廣四寸及四寸三四分各三行序二面行五十五至六十字行書啟請一面毋行七言四句亦行書真言三面行三十八九字正書字徑七八分

景德靈巖寺新建尊勝幢子并序
觀夫尊勝陁羅尼者如來密付波離秘傳堪拔苦以生天可
六
建幢而滅罪于日奉爲　殁故大師俗姓許氏法諱瓊信
本貫兗州人也在生之日遺留下衣鉢之資山門法春特爲
竪立幢子一座用追生界　大師爰挂緇袍洎披紫綬行僻
剛稽松讓操心清則謝　空月澄輝古殿凌晨供養而白檀輕
爇寒臘深夜誦持而紅爐常燃本望永壯禪林長光祖寺倏
尔逐逝波而不返俄然思極樂　空以長歸□□□庶望仗此
數修速悟無生之理承斯追悼早拋有漏之因恐以谷變陵
遷故刊瓌珉以爲標記
時聖宋景祐四禩歲次丁□仲春月有二十九日建
佛頂尊勝陁羅尼真言并啓請

幢不著書人名亦無寺僧題名或幢本八面而拓工遺（經不錄）
其二歟書法已開米襄陽先路宋經幢似此佳作不數
見也法師諱瓊信名見前瓊環幢中二幢宜在一處惟
前幢据拓工言在易州此幢標題有靈巖寺及大師兖
州人云云拓本紙墨亦似山東一路手法疑在長清雖
山左金石志未載此幢而志有天聖二年十月所立一
幢云在長清其高廣尺寸及所謂前刻序文次尊勝真
言後列合寺僧衆凡一百二十四人者除僧衆缺一面
僅見一百九人外無一不相吻合意前幢與此皆在長

七

清靈巖寺拓工誤記爲易州耳

靜志寺僧希素等造心經幢

高二尺九寸八面一三五七廣六寸二四六八廣二寸四分第一面經六行第二面三行行三十四至三十八字不一字徑七分第三面八行行四十餘字第四面五行第五面十行第六面四行第七面八行第八面三行行字多寡大小均不一正書

佛說般若波羅蜜多心經（經不錄）
功德主父幸行欽母齊氏兄幸緒兄幸元　劉勅男八哥（此行在經末半行下）
大宋國康定二年六月十五日　靜志寺功德主僧希素

重粧觀音菩薩銘記　師弟希升　門人守賢（此第三面之首行餘皆衆僧題名不具錄間舉異稱如下後做此）
師主師叔　當寺尊肅　賜紫
沙門　講經沙門　弥勒院供養主　萬□院僧　講經論
沙門　師弟　康頸　現寺主　應天院僧　永慶院供養
主　現知院主　東京奉先院僧（共五十六人）
雲翼第一指揮使李元李建劉吉劉祚魏信廳子馬第二指
揮廣候郡用廳子馬弟張均香茶鋪李新薩吉散員勅保通
引官李（下缺）（此第四面之首行餘皆助緣人并眷屬題名不具錄間舉異稱如下）在州梁
行　散員十將　杖直司節級　香茶鋪　驍武弟二舟蠻
定塞第三節級　醫小院（共八十餘人）

八

在州□□行　行長趙宗（此第五面首行行首下同）　線鋪李岳（二行）
金鐵鋪趙嵩（三行以後四五六七行皆漫漶）　小塵十將□斌（八行）　李用仁
合家恭敬（九行）　上□□□劉細哥（十行此一面約近二百人字多磨泐）
驍武左第一田蘭廣柘枝隊舞教頭　李□（此第六面首行行下其上俱磨泐後三行不錄[illegible]約共六七十人）
雲翼第一指揮使吳興　副指揮使劉清　第三都軍使張
員　第二都樊琢　副兵馬使李岩　第五都□兵馬使馬
岩十將梁□（下攔十將者六人節級一人）　節級□□（此行攔節級者共十二人第四行十將一人除攔節級字多磨滅）
長行已下李□（此第五行行首其下並六七行皆人名漫漶）
使院前行鄭秦妻崔氏（此第八行行首其下有村名四）西李蘭村　鹿家莊

□馬鋪　楊村人姓名均不錄以上第七面
仁教坊楊振此第八面首行行首一人餘皆村人並春廣姓名凡三行　善□寺尼妙仙
尼凡八人在二三行之末
善□寺尼智喜尼凡六人在第一面首行標題之下
宋史兵志禁軍騎兵有雲翼指揮廳子指揮散員左右
班驍武指揮有指揮使副指揮使每都有軍使副兵馬
使虞候十將此幢題名諸衛多與之合幢未詳所在按
咸平三年詔定州等處本城廳子無敵忠銳定塞指揮
已並升充禁軍馬軍雲翼指揮依逐州軍就糧令侍衛
馬軍司管轄定州揀中廳子第一充雲翼第一第二充

九

充教頭竊所不解田蔺廣柘枝隊舞未詳散員救保道
引官與杖直司亦俟攷使院前行當是元隨傔人之類

子福寺僧陁羅尼幢
高四尺四寸八面一三五七廣七寸至七寸五分各七行二四六八廣四寸六分至五寸餘各四行經五面行約六十字第一面字蹟皴少第六面題記七八面題名字蹟大小均不一並正書在唐縣聖壽寺

佛頂尊勝陁羅尼經額在第一面四行八字字徑一寸七分
佛頂尊勝陁羅尼經從額下起經不錄
定州唐縣子福寺講經律論沙門僧彳□奉為大師和尚建
□陁□尼經□□所大師和尚者邢□人也俗姓□□□□
□出家礼定州開元泐五寸賜紫沙門□□師為師至雍熙四
年具戒法名義□自後聽習之次巨□解心泐一尺四寸半講經律
論傳大乘戒三十泐六寸度十万餘人講唯識論二行在第五面經後

五遍講因明論一百遍講菩薩戒一百遍講上生經一十遍
有餘泐一尺三寸餘大悲心經五十泐五寸餘人往泗州大聖□施却
紫羅銀珠子砌就袈裟□□施却□袈裟泐五寸俗年七十五
僧夏五十五歲於慶曆二年壬午歲六月壬申朔八日於本
寺泐六寸半講而化□□□有□日□□□□□而去□下舍利
數百餘立□□□人有此祥瑞下空泐一尺五寸經律論沙門二十
人同□師兄講經論沙門泐四寸餘講經論沙門此第六面其第七面尤殘泐可
見者皆沙門題名第八面上截東門村邑長張潘等二十三人下截麥舍村眾四十餘人題名不具錄
定武軍使院前行孫慶在第八面上截之末
慶曆四年甲申歲四月八日建在第八面下截之後

十

馬氏造幢
高四尺八面面廣四寸五分經五面佛號一面題記一面其第八面為心經咒各三行行十七至三十餘字不一字大徑寸餘小止六七分正書在唐縣白衣廟

佛頂尊勝陁羅尼經咒咒不錄
中山定武軍定州唐縣趙母鄉縣南疃戾馬氏　於皇祐
三年歲次辛卯四月辛巳朔泐為亡□耶〻□□郎造經
幢　二所伏願亡魂　早生天界耶〻在日于定州武
定院散□□人大會□僧一万人□合家安吉　馬
氏男邸宣　新婦郭氏孫女大姐孫□二哥

翃名造陁羅尼幢

高三尺五寸八面面廣七寸五行興四寸餘三行相間經六面行二十七八字字徑一寸記二面正書在曲陽趙卯村聖母廟

經不錄

維南贍部州大宋國中山定武軍曲陽縣此第七面之首行下半漫漶滅

氏　王氏男鄭□□劉氏此第二行可見之字　男紅圭　女大姐

興第三四行僅見此　□姐興保第八面首行僅見此　孫女□惜孫女善姐

孫男紅圭妻齊氏計家貳拾壹口□□□□大小無裁永

爲供養此第二行

至和貳年歲次乙未正月庚申朔二十三日壬午建

本紀至和元年十月辛卯朔至次年正月中值小盡一

月與庚申朔適合

趙世昌造陁羅尼經幢

高四尺五寸八面面廣五寸四分各六行行五十至六十餘字不一字徑七分正書

加句靈驗佛頂尊勝陀羅尼經

經不錄

夫亡者年過百歲稱壽千春所以家門富戀况閒骨肉難留

時當故邁皆是老婦在生兮能斡於世間之洪事亡殁兮權

歷於陰司之冘惑三魔而非往於陰司地府一靈而早歸西

方淨土兒郎云當庭而風悽月慘滿堂而女泣男悲□捹𢘾

捨難戀難留在生時常供敬於側左亡即專立尊勝於墳圍

伏以千秋永隔逝水無迴別無酬報之恩持孝心造幢之耳

借地名賈庄坡二字提刻與借地名三字平列哀子趙世昌　遇士

困　新婦王氏　新婦南氏　新婦朱氏　女大姑張郎婦

二姑邢郎婦　孫男趙用□住兒　猪兒　驢兒六哥大

新婦解氏二新婦靈孫女　大姐周郎婦　二姐王郎婦

四姐李郎婦　五姐安郎婦　□姐　□姐　女嬌

治平元年甲辰歲十一月壬戌朔初五日丙寅日建立

□攴兵部郎中孫張□　石匠人楊繼能

心經殘幢

高一尺五寸存一六七八面各三行及二右一行五左二行面廣二寸六分三寸四分相間行十餘字字徑八分至一寸不等正書在曲陽洪德村

般若波羅蜜多心經

經不錄

治平三年歲次丙午七月十五日建

陁羅尼經殘幢

高二尺八面面廣三寸至四寸六七八行不一行三十八字經七面多者行存三十七字少者僅數字記一面字徑五分正書在欒城棲𩔰寺

佛頂尊勝陁羅尼經

經不錄

敬造佛頂尊勝陁羅尼經幢記

佛之大智慧能斷一切煩惱佛之大慈悲能拔一切苦厄□

□缺□情□□糸一向□緣不□真理致□□於六趣遂□

□於缺□□□□□□□病□與藥□□□□當招福

□令□缺□□□□□□於聚沙義亦同□□施□木已化

尊靈超缺愛永保清康法界□生共□覺路時元豐元年六

月二十缺上缺常山卩缺

張壽等爲父母造幢

高四尺三寸八面面廣七寸餘七行與五寸五分五行相間經四面記三面行三十九至四十一字不等字徑八九分正書在曲陽城隍廟

佛說陁羅尼神□經一□

經不錄

□□五運之□未□□物開闢□□□有三才三才之中惟

人爲貴既處人倫將孝爲先又夫孝者□□泐十七字釋道□以

孝爲先是超凡入聖之徑也今有張壽等憶□二親存□□

我泐十一字之願□成人洗掌求師訓己仁禮時刻不忘企及人

流天下恩重□實无泐十六字遭羅之我之父母爲人情性溫良

恭儉賑窮□□□□□无人偕□□於熙寧年泐九字設□遮

貧再度又向元豐年禁糴迫之預示貧□□□糴前三日每

□給□□□□□□霎陌利□□存亡者也其時散來滿及五

十釜也又於元豐□□天降□雨□禾不實至於元祐初祀

孟春之□預□鄉人至上元節日翻散谿黍種子亦無遮止

當日□散及四十斛也甚□□□□中家戶才數□□□

□也盡是一稃二米或三四實者一是皇王感化一是□□

父母捨□□□□鄉閭而靡不忻諂州郡而皆□姪字擾我
父母之恩德粉骨碎身未雠也詩云哀□父母生我泐十一字
心藏之□□忘之兒□廿無門而替入黃泉何計而待赴□
□□泐十七字立泐七字偈刊世尊之金言救拔父母之□□□接
九祖之先亡歷劫親泐六字願自隨存歿親離苦常安樂俱登
證覺路壽父春秋七十□□□並無疴痼夢寐而歸量我之
父豈不歸於瞑適者也壽等□無淹凌廝笋之德亦無箴子
之能泐四字幢之意刊不朽之名稱揚永劫秪皆是兒之嘉報
也

祁陽應鄉貢五經宋永年撰文兼書　王質□

十五

時巨宋紹聖肇祀歲次戊寅三月十一日庚申坤時建
壽如兄　李佺　弟王友　□俊
泐八字約母李氏第八面上截居中一條
長男張壽妻甄氏卒現王氏此在上截居中一條之下之右
男張文□　張文福　張文玉　此巨僧□□　女大姐
適李外生女□□□□二姐適郭外生□□攀□三姐適李外生嬌花女六
姐□□二行在張壽一條下分行兜承
次男張永妻先娶李氏卒現趙氏此緊接上截居中一條下
男張文一妻李氏銀城舍居男僧□女小姐次男張□奇妻劉氏
女五姐　金姐　小女　十娘二行分承張永一條下

幼男張祐妻彭氏此在上截居中一條之下之左
長男張文希妻揚氏□□　次男□文泐下　女□姐適彭
次女師姑　次女街傅二行分承張祐一條下
此張壽兄弟為父母造幢詳述賑窮給錢散米及務泰
種子其行善於鄉信足以揚名式俗惜未詳其名也宋
永年撰文兼書並鄙俗不足觀以蚤為煙皆為此他為
佗廿為等尤陋淹凌廝笱蓋用王祥孟宗故事箴不見
於字書應从艸作蒧史記仲尼弟子列傳曾蒧曾論作
點文稱箴子謂曾點之子子輿氏也宋哲宗朝直建戊
寅者為元符元年此稱紹聖者以改元在六月幢立於

十六

三月故也肇祀字別用失義

魏秀重立經幢記

高二尺四寸餘八面面廣五寸二分三寸三分相間上截七寸四分第壹面額三行十二字二三四面漫滅不見一字五六七八面記及題名五行三行相間行七八字字徑一寸自第一面額下起至第八面經寬面各四行字面二三行字徑一寸餘均正書在曲陽北四十五里靈山鎮棄王寺

奉為國建佛頂尊勝陁羅尼幢額字徑一寸五分
大興善寺
經不錄
泐前古寺重興舊跡再立尊容以備金像見幢□數節上見□
□□□令發□泐二行□之記後序若号　施地人甄貴妻

□□重立幢施主魏秀妻嚴氏　長男魏立妻王氏　次
男魏□妻崔氏　次男魏□妻□氏　伏願　皇帝万歲　重
臣千秋
大觀元年丁亥四月十二日記

韓谷造心經幢

高三尺一寸拓本紙是九面廣狹不一行字亦不一經字徑七八分餘略有大小均正書在唐縣都汀村報恩寺

維大宋中山府唐縣仁樂鄉德政里都汀村建石塔都維那
頭韓谷
一三代

曾祖諱端妻郝氏生一子祖諱□妻魏氏生一子父諱清妻田氏生三子四女長男韓
永
小男立石韓谷妻劉氏生三子三女此行緊承三代一行之下韓永居右韓固居左
次男韓固
助緣韓周　弟崇　助緣韓進一面廣六寸四分
佛說般若波羅蜜多心經
經不錄　一面十二行廣九寸八分三行在後一面之半每行二十一字
建石塔告成之後伏願九族昇於
兜率三代極樂逍遥見存家眷富樂百季恭維
皇帝萬歲　臣佐千秋　風調雨順　國泰民安一面六行廣六

寸四分以上三面下有佛像
時大宋宣和四年歲次壬寅九月一日丁巳朔立以上一面廣三寸三分
其餘各面不悉錄面廣或七寸或不及四寸或一行或
五六行皆助緣題名凡四十餘人有音暗村東奇村西
都汀村北高和村姓閆者三人姓邳者十餘人有定州
教授邳印進士邳牧邳邱之俗本作邱遂譌爲邱也閆
不詳何望或謂即閻之俗而姓譜與閻各別今山陝多
此姓

泐名造唐梵二體經幢

高一尺六寸餘八面面廣四寸餘三行與二寸餘二行相間經六面每行十一字唐梵並行字徑一寸像一面記一

面四行字徑三四分正書在涿州張相公廟

經錄不

□□德勝府□陽縣嘉祿鄉□石里泐五字奉爲亡父母□造
幢下泐三寸餘父曰文脩母曰劉氏有男三人　長故可昇故妻
傅氏　次可□故妻□氏　次可万下泐四字□□祖氏　孫五
人泐二寸五分公才　公億　妻梁氏　公再　妻蘇氏　公順
妻□氏　孫女三張郎婦第四行上半行字淺滅難識
宣和四年十月二十□日甲時□
幢在涿州城內記首二字泐就存贍筆蹤以驗體勢是
遼非宋字也自石晉以涿賂契丹屬遼南京道析津府

為永泰軍幢稱德勝府於史無考然必耶律氏曾有改置而遼史未詳可據以補地理志之缺矣縣名□陽泐一字按遼志涿州統縣四一曰范陽唐初以涿縣改至明始省其為范字可知宣和宋徽宗年號其四年為遼天祚帝保大二年幢首書遼而下書宣和四年者宋本紀是年九月遼將郭藥師以涿易二州來降十月戊戌曲赦所復州縣甲辰劉延慶與郭藥師師次涿州本紀是年十一月丙辰朔則十月戊戌非十二即十三日甲辰非十八即十九日幢立於十月二十□日似三似五是在甲寅劉延慶等襲燕不克軍潰蕭幹追至涿水宋新陽縣名之前數日地固屬宋也其摘書遼者意刻工經始在前果功在後耳遼字殘蝕似有意鑿去者

沙門可偲等造二體真言幢

高一尺五寸餘八面面廣四寸餘三行與三寸餘二行相間經七面唐梵夾行行十一字題名一面三行字均徑八九分正書在淶水西北十八里圭山遵化寺

真言不錄

石龜山遵化寺講經沙門可偲　門資　善果　定□奴

靈照奴　善資

宣和五年一百五日甲時建　善超　善行

按淶水屬易州宋太平興國六年省入易縣雍熙四年陷於契丹仍置淶水宣和四年復歸於宋幢立於宣和五年故稱宋年號也石龜山遵化寺之名至今未易

僧文喆陀羅尼幢

高四尺五寸八面面廣六寸五分與四寸二分相間經六面四行三行行二十七字字徑一寸第六面有梵文夾行記二面七行五行行六十字字徑六分并正書在易州北三里大興寺

佛頂尊勝陀羅尼幢

真言不錄

易州崇□寺大□□管內都綱講經論沙門□裕等奉為當
寺泐十三字大師特建佛頂尊勝陀羅尼梵□□□□賜大師□
□轉□□□□之□奉親而致祭厚葬□□□名者□亻之

□也□□拔□以□□□言□□□□□乃出俗之規也非
□幢無以□□□非泐七字有崇□寺大□□管內都綱裕公
遠追泐廿一字之□曰師法諱文喆俗姓□氏本□□□户泐十字
駿礼當州□□院僧□□出家師泐四十二字道宗□□□□□
□□住竹林大寺礼道録大師為□□□□遼壽昌五年
□□□□□釋典□□□□□內外□通者四人校勘師□
其二次年泐八字衣師號後以兩街□□尚德定充弘法寺才
□□□精能有異常倫□天慶五年易州□□大□□□□
□之寺次十年久復至高□興□□□因□手□至十二月
二十六日寅時大漸怡然而化師□年六十有六夏臘四十

有九□以燕山□□易水波驚七衆□□□□火化豪右備
其大禮道□□其□□□□之辰幡幢映日哭泣盈郊荼毗
之次瑞氣氤氳戒珠流衍若非定□所□□致于斯師生平
虛襟應物雅性協時内窮諸藏外博群書邇邑其風敵僧俗
仰其儀範加以講觀禪誦循循穆穆無時有輟兼精詩筆善
其談吐釋門偉器信惟師矣嗚虖死魔易至佉匠難留西景
不追東瀾莫返惟壽捨於閻浮諒神歸於極樂幸以兵塵息
北國界復南紀率同藍紀斯臧跡工求郢匠石選懿題磨礱
建三級之幢緣繪纏五天之字庶以灰劫福□影予非敢致
文直序由來乎亙代之下遺芳不墜者哉　時皇宋宣和
五年歲次癸卯八月辛酉朔五日乙酉庚時建　首座寶
超　二座文超　見長老思正　見尚座□超　見都和文
仙　尊宿思保　賜紫沙門崇辯大師思叡　尊宿□崇
尊宿文□　尊宿思□　尊宿思□　門人習經比丘善□
門人習經比丘行倫

幢稱八月辛酉朔五日乙酉按本紀宣和五年八月辛
巳朔與幢稱五日乙酉適合辛酉乃辛巳之誤也庚時
者酉時之前四刻（申時之後二刻）前二幢云甲時則卯時之前四刻（寅時之後二刻）也
餘可類推撰書人名未見或稱出家年數不同僧夏識
僧臘而曰夏臘（猶言春秋）覺林解集義當也外博郡內及庶以灰

二十一

劫內下有訛奪字

道圓母崔氏經幢

高三尺二寸八面面廣四寸五分四行與六寸三分六行相間經六面行三十字字徑一寸記二面行四十餘至五十一字不等字數小正書

佛頂尊勝陁羅尼稽請

經不錄

太原郡□□□道圓母崔氏經幢序

嘗聞古人有言曰積善之家必有餘慶又曰積善者降之百
祥推斯□論誠不虛也覩其□道圓上祖中山府曲陽縣積
慶村人也父舍居在此得博陵崔□□□之之（鑿失十五六字）不視
而迴恐有羞愧之心聞人之善抵掌嗟嘆常成人之美與人
結交克己復禮而有惻隱之心與人懷怨報之以德而生憫
恤之意有人借物與之而不望還有人匄物不拘多寡而稱
人心因此晚生三子堂□而有□力家業富豪闢田相高下
鞣肥瘠序五種各得其宜役人論強弱序少長從人欲各竭
其力由此土田歲增財物日益咸是□□□積善之報也有
□□追思父母養育之恩雖無曾參閔損行孝之行而有王
祥求魚侍母之心今家有餘財人有餘力命有名之大匠運
佗山之□石建立經幢上刻神呪之經真言□□域之前楞
嚴聞辰峯峴嵯峨伏願塵霑滅罪影拂生天此虔誠之志也

二十三

昔大宋宣和六年歲次甲辰閏三月戊寅朔初七日甲申
□□□　□□建　隴西李春陽書　彭城匠人劉行楊
秀刊
記中缺泐字多有意鑿去者

洪濟大師經幢
高三尺四寸八面面廣七寸各七行行三十四字經四面記三面題名一面字均徑八九分正書有行體在行唐

佛頂尊勝陁羅□□□
經不錄　第四面弟五行止

大師之行狀記 在經末行之下
上泐

二十三

昔無上大法王觀三有也如魚存沸鼎 泐九字 故示現出家以
利濟矣當剃除鬚髮六和巨條圓頂方抱三 泐六字 之妙道礜
目葉之□筌人天師範孰可與焉蓋洪濟福海大師者 泐八字
俗姓琅耶郡氏祖宗□□中□民也獨海公大師天性圖仁
長而有 泐九字 本邑封崇寺賜紫僧□□爲師厥後遇緣披剃
蓋師之志非常志也 泐八字 之量非小量也作無遮而不匱之
故得慧徹而諸教圓通福集而三 泐九字 建講席□法華經師
當上座二十五其閒興建大事及院門勤迹 泐十一字 師賜宣和
年中有里人劉秉義王忠翊施到師號曰洪濟大師 泐十字 也
且師雙親少□□□六人無益於國惟以治農爲生而已師

一字 泐十 若海之津梁作□提之匠路師□遊□□之 泐二十四字 門
人是以遐迩富家□□□崇□度門人皆□□□法大師 泐十
四字 俱之□師海公行年五十有五僧臘四十八 泐下 師於宣和
四年九月二十五日□□長 泐下 事 泐六字 師悟 泐下 聖大陁羅經
呪一 泐五字 之□□二□□□□□一切衆生 泐八字 之琬璲云
爾　洪濟大師□頌　寒暑□推春復秋　可憐□□□
□　□□頂勝除□罪　行證陁洹果入流　多寶塔中方
丰座　曹溪嶺伴見全□　□人□重師知否　風淨白雲
天自收　洪濟大師墓讚　明明海公　經律□□　□耶
郡氏　十□□空剃除鬚髮　□闌□風　法華圓□　性

二十四

相雙宗　□緇披紫　□□□□　言□設供勤迹□崇
□度門人 下五句泐 葬之陷地　不儉不豐　門人□□
下四句泐　無福不隆　淨悟□□　□□□同　□□刊石
永安無窮　逸民□□□并書　□□□心建立□幢爲
首門人講經論賜紫僧明□　元□□□勸淨師□建□師
和□□　講經論賜紫僧崇辯大師覺悟 此弟八面上截首行
衆門人等 在上截四字特大居中 其下六行橫列衆僧 院門僧衆 在中截四列各九行 助緣
在下截不備行列以上俱不錄
□宋歲次甲辰秋七月　日立 在末行下
刊石匠人揚春 在月日一行右

末書□宋歲次甲辰不書紀年按記有宣和四年云云
則甲辰為宣和六年矣撰書人名已泐

釋善章建陁羅尼幢

高一尺六寸八面面廣三寸二三分四行與二寸八九分三行相間行十五字字徑七八分第八面記及題名四行行四十餘字特小正書在涑水東樂平村天真觀

佛頂尊勝陁羅尼曰
真言不錄至第七面第二行訖後又有梵字二行
宣和七年十一月十七日在經末一行下
鑿減一尺一寸餘沙門釋善章自建壹減三寸半此功德伏願□□法□
亡靈近生佛国作證菩題□□□講經律讀□□□經比丘
二十五
釋又誂故持念比丘又言故誦法華經比丘誣故誦法華經
受戒比丘又選誦菩薩戒□□又□孫□□□法華經受戒
比丘□□□經比丘了坦比丘了宜比丘了一比丘了意比
丘了且記
持念比丘又諟三藏比丘又哲比丘又爽此在第一面標題下

新修南海廣利王廟碑銘并陰

連額高一丈一尺廣五尺三十二行行六十字字徑一寸二分正書二三行上空十七字銘四字句各空六字六字句下各空四字末行上空二十七字在南海南海廟

大宋新修南海廣利王廟之碑題額篆書四行
大宋新修南海廣利王廟碑銘并序
山南西道節度掌書記將仕郎守右補闕柱國賜緋魚袋
臣裴　麗澤　奉　勅撰
朝議郎行監察御史權知端州軍州事臣韓　溥　奉
勅書
臣聞海所以能為百谷王者以其善下故也能善其下故百宋開寶六年十月九日
川委輸歸往焉亦猶山不自高衆塵由是歸矣海不自大衆
水所以宗焉是知不積衆塵無以崇其萬刃不積衆水何以
成於四溟溟則海也以四夷分而言之謂之四海以大瀛總
而言之謂之裨海其實一也炎荒之極南海在望洪濤瀾湧
萬里無際風潮洶湧雲島相連浴日浮天乍合乍散珊瑚生
於波底蘭桂藂乎洲上其或天吳息浪靈胥退濤彼俗乃駕
象犇犀揀金拾翠入千重之水景景貫珠披萬頃之沙往往
見寶自古交阯七郡貢獻上國皆自海沿于江達于淮逾于
洛至於南河故礪砥砮丹羽毛齒革底貢無虛歲矣唐天寶
十載封為廣利王被之袞服享以牢醴每歲春秋致奠略無

闕馬自有唐將季也中朝多故戎馬生郊竊号假名憑深恃
險五嶺外郡遂為劉氏所攘殆七十年故园纁璣組包匭茅
菁闕供於王祭矣何暇禱祀嶽瀆耶嗚乎物不終否否極必
泰故
我今皇帝受上园之命庇下土之民協和萬邦光被四表率
土之內無遠弗屆金狄十二鄙秦帝威於四夷黃龍一雙約
賓人來於萬里故望雲馳夫向日傾心納貢藁街者日有所
至史不絕書蠢茲炎陬獨迷聲教阻絕我琛賮剖剝我生民
恣為淫刑濫行不道遂致人怨神怒衆叛親離民懷徯后之
心俗有後予之怨是則軒黃神聖猶亟戰於阪泉（帝）堯聰明尚
二
有征於丹浦吊民問罪可得行之遂乃宜社出兵鑿門命將
王師纔舉如時雨之降若大鵬之征徧海岱而曾匯崇朝渡
南溟而止期一息圍月未弄馳駟繼至則日韶廣之壘今已
平矣渠魁之屬悉以擒矣下郡百餘所拓土千万里淼海舊
地盡為囗有未翌日廣南道行營招討都部署潘美陳露布
俘僞廣主與官屬獻于
闕下夫高屋建瓴下坂走丸飛鴻之縱順風商飈之殞槁葉
奚如是之易也若非
我應天廣運聖文神武明道至德仁孝皇帝聖謨睿略之感
應曷能平盪矣豈直標其銅柱俾馬援分於漢壃未若走以
長纓羈尉他獻於魏闕既囗海外有截天下為公由是降
德音覃霈澤繫囚未釋者俾其釋矣流人不歸者咸使歸之
汙俗濁而自清亂法邪而復乎（正）化獷土為王土變桀民作克
民衆人凞凞沐
皇風如飲醇醴睹
聖政若享太牢
上曰彼民既穌彼俗既化
廣利王之廟自阻隔已來寂寥莫睹今既復其土地可使視
其廟貌俾重崇葺焉乃命中使往蔵其事告
帝王之旨叙克復之意蘋藻在薦盞斝具陳酒一奠而海若
三
僉淪祥風襲人嶽舞山轉若來朝於百神樂弄奏而大壑溟
涬炎精不覺浪息波停如恭聽於
明命似律呂疑谷應聲影象相傳肸蠁如在林麓以之森
聳山川謂之清明嗚呼皇天無親惟德是輔陰靈不昧有感
必通詎非濬哲之君執广靈長之德豈直揚清激濁梁簡文
止述於賦詞乘壄隔夷謝惠連空陳於讚詠式揚巨德宜樹
豐碑虔奉
綸言謹為銘曰
無阜東峙　朱陵南望　極覽滄嶼　渺覩洪浪　鳳麟鎮
其西　炎長洲其上　迴洑萬里　堆疊千嶂　滉滉漾漾

汪汪洋洋　源流地紀　泒引天潢　限六蠻於外服
通七郡以來王　仁惟利涉　道乃靈長
我后睿聖　載復洪荒　惟神正直　克饗馨香　靈胥之
濤匪怒　陽侯之波弗□　善下其德　既濟其航　千年
萬祀　永享蒸嘗
開寶六年太歲癸酉十月九日己丑書建
碑陰題銜
在碑陰左偏五行行字不一字徑寸許正書
推誠宣力同德翊戴功臣山南東道節度襄均房復等州觀
察處置兼三司水陸發運橋道等使南面行營兵馬部署廣

南諸州計度轉運使權知廣州軍府事市舶使金紫光祿大
夫檢校太保使持節襄州諸軍事襄州刺史兼御史大夫上
柱國滎陽郡開國侯食邑二千戶食實封二百戶潘　美
推誠翊戴宣力功臣金紫光祿大夫撿校太保使持節復州
諸軍事復州刺史本州防禦使南面行營兵馬都監兼御史
大夫上柱國沛郡開國公食邑二千五百戶朱　憲
推誠翊戴功臣起復正議大夫祕書少監使持節韶州諸軍
事韶州刺史廣南諸州轉運副使柱國瑯琊縣開國男食邑
三百戶賜紫金魚袋王　明
都大提舉修廟中散大夫行尚書駕部員外郎通判廣州軍
府事兼市舶判官柱國謝　處玭
奉　勑監修廟文林郎守廣州錄事叅軍林　洵美
潘美劉鋹既傳嶺表盡為宋有修廟告祭因建是碑有潘
美朱憲王明謝處玭林洵美諸銜名刻於碑陰美字仲
詢明字如晦並大名人碑書銜並與宋史本傳合特加
詳耳餘及撰文之裴麗澤俱無攷書者韓溥京兆長安
人傳云甸進士還歷使府開寶三年𠮷為監察御史碑
結銜稱權知端州軍州事蓋時從廣帥幕府故得權守
端州也傳則略之

附知廣州田瑜等題名居碑陰題銜之右高五尺廣二尺五寸六行行十二字字徑四寸正書
聖宋皇祐辛卯歲三月十九日庚午立夏祇　命致享于
洪聖廣利王廟右諫議大夫充天章閣待　制知廣州田
瑜都官員外前監鹽倉黃鑄虞部員外郎通判朱顯之謹題
宋史禮志五郊迎氣之日祭逐方嶽鎮海瀆於所隸之
州立夏祀南海於廣州此田瑜所以祇命致享也瑜字
資忠河南壽安人其以天章閣待制知廣州傳無繫年
据此知其在皇祐時矣朱顯之七星巖有其題名

譚粹等題名在前刻之下高廣各二尺五行行五字徑四寸正書
熙寧甲寅仲春十九日府幕譚粹檢季邑簿李權畫碑謁拜
祠下
蘇咸題記在額陰高一尺七寸餘廣一尺九寸十一行行十字字徑一寸四分正書
熙寧七年秋八月
上以久旱精禱天下名山大川詔　　右諫議大夫知廣州　六

原缺

西陜西淮南等路勸民趨耕此題言休應云獲復命公
行賽謝之禮即其事矣然五行志則云九月諸路復旱
與本紀異是時新法之行一切如故民心愁苦上干天
和雖兩無濟於旱理固然也譚粹有題名在龍川白雲
岩有詩在英德南山未得拓本惟碧落洞二詩　先大
夫已著於録
新修光武皇帝廟碑開寶六年萃編戴卷一百二十四
是知祠祀大功其來尚矣脫大功二字　日昊乃羅昊作吳

鄉貢三傳張某等施地建佛堂記高四尺七寸廣二尺五寸五分額字曼感額下刻心經二十五行行十二字經文下刻記二十六行行三十三至四十四字字均徑六分正書碑有陰失拓在易州豹泉村雲集寺
心經不録在上載
首行標題漫漶佛字之上不辨泐若干字　佛堂記
署銜泐不辨若干字　趙元化撰
鄉貢三傳□　令元　書
粤皇宋撫運之八載也五兵不動四海無虞車同軌而書同
文
君作聖而臣作哲是以人安俗阜歲稔時寧肅慎獻方物來　宋開寶八年正月五日
朝鷄林布庭實入貢
良牧有袴襦之頌邉叱興鼓腹之謡比屋連甍彼丈慕道當
論見託俾得而言若夫　正覺緣空大雄應世靈化墜四
天之外威神超六合之中八万四千之法門高闢閫而受馴
九十六種之小道倒戈戟以来庭如或習□其宗舋舋而詎
窮其終始究尋其泒滔滔而孰測其津涯〻以道濟塵區化
臨沙界　惠日朗而昏衢曉慈雲□而火宅凉乃傳石室之經
爰自　金人之夢由是蓮宮閒造寶剎並興高標白馬之
門迥□青龍之□其或如無像設孰表莊嚴如當院舊址猶
存餘基尚在綦蕪墅外誰偺□搆之名湫壤田中難□必萯

之理乃有邑人前主太圖山鄉貢三傳張　法园元清淨之
教即以慈儉爲先體如来付嘱之言實以興□在念遂施招
提之地只於村落之閒其所施院地長闊四至及邑人村人
耆長芳名並列石陰之後無勞長者布金詎假山神獻土五
丁闢助百堵齊興更有邑人都維那等並捨家財共成院宇
搜林而幽□□空轉礎而他山斲匱斧斤伐礬餓觀積梓之
材丹臒偹呈必起流霞之色中堂□而岳立迴廊掖以環周
蓮衣爲　阿褥之池花蕚變　菩提之樹實一方之嘉
景爲万井之勝遊冝乎請礻地之人来茲止息聘弥天之士
於此住持即有院主僧惠通功德主僧惠德皆心燈續照並　二
意樹垂芳土木彤□□□□度惠劒剖無明之殼疾風摧邪
見之幢俾夫化三毒之人皆歸
佛道□八方之士長戴堯天諒法海之慈航寔梵天之大柱
則有　夲州郎中心包上善氣稟中和塾中散之風姿阮步
兵之意態矧以　名高日下譽藹寰中治民懐恤物之心
爲
國念勤空格七王之道更有夲　縣令蘊張陳之智勇抱沈謝
之清才去煞勝残共愛善人之化洗心滌慮願登　妙覺之
門次有都維那邑衆及村人耆長等俱履孝資忠皆含英粲
哲作　邦家之上德爲鄉黨之高年咸知杇宅之危並
慕化城之樂家財土物黐爲檀施之場象馬珠瓔頓作僧房
之物慮以灾風飃蕩刼火飛楊是勒貞珉用傳終古遠慙劒
閣旁愧燕然靡同少女之詞强録大乘之果陵遷谷變長𣄃
不二之門日往月来永記三乘之□如元化者學虧見奧業
愧摛詞旣聆見託之言難碨蒭蕘之語不足以鋪舒妙果擴
拾良緣但慙吹火之能謬録傳燈之理聊以紀諸年号纂立
殊因而四大之齊堅遇三灾而不泯時歲在㵎獻月正爲陬
故記
開寳八年歲次乙亥正月甲戌朔五日戊寅日建　盖堂
子都料張令新　鐫字人張□□　三

文爲趙元化撰結銜全泐其稱美本州郎中縣令皆不
著姓氏蓋與邑衆村人等並列名碑陰未得拓本趙元
化無攷

定意寺營殿裝塑記

高三尺五寸八分廣二尺七寸五分記八行行三十一字
字徑六分題名十三行字徑四分正書在易州定意寺隋
開皇十三年李□□
等造像殘碑之陰

易州定意寺□□□殿兼裝塑功德記
三千世主百億慈尊居法界而真不動摇應塵機而亦有起
滅衆生以信向嚴□者近成有漏之□衆生以策勤宗崇者
遠趣無爲之果今有比𠀉尼瓊譚即睹前蹤結斯𡾊邑遂命
良近别創新規則增脩以飾之彰奉報
佛之道則重廣□營之表侍恭敬之心所集殊功上資
皇化伏願　　聖躬秉御遠振天威惠命無窮　帝基永固
宋開寶八年十月　一
狼煙息罷狐馬休征歲稔時康万民樂□不親翰墨私攟直
書庶勒貞珉用旌叙録云尒
大宋開寶八年歲次乙亥十月己亥朔十一日己酉丙時
建
邑主焚脩大德尼瓊譚　功德主尼李仙　尼惠雲故首座
尼省緣　首座尼緣進　寺主尼惠通　上座尼园超
尼脙容　尼智通　前寺主尼惠超　尼智仙　前上座尼
審幽　尼惠進
尼瓊素　尼惠鑒　尼脙超　尼靈超　尼靈素　尼惠超
惠鑒．

尼瓊仙　尼深行　尼瓊美　尼定超　尼惠通　尼智全
智德　尼深淨
邑主門人持念大德尼园秀　园淨　园妙　园清　尼幽
淨　尼脩進　尼智榮
乹明院主尼瓊詞　瓊秀　尼幼璘
女邑録事張氏　□□□平縣太君□氏　邑人劉氏　邑
人□氏　邑人劉氏　邑人馬氏　邑人□氏　邑人李氏
邑人史氏　邑人張氏　邑人王氏　邑人張氏　邑人
傅氏　邑人宋氏　邑人韓氏　邑人梁氏　邑人馬氏
邑人周氏　邑人劉氏　邑人賈氏　邑人李氏　邑人文　二
氏　邑人樂氏　邑人揚氏　邑人龐氏　邑人張氏　邑
人邊氏　邑人孫氏　邑人王氏　邑人張氏　邑人梁氏
邑人楊氏　邑人劉氏　邑人李氏　邑人周氏　邑人李
氏　邑人趙氏
邑人王氏　邑人賈氏　邑人耿氏　邑人□氏　邑人邢
氏　邑人楊氏　邑人張氏　邑人趙氏　邑人高氏　邑
人徐氏　邑人張氏　邑人王氏　邑人史氏
木匠苟欽紹　砌石匠劉希𡆵　行者奝重興
記云結斯𡾊邑尼瓊譚首創功德稱邑主助緣諸女稱
女邑録事列姓氏者並稱邑人錢潜研云邑者合衆出

錢布施之名見後唐定晉院千佛邑碑跋尾潛研以遼
金石刻尤多此稱遼所見有遼興國寺太子誕聖邑碑金山演教院千人邑記雲居寺供塔燈邑記金華嚴寺千人邑記謂濫觴於五代按釋名釋州國邑猶俋
也邑人聚會之稱引申為合衆佛施之名良非臆解然
此不自五代始也三魏以來凡所稱都邑主邑主邑老
大邑中正邑中正邑正邑義邑儀邑師邑長邑子邑女
亦不皆作都邑國邑解觀武定七年高嶺諸村邑儀道
俗等造像綴邑儀於諸村之下天保八年朱靈振等造
像曰朱氏邑人綴邑人於朱氏之下若作都邑國邑之
邑不可通矣且北碑凡一二人所建題名從不稱邑其
稱邑者皆多人合造可歷驗也又凡為是稱諸刻皆在
北方蓋方言之由來久矣此議前人所未發惜不得起
錢先生而質之
碑稱丙時達丙時者已後年前各二刻關中金石記云
即二十四路法出淮南子天文訓

響堂寺綦珪等修佛記

高一尺五寸五分廣八寸六分五行行字不一字徑八九分正書在磁州鼓山

磁州滏陽縣崔相公人户綦珪等於上方院修造到□□弥
勒佛壹尊伍事相　院主僧義志　壹人元美　壹人吴美
　都料申瑫　壹人王興　壹人李超　李顏　太平興
國七年四月二十一日修

宋太平興國七年四月二十一日

磁州本作慈後加石作磁又省心作磁壹人之稱僅見
於此其即邑人之訛歟

龍興寺新修三門記

連額高六尺六寸廣二尺六寸二十三行行五十四字至六十字字徑八分至一寸不等正書有行體在淄陽

大宋兗州龍興寺新修三門記　額四行十二字字徑二寸七分

大宋兗州龍興寺新修三門記

前鄉貢進士王禹偁撰

翰林待詔朝請大夫太子中舍同正司徒儼書并篆額

佛滅度後末世一切衆生並陷業障法有輪杌而不轉魔
有網結而高張猜覆簣之邪峯乃峻極窮溢觴之苦波乃尾
閭是諸凡夫煩惱不斷是諸世界虛妄大行地水火風攻之
于外貪嗔愛慾寇之于內大則以金玉滿堂要子孫之計小
宋太平興國七年十二月廿三日
則以錐刀覺利務衣食之源末俗于是難務　真如以之不
覺幻身自漏[簡]知牛乳之方火宅將焚孰信鹿車之諭則有
恰電泡之非久識生死之有緣以慈悲喜捨爲身謀以因果
報應爲巳任謂財能賈禍我則輕之若浮雲謂福可濟身我
則指之爲彼岸者其惟　京兆杜公乎公懿德理
躬[溫]和賦性出言有信重于千乘之盟立事去奢笑彼三家
之僭自謂彪　太平之代能歌頌之聲兵革不聞
伏臘自足上則知其
帝力熙熙常陟於春臺下則依彼空門世世期臻於淨土始
念劬勞未報風樹纏哀耕山起曾子之歌陟岵動詩人之歎

堂雖肯構蓄五將以成家養孰弗能奉三牲而何益爰思追
薦是用修崇出兹潤屋之財歸彼布金之地　龍興寺者
東兗招提之甲也先是三門建于大中年　兗海沂密
等州連帥劉公苫之所立也位歷數朝時踰百祀風雨所蝕
蕃摇不完寺衆蓋之思所整葺而力未支也公乃革其舊址
立以新基易之以金鋪構之以重閣庀徒且亟蕆事靡遑丁
丁伐踐谷之材陰疎煙葉落落筌它山之石翠斷雲根役夫
憧憧車轍轔轔繩者墨者陶人巧人繼踵接武其來如雲因
爲揆日之期特起凌霄之勢乃曰夫有其材而無其工則材
將弃矣有其工而無其首則工乃惰矣疇其代我塈以董之
乃得
藏主大德洪照尸其事且戒李子航以左右之由是無晦瞑
無風雨是剞是劂以巧以墁畚鍤之影齊來雲生東岱追琢
之聲乎動雷彤南山板幹畢興土木交作惟知日入而息豈
俟定之方中加以勞來有常趨督忘倦匠之指者則甘言重
賂以誘之役之賤者則嘉醪芳味以悅之工不敢怠人豈知
疲星灰始周功績告備莫不拔地若湧凌空欲飛金碧交光
爍亭午之日欒櫨乎映過崇朝之雲複道排虛龍蟠夭矯之
狀重簷截漢鵬運扶搖之風崢嶸而始謂鼇擎來從碧海峭
拔而終疑蜃吐飛出紅塵其或春雨絲紛秋雲羅散夏引清

颩而凄楚冬涵皓雪以濵濛愬𢢔放懷望遠送目前對孤桐
之岫香霧凝嵐左連浮磬之川縈迴静練足以作魯邦之勝
槩焉　法門之雄觀者歟事既畢公乃慶良緣會大衆且以
香花落之故得觀瞻之衆雲趍讃歎之音雷動飛聲走譽自
迩及遐緣自有成福德无量亦何必持長者之蓋方表修行
捨畫師之金始為利益者哉議者曰凡人從緣而生從緣而
死衣食者治生之器具也功果者濟死之津梁也悟之者若
發箭在空恒處力盡迷之者若無舟汎海但見溺為斯蓋濁
少香
惡染其懸情發香觸其根性遂使捨一毛一餅或至艱難奉
少花皆有怯嗇尚非解方便力有迴緇心則孰能弃小徑於
三
迷塗持直心覺路者耶公則不然始乃儉于其身勤於其家
孝于　父母信于友朋然後輟能散之財崇无邊之福有
以見其心也不可思議其德也不可唐捐經曰名稱高遠如
須弥者我公有之又曰堅固不壞如□□□斯門比之公欲
紀茲功德思所銘刊猥顧非才俾揚善績其或敘　　如
來之教法則內典詳矣陳伯禽之土風則禹貢具矣足敢書
歲時而□□□語修建而無媿辭東筆成文尤謝蘭棲之作
拂石為刼永留寶土之□時。。。皇宋太平興國七季
十二月廿三日記　　鐫字白缺
右碑王禹偁撰禹偁字元之鉅野人九歲能文太平興國

八年擢進士咸平四年出守蘄州卒年四十八此碑立於
太平興國七年是未第時所作而文之華贍若此洵可觀
矣文内處太平之代誤作伐持直心於覺路心下脫於字
乎牙乃互字之訛末行題皇宋太平興國七年十三月廿三
日記案是年閏十二月故云十三月也碑側列寺僧施主
姓名凡四十五人皆不錄山左金石志
碑有兩側題名拓者遺之第七行處太平之代石本作
伐與末行十三月三字皆妄人後加雖畫絶無筆意三
字尤不成書體山左金石志以十三月為是年閏十二
月之稱似涉臆解文中杌而不轉轉作摶孰信鹿車之
論孰作熟皆誤乎字凡兩見志並寫為牙謂為互字之
訛按宋劉道原云唐人書互為耳耳似牙因訛為牙志
亦猶是也經傳史文互誤為牙者數見宋陳祥道以為
古字通用顧亭林非之見唐韻正牙字下顧氏又歷舉
唐人以乎為互之見於碑刻者十條皆足為此碑佐證
蓋牙古音吾與耳形聲俱近始變互為耳又為乎繼復
變乎為牙則傳寫之誤文并非古人之俗體而其誤則
又在唐代之前其緣蓋出於隸變漢書劉向傳宗族磐
互師古曰互或作牙謂若犬牙相交入之義谷永傳注
同此不以為誤而又曲為之說者也主互市之互郎後

競稱爲牙郎舊唐書安祿山傳至有互市牙郎之文知
沿誤而不察其義也久矣

慧炬寺遷移靈塔記

石高未詳廣一尺三寸陰記在上截十行行六字至九字不等字徑九分正書在曲陽北五十里柏靈院

雍熙二年十一月廿日遷移靈塔再安寶地覬異日之弃通
爲頻年之寝劫故占詳於此處廟宇居存三得正當歲通月
順建樹已畢功力周圓聊標故記於之耳
寺主寧□　法孫門人等

宋雍熙二年十一月廿日

石牛洞石刻五十六種在潛山

趙孚等題名高一尺七寸廣一尺二寸餘字徑一寸八分正書左行

殿中侍御史知軍州事趙孚贊善大夫舒雅團練推官黃夢

錫　大宋端拱二年三月二十一日題

趙孚見其子安仁傳字大信其知舒州除殿中侍御史在雍熙年傳言雍熙中廷策貢士安仁預為考會賜金紫因顧安仁問孚年幾安仁曰臣父年六十二曰孚名士也亟召對亦賜金紫明年卒今觀此題端拱二年三月孚尚知軍州事與傳所言不合檢太宗本紀端拱二年三月親試舉人續通鑑云得進士陳堯叟以下一百八十六人諸科孫奭等四百五十人並賜及第七十三人賜宴始令兩制三館文臣皆預則安仁預為考會蓋在端拱二年是時安仁官著作佐郎直賢集院故得在三館文臣之列若雍熙中則官大理評事光祿寺丞而已以此推之傳所謂雍熙中乃端拱之誤矣傳先於孚奏擬試之議已言雍熙中法無舉此涉筆偶誤未及檢者　舒雅字子正傳言自職方員外郎求出得知舒州洊於禁官州之潛山靈仙觀有神仙勝迹秩滿即請掌觀事宋時紀事雅知舒州在咸平末此題署銜贊善大夫傳及宋詩紀事皆未之及蓋在知舒州之前十五年也黃夢錫無考

李咸等題名高一尺廣二尺五寸字徑四寸正書

天聖壬申李咸刁紓紡周為善來

缺名與道人文銑弟安國題名高二尺五寸廣一尺二寸餘字徑二寸三分正書

皇祐三季九月十六日自州之太湖過寺宿與道人文銑弟

安國擁火遊見李翺習之書下缺日下缺

李翺書今未見

陳奉古等再題名高一尺八寸廣二尺四寸字徑二寸六分正書左行

提刑主客外郎陳奉古同提刑供備庫副使石用休按部至

偕虞曹外郎蔡伯俙遊此賞愛泉石移晷忘倦時甲午季春

十二日

陳奉古等題名高七寸廣一尺四寸字徑二寸正書左行

陳奉古蔡伯俙石用休同遊皇祐甲午歲三月□二日

桑景舒等題名 高二尺廣一尺六寸八分字徑三寸正書左行

建康桑景舒合肥馬琪嘉祐庚子謁□士鈗公題

鈗公當即前題之道人文鈗

睎尹等題名 高一尺四寸五分廣一尺六寸二分字徑三寸餘正書左行

睎尹睎說睎爽侍　親遊此熙甯己酉三月十九日

張景儉題名 字徑三寸正書左行

河南張景儉熙甯二年四月八日游男沛侍

張景儉見嵩陽宮文潞公嘉祐庚子題名中會善寺亦有景儉詩刻皆前此九年

張坦之等題名 高一尺一寸五分廣二尺三寸字徑二寸六分正書左行

張坦之李子永劉道凱孫叔康熙甯辛亥二月四日同伊仲晦來遊

四五行之間有天聖年郭某題字為此刻所掩

二

李師中記 高二尺廣三尺五寸字徑二三寸正書左行

師中十一世祖唐御史大夫諱栖筠生丞相諱吉甫丞相生尚書諱德脩丞相諱德裕尚書實師中八世祖也歷舒湖楚三州刺史題名在此巖谷師中不肖忝備侍從坐沮邊議左遷來守茲土永惟世業未墜□地後世子孫尚有來者敢廢篆刻式銘前人熙甯四年十月十四日孫尚書右司郎中師中記 末二行低三字

李德脩題名見唐寶曆二年李師中傳言其有王佐才好為大言故不容於時而屢黜記云忝備侍從坐沮邊議左遷來守茲土按傳師中由天章閣待制河東都轉運使知秦州以奏阻王韶請置市易募人耕緣邊曠土坐削職知舒州即是時也傳於復待制又貶和州團練副使安置後云還右司郎中卒據此刻則知舒州已嘗歷右司郎中史略之也廣西桂林龍隱巖有師中宋頌三章留題詩四首及華景洞題名皆嘉祐年刻　先大夫補正載之

徐翊題名 高一尺餘廣八寸三分字徑二寸餘正書左行

徐翊彥昇熙甯癸丑暮春来遊

楊沖等題名 高一尺五寸五分廣八寸四分字徑二寸四分正書左行

西河楊沖東煒道熙甯七年正月八日遊

朱長文題名 高一尺三寸餘廣八寸字徑一寸八分正書

吳郡朱長文伯源熙甯甲寅中秋日遊此

宋史文苑傳長文字伯原蘇州吳人舉進士乙科以病足不試吏元符初卒原源通用 國朝四庫錄其所著吳郡圖經續記墨池編樂圃餘藁

陳紘題名 高一尺一寸八分廣九寸字徑一寸五分正書左行

河南陳紘公度熙甯九年寒食前三日遊默脩□□從行

陳紘史無傳華岳頌碑有其題名為熙甯七年末云彥默彥淵彥正侍行此刻默脩□□侍行默當即彥默舉其一字耳下泐二字未知即淵正否

公度再題 高一尺餘廣八寸五分字徑一寸七分正書左行

熙甯十季仲春初吉公度再遊

道濟等題名 高一尺四寸廣一尺餘字徑二寸七分正書

道濟思濟虛中同来熙甯丁巳

王公輔題名 高一尺四寸廣八寸字徑二寸正書左行

元豐戊午季冬壬子公輔獨遊覩敵叔兄題名

韓正彥等題名 高二尺六寸廣一尺九寸二分字徑二寸六分正書

安陽韓正彥師德建昌李常公擇建安徐師回望聖建陽黃沐清卿歸安周之純粹元浚儀王偁揚休同瞻謁覺寂之塔元豐庚申仲春丙午

韓魏公五子名皆以彥字皆以師其姪名公彥此名正彥字師德亦魏公姪也李常字公擇按傳元豐六年前落校理通判滑州知鄂湖齊三州其至潛山當是之官假道耳東坡為李常作遺直坊詩乃登州人同時同姓名者

蘇子平題名 高九寸五分廣一尺二寸五分字徑二寸正書

蘇子平侍親老来遊元豐庚申清明均脩珝從行

四

楊希元題名 高二尺一寸餘廣二尺字徑二寸七分正書

朝議大夫知軍州事楊希元舜俞元豐四年二月清明日挈家来遊男彥眞彥盤彥臣彥童孫逵遹通適侍行

楊希元宋詩紀事錄其詩一首不詳籍貫仕履未知即此人否楊逵有崇甯四年石門題名此刻有孫逵侍行相後二十五年亦未知即此楊逵否

孫膺題名 高八寸廣二尺字徑三寸餘正書左行

頴昌孫膺元豐五年三月十日遊

南陽子淸等題名

南陽子淸琅邪君倚京兆立之元祐丙寅歲仲秋七日偕至此

唐錢弟壽荃莞題名 高八寸二分廣一尺六行行字不一字徑一寸餘正書

唐錢弟壽荃莞奉親自太平過靈仙至此及莫而還

元祐五年三月中旬日題

葉祖洽等題名 高一尺三寸八分廣一尺九寸二分字徑三寸餘正書

葉祖洽唐坰蘇㞐文宋用臣方會劉鑄劉誼元祐五年四月初十日同遊

葉祖洽字敦禮邵武人熙寧庚戌進士第一元祐中由禮部郎中出提點淮西刑獄此題正在其時史稱祖洽喜詆附知洪州以牟利黷貨聞與曾布厚人目為小訓狐然與章惇曾布並竄名元祐黨籍中蓋凡為小人所好者必非君子而為所斥者不皆正人自古然也唐坰錢塘人唐彥猷之子字林夫以父任得官熙寧三年上書言青苗法不行宜誅大臣異議者王安石喜其言由是賜進士出身及除御史同知諫院數論事不合扣陛數安石用人變法非是貶廣州軍資庫歷知鄂湖泉三州東坡先後贈詩具見蘇集蘇㞐文澹山巖柳拱辰至和二年題名有其人時為永州推官宋用臣見宦者傳元祐初以罪謫監滁州四年主管靈仙觀此題即主管之明年也方會有大觀三年英德碧落洞題名劉誼宋詩紀事字宜翁長興人元豐間上疏論新法勒停隱茅山余所見誼石刻有處州石門山熙寧七年題名融縣老君巖元豐六年題詩湖南東安幽巖元豐元年題名皆宦游所歷處此題則在歸隱後矣劉鑄無攷

東宇馬□等題名 高九寸五分廣八寸二分字徑一寸五分正書

東宇馬□晉昌唐□第壽□□俳佪久之元祐五年□月□日

五

蘇子平等再題名 高一尺三寸五分廣八寸字徑一寸二分正書

蘇子平陳公度胡與幾咸中行唐咸益杜君庸同遊紹聖四年閏二月廿日朱才元題

富鈞題名 高一尺二寸三分廣一尺五寸字徑三寸餘正書

富鈞奉親來遊元符二年正月九日

曾孝廣等題名 高一尺九寸二分廣九寸 字徑一寸五分正書

清源曾孝廣仲錫號略楊安道迪深潁川陳遘亨伯同遊山
谷寺至石牛洞懸賞久之而還崇寧丙戌四月廿七日題

曾孝廣附其從父曾公亮傳字仲錫晉江人官至顯謨
閣直學士此題當在罷天章閣待制知杭州或自潭州
改知鄆州時道經潛山而作陳遘列忠義傳字亨伯永
州人韓城河瀆靈源廟碑立於政和二年後有陳遘銜
書降授朝散郎直龍圖閣權發遣陝府西路計度轉運
使公事在此題前六年宋史列傳敘事多無繫年遘傳
第云廣西轉運判官罷歸知商州興元府入爲駕部金
部員外郎左司員外郎擢給事中以直秘閣爲河北轉
運使加直龍圖閣徙陝西其遊蹤何以至潛山不可考
也又零陵澹山巖有朝請大夫郡守陳遘等題名在元豐
八年下距此題二十一年乃別一人

霍希道等題名 高二尺八寸四分廣一尺九寸 二分字徑三寸餘正書

大觀丁亥季冬廿三日同遊者六人霍希道王道存曾聖可
闕德明任持輝老呂子會

吳處中等題名 高一尺二寸廣一尺二寸六分 字徑一寸七分正書左行

蘭陵吳處中永陽吳儀仲同登舒公亭徘徊泉石間久之乃

六

去大觀二年九月十二日

虞芹題名 高一尺八寸三分廣一尺二寸餘 字徑二寸二分至三寸正書左行

大觀庚寅孟夏十有一日陽羨虞芹君永奉使淮南同遊此

康澤民等題名 高九寸五分廣一尺一寸五分年月二行 字徑一寸五分三人名字徑三寸正書

政和甲午重陽後一日
康澤民劉无思李健遊

馮吉老等題名 高一尺九寸餘廣一尺一寸七 分字徑二三寸正書

馮吉老□亻卿李師文賈善長同遊政和甲午□□十月□□日

曾壎題名 高一尺三寸廣七寸字徑二寸六分正書左行

曾壎携家來宣和辛丑歲十月十四日

吳矩等題名 高三尺一寸廣二尺六寸字徑三四寸正書

吳矩元方李知雄施夲韓璹□仲李惇均甫青亻次英鄭縉子雲胡亦顏徙江汝嘉彥嘉黃與權㞒正宣和辛丑下元日同遊

成都諸葛武侯祠堂碑陰題名有韓璹君玉時爲熙甯辛亥又蘇東坡同年友李惇爲李廌方叔之父均非此題中韓璹李惇

張邦甯題名 高九寸七分廣七寸字徑一寸五分正書左行

宣和七年八月二十五日江都張邦甯子國遊

王弗等題名 高二尺一寸廣二尺字徑二寸五分正書

東里王弗被命按田江淮知州事海陵周方文郡幕新安胡舜舉吳興朱煇紹興丙辰四月廿□日同游

青社□學古等題名 高一尺六寸廣一尺九寸字徑二寸分書

青社□學古子行學益子思學□之子至桐鄉朱致恭行之乾

道六年上巳日住山彥海欽同遊

計衡等題名 高一尺八寸廣一尺一寸字徑二寸餘分書

計衡蔣藏錢聞詩□□淳熙甲午九月六日來

錢聞詩宋詩紀事字子言成都人淳熙中知南康軍

吳國佐等題名 高三尺一寸廣三尺字徑二寸五分正書左行

延陵吳國佐邦弼歷陽陸□彥和相拉挈家自城中訪眞源過天祚晚飯山谷徜徉終日薄莫而歸彥和之子世良君進惟良君顯偕焉淳熙丁酉寒食日泉南曾種獻之識姪常男晏侍行

八

程準等題名 高三尺一寸廣二尺七寸字徑三寸正書

淳熙五禩歲在戊戌被命假守是邦以二月乙未朔十六日庚戌躬趨眞源天祚朝謁歸涂憩此新浦江𣿬程準平埘偕建康郡開國侯秦塤伯和父書

秦塤檜之孫也

陸世□張齋□題名 高二尺廣一尺六寸字徑二寸五分正書左行

陸世□□之張齋□□□淳熙□□三月 末行尤不可辨

徐烈等題名 高二尺三寸廣一尺七寸 餘字徑橫三寸餘分書

柯山徐烈茂卿東萊呂祖恕君行以紹熙改元中秋後十日
来遊禧老瀹茗

張同之題三祖寺詩 高二尺八寸廣三尺九寸 字徑三寸五分正書

題三祖寺
歷陽張同之
飛錫罧朝寺傳衣祖塔邱石龕擎古木山谷卧青牛半夜朝
風起長年澗水流禪林誰第一此地冠南州
紹熙二年十月

九

是刻之後有雩都焱慶雲慶麟遊八字乃後人所鐫

訥庵詩 高三尺四寸廣一尺七寸 字徑三寸正書左行

山谷舍利塔石與水俱清夜坐不忍去緣興禧公行
訥庵作知非子書紹熙壬子十一月廿日 坐上一字似 按行字上一格
夜而非

趙由道等題名 高一尺一寸廣一尺八寸 字徑一寸六分正書左行

趙由道王永慶汝良晁元要蔣平桝裴公珪李綸夫張英甫
慶元丙辰三月十有四日同游

陳棟等題名 高三尺四寸五分廣四尺餘 字徑四寸正書

慶元丁巳仲春望日永嘉陳棟勞農三祖寺因登潛山觀八
井飛瀑汎舟吳塘歷詩崖酒島猨鵝石牛洞貳車王萬全郡
博士王庭芝懷甯令樓枏主太湖簿
許興裔宿松尉馮遇進士葉著同集

陳棟再題 高二尺廣八寸字徑一寸五分至二寸正書在前刻集字下

後七十有五日棟禱雨天祚宮偕法曹裴雲□再来

陳子榮等題名 高二尺七寸廣二尺六寸字徑三寸正書

十

陳子榮仲明張蹇祖舜用朱子文以嘉泰改元正月十日来
游子榮之子潛浹孫瑄仲明之子沖蹇祖之子逢原侍行

趙汝騑等題名 高廣各二尺字徑二寸六分正書在吳國佐題名之右

宋嘉定丁丑正月丙午浚儀趙汝騑衞道大梁張亦韓伯自
天池汎吳塘上傅巖亭彳□□□

柴應等題名 高二尺廣四尺三寸字徑二寸餘至三寸正書

毗陵柴應伯恭憲李章九三到此再以嘉定癸未侍　親庭
觀耕後一日同弋陽苗士麟休卿三山何應能景南南陽張

天驥夢禹羽士黃庭仁擇御來玩泉石之勝周覽前賢遺蹟
重增感慨云山谷主人瑞老與

止泓二大字 高二尺五寸廣五尺六寸二字橫列字徑二尺正書題款字徑二寸餘分書

止泓
臨淄周虎爲冀邸趙希袞書寶慶丁亥閏五月既望住山岩
祖榮摹

侯官烏石山有漓浠丁未止泓趙袞題名末系子與諫
與譔侍魏稼孫云袞即裕字省志山志並作袞誤此刻止泓二大字臨淄周
虎爲冀邸趙希袞書按宋宗室世系表太祖子德昭之
次子惟吉封冀王傳明道二年封希袞稱冀邸則其裔矣惟惟
吉七世孫以希排名者表無希袞其人而希瓌下有與
諫次六與譔次七又德昭第四子舒國公惟忠七世孫
有希袞有希裕希哀無子希裕六子無與諫與譔且皆
非冀王裔則非此刻之希袞可知今希袞不可徵而與
諫與譔則明列於表證以烏石山題名乃希袞之子非
希瓌之子是表於希瓌之後與諫之上脫漏希袞二字
又可知也古人紀遊適興摩厓奏刀不過雪泥鴻爪留
錢希之迹云爾而千百年後殘文賸字足以訂史家之
譌闕往往如此則夫裹氈攜墨搜巖剔蘚摩挲於敧大
礪角之餘沾沾焉一得自喜者豈得謂作爲無益與玩
好齋觀哉止泓二字大徑二尺說文泓下深皃盡取止
水清深之義

郡守聶洙等題名 高二尺五寸五分廣三尺四寸七分字徑三寸正書

紹定改元重陽秋闌撤棘翼日郡守大名聶洙聖從偕東嘉
十一
建康秦滋德之領客柯山葉勲振之三山林子陽德剛古栝
章敏子仲恭宛陵施滋叔淵四明徐敏功有大至此

是刻首行之右有玉牒崇德四字又有高字數定字京
字元字及殘賸字迹時見於字裏行閒蓋剗磨前人題
刻而爲之者

謝庭等題名 高二尺九寸廣一尺六寸六分字徑二寸餘正書

紹定戊子龍舒謝庭夔符侯□君能談克己復之陳化龍元
善王禹圭堯錫吳炤炳卿朱霆燁子成朱混君澤程度公選
張琳君寶趙時煒明林肆省業于濂麓書院冬至前一日同
過此羽客吳時舉偕行

趙希褰題名 高二尺五寸五分廣二尺三寸字徑三寸分書左行

止泓趙希褰治郡終更蒙　恩予節以端平改元正月辛丑
來別山谷從遊者張亢驥吳李友章居已弟希班希宴子與
詳侍

住山祖□願刻

此刻褰又作褰止泓冠姓名之上與鳥山石一刻同蓋
以是為號也方信孺以陸放翁詩境二字到處刻石遂
自號詩境與此正同希褰弟希班表兩見一為惟忠午
從恪之後一為從藹之後皆希褰族弟未知此為誰也
希宴則表無之吳李友臨桂穉子巖熊飛題名內有希
宴字次張在端平前五十餘年是別一人

國材等題名 高一尺三寸廣七寸字徑二寸正書

國材庶璋恩道庚子二月十八日遊□題

十二

大師敏公修道記 高四尺五寸廣二尺五寸二十三行行四十至四十二字字徑七八分正書在洛陽龍門山

□□□□□□□道記
左街廣愛寺崇化大師□□□□鑒撰
翰林待　詔朝奉□秘書丞同正賜緋魚袋吳文賞書
□□□□□□卦造書契于是□文籍生焉夏后氏別九
州奠山川于是乎□□□□□□術由于彼□□□□□
□□□□□昌大人□巨即
□□□□□□□大師敏公斯其人也徵乎前史況於義
歟　師本洛陽人俗姓高氏礻□□書剖愛□□受具
宋端拱末
□□□師□道承龘□風處衆而倜儻不羈事佛而精進匪
倦頃歲□寺緇侶舉□蕉才謂□曆□□□適□□畢手
峭拔晴漢壯麗　神□□□□□千載愈盛幾□梓匠措
意禹門頑石道以□□□□□而塹菁劃自太平興國癸未
歲季□曰伊水□□□□□強巢止人居□云漂溺坦路崩
陷□石欹傾□月已來杜絕往復蓋□□倒徹□用傷矣若
非奇士孰可興修　師乃入告于
府尹給事中許公將叙□□□言曰欲□□□採次南廢
橋石脚添砌於石道焉敢自專□聽
旨□一言相徇于是興工□屬昌時羅什□之秦主道符至

鑒如□　　白公事□□緣□□邂逅自雍□□年丁亥歲
二月□□□□□□□□□□首長時部轄約三十工暑雨
祁寒曾無暇日鎚鑿斡□□若□□□品磨□□□□□
□□□指掌供飲膳者差肩而至荷畚揷者陳力而□以□
易□□□□□□端拱己丑歲首凡三載厥功已訖大路坦
□徧會禹門給園緇侶淨修品錬以慶讚之足使□□□之
□熙□□□□堤之難乘跨之流□□焉荷□平之道而又
巨唐德宗貞元歲有平泉蘭若法□□□□勤□曾修□
□彼一時也扶危濟□著大□焉山一時也慕蔺希顔諒□
□□噫□□□全□□□□之□□□□國路通於棧閣
二

鄧艾之蹤鑒也今
通惠大師抱梗直氣啓憤惋心施一勞永逸之勤□□□□
寔□□□今□古其泐下兮石席□交爰同□寺之居夙□中
庸之□叨承見□□愧□□□□翠□之艱難泐下巨岳浪□
長河不□斯文垂於永世時大宋□□三□□□□□建
助緣□泐下　　泐上張嚴

義井欄劉緒題記

在唐天寶八載石楷欄頌八面之一十二行行字不一字徑七八分正書

定州望都縣翟城　　鄉□藻村清信佛弟子劉緒　　奉
爲、　先亡翁及見在廻施　石□　欄与在州法華寺永
遠爲　主故記
伏以義井欄者先施　同村今廻賓地利濟旣開於二處
存亡必納於千祥所冀　　七世尊親六姻宗眷
過往者神　遷於九品見在者福樂於百年　仍以合家刊
名於後時皇宋淳化五年歲次甲午正月二十六日故記
□□氏　妻張氏　　男牛兒男重兒

宋淳化五年正月二十六日

井欄爲唐人所建唐題名多劉姓歷二百四十六年而
劉緒施之法華寺緒殆其苗裔歟記每行第八九字皆
空格以石泐故讓之

在絳廣三寸九分厚一寸五分正書

天聖元年

靈巖寺禪師珣公塔記

高一尺四寸五分廣七寸七分十三行行二十八至三十一字不等字徑三四分正書在泰安

故禪師珣公夘塔記

夫日中則昃月滿乃虧喻生滅之不停等輪迴之無定是知
轂有褰　天無皂白一真之境未臻四大之樞何息卽有歿
而不朽者其茲謂歟上人俗姓張氏法諱迻珣家自全齊生
於歷下幼而迥異長而復英意捨浮生情耽空慧依靈巖山
寺主僧志雅以爲親教方袍圓頂稟戒持心而後遷入郡城
別居蓮宇爲　佛地之棟樑作金田之綱紀緇徒仰德士庶
欽風轉法華經一藏誦維摩經一千部課金剛經伍万卷猶
宋咸平二年九月十八日
是廣伸慶讚大集人天勝善尅敦良緣是植享年六十六非
亂寢疾而奄終矣門人瓊因等師資義重法汝情深念訓誨
以有成在孝思之無替建茲夘塔使靈骨以有歸述彼嘉猷
表□風之不墜刊此貞珉之石抑不昧於千齡旌其感德之
名冀揚芳於万祀

時大宋咸平貳年歲次己亥九月庚辰朔十八日建

寺主講上生經僧　迻□　本寺大雲寺主僧迻巖　開元
□□主僧　迻□
小師念法華經僧□□

定州開元寺僧俗修塔記并題名凡八段

李德澤等修塔記記高二尺七寸五分廣二尺九寸經十行記七行行各三十四五六字題名十七行行字不一字均徑七分正書

佛說金剛壽命脩塔陁羅尼經

文不錄

定州開元寺僧俗脩塔邑衆都維那李德澤等記

中山寄釋省勤述

嵆首歸命窣堵波乃　能仁之廟貌也　南无依授陁
羅尼宴調御之秘密也斯乃標顯遺骨運感遥悉紹龍王之
殿基嗣恕伽之隆敬始興八万鎮剎四洲出奇祉以無垠化
宋咸平四年七月十八日
信根而爲限今有當州邑衆都維那李德澤等　慕端
直之操急進善之心蓋割家皃樹崇寶塔外發謙柔之語說
苦言辛內化堅勁之情捐金捨玉雖未圓於　巨利訪
時哲以同崇今已名邑人共契長年之　盛業將成
有助旌　慶無休磨國書功玉剋緬邈而記之時大宋
咸平四年歲次辛丑七月庚午朔十八日丁亥丙時建
奉空格　五聖盲西天取經迴賜紫都功德主沙門　令能　副
功德主沙門　法沂　副功德主僧圖□
都維那泰圖軍隨使知客李　德澤　副維那安　思軿
副維那安　思均　維那李□　副維那鎮安軍隨使

押衙張　光裔　維那泰寧軍隨使勾押官鄭　居義
邑人李德　—　維那路　迟福　維那張　迟興　維那
王匡嗣　維那史惠安　維那王君海　—　維那趙　斲
澌　維那李　澄　維那李　貴　邑人劉　演　邑人
王用　邑人劉閏　—　邑人前司理判官李　夢周　邑
人李守琪　邑人賈　繼祚　邑人高　迟超　邑人劉
宗　—　邑人使院勾押官點撿州司公事李　璘　邑人
李　圜　邑人張守一　邑人李　能　邑人李興　邑
人馮　圜　邑人邵　昇　邑人史　從真　邑人石
文玉　邑人表　敏　邑人蕭　瓚　—　邑人曹　思恩
二
邑人宿　邑人王斌　邑人張　忠　邑人李唐進
邑人劉贊　邑人史　洪諒　邑人甄　行奭　邑人甄
行貴　邑人高貴榮　邑人張　知信　邑人張再興
邑人李唐暉　邑人崔令斌　邑人趙廷溫　邑人耿
遇　邑人劉□祚　邑人王万金　—　邑人李　讓
邑人張嘉文　邑人泰寧軍隨使教練使任　晏　—　邑
人曹　邑人張　邑人王廷威　邑人劉從　邑人王隱
邑人前府州子城使田　麗澤　邑人鄧進昭　鄧守
贊　邑人孫謙　—　邑人前節度孔目官高　曲　—　邑
人前攝祁州司馬李　廷誨　—　邑人醫學博士李　士

廉以上三人與田麗澤並為一列
前攝橫海軍節度巡官王昭信〃—　右教練使勾當中軍
務士元　—　鄉貢三傳李仁崇　王謙以上三人為一列在下截之末
仙林寺僧智嵩此行在衆題名之上
□□曲陽酒務□貞此行介在上下二列之間
宋進等題名高一尺五寸五分廣三尺一寸八行前三十一行後四行行字多寡大小不等正書
□□村郝思□郝敬溫郝再旺郝思罕郝□美郝庭嗣郝庭
金郝庭贇沈令均王庭翰□賓卜閏再□郝庭恕王仁月姪
男明緒明恕孫男守清孫男鄉□□□九永久　馬守文□
希王劉戀王光超劉恕
三
南祝村祝令贇祝令貴祝洪遇祝庭珪閏仁蕚閏仁正閏□
楊謙祝詮□祝令珣
北祝村祝思友祝思貴□再珪楊則祝超
中楊村楊□□楊眷　城東村楊□□楊守一李暉
□邑村張金溫張金□張再榮高榮劉演杜祚王思超王延
美郭金奝瓚王訓王□　盡村劉唐王寬董貴李文劉美
北邑村劉欽緒劉嗣崔□崔謙西杜趙志杜興杜貴田氵田
習
中杜村許思隱許金榮進崔興杜加進李密杜超□□材杜
榮　許□史洪賓武超崔贊許□□□許興劉寛西許張

孯□□□方進田晏崔暉崔□□□村㚅□李賛□□王
倫□□田倫張美張斌李□□□顏□顏祚
□□村徐威男光元□□□□□賛　大㚅村㚅趙王宗
□□□□遇弟審榮審□姪男□悦　程□□□□元母趙
氏
□□村許㝐魏圀張岳許趙　尚貞　杜家莊郝思進劉□
□□□徐趙徐用劉演王□吴則宋翰　長孫村孫元
□□□□李隠李榮　馮村馮化元　在城田禹楊玉
□□□□□□泐上維𨚗頭郎□□郎□賈□張泐下泐上妻
王氏女趙氏副維𨚗封郎婦趙氏趙暉□□氏新婦宋氏張
四
岩妻趙氏泐上姐□遇妻邢氏劉氏唐氏田□妻成氏王翰
泐上崔斌解圀解均張晏解□□□□氏□趙解泐下泐上李氏
王氏泐下泐上新婦張氏
□平□□清鄉郝村□公路村邑人劉希顏劉希遠許澄孔
岩劉俊崔□□劉恕劉均劉元福皃朴皃鄭氏王氏貴姐
□邑縣唐邑□趙家莊□□指揮使馬潛母張氏泐上院專
知牛𧶘□院前行趙文政泐下
定州武衛弟一指揮弟五都尤承□宋進特啓微心專酬□
□報慈親之鞠育吞哺乳之劬勞自捨力般塼三万口上塔
及荼僧四人□觀　父母承慈勝□□福崇因見在者富樂

百年已亡者神生淨域然後法界□部□生見性成佛道巨
宋乹興元年四月十五日記　父岩□亡母王氏　妻張氏
男伴兒　女青姑每轉般塼十口
𠩄州深澤縣長藥鄉□□里大邢管馬累村施主王斌婆鄭
氏新婦□氏男王𠩄次男王宗孫□□□留喜見重見宜見
僧見韓留孫僧女張氏
□□縣泐下氏女大姐□姐泐上張氏男守□泐上韓留泐下許備許
玉□□□泐上李榮李緒
耿素等題名高一尺五寸五分廣二尺四寸二十五行行字不一字大小不等刻甚潦草正書
皇祐四年七月十八日同修塔結尖了畢善友施主等具列
五
如後
□州都押衙耿素呂從南門街西劉素郭素茶香鋪韓㝐線
鋪李節茶香鋪石新菓子鋪鄭□圖國坊鄭忠張益丁𧶘王
貴李宗孟昱金銀鋪丁二郎劉質西閙劉興□能賈新衙西
嚴五戒梁信張素劉興信利坊□□鮮□坊常文寂仁教坊
李秀圖國坊安澄高陽坊楊璘望都縣維𨚗劉彔劉宗唐□
李秀李慶崔圀村趙澄梁倩□斌王益□金□澄王宣趙倫
李金羅家莊楊二翁白城村溫玉王素張十郎李□程□□
五戒沙河南王續維𨚗王均王恕王遵王秀張宗王恕王澄
王則侯慶李珣

鄉村邑衆等趙緒劉能馬清劉靖賈福劉新郊昇劉義崔昇
閏二哥□□使賈祚崔敎書郊斌解清司昇王進孫玉王緒
齊均齊王李信賈化賈元馬新張貴郭素蓋澄張玉劉清崔
□推王福邢化田玉曹政張万郭睿王顯石信何顯劉弼楊
宣孫慶王秀董氏弟子□氏弟子姜氏弟子
張村李睿普通村田斌楊僕寀河許吉許信
西建陽薛　任園樊慶許秀南角羊李三翁李榮茶李小助
教趙慶劉昇衙西丁聂衙旦韓郊村李進楊宗
保州西路剛村劉五戒蓋元李訓臧達臧德臧新王道
□鼓村邑衆賈均賈一賈秀賈澄賈政張□賈質□琛梁能
六
蓋元王仲楊村王則
北暉村王秀王化何興王順西關孫信妻董氏
佛□村王信張氏馬氏孫男坦次孫男二哥
北葛村王千張從王翌門北董氏武氏李氏
石頭崗村賈齊　張猛村趙靖趙質
陵北村馮習馮秀甄元孫五戒䖝張五戒
劉佺等題名高一尺七寸三分廣二尺三寸三分五行字徑七分前八行擴二十三行字徑三四分行
字均不一正書
首行損末闕
泐上張倫□□□孔目官李方□勾押官泐知印勾
押官□泐勾押官王素　觀察勾押官張□□□勾押官宋
□　書表勾押官孟□　□□勾押官郭文　開圻勾押官
士□　守闕勾押官牛圖　守闕勾押官張□守闕勾押官
張式　守闕勾押官紐玉　守闕勾押官紐福　守闕勾押
官李從　守闕勾押官張□　守闕勾押官張□□□勾押
□□□　前行李習　前行崔元　前行李福　前行樊忠
前行王和　前行李吉　前行牛化　前行劉吉泐上昌
前行房化　都押衙孫從　貼都押衙趙宗　壕塞牢城副
指揮使□□壕塞招□□三副指泐上衙杖院行首李圖　行
首趙素　行首郭身　長行程宗　長行劉岩　長行李睿
長行丁辛
七
泐上藥院行首和則　藥院行首趙固
新樂縣清化鄉累頭村法花經邑衆劉佺吴緒張邏張岩呂
德史忠呂和杜澄張全史玉呂信史斌胡祚呂㝶李清劉元
曹閏呂恭呂習王則吴澄呂演紐遂紐順紐真郭倫胡能李
秀　劉佺等所為生身父母法界有情同占利樂早到兜
率至和元年七月　日邑衆等
泐上第三指揮維那邑人等軍頭劉謙十將王德十將張興將
虞候趙乂妻杜氏男定州將泐妻薛氏將虞候泐上第一都長
行任勲王乂小王乂張貴智斌李順劉清吴岳第二都長行
□□妻李氏男□四李瑫王榮李超泐上昇王千王信孫理宋

德小王信鄭政小李興郭忠郭朝任圖張弁田素大王璘高
□高亻郭萬遠王忠閏信弟三都長行高□田綰高通陸吉
郭丕晳支賞□趙閏焦斌張榮劉保郭榮焦□車明王興弟
四都長行郭謙劉斌張貴泐上李□□因素泐郝□羅□趙
信許遇張海常□邊海李進閏進獨孤清大王演二人都□
鄜任遇任演女□子張氏邑衆都計九十一人
泐上指揮弟四都正都頭章興弟一都維鄜邑人等左城句何
福右丞句泐賈明王言泐上李閏張嵩劉忠張因周方張□曹
□李誠元興趙嵩閏全韓德宋普□真張氵□榮李貴賓□
□訓郭閏張榮弟一都維鄜陳寬弟一都長行等李崇高興
八
馬真王忠張□張万曹信郭顯曹泐興孫忠李榮張通劉遇
弟三都□□官李信長行等□張斌張泐唐進張福李金泐
海尹真趙順向均郭興蘇海崔閏泐上崔謙弟三都曹司王遂
趙榮貴□周□王□周瓆畨乂弟四都長行泐王演任清張
珣李晸弟五都長行等周晏范元習榮吴斌溫習王斌張寀
任秀宋□江益李因朱泐曹司路疑
駐泊頻州龍騎弟二揗揮邑人等都維鄜頭譚慶副都頭侯
忠十將史璉節級陰昶長行等李能田進張万□乂□璨董
濟樹普尹遂黄興楊榮倪福春金范忠王遇王進成通杜榮
夆進夆竘閙榮閙貴呂趙呂秘劉貴□璘高塋□□王進夏

寀賈璉□節曹慶郝興李遇吴榮孫興李美李斌張崇孟美
丁福王榮楊乂節級薛興節級張榮薛乂□□游美吴□張
榮李興姜和張每馬貴李謙郭進莫謙十將李偹莫贊金榮
郭榮節級孟榮張千何千孫興孫榮泐上大璉朱旺史遂木順
陳興趙榮張成習進吴贊孟貴夏美張信節級自興節級習
榮十將泐上王超王用曹和岳忠夏榮□斌曲榮曾居張旺泐闕
信劉喜劉□李寀□興孔進泐上南京龍騎弟六指揮副指
揮闕表美馬遇泐上妻曾氏闕□闕韓王泐上蓮哥富□女
皇氏任祚闕馬信末二行全泐

招賢坊張能等題名高一尺三寸廣二尺二寸五分前六行字徑一寸雖畫潦草後三十九行字不一字徑五分正書

父張元亡母王氏　招賢坊張能
賽裒村張素妻王氏南閙毛均　劉秀妻阿郘　劉家暄劉
和
至和元季子荆村女邑　高氏王氏小王氏大崔氏小崔氏
吴氏張氏邢氏劉氏張氏李氏大許氏　李氏裴氏劉氏
王氏杜氏許氏王氏張氏
張氏□子喜孫留兒繡羅孫緒母李氏妻姚氏男孫能泐下留
住岳奴□奴重兒香兒佛奴李嗣妻田氏弟李仙張氏男李
謙李賓氏泐下□□氏冉潛劉氏　苑村邑人等張緒妻何氏弟

張恕劉氏□氏男化泐下趙嗣舟趍劉氏舟晏趙容魏氏趙晏
劉緒馮宗王恕王緒王遵劉氏李氏泐上李氏郭一孫氏楊留
劉氏藥花清兒王岩李氏史宗郭憲梁氏泐李氏茹□史泐下
王斌妻趙氏魏譲妻劉氏男魏貞　中舟村邑人等郭安周
氏郭恕史氏郭斌魏氏泐下□妻張氏劉晏弟劉遠劉嗣王金
李晏劉榮妻呂氏李顯魏泐李氏崔氏泐下□女賽兒四女王
七奴兒忙兒□換李氏劉榮母梁氏弟劉祚劉緒藴貴妻劉
氏男文□□□劉福榮劉乂方劉福均　白城村邑人等李
趍男李福李珪妻王氏□氏元貞妻趙氏□□新婦郭氏王
氏女哥万留羅花　西白村劉希劉珪　西臨水村邑人等 十
□□□氏劉贇弟劉詮妻王氏徐氏徐倫崔信徐容妻張氏
崔容妻□氏崔均閏兒大奴小奴□□劉氏四姐張留留哥
崔粥母王氏弟崔斌崔譲崔元妻□氏澇花崔翰吳容舟□
泐上新婦李氏吳氏孫奴兒趙七薩菩留三姐細女賽花崔□
妻王氏男崔能泐上劉真魏煙妻劉氏栁緒男栁圓張家　東
白村邑人等劉嗣妻高氏男劉信□□水村邑人等劉趍妻
謝氏弟妻李氏男劉緒劉信劉秀□□新婦魏氏李氏泐上留
吳習妻張氏女巽李順吳氏十兒趍姐
泐上攀兒八哥魏兒鄧進妻張氏男鄧素文德新婦王氏田氏
孫□元妻泐下□□□妻崔氏畢吳倩吳遂吳行新婦劉氏次

等劉氏舟氏王氏郝喜朴奴小羊□□秀吳政吳達王五王
六吳均妻王氏男希宣新婦李氏忘哥
東臨水村邑人等吳澄妻張氏男吳容吳吉新婦游氏趙氏
史氏孫□□倫妻舟氏男韓七石宗妻□氏留女脊緒妻劉
氏男脊玉舟元　妻馬氏王潛王演孫王和郝珪妻常氏男
郝秀新婦李氏榮花喜花□習馮氏□□舟緒妻李氏舟㴞
妻劉氏舟全王翰妻陳氏男德全妻龐氏孫八兒王璘□舟
村邑人等陳容妻邢氏男陳倩陳吉新婦韓氏李氏月一小
哥三哥□□□□哥舟玉男舟慶舟遵王興弟王趍妻李氏
舟達成郎婦　□□妻劉氏男□□仙留合得郝貴妻張氏 十一
男郝均韓七新婦氏王氏消哥□兒細女小姑子僧留怜哥
覆孫王乂郝贇妻劉氏男喜留楊留娘娘文□□惟吉王留
王氏□氏足花美姑五姐六姐攀兒馬七馬九伴姐大師留
□□□郝能郝斌郝慶郝從新婦劉氏劉氏李氏劉氏張氏
劉氏吳氏馬□
□州小舟村邑衆等郝美弟郝泐孫氏劉氏男郝元郝□
兵馬監押趙威記等題名

高一尺二寸五分廣二尺七寸五分三十六行行字多寡大小不一前半鉎畫潦草後半正書

史家幢張粤母劉氏闕清
左侍禁北平軍兵馬監押趙威記

安喜縣都押成基錄事馬望次錄事楊璘差科案劉膺戶口
案申口司功延口監錢李遷上倉案石堅下倉案王素高振
兵案楊靖司士案孫則司法案劉志尉司朱昌梁堅王和吴
圖書手張元張閏左素劉方高能口口高齊段真趙和張錫
手力鄭級劉遵安普劉辛吕辛王辛劉堅醫全佺
新樂縣清化鄉累頭村女邑衆等延氏粟氏張氏小張氏李
氏侯氏范氏王氏劉氏崔氏小王氏史氏衛氏大杜氏二杜
氏小杜氏趙氏安氏小口氏小李氏焦氏小焦氏高氏小王
氏方氏劉氏田氏李氏宋氏張氏大延氏新樂縣東曹村邑
長楊敏楊口耿吉楊真劉均王素耿清耿仙胡昇楊海楊均
十三
劉宗楊信口王楊慶王仙累頭村劉超妻阿楊男劉玉劉一
劉素劉昌呆兒老僧口兒口兒阿張阿王阿李阿王阿口五
姐口姐大口二姐
至和元秊　見今寺主賜紫惠則侯秀王宗紀元　楊一楊
澄張緒張福張遵蕭政蕭和侯忠蕭欽
蕭村邑人張信王遇張立牛斌楊宗成元何辛
泐上氏閏氏以氏龐氏王氏小王氏李氏泐上楊氏　南暉村甄
氏以氏尚氏　北口村何氏李氏曹氏迎兒吕氏以氏李氏
泐上解氏米氏閏氏　東亭以元弟以一　泐上以氏刘氏以
氏口氏閏氏李氏

史家疃子京邑人　邑正李秀許福以元段慶李口李福曹
素孫福孫慶魏圓口祚魏顯劉元以遵韓昱方程村曹吉泐
王氏宋口張猛刘元高辛高羨葛堅口三泐下子京刘信王化
刘之泐和氏李氏史家疃以方尚吉母陳氏李閏史福母賈
氏李之母刘氏　王氏王勍　口口王緒
北郎村閏澄刘遇口和　習學究孟歸一
口北村邑衆　孫宗泐紹李嗣甄一甄澄口口口口崔元劉
能口口羅秀泐馮哲楊化楊金　馮秀口口
王氏韓師胡郎師胡甄師胡
女弟子趙氏等題名高二尺二寸五分廣二尺四寸四分前後共三十七行行字不一字徑五
十三
分趙氏一行特大正書
泐翼口弟六指揮口口名鐫字者　維鄉頭節級劉榮　弟
二副兵馬使王泐下泐上張均李謙弟二都十將泐行李倫劉緒
王璘王均張贊張乂王貞王隱王斌弟三都副兵馬使劉瓊
泐上節級李榮長行馬美任圓弟四都副兵馬使吕海十將韓
隱節級張贊節級許圓泐上欽長行大楊榮小楊榮劉口賈贊
馬斌弟五都副兵馬使王興節級王煦長行楊忠
泐上五都揮使邢斌泐邑人韓榮郎遂父郎趙母劉氏韓隱妻
何氏張贊母魏氏王均母郭氏
節級劉口妻王氏劉榮妻郭氏鄭謙妻李氏節級王岩張從

口翼第四指揮使周遇縣君李氏男令玫男張十四女留女
孫子尭喜翁喜軍使李興
副兵馬使王均十将羅榮郭興孟遠節級劉進張超劉俊史
斌長行李福龐進楊玟趙金口順元訓石辛大史興趙斌周
澄劉乂郎榮王璘賈祚賈眷小李謙趙榮李興閻興小張口
石榮徐乂張斌史興李興馬均張榮張乂小張興王均
散負指揮使負進副指揮使車訓軍使周緒十将趙美十将
王澄節級等高謙郭眷史晏李圐孫進張則張諫郭贇王貴
維那頭趙全苑正岳興蔡青邑人等高寮段巒劉美邵友陳
巒宋明口口劉祚張均張顯王岩楊化張巒劉遵謝素孫乂
十四
李乂李贇奪達小張巒王倫李謙吴進王斌闞俊王均李緒
劉斌劉晏孫進口遵李圐劉均李圐李榮三興史信采遵張
贇王謙王斌劉巒趙均口泐大李千田圐劉斌張圗李千梅
乂桃榮張圐郭澄
口口府駐泊龍騎第六指揮副指揮使庙超維那鄭德副維
那李榮維那楚成十将陳珂十将秦順十将傅貞節級賈遠
節級馬榮節級李群鄭来李寮孫祚馬信魏謙何通張福馬
榮康榮張興徐真梁榮張文安進李口陳口沈旺宋禔嚴贇
馬政趙謙鄭全李全楊文景進倪順蘓乂劉順王遇李罕王
美陳旺董洪王榮口瑫楊欽榮謙傅昇王光張通王全宋榮

韓璨
口廳子馬弟一指揮使維那頭劉通正妻長氏邑長賈斌妻
張氏邑正王訓妻劉氏邑録牛遂張氏胡斌孫氏劉贇李氏
口蘭閏李氏苑進劉氏劉玉靈氏呼能劉氏趙方王氏趙遵
李氏班璘門氏張榮奪氏侯澄周氏劉圐李氏閙遂王氏王
興李氏賈斌王氏和興馮氏侯訓程氏李榮臧氏王美孟氏
馬素田氏仇斌劉氏崔勍李氏杜璘劉氏
李倫口氏趙緒王氏侯倫郭氏李斌張氏劉斌趙氏馬素李
氏桼玉王氏王祚母高氏劉敏張氏張則姚氏促超王氏岳
興王氏李貞侯氏王則田氏　武衛弟四　王貴吴倫張斌
十五
蘓能梁璨周則史美
廳子弟二指揮使焃欽縣君劉氏男守素守璘守正邑長軍
頭張遇妻馬氏邑政十将陳美妻張氏邑録指使口胡口妻
梁氏邑録崔宗張遇十将張斌七人節級魏翰張訓奪興高
緒李興劉榮王斌張海傅習吴遂史榮楊璉劉榮趙斌
至和二年九月九日女弟子趙氏　女柳氏男柳遵
窂口指揮使楊興　副都頭楊金　軍頭張翰　節級趙訓
曹許簪周從姚巒長行李遇張興李榮智嗣楊貞張遇劉興
趙謙奪貞許忠龍岩奪興鹿思蘓澄指揮使劉
廣信軍教練使許新都勾押官王暹　坊市戶鄭訓趙明安

璘何蠻李潛焦慶范素闡素
右□殿直永定軍兵馬監押田聰　施主張守榮施主段繼
從
河陰軍龍騎第五指揮第一都維那鄭□□明田達張潤吉
趙李甫劉忠周全曾翼閻斌王福周訓羅祥李明尹璘易興
陳用趙節杜柔項美卜訓左蠻孟行張倫楊□劉則楊貞侯
受何晏崔榮梁髙李平王謙任遵朱忠王倫周覇李乂王昇
趙倫八姐
保州坊市戶胡守榮男胡永張守忠解繼元張□王裔胡圓
霍裔父霍敏楊德路元杜廉王秀

十六

宀□第一指揮使□進□□孔嗣維那王謙吴斌張緒王嗣
李乂王斌安緒楊忠陳榮張□楊嗣田貞楊遵
泐上都張泐魏氏妻楊氏女泐小王貞父斌母馬氏妻呼氏女
滿姐泐下

建浮屠記殘刻存高一尺五寸廣一尺六寸十行行存字不一字徑一寸二分分書

闕上歲次乙未□令缺□□闕下
闕上師建浮屠□八□□□闕下
闕上浮屠□□十三級自至闕下
二秊歲□□□二　月　己未闕下
□□□□□□□□□闕下
□□□□□□□□□□闕下
□脩撰□□□□□闕下
□□定州上□□闕下
闕上一千三百闕下
闕上□□未闕下

料敵塔本名大塔在州治南宋真宗咸平四年詔建仁宗至和二年始成蓋築以望契丹者故又名料敵塔宋知州嘗紀歲月於巔定州志

案金石考即據志編而誤至和為宣和畿輔通志

十七

梁重修北嶽廟碑陰并兩側題名二十三段 正碑後梁時立萃編載卷一百十九

上截斷闕高廣與正碑同側厚七寸五分均正書

吴元扆等題名 在碑陰之左七行字徑七分至一寸不等

咸平四年歲次辛丑十月巳亥朔十三日辛亥推忠同德功
臣圖國軍節度觀察留後光禄大夫捡挍太傅兼御史大夫
上柱國淮陽郡開國公食邑四千戸食實封九百戸知定州
軍州兼管內營田使本州馬步軍部署駙馬都尉吴　元扆
亞獻官太常博士通判軍州事騎都尉鞠　埜
終獻官東頭供奉官閤門祗候吴　大慶
起咸平四年十月十三日

一

御前忠佐馬軍副都軍頭張守信李遇晁普
陪位官將仕郎守曲陽縣尉權縣事趙發 在首行之右

史睿題名 在一側之下右一行字徑七分

□引官史睿奉差到縣催促配買稈□咸平四年十二月十
四日記

張守信等題名 在碑陰之右五行字徑一寸

咸平四年十二月十五日
御前忠佐馬軍副都軍頭張守信押領驍騎左弟三指揮到
縣巡捡　指揮使劉玊
副指揮使張□遠

泐名殘題者 在前刻之左可見五行字徑六分

大宋咸平四年歲泐二月戊泐州主駙馬泐廟□泐朝奉□
泐營田事□泐

泐名殘題 在碑陰之右九行字徑一寸

上泐咸平五年泐二月丁夘朔二十四日庚寅奉
宣到北嶽□□泐起建雲寶□□道場同□□泐啓至三月
□日醮祭罷散□□泐盖□□□為□□□□泐朝奉郎尚
書實部負泐兼制置泐驍騎尉□□泐入內內侍高□監泐

，咸平殘題 在史睿題名之上存一行字徑六分

咸平五年二月二十四日從 後為晁迥雜題名所掩

二

晁迥題名 在一側之次五行字徑七分

大宋景德元年五月九日右司言知制誥晁迥奉　命祈雨
至北嶽就請定州通判太子洗馬范航充亞獻就差曲陽令
劉忠信充終獻并有
御前忠佐晁普管押隨從兵士同至此記之

陳襲古題名 在前刻之上三行左行字徑二寸年月七字雙行

駕部外郎陳襲古知安喜替罷歸京專拜　祠下丙午九月
廿一日 七字雙行小註左行

李□題名 在張守信題名之下四行字徑一寸三分

大宋大中祥符二年□月□八日奉

宣差到北嶽真君觀□□建道場各三晝夜羅散□各、泐福
入内内侍省内侍高班李泐
胡守節題名 在碑陰之左七行字徑一寸三分
東頭供奉官閤門祗□□泐沿邊安撫都監兼提點諸軍寨
權攝同管勾□□泐胡守節大中祥符三年六月□日特詣
北嶽朝拜
安天大王
賈宗題名 在前刻之右六行字徑一寸五分
尚食副使河北沿邊安撫□使兼提點諸州軍寨□場泐乇
田提道賈宗於祥符泐十八日特詣　北岳安天泐祭至十
三
九日廻故記
侍禁監修北岳廟元□演
李惟賢題名 在陳襄古題名之左二行字徑一寸二分
因持　宸□□□□□庭恭詣　聖祠以紀歲月康定元年
十一月十七日与弟惟實惟貫惟睿借職崔士圖同至閤門
通事舍人李惟賢謹記
王承偉題名 在胡守節題名後三行下三行字徑八分
宸閣吏王承偉解罷泐領蒲陰躬□
北嶽朝拜時至和初元泐
晁仲維題名 四行左行字徑一寸三分

祫享禮畢被
詔謝
嶽祠嘉祐四年十二月九日
殿中丞通判定州晁仲維題
范□賢題名 在晁迥題名之下三行字徑一寸
將作監丞范□賢庚子年正月廿二日朝拜
嶽祠
蔣文政等題名 在范□賢題名之下四行字徑一寸四分
嘉祐五年庚子歲孟夏廿五日
朝拜祠下知縣事蔣文政軍城寨主張居實筆
四
蔣文政再題 在晁仲維題名之下二行字徑三寸
知縣蔣文政縣尉閻安之監征張憲臣每旦望朝拜　祠下
嘉祐六年二月十五日□ 注末二行雙行小字在臣字之下
李賁題名 在李惟賢題名之左一行字徑八分
嘉祐辛丑仲夏十七日職方外郎通守梁臺李賁奉帥檄至
定武假道　祠下謁拜睟容次日東帰謹記當年十一月替
赴　闕二十二日合家祭拜訖次日南行 二行雙注前題之下
陳懷節題名 在李賁題名之下右一行字徑一寸
定州通判虞部小底陳懷節
殘題一 在碑陰之左一行字徑六分

上泐御史大夫上柱國劉□□

又一 在碑陰之左三行字徑八分

上泐□□年仲春之月二十二日泐□□成元設祭泐御史大

夫上柱國程嚴

又一 在碑陰之左五行字徑六分

泐同正兼御史大夫上柱國趙全弈

泐尚書□王府長史同正兼御史大夫上柱國盧□泐

朝散大夫行尚書虞部員泐營田事上騎都尉□□泐□男

世隆侍泐

又一 在碑陰左邊一行字徑四分 五

上泐神 御製 御書奉□述碑於 北嶽□□□□到此入

內內侍省□□□□泐

以上均尚可讀又程嚴題名之後有國朝漢御四字其餘殘刻重疊瑣碎不可貫串姑從蓋闕

唐北岳安天王銘碑兩側題名五段 正書 碑天寶七載五月廿五日萃編載卷八十八

碑陰宋人題名已見萃編有校正者仍附唐代正碑之後

楊勳等題名 在康榮等題名之下四行字徑七分

大宋咸平五年歲次□寅二月丁卯朔二十九日乙未因

命到廟□殿直鎮定邢趙等州泓山西山東同巡檢紀德□

內殿崇班鎮定邢趙等州泓山西山東都巡檢使楊勳

闕名題記 在李璧題名之下截三行字徑七分

咸平五年二月三十日□□軍將勾當鎮稅監修嶽廟□□

□記

汪利題名 在大中殘題之上五行字徑一寸餘

宋咸平五年五月二十九日 一

景德丙午歲夏四月十有九日太常博士□東都尉汪利到

廟□□與中山觀察推官潘旦闕下

王震題名 在王處□題名之上五行字徑八分

慶曆六年十月一日太子中舍通判軍州事王震致祭

嶽祠已事循階而降俯視碑側則

先君題記存焉追昔感今悲與幸會嗣□□□以謹世官之

實

闕名陪祭殘題 在前刻之右一行字徑六分

慶曆六年十月一日□□□□陪祭因記

新建羅漢堂記

高連額五尺二寸廣二尺三寸二十行行四十字字徑八分正書

篆額二行字徑二寸

新建羅漢堂記

新建羅漢堂記　劉偹

夫西釋之盛從來久矣至是人稱內深所得外精所施務崇乎建立望勤乎依信非無述無飾稽其本情端然激發有所謂耳

羅漢堂太原人劉溫之所建也溫孤直立身早寓是地刑族以仁接衆以寬理產以智詳世務之意知貨賄之難研窮歲月專一心力致穰穰之富物之聚散時之盛衰每嘗念焉則

宋景德元年三月十五日

有夸奢自縱懈覗豊佚不知所得之難所失之易飄然去則無聞追之何及哉謹固爲守慳偷已任恨收之不滿施之爲累蹤然遺之若空尚其不究哉惟是家之肥屋之潤人事之不廢安樂之所逢二者之失動息思之孜孜之求拳拳之奉捨此知於過耳且不及爭稱爲探法之酌中從善之先覺者乎

端拱院　啓土之初成□之後爲一方之開導得衆心之歸仰誠爲鎮之權輿爲僧惠清即其主也該悉細午精盡緣化動無不應欲無不獲有得其徒之譽以情相遇以言相許故就求償是事固無我悖焉地非高乎無以剏基址於是得院之西南隅以擇其勝焉材非橫壯無以成堅搆於是之京師衆多之有以收其良焉匠與工不以價直高下稱難出以要妙之寂爲求耳金碧繪素不以過多所費爲計限盡其窮妍爲所直耳地之勝材之良匠與工之要妙金碧繪素之窮妍功既畢量其用心竭力得以酬所願□閭□之內老者壯者心有所欲力有所及捨財繼名肘掖左右不預者爲深恥今將起新從初實以無倫比雖云天子都賢侯郡周匝千百里洋洋誇美之湊湑箕顙之上得爲殊觀也且從力於其間者自謂患在不悟今既悟矣患在不崇信今既崇信矣患在不修建今既修建矣患在不傳聞如前之美而欲傳聞者非茲貞石屬好辭何以成永久能若是雖卒塵世曾無恨焉今姪水昌與予善以叔父之命爲請故書時

主上改元景德之號三月十五日記

楊光贊弟光遂刻字

北嶽安天王廟碑陰側題名三十八段正碑載補正卷八十六淳化二年

陰一紙高廣與正碑同側二紙各厚一尺一寸額陰一紙高二尺三寸五分廣二尺二寸五分

錢惟演題名在碑陰中間四行左行行十四字字徑二寸分書

景德二年夏　京師霖潦

詔太僕少卿直秘閣錢惟演止雨于

安天王祠時七月六日侍禁劉承澤同行

曹瑑等題名在碑陰中間之右五行行字不一字徑八分正書

維大宋景德二年歲次乙巳九月乙巳丙午朔二十七日壬

宋景德二年七月

申　奉　勅祭

殿前都虞候金紫光禄大夫撿校太保使持節康州諸軍事

康州刺史充本州防禦使鎮定等州駐泊馬步軍副都部署

兼知定州軍州事兼御史大夫上柱國廣平郡開國公食邑

二千八百戶臣曹瑑

亞獻官內殿崇班定州兵馬都監杜　承睿

終獻官朝奉郎守光禄寺丞通判定州軍州事制置營田事

孔　吉

陪位官儒林郎守曲陽縣令劉忠信此行在孔吉一行下偏左

賀遵式題名在碑陰中間之左六行行字不一字徑一寸正書

維大宋景德二年歲次乙巳十一月乙巳朔三十日甲戌內

殿崇班鎮定邢趙等州沿山東山西都巡撿使銀青光禄大

夫撿挍左散騎尚侍兼御史大夫上騎都尉清水縣開國子

食邑五百戶賀遵式部領軍馬巡撿至此遂齋心詣

廟燒獻香紙以表虔誠也記

李允正等題名在錢惟演題名之右五行行字不一字徑七八分行書

客省使誠州刺史鎮定等州兵馬都鈐轄知軍州事兼管內

制置營田勸農等使李允正景德三年丙午十月巳亥八日

丁丑奉

詔致祭宣德郎太常博士通判軍州兼制置營田事輕車都

尉借緋王　利

內殿崇班閤門祗候兵馬都監魏化基預

三獻之禮陪位三班借職隨行指使張儀侍殿将仕郎守曲

陽縣令董日靖

周瑩題名 在曹琮題名之左四行字徑七分正書

推誠保節寧翊戴功臣天平軍節度鄆州管内觀察處置等
使金紫光禄大夫檢校太傅使持節鄆州諸軍事鄆州刺史
鎮定路駐泊馬步軍都部署兼知定州軍州管内制置營田
勸農使兼御史大夫上柱國汝南郡開國公食邑七千一百
戸食實封戴阡陸伯戸周　瑩

周瑩再題名 在前題之左三行行四十餘字字徑七八分正書

推誠保節力翊戴功臣天平軍節度鄆州管内觀察處置等　三
使金紫光禄大夫檢校太尉使持節鄆州諸軍事鄆州刺史
鎮定路駐泊馬步軍都部署知定州軍州兼管制置内營田
勸農使兼御史大夫上柱國汝南郡開國公食邑七千六百
戸食實封二千八百戸周　瑩与通判盧太博監庫仇太
博陳三獻之禮退記大中祥符四年十月四日

楊永貴題名 在碑陰下截之左四行行字不一字徑七分正書

大中祥符五年十月二十四日　　瞿祖九天司命天尊大
帝隆延恩殿　　宣差入内内侍省内侍高品楊永貴於
安天元聖帝廟并真君觀請道士二七人僧二七人起建道
場各三晝夜於閏十月十七日開啓至二十三日罷散故記
之

康廷讓等題名 在碑陰上截十二行行字不一字徑八分行書

大宋大中祥符六年二月十五日奉　勑移塑　北嶽安天
元聖帝尊像先於　真君觀請道士二七人起建道場七晝
夜罷散至二十二日夜質明用三獻官并登禮祭告　安天
元聖帝訖至二十五日卯後四尅用乙時移　四
元聖帝尊像於後殿与　靖明后相並安置訖當日亥時請
道士二七人起建安神道場七晝夜罷散日各設醮一座謹
具三獻官并陪位官如後
初獻官入内内侍省内侍殿頭勾當　北嶽移塑康廷讓亞
獻官東頭供奉官知曲陽縣兼兵馬監押褚省恕終獻官定
武軍節度推官承奉郎試大理評事苗用之　陪位官三班
差使殿侍權鎮定等州沿西山同巡撿張思將仕郎守曲陽
縣主簿陳化新將仕郎守曲陽縣尉竇化昌翰林圖畫院學
生郎坦龐德震管押
衮冕定州部署司指使三班奉職韓斎定武軍都知兵馬使

都大部領一行移塑李士元移塑司定州使院勾押官董昇
前行牛旻魏澄王恩後行李德教練使勾當設務趙翰衙前
軍將王隶耿澄

呂言同等題名在碑陰下截之中七行行字不一字徑一寸正書

大中祥符六年五月七日　勑以
玉清昭應宮聖像到　京命尚書都官員外郎呂言同殿中
丞通判定州軍州事王臻祭告
北嶽安天元聖帝是月二十二日行禮畢同行禮東頭供奉
五
官知曲陽縣兼兵馬監押諸省恕
讀祝文將仕郎守曲陽縣主簿陳化新此行補書年月一行之前

張茷先題名在楊永貴題名之左三行字徑七分正書

入內內侍省內侍高品張茷先奉
宣到北岳廣并真君觀各開啓道場三晝夜罷散設醮一坐
大中祥符六年十二月二十七日記之

嚴國禎等題名在碑陰之中間偏左六行行字不一字徑一寸正書

皇宋甲寅歲尚書都官員外郎嚴国禎奉
命祭告上　玉皇大天帝聖號及
含譽星見　東頭供奉官知曲陽縣兼兵馬監押諸省恕將
仕郎守曲陽縣主簿陳化同預獻官將仕郎守曲陽縣尉竇
化昌讀文定州指使朵美陪位時大中祥符七年十月八日
記

高繼勳等題名在碑陰右下角七行行字不一字徑七分正書

甲寅直歲
國家以立冬致祭
詔郡長吏躬行祀事因得率僚佐充三獻官伏謁于祠下初
獻官西上閤門使榮州刺史知定州軍州兼管內制置營田
勸農使充鎮定等路駐泊兵馬鈐轄高繼勳
亞獻官太常博士通判定州軍州兼制置營田管內勸農事
上騎都尉王闢
終獻官贊善大夫監定州商稅務上騎都尉崔應機
六

高繼勳再題（在碑陰下截偏右五行行字不一字徑七分正書）

詔郡長吏躬行祀事因得率僚佐充三獻官伏謁于祠下初
獻官西上閤門使榮州刺史知定州軍州兼管內制置營田
勸農使充鎮定等路駐泊兵馬鈐轄高繼勳
尚書屯田員外郎通判定州軍州事賜緋魚袋張檝

章安世題名（在碑陰右上角七行行十六字又題名三行左行行字不一字徑七分正書）

大宋天禧元年歲次丁巳正月一日辛丑
皇帝詔　玉清昭應宮恭上
玉皇寶冊衮服及詣　景靈宮上
聖祖寶冊仙衣至十一日辛亥朝饗
太廟　南郊恭謝禮畢奉
聖旨差朝奉郎行太常博士章安世祭告
北嶽靈祠
初獻官朝奉郎行太常博士輕車都尉章　安世
亞獻官右班殿直知定州曲陽縣事兼兵馬監押沿邊山
口寨鋪巡撿張　禹吉
終獻官定州觀察支使宣德郎試大理評事兼監察御史
林　茂先

七

康廷諒題名（在康廷諒等題名之左三行行字不一字徑一寸正書）

天禧四年十月三日為（此行較後二行低七字）
皇帝建道場到岳弟入內內侍省內侍高品康廷諒記

趙惟吉詩刻（在碑陰左上角八行行字不一字徑八分正書）

留題　北嶽安天元聖帝廟七言四韻律詩三首并序
朝奉郎守太子中舍同判成德軍府兼管內勸農事騎都
尉賜緋魚袋趙惟吉上（此行在標題下）
北嶽安天元聖帝廟　巨宋端拱二年中　先父察院奉
太宗皇帝睿旨与張殿頭監重修而厥功告成至圖化二載
賜碑以旌其事　王內翰之文　黄御書之字惟吉於天
聖元祀仲秋月奉轉運使差提舉入便軍儲由中山之曲陽
詣　是廟伸　朝拜之禮閱是碑興感慕之懷輙敢鐫巴什
於碑陰以昔日　先人曾到此為首句莫　諸来者勿至誚
焉　其一　昔日　先人曾到此監脩　祠廟奉　皇華每
欽神道禪人世常荷陰靈助　國家倏忽流年高檜栢經由
追想倚雲霞朝　真禮畢聊凝望日暮秋風吹塞沙　其二

八

昔日　先人曾到此俄經三十有餘春却尋舊地清虛境
不見當時多少人脩　廟素知元顯敞栽松今覩已輪囷
鷹馨迴立碑亭畔悽愴盈懷憶　老親　其三　昔日　先
人曾到此今因　朝拜愳口然　真容肅穆居華殿喬嶽巍
峩倚碧天秋送林端風淅瀝夜生雲際月嬋娟偶攀勝槩来
經宿傳騎淩晨又著鞭

李惟賢題名在碑陰下截之末二行字徑一寸二分正書

持父中山太守改感德軍留後誥命至恭謁　真祠康定元（九）
年十一月十七日閤門通事舍人勾當　御厨騎都尉李惟
賢記弟惟賓書

何仁儼題名在錢惟演題名之右三行字徑一寸二分正書

巨宋慶曆四年八月十六日奉　郡牒充祭告　南郊亞獻
知縣事兼監押何仁儼書
讀祝攽縣尉牛德永

何仁儼再題名在周瑩再題名之下左行三行字徑八分正書

左侍禁知縣事何　仁儼　守主薄夏侯　翌　守縣
尉牛　德永

仇公綽題名在周瑩再題名之下三行字徑六分正書

順安軍判官權定州節推廳公事仇公綽致享　岳帝因
覩碑陰題署　先祖嘗謁此廟遂筆其下皇祐二年四月初
二日

李中祐題名在碑側下截三行字徑二寸正書左行

權定州路鈐轄李中祐被
命移高陽路恭謁
靈祠至和元年仲冬題

司徒顏題名在康廷諒題名之左五行字徑一寸二分正書

嘉祐六年七月二十二日被　移點檢夏季縣新樂之曲陽
祭覲祠下次日還邑衛尉寺丞知無極縣事兼兵馬監押司

徒顏題記

鄭嗣宗題名 在賀遂式題名之右三行字徑一寸四分正書

鄭嗣宗專詣謁
靈祠嘉祐辛丑記

盧良臣題名 在韋安世題名之下五行行八字字徑一寸二分正書

縣尉盧良臣嘉祐六年八月初三日到任嘗拜
祠下嘉祐八年十月十五日謹題

鄭餘懿題名 在碑側上截四行字徑一寸五分正書

西上閤門副使新差知保州軍州事充本州駐泊兵馬鈐轄
鄭餘懿治平乙巳歲孟冬庚戌恭詣
聖祠朝拜翊日之任

王肅等題名 在碑側中間左行三行字徑二寸三分正書

十一

知縣事太原王肅司法叅軍河南張曜治平三年八月十一
日

王肅再題名 在前題之下左行三行字徑二寸七分正書

內殿崇班知縣事王肅供奉官焦世長奉職祝令儀縣尉劉
師目同來旹治平丁未閏月初九日題

劉師目題名 在額陰之左五行行十字字徑一寸七分正書

嘉祐甲辰冬擬授曲陽縣尉治平乙巳仲秋三日到任丁未
仲秋四日替罷致謝于
祠下彭城劉師目題記

十二

王肅三題名 在額陰之右六行行十一字字徑一寸六分正書

嘉祐甲辰春奉
勅差知曲陽縣事兼兗句
嶽廟治平乙巳二月一日到任丁未九月十八日替罷還
闕謁謝

祠下内殿承制清源王肅記

潘孝和題名在王肅題名之上四行字徑一寸四分正書

治平丁未授
勅差知曲陽縣事是年九月十八日到任至熙寧庚戌孟冬
初四日替歸闕下供奉官滎陽潘孝和謹記

張威題名在錢惟演題名之上六行行四字字徑一寸四分正書

元祐戊辰歲十月初十日承事郎張威自真定敬謁祠下

韓南仲題名在楊永貴張茂先兩題之下四行行七字字徑一寸餘正書

元祐八年五月廿七日遂城尉韓南仲汯徹之北寨敬謁
祠下

孫敏行題名在章安世後三行題名之下左行三行字徑八分正書

眉山孫敏行随府罷任挈家敬謁紹聖元年八月二十八日

十三

崔希寂題名在王肅再題名之左三行字徑一寸正書

清河崔希寂癸巳季夏十六日恭謁　靈祠

馮澤題名在碑陰下截偏左三行字徑九分正書

政和三年八月五日到任權縣尉馮澤嘗拜
祠下當年九月二十三日記

王能等題名在錢惟演題名之左四行字徑六分正書

侍衛親軍步軍副都指揮使振武軍節度勝州管内觀察處
置等使金紫光禄大夫檢校太傅使持節勝州諸軍事勝州
刺史鎮定等路駐泊馬步軍都部署兼知定州軍州管内制
置營田勸農使兼御史大夫上柱國瑯琊郡開國公食邑二
千七百户食實封四百户臣王　能
亞獻官朝奉郎守殿中丞通判定州軍州管内營田勸農事
借緋臣王　臻
終獻官觀察支□宣德郎試大理評事兼監察御史臣林

十四

茂先

王能再題名

侍衛親軍步軍副都指揮使振武軍節度勝州管内觀察處
置等使金紫光祿大夫檢校太傅使持節勝州諸軍事勝州
刺史　定等路駐泊馬步軍都部署兼知定州軍州管内制
置營田勸農使兼御史大夫上柱國瑯琊郡開國公食邑三
千四百戶食實封七百戶臣王　能

十五

毛永保等題名在李中祐題名之右二行字徑六分正書

定州路都監毛永保駐泊都監王務實被帥命巡邊續至

殘字

存高四寸八分廣三寸四分三行行存字不一字徑八分正書在濰縣陳氏

缺寶埜無不缺

缺德二年歲在乙缺

缺中殿東頭斜缺

殘石一片存十五字有德二年歲在乙云云按唐麟德二年歲直乙丑蜀孟昶明德二年直乙未周世宗顯德二年直乙卯景德二年直乙巳此刻筆法非出唐人手蜀則遠在西陲齊魯非其所有然則非周之顯德即宋之景德矣乙下尚留短畫於巳字為近因列景德二年

宋景德二年

敕修文宣王廟牒 景德三年二月十六日 萃編載卷一百二十六

尚書兵部侍郎 兵誤刻六 廟内居住 闕住字

宋景德三年二月十六日

重修東嶽天齊王廟碑 高五尺八寸四分廣三尺三寸六分三十行行五十五十一字字徑一寸正書在邢臺東嶽廟

大宋東嶽兲齊王廟記 題額篆書三行

大宋邢州重脩東嶽　天齊王廟碑銘并序

鄉貢進士王　炳　撰并篆額

開寶通禮孟得一　書

夫太極初構清濁始分朴既散而器乃形天先成而地後定所以乹尊坤闢上圓下黃其氣乃融而為　江河結而為山嶽錄是天分四象北極居衆曜之尊地列五方東岳處群山之長斯岳也踞震位截洪荒餘岳拳趍諸山蟻附上連漢以

宋景德四年九月九日

不盈尺下口河以口如絲屹立嶃嵒根帶口半天下峭拔岌叢枝蔓盡一寰中寔宇宙　之棟梁是華夷之襟帶當勾芒用事之位處太皞發生之區於巘高山鎮兹東土巍巍乎與乹坤而永固隱隱乎亘今古以長存神仙出沒於其中風雲吐納於其上茅君之洞府侵月大夫之松蘿挂雲鑠石七年不能爛一拳之小懷山九載不能色萬丈之高其氣搏而為雷霆出則驚天下之蟄其氣融而為雨澤出則浹旱歲之苗外則秀出於太虛內則結成乎元氣所以孕資大塊化協洪爐陰陽交而品物形精氣射而神祇著其為靈也至矣其為口也大焉杳杳冥冥陰陽因之而不測氤氤寂寂變化由

是以難窮主得一之靈掌口萬之福禱而遂應冥寘乎象在
其中神之格思盻蠁乎聲聞於外大矣哉斯神之德與天齊
休秉資始之權衡握生成之大口行健之理同乎正直穹隆
之道協彼聰明貞觀之義合至靈易簡之善配至德惟天斯
大唯神則之斡　乎陰陽之變而無窮通乎晝夜之道而無
體數一氣而冥運成萬物而不遺非神之靈孰能範圍天地
之化歟是以有國者望山川祀天地則禎祥赴集灾沴　不
生有家者嚴鬼神敦禮樂則休佑時應福慶来庭伏遇今
皇帝體神道以臨軒握乾符而御宇化洽理政應天順人德
邁三皇功超　二聖禮嵩國而萬歲空六格闡響口泰岳而
二
白雲勢高金龜游日觀之中玉璽瑞雲宫之内明至尊而發
德彌厚福慶以篤黎民三農謌上瑞之年四海樂中和之慶
嗣位十載率土一平狄臣執玉以北来胡馬貢金而南貢是
致民成富庶歲有豐年故得百姓歡心萬邦樂業盖是乎神
之幽賛　君之化成故穰穰介福以來臻擾擾蒼生而受祉
所以禮樂諧而恭崇孝悌倉廩實而思報鬼神熙熙愉愉罔
知乎
帝力者也今當郡東岳　天齊之廟自唐迄宋代有
餘年殿宇久隳廟貌荒毀頹垣遶茂草之下壞屋啟叢棘之
中桑穀滿庭荆榛没陛乃有南關信士任均訓家之外力有

義方詢諸革徒結崇斯廟立性而青松有節澄心而白璧無
瑕胥格孤高識量宏放是以革財無隱誤匠有程闢彼舊基
從乎新制門墉復疊殿宇緞攢不日而梓匠停斤逾月而繪
工罷筆飛簷畫棟峭拔而憲口雲成峻宇雕甍宏壯而信非
人力丹楹火爍粉壁霜輝聖像内嚴神威外爽龍犀日角儼
然如在之容河目山庭兀尔不言之質則有同緣庶士樂善
齊功蒸嘗無闕於秋冬祠礿不虧於春夏所以休佑時降豊
稔歲來是以石採他山工嶽哲匠龍蟠若活龜負如行刊銀
鈎而昭示無窮鐫玉筯而傳乎不朽炳目覩鹹事身踐文場
才無滿斗之稱智闕成囊之譽濫膺衆命見託斯文撫事含
三
毫揣非才而自愧偏功握管乏黄絹之好辭銘曰
混沌既判　高卑以陳　山澤通氣　惟岳降神　冠四方
首　其氣則春　為五岳長　其氣則仁　斯神之德　惟
天是倫　粤有廟貌　邢濠之濱　代歷年禩　庭生棘榛
上天降聖　我后嚴宸　禮興樂被　化質人國　日際
奉土　月窟来賓　普天之下　皇化斯均　民既受祉
鬼神是親　爰有信士　詢及居人　革財選匠　歲不逾
辰　上棟下宇　革故鼎新　丹楹若火　粉壁如銀　旁
求哲匠　遠採貞珉　琢詞碑石　昭示不泯　廟貌斯偹
既嚴且禋　神之聽之　福禄来臻

景德四年歲次丁未九月一日甲子空三格朔九日壬申建
立
觀察推官承奉郎試大理評事張　元吉　節度推官宣
德郎試大理評事李　宏二人在年月一行之上
西頭　供奉官兵馬監押兼在城巡撿呂　自成　朝請大
夫尚書司封郎中知邢州軍州事兼管内河堤勸農事護軍
賜紫金魚袋裴　莊二人在末二行上半截
朝□□□行尚書虞部員外郎通判軍州□□管内□□□
勸農事輕車都尉宋　濤
同緣信士宋　□　鐫字霍　文璨　四

畿輔通志採金石分域編跋作孟得撰誤又言此碑今
無存實則屹然在廟中也石原有剝損故文多空格根
蔕作根帶牓蠻作牓蠻均誤

七星巖題名刻

陳捴等題名高二尺八寸廣二尺六寸六行行八字至十二字不等字徑二三寸正書左行

大宋景德四年仲冬月二十有二日知軍州事陳捴前知軍
州事劉起與新授知新州吳有鄰泊司理參軍章克目高要
縣主簿劉均同遊是室起凢四至并題

任旦命等題名高一尺五寸廣一尺二寸四行行六字至九字不等字徑一寸五分正書左行

知郡事秘書丞任旦命新知梧州秘書丞馬絳大宋乾興元
年季冬月同届此

余翼詩刻高一尺九寸廣一尺五分四行行八九字字徑二寸分書左行

幾□□□□□□□依舊向陽開神僊必竟歸何處駐馬
宋景德四年十一月廿二日
多時望不回　藤幕余翼書

右余翼詩首行為崇甯張漸題名磨去餘雖剝泐審視石
上頗了了廣東志止据搨本得十七字佚其姓名又不知
為左讀故謂不成文而坿記張漸刻内高要縣志
按是刻無年月高要志載藤幕余翼題名一文曰天聖
元季弌陽至之明日前藤幕余□□□牧秘書丞任旦
□□與立短籥歐陽策□又詩刻一文曰藤幕余翼陪
任秘丞遊　偶開如到女媧天深入何殊葛稚川何必
東山隨謝守盡遊終日恣陶然併是刻而三皆次天聖
元年二題未得搨本今附記之此詩必竟志作究竟誤

賈守文題名 高一尺二寸廣七寸餘三行行七字字徑一寸五分正書

天聖戊辰歲二月二日將家累再遊知郡事賈守文記

楊備詩 高一尺六寸廣一尺五行行九字字徑一寸正書左行

玉洞雲深夏亦寒客來尋勝久盤桓其間隱約聞雞犬應有仙桃待一餐景祐丙子冬十月癸亥知恩平郎中楊備題

丙子景祐三也恩平郡即南恩州今陽江陽春縣地楊備見宋景文筆記云余友楊備得古文尚書釋文讀之大喜於是書訊刺字皆用古文僚友不知識此刻非古文豈在未得尚書之前耶 高要縣志

周湛等題名 高一尺八寸廣七寸三行行十字字徑一寸正書

提點刑獄周湛同提點刑獄錢聿知郡事包拯同至慶曆二年三月初九日題

通志云宋史職官志提點刑獄公事淳化二年置以朝臣充後罷歸轉運司景德復置增武臣為副以閤門祗候以上充此刻稱同提點刑獄豈即史所謂副耶周湛字文淵登州穰人宋史有傳不載提點刑獄 高要縣志

郡守將朱顯之等題名 高三尺三寸廣一尺九寸五分四行行十三至十五字不等字徑寸餘至三寸正書左行

慶曆壬午歲臘日郡守將朱顯之同監軍麥仲珣獄掾楊仲卿攝官湶揆鄉秀才崔宗周合浦貢士梁立本游茲勝境顯之謹題男諷捧硯詢詠侍立

馬尋等題名 高二尺餘廣二尺二寸八行行七八字字徑二寸餘正書

轉運使尚書郎馬尋子一 慶曆三年癸未歲二月二十二日遊斯勝槩春宮吏知端州朱顯之從晦新賀州幕杜偉士遜新建昌邑佐許奇彥伯叅陪 顯之謹題

馬尋須城人宋史坿陳太素傳 廣東通志

晉卿等題名 高一尺二寸廣六尺四寸十四行行二字字徑四寸餘正書左行

晉卿公佐師宰文甫之才景元朴卿君佐偕遊慶曆五季仲夏六日謹記

張肅題名 高廣各二尺六寸六行行六字至八字不一字徑二寸五分至三寸正書

慶曆六年正月十四日轉運判官太常博士張肅子莊至此男才卿才堅才獻侍行才卿奉 命題

張肅舒城人以直諒稱仕廣東轉運判官後知岳州司馬温公集有送其知岳州詩云飲水豈言吳刺史謗書翻似馬將軍則其為人可知矣

宋克隆等題名 高一尺四寸廣二尺七行行五六字字徑二寸正書

西京左藏庫副使新知宜州宋克隆同侍禁劉政赴任欝林監軍皇祐元年十二月廿二日題

崔之才等題名 高一尺八寸餘廣一尺二寸餘三行行四字下空又年月一行九字字徑二寸內外正書左行

博陵崔之才范陽祖無擇至此
皇祐二年仲春十三日

宋史祖無擇傳云歷知南康軍提點淮南廣東刑獄廣南轉運使入直集賢院孜無擇粵中題名皇祐二年者六羅浮長壽澗書提點諸州刑獄太常博士三年者一四年者一連州大雲洞書廣南東路水陸計度轉運使太常博士直集賢院餘不書銜無年月者一其仕粵始末大略可見皆與宋史合至三洲巖一刻云祖無擇來皇祐二年二月望日與此刻僅閒一日審知皆提點刑獄按部時書高要縣志

又一刻高一尺九寸一行七字字徑二寸正書

四

崔之才祖無擇題

右不著年月並與墨巖題名同時翁氏金石略謂副墨巖內闡有祖無擇書訪之不獲者即此爇火再索始得於潭水上石罅中高要縣志

王逢等題名高二尺八寸廣八寸三行行七八字字徑二寸正書

皇祐庚寅九月廿九日丁珐臣闢登張士宗同遊王逢題

丁珐臣字元珍常州晉陵人景祐元年進士見歐陽修所撰墓誌銘王逢字會之宋文苑有傳闕即閣字廣東通志

鮑軻等題名高一尺七寸廣一尺三寸三行行八字字徑一寸五分至二寸五分正書

提點刑獄鮑軻知郡事江東之皇祐五年四月七日同遊

鮑軻浦城人史稱儂智高圍廣州蘇緘委印於提點刑獄鮑軻即此題名之前二年也廣東通志

陶巽嵩臺石室文高三尺一寸廣二尺四寸十六行行二十一字字徑一寸二分正書

書端州嵩臺石室

混元喪精天地均氣融川結山曷嘗私於一物哉而巃奇瓌怪絕與類殊疑得造化之偏者其嵩臺石室歟崖斷穴露呀然而闢闢嵌崆剗巖薛撤層巔劃巨石碩青老碧將墜復屹交撐互楮如竦如立龍蛇蟠蟄煙雲出入中敞平地廣畝側環翠壁踰仞滴乳成柱凝嵐作蓋若非神驅鬼役鑿空架虛不棟不榱疇克其壯又不知列仙移來真宰匠出吁其偉乎

五

圖經謂帝觴百神之所亦九九小洞天之一也谿泉清泠林鳥嘲哳猿跳獸攫藤嬰薜纏春葩夏飆秋菊冬桂皆常常景物奚足詫尚去夏五月儂寇軼境二廣騷動下缺朝廷命巽參掌漕計助餉軍實明年春賊平每按部西江停舟下瀨與前郡守曲臺丁寶臣元珍今郡守殿省江東之唐公秉公之休縱遊為樂窮幽抉勝饜心飽目因狀厥實用示其來

炎宋皇祐五年癸巳仲夏首吉潯陽陶巽商老文

寶臣即珐臣古今字耳東軒筆錄稱寶臣守端州儂智高

紙一杭

入境寶臣棄州適坐廢累年此刻稱前郡守即坐廢之年
也廣東通志

皇甫宗憲等題名高一尺四寸五分廣二尺五寸七行行四字字徑三寸正書

治平乙巳仲春中旬知郡事皇甫宗憲率荆延年趙宏曾公
軏遊此勝槩

宗憲終殿中丞見萬姓統譜高要縣志

則之等題名高一尺二寸廣八寸三行行六字字徑一寸八分正書左行

則之伯通伯源介夫同遊汲泉煑茶清論竟日

右測之題名翁氏金石略載治平三年許奇題名有決曹
掾鄧闢伯通意此刻亦在其時高要縣志

六

按今打本係則之並無水旁筆蹟

康衛陳懌等題名高一尺七寸廣二尺五寸三分十行行六字字徑二寸正書

提點刑獄尚書郎康衛寶臣同提點刑獄文思副使王咸服
叔平熙寧二季己酉歲三月初六日同遊郊社齋郎康聿侍
郡牧守殿中丞陳懌題勒上石

康衛陳懌唱和詩高一尺八寸七分廣二尺六寸六分二十七行行字不一字徑八分正書

再經舊遊偶成拙句寄呈
知郡殿丞
提點刑獄尚書郎康衛上
峽外煙雲逈邐開人家門戶小樓臺青山渌水應相記二十
年前到此來
右過端州
當時曾此牧黎元屈指光陰二十季別後每思佳景物再來
重覩舊山川因罹兵革成彫弊忽訝閭閻盡改遷皇祐中經蠻寇蹂踐
故吏老民皆白首使君鬚亦皤然鬢
右過康州
懌啓伏蒙
提刑郎中寄示再經舊遊詩二首敢賡
嚴韻拜
呈幸冀
采矚
殿中丞知端州事陳　懌上
舊歷江山眼重開
平成搖轡賞嵩臺後歷岩古号嵩臺石室公巡按之餘因而至焉晉康假道昔為守
按部今持使節來
右過端州
民居城柵盡非元唯有江山似昔年
聽訟棠陰遺舊址儂賊作過郡舍焚盡
按行臺旆照晴川重來自喜
愚咸洽別後常嗟歲月遷道側老人曾卧轍拜

七

迎相顧倍怡然

右過康州

熙甯二季三月十八日刋勒于石室懌書

右詩凡二刻其一為元豐劉静叔題名所壓刻可辨者二
百十九字其一完文蓋元豐後重摹也肇慶志秩官載康
衛以大理寺丞知康州不著歲月据詩語當在慶厤四五
年閒高要縣志

詩中鬚鬢當是鬚鬢重摹者誤也高要志作鬢殆据原

刻録之惜未得拓本

陳倩鄭公武題名 高二尺廣九寸三行行十四五字字徑一寸至一寸七分正書

八

提點本路刑獄公事尚書職方員外郎陳倩君美熙甯五年
壬子十一月廿五日遊屯田郎中知郡事鄭堅公武題

王泊等題名 高一尺六寸廣一尺五寸六行行七字字徑二寸正書左行

知郡事王泊及之從事石大同康世南海令劉晞光道高要
令廖蒙師聖元豐四年五月十八日避暑同遊

安定梁其殘字 高一尺五寸廣一尺存四行字徑一寸八分正書

上缺良士賁于是□安定梁□□同亻嵩臺 下及後行泐缺

是刻為元豐甲子一刻所掩蓋磨而未盡者後行有字
迹不可辨識

元豐殘題 二行疊前刻之上字徑二寸正書左行

元豐甲子季冬廿六日

按高要志元豐甲子之左一行有端□事三字可辨今
拓本惟事字尚有少半筆踪

郭祥正題名 在石室篇之前二行行十一字字徑二寸餘正書

戊辰三月晦日高要曾令孝傑謁公山人郭祥正同遊

郭祥正石室遊一首 高三尺六寸廣七尺五寸二十四行行十三字字徑二寸四分正書

端城之北徑五六里有石室兮洞開其上則七山建斗司天
□喉舌其下則淵泉不流渟碧一杯□□則肌髮冰去酌之
則煩心灰四傍則石乳玲瓏中敞圜蓋窅窅万丈莫窮其厓
孰納忠兮嗟肺肝之已露孰止戈兮東兵仗而相挨儼衛士

九

之行列肅庭臣之序排紛披披兮帶華縈縱縱兮條枝安而
不可動者為梁爲棟奔而不可止者爲虎為豺龜闢首兮屏息虯
奮鱗兮搏雷怪怪奇奇兮千變萬態愈睎愈久兮怳怳驚猜
何人境之脩近而仙宇之祕異如此者哉羅春風兮窈窕春
漬芳兮不迴或命佳客或寓幽懷考二李之勁筆紳皆一時之
遺才援玉琴以寫詠悵夕陽之易頹方謝事以言返眷茲室
而徘徊雲愀容兮泱漭鳥送音兮悲哀況百年之將盡邈夫
萬里奚復來宋元祐戊辰二月廿有八日當塗郭祥正子功
來治州事即明年以其日上書乞骸骨作石室遊一首刻之
崖閒記其姓名與山俱盡

是刻文類賦體王象之輿地紀勝題云遊石室記非也翁
氏金石略稱東都事略文藝傳郭祥正自號謝公山人後
知高安郡請老歸高安蓋高要之訛今檢東都事略無此
文翁殆誤記尔廣東通志

郭祥正宋史文苑有傳少有詩聲舉進士熙甯中知武
岡縣僉書保信軍節度判官尋以殿中丞致仕後復出
通判汀州知端州又棄去此正將去時所題也傳言字
功父此稱子功蓋先稱子功後改功父耳

許珏題名高一尺九寸四分廣一尺餘三行行六字字徑二寸正書

元祐辛未許珏監兵罷任敬覲祖父留題

十

許珏朝陽人娶太宗曾孫女德安縣主授左班殿直祖父
許申也見萬姓統譜廣東通志

鄭敦義題名高二尺五寸廣三尺七行行六字字徑三寸正書左行

上自端王即位升潛藩為節鎮開府之初叨奉明命辛巳夏
末到官□□□暮春暇日攜家來遊真陽鄭敦義

徽宗以元符三年正月己卯即位十月賜端州為興慶軍
此刻紀歲敦義以明年建中靖國元年到官又明年崇甯
元年題名也今廣東志引文獻通攷云元符三年陞興慶
軍節度徽宗即位以潛藩陞肇慶府即其事也肇慶賜名
在重和元年徽宗之立已十九年不得因此牽合為一郡
氏廣東志名宦傳敦義字尚仁紹聖間知潮陽縣徽宗即
位上書陳誠事進一級不言知端州舊志及肇慶志云仁宗
時知端州嘗築石城又建置府城一條則云政和癸巳郡
守鄭敦義始築癸巳為政和三年使敦義五十服官仁宗
時尚未生且築城事又不確今石室巖有崇甯四年知軍
州事張漸題名及詩則敦義已於四年前受代去安得政
和癸巳尚在端州其人其年必有一誤當以此刻為準刻
内官字下當一石竅壬字避之故特疏廣東志及翁氏金
石略据搨本誤以為闕文翁氏又譌為四字讀之不成文
義高要縣志

十一

到官下高要志作壬午今拓本已泐不可見此刻之下
有真際道人詩不著時代然必非宋以前刻故不錄

張漸等題名高一尺七寸廣一尺六寸六行行八字字徑一寸七八分正書左行

知軍州事張漸子正前晉康假守譚挺直夫郡幕劉約元悔
前清海法掾許安修世永崇甯四年二月十八日同遊抵暮
而歸

滕祐題名高一尺四寸廣一尺六行行九字至十一字字徑一寸餘行書左行

崇甯乙酉仲春廿一日攜諸吏再來余欲去洞門亂石可以
步出北山構亭其上淂天成之臺却望此山遂為南屏盡揖
勝槩可乎壹後來者或能成之滕祐題

張漸脩禊詩 高一尺七寸廣二尺五寸十一行行十七字字徑二寸正書

崇寧乙酉元祀率同僚脩禊于是巖郡牧始興張漸云
妙意其誰運大鈞玲瓏輿室闢天眞斗臨平地精初結龍去
丹霄穴未堙洪造故教虛待物良辰贏得樂同民我来禊有
自然與豈羨蘭亭曲水濱

元祀猶張衡南都賦言元巳說文巳巳也祀祭不巳也从
示巳聲古人用字聲近並可通借故此書元巳為元祀耳
張漸始興人熙甯丙辰進士 廣東通志

江陵宋述運使中奉詩 高一尺九寸廣二尺十行行十二字字徑八分額橫列運使中奉詩五字字徑三寸均正書

遊七星巖

十二

三四奇峯傍短亭一巖清絶冠圖經四時吞吐西江水萬古
森羅北斗星日月餘輝通洞竇□霞微徑上青雲冥嶺南惟此
興王地好與邦人作畫屏
予問歲事自龍江舍舟入端道由七星巖留□詩于
石大觀己丑三月初六日江陵宋述題

程江古革題記 高三尺廣二尺九寸十行行十字十二字字徑二寸四分正書

政和丁酉暮春程江古革逢時初自新昌移守興慶是年仲
夏眞陽馮齊茼祖道起於祥除來貳府政相與咨詢有請于
朝次年春乃被　旨陞作大藩政平訟簡歲豐民樂偶乘
閑暇屢訪茲巖酌泉泛觴歷覽佳致因誌歲月勒于崇崖時
政和八年八月二十日書

古革程鄉人紹聖四年進士新州昌即新唐郡名也政和八年十
一月改重和元年此刻在八月尚未改元也 廣東通志

吳展等題名 高一尺八寸廣一尺一寸五行行九字至十一字字徑一寸五六分正書

宣和三禩孟冬念六日縣令吳展彥成因暇檢視水利兼監
揭府座亭額拉梁元齡喬年巖詩雅言耆荼小酌男舜舉舜
陟侍行謹誌

范正國題名 高一尺四寸廣一尺三寸三行行四五字字徑三寸正書

范正國遊建炎庚戌十二月三日

范正國題名凡四刻皆正書其二在石室大巖其一在西
巖其一在黑巖字獨大獨最漫滅無高要縣令一行蓋泐
去矣一日之遊止此數字乃磨崖四處可謂好名 高要縣志
高要志錄此有高要縣令王允迪募工刻石十一字今
所得拓本不見殆拓工並遺之

十三

向勉之題名 高二尺廣三尺二寸六行行三字字徑四寸正書

紹興辛亥清明日向勉之挈家來游五子侍行

按高要志作白勉之誤紹興作紹熙尤舛

朱文中等題名 高一尺六寸廣一尺二寸四行行六字字徑二寸分書

朱文中孫義曰趙季擇季靜叔紹興五季中冬式十式日同
遊

何柔中題名高一尺八寸八分廣一尺一寸四分三行行五字字徑二寸餘正書

邑令羅浮何柔中紹興辛酉首春来遊

王次張等題名高一尺廣二尺六行行五字字徑一寸六分正書

濟南王次張漢老莆陽陳可大齊賢紹興丁卯歲二月二十
九日清明同遊

黄公度題詩高二尺四寸廣二尺八行行十二字字徑二寸餘正書

天上何時落斗星化為巨石羅翠屏洞拆三叉盤空曲壁立
萬仞穿青冥客尋舊路不知處龍去千載猶聞腥欲訪仙子
問真訣巖扃寂寂水泠泠

壺山黄公度師憲紹興甲戌正月上澣題

十四

高要志脛誤醒

鄭安恭等題名高二尺一寸餘廣一尺六寸六分六行行七字字徑二寸四分正書

襄邑鄭安恭子禮臨江歐陽庠文周長樂陳致一貫道三衢
柴衛元忠紹興二十八年上元同遊

徐安國題名高二尺一寸廣一尺二寸三行行六字字徑三寸正書

紹興癸缺日武林徐安國敬觀子松侍行

右在景福大字之上闕處為明黎近詩刻磨去癸下當是
丑字敬觀謂景福書也高要縣志

陳光祖題名高一尺九寸廣一尺二寸三行行九字四旁俱空字徑一寸正書

嘉定乙亥臘月既望莆陽陳光祖世德携家来遊同里葉觀
盥伯偕行

陽上缺一字據萬姓統譜載陳光祖字世德希進之子仙
遊人則缺文當為莆字也統譜又載光祖知英州日上供
泛輸幾倍光祖奏蠲第四戶以寬民力湞陽渡湍惡舟多
覆溺更創巨艦以濟廖德明行部歎曰陳公可謂依本分
君子矣德明嘉定初提點刑獄此刻題云乙亥為嘉定八
年當即光祖知英州之時廣東通志

莆字尚可見葉觀福州人紹定中知潮州高要縣志

徐龜年趙汝龔題記高二尺五分廣二尺五寸五分前五行行六字字徑二寸後四行較低三寸行八九字字徑一寸正書

十五

嘉定戊寅春二月望郡守嘉禾徐龜年率權高要令録參趙
汝龔勸耕于星嵒
後二日汴人趙汝龔挈家来游弟汝附子崇[illegible]侍温陵謝
庭玉莆陽阮時儒偕行

鄭起沃等題名高二尺五寸廣三尺餘十行行九字字徑二寸餘正書

莆陽鄭起沃汝説丁伯桂元粹鄭鼎新中實五傳曾潛達叔
之建安張毅然仁叟三衢曾熉黄中秦郡趙善郕國成清漳
梁傳巖叟黄擇中夫三山黄辟舒文王澤履之臨安李岳山
甫開封陸濟巨川以寶慶改元正月五日同来

鄭起沃等再題名高二尺廣二尺六寸餘十行行九字字徑二寸正書

寶慶丁亥二月既望古端守鄭起沃郡丞陳□衢高要令趙
善服勸□于郊因訪星巖同寮陳顯伯吳昭嗣孫瑞□應時
鄧夔黄擇王良佐趙公堪陳璇皆從是日也宿雨闓霽光風
吹林井畝興耡畜牧被野此字民者之志也
右拓本每行缺三字檢高要志補注於旁翁氏金石略
缺十二字勸作劭志以為誤

趙崇垓詩高二尺四寸廣二尺六寸九行行七字字徑三寸正書

地秉平陰毅本空巖名以斗古傳風世人適意爲行樂造物
何心着巧功弱水蓬萊仙境界石橋方廣佛神通達觀不作
塵寰看笑挹天漿樂在中 十六
浚儀趙崇垓□□和曾同年
詩刻不著年月巖别有趙崇垓曾純紀遊石刻稱端平乙
未則詩亦是時作也廣東通志
高要志載此前有曾純詩云斗宿垂精插碧空嵌巖太
古石屏風自然一道玲瓏穴誰見五丁開鑿功實裏乳
泉時點滴門前瀝水暗流通吾儕洞目崧臺景謝屐何
曾到此中清源曾純景亮偕趙同年作此當在是刻之
前未得拓本地秉平陰秉志録作本誤端平乙未一刻
亦未得見

章湯等題名高三尺廣二尺四行行七字字徑四寸正書

嘉熙丁酉臨江章湯董試秋闈後同考官合沙劉漢英清源
徐雷開來游
廣州府學有葉公增修學廳碑後題從事郎廣州州學教
授合沙劉漢英撰紀年與此刻同高要縣志
清源志作清潭誤

區永年等題名高二尺七寸廣二尺七行行十二字字徑二寸正書

星巖端之勝槩嘉熙戊戌歲重陽之明日區永年吕章李德
秀倫冠卿楊天起區德年林時英梁延祖李伯震衛觀光梁
光祖李伯常趙彥鉊張攀龍鄧賓之黄天祐陳英元梁巖叟
李季英葉達可趙漉夫趙若樑同遊 十七
衛觀光高要志作覲光誤

蘇良詩高一尺六寸七分廣一尺六分八行首行二十字餘十六字字徑一寸正書

咸淳乙丑良月番禺蘇良同張彭二寅契來游因以紀勝下四字雙行刻
杖屨追隨入翠蓬玲瓏一竅徹心胷山羅斗宿英靈萃地鎮
龍潛氣勢雄碑蘚猶涵周子澤澗松仍有老包風歲寒共約
吾三友要把清規踵二翁
再詠星岩
曾聞媧氏補天漏也記春秋石隕星却訝端岩星錯落何時
漂墜數峯青

劉叔子德政紀殘刻 搨本未全高二尺九寸四分廣一尺五寸六分存十三行行廿二字字徑一寸 正書

□□□□□德政碑 此題額

端守自孝肅公後不知幾更政績之善人紀者鮮今我□侯
梅溪劉公由外府丞□領郡紱三年于茲職稱民安□如始
仁□仁□□ 賢不可枚舉邦人思之無以□ 敬謹條德
政之大綱刊諸星巖之堅石庶使聞者見者□之景之侯蜀
之長富人名聲其存心以仁守己以廉接□以禮撫民以寬
軍□□吏嚴□言□□刑恕催科拙□政勤化姦治盜各得
其宜修城鑿池不用民力郡計之□者代補亭館之廢者復 十八
興深愛在人家碑戶喙稱之曰□毋非可强而致者 朝廷
清□循良顯用會且歸矣因□元公□跡就斗巖之南立祠
以昌吾道是又不□□書□峭壁紀實政以永巖瞻表郡人
□□之意云咸淳□寅春仲鄉貢進士張宋傑府學□□□
□□進勇副尉□□老鄉貢進士陳宏甦□應梓府學學諭
李唐臣府學□□陳舉□進勇副尉陸□糸國學正秦□□
龍應鄉□□士府學學諭陳昂□府學直學梁□□鄉貢進
士府學□書梁杰待省進士前府學學正董以身百拜□立

此刻爲元至元戊子月忽乃題名所掩字經磨治尚可
辨識所得打本拓工僅就元刻界綫布紙故前後及行
末一字均缺高要縣志金石略載此全文据以補之叔
子二字併書一格唐宋碑中時有之咸淳□寅度宗即
位之二年丙寅也粵東金石略載月忽乃題名而不及
此蓋字畫平漫隱迹於大書深刻間易致疏略耳高要
志未審出而今體認真確者凡一十九字訂譌一字

十九

王淑等修建佛殿碑殘石

碑斷爲磨盤圓徑三尺五寸左右存有花闌如原碑廣如是其高殆尋丈也標題在上半截全缺次撰人銜名一行次文十三行行存二十一至二十六字不等字徑一寸三分第九十行全缺後官屬銜名四行字與前第二行皆較小正書今在京師端午橋家

首行缺

上缺農使及管勾開治溝洫河道事上柱國九江郡開國公
食邑五千三百戶食實封壹阡陸下缺
缺□平地置平盧軍其城縈帶山岳控引川瀆氣候高爽缺
缺□舊以爲田文之第地勢斗絕堀埸泮水之陰樓觀飛
注翾缺　缺兹焉寺有中殿宋元嘉二年建甲子十周棟宇
隳圯有常坐比缺　缺左以陰銘識若以藏鼓格㕘傅孟嘗
飯客以鼓爲節其格存焉載缺　缺曰佛何爲者邪夫太始
既分皇衢既遠舜禹揖讓湯武干戈自樸缺　缺救之九州
之載人性淑均道德可以化焉禮樂可以□焉故□□缺
第九十行鑿陷盡滅
缺□□天地者□□之大□□□□□生死之
業□□□□□□□下缺此行存字僅見左半　缺出没乎驚波翳无明
而不知甘衆苦而不恨忮忌而得者謂之能故缺　缺□之
御三乘之輪艤六度之航以接癡冥以極昏溺後之登是殿
者缺　缺毫之光悟見精之不動聽實鐸之音覺聞性之常
寂圓可以返□缺　缺□□□矣子嘗守兹境曰樞之勤卿

宋景德年　一

紀勝因以刊樂石時景缺
缺察判官朝奉郎試大理司直兼侍御史王淑
朝奉郎試大理司直兼監察御史權節度判官張缺
缺祇候兵馬都監兼在城巡撿宋正德　朝奉郎守國子
博士通判軍州兼管內勸農事上騎都尉賜緋魚袋缺
缺提舉青濰等八州軍兵馬衣甲巡撿公事上騎都尉賜
緋魚袋借紫缺
缺青州刺史兼御史大夫上柱國會稽郡開國公食邑一
万□百戶□□□叄戶□缺

二

御製文憲王讚

高六尺二寸廣三尺一寸十行行二十字
字徑二寸正書篆額失拓在曲阜周公廟

文憲王讚并序　御製御書并篆額

若夫夾輔文武垂範成康措刑辟而惠民制禮樂而正俗宜
乎大公劉之業克致於隆周啓伯禽之封遂成於東魯者也
朕以載新　盛典肇建明祠旣峻極於徽章復揄揚於懿
美讚曰
偉哉公旦　隆彼宗周　刑罰以息
王澤斯流　政成洛宅　慶錫魯侯
宋大中祥符元年十一月二日
武增顯爵　用煥佳猷
大中祥符元年十一月二日　御書院奉勅摸勒刻石

真宗以大中祥符元年十月封禪泰山禮畢十一月初一
日戊午幸曲阜謁文宣王廟遂追謚周公曰文憲王令曲
阜縣立廟此碑以二日書是幸曲阜之次日也元至浙江
搜集金石於鎮海縣學拓得宋大中祥符間所刻曲阜林
廟圖道里地名皆可正志乘之失其中周公廟亦稱文憲
王蓋即太廟舊址也山左金石志

張齊賢等祀文宣王廟題名碑

高四尺二寸廣二尺十行行三十字字徑一寸
行書在曲阜孔廟景德三年修廟敕牒碑陰

皇宋曆
天命之三葉大中祥符紀號之元年奠玉泥金封于岱嶽□
慶成　迴蹕錫宴兖州十有一月朔
皇帝躬謁
元聖文宣王廟特以大牢致祭　詔舊相吏部尚書張齊
賢攝太尉行禮以元老而奉　聖師式彰　國家
崇儒術而厚羣生矣復
命中貴人内殿崇班李廷訓監肅祀事蓋示蠲潔而嚴典禮
宋大中祥符元年十一月四日
也自太尉而下太常少卿陳象輿侍御史李虛己兵部外郎
直史館張復秘書丞初暐涂鍊蘇國華張檝殿中丞張延熙
趙遂良陳延賞太祝蔡文儀奉禮王克丕李惟熙康希齡咸
祗祀事謹刻貞珉歲次戊申仲冬四日辛酉記

碑無標題及書人姓氏縣志云敕牒碑陰有大中祥符元
年代祀闕里記孔勖撰案真宗以大中祥符元年十月封
禪泰山十一月初一日戊午幸曲阜謁文宣王廟特以太
牢致祭則張齊賢奉命行禮即在真宗謁廟之日越四日
辛酉孔勖乃作此記也

元聖文宣王廟賜物敕牒二碑
高各三尺一廣三尺八寸六分二十九行一廣三尺五寸七分二十一行行字大小多寡真行具詳後註在曲阜孔廟同文門

中書門下　牒囩聖文宣王廟 此行字徑一寸二分行書
入内内侍省内侍殿頭張文質奉
聖旨於御書院交割到裝褫
太宗皇帝御製御書文字壹部共伍拾柒件計壹伯伍拾柒
卷軸并内降金渡銀器物色等并九經書及䟽釋文并三
史書管押赴兗州曲阜縣　囩聖文宣王廟收掌
一　　宋大中祥符二年四月　　一
太宗皇帝御製御書　御製十二頌壹卷　御製心輪偈
頌壹部計壹拾壹卷
御製逍遥詠壹部計壹拾壹卷　御製秘藏詮壹部計叁
拾卷　御製緣識壹部計伍卷
御製金剛經宣演壹部陸卷　已上紫大綾絹夾褾
子五色經帶子朱紅兩頭木軸子 此行字特小
御草書孝經壹卷　御製御書秘閣贊壹卷　御草書千
字文壹卷
御八分書千字文壹卷　御書大字孤城詩壹卷　御書
法帖壹部計壹拾貳卷

御製九絃琴阮歌壹卷　御製喻言壹卷　御草書急就
章壹卷
御八分書真定王碑壹卷　御書三般大字詩叁卷　御
草書筆法壹卷
御顛草書壹卷　御製聖教序雙鈎書壹卷　御書四體
五體書貳卷
御製無名説壹卷　御製日行誡壹軸　御八分書故實
壹卷
御製筆法歌壹卷　已上紫大綾絹夾褾子五色經
帶子黑漆兩頭本木軸子 此行字特小僅同
二
御草書諸雜詩簇子貳拾軸　御飛帛書帝佛字貳軸
御飛帛書有注無注簇子貳軸　御飛帛書遠看不假詩
貳軸　御製心輪圖壹軸　御草書故實柒軸
御製有益無益銘壹軸　御製惠化行壹軸　御篆書孝
經碑陰額壹軸
御八分書秘閣贊碑額壹軸　已上紫大綾絹夾褾
子黄絹帶子黑漆兩頭木軸子
御傚鍾繇書壹卷　御書小字法帖壹卷　御草書詩壹
卷
御扎百官圖頭壹卷　御草書自述壹卷　御書大言賦

壹卷——
御製聖教序壹卷　御製怡懷詩壹卷　御製今體律言
詩壹卷——
御製古調十韻詩壹卷　御製七言詩壹卷　御製喻言
壹卷——
御製五言詩壹卷　御製御書五言詩壹卷　御製碁譜
壹卷——
御製碁勢譜壹卷　御製碁勢壹卷　御製迴文心輪圖
壹卷——
御製御書秘閣贊碑壹庁　御草書孝經碑壹庁　三
已上紫大綾綃夾褾子五色經帶子黑漆兩頭口軸子
御製動懷篇壹策　御製迴文詩壹策　已上紫大
綾單褾子裝——右一碑
一昨降赴
兗聖文宣王廟充供養器物等
渾金渡銀香爐壹座實重壹伯兩　渾金渡銀香合壹
具實重伍拾兩并棟香壹合——
渾金渡銀香匙壹柄實重叁兩　渾金渡銀稜椂子貳
拾隻——
諸般香藥共貳拾袋子封印全　黑漆香藥匣子壹隻

鏁鑰全——
緋羅綃金帕子壹條　黃綃複壹條　以上字徑一寸七分正書
牒奉
勅國家尊崇師道啓迪化源眷惟鄒魯之邦是曰詩書之國
尼山在望靈宇增嚴朕以登岱告成迴鑾款謁期清風之益
振舉縟禮以有加式賁誨誘之方更盡闡揚之旨宜以所賜
太宗皇帝御製御書與九經書并正義釋文及器用等並置
於廟中書樓上收掌委本州長吏職官與本縣令佐等同共
撿挍在廟如有講説釋奠並須以時出納勿令損汚此勅文
仍仰刊之於石昭示無窮牒至准　四
勅故牒
大中祥符二年四月　日牒
工部侍郎叅知政事趙
尚書左丞叅知政事馮
中書侍郎兼刑部尚書平章事王　以上字徑一寸二分行書
右一碑
按縣志載大中祥符元年十一月賜孔子廟經史又賜太
宗御製御書一百五十卷藏於廟中此碑牒書二年四月
者蓋降敕在上年十一月而賜物在此年四月也其中御
製御書多可補宋史藝文志之闕碑云渾金渡銀棗廣韻

鍍金飾物也通作塗又作度此碑作渡又字之變也山左金石志

五

御製至聖文宣王贊及加號詔碑

高連額七尺廣三尺八寸上截贊十五行行十九字下截詔十三行行二十二至二十五字不等字徑一寸後記四行行五十字字徑七分

並行草書在正定府學

御製額二字字徑四五寸

至聖文宣王贊并序

御製

若夫檢玉介丘迴輿闕里緬懷於

先聖躬謁於

嚴祠以為易俗化民既仰師於彝訓宗儒尊道宜益峻於徽章增厲崇名聿陳明祀思形容於盛德爰刻鏤於斯文贊曰

宋大中祥符六年

立言不朽　垂教無疆

昭然令德　偉哉素王

人倫之表　帝道之綱

厥功實茂　其用允臧

升中既畢　盛典載揚

洪名有赫　懿範弥彰

右上贊

加號詔

王者順考古道懋建大猷崇四術以化民昭宣教本總百王而致理丕變人文方啓迪於素風思攀揚於鴻烈

先聖文宣王道膺上聖體自生知以天縱之多能冒人倫之
先覺神功侔於簡易景鑠配乎貞明惟列辟以尊崇為德載
之師表肆朕寡昧欽承命曆曷嘗不遵守彝訓保乂中區屬
以祗若　元符告成喬嶽覲風廣魯之地飭駕數仞之墻躬
謁遺祠緬懷遐躅仰明靈之如在肅奠獻以惟寅是用庭爾
榮之文昭聰叡之德聿舉追崇之禮庶申嚴奉之心備物典
章垂之不朽誕告多士昭示朕懷宜追謚曰
至聖文宣王祝文特進署仍令所司擇日備禮冊命并修飾
祠廟祭器其廟內制度或未合典禮並令改正給近便五戶
以奉塋域仍差官以太牢致祭故茲詔示想宜知悉

右下截
大中祥符元年十月二十四日　東封禮畢十一月一日
車駕幸曲阜縣謁奠　先聖文宣王命刑部尚書溫仲
舒等分奠七十二弟子先儒禮畢幸孔林是日　詔先聖
加號　至聖文宣王　御製讚文　詔吏部尚書張齊
賢等次日以太牢致祭　詔兖公顏子進封兖國公十哲
閔子已下進封公曾子已下進封侯先儒左丘明已下追
封伯五年八月二十二日奉　勑諸道州府軍監各於
至聖文宣王廟刻　御製讚并詔
鎮州廟內建臣王嗣宗書

常山趙□刻字
右後四行上空七字起

右碑王嗣宗書嗣宗字希阮原跋作阮誤　汾州人開寶八年登
進士甲科補秦州司寇參軍官至左屯衛上將軍檢校太
尉卒贈侍中謚景莊事蹟具宋史本傳碑無立石年月按
嗣宗大中祥符四年知邠州徙知鎮州發邊肅姦贓肅坐
貶居二歲召還授樞密副使檢校太保寧輔表云大中祥
符七年七月甲辰以同州觀察使王嗣宗為樞密副使與
本傳由鎮州召授樞副不合案真宗本紀大中祥符五年
四月乙丑樞密直學士邊肅責授岳州團練副使嗣宗本
代肅知鎮者則其出知鎮州大約在五年三月間其遷同
州觀察即當在七年春本傳稍有舛誤真宗改謚元聖為
至聖在大中祥符五年十二月然則此碑之刻在六年無
疑矣又詔後記中有刑部尚書溫仲舒吏部尚書張齊賢
宋史皆有傳至於五年勑諸道州府軍監各於至聖廟刻
御製讚並詔本紀及禮志均不載此碑諸家所收僅曲阜
孔廟本石墨鐫華謂他處易燬而孔林獨存然稾城碑既
完好原跋作妙誤　則他亦必有存者王氏萃編以無羣臣分贊
疑為重摹之本又云末題一段當是後人所加今此刻亦
無羣臣分贊并有末題一段知王氏之說為不然矣常山貞石志

萃編載曲阜孔廟本　先大夫補正載紹興府學本此
拓本来自正定則沈匏廬輯入常山貞石志者其標目
下注今在正定府學跋則謂為稾城碑殆自稾城移置
府學耳今以萃編曲阜本校之此碑至聖字紹興本同彼皆
書廟諱宗儒尊道紹興本同彼作崇儒按崇與下句增薦崇
名複自當以宗為正神功侔於簡易彼作㚐功紹興本
亦作㚐告成喬嶽彼作岳廌申嚴奉之心彼作伸紹興本亦
然七十二弟子彼奪子字曲阜碑為明代重勒觀此信
然五年八月二十二日彼二十作廿御製讚彼作贊紹興
本亦然末行十一月日奉敕改謚至聖文宣王十四字此
本與紹興本皆無之越中金石記以刪改謚一語並凡
元聖皆書至聖為無識燀竊謂曲阜一刻立在五年八
月二十二日以後十二月未改謚以前及奉勅改謚碑
已刊畢故補記於尾此本及紹興本皆在十二月改謚
後立石禮書謂避聖祖諱故改自當徑書至聖不得復
書避諱字即無庸敘改謚一敕也㚐玄功改作神功亦是
此例道膺上聖上字沈作至誤

提行

真宗先天太后贊
高一丈有四寸廣五尺五寸二十一行行四十一字正書字徑一寸八分篆額失拓在鹿邑

先天太后贊并序
御製御書篆額
若夫元氣本先尚存其祖高圓至太亦有其先斯蓋本於自
然生乎太極　靈期所始雖表異而靡詳人理攸同諒
顯親而斯尚洪惟　教父首此　聖階降
迹於　清都炳靈於歷代時隱時見如彼應龍或闇或彰
同茲杲日爰自太皞迄于宗周或居世而含真或賓天而戢
影仰觀神化雖則先方俯協人倫故將有自所以感流星而
宋大中祥符七年正月
受氣指仙李而誕生居楚國之靈封宅厲鄉之名壤七十二
載乃剖腋而見形三百餘年常守藏而混俗及夫指流沙而
高蹈悟可化者胡人度崤函而逆知得先覺者關令七百篇
之法所以役使鬼神五千言之經所以通宣道德百世膺其
祐萬靈歸其尊由是渦曲神區實存於恭館皇唐人典緬想
於邃源懷顧復於殿和追劬勞於罔極大明　聖善之
德別建邃清之廷奉先天之名所以崇徽稱葺洞霄之宇所
以法元都上以顯天經下以揚孝道至于體凝寂之氣分柔
順之精飛翔以彰神靜嘿以凝口豈止姜嫄履武紀彼周篇
含始吞珠存乎漢籙者哉國家介祉　穹昊協德　神

提行

明政夲於希夷治歸於清淨經天緯地　太祖撝
金鉞而靖八紘返朴還圖　太宗調玉燭而齊七
政俾中區之大□由至道之降康阜□渺沖膺斯　命圖
□符申錫大禮紹成接　飈欵於禁闈□□福於寓
□眷惟景亳之耆舊□□冢魏之搢紳述欵謁之令儀舉省
方之舊典羽旄協吉遵夷路而届殊□蘋藻致虔奉精心而
脩嘉薦□　淑靈於別宇想茂躅於前聞升彼帝車既傳於
家記閟兹　遺服尚靚於　高圖勵乾鞏之至誠□
混茫之鴻應金石之刻昭述於凝禎億萬之祥永期於濬發
贊曰
老氏之德　協符　昊穹　李母之迹　章顯靈
通　仰居　霄極　俯運丕功　權興至道　資
始真風、式揚神化　用致時雍　眈眈秘館　穆穆
晬容　和鑾順轍　圭璧致恭　允祈多福　大庇
區中　儲靈不測　昭感有融　一刋樂石　永曜琳宮
大中祥符七年正月二十二日

中嶽中天崇聖帝碑　大中祥符七年九月七日萃編載卷一百三十
皇□登封字缺皇對越柔祗下二字缺分命近列列字缺右諫議大夫
右字缺卑高之序以陳中四字缺惟中崧之絕巘崧字缺直關塞之奥
區奥字缺玉縈瀫溢瀫字缺頳木記其幽經記字缺哈呀□壑呀字缺
盛尸祝之儀祝字缺首嚴沈之法嚴字缺之邃覲秘紀紀字缺爰啓
戶封封字缺坤珎荐委珍字缺消長從時從字缺佑德上聖德字缺聖
澤□周於行葦周字缺庶績伊凝績字缺按歷以朝諸陵按字缺陵
丕昭元圖元字缺臨汾展合荅之祠汾字缺踐隆脽之崛岉脽岉二字
缺明察之義交修明文二字缺遂成先志原作遂成□志按碑志上有先字先上成
下空二格非泐字六飛旋軿旋字缺贇緣二陝曠望三川陝曠二字缺亦周
宋大中祥符七年九月七日
爰於土訓訓字缺□飲至以弟勳飲字缺丕下詔於司存司存二字缺
俾講儀於置□講字缺用伸昭報仲字缺壽戩壽誤壽擁翠虯之車
虯字缺復素寞之紛灑寞字缺寂典墳而擅美寂字缺願刋翠國願字
缺衆欲上通欲字缺攄縟藻以相輝輝字缺且夫昊蒼有成命昊上
原空四格按碑僅空二格且夫二字漏錄控墜都畿控字缺真竹素之英蕤蕤字缺事
雖慕於陽秋陽字缺千歲式序千字缺牲牷有倫牷字缺皇唐累盛
皇字缺聿求元聖求字歲元字誤作廟碑風偃遐圻風字缺祠官允釐允字缺
經塗太室經字缺期慕仙館期字缺飾以表章表字缺頤德歆馨頤字
缺普在治古古字缺赫赫我后我字缺高巖雲矗雲字缺

重修淮瀆長源公廟碑
拓本高七尺八寸餘廣三尺六寸二十三行行六十字字徑一寸餘行書篆額見獨在桐柏淮源廟
大宋重修淮瀆長源公泐下
□□□夫行左司□□□□□兼同修　起居注□□賜
紫金魚袋臣路振奉　泐
翰林待　詔朝奉郎□□監丞武騎尉　御書院祗
候臣楊昭度奉　敕書并篆額
臣聞山川之氣絪緼而交感故風□時至而□育□焉陰陽
之化亹亹而無迹故肸蠁相應而　神明生焉若夫積厚
成功利物而不宰靈長毓未曠世而□□祀典以興其來尚
宋大中祥符七年十一月
一
矣昔者鯀□洪水績用弗成下民由其昏墊明禋□□匱之
帝□行巡狩之禮始秩羣望　夏禹除懷襄之
害首奠大川安流載馳善利斯積潤下之德既冠於九疇祀
侯之方乃崇於四瀆周禮□浮沉之祭秦官修沣澗之儀壇
坫既嚴方幣亦異兩漢而下舊章弥縟豈盡　王者崇祈
福之□防灾沴之興將以庇民於□□備祉於豐歲未有不
重　山川之祀□　神靈之宇以迄乎　藩錫
者也若乃觀蜚鵠之迹穡□匕之方□□□於長圍大□稱
爲□府始經□於赤位終□湯於炎野晦明不爽自通朝夕
之潮化產兼包□□汾澮之惡故其龠瀹浩蕩湍流迴直蘊

蟠珠□□□□□□□□□□□□□□所□□□□□
物□□□□□□□高明之□陰陽之大者故□歆了示之
□幽贊之道今古如一者其惟　長源□□若夫□□
□□□□□□□□□□□□□□□□□□□□□□
□□□　□□□□忄之符□□□□□□不□□□
□□□□感□□道□□佑德□□□□□
□□□□□□□□□□□□□□□□　覲東后
而登　岱山亻□□□秋駕而　巡華壤□□□
□□□□　萬靈顧□□□□□□□□□□□□□
□人神□□□□並□□□時若寒澗蘇是不懲厥壞可游
二
□□以之流祝禮節明而風俗茂刑辟措而生齒繁家有弦
誦之音人知洙泗之教昆□□□忠厚之化行□厲不作
□□之德□以□　靈官降於承夕　諄誨
通乎吉夢祇見　真祖親才　緒言識
□宗之緣□　□璉旅之□□□是却拱璧而
進　□嚴蓧衛以朝　真躬款樹華之遊度展
廟壇之禮　鴻儀有赫　□□辶絲瑞彙□
於　三辰祥輝發於　九井回　躍
睢陽之奧壤觀風藝祖之舊邦淡發　德音樂建京邑
格　太宮而祼□□　泰壇而升燎　湛恩

下十三字移低一行

溥洽丕冒于八荒星郵四出編告於　羣祀而嶽鎮
海瀆之望愈嚴飭矣先是　長源之廟在桐栢
□□西南地方湫隘淵流〻洄伏牛之澮將至射隼之墉廛
毀開寶中
太祖皇帝遣使臨視從其地焉巍山峙其前長淮盪其後□
扌畢□□覿相望彼都士人嘆其爽塏歲月滋久棟梁斯撓
守臣率職不敢遑寧驛書上聞　中旨隨降翌日
詔□內殿頭白崇慶□翰林畫工圖宮□之狀□
作大匠□營繕之御發唐鄧許穎屯兵以給其役又
詔前桐栢令周憲即山度材楩柟杞梓塞川而下官不嚴　三
而治工不戒而備事無愆□□有餘力繚垣屹立回廊四合
雕甍高映邀倒景而上千崇扉洞開列方軌而並進夫
制作之盛　邦家之壯觀也　□降□爽
神靈之善應也宜其享　豐楙之福協
蕃昌之地隤祉於萬禩　保民於無疆者
也□臣□□　□□□揚　咸績辭不逮意
何以贊斯千之謠言之與文豈足彰輪奐之美□奉
聿□□□□□□□□□小直書梗槩□宋大中祥符七年 泐下
中州金石記有十一月字 泐上 中書省守□□ 下缺字特小
長源公者唐時封號太平寰宇記淮瀆廟 原跋脫廟字 膺有淮
瀆令掌此祠唐天寶中封淮瀆為長源公廟中有石匾十
一 原跋脫一字據記補之 枚極大此述開寶中遣使視廟詔營繕之
及祥符嚴飭嶽鎮海瀆之望也昭度書略似唐太宗宋時
館閣諸臣工書如此文亦整飭可觀 中州金石記
碑有缺泐拓本亦有損蝕字撰書人姓名並未行年下
十一月字據中州金石記補之路振宋史有傳字子發
永州祁陽人文詞溫麗為名輩所稱大中祥符初官太
常博士兼左司諫七年兼同修起居注碑結銜左司下
泐字可據補也振卒於是年冬則正在立碑時矣楊昭
度無攷　宋史禮志改唐州上源桐栢廟為淮瀆長源　四
公在御朝元殿發五嶽冊之後按諸本紀當在大中祥
符四五年間與太平寰宇記所稱封自唐天寶中者異

北嶽安天元聖帝碑并陰側（大中祥符九年四月二十一日正碑載萃編卷一百三十）

北嶽安天元聖帝碑銘（題額篆書）

安天元聖（祿題元誤注廟諱序中同）稼穡是滋（穋誤稼）顯國容之豊洽（豊作豐）

人祇賠合（賠作賠）開國侯（侯誤候）

陰側題名二十二段

（高廣與正碑同兩側厚一尺一寸三分均正書）

馮元輔等題名（在碑陰中閒三行字徑一寸六分）

河陽馮元輔銅臺趙杞汶陽周庠時慶曆六年季秋月吉日

同謁北嶽靈祠識于碑陰

宋大中祥符九年四月

王鼎請雨題名（在碑陰下截之左刻闌及額跋爲碑形六行行十六字字徑一寸額題王公題名親筆六字）

皇祐庚寅三月十三日庚子奉

勑以久旱乘馹請雨于

北嶽甲辰離　京是夜雨二尺壬子宿齋宮以二十八日乙

卯　祭告甲寅復被

詔賚謝越四月五日辛酉行禮宣德郎守尚書屯田員外郎

騎都尉賜緋魚袋王　鼎　謹記

趙滋題名（在碑陰右邊四行字徑二寸）

皇祐三年正月二十七日奉

安撫移文詣

北嶽靈西（字）點檢修整未完之處二月朔日還郡西京左藏庫

副使定州路監兵趙　滋記

楚執中題名（在王鼎題名之上六行字徑一寸四分）

宋皇祐辛卯年

詔仲夏十六日謝

安天因達誠於冥造夫祿秩與壽考固前定敢私鑄惟報

主竭忠慮無言沮庭　神助尚書屯田員外郎楚　執中

叔權　　謹記

劉兼濟題名（在碑陰上截之中六行字徑二寸）

皇祐辛卯癸後十日因往邊部巡歷尋詣

聖祠

轉拜河北沿邊安撫副使西上閤門使惠州刺史劉兼濟

二

題

男殿直振孫試校書郎詵孫侍行

馬耿題名 在碑陰下截偏右四行字徑一寸三分

尚書虞部員外郎通判定州軍州事馬耿奉
勅差詣
北嶽靈祠設醮七晝夜至和三年正月二十六日記

蘇拱之題名 在王鼎題名之右六行字徑一寸四分

三班奉職蘇拱之奉
中書劄子差賫祝板香合赴定州交割隨
通判虞部至
北嶽靈祠設醮時至和三年正月二十六日志

陳知晦題名 在碑側下截四行字徑一寸八分

大理評事陳知晦嘉祐七年正月初三日被
州檄祈雪祭告

三

岳祠稚子邁傑侍行

譙南黨等題名 在碑陰右上角四行字徑二寸五分

嘉祐七年四月十二日譙南黨弟南璋張炅同謁　祠下
嶽帝靈祠

曹宗卿等題名 在趙滋題名之左三行字徑一寸五分

癸卯年九月初二日曹宗卿王世實同謁

鄭餘懿等題名 在額陰六行行九字字徑一寸五分

宮苑副使兼閤門通事舍人鄭餘懿解印還朝謁拜
祠下時左侍禁趙永圖進士安昺劉虞卿同行嘉祐八年九
月六日記

單從化題名 在碑陰右下角三行字徑一寸餘

嘉祐癸卯歲季冬十五日自保塞滿替歸

四

闕枉道由曲陽縣恭謁
嶽帝聖祠國子博士單從代謹題

王世實題名在王鼎題名之左二行字徑七分

王世實專詣　岳下謁謝
安天元聖帝祠癸卯季冬望日敬記

靳樸題名在楚執中題名首二行之下二行行八字字徑一寸餘

甲辰年立春日恭謁　嶽祠平山靳樸謹題

五

王世安題名在碑陰左上角六行字徑一寸二分

大宋嘉祐五年庚子歲冬十一月奉
勑就差知定州曲陽縣
事兼管勾北嶽廟明季夏四月二十七日到任至治平元年
春二月初一日滿替赴闕謁謝
聖帝祠下西頭供奉官王世安謹記

王巖叟題名在楚執中題名之左二行字徑一寸五分

魏國王巖叟凇攜之祠下治平乙巳中元

馮文顯題名在碑側陳知晦題名之上四行字徑一寸五分

景祐四年閏四月時左侍禁監定州酒稅秩滿治平四年十
月改左藏庫副使知廣信軍熙寧元年八月抽赴　闕二年
正月改西京左藏庫使知祁州三年五月就移益利路兵馬
鈐轄凡四詣北嶽恭拜　靈祠六月二日新益利鈐轄馮文
顯謹記　男殿直惟圖侍行七字較小

六

李布題名在王世實題名之上四行字徑一寸二分

通判定州李布熙寧六年五月二十七日朝拜
祠下遂刻石以記其來

蔡延慶等題名在碑側下截五行行二十八字字徑二寸

元祐元年季冬二十八日龍圖閣直學士朝議大夫充定州
路安撫使知定州蔡延慶奉　勑禱雪　聖祠是日蒙　嘉

應列郡需之　京師獨雪三尺二年仲春被　詔報謝十二日禮畢乃還僉書節度判官公事王庠安撫司勾當公事李蕭雨陪亞終獻知縣事郭良臣監倉草場高公嚴攝祝奉幣走馬承受公事陳嘉言州學教授章粹陪祠惲侍行延慶題

王鞭等題名在劉纍濟題名二三行之下二行字徑二寸

王鞭張奐弟時同謁
祠下元祐己巳維夏三日

侍其瓘題名在趙滋題名之下左行五行字徑一寸餘

供備庫使侍其瓘自祁移河東副総恭謁
祠下時元祐庚午季夏二十一日謹書　男傳侍行

郭長卿題名在慕延慶題名之上六行行十一字字徑一寸五分正書

奉議郎郭長卿為邑令元祐八年癸酉四月到任紹聖二年
乙亥六月滿　吏部報成資任滿受代在即覲　親赴闕有

七

期七月初十日元伯題與子良輔良弼同來

八

封崇寺額牒并記

高五尺五寸廣二尺九寸五分上截牒文十行行字多寡大小不等以下記二十五行行三十五字末題名二列各左行三行並正書在行唐封崇寺

敕賜封崇寺記 題額篆書

中書門下　牒封崇寺
鎮州行唐縣古寺
牒奉
勑宜賜封崇寺爲額牒至准
勑故牒
大中祥符二年六月日牒
宋大中祥符九年八月二十五日
工部侍郎叅知政事趙
尚書左丞叅知政事馮
中書侍郎兼刑部尚書平章事王
右上列

勑賜封崇寺爲額記
成德軍節度推官徵事郎試大理評事監行唐縣酒稅童
篆亨撰男貽孫書幷篆額
夫易彖載有否有泰君陳明有廢有興其否泰廢興良有以也愚雖不佞敢試明之昔周圖王事商紂如日入地中居羑里之患豈非否哉暨乎否終則傾乃交於泰爾後子孫逢吉
一
卜世三十享祺七百豈非泰也非商罪之貫盈商祚其何以廢非圖王之至德周祚孰能以興斯則視之於彼而辯之於此如響之應聲言不虛爾茲寺也非逢衰世而不有廢也非遇　盛時而不能興也嗟呼興廢萬端不可殫言而已故略舉一隅也封崇者乃古道濟寺也久而廢之自齊天保七年爲建置之始也隋開皇十一年重興像閣層構樓臺鳳翅飀煙龍鱗焠翠乃壯麗於中也晉開運二年犬戎犯邊是時君臣微弱力不能制以致趙魏之境千里之地狼煙闐昏掩爲茂草矣于時此寺遭蕩爇之釁焉殿閣嚴像一而靡存緇流俘虜一而無返書曰火炎崑岡玉石俱焚斯之謂也迨于
二
今以長圍推之經七十有二載矣
我大宋雍熙中有五臺僧懷興因巡禮□錫届此覩其舊址存焉有必葺之志乃呵狡魑吒猨狸翦寥蕭蒿析除荆棘而安卓菴之所□聚徒衆僧廷義德濬智神智從智嚴知解各相次住持共誘居民旋化功庸之費以日繫時歷二十餘年院宇斯備尚以古寺爲名祥符初
聖上封泰山禪梁甫升中告成之際乃有當寺僧惠慶欲契
明朝之美彌堅改額之願我心　匪石焉而匹夫不可奪其志也一旦謂同福法潤曰大丈夫偶千年之運而不能革去其故鼎取其新胡顏爲釋氏之徒與潤曰俞哉誓同其志也乃

率潤拂衣奮跡揆日登塗潤乃訖而隨之慶非利有攸往未
浹辰閒而南渡河共設梵舟之計暨親　行闕觀
大禮大禮畢　駕前至祥符二年秋
鑾輿還京至輦城乃上書於
七月十有一日降
勅賜封崇寺爲額時也空門既耀梵宇生光顧
皇恩而赫赫儀臨榮觀電落荷　鴻休而兢兢失次
乍聽雷奔普將慶芥之心用報乾坤之惠伏慮春秋寖遠墜
失　綸言乃勒貞珉永彰不朽蒙亨丈虧富贍學昧
該通既請命以堅承在固辭而靡敢是乃直書荒斐聊紀歲　三
時敢初笠於童蒙但包羞於作者時大中祥符九年歲次丙
辰八月二十五日記
三班借職鎮代州界巡檢道路高嶼
將仕郎守行唐縣令孫宗望
將仕郎守行唐縣主簿朱允恭
右在記後上列左行
崇明院　講維摩經賜紫瓊超下闕
重修大像閣功德主講唯識因明論梵網上生下生經沙
門　廷義立石
講法華經上生經沙門德濬同勾當立石

中山賈用才刊字
右在記之後下列左行末行在年月一行之下

右碑上截年月後列銜三行左行有姓而無名以宋史攷之中書侍郎兼刑部尚書平章事王者爲王旦尚書左丞參知政事馮者爲馮拯工部侍郎參知政事趙者趙安仁也真宗本紀景德二年四月癸卯馮拯爲參知政事宰輔表自工部侍郎除三年戊戌以左丞參知政事王旦爲工部尚書平章事己亥趙安仁參知政事宰輔表自知制誥翰林學士知右諫議大夫除大中祥符元年十二月辛丑王旦加中書侍郎兼刑部尚書大略與三人本傳及牒文列銜同惟本紀及宰輔表不書馮四拯之遷尚書左丞及趙安仁之拜工部侍郎而拯安仁傳皆有之職官志宋承唐制以同平章事爲真相之任無常員省二人則分日知印以丞郎以上至三師爲之又參知政事掌副宰相毗大政參庶務乾德二年置初置時不押班不知印不升政事堂殿廷別設磚位敕尾著銜降宰相月俸雜半給之開寶六年始詔與宰相同議政事至道元年詔宰相與參政輪班知印同升政事堂押敕齊銜行則並馬自寇準始碑下截敕賜寺額記童蒙亨撰男貽孫書并篆額蒙亨列銜爲成德軍節度推官徵事郎試大理評事監行唐縣酒稅案鎮州本唐成德軍節度使宋初因之

推官為節度幕職見職官志又志云試秩幕職初授則試祕書省校書郎再任至兩使推官則試大理評事又監當當官掌茶鹽酒稅場務征輸及冶鑄之事諸州軍隨事置官文獻通攷熙寧十年以前天下諸州酒課歲額真定八務十萬貫以上行唐酒稅當即所云真定八務之一又蒙亨散階為徵事郎宋史職官志有承事郎正八品無徵事郎通攷謂徵事郎隋散官唐因之宋無又承事郎古無此階宋元豐更官制以承事郎換大理評事案曲阜縣有太平興國八年文宣王廟碑碑後題名有節度推官徵事郎試大理司直桑輔正與此同可證宋初本有此階不知何時

改易史志及通攷殆未博攷前聞耳封崇寺府志謂隋開皇中有崇辨大師得道受封故宋祥符中敕賜今名據此碑則因卅中禮成故以封崇為額崇續文獻通攷以崇辨為宋僧則是方志之言殊不足據記後題名有將仕郎守行唐縣令孫宗望案職官志云凡除授皆視寄祿官高一品以上者為行下一品者為守下二品以下者為試品同者不用行守試字今縣令孫宗望之寄祿下於職事三品列銜不書試而書守與志不合蓋此乃祥符中所立之碑而志所云乃元豐以後之制也常山貞石志

常山志謂牒文後銜為左行按官卑者居前似是牒文體例非左行也記後題名兩列皆左行沈氏順錄之非是記中闔王之至德沈氏錄作非口主之至德亦誤

仰天山白雲洞造像十二種俱正書在臨朐

闕名題記高一寸五分正面前闕存廣四寸七分側面四寸五分各七行字徑四五分

闕母口氏妻劉氏男惟政次男小哥新婦楊氏計家大小一

十口天禧三年二月一日

張恕題記高二寸一面廣四寸五分六行一面五寸八行一面存三寸五分六行字徑六分

趙曈村戶張恕弟達妯娌二人各姓馬氏書守長男口弟兄

六人新婦傅氏計家一十五口天禧三年二月十一日

元行通題記高一寸二分一面廣四寸四分八行一面存廣二寸五分四行字徑六分

新口縣王村　元行通妻孫氏男口闕天禧四年十二月二

十日

宋天禧三年二月一日

一

耿佺題記高一寸五分一面廣五寸十一行一面三寸五行字徑四分

王口口村耿佺妻宮氏男握妻鮑氏丈母孫氏女貴李用妻

耿氏次男乞哥女財哥小女口𦚧　乾興元年二月二闕

張佺題記高一寸二分一面存廣五寸九行一面二行字徑四分

口闕村張佺妻葉氏孫玉課孫女師姑　乾興元年九二十

一日

葉當即葉萬姓統譜載是姓僅明代一人不詳氏族所

出觀此則宋已有之九下敓月字

口氏題記高一寸二分搨本不辨幾面共廣一尺二寸可見者十九行字徑五分

五井村口氏口懷信口口泐口口新口馬氏劉氏劉口孫男

文口泐計口二十一口乾興元年十月十五口

皇習題記高一寸五分存廣五寸三分十一行字徑四五分

茹家莊　皇習妻馬氏男秀新婦張氏女聟任青皇氏乾興

元年

寇福題記高一寸三分一面廣四寸八分九行前一面存年月四行字徑五分

馬家莊寇福妻趙氏長男琮次男口次男夢叶闕　乾興二

年正月九日

張政題記高一寸三分一面廣存五寸七行前一面廣存二寸五分四行字徑五分

諸口村　張政妻王氏男口馬歌口口

天聖元年口口口口

二

王贊題記高一寸三分廣存三寸餘六行字徑五分

闕縣　下戶王贊妻李氏男粦多闕

李順題記高一寸二分廣存五寸七行字徑六分

五井村　李順母高口男文新婦闕下

賈惠題記高一寸廣五寸五分十行字徑五分

五井村　空賈惠妻高氏共造羅漢二尊記

案仰天山白雲洞舊有石鑿五百應真明永樂初毀存

者無幾乾隆乙卯春段赤亭同李廉夫訪碑至洞擇其題

字可辨者拓得四十八種紀年不出天禧五年乾興元年

天聖元年皆是男女供養之詞無他敘述也山左金石志

右仰天山應真像記山左志謂有四十八種今所得廑四之一别有金正隆年造像三種碑估云在一處然不見於山左志未識此外三十餘種尚在人間否

三

賜白馬寺及興教塔額牒高連額四尺六寸廣二尺六寸額下分爲三截上截二十五行中截十八行下截二十五行行字多少不一字徑七分正書在洛陽白馬寺

釋迦淨光大陁羅尼經篆額三行九字字徑二寸三分

中書門下　牒河南府

河南府□白馬寺自有唐時額號年代深遠碑記全無伏乞再降牌額只以仍舊白馬寺爲名准

勅

牒奉

勅依□只以白馬寺爲額仍令本府製造牌額懸掛牒至准

勅故□

宋天禧五年正月十五日

端拱二年五月四日

戶部侍郎參知政事王

戶部侍郎參知政事辛

中書侍郎兼戶部尚書平章事呂

河南府　　帖白馬寺

右准　勅命如前已帖客司軍將仰詳

勅命指揮追勒木作匠人於係　場務取射材植製造白馬

寺牌額及

勅□□□街僧司仰指揮本寺主□□□請領赴寺於舍利

塔院門上懸掛事須題連□□帖本寺亦仰詳
勑命指揮施行無至有違端拱二年五月十九日帖
　權知司錄叅軍事權
　推官路
　國子博士通判府事祖
　給事中知留府事□
右上批
中書門下　牒河南府
　西京左街白馬東寺塔
牒奉
勑宜賜興教塔為額牒至准
勑故牒
　□□四年三月　日
左諫議大夫叅知政事趙
兵部侍郎叅知政事馮
工部尚書平章事王
河南府　帖興教塔
右准
勑命如前□須題連

□黃帖□□塔仰詳
□命指揮施行景德四年三月八□□
　□□□
　□□□□孟
　□□□士知留府事□內勸農使邊
右中批
左街僧錄司　帖白馬寺
奉　府帖右准
勑命如前事須連錄
勑黃帖僧司仰切詳
勑命指揮施行訖申者
右具如前事須連錄
勑黃帖本寺切詳
勑命指揮仰知委訖申待下泐
府無至有違景德四年　月下泐
□□左街講論首座知教門事□□
左街僧錄司　帖白馬寺舍利塔下缺
奉　府帖准
勑命如前已帖客司軍將□下缺
勑命指揮追勒木作匠人下缺
取射材植置造白馬寺脚下缺

勑□□本街僧司仰指揮本寺缺下 —□請領赴寺於舍利塔
院門上缺下
右奉 府帖準
勑命指揮如前事須帖本寺缺下 —主僧賜紫行顯□□□□
□前項事由及
勑命指揮赴□□□□寺牌額於塔院門上懸掛無至有違
端拱二年五月廿三日帖
首座知敎門事圓明大師沏
天禧五年正月十五日寺主□慧大沏下
僧彪□書 □元□鐫

右下缺

碑刻勑牒與河南府僧錄司帖而額題無垢淨光大陁羅尼經九字殊不可解疑碑𥗊舊刻為之而額未改也端拱二年平章事呂者呂蒙正也參知政事王者王沔也辛者辛仲甫也景德四年平章事王者王旦也參知政事趙者趙安仁也馮者馮拯也繫官與表傳皆同惟趙安仁左諫議大夫表傳皆作右當據碑以正之

永定陵採石記乾興元年八月十日萃編載卷百三十一

行書誤作正書

鍾離瑾篆額缺鍾離二字 般運山陵石段段誤叚 居然得天地之心
缺居字得字 周漢以降實曰名都缺上四字 乇百萬之師缺百萬字 有億兆
之衆缺億兆字 相水陸五達之要缺相達要三字 □濟運萬計之饒缺濟運計
三字 控淮汴之上游缺控字上字 乃於定鼎之都以卜藏金之地缺都
字卜字 寶建宏規缺規字 恪舉孝思髙邁五陵之制恭承遺廕巢道
廢三字外並缺 秪席墻圍缺席字 逢迎梓和紹二聖之令猷缺逢迎紹字紹下字
宸字聖提行原錄和下作□□□□連接二聖誤 窮經天緯地之源窮誤宵 成撥亂
反正之業缺成撥亂字 仁以守位缺位字 固絶於畋遊遊下應空二格 四夷
宋乾興元年八月十日
一
即敘缺即字 綿區帖泰缺區字帖誤怗 昭示僊源僊誤仙 㕘紫帝之貽□
缺帝字 仰宸念以增虔仰誤仍 百□無疵鼎之緣缺百字 痛結宮闈
結下應空七格 遽閱於遏密缺遽字 首命咸塞軍缺首字 荷先朝拔擢之
恩脫荷字 副當宀副下應空五格 文武官僚缺僚字 欽承治命承下止空一格誤跳
三格 計用安砌安軗誤 七十七段缺段字 凡有名山缺凡有二字 惷皆尋
訪皆誤比 㕘居麾下缺㕘字 首奉詔□□□司計置還以□□為言
缺奉詔司以為言六字 深入煙蘿攀□峭峻不逺行路缺深攀峻不逺路六字 流
于山趾缺流于字 有若雲屯缺有若字 綿歷時歲缺時字 因與同僚議其
完葺缺上四字 其狀蛇蜒缺蜒字 廑宣宸慈宣下應空六格 詞亦無愧愧誤媿
李丕遠書及刻字缺及字

蘭泉先生云篆額者但存其名瑾而泐其上二字以史
考之當是鍾離瑾按今墨本搨亦不工而鍾離二字亞
所按勘八十餘字皆一望可識知王氏所見搨本率劣
殊甚矣碑末列名之事知常別有華嶽廟設醮題名在
大中祥符年間其銜爲入内内侍省高品

附

碑側盧大同等題名 三行行十二字字徑一寸正書左行

熙甯丙辰歲孟春上澣日扶護長安太君靈櫬揩于此潁川
盧大同大年延齡壻劉庚來

款文 左端廣三寸九分厚一寸五分正書

天聖元年

龍門山丁裕題名三段俱正書

一 高左六寸右四寸五分廣四寸字徑七八分左行

大宋天聖四年三月二日三班借職監西京伊河□木務□
龍門本□煙火脩道公事丁裕記

一 二條一長二尺五寸一行二十二字一長一尺二寸一行八字字均徑一寸及一寸三分

大宋天聖四年三月三日監脩石道公事丁裕記白利用下缺
同監脩路貟寀高福

一 高二尺二寸四分廣七寸五分字徑一寸至一寸三分左行

三班借職監伊河竹木務兼本鎮煙火脩整龍門山石佛公
事丁裕向弟祐仲子觀東河南府助教白利用洛陽□□□
天聖四年三月二日
□友貢士顏輸清河張居□安定胡汎同至此
皇宋天聖四年丙寅□□二十□□□裕題

保平軍節度使魏咸信神道碑銘

高一丈七寸廣三尺九寸四十一行行一百十字字徑六七分正書在洛陽

□宋故推忠保節同德守□□□□臣保平軍節度陝州管
內觀察處置等使開府儀同三司撿校太尉同中書門下平
章事行陝州大督府□□□□上□國鉅鹿郡□□公食邑
（泐八字）□□□□□□□實封肆伯（泐十字）□□□□□□□□□□
公神道碑銘
翰林學士承旨兼侍讀學士光祿大夫行尚書左丞知
制誥□館修撰□館事才判尚書都省三□院（泐十字）□□□
□□□□□□□□二□六百戶食實封柒百戶臣李維□

宋天聖六年九月　一

勑□
□□□□□尚書（泐下）
臣聞龍師臣之任者蓋以摠兵要揚國威鎮禦乎閫外生民
之所司命登鏞相之崇者蓋以巢政道燮帝載經濟乎天下
正亡之所注意二者之重兼而領之而復叶□□□言□□
馬之選嘉□□□□□□□□　主而□□□□□□
介祉鍾家慶□□□□□之□□□□□□嬌嚴憓永令
見之於魏公矣公諱咸信字國寶其先鉅鹿人也本乎受封
之國遂為保姓之始佐於火運有嚴毅之稱出於典午著質
朴之譽南北之代衣冠才屬戚□□□族戚勲在盟府□□

蕃衍□□絕□公之□祖（泐十七字）□□□□□□□□□□□
□□□□父□□□□□國公祖諱容累贈中書令越國公
皆以世適多虞夷退無競遺榮履素違志保身皇考諱仁浦
始佐周室旋輔興運英猷茂績煥於國書終尚書右僕射累
贈尚書令追封秦王謚曰宣懿公即宣懿公之第三子也□
□妣□□□封（泐）□國太夫人□妣□□□封晉國太□□母
□氏□封秦□□夫人繼母李氏追封韓國太夫人皆華腴
淑德尊行休德遷是積摩叢厥福履疏封大國由公之貴也
公神粹天挺英靈嶽降越自毀齒動必老成甫及勝冠遊皆
長者綽蘊經□□器□□□□之舉建□初（泐廿九字）□□□□　二

□□□□□□□□□□□□□□□□□□□□□□□□□□□
人□五加服章紱　太祖在潛之際　昭憲皇后嘗至
宣懿第公侍秦國之側神彩凝睟瞻視不凡　昭憲因而
奇之由是始有議姻之意矣　太祖以□懿□舊加公使
□□□呂公於□□殿（泐廿七字）□□□□□□□
□□□□□□□□□□□□□□□□一□四方之志
實男子之事也然詩書之教吏須服膺公斂承　寶誨克踐
聖言繇是慕古以服儒篤志以學問乾德五年　神
宗尹正浩穰道判官劉□面（泐廿字）□□□□□□□□於□
□□賜□衣（泐廿一字）引御之水以灌池沼漢以列侯尚主始垂

就第之文周以同姓主婚聿崇築館之制鳴鳳之占允叶嬀
嬀之禮斯循六年領吉州刺史[illegible]
太宗即位超授本州防禦使太平興國四年晉壘未平王師
薄伐公親執羈靮從　帝于征陪　櫛沐之勞預
攻討之略滷盪彼妖孽瀦其城□俄□□□之泐廿六字授□□
□察使雍熙三年羽書押至邊候弗甯東求威里之賢分領
翰垣之任駙馬都尉王承衍鎮大名石保吉守河陽乃眷澶
淵實陪京輔　皇家股肱之郡天下咽喉之地邑屋相望
□□□□北阿之泐十七字至以泐十九字二十里以直水勢自是無
潰濫之患端拱元年河清于郡累公汲於中流貯之銀缶用
三
公主上之九里之潤方蒙福於京師一清之期復薦祥於
□日□夫協氣□流□□□□□合泐廿一字節呂還泐下[illegible]帝
宸戴隆於體貌尋命兼澶州馬步軍都部署賜白金五千兩
復遣之鎮淳化元年介圭入覲留於京師是歲澶州河大決
城堞頹圮舟梁盪絕居民□其昏墊泐廿四字究之泐廿二字乏絕者
賑之彫弊者撫之止於弥旬闔境用乂先是　朝廷以橋
壞命內殿崇班閤承翰專繕完之任承翰惑於輿誦執其所
議以為歲暮風勁寒威日□我□□水泐廿五字之泐十七字外□□
□意內獨斷于心因郡餞迴名諸工謂之曰橋梁之役所以
濟萬人也　天心所屬正在此爾吾為州將忍坐觀而忘

宣力乎因自乘輕舸董役於洪流無何氣候□氵□□氷泮
泐十八字見泐廿二字凍難成之狀而公奏繼至　太宗大悅顧謂
左右曰朕選駙咸信果不謬知人矣翌日公主入賀　太
宗復嘉歎數四密賜珠玉之珍以旌賞之□調卒七千□□
河氵既□役遂泐十七字迴泐廿二字明年春有司以每歲孫隄故事
計其功當役夫二萬公遽省其半奏之　太宗益嘉歎焉
時民田水退盡為膏壤而家乏種子嗷嗷靡訴公飛奏□官
廩貸麦三萬斛□□□□威德泐廿五字之泐七字斯□轉□□□
公□□言　詔俾蠲免五年以仲兄太僕少卿咸與屬疾
削奏願一省視尋　詔赴闕[illegible]
四
真宗即位改定國軍節度使咸平二年八月講武東郊
詔公充在京新舊城內都巡檢十一月　郊禋充舊城內
都巡撿其月以戎人犯塞　真宗將議親征命公充貝冀
泐廿一字河泐十三字公□戒道□天雄軍始得步騎二千置之麾下
以少擊衆志立於奇功倍道兼行聲馳於大敵方及治所虜
已遁去亦由公威名素著之使然也尋命公愛子晤□傳詔
咨赴行在改命知□州[illegible]泐十一字詔□□□合屬惟□□□□濟
泐十一字集荒而不治公商利度勢絕隄立門疏其湍流俾與渠
合縣是皆成良業民獲安堵帳下群吏市物為姦公廉而知
之即倍償其直先刺郡者威嚴□□奪攘之黨横於州境□

公至□戍泐十七字之□□□□□盡泐九字從　□幸澧州三
年授武成軍節度使四年　車駕朝　陵詔公扈從無
何曹南編人列狀借留會　天子春三城之地擇萬夫之
長高牙大旆授之以行大中祥符元年建云亭之封舉泐廿五字
宴泐下禮盡其歡心三年　國家卜崛岉之丘成　合荅
之禮七萃電逝千官景從爰念上游之寄必資同德之臣遂
復命知澧州兼駐泊馬步軍都部署賜銀本□錢各□拜泐廿
一字中使□召公泐十一字今泐五字鋒也公祗承嚴召注不俟駕既
而射中銀缻者再　真宗連解之賜襲衣金帶鞍勒馬賚
春隆客觀者榮之四年禮畢還忠武軍節度使七年　真

五

宗以□□□　□□時□勳泐十四字判天雄軍□□□□泊
馬□軍泐十三字嘉禾帝錫褒擒九年民吏萬餘人伏闕請刻石
頌德公剡奏懇避得請後已天禧元年移保平軍節度使中
伯著藩宣之勞載於詩詠充國有脚脛之苦恤以　綸言
尋名之泐十五字加□□□□□癖□之泐十七字公泐三字謁對見移
晷精爽不耗感極以泣　帝俯加存慰厚其錫賚是月甲
子以不起聞享年六十有九　天子深撫牀之痛士林興
埋玉之□　輿駕親臨哭為之慟　詔廢朝三日泐十二字
剌史實神泐七字之□□司泐十字護□以其年十一月丁酉於
河南府洛陽縣賢相鄉勳德里發許國恭惠長公主塋合祔

馬禮也惟長公主承徽　紫極發秀璠枝淘淑才明本於
天賦孝友□懿非由外獎泐九字公下泐次曰昭亮四方館使
端州防禦使贈安州觀察使閒世挺生纂服濟美器宇沉粹
識略宏遠初　太宗以其與王世隆皆嫡外孫特□之睿
並呂賜坐以安州□□□之勳有泐廿七字人之風泐三字定體之
名未立　御筆書二名以賜恩獎交被舉無倫比初公之
捐館也安州削奏以終喪制寢息側為請雖　俞詔靡下
而為搢紳之所韙焉次曰昭□□賔副使安泐十九字紹成世泐七
字家□著美後□□而□□斯又萬石之不衰臧孫之有後
也女二人長封壽光縣主適內殿崇班閤門祗候張士宗次

六

適右班殿值閤門祗候王從益皆夙稟慶靈載誕柔淑宜其
良匹休有惠□公□狀碩偉業行優□□□捐庠泐十三字於成
泐廿二字綜人倫風后陰陽之占窮於秘要進蒙孫矢之法得其
指歸斯所以近　天子之光預勳臣之列周旋禮任蒙被
寵數者已夫其撫封也民不見□官不及私□刻□之蠲除
德泐廿二字至泐八字附衆武克御勝威重以任巳敎整以訓兵善
志外數聲猷克壯淵謀內講紀律用張倚為長城式是戎閫
從王師之有征也晝陪　日御夕護　天嘗申令惟嚴
威愛允濟□　□□□□□之光□□□王□不泐廿四字
內朝宏□別館肅臺三襲奉　帝子之游食節萬錢盛席

賔之饌惟公逢　時興盛致位台鉉奉　晝接而前膝
告扆猷以沃心出則佩刻麟之符嗣藩伯之首入則居洛鳳
之沼魚下泐萃一門伯叔之忠著三世蓋所謂有邦之柢艾
群后之表式者也歷階至一品榮勳上柱國爵本郡公累邑
萬室凡三加功臣之號其國爵之崇矣七司郡寄兩從
王征□□節□□聲□□□□□□之泐十字代□□器泐十六字而
登才鑒家園覽止之分究義經知得之義莫不推高乎達識
騰芬於餘論宜乎茂昭嘯績長保尊榮終始隆名優游華旦
乃侯之祉濟其世以流芳翼子之謀昌□後而斯允揚□之
感□覺錫泐十七字善泐十九字乃詔下臣俾當紀述爰稽賛命式探

七

民謠成令嗣光昭之美揚元侯景懿之烈懼遷岸谷猶存少
女之詞竊叙世家敢蓋孟堅之傳仰遵　宸旨謹為之銘
銘□
天人合符　才賢命世　風雲冥感　旦暮之際　慶啓
善鍾　繼世登庸　其行惟茂　其德惟隆　黼藻薦紳
嗣晃百郡　□士國□泐下　藏勲金券　書忠
縉史　位亢名大　責重憂深　崑□玉折　台阝星沉
愍冊贈章　光赫侯屏　喪禮葬數　邁越貴等　當宁
形□　□朝下泐　嗟隙駟兮遄奔　封弔鶴兮何言
返至真兮太素　給秘器兮東園　龜告猶兮烏協吉

虧佳氣兮鮮原　儼輔茯兮在列　□□□兮悽咽　□
□門兮□□　□□□兮□□　□□□兮□□□　泐下
天聖六年九月　日奉　□首建　中書□下泐十五字
右魏咸信碑在洛陽補寰宇訪碑錄作咸信誤是碑高
廣丈矗立名區而前人多未著錄畢尚書黃玉圃武虛
谷蒐輯中州金石最博而亦遺之咸信宋史有傳歷官
事蹟多與碑同而互有詳略及小差處碑文下截殘泐
以傳徵之八行各公於□□殿下乃叙太祖命與党進
等校射稱善故下文有四方之志云云也十一行遣彼
妖孽諸其城□下泐四十字傳於是年有詔因奉外賜

八

錢十萬語据碑知是賞從征功文在泐處也授□□□
察使慎州觀察使也傳稱雍熙三年拜彰德軍節度碑
未之見當在十二行泐處十七行調卒七十以下云云
傳言河平詔留役兵葺隄咸信以為天寒地凋無決溢
之患奏罷之蓋謂此也二十行從□幸澶州据傳及本
紀從上當有景德元年字二十三行建云亭之封下當
有加檢校太尉字傳七年冬以新建南京擢太祖舊臣
加同平章事碑二十五行七年以下當即敘此傳言天
禧初改陝州大都督府長史保平軍節度碑僅見務保
平軍節度使其陝州大都督府長史見於標題而不見

於序殆在二十六行尋召還下三十餘字中奚二十七
行廢朝三日下据傳有贈中書令字此碑之漏也咸信
父仁浦碑言贈尚書令追封秦王傳言贈侍中而不載
追封之典碑敘校射在乾德五年前傳繫諸開寶中按
永慶公主下嫁在開寶五年傳蓋從尚主之年而追敘
之耳碑言端拱元年河清於郡傳繫諸雍熙四年按太
宗本紀端拱元年正月澶州黄河清是碑為正而傳為
誤也碑言淳化元年澶州河大決城堞頽圮傳繫諸淳
化四年按本紀河決為四年九月事則傳為正而碑為
誤矣碑言咸平二年八月詔公充在京新舊城内都巡

檢十一月充舊城内都巡檢傳不言八月一詔蓋略之
改武成軍節度傳在二年知曹州前据碑則三年事碑
言四年車駕朝陵詔公扈從傳連綴知曹州後未繫以
年可据碑以糾之傳敘咸信扈駕還上言先墳在洛欲
立碑求薤盟津以便其事即改知河陽碑未之詳也傳
言大中祥符初從東封加檢校太尉將祀汾陰命知澶
州令張繼能諭旨領忠武軍節度未幾召還据碑加檢
校太尉在元年知澶州在三年遷忠武軍節度使則在
四年其兼駐泊馬步軍都部署傳略而不書也許國恭
惠長公主即永慶公主太祖女真宗初進許國長公主

咸平二年薨謚貞惠後改恭惠在咸信卒前十八年先
葬故曰發塋合祔也咸信子昭易無傳昭亮昭侃附咸
信傳後昭亮官位碑與傳同其贈安州觀察使傳作貝
州當以碑為正昭侃□賓副使按職官志賓上為禮字
傳作供備庫使乃立碑後遷轉故不同也女二適張士
宗王從謐二人皆無考撰文者李沆其名宋史李沆傳
弟維博學少以文章知名至老手不廢書真宗時知制
誥入翰林為學士承旨加史館修撰仁宗初遷尚書左
丞兼侍讀學士與碑署銜悉合還審碑沆處李下糸字
筆蹤猶得見之其為李維可徵也書碑者一行尚書二

字外俱不可辨

北嶽廟石幢題名六 均正書。唐題名次唐大中二年

天聖殘題 在唐韋損題名之下高存六寸五分六行行存字不一左行

石侍禁真定府定闕下帝命供職中闕下嶽殿今再授闕下皇澤邊

彼擒□闕下廟庭祭朝　聖帝天聖七闕下

劉壽題記 在唐李元夔崔貽題名之下高九寸四行行十二三字字徑六分左行

吳興劉壽　敬拜

祠庭徧讀題刻唐人書翰有楷法而二石柱尤佳迫還府恨

不得墨本也元祐戊辰八月二十一日

郭長卿題記 在唐韋損題名之右高一尺一寸三行行十二字字徑八分

并門郭長卿敬拜

起天聖七年

嶽祠徧讀題刻欽愛不已紹聖乙亥立秋日男良輔良弼同

来

和叔題名 在唐李公度題名之下高存六寸四分左行三行行存七八字字徑七分

前新樂簿司言罷闕下聖帝紹聖丁丑季夏闕下日和叔題

西頭供奉殘題 一行在天聖殘題之前字徑七分

西頭供奉官 泐三字 保州□信□□□軍闕下

又一題 在大中三年某題名之下字徑五分

□頭供奉官閣闕下□□□事令奉 下闕後亦殘泐

北砂傒重修院記 高連額五尺二寸廣二尺五寸上截記十九行行二十一字至二十六字不一字徑八分行書後四行壓下截三十四行均題名行字不一字徑四五分正書在曲陽

北砂傒重修院宇之記 篆額九字字徑寸分

北砂傒□修院記

伏聞三乘妙典□□幽微大覺洪慈實堪倚仗擕淡愚□□

□□□□求□□□歸依者□幼殃消供養者河沙罪滅□

□果□□□來□□崇於□教厥有北砂傒院内古石像

□□□□□□成於天□□□有五臺山清涼寺僧用紹雲

遊居此□□□□□□□□□□工妙人凡而難測釋迦□

宋天聖十年十月一日

影三十二□□□□□□圓光焰火頻伽化佛諸尊菩薩花

□而刹□□□□□□□□□□□□□動其像巧妙可謂

神工嗟院宇以年□□垣□而隤圯果如□□檀信拜請上

人掌院住持焚修佛□□□之暇則演說□人衣鉢之餘則

營脩梵宇維那等衆師□□□□浮生□具戒□以□□□

惡從良而進善深山採□□□□□而不憚□勞□□□□

以資興善果而無詞□□□□□曰雲堂□□□□□禪宮

疊廧若飛鳴盤空□□□□□之□□於□□□塑弥勒下

生佛隊仗□□□□□□□兜率之天□□□容似蓮生而

見居□□□□□□□□□□□□□□□人天食福之基

□□□□□□□□□□□□□□□□地内卜得片石施
□□□□□□□□□□□□□刻石不朽書吉日□□
□□□□天聖十年□□□□十月一日記（以上上截）
記後似有題名四行僅見弟一行末料木匠人字弟三行者字擶扳莊字弟四行末塑匠人王秀字餘俱漫漶不可識
（前三行泐）（上泐）廷翰廷斌廷（泐下）（泐上）王文化文素文秀（缺下）（泐上）守
□守玉守遠　施（缺下）（泐上）玉廷偲廷吉吳兒劉七（缺下）（泐上）
氏弟□□開□李政　李乂（缺下）
（泐上）李金小哥　李金新婦甄（缺下）（泐上）楊榮男楊鑾　楊美（缺下）
（泐上）重兒張留□　張□母（缺下）（缺上）新婦張氏女恰姐
孫女月兒孫男□□（缺下）□主王□母（泐下）妻楊氏女師姑姐
二
蓮花（泐下）（泐上）妻□氏男馬七女黑姑孫男留□（泐四字）氏男
馬（泐六字）妻辛氏（缺下）（上泐約八字中空尺許）□政妻程氏　曹晏母□
氏（缺下）（泐上）氏男李化驍武□□□□男□（中空）李□妻□氏男
□□（缺下）（泐上）氏□□馮□妻張氏（泐下）（泐上）董秀忠□□□小
哥　□□□□□□　李□妻張氏（泐下）（泐上）何氏□氏
（泐四字）母張氏□李□新婦□氏霍氏　張翰（泐上）妻段氏
王暹妻支氏　王□妻崔氏　王□母馬氏　王謙男王
貞　王□妻（缺下）（泐上）氏□李□□□秃兒□兒新婦楊氏□
□□曹郎婦□郎婦男□留吳留（泐上）恰兒□醜□女新婦
張氏　韓興妻李氏（泐上）韓留小哥三兒四兒□哥女□娘

（泐上）王全妻張氏男王□王玉　張翰母李氏
（泐上）妻王氏　楊敢男楊則　馮金妻王氏　劉斌　劉□
郭琛　郭元　張榮　張□（泐上）寋　西□村李□張□
□□人賈請　相如村劉乂　劉秀　劉□　河泉村（缺下）
（泐上）李氏　□斌　劉緒　劉榮母王氏　辛乂　彭遵　李
□（泐上）彭晏妻牛氏　□□□劉緒　孫元　李□　李岩
李言（泐上）妻張氏　辛佐妻李氏　李斌妻辛氏男知□
（泐上）張乂妻許氏男繼暹孫男張留合□　張禾妻曹氏
張□妻白氏男張緒新婦□氏劉氏（泐上）水開岩孫煦妻□
氏男孫清新婦王氏（泐上）崔氏　崔金妻耿氏　崔乂妻劉
三
氏□□□韓氏　崔□　崔□　崔岩妻王氏　崔信母
（缺下）
末行僅見行末崔忠二字餘缺（右下截）

堂之格

延慶院新修舍利塔記

高三尺五寸廣二尺四寸二十行行四十四十一字字徑七分行書在濟源

大宋河陽濟源縣龍潭延慶禪院新修舍利塔記
應賢良方正能直言極諫科奉直郎守殿中丞騎都尉賜
緋魚袋馬元穎撰
夫二儀旣列陰陽定而晝夜分三才生道德失而仁義著
聖賢刧出教化是興故陽法天而仁也陰配地而義焉三教
旣立五常同軌大雄氏之興也教本於義道屬於仁由智信
而行大慧也始自西方流於東土談寂滅苦空之說運慈悲
解脱之因立善應之源□惡趣之本航濟苦海梁渡昏衢假

宋景祐三年六月廿七日

一

色身之名立
如来之號化度千佛慈布万刧一雨所潤四生賴焉洎涅丈
六之身縣四八之相故東土莫得而禮焉是故靈骨舍利慕
如来者斲棺樹塔而葬焉塗相繪色為堂殿而供焉皆以歸
依斷惡覩相生善而繪像塑土木表其歸依耳故惡除而善
積乃有上品生天之果而惡趣鬼業莫得聞焉相沒教興人
天咸信蓋州濟源縣通慧禪院比邱法言者蓄諸佛舍利數
十粒千佛之遺體也坐臥行立置之道場常以憲化色身已
處傳授欲謀塔置未得其所至誠感應果有其人河陽軍念
定寺僧教岸言議成就而濟源縣延慶院主僧省初睨之共

依之格　依之格　以下每低一格

濟其事乃以院之西北隅爽塏之地而建焉已基利益之心
欲慕良因之者得鳩財之士程文政等十人僝功埏埴寒来
暑往朞年而就塔高一百尺級數凡七層以景祐三年三月
二十一日畢功設僧道比邱尼大會慶讚者□嗚呼諸佛出
世万法歸一明聖賢之旨張聖賢之教使飛走獲其利草木
循其性者不有其人安能盛之乎三僧十士寅緣周濟佛法
圓滿樹無疆之因興無疆之果使千百年而下知
皇宋之有信士耳元穎叨主縣風備執其事恭勤見請謬為
記云
景祐三年六月廿七日建

二

江陵楊虚已習晉右將軍王羲之書
將仕郎守縣尉李昭慶　儒林郎行主□高宗古　右班殿
直監酒税趙元寶　左班殿直河陽管界巡檢錢宥
左侍禁新授河陽管界巡檢魚廷文　□直郎守殿中丞
知河陽濟源縣事兼兵馬都監騎都尉賜緋魚袋馬元穎
少室山人郝顯篆額　院主僧省初　修塔主講上生經
百法論沙門法言

三游洞題名十三則在東湖

歐陽永叔等題名有闕高一尺二寸三分廣八寸五分字徑一寸五分正書

景祐四□十月十□□夷陵歐陽永叔拉判官丁元珍□□

歐陽文忠公景祐三年五月貶夷陵令十月至官四年三月謁告至許昌娶薛奎女九月還夷陵十二月移乾德令此題十月字似七今據年譜定之判官丁下四字有舊刻存臘字跡攙混頗難審定按歐公文集有集賢校理丁君墓表諱寶臣字元珍晉陵人景祐元年舉進士及第爲峽州軍事判官文忠數與之唱酬並見居士集据此始知石刻爲元珍否則無不讀元爲冠矣

宋景祐四年十月

一

張吉楚建中張景儉等三題高二尺八寸廣三尺四寸正書

假守張吉叵辟簽判毛膊杲之巡檢馬師古宗範靳洋水寨主鄭晉臣抗宗推官郭元輿方壯治平元年清明後一日遊叵辟男公亮公著杲之男祐甫方叔男彤彤侍此刻前五行字徑三寸餘年月雙行及後二行均徑二寸餘

後六日新夔漕楚建中叵壯運判張林宗景仙與叵辟杲之偕來此刻二行字徑二寸

次年正月十八日新夔憲張景儉中行新江安令鄭伯齊說道又□並同上

題名十四人惟楚建中正叔宋史有傳洛陽人歷夔路淮南京西轉運使据此刻知其轉漕夔州在治平初也張景儉有會善寺詩刻及從文潞公遊嵩陽宮題名並在登封時爲嘉祐五年官集賢校理乃此題五年前事又潛山石牛洞有熙甯二年題名則後四年事也宋詩紀事有丁謂與張中行君山聯句不詳其名當即景儉

李寔等題名高一尺七寸廣二尺字徑四五寸正書

李寔朱述王世延鄭總同遊

此題無年月李寔字公實見華巖巖潛山巖慶歷七年題名王世延字曼卿見浯溪熙甯元年題名次神宗時當不誤也

二

黃大臨等題名高一尺七寸廣二尺字徑三寸正書

黃大臨弟庭堅同辛紘子□方紹聖二年三月□□來遊公美

山谷兄大臨字元明紹聖元年九月同在貴池題名齊山此則越歲游蹤所至也字爲山谷書辛紘無攷未行公美二字亦未詳何人

呂叔龔題名高一尺六寸五分廣二尺三寸字徑二寸正書

洛陽呂㶿龔以湖石輸將職事趍秭歸觀三游洞鼓琴奏廣陵離騷洛浦靈谷應聲琴韻愈勝不覺日晷之移時紹興壬申十月二十六日題

徐宗偃等題名 高一尺三寸廣一尺六寸五分字徑一寸六七分正書

乾道癸巳十月既望　荆帥尚書葉公移鎮成都道出夷陵
郡守徐宗偃祖餞于此荆南倅吕援曹掾黄牧之枝江簿尉
閻墉同来

荆帥尚書葉公移鎮成都云者稽之史傳蓋葉衡也衡字夢錫金華人紹興十八年進士由小官不十年至宰相傳敘其知荆南成都等府無繫年而下書戶部尚書除簽書樞密院事拜参知政事孝宗本紀在淳熙元年乃此題之明年考時正合江陵建炎二年升帥府四年置荆南府衡稱荆帥以此

三

韓子常等題名 高二尺五寸廣四尺六寸字徑三寸餘分書左行

淳熙己亥寒食日郡守韓子常拉同官張魯仲洪子□李德
甫挈家来游海陵陳端厚偕行□□□括何□□識之

末二行字多剥蝕

鄭郇等題名 高二尺四寸廣二尺二寸字徑二寸四分正書

建安鄭郇夢授自荆南機幕入蜀攝夷陵守陳茂英季實以
江陵同官之契携家載酒餞别于此季實男見德見剛夢授
男重老孫慶孺侍行紹熙甲寅季春廿有一日

臨桂疊采山磨儀之等題名有鄭郇夢授即此郇其名夢授其字也宋詩紀事云鄭郇夢建安人蓋誤廣西通志職官郇乾道間静江府司法参軍磨儀之所為以僚屬稱也彼題刻於淳熙戊戌乃在此十六年前

汪必進等題名 高二尺四寸廣一尺八寸字徑一寸正書

郡博士新安汪必進止善以代瓜泐下憲幕之辟其交承李頓
汪雄圖思遠□□里同宗□楚三者之契寅餞于此泐下次幕
梁谿張禄成之附郭倦吏巴陵□□孝先□□司警澶淵□
璲子肅嶽祠免者進士開封趙伯讃仲舉皆其素所屋蓋者
實紹熙甲寅中秋之日景與境俱勝雖客裏送客而銷黯之
情殊覺兩忘觴行無算薄莫始分攜悄歸遂之有月也

常季望等題名 高一尺六寸廣一尺四寸字徑二寸正書

四

臨邛常季望假守□□艤舟来遊夷陵法掾楊子平設别
會于此季望□泳湑準瀨侍慶元丙辰寒食日

向儒詩 高一尺七寸廣一尺四寸五分字徑一寸七分行書

窪林向光□上 額六字横列字徑一寸分書

自昔異人開甲第幾來塵世識丹砂眼中真隱何曾見石上
虛名只設題春塘向儒 四字特肥大
方外白飛霞

南明山高陽洞題刻四（並正書在麗水）

葉清臣等題名（高二尺三寸廣一尺餘左行三行行六字字徑四寸末三字特小）

寶元己卯初庚後五日道卿元規同來高陽洞

按葉清臣字道卿吳郡長洲人孫沔字元規會稽人時元規為栝郡守道卿為兩浙運副巡行來栝二人相與留題史稱道卿天資英邁遇事敢行奏對無所屈歷官右正言知制誥拜翰林學士仁宗御天章閣召公卿條當世急務道卿極論時政闕失劇切權貴元規居官以才力聞性强直少所屈憚為左正言論事益有直名首劾呂夷簡當時喜其謇切曾與狄青敗智高及還帝問勞解帶賜之二公

皆正直臣也玆得聨名題刻於石壁之工曰輝星曜亞古常斵能無拜石而生敬哉（栝蒼金石志）

按孫沔別有高陽洞一題云己卯孟秋孫沔畢從古章岵至拓工遺之

李堯俞等題名（高廣各二尺五行行六字字徑三寸）

慶曆戊子孟冬初五日李堯俞然明馬元康公濟韓洞伯純秦定正臣到此記

首三字為董經臣等題名之陳愷同謁四字夾行攙刻仍可辨識栝蒼金石志云李堯俞字然明郡志職官表注為皇祐間郡守史無傳戊子為慶麻八年馬元康等

三人無攷

董經臣陳愷等題名（揭本未全左行三行前二行各五字末行十二字字徑四寸）

董經臣陳愷王保恭同謁泉師禪者熙寧丙辰五月七日

泉師禪者乃蔣山僧號佛慧叢林謂之泉萬卷曾與東坡唱和

左行拓本未全臣陳愷恭同謁六字在李堯俞等題名一紙之右上角甯丙辰五月七六字在葉清臣等寶元年題名一紙之左其失拓十字据栝蒼金石志補之

溪漲紀事（高四尺五寸廣三尺八寸五行行八字字徑六寸）

大宋紹興甲子丙寅歲洪水自溪暴漲約高八丈人多避於

樓屋惧死者不可勝計因紀于石以告後來

右南明山高陽洞磨崖紀事而不書名觀其後尚有數行為後人磨勤按甲子為紹興十四年郡志誤為紹興十三年八月大水而丙寅之水不書據此可以補志之缺栝蒼山高溪溜而水口佛頭諸山又多嶄巖峭石横截中流每遇霪雨輒有湮没之患志凡五十五見佘二十年間曾四遭此患惟嘉慶庚申最酷水自城東南入城中死者不僅以千計附錄於此（栝蒼金石志王尚賡）

栝蒼志因作用誤。

石門山題刻二十六

葉清臣題名 高一尺五寸廣六寸餘二行正書

葉清臣來 字徑三四寸

寶元二年六月□□日 字徑一寸餘

右題名在郭密之詩刻下末行六月二字爲明嘉靖閒處州府同知王俸題名吉旦二字蓋之然尚可辨寶元二年宋仁宗卽位十七年歲己卯也是時清臣爲兩浙運副巡行甌栝故所歷名山勝景皆有題名 栝蒼金石志

此與高陽洞一刻爲同時所題

又 方六寸二行行二字字徑三寸正書

道卿獨來

在張子經磨崖之前 栝蒼金石志

馬尋題名 高八寸餘廣五寸五分首行字徑二寸餘二三行徑一寸五六分正書

馬尋來

慶曆甲申季冬廿日

按馬尋須城人舉毛詩學究判大理寺明習法律歷提點兩浙陝西刑獄廣東淮南兩浙轉運知湖撫汝襄洪宣鄧滑八州終司農卿此爲提點刑獄或爲轉運時所題 栝蒼金石志

宋純等題名 高一尺一寸五分廣六寸三行行六字八字字徑一寸三四分正書

主客郎中宋純　閤門祗候王偕　慶曆乙酉九月同來

右在謝康樂最高頂詩刻後按乙酉爲慶厤五年 栝蒼金石志

蘇舜元題名 高一尺廣七寸四行行四五字正書前二行字徑二寸後二行上下俱空字徑一寸餘

蘇舜元才翁　避暑于是

皇祐庚寅仲夏十九日

苗振等題名 高二尺廣一尺四寸四行行六字字徑三寸正書

尚書郎苗振　閤門祗候常鼎　同遊辛卯孟冬　初五日

右苗振等題名加勒於謝康樂石門新營詩閒書辛卯而不書年號苗振史以舍閒常鼎無攷按蕭山縣夢筆橋碑末署景祐五年承奉郎大理寺丞知縣事苗振重立則辛

卯當爲皇祐三年距景祐五年戊寅已十四年矣不知久在浙江作何官抑去而復來耶越一年癸巳王起題名復加於康樂第二首詩上使古人佳刻不見於世皆苗振妄作於前王起踵武於後實爲痛恨豈得盡諉過工匠哉 栝蒼金石志

王起等題名 高二尺廣一尺五寸五行行八九字字徑二寸正書

太常博士秘閣校理通判婺州王起　國子博士通判處州石　祖德殿直管界巡檢張宗旦　皇祐癸巳歲寒食日同來

右王起等題名字體惡劣加刻於謝康樂石門最高頂詩

上王起等事實無攷石祖德通判處州括志不載 括蒼金石志

張師中等題名 高一尺廣二尺七行行三字字徑三寸年月字稍小行四五字正書

清河張師中吉老京兆翁日新君勉遊

嘉祐戊戌二月十八日

右張師中等磨崖七行正書筆法秀勁絶少箬張之態戊戌為仁宗嘉祐三年 括蒼金石志

陳經題名 高二尺餘廣一尺五寸五分五行行七八字字徑二寸五分正書

潁川陳經天常慶歷改元罷永嘉理曹嘗遊後廿年以侍御史充兩浙體量安撫復至命沈揆題于□□

右沈揆為陳經題崖按慶厤改元乃仁宗康定二年辛巳

三

十一月也後廿年為嘉祐五年庚子也所云理曹當是司理參軍考温州府志職官表失載司理參軍殊為罣漏 括蒼金石志

褚理題名 高一尺廣七寸三行行四字字徑二寸正書

褚理嘉祐壬寅二月二日遊此

潛研堂金石文目錄載青田石門洞題名五蘇舜元王起張師中褚理及南宋鄭挺皆無跋尾

沈括等題名 高一尺七寸廣一尺三寸五分五行行八字字徑一寸五六分正書左行

太子中允集賢校理兼史館撿討沈括奉使按行過此熈寧六年十二月十四日

黃顏李之儀同來

按沈括字存中沈遘之從弟錢塘人撿作捡字書無攷不知所本 按撿由撿之行草書而變 奉使過此者時括兼採訪兩浙農田水利按行過此也黃顏無考李之儀字端叔史附李之純傳為之純從弟登第幾三十年乃從蘇軾於定州幕府元符中累監内香藥庫御史石豫言其嘗從蘇軾辟不可以任京官詔勒停徽宗初提舉河東常平坐為范純仁遺表作行狀編管太平從唐州終朝請大夫卒入黨籍有姑溪集 括蒼金石志

王徽題謝康樂石門詩 高一尺六寸餘廣九寸七行行十六七八字字徑八九分正書

四

題謝康樂石門作　臨安主簿王徽

吾聞永嘉守□路□□心賸跡若猶在雲關清且深綠蘿自蒙密白日易森沈圭竇松篠暗石門□□侵碧潭映千丈瀑布飛□暑秋雨□微□暮煙生長林□□□皇華□□往來之偶尔□唫踐遺風尚□□悠々歸路長戀々惜餘芳□動□水興兹焉安可忘

此刻雖畫不工又為崔竟封大字題名剷蓋之兹釋得九十字不可見者廿三字据括蒼金石志補四字括蒼志雲開作雲澗論句法當是澗而字畫則開為確石門□□侵志作石門□登臨誤第二句路字第七句圭竇

字晴字弟十句尋字志皆闕王徽無攷詩不記年月然
有熙甯時題名加刻其上則必在熙甯以前也

崔堯封題名 高一尺八寸廣六寸二行行五六字字徑二寸六分又行末三小字正書

崔堯封甲寅四月廿四日題 沇侍行

右崔堯封題名蓋於王徽詩刻之上有歲次而無紀元按
崔堯封字處民時爲處州通判南明山峭壁間有熙甯乙
卯崔堯封與王伯敭闞子山等同題名是甲寅知其爲熙
甯七年也次行題字下沇侍行三小字沇爲堯封之子孫
歟 括蒼金石志

劉誼題名 高六寸廣八寸五分左行斜上四行行二三字正書

劉誼 字徑二字
宋熙甯七年五月遊 字徑一寸三四分

右題在蘇舜元題崖之上依崖石欹斜而勒之字體究如
識懸惴寸錦片玉玩之易盡耳按誼字宜翁長興人第進
士元豐間廣東江西提舉常平官上疏論新法勒停隱茅
山此刻在熙甯或爲兩浙轉運過石門而題也 括蒼金石志

謹按 先大夫補正載廣西臨桂崖洞題名有劉誼殘
刻在元豐二年即此人也惟彼題稱劉誼宜父則謂其
字宜翁者非矣

張靚題名 高一尺二寸餘三字字徑三寸五六分正書

張靚來

右題名三字在葉清臣題名前一行無年月以南屏山石
屋大滌洞等處題名按之當在熙甯七八年間也 括蒼金石志

按兩浙金石志載王廷老等石屋洞南屏山煙霞洞諸
題名並有張靚子明同遊皆在熙甯八年又張靚大滌
洞題名書熙甯甲寅則爲七年是刻亦在此二年間可
信也

裴維甫題名 凡十一字前三字橫列各徑二寸五分後二行行三字各徑一寸四分末行二字徑不及寸正書

裴維甫
堵豐秩男抱挹
隨行

右題名在劉誼之後依石橫斜而勒之時代無攷按溫州
府志職官表有永嘉知縣裴維甫宋元豐間任 括蒼金石志
咸淳臨安志維甫杭人登嘉祐四年進士蘇文忠公有次
韻杭人裴維甫詩 括蒼金石志鄒柏森

劉涇題名 高一尺五寸廣八寸原四行拓本缺末行行六字字徑二寸正書

簡池劉涇奉
中貴謝雨宋紹聖丁丑秋□□
子侍行

宋紹聖時劉涇爲栝郡守所謂謝雨者是歲夏旱禱雨於
此有秋奉中旨謝雨勒石以紀其事耳 括蒼金石志

栝蒼金石志載劉涇題刻凡五一白雲洞三巖題名一

三崖詩一南明山米元章題字贊一混元崇道觀慕
仙銘一即此按涇本傳字巨濟簡州楊安人舉進士官
至職方郎中嘗知處號真坊四州此其知處州時所題
也涇與米芾薛紹彭以書畫情好三人所收晉唐書畫
真蹟最夥每得一卷輒以書札往來詩篇唱和互相品
定當時稱為米薛劉名振一時書法倜儻秀勁楷括蒼
諸刻止得白雲洞題名及此耳末行三字拓工遺之據
括蒼志補入

程閎中等題名 高一尺廣一尺四寸七行行四字字徑一寸五分至二寸行書

程閎中點青田常役廖君憲漕臺校試還攝永嘉管勾避逅

遊

己卯閏月二十三日 此八字小不及寸

右程閎中等題名何夢華自青田石門山拓以見贈并貽
書詢己卯係何年號予攷漕司校試起於宋時若今之鄉
試此題當是宋刻南渡後避高宗嫌名易管勾為幹辦而
此刻稱管勾則必北宋刻矣熙甯新法以後始重役閎中
差點常役其在元符二年乎是歲歲在己卯又閏九月與
石刻正合 潛研堂金石文跋尾

張子經題名殘刻 下半鑿滅存上截三四字廣五寸四行字徑一寸正書

張子經 闕 嘉巡按 闕 遊大觀 闕 十二月十 闕

右殘題名中有巡按二字子經殆為兩浙轉運使歟 括蒼金石志

祝公明等題名 高一尺餘廣四寸二行行五六字正書

祝公明松茂山作舟青同至

右題名在張應詩刻之下行書按公明麗水人為太原府
孟縣主簿靖康中金人犯河東縣令棄官去公明率保甲
入援固守踰年同陷其子陶為唐州司戶中原失守陶亦
死官所松茂山無攷 括蒼金石志

此刻掩唐張應詩刻首行敬贈二字之下作姓見風俗
通周公之子胙侯子孫因避地改為作氏漢有涿郡太

守作題顯

謝伋詩 高一尺六寸廣二尺左行十行行九字十字字徑一寸三分至一寸七分不等正書

陽夏謝伋為郡守朝命趣行水漲風逆艤舟洞口紹興丙子
三月十□日
分□□□舊經過石上篇章□□□□隊尋花来洞□□□
□日喜行和我本□□閒逸人誤恩須使治斯民塵事擾来
容貌改燭鬚羞到碧潭濱

右謝伋七言絕句二首石門瀑布之右謝康樂詩刻之前
有巨石屹立水中謝伋詩勒石之陰峽間僅容一人向無
人見壬辰孟夏余褰衣涉水迤邐而過乃捺剔得之楷詩

中缺十三字此爲崖上石隨搏激致損缺耳謝伋字景思上蔡人參政克家子官至太常少卿紹興初侍父寓居黃巖自號藥寮居士有藥寮叢槁并善駢體文著有四六談麈郡志職官表載其名而無傳括蒼金石志王尚賡

水漲括蒼志作水流誤

虞似平題名高一尺一寸廣三寸五分左行二行行七八字字徑一寸四分正書

錢塘虞似平紹興丙子季春廿日來遊

右題名在謝康樂詩刻左旁丙子紹興二十六年也似平字智甫錢塘人官青田主簿括蒼金石志

虞似平別有縉雲仙都山題名二一與此同爲丙子乃

九

季秋移攝縉雲令時也一爲丁丑則任縉雲丞矣拓本均未之得

陳公權等題名高一尺六寸廣八寸左行四行行十字字徑一寸四五分正書

紹熙辛亥上巳陳公權約余處厚張才舉來遊石門男孔凤孔碩侍處□□子豐不果來

右題名在謝康樂詩刻之左陳公權以下諸人無攷按麗水縣學韓昌黎孔子廟碑乃宋嘉定十七年朝議大夫直龍圖閣提舉建康府崇禧觀賜紫金魚袋陳孔碩重書并題額又陳孔碩有重修府學文云孔碩幸得尸教事而相斯役兩浙金石志云孔碩亦以當時山長之屬然嘉定十七

年距紹熙辛亥已卅四年矣未知二孔碩即一人否王尚賡

按孔碩侍其父公權遊石門洞度不過二十餘歲越卅四年已五六十歲時已官成重游括地故敘銜稱提舉建康府崇禧觀云云蓋既請祠祿矣括之士大夫因其淵源有在延掌教事而孔碩亦以少隨先人遊宦之所樂其山水而過從之於是書韓碑作廟記以文學爲已任迄今湖其游蹤歷歷如在自是一人何疑孔碩係官人從學朱子呂祖謙爲陳韡之父見宋史韡傳括蒼金石志

鄭挺題名高二尺廣二尺三寸六行行六七字字徑二寸五分正書

紹熙甲寅開封鄭挺唐老中春按兵來遊登覽高頂尋絕壁

十

息岩下煎茶賦詩徘徊終日而行

右在陳經題名之上甲寅爲紹熙五年按兵者奉使按部閱兵而過此也括蒼金石志

陳適中等題名高一尺四寸廣五寸二行行七八字字徑一寸五分正書

陳適中吳錢聖遊庚子十月二十六日

按此刻無時代錢宮詹潛研堂金石文目錄定爲宋刻列於馬環辛丑題名之前攷南宋有陳宜中恭宗時爲右丞相並兼樞密使宜中溫州人石門洞與溫州永嘉接壤相距百數十里一水可通適中或是宜中之族過此遊題亦未可知括蒼金石志鄒柏森

此刻之左有齊䜿二字徑二寸餘亦舊刻也

李壽題名 一行長一尺二寸字徑一寸五六分正書

河南李壽景仁

李壽題名不書紀元人無可攷栝蒼金石志云爲劉涇磨崖掩蓋宋刻無疑今拓本題名一行之左有行書子侍行三字是即劉涇紹聖丁丑謝雨一刻也既爲掩蓋則此刻更在紹聖之前矣然今拓本一行之右及其上下略無字跡不見有掩蓋之刻未知志何以云然也姑坿宋末

攝山題刻四十四

顧述嗣石柱題記 高一尺六寸廣四寸五分四行行二十六七字字徑六七分正書在千佛嶺

通州海門縣禮安鄉佛□□顧述嗣捨錢二貫文足買石柱一條捨□棲霞寺弥勒佛龕前抽换所祈殊利乞保平安經求遂意永為不朽寶元二年閏十二月初七日勾當前寺主僧契元立　草庵奉斌書　山門知事　元𤼵　智達　書澄

祖無擇等題名 高一尺一寸廣一尺二寸五行行五字字徑二寸正書左行在天開岩

祖無擇擇之徐太▢清一同遊憩此巖

慶歷乙酉三月十三日題

北宋 寶元二年閏十二月初七日

魏中庸等題名 高一尺餘廣六寸餘四行行五六字字徑一寸五分正書左行在天開岩

魏中庸道常崔程君正同至皇祐己丑九月十八日題　男思文 在首行常字下偏右

黄召祥等題名 高一尺三寸廣七寸三行行六字字徑一寸八分正書在天開巖

治平二年四月黄召祥劉昱同遊白雲庵謹題

江甯府志有明道二年黄召祥題名今未見

張稚圭等題名 高一尺三寸五分廣六寸五分二行字徑二寸五分正書左行在天開巖

張稚圭稚游治平丁未來

曲穌子題名高七寸五分廣五寸二行字徑一寸五分正書左行在天開巖

曲穌子游丁未十月

韓宗厚等題名高一尺一寸餘廣七寸四行字徑一寸三分正書左行在天開巖

韓宗厚及與京同道徵長老來遊熙甯甲寅九月中旬

秋光

秋光二字上下審非有字而剝泐者義不可解或其左尚有行字拓者遺之

胡恢題名高廣各九寸左行篆書一行二字徑二寸八分餘三行行六七字正書字徑一寸有餘後三字較大在千佛上巖

二

胡恢

熙甯七年九月二十八日王慶□

沈述師

趙襄殘題高一尺七寸廣一尺九寸六行行六字字徑二寸四分正書左行

趙襄杜侄建中靖國元年八月□缺巖缺羌

此刻爲明太監劉海鑿刻脩佛記一方故第三行僅存首尾各一字四五六行原低一字僅各見行首少半字而已

姜詵題名高廣各一尺二寸六行行五六字字徑一寸八分正書左行在千佛巖

鄱陽姜詵安中同慧老登千佛嵓觀沈傳師徐鉉留題賞

之政和乙未孟冬十八日

徐君瑞等題名高一尺三寸廣七寸三行字徑一寸餘至二寸正書左行在千佛巖

徐君瑞李山父□山印老同游

政和乙未仲冬十三日

張述夫題名高一尺四寸廣一尺餘五行左行行九字十字字徑一寸三四分正書

張述夫文偲按豆㳛至此觀千佛及傳師徐鉉字巡撿雍君美任持□禪師同行丙申中秋後三日

張述夫

三

林荒題名高一尺二寸廣六寸二行左行三字各徑三寸餘四字徑一寸六七分正書

林荒來

丁酉二月

丁酉爲政和七年

莫伯輿及弟伯秩二題高一尺七寸廣六寸行字不一字徑一寸八分末行特小正書

莫伯輿仲琏來丁酉三月四字雙行刻來字下

弟伯秩來

丁酉五月六日

徐禋題名高一尺四寸廣四寸五分二行左行字徑一寸餘正書在千佛巖

南昌徐禋與子琛游政和七年四月廿九日

章澤民題名高一尺二寸廣五寸餘三行左行字徑一寸四分正書在千佛巖

章澤民□禪師同遊政和丁酉仲夏十六日

郭某題名高一尺一寸廣八寸四行左行字徑一寸四分正書在千佛巖項

郭□泓牒瞻謁千佛政和八年三月朔長老元慧同遊

姓名漫漶郭字未盡墒下一字似儂

曹明遠等題名高二尺一寸廣八寸二行左行字徑三寸正書

曹明遠黄若沖同慧師游戊戌閏月四字變行在游字下

余彥遠題名高一尺七寸廣九寸四行左行字徑一寸餘至二寸正書在千佛嵓

余彥遠同慧老遊千佛嵓是日久雨初晴天氣清和綈徊久之政和戊戌季夏廿有七日

項德輔等題名高一尺廣五寸三行左行字徑一寸二分正書在千佛嵓

項德輔沈德□同長老慧禪師□□□□政和八年

四

麗持正題名高一尺四寸廣七寸三行左行字徑一寸四五分正書在千佛嵓

麗持正重和己亥正月十二日游棲霞同慧禪師登千佛巖

無畏等題名高一尺八寸廣七寸三分三行左行字徑一寸七八分正書在千佛巖

無畏熙叟同遊偃梧待行時重和弌年戊月拾柒日題

管邦惠等題名高廣八寸四行左行字徑一寸四五分未行特小正書在

管邦惠同余和仲弟邦式来遊

宣和己亥二月廿七日

邵樽題名高一尺三寸廣八寸三行左行字徑二寸正書在千佛巖

邵樽同慧師項謁下泐

宣和己亥三月二日

章炳等題名高二尺廣二尺九寸六行左行字徑四五寸正書在千佛巖

宣和元年孟夏十八日章炳王量同楊元慧遊晚至天閑□□而還

張耘老題名方六寸五分三行字徑一寸七分正書

張耘老己亥六月来游

五

趙士騧等題名 高一尺四寸廣三寸餘二行左行字徑一寸三四分次行半之正書在天關巖

趙士騧邵榑惠師同遊
宣和己亥秋八月

王賜題名 高一尺三寸廣九寸四行字徑一寸六七分正書在千佛巖

華陽王賜因還儀真到
千佛嶺瞻拜
宣和庚子正月十日

六

伯奇題名 在天關巖逆質石三字下二行字徑二寸正書

癸卯仲冬伯奇獨來

彥淵等題名 高一尺餘廣六寸三行字徑二寸末行半之正書在天關巖

彥淵彥樞無咎持國
宣和二年四月望日

胡亞題名 高一尺七寸一行字徑一寸二分正書巖

胡亞專別白雲老壬辰正月廿一日

趙伯晟題名 高五寸五分廣五寸四行字徑一寸正書在千佛巖

趙伯晟沈植釋□□同遊淳熙庚□九月十有二日

又詩刻 高一尺二寸廣七寸餘七行行十四字字徑七分正書

棲霞境界何清壯嶽立五峰如列障三徼不復見高入千刻
尚能瞻寶相摩空老木韵秋聲雲屋天巖𥶶意行夜闌風定
月掛午門外呦呦聞鹿鳴
宿攝山偶成五十六字淳熙庚子重陽後三日上元令
趙伯晟父　　任山　道與　立

七

張嘉言題名 高一尺三寸廣六寸三字各徑三寸五分次行字徑一寸正書

張嘉言
紹定己丑嗣男用之刊

張椿老題名 高一尺廣一尺三寸餘前一行不計外凡六行字徑一寸二三分正書在千佛巖

張椿老自歷陽告假省祖塋同胡彥明登千佛嶺弟商老從
姪孫用之命工刊紹定己丑

此刻之前有庚申十月廿二日一行庚申與己丑前後隔三十年與此刻無涉殆別一刻之末行拓者併搨之而遺其前文耳

趙逕陵等題名高一尺一寸二行字徑一寸三分正書在天開巖

趙逕陵蘇梲專訪□居士然公五月六日

彥駿等題名高一尺一寸廣八寸三行字徑一寸八分正書在天開巖

彥駿賜緋同無礙禪師遊礼千佛

題字五種俱正書無年月

醒石二字橫列字徑五寸餘

拓工櫟識云六朝人書見棲霞志今未見其書俟攷碻

移次

碧鮮亭三字字徑四寸在天開巖

唐公嵓三字字徑二寸六七分在天開巖

石房二字字徑四寸在天開巖

迎曙石三字字徑五寸在天開巖

棲霞寺舍利塔柱經讚偈言拓本八面長短不一長者七尺餘面廣三寸三四分單行者六面字徑二寸雙行者二面字徑一寸二分字數多少不一正書在上元攝山

讚偈不錄

拓本有識云隋文帝造以字體筆法論之當是五代或宋人書刻與隋唐間諸刻氣味迴別不識棲霞志中載此否余未得其書也江甯府志棲霞寺有隋文帝造舍利塔益塔為隋建題字則出自後代耳

卷四十六

齊山題刻四十一 在貴池

張瓌等題名 高一尺三寸廣一尺八寸字徑二寸五六分正書

張瓌唐公張玘寶臣康定元年九月朔遊

建法堂記 高一尺廣六寸五分字徑一寸四分正書

慶曆癸未年仲冬月甲申日建此法堂賜紫□材記

太常少卿馬尋等題名 高二尺廣一尺九寸字徑二寸餘正書

太常少卿馬尋毛田外郎方任呂淵虞曹外郎朱言衛尉寺丞吳瑛同游至和乙未正月十九日知郡事吳中復題

赵宋康定元年九月朔

轉運使唐介等題名 高一尺九寸廣一尺五寸餘字徑二寸五分正書

至和乙未夏四月轉運使唐介子方知郡事吳中復仲庶通判州事吳瑛德仁二十三日同游

監郡吳瑛等餞殿中御史吳公題名 高三尺一寸廣一尺三寸字徑二寸正書

至和乙未十一月寄隱亭成殿中御史吳公被召還臺監郡吳瑛尚書外郎朱言同餞于此章友直題

殘題名 高一尺三寸五分廣二尺字徑二三寸正書

□仲□□王仲□□華□亞□□俞□

至和元年□月□日

郡守吳中復題名 高三尺三寸廣一尺一寸五分字徑四寸篆書

寄隱巖幽山㞢東□㞢味弍奉 郡守吳中復始名□□直書

包拯等題名 高二尺廣一尺五寸字徑二寸正書

至和丙申歲七月二十二日廬江包拯希仁富水吳幾復照鄰琅耶王綽德師同遊齊山寄隱巖

此刻前有知府何紹正重刻七字字與題名出一手則為何所補書而孝肅原刻之佚久矣

任信之等題名 高一尺一寸餘廣六寸五分字徑一寸三分正書左行

任信之陳彥謙江子濟衣世弼陶君□嘉祐元年冬十二月二十七日會齊山之言嵓

集仙洞三大字 高一尺五寸廣九寸五分正書

集仙洞 字徑四五寸

嘉祐三年三月章未朔貴池令許聞義書 字徑一寸

祝熙載等題名 高一尺五寸五分廣八寸字徑三寸正書

祝熙載章望之許聞義遊

殘題名

應移建法堂記之下馬尋等題名之上

郡太守鄭雍等題名 高二尺廣一尺七寸字徑二寸三分正書

郡太守襄陵鄭雍公肅帥吳興劉述孝叔莆陽許懋敏脩江南□□□酉同遊時熙甯辛亥歲仲冬朔日述□

張次宗等題名 高二尺二寸廣一尺五寸字徑三寸正書

張次宗向宗旦夏噩張稚圭熙甯五年十二月春日同遊齊山

道淵題名 高一尺二寸廣八寸字徑一寸五分正書左行

道淵熙甯丁巳六月初六日遊男之鐃之才侍行

三

詹適道等題名 高一尺二寸廣一尺三寸字徑一寸五分至二寸正書左行

詹適道鄭沖祖楊正甫楊平赫曾正臣何伯玉元豐己未立冬日遊

毛漸題名 高廣各一尺四寸五分字徑二寸五分正書

元祐辛未六月晦日毛漸正仲携家遊男琳琛侍行

黃大臨題名 高一尺五寸廣一尺四寸字徑二寸正書

此移計德元之前

劉某一則移此

江西黃大臨弟庭堅叔獻叔達子檏楃相梲孫杰紹聖元年九月辛丑泛舟同来

曾孝蘊等題名 高一尺九寸廣一尺二寸字徑二寸正書

曾孝蘊處善張連伯嚣劉師明晦之朱行中正仲陳知存性父大觀己丑暮春改旦遊

洪炎題名 高一尺廣三寸五分字徑八分正書

洪炎妋彭男□宣和六年九月一日来觀外家題

四

計德元等題名 高一尺七寸廣一尺四寸字徑二寸餘正書

開封計德元□□趙執礼建安□嘉善東莈□□□紹興丁丑□□□同□

湯元識等題名 高二尺廣一尺七寸字徑三寸正書

湯元識元廣檀仲喬髙元鎮以紹興戊寅端午前一日□□德勒

劉某寄隱嵒詩 高二尺四寸廣一尺八寸字徑二寸正書

□□□葛□□□□□□□□□□□谷雲□□□□石林

呰漬□壽□餘生轉彳爲□客無處安排□□身□有嵓扃
□寄隱平生况是箇中人
建安劉□紹興辛未九月下澣遊齋山寄隱□

胡寅題名 高一尺七寸五分廣一尺二寸五分字徑一寸八分正書

延陵胡寅元伯登□齋山□□□老□□□□□同卩□也
紹興戊□□一月□日

向開叔等餞別斛公題名 高四尺五寸廣三尺三寸字横徑四寸分書

郡丞斛公解組遷

五

朝餞別于齊山者十有九人潁子固張元珫岳毅叔劉子升
孟冲之吳伊仲陸子東劉宮遠戴文舉馬仲明孫祖費張彥
通向思謙周和溥白舜臣李子大陳平溥朱有功紹興己卯
中春三日向開溥書

郡守陳良祐題名 高一尺四寸廣一尺二寸字徑一寸餘正書

淳熙甲辰二月癸酉郡守陳良祐率其屬孫□言蕭忱舒光
張暐呂宣問顧時大周欆史端祝致一韓虎遊齋山登翠微
壓小有探左史而歸

張枝等題名 高一尺一寸廣五寸字徑一寸正書

鄱陽張枝開封趙師䆒會稽僧志南淳熙甲辰孟冬十日同
游

重建法堂記 高一尺廣八寸字徑一寸餘正書

淳熙歲次戊申五月廿五日重建法堂修造僧正仁幹緣住
持釋慶顯記

顧沖等題名 高一尺三寸廣二尺二寸字徑二寸五分篆書

淳熙己酉清明前一日顧沖王晞德張孫厚趙夢極張季章
周準同來留山

六

此刻山字下及左有字僅山字仙洞字從字可辨

秦城等題名 高二尺廣一尺六寸前四行字徑二寸後二行字徑一寸二分正書

江陰秦城新安胡思誠向鹿楊日新齋安□炤之紹熙改元
孟春二十有五日□遊
後□日與河朔岳綱江陰秦城再來

僧海僊題名 高二尺廣一尺五寸字徑三寸四分篆書

□僧海僊□常紹熙元年八月來登齊山歷□嵒洞

諸孫嘗觀伯祖題名記 高一尺五寸廣一尺二寸五分字徑一寸五分至二寸正書

紹熙二年正月乙□諸孫嘗自江西来觀□伯祖題名歎□

□□祖太史遺□□□□□□清而不□

章德茂題名 高一尺五寸廣一尺一寸字徑二寸五分分書

紹熙辛亥上元日章德茂□□□□来

章棟題名 高一尺五寸廣一尺八寸餘字徑二寸五分正書

東陽章棟□紹熙壬子二月偕弟槩朩兒初孫道人錢文用

来遊

鄱文學周南題名 高一尺三寸廣一尺二寸五分字徑一寸四分正書

慶元丙辰二月十□日姑蘇周南□為鄱文學明年七月廿

三日　報□命□□挈家齊山八月十九日行

七

張君宅等題名 高二尺廣一尺六寸字徑一寸六分分書

濟陽張君宅臨川王子端□□王履道古浪趙德澤□□樓

暘barely呉興朱舜先□興鄱允之魏郡鄱絡先□□范子淵慶

元己未脩禊日聯騎来遊

醉李魯蹈題名 高一尺四寸廣一尺二寸五分字徑二寸正書

慶元庚申醉李魯蹈四月下浣拉晉陵邵之瑞来游子之顧

之揎之觀侍

劉述等題名 高一尺三寸廣四尺四寸字徑二寸正書

開封劉述師古□□李□韓仲四明史彌逺同叔以嘉泰癸

亥重陽前一日同登翠微是日也天宇澄澈郝原淨麗揖樊

川之遺風清興良愜頻歲雨暘叶序民氣和樂當此佳節渴

不廢故事□□

莫子純題名 高一尺二寸廣一尺四寸三分字徑二寸五分正書

嘉定庚午十月三日山陰莫子純来游

八

史魯公兄子定之題名 高一尺三寸廣四尺四寸字徑二寸正書

嘉泰癸亥　令丞相史魯公以尚書郎守池陽後廿年歲在

壬午兄子定之□節江左與賓佐登齊山讀魯公磨崖煥然

若新鑱蓋不惟山神愛於護訶亦邦人去思有南國甘棠勿

翦勿敗之意

趙范等題名 高二尺八寸廣二尺字徑一寸七分正書

紹定改元五月廿八日長沙趙范會□□東鄭才□□王鑰

姚鈞建安呉所趙郡輔㧊章南康劉闢□齊山歎宴□□□

也□□□□□□□□□□□□□秋□□□□見□問
之政之和未易得者鄭才書而刋之石

缺名勸桐東作題記 高二尺七寸廣三尺五寸後行失拓字徑二寸正書

齊山當池陽勝槩□沙□□先平叔舊□守是邦曾屢□茲
□□去之十載强圉協洽秋
命再領郡兼節踰年如月驚蟄後十四日偕郡佐□□趙□
□□□永嘉陳桃壽□邑令毗陵趙希□宗良郡□□□□□
奚□虎□召勸桐東作于茲□坐山之巔是日膏雨霡霂甫
始發聲□□□□之□舊而□□□易 後行拓本未全

右題名原鐫爲龔基先再題而拓本首行僅先字可辨其上二字剝泐無復蹤影所見各題名亦無龔基先其人姑從蓋闕石刻於强圉協洽之踰年如月驚蟄後十四日强圉協洽丁未也踰年爲戊申文不載紀元姑列於淳祐八年宋最後之戊申存以俟攷

敕南海洪聖廣利王牒并題名 連額高五尺一寸廣二尺三寸餘上截十三行行十八字字徑一寸二分下截八行行字疏密不等正書在南海南海神廟

敕南海洪聖廣利王 篆額八字每行二字字徑三寸三分
中書門下牒　廣州
南海廣利王
牒奉
勑四瀆淵流歷代常祀物均蒙於善利禮未崚於徽稱載考
國章式崇王爵四瀆益褒封爲王其四海仍增崇懿號宜封
爲洪聖廣利王及令本處限敕命到差官精虔致祭牒至准
宋慶歷二年二月十七日
勑故牒
康定二年十一月　日牒
右諫議大夫叅知政事王
右諫議大夫叅知政事晁
户部侍郎平章事章
右僕射兼門下侍郎平章事

右上截
承奉郎□知觀 泐下
節度推官承奉郎 泐下
宣德郎試祕書省校書郎權節度掌書記 泐下

朝奉郎尚書都官員外郎通判軍州兼勾當市舶司及管内
勸農事上騎都尉借緋泐下
朝奉郎尚書都官員外郎通判軍州兼勾當市舶司及管内
勸農事輕車都尉賜泐下
廣南東路諸州水陸計度轉運使兼提點市舶司本路勸農
使朝奉郎守尚書主客郎中兼權發遣軍州事護軍賜紫金
魚袋馬下揭本未全後二行同
慶厤二年二月十七日上
承務郎守録事叅軍陸貴書并篆額　僧義
右下截

鬱林觀祖無擇三言詩

拓本未全高七尺七寸餘廣九尺餘十二行行七字字徑一尺餘篆書在海州雲臺山

清原王公宦宮章丞功蘇唐卿致堯
范陽祖無擇擇之
抵蘭濤於深澥般宿琳殿嶠峪福緣
石解先教投飛穴醒心骨轉章論謝
洞物宮圖入國終日足飲甜清思遊
息鬻辭試奇第子鳥孝蒼蘚深後寂
及字吾拂

此與唐崔逸鬱林觀東巖壁記同在海州雲臺山磨崖宋慶厤三年

謹按　先大夫東巖壁記跋云側有宋蘇唐卿篆書祖無擇三言詩及石曼卿草書諸刻寰宇訪碑録載此云祖無擇撰蘇唐卿篆書慶厤三年今此本裝屏六幅雖有蘇祖等名無某撰某書及刻石年月是必有跋而剗棄之矣祖無擇嘗知海州在提點廣東刑獄廣南轉運使之前本傳均無繫年今按廣州南海廟及三洲七星陽春諸巖並有祖無擇皇祐二年題名則此刻自當在慶厤年間孫氏録作三年如原刻具存惜不得全本録存也斻从方即杭航之本字詩衛風一葦杭之毛傳杭渡也說文無杭字方部斻方舟也方併船也象兩舟省總

頭形詩周南不可方思鄭風方之舟之毛傳並云泭也泭者編木以渡也段玉裁云併船編木其用略同故俱得名方愚謂杭航之从木从舟蓋緣此取恉經典有杭無杭後人又習用航而杭之本字遂隱後漢書杜篤傳北杭涇流乃古字之僅存者矣𩫏即郭此用爲廓說文𩫏从回或但从口段玉裁云釋名曰郭廓也廓落在城外也鼓下云萬物郭皮甲而出當作𩫏即今之廓字云㘸即思出碧落碑堅即爲出石經圝即古文即人重文皆見汗簡蘇唐卿篆書存於今者歐陽公醉翁亭記在費縣竹鶴二大字在蘇州府學併此而三

重修北嶽廟記并陰側 皇祐二年正月十九日 載卷一百三十四闕側 萃編

大宋重修北岳廟𥡴記 篆額三行行三字 字長徑六寸二分

固益明矣 益誤明 復以安天元聖之號 元誤注廟諱

碑陰

三列皇祐元年云云三行行十三字字徑二寸五分在第一列之前官爵名氏字均徑一寸又題名二一徐琟在第二列之右字徑一寸三分一韓跋在下列之右字徑寸許

陳薦 作薦 騎都尉借緋 騎上衍上字

碑側并額陰題名七段

二側各廣一尺一寸有餘均正書

定州路安撫使蔡延慶題名 在一側之下截高四尺八寸五行行二十四字字徑一寸

宋皇祐二年正月十九日

一

八分

龍圖閣直學士朝散大夫定州路安撫使馬步軍都總管兼
知定州蔡延慶元豐八年正月九日甲辰奉
詔致祠　北嶽是日恭款祠下齋戒丙午　祭告建道
場癸丑禮畢還簽書節度判官王庠勾當公事杜天經究勾
機宜文字趙伋走馬承受公事陳嘉言勾當公事李仲從行
通判州事侯臨
續至癸丑致祭

胡潛題名 在一側下半截之右高八寸六分廣三寸五分三行行八字字徑一寸

南昌胡潛恭謁　祠下元祐歲次丁卯四月望日謹題

楊天彝題名 在胡潛題名之左高一尺廣四寸五分三行行七字字徑一寸三分

真定楊天彝朝拜祠下元祐丁卯十一月二十八日題

知縣事郝宗臣等題名 在上二題之上截高四尺五寸五分四行行三十一二字字徑一寸五分

絳臺右通直郎知縣事郝宗臣自元祐二年十一月初九日
到任至五年冬初八日終任汴都右侍禁監廟權主簿張周
亦二年十月十九日到任至五年冬十八日終任凡三考之
間幸獲風雨調順年歲豐登寇盜一空境内安枕居民樂業
此荷嶽帝之垂祐也六年二月初一日謹記

内侍殿頭徐震等題名 在蘇延慶題名之上高二尺九寸五分五行行十六字字徑一寸八分行書

内侍殿頭徐震奉　宣以南郊禮畢醮謝安天元聖帝適場
五晝夜管勾禮料節度推官張震提舉排辦權縣事康聿巡
撿王寶監務任紳監廟胡良輔縣尉王崇皆與陪祠時元祐
癸酉仲春旦日題

韓肖胄題名 在胡潛楊天彝二題之下高一尺一寸四行行九字字徑一寸四分

安陽韓肖胄自定武之京師枉道恭謁
祠下紹聖三年七月初一日張誼偕行

西頭供奉官何俊題名 在額陰畫丹兩劃未竟者如式錄之字徑一寸二分

五月奉
管勾

年秋八月二十四日到
九年八月浰替赴
空一行
聖帝祠下西頭供奉官何俊謹記

元氏新建縣學記碑
高連額五尺六寸廣二尺三寸二十六行行五十字字徑七分正書在元氏
修縣學記篆額四字字徑四寸五分

元氏新建縣學記
江西曹宏撰　鄉貢進士楊務民書　進士郭拱篆
額并刻字
人之生性固有異賢者明愚者闇明而不思行或迷其適闇
者無相則倀然罔所不至矣學其相闇之本歟三王四代莫
不急於是以抵隆治方是時家猶有門側之堂況諸大者乎
其於民憂而教之可謂至矣漢而下或缺或微當夫僭暴相

宋皇祐二年二月十五日　一

陵干戈縱横則睨庠序如餒者之覩鎡錤謂爲無益之具吁
可痛也已　我朝以文致太平　國有學以養士
慶曆初天下晏然臺閣多當世豪傑上訪下議欲使民盡登
道埶之域於是益建　太學於　東都復
詔郡縣皆自立學士限日隷業然後應試於有司時州將邑
長人人以教育爲己職興創未備會　朝廷慮士或迫
於耕養則不能奉
詔遂罷限日之式當治者不原其意以謂前制變弛一切不
復問故有未堂而止半功而輟已成而廢者噫士大夫果有
意于民其當以號令緩急事教化哉元氏肆真定介倚山險

民庶而事叢河朔邑亡七八與比者慶曆五年春　樞
密副使河北宣撫使富公薦　田侯爲　令二年還著
作佐郎例當趍　闕今　中丞郭公時作鎮牧惜
其去請之　詔許復任觑邑凡五年　侯舉進士
得第識敏而才慱明民敝精法意胥徒之貪黠者斂巧懾氣
而奉指顧民有以訟至必委曲盡其辯辭窮然後寘諸罰故
在重辟亦自悔咎而無怨久之威惠浹洽境内大治因閒顧
謂僚友曰愚不才逃責於斯已數歲幸而嚚訟簡息者鄙心
勤察而粗謹法令耳夫務齊於速者必以政欲治之遠莫如
教邑有

二

孔子祠雖像貌僅存而隘且漏不廣以葺則教將安興我將
興之而爲之學焉會　詔諸佛廟有不由　王命
而置者皆毁之邑所廢得材甚夥因以足用又　侯嘗
涖事它郡前邑佐桉民籍益鄉皁過越舊貫衆所不欲
侯還悉舍之及是聞　侯將營學皆請効力爲謝物
不調斂功不董飭半月而告成堂室門黌畢具而器亦備焉
至聖南面袞冕與王者等自顔而下列四科者十人
以公服侍其側　侯帥邑之官與士齋戒冠衣行釋菜
禮登降跪肅拜俯庭下如見　君對父居民觀之乃知
吾夫子之道尊往往詔孫若子弟舍利執卷入學從

師授長者誨幼者聽曰漸月漬寖以郴郁議者謂非獨孝睦
廉讓之風行抑將有偉材巨器出其閭已丑七月　侯
迹厥事於書遣介持走中山告旅人曾宏曰請子爲我文以
志歲月於石宏覽書而歎曰失大之家先汲缶而後營陂池
非好小而惡大理勢然也　田侯爲邑始以政法治敵
終以禮義申化真得先後之宜矣夫士之得仕不患在小患
喪本以□俗宏每觀今世有假道方冊抱紳　朝廷出
則據千里之廣不能興一善鑿民耳目而及䄈禍福之說左
右老佛以掊削于下心實抑鬱憤惋恨未果折其妄今聞
侯能於數十里地順承　天子令取瞽夫瞶婦媚

三

佛之材以崇學而張明　聖師之道使邑人有所瞻聞
而變爲善樂無窮既辱命故遂以書而不敢讓時皇祐二年
二月十五日記
文林郎守縣尉韓□
文林郎守主簿李順之二人在上截
三班奉職監酒稅顏庶幾
左班殿直天威軍兵馬監押權巡撿鄭化成二人在下截
承奉郎守秘書省著作佐郎知真定府元氏縣田照鄰建

右記曾宏撰楊務民書郭拱篆額并刻字郭拱見慶曆八
年淮陰侯碑陰宏務民無攷記爲元氏縣令田照鄰新建
縣學而作照鄰見正定府名宦傳記云慶曆初天下晏然
於是益建太學於東都復詔郡縣皆自立學士限日肄業
云云案續資治通鑑長編仁宗慶曆四年四月壬子玉海作二十一日判國子監王拱辰田況王洙余靖等言首善當自京
師漢太學二百四十房千八百餘室生徒三萬人唐京師
亦一千二百間今取才養士之法盛矣而國子監才二百
楹制度狹小不足以容學者請以錫慶院爲太學五年正
月己巳三司言更造錫慶院之財費多而徹使錫宴之所
不可闕詔復以太學爲錫慶院二月乙巳以馬軍都虞候
公廨爲太學攷宋自慶曆以前惟藩鎮州郡始許立學其

四

詔置縣學則在慶曆四年續通鑑長編慶曆四年三月范
仲淹等意欲復古勸學數言興學校本行實詔近臣議於
是翰林學士宋祁等合奏乙亥詔州若縣皆立學本道使
者選部官爲教授三年而代又記云慶曆五年春樞密副
使河北宣撫使富公薦田侯爲□令二年還著作佐郎例
當趨闕今中丞郭公時作鎮牧惜其去請之詔許復任處
邑凡五年云云富公當是富弼弼以慶曆四年八月甲午
由樞密副使爲河北宣撫使以五年正月乙酉爲京東西
路安撫使知鄆州據長編稱是日弼自河北還將及國門
即被是命記稱富公之薦照鄰在五年春當是正月所云

前鎮牧令中丞郭公者以宋史攷之蓋是郭勸本傳云勸字仲褒鄆州須城人累官翰林侍讀學士知滑州徙滄州又徙成德軍盜起甘陵即指貝州宣毅卒王則據城反事以長編攷之王則以慶麻七年十一月反而皇祐元年七月有御史中丞郭勸請治勾當引見司楊景宗罪事碑立於皇祐二年二月是時郭勸正為御史中丞然則記所稱中丞郭公為勸無疑矣顏庶幾見續通鑑長編仁宗慶麻四年二月錄達州巡檢左班殿直顏吉子庶幾為三班奉職以吉與蠻賊戰死也碑肄業作隸業元氏隸真定之隸作肄當是書碑人筆誤 常山貞石志

馬預等題名

高三尺廣三尺二寸八行行八字字徑三寸五分正書

皇祐辛卯歲正月望日同巴集壁州巡檢西頭供奉官泰安
龍州司理參軍何八元郡司理參軍張叔獻城縣尉張威遊
此尚書屯田員外郎知軍州事馬預題

右題名當從四川摺來三巴孴古志不載未詳何縣巴集壁三州皆屬山南西道熙甯五年集州壁州始廢皇祐時猶有之龍州屬劍南東道泰安以內侍充巴集壁州巡檢宋職官志巡檢有數州數縣管界或一州一縣巡檢此所謂數州管界者也

皇祐三年正月望　又十月

南海廟祖無擇等題名

碑側高三尺五寸廣四寸二行行十一字字徑二寸餘正書左行在南海本廟東廡

皇祐三季冬十月己卯祖無擇李樞李徽之田聿柳淇題

富弼題龍潭詩

高一尺三寸廣一尺九寸五分九行行六字字徑一寸六分銜名年月二行較小正書在濟源

題龍潭

知軍州事河南富弼

亂山深處一龍潭竹削琅玕水潑藍更倚雲巖構蘭若直疑
風物勝江南

皇祐五年十二月三十日

院主僧清平

是詩新舊志皆不及湮沒久矣甲辰春余濬濟西源潭下
得此合河康雲田記乾隆四十九年三月廿二日　刻石前後空處

宋皇祐五年十二月三十日

野吏亭詩刻

石連額高六尺廣三尺七寸八分二十行行二十七字字徑一寸八分正書在歸善

惠州野吏亭詩　篆額橫列字徑五寸餘

惠州野吏亭詩并序

尚書屯田郎中知軍州事黃仲通述

故相國潁川公咸平二季以太常丞典惠陽郡酷愛其四顧
谿山景物尤勝創亭于城之上目曰野吏作五言十韻律詩
一章天聖十載以給事中入叅大政復作五言小詩二章寄
題是亭未幾寵加
聖注位正台席時或接賓翹館論及奇勝必以惠州野吏亭
為稱足見相國眷眷介懷於茲矣與夫昔賢刺宣城郡架層
構於百雉覩疊嶂於四垂其尚奇之心一也皇祐五季仲通
假守茲郡治亭舊基以前之□章第刊于石庶乎來者知亭
之興自　陳相國始

野吏亭新成作五言十韻律詩一章　大常丞知軍州
事陳堯□

野吏厭公堂開軒出郡墻殘花炎帝國斜日尉他鄉疊巘分
諸粵重江截大荒耕桑蠻聚落煙大漢封疆雲勢飄蓬島天
形墜夜郎扁舟閑得侶嘉樹遠成行海雨千林暮春風百草
香人家浮浩淼鳥道沒青蒼爽塏吟魂徤虛明夏景涼他季

宋至和元年十月三日

此行直下不提行

重廻首宰落愧甘棠
寄題惠州野吏亭五言小詩二章　金紫光祿大夫行
給事中叅知政事柱國陳堯佐
羅浮山下郡樓閣枕滄溟誰得閑中意清風野吏亭
山好曾留句城髙復創亭登臨千萬景誰與畫爲屏
仲通載葺是亭備紀遺烈因成蕪綴附于末焉
危亭治舊基登覽一何奇萬態羅浮景三章宰輔詩
嵐充如畫處齋色乍開時味此幽閑趣惟予野吏知
至和元年十月三日立　進士黃岳書　僧宗□刊字

詩刻在惠州府城北堞上序云故相國潁川公咸平二年以太常丞典惠陽郡而宋史王偁東都事略柯維麒宋史新編皆不載孜廣輿記稱其以潮倅權惠州蓋諸史因其權守故略之耶惠州本名　州九域志云因仁宗廟諱天禧五年改名惠州（郡志云四年誤）不見惠陽郡之名（宋史志寰宇記同惟藝文志稱有黃以甯惠陽志十卷）蓋文人之詞非典也野吏亭詩見宋詩紀事炎帝國作炎帝圖重江作重城又寄題野吏亭五言小詩二章紀事亦未載蓋第據圖經所錄而未見石刻也惟石刻云天聖十載以給事中入參大政考宋史東都事略宋史新編六一集文惠神道碑皆作七年此云十年蓋摸勒誤爾黃仲通韶州人見武溪集所作墓志此刻題銜知軍州事而序又云假守者四朝聞見錄云太祖罷節度立權發遣與權知之類故士大夫作郡皆自稱假守謂非真節度也（廣東通誌）

金石續編錄此備紀遺烈備作脩味此幽閑趣幽作休皆誤昔賢作笞亦非碑末小字二行今拓本僅見進士字僧字可見

南海昭順王牒并奏狀及記

高四尺六寸五分廣二尺七寸上截牒行十四字中截奏狀行二十字下截記行十四字並二十五行字各徑八分正書在南海南海廟

中書門下　牒廣州

南海洪聖廣利王

牒奉

勑易載害盈益謙之旨蓋神道正直必有輔於教也其有陰相吾民沮遏凶醜應答明白不列美稱曷以揚神之休南海洪聖廣利王惟王廟食尊爵表于炎區年旣遠矣唐韓愈記稱神次最貴且有福禍之驗國家秩禮祀等尤高康定中朕

宋至和元年十二月二十七日　一

嘗增王徽名牲幣器數罔不稱是今轉運使絳言適者儂獠狂悖暴集三水中流颶起舟留三日遠至城闉廣已守備大攻甚急大風還颷閉闔渴飲澍雨而足變怪屢見賊懼西遯州人咸曰王其恤我者邪朕念顯靈佑順靡德不酬其加王以昭順之號神其歆茲顯寵萬有千載永庇南服宜特封南海洪聖廣利昭順王仍令本州差官往彼嚴潔致祭及仰製造牌額安掛牒至准勑故牒

皇祐五年六月二十七日牒

工部侍郎參知政事劉

給事中參知政事梁

戶部侍郎平章事龐

右上截

廣南東路諸州水陸計度轉運使兼提點市舶司本路勸農使朝奉郎尚書工部郎中直集賢院上騎都尉賜緋魚袋借紫臣元絳　此行攙寫

右臣伏覩廣州有南海神祠唐天寶中封廣利王

聖朝康定初

詔加洪聖之號臣詢聞得去年獠賊五月二十二日離端州是時江流湍急船次三水颶風大起留滯三日以此廣州始得有守禦之備爾後暴雨累旬賊黨梯衝不得前進而城中

二

署渴賴雨以濟六月中賊以雲梯四攻幾及城面群凶讙噭以謂破在頃刻無何疾風盡壞梯屋又一日火攻西門烈燄垂及又遇大風東回賊旣少退故守卒得以濉滅於是賊懼天怒漸有西遯之意始州之官吏及民屢禱于神翕忽變化其應如響蓋

陛下南顧焦慮　威靈震動

天意神貺宜有潛佑臣竊瞽前史符堅之寇肥水司馬道子禱於鍾山獲八公草木之助溫造平漢中之難祈晴於雞翁山應時開霽當時並蒙封崇況南海大神歷代稱祀唐韓愈嘗謂考於傳記神次最貴在北東西三神之上今茲助順度

越前聞及間得海神之配故老傳云昔嘗封明順后自歸
聖化未正　褒封其洪聖廣利王及其配臣欲望
朝廷别加崇顯之號差官致祭以荅神休仍乞
宣付史官昭示萬世如　允所奏伏乞特降
敕命謹具狀奏　聞伏候
敕旨
皇祐五年四月十九日廣南東路諸州水陸計度轉運使兼
提點市舶司本路勸農使朝奉郎尚書工部郎中直集賢院
上騎都尉賜緋魚袋借紫臣元　絳狀奏此行橫寫
右中截

三

皇祐壬辰夏猺儂猬二廣絳奉
詔使嶠外問廣民皆稱道
南海神事明年賊平輒以狀聞于
朝　上心感焉
召詞臣蔡襄作誥增
王徽名且遣使奉將
絺函就勒扁署致牲幣之祀今年春
又敕中貴人乘傳加
王冕九旒犀簪導青纊充耳青衣五章朱裳四章革帶鉤䚢
績韍素單大帶錦綬劒佩履韈舄

内出花九樹桂𦆴暨鎮
署曰賜
明順夫人又命道釋爲之會凡十夕且以荅
王靈休冬十一月絳來謁
神祠伏念
天子仁聖
潔誠以依神康俾于元元所以
蕃錫之備厚宜有金石之刻鋪張光明使極天所冒知
朝廷威靈變化之感噫嘻盛哉至和元年歲在敦牂十二月
二十一日庚戌絳謹記

四

始興李直書丹僧宗淨刻

軍城晉淨下院記碑并陰

高三尺五寸五分廣二尺五寸四分記二十行行三十五字題名四行字均徑八分正書在唐縣軍城鎮

軍城新修晉淨下院記額徑九字行字

軍城新修晉淨下院記
天府進士郝矩撰并書題額
夫民冥□生而無知必有厥尸尸之者非　聖人而誰繄何
以化而成之必由於學古之設教家有塾黨有庠術有序國
有學皆俾民為善也降及叔世叕道浸息倀倀而趨于他岐
甚衆矣甚久矣不驗不灋不嗣者歷覩州閭鄉黨之中未嘗
無之曷化而致悉歸正道納中人於君子之塗在　帝天下
宋嘉祐四年四月十五日
一
者之所職哉　皇宋肅祿　華五季之弊　啓萬世之祚文
物彬郁車書混同六合晏然元元亡□幾百年君子在　朝
賢不家食　禮義之教風行萬宇三辰順度嘉瑞輻湊雖堯
舜之世其盛止於此焉　軍城戍壘□□□□仰瞰邊峯接
祁連之古路衢　定武之名郡因野沃壤居人繁夥士伍雲
會邪郭翼舒控扼之地也方當萬里滅烽異俗慕　化亭障
卧皷兵農息肩含哺皷腹樂歲熙　時無横役以殫力無重
斂以竭財其俗往往棲心於釋氏之教依之者十有七八釋
教之起肇自後漢明帝夜夢金人飛□殿庭問於朝傅毅以
佛對遣使天竺得佛經釋迦像自後遍於中夏其說教大抵

言生生之類皆因行業有三世識神不滅凡為善惡必有報
應漸積勝業陶冶麤鄙經無數形澡練神□乃致無生而得
佛道也□□皆次功行等級非一皆緣淺以至深積而為著
在於精□□□總習虛靜而成通照也其始修心則依佛法
僧三歸又有五戒去殺盜婬妄言飲酒天□□仁義禮智信
同噫兼愛之談夸誕之說不足取亦立教之一端耳王仲淹
謂西方之教韓退之謂害過楊墨誠非要道施於中國則泥
宜乎聾俗之所忻慕也粤有浮圖生瓊能潛心□道老於空
門因啓意即寨城之東北隅卜隙地數畝建佛堂為晉淨之
別舍乃率大姓□□其徒惟□是聽欒然而具金數十萬遂
二
命工飭事厥功告畢曾不踰歲峻宇壯麗足以□風雨繪像
丹青足以美瞻仰實瓊能劬勞之力矣矩才之中人辭愧壟
曰既稟　嚴命□□□讓直筆以書用謹歲月
大宋嘉祐四年己亥歲四月乙丑朔十五日己卯記
三班奉職監定州軍城寨酒稅趙□□
左班殿直定州軍城寨兵馬監押李□□
銀青光祿大夫檢校太子賓客兼御史大夫內殿承　制
定州軍城寨主騎都尉京兆縣開國子食邑五百戶□□
□
沙門瓊能立石　楊慶刻

碑陰

上截偏左八行行八字至十字不等下截十九行行二十九字至三十餘字不等字徑七分正書

在院法堂僧堂壁畫功德上結緣都維那頭軍城寨　劉顯

袞能　楊清

在寨維那頭結緣人招收十四副指揮使牛元　正指揮使

何澄招收十三副指揮使紀楅　正指揮使張興

右在上截偏左

軍城村涅槃院僧瓊能先有願心欲於此處焚修切見此地

東連葛洪西枕太□南□寨□北靠祁連實好暢情乃得軍

城村岳榮兄弟三人施此院基地一十畒東至戎昇西至城

三

子分水南至城子分水北至城子分水四至内任使修建堂

殿永為焚修之地次有當□□□并母宋氏繼父張忠同心

合意施門前出入路一條長七十步濶一十三步永為院中

出入道路今已盖到法堂三間僧堂三間廚堂三间各四椽

法堂内已有壁畫塑像功德所作勝利上祝

當今皇帝永祚遐昌金枝玉葉万代興隆閤國臣寮常居禄

位永佐

皇基然願四方肅靜八表同和干戈永息天下太平雨順風

調人豐樂業道泰時康謹列在村人衆并在寨檀那英仁上

士芳號如後　維那頭劉顯隨

地主岳榮　岳宗　岳辛　王素　田化基　田能　田

□挺　田貴母　醫人郭和　李謌　南智　揀傳

韓斌　張文徒　游清　賈宗　譚均　戎□

米玉　崔化　崔辛　崔文　王晏　田元　田

昇　米澄　袁吉　田万　羅素　前軍城

寨司馬年高□□張節　劉慶母張氏　崔用　賈

忠　程秀　揀傳劉興　任化母程氏嫂陳氏　女

可行　髙保村張祚　曹遵　李贇妻梅氏

軍城寨司定州差来勾押官曹慶郝秀李從張極南式許

清甄德

四

婆〻李氏　妻邸氏兒戎政

戎昇使住戎□□□到舊院東坡東白至西至峪邪水心為

畔南白至北白至四至為定院□□□舊院周迴地土四至

東至嶺分水西至嶺分水南至峪口北至分水並是賈宗等

公父上祖施到永為院基四字附刻次行之末

普淨院僧瓊丕　瓊能　講百法論沙門瓊貴　瓊遒

智崇　智文

浮山石刻十八種 在桐城

陳文政造塔記 高二尺廣九寸七分三行行十字十一字字徑二寸正書

徐家市居住陳文政捨錢就嵓造開山和尚卵塔一所用報
恩德嘉祐庚子孟秋誌

田棐等題名 高五尺廣一尺一寸餘首行十七字字徑二寸五分至三寸五分次三行各二十字字略小正書

提點淮南刑獄祠部郎中田棐遍遊諸山洞
舒州五縣巡檢殿直盖利用太湖主簿許仲蔚從行
嘉祐六年十二月十八日題　住持長老曉雲同至

毛知遇修路記并詩 高一尺四寸五分廣三尺六寸十二行行五六字字徑二寸五分正書 起宋嘉祐五年七月

石溪鎮居住弟子毛知遇捨糸開修諸嵓洞道路奉報四恩
嘉祐六年十二月日嵓主從廣勾當謹誌□記穿石窮幽逕
尋源事已周古今無異路只此是誰修

夏希道題名 高二尺八寸廣二尺六寸六行行六字字徑四寸正書

夏希道遊金谷諸巖廻書此石辟壻李柔中男琮姪珂侍行
熙寧元年戊申三月十三乙酉記

路璪題名 高二尺七寸七分廣一尺五寸六行行九字十字字徑二寸五分正書左行

大梁路璪侍□□守龍舒明年春送　叔父之京師因訪是
寺全長老雲公遍遊諸嵓洞翌日西行時聖宋第六天子熙
寧元年三月二十□□□□也

守上沏處有尺可見當是庭字

隱賢巖記 高二尺七寸四分廣六尺三寸二十三行行十字字徑二寸六分正書

隱賢巖記

維彼南國洞孔山腹仰者若呀頫者若伏側出旁穿三十有
六在昔喬梁浮圖始昌為室為堂五代之季棟宇頹弛釋子
無似逮此吕侯來守是州 內翰濟林嘗刺是郡 巖者必修乃會僧遠 圖鑒
大師法遠 乃經乃營率扶其傾遠將傳嗣俾承厥志匪雲孰謂 今長老曉雲
惟是隱賢芝華玉淵宅者如僊比有檀越 巢人周同施財補葺之
請完其闕築屋周列嗟若替陵將衰而榮將沈而升物有所
待如晦遇燈千載之来匪吕弗興否將思泰如谷有聲一日
必荅匪遠弗成長江未竭高山未平垂千百齡清風罔泯治
平二年冬十二月　日無為楊傑撰弟括書
熙寧元年山門監寺僧希岳命工刻于嵓壁

比邱從玘浮山吟十闋 高二尺三寸七分廣六尺六寸七分三十六行行十字字徑一寸八分正書

皇宋元符元年十月栖迹會聖嵓谷禪誦之暇聊述浮山吟
十闋奉寄
堂頭隱之禪師書于石壁以識清時云耳

嶒峨當作峨嶒

清源比丘從玘和南
浮山獨壓衆山名三十六嵓造化成絕有靈蹤深窈𥨲不知
誰解此經行
浮山峭拔秀嶒峨贔屭玉山亦讓高好寄此中修淨社開池
種藕自□勞
浮山髙聳勢崢嶸松竹交音馬語清金谷青春□□日倚郛
頻聽木丁丁
浮山真似寶陀山曠刼無門豈掩關彌大未期歸補處白衣
石上坐如頑
浮山脚下水洋洋出𠙚真宜向此藏足有漁樵通採釣濯纓
三
何必問滄浪
浮山迥絕色蒼蒼夏冷冬溫有石床放鶴買山人若在邀來
此處住嵓房
浮山長占四時榮萬歲靈松頂上生挂住白雲□□雨有時
引潟鳳來鳴
浮山真箇好棲依香積□開信不違蒲鉢盛時□足足慚無
裨補衣輕□
浮山留月一泉□□□□光足可憑鑿壁□□□□雪爭如
林叟此爲燈
浮山幽徑好經□滿□□花襲異馨顧猥不堪頻出戶自然

風送到禪扃

僧從玘瑞竹謡 高一尺九寸廣三尺三寸六分十六行行八字字徑二寸正書

瑞竹謡
嵓谷僧從玘　玉述
天產竒材標翠谷靈然不稟凡常木根盤峭石寒泉霑葉帶
毗嵐煙霧簇山僧昔日採將來支頤宛有感神力劍倫幾曲
鳳凰吟葛陂適意成龍旋森森疎秀近嵓廓貞節凌雲聳虛
碧嗟乎雙瑞一何清堪與真人扶兩腋千歲靈龜永護持遊
人若見□珎惜大宋元符二年正月十有五日謹題
四

比邱祖演化造石座記 高二尺四寸廣四尺八寸二十二行行十二至十四字字徑一寸五分正書

伏見本嵓先有釋迦羅漢木座年久深壞謹化到遠近信心
弟子并石匠同造石座一所以爲久遠具名如后
弟子張守贇王忠太魯政吳安□劉輔王文德陳靖許同安
清仹進張守真郝令宗李士遇許継□王熙李懷就陳守欽
陳吉鄭士遇何用卿朱昂王継周全見錢劉子□劉乂吉陳
僎沈回胡清楊伯通王文義禹□皋彭子朝鄭士和戴文德
鮑信□手石匠王士珪李□李和李文□□
守安　郝德清甘吉倪士桂□和趙士端倪亨

□□功□□□德並用裝嚴十方施主各人增延福壽家門
清吉長少又𡩋□向時中所為稱遂者
皇宋元符二年二月十五日住嵓比𨚗　　祖演　　謹
記
　　　　　節守信刊石

陸宰等題名高五尺二寸廣三尺七寸十行行十六七字字徑三寸行書
浮山三十六巖皆瓌偉卓絶惜乎名皆鄙俗不經予既與客
集金谷遂窮覽諸巖知大通禪師□結庵太守巖下容有請
以大通易去舊名者而又請庚金谷為賸集以識吾儕今日
之遊東廊弟一巖謂之皇甫巖詢諸耆舊莫知得名所自坐
五
客亦欲易去而未有以厎也予遽以陸子名之黄安時云此
一段事殆不減韓信得趙壁時客皆大笑宣和己亥季冬十
二日陸宰元鈞題同遊者張公濟達甫吳怡熙老曹史無忌
黄安二時

題名殘刻高五尺四寸廣二尺六寸七行行十六字字徑二寸正書
余頃官豫章聞浮渡山巖穴之賸於徐師□□□□□□□
宣和甲辰六月癸亥乃□□□□□□□木秀潤不知
其為夏□□□□□□老□雨驅煩情□□□□□
□□□□□□□□極其趣□□□□□□□□□

□陵獨恨不得此□□□□□□□□□□子謹書
　　　　□正刊字特小

時撤等題名高一尺六寸廣三尺八行行六字字徑二寸正書左行
古滕時撤定國太原王習時叔睢陽朱昕景初大梁李深德
固紹興壬申二月望日同住持正蟾遍遊諸嵓　山門監寺
道言命工刻石

思公辭世頌并偈高三尺五寸廣三尺二寸餘前七行行十六字字徑一寸五六分下空後十三行行二十二字字略小正書
　會聖思公巖主辭世頌
六
七十四年歸去時節撒手便行更無可說
　前住山瑞公禪師為說四偈
七十四年俯徇世緣會聖岩下飢飡困眠
歸去時節如髙空月應現十方光明洞徹
撒手便行一路坦平東去西去步步無生
更無可說重重漏泄木馬嘶風泥牛吼月
　思上人自四明慕道游方至茲岩則不復舍去豈固自有
前緣者耶無亦知茲岩蓋圖鑒退席所憩如青華嚴亦由
此而出故潛思密想攻苦食淡於斯二十八年猶如一日
尅期坐逝豈不超然奇特哉一日瑛公袖其辭世頌及

秀岩四偈以示余且曰其徒欲刊諸石元瑛雖暫權管院事
未敢私可之居士幸有意吾教不惜一言以證將無負旃
石余曰有是哉孔子曰三人行必有我師焉思公示寂吾
三人者為之證亦足已矣遂作偈曰
本有摩尼一顆寒有無明黑任多般靜中忽見圓明體却
要傍人着眼看
紹熙壬子端午後三日西湖居士林績　書
山門權管首座比邱　元瑛上石
孝小師童行陳智琿智珎命工刻字　石匠高子
忠

七

杜伯印詩 高一尺五寸廣二尺九行行七字字徑二寸正書
紹熙癸丑二月旦日東溪杜顯伯印同弟顒男木喜侍親老
來遊越五日乃歸
浮山有巖石為屋屈指歷覲三十六老親□□弟兄隨步步
□□□□目

杜伯印題名 高二尺二寸五分廣一尺二寸四分五行行十一字字徑二寸餘正書
嘉泰癸亥二月七日東溪杜顯伯印偕弟顒顯舉室侍親来
覲巖壑之勝日暖花香登高脚徒逐留五日而去顯之子木
命工鐫石以紀歲月

杜伯印再題詩 高二尺一寸五分廣一尺六寸八分八行行十一十二字字徑一寸六分正書
窕如方丈與瀛洲弱水從教着脚流未許一篙撐得動浮山
元自不輕浮
毗盧佛閣侵雲漢慈母當年樂施財今日更來求表懺菩提
無樹鏡非臺
嘉定戊寅上元東溪杜顯携子點婿夏仲来□□□□留
一絕

八

趙與諫等題名 高一尺六寸六分廣三尺八寸八行行五字字徑三寸餘正書
紹定癸巳正月庚午蘭皐趙與諫直言沿檄迂程遊此楚山
張潛應之潛山吴李友德夫同行

僧緼道立石題記 高三尺六寸廣六寸二行行十七八字字徑二寸正書
嘉熙元年季秋八月望日安慶府浮渡山華嚴禪寺住持傳
法僧緼道立石
以八月為季秋誤　陸子嵒

知唐縣事白君等題名

高一尺五分廣一尺七寸三分十一行行字不一字徑八分正書右有崇甯二年徐澤題名在唐縣法界寺塔門二層石上

本縣諸司手分郅化　賈賢李永張俊田一賈思賈元曹因
盧儀王喬
録事司邳銓都押常國書手申江安璟張補　倉草酒務
攢造人牛永
承務郎行唐縣尉張
將仕郎守唐縣主簿成
左班殿直唐縣管界巡檢蘇
左侍禁監唐縣酒稅張

宋治平三年四月八日

西京左藏庫副使定州管界都巡檢使董
給事郎守太常博士知唐縣事騎都尉白
大宋治平三年四月八日

附　徐澤等題名在前刻之右三行行九字十字字徑一分正書左行

徐澤志行崔汝嘉聖美蔡穀允元同登中山寺塔
崇甯二年九月廿四日識

三司推勘公事張奕墓誌銘

縱二尺八寸五分廣二尺二十行行三十八字字徑六分正書在無錫恒善堂

宋故朝奉郎太常博士三司推勘公事騎都尉賜緋魚袋張
君墓誌銘并序
淮南江浙荆湖南北路制置茶鹽礬酒稅兼都大發運使
提舉逐路巡檢兵甲及都大提點鑄錢等公事朝散大夫
右諫議大夫護軍扶風縣開國男食邑三百戶馬　仲甫
撰文
淮南江浙荆湖南北路制置茶鹽礬酒稅兼都大發運副使
使提舉逐路巡檢兵甲及都大提點鑄錢等公事朝奉郎

宋治平三年十月初三日

尚書工部郎中充秘閣校理上騎都尉賜緋魚袋借紫張
芻　篆蓋
朝奉郎守尚書屯田郎中通判揚州軍州兼管內勸農事
輕車都尉賜緋魚袋呂　希道　書丹
嘉祐中三司使蔡公方大振職事飭條屬乃表　著作佐郎
張君子朝以為推勘公事而君以稱職聞居三年治平丙午
五月十六日疾卒其孤中行以其喪歸常州無錫縣卜十月
初三日甲申將葬于景雲鄉愚卑里之先塋且請銘於予予
守台州時君實為從事予固知君者也乃序而銘之
君諱奕字源明常州無錫人曾祖諱卓祖諱漢濱父諱瑩贈

大理評事毋陳氏追封仙遊縣太君潘氏封昌縣太君君起
家舉進士擢乙科歷太平台洪三州之從事改著作佐郎在
三司遷祕書丞太常博士君敏博而有文其在鄉里以行義
稱及出而仕尤長於時務遇事不苟思欲冥諸理而後已台
有大水隄防繕完之智出於倉卒民卒賴以安實君力焉郡
人張希房尚幼君視其材可教收而授之以學問孜孜焉若
已之子後果擢進士第洪之屬邑有以縱火民家因上于州
有司議弃重君獨疑曰是可死邪請自案獄果得所以未盡
之狀而因論得免吏以詘服京師大衆之地獄訟之夥獨天
府與三司焉而三司又括天下之賦入凡諸道之務巨細悉
二
關決之故事物之機會人情之姦利日以至者蓋百計顧非
明且恕者處之則幾不能無刑法之濫君矯枉去弊多所辨
正其陰施在人深矣子聞善惡不虛其報君雖不克身享之
安知不在其後乎君享年五十有五娶朱氏封仁和縣君二
子中行其長也舉進士次梁卿始三歲後君十五日而卒三
女長適鄉人陳充先君卒次適進士李毅次尚幼銘曰
士之有志　艱乎得時　時之既得　若將可爲
乃不永年　天□奪之　謂天與善　則予不知
右宋朝奉郎太常博士三司推勘公事張奭墓誌銘馬仲
甫撰文張芻篆蓋呂希道書冉序云嘉祐中三司使蔡公

表著作佐郎張君於朝以爲三司推勘公事居三年治平
丙午五月十六日疾卒其孤中行以其喪歸葬常州無錫
縣按塵史選人磨勘者進士出身爲著作佐郎餘人爲大
理寺丞謂之京官職官志三司推勘公事以京朝官充奭
以進士爲著作佐郎以佐郎任推勘與史志塵史俱合李
燾長編嘉祐六年置三司推勘公事一人治平三年正月
罷罷後四月奭始卒故序不言卒於官曰歸葬者奭解職
後以朝請留京師也塵史祕書丞以上曰升朝官始奉朝
請曲洧舊聞元豐以前二府侍從有薄罪猶以本官歸班
朝請則無罪去官者可知奭此時蓋以太常博士歸班博
三
士寄祿官也不治事奉朝請而已誌云君舉進士乙科歷
太平台洪三州從事台郡人張希房尚幼君視其材可教
收而授之以學後果擢進士第按赤城志張希房臨海人
舉嘉祐八年進士終金壇縣主簿而馬仲甫守台在皇祐
三四年奭自太平移台遂爲仲甫從事其舉進士當在皇
祐前爲推勘則在嘉祐六年蔡襄爲三司使後宋和三司
號計省而英宗謂呂公弼曰蔡襄主計訴訟不以時決則
知兼掌刑獄故誌云京師獄訟之夥惟天府與三司也撰
書人惟馬仲甫宋史有傳張芻鄞人皓孫父名牧見李燾
長編呂希道爲文靖之孫見王珪所撰呂公綽墓誌銘東

坡集有贈呂希道知和州詩施注載其仕履尤詳此誌光
緒二十年正月十七日羊(?)暮灣農人鋤土得之其地今分
隸金匱縣猶稱景雲鄉恩章里與誌同裴廷梁跋

重修南海廟碑
高連額八尺餘下截殘泐廣四尺二寸二十八行行四十九字字徑一寸二分正書在南海
重修南海廟碑字篆額橫列六字徑七寸餘

重修南海廟碑
敦遣黃迪篆　江都曹隱書　武甯章望之撰
天下之國蕃夷皆小中國之九州爲大然而海彙於九州中
國之民受天地中和之氣故其爲與禮義同□□亦智泐而
人窮其數地厚矣而人探其變舶海之人不一而莫能知其
所瀛潮汐之往來有期而莫能究其所發以海外之不泐與
天地同其大其生育秘異無有竭然則其神之所尸威靈豈
宋治平四年十月一日
不盛哉望祀山川之禮權輿於虞書夏商周悉嚴四望則□
壇泐祭不先日月星辰之位爾它神莫之與隆及郊上帝大
雩大禮又列享之後之世復即嶽鎮海瀆之所廟而祭泐悉
具存凡茲廟制咸有殿堂像其神南面而坐爵號爲王公神
之冠服禮如其名令其風流緒狀有儼然前□之泐土以爲
壇每歲五郊迎氣之日節以其方修其時享其爲祭之具祭
官及在位者詔冥拜興跪從事於壇尸殿像而無泐用以古
法是供而無降神之樂禮之變豈一邪南海神祠舊隸廣州
之域在今扶胥鎮之西日東南道水陸之行里鈞八十步泐
神曰洪聖廣利昭順王立夏之節

天子前期致祝冊文命郡縣官以時謹祀事犧牲器幣務從
法式罔或不恭典刑其臨汝今之守是邦者常節制一道曰
經略安撫使兼治州焉其馭事大其統地侈　朝廷必擇
望人為之位既高矣往往懈於事神失虔　上意故海□
父之泐昔先時此民與海中蕃夷四方之商賈雜居焉皇祐
中廣源州蠻来為寇民之被殺之餘流散遠盡後雖歸懷無
復昔□之饒泐及是嘉祐七年秋風雨調若五穀豐實人無
疫癘海無颶風九縣旁十有五州無盜賊之侵民相與語曰
益吾府師泐召亦南海大神之賜遂入謁府廷曰海祠頹敗
願輸吾貲新之用以荅神嘉公曰是吾心也不言吾且有命
二
乃□□之泐之屋三百餘間宜革者舉新之九月興役明年
五月事既府命縣曰其以牲酒告成于神府師者誰尚書左
丞集賢院學士□公也公生始興尤熟南俗嘗破廣源之寇
又嘗為師桂林又嘗以安撫使莅之廣桂一體也其恩德固
已浸淫此邦矣下車之日□自承風故令易孚而和氣易洽至
其它美甚多非廟文所宜及望之引避　朝命南游羅浮
山因公之寬裕宜人知公之處□宜神因適廟下稽首海德作
詩遺南人歌之詩曰伊神孔碩司海于南河伯之元嶽祇之
參誕惟厥靈□□不揄德□孚民民依以瞻惟海洋洋允數
無外川谷攸同天地攸賴寖惟時大釐天為對育物之無名

兮其神宜爾無盈兮古之□□以時望祀肇廟其旁越在後
世冊以王爵袞冕有偉介珪是瑞太宰是議嘉祐名元新宮
既績惟斯民之力惟今之職惟元侯之德惟元侯之德由
大君錫神休其無斁四章章八句治平四年十月一日立
上空卅五格　屯田員外郎前知番禺縣鄭中立重修
屯田員外郎前知番泐
屯田員外郎知番禺□□謝伯初
上空十六格　朝奉郎守尚書職方員外郎通判軍州兼管勾市舶
司騎都尉賜緋泐
朝奉郎守尚書都官郎中通判軍州兼管勾市舶司
三
輕車都尉賜緋魚袋泐
龍圖閣直學士朝奉大夫尚書兵部侍郎知廣州廣南東
路兵馬鈐轄本路經略安撫使上柱國賜紫金□袋呂
□□立泐

始建五嶽廟記

高三尺廣一尺五寸五分記六行行二十一字題名四行行字不一字徑一寸正書在望都

定州望都縣始初建立

五嶽廟維那人記

伏爲熙甯戊申歲秋七月連甸□雨□三丈大水泛溢復

加地震累月不息衆有願心如復安靜特建

五嶽至誠恭肅而後應祈造是祠焉凡費錢一千五百萬

有餘率皆樂而輸也具施者姓名列之後

都押司劉起

録事司程丙

手分賓亮師高□佺潘鰓劉腎劉□杜□張□張晟花

□

書手張廷臧□劉維潘仙　廟司李□

宋熙甯元年

韓魏公狎鷗亭詩

高二尺三寸五分廣二尺七寸二分八行行七字字徑三寸三分正書在安陽

亭壓東池復壞基園林須喜主人歸

聰棠猶茂應存愛植柳堪驚僅過圍

魚泳藻間諳物性月沈波底發禪機

羣鷗只在輕舟畔知我無心自不飛

案安陽集此詩序於戊申即熙甯元年也書勢雄逸獨出

規橅魯公而絶其迹皇宋書録引書史云韓忠獻公好顔

書士俗皆學顔書其爲當時所傾慕已如此安陽縣金石録

安陽金石録載此詩泳誤游

宋熙甯元年

韓恬墓誌銘
高一尺七寸廣一尺九寸五分二十五行行二
十字字徑七分正書在安陽水冶鎮彥觀寺
宋故秘書省校書郎韓恬墓誌銘并序
叔祖淮南節度使司徒兼侍中魏國公琦撰
恬字安之余姪殿中丞公彥之第三子母仁壽縣君張氏幼
儁邁喜學讀書強記而爲文辯速余嘗較公彥諸子謂恬它
日必能先取科第以才名自立嘗求補試國子監生程文中
等俄丁父憂未幾其仲兄愷與二妹繼亡恬與母張氏益大
悲駭不能自寬余遇嘉祐　明堂恩亟先奏恬得秘書
省校書郎及爲娶職方郎中董之邵之女且以慰其母悍獨
宋熙甯四年二月二十八日
一
之心張氏喜甚屢泣以誡恬令益自修飭以報恩鞠之厚已
而張氏復感疾議歸鄉里冀得移其故勢而遂平愈八年春
不幸疾久卒不起恬既併罹酷罰夙夜號躃幾以殞絕猶能
手疏母之行實請余爲其墓銘終以哀毀之過其年十二月
二十一日亦卒時年二十二女二人長曰壽女次曰安女竝
幼後恬服除董氏以無男子歸其父家壽女者熙寧初元又
不育嗚呼禍釁之來未有如恬之一門相仍窮苦如是之甚
者也悲夫四年二月二十八日以其　叔祖母安康郡太君
之葬乃舉恬之喪葬于相州安陽縣新安村　先塋東其兄
確之墓次葬師所謂穴之外庚也銘曰

父母諸兄兮相繼亡于前二女之幼兮一復天于後妻
無以守歸其家尔獨于茲瘞其柩何罪而當此罰邪豈
數之適相偶邪天乎冥冥吾安以究
弟試秘書省校書郎跋書
誌文見安陽集對勘皆同惟此石爲韓跋所書筆法宗顏
平原而運腕靈雋一化板重之習可謂善自規撫者矣安陽
金石志

錢景初書木蘭辭

方一尺四寸三分二十三行行二十三字字徑六分正書在究縣東關外將軍廟

古樂府　木蘭辭

即足何歷歷木蘭當戶織不聞機杼聲但聞女歎息問女何所思問女何所憶女亦無所思女亦無所憶昨夜見軍帖可汗大點兵軍書十二卷卷卷有爺名阿爺無大兒木蘭無長兄願爲市鞍馬從此替爺征東市買駿馬西市買鞍韉南市買轡頭北市買長鞭旦辭爺娘去暮宿黃河邊不聞爺娘喚女聲但聞黃河流水鳴濺濺旦辭黃河去暮宿黑山頭不聞爺娘喚女聲但聞燕山胡騎鳴啾啾萬里赴戎機關山度若

宋熙甯四年九月

一

飛朔氣傳金柝寒光照鐵衣將軍百戰死壯士十年歸歸來見天子天子坐明堂策勳十二轉木蘭不用尚書郎願馳千里足送兒還故鄉爺娘聞女來出迎相扶將小妹聞姊來對鏡理紅妝小弟聞姊來磨刀霍霍向猪羊開我東閣門坐我西閣牀脫我戰時袍著我舊衣裳當窗理雲鬢對鏡貼花黃出門看火伴火伴皆驚忙相隨十二年不知木蘭是女郎雄兔腳撲握雌兔眼迷離兩兔傍地走安能辨我是雄雌

余舊得古樂府辭道木蘭事最詳然不識蘭何女子也熙甯辛亥九月自中山由蒲水遇其祠甚宏因得謁之訪求遺刻無有焉獨感蘭懿烈不昭爲之歎息輒錄其辭寄郭侯使得揭於堂庶來者覽之則蘭之茂行雖歷千百祀如在今日廟榜曰樂蓋傳疑也辭舊不載名氏亦從而闕云河南錢景初題

供備庫副使北平軍使兼管內勸農事郭寅立石

二

此辭沈歸愚斷爲齊梁時人作唐人韋元甫有擬木蘭詩一篇後人并以此篇爲韋作非也按此刻與今通行本不同者如首句即足何歷歷今本樂府作唧唧復唧唧又一本作促織何唧唧文苑英華作唧唧何切切但聞女歎息今本作惟聞旦辭爺娘去今本作朝辭暮宿黑山頭今本作暮至黑水頭胡騎鳴啾啾今本或作聲策勳十二轉下今本多賞賜百千彊可汗問所欲二句願馳千里足今本一作願馳一作願借明駝出迎相扶將今本迎作郭小妹聞姊來今本作阿姊聞妹來對鏡理紅妝今本對鏡作當戶著我舊衣裳今本衣作時火伴皆驚忙今本忙一作惶相隨十二年今本作同行雄兔腳撲握今本作撲朔凡十四條多較今本爲勝枝勘家之重宋槧本以此也錢景初宋史無名按錢惟演有孫景臻其從兄曰景諶皆英宗神宗時人景初殆其兄弟行歟或謂景臻景諶爲吳越王之後而景初著籍河南非是然惟演傳以先壠在洛陽即判河南府政泰

甯軍節度使留爲景靈宫使太后崩詔還河南其子孫
或遂爲河南人理亦有之也譜作肴當時已有此俗體

東坡寶成院賞牡丹詩

高四尺七寸廣二尺三寸六行行十四字字徑三寸正書在錢塘寶蓮山摩厓

□□□賞牡丹詩
春風小院却來時壁間唯見使君詩應問使君何處去憑君
說與春風知年年歲歲何窮已花似今年人老矣去年崔護
若重來前度劉郎在千里
熙寧壬子芳春吉旦東坡題

宋熙甯五年春

右在寶蓮山摩厓吳山志謂舊名釋迦院吳越王妃仰氏
建宋大中祥符間改今額諸波類志謂寺後有東坡牡丹
詩磨厓按王宗稷東坡年譜此詩在熙甯十年丁巳先生
年四十二在密州任四月赴徐州有留别釋迦院牡丹呈
趙倅詩查氏據陳后山詩注西湖游覽志以此詩爲在杭
州作不知坡詩宋時刻者皆見咸淳志此詩無之王施二家
亦無異辭后山詩亦統言之此好事因寺舊有釋迦之名
而重刻此詩細究字跡迴非真跡而若春吉旦尤非先生
語游覽志亦云明時所刻兩浙金石志
蘇文忠詩集憑花說與春風知此刻作憑君查其畔氏文忠
手書上石亦一證也兩浙金石志唯惟見作惟有誤年年
歲歲作年季歲歲亦非

韓魏公詩刻 高二尺九寸四分廣六尺一寸十九行行十字字徑二寸七分正書在安陽韓魏公廟

詩二首

淮南節□□□□□□侍□□□□□□□□公韓琦

戊申□□洲不知幾字

冰井梁推□□□□□□□柱立臺頭□□□□□□□敲倒影

□□□□□□□□落霞凌綺席□□□□□□□瓊鉤芳林巳□

□□□□見西山涌□□

癸丑初登□洲不知幾字

休逸臺高復□□□□□□月喜生顏城□□□□□□柳天外

微分□□□□□且無歸後恕翕□□□□時還欲知

恩許三來幸錦爛輕□自晝閒

碑載在安陽縣志戊申爲熙甯元年癸丑爲六年志以

休逸臺詩二首爲標題非是

九曜石題刻六種 起熙甯六年

米黻藥洲題字 高九寸餘廣同三行行二字三字左行正書

藥洲 字徑三寸

米黻元章題 字徑二寸餘

按藥洲題字因與熙甯六年仙掌詩刻同時故不別著年

月翁氏米海嶽年譜定爲元祐元年誤以左方時仲等丙

寅題名爲一時未見仙掌詩刻也攷熙甯八年十月浯溪

詩刻云米黻南宮五年求使養得長沙掾經浯溪是南宮

五年以熙甯八年爲斷阮志據蕭閒堂記方信孺米公畫

像記溫革米帖跋殷令名帖跋鴻化帖跋謂元章熙甯八

年以後元祐三年以前在長沙江淮閒安有元祐元年復

遊廣南題藥洲之理以次熙甯六年仙掌詩刻後聋疑釋

然金石續編

時仲等題名 高六寸廣六寸四行行四字五字左行正書在米黻藥洲二字之右

時仲公翊積中同遊 字徑一寸二分

元祐丙寅季春初八日題 字徑六分

師節題名 高三寸廣二寸七分二行行二字正書字徑寸餘與米黻藥洲二字同石

師節屢遊

按時仲公翊積中及師節題名皆不著姓以元祐二年張

升卿題名證之公翊爲升卿之字則時仲積仲師節皆稱

字而非名也通志孫戴字積中崑山人潛研堂金石文跋攷中吳紀聞積中神宗時除廣東路常平哲宗時諸路常平官廢通判陝州遷廣東轉運判官通志亦云元祐初　此刻稱積中者截也登治平進士第好汲引士類晚歲以嘗薦元祐黨人乞祠歸而宋史不為立傳茲得其題名因表出之元祐元年歲在丙寅時公謫為轉運使積中為轉運判官時仲師節侯攷金石續編

右為學署九曜石之一舊在布政司署後圃翁覃溪先生摹刻片石嵌置學署壁間使三題名與各古刻萃一處非好為翻本也咸豐中葉英夷就撫索布政司衙署

二

地為領事府乃劃其半以畀之此石遂陷穢鄉無墨本可得光緒丙戌領事某市德於制軍昇以歸我今總督署東軒庭中歸然在焉因搨以補之

詹文舉等題名高一尺二寸廣一尺六寸八行行六七字字徑一寸五分行書

武夷詹文舉毗陵袁太初長樂鄭主仲紹興癸亥季秋孟冬
兩乘晦沐追眞率高蹤載酒以遊相羊竟日飲闌磨崖聊紀
良集

按通志職官表詹公薦崇安人靖康中提點刑獄紹興十二年提舉常平袁復一紹興十二年提舉市舶英德碧落洞題名紹興乙丑毗陵袁復一解官舶司詹名公薦字文舉袁名復一字太初名字義合鄉貫亦同即其人也職官表紹興十二年有轉運副使鄭鬲未知即才仲否此題長樂蓋嶺南人也金石續編

蘇少連等題名高三寸五分廣五寸三人左行橫列字徑八分年月左行二行字徑六分正書

少連夷吾南容
癸酉清明前二日來

筠清館金石記定為紹興二十三年以三人均見於紹興壬申呂少衛等會飯題名中也

鄔大昕廋語高一尺廣四寸五分四行行十一字字徑六七分正書

長樂靈谿之源楚相頴川之裔烏飛于左春藻其旁有宋乾

三

道歲在丙戌藥洲之濱攜節放逸曜石星羅鐃之以筆

按是刻不著姓名多作廋語翁氏金石略孫氏訪碑錄定為鄔大所書通志職官表鄔大河源人政和時廣州通判又有鄔大昨者紹興間知昌化軍事又列傳引明戴璟通志稿鄔大昕字東啟河源人政和二年進士任廣州僉判選舉表同据此則職官表作鄔大乃仍翁氏孫氏之誤且誤僉判為通判也以烏飛于左春藻其旁二語合之鄔大昕為是大昕或其昆弟耳金石續編

右九曜石題刻合之　先大夫補正所載十六種凡二十二種按翁氏金石略吳氏筠清館金石目家紹聞先

生金石續編尚有慶元乙卯醫士李元素一刻在池東
石上者猶未之見甚矣搜羅之難也

移後

移前

賈顯建塔記

在佛龕左右右三行左二行行字不一字徑寸餘正書在曲陽南二十五里楊平村

熙寧六年四月八日都維那賈顯發心建塔
熙寧七年三月廿八日了畢

漢光武廟祖無擇題名

高一尺八寸廣一尺一寸四行行八字字徑二寸正書在孟津

祖無擇與姪藹謁拜東漢世祖皇帝陵廟熙寧七年春三月
二十六日

宋熙寧七年三月廿八日

北嶽真君祠薛向等題名

高二尺四寸五分廣二尺八寸十五行行十四字字徑一寸四分正書在曲陽東十里真君觀

熙甯八年春夏亢旱
天子軫念特命師臣虔禱
北嶽五月癸亥行禮丁卯感應一路霑足秋稼滋盛繼有
朝旨恭行謝禮往來皆詣
真君之祠瞻謁而還六月己亥樞密直學士給事中定州路
都總管兼安撫使知定州薛向題前後同行寮佐秘書丞簽
書節度判官公事陳皋太子中舍簽書觀察判官公事李翊
供奉官走馬承受公事陳瑩著作佐郎新權通判保州韋公
佑著作佐郎安撫司勾當公事史𥙿衛尉寺丞安撫司勾當
公事李元輔門人侯穆姪肩吾男紹彭嗣昌師雄侍行

宋熙甯八年六月

贈衛尉卿司馬浩墓表

高五尺三寸廣二尺四寸二分十七行行三十九字字徑一寸餘正書

宋故贈衛尉卿司馬府君墓表
從子端明殿學士兼翰林侍讀學士朝散大夫右諫議大
□□集賢殿修撰提舉西京崇福宮上柱國賜紫金魚袋
光　撰
將仕郎試秘書省校書郎知蔡州西平縣事新差監許
州在城清酒務范　正民書
府君諱浩於　太尉公爲從父　其鄉里先世見於
祖墓碣　曾祖諱林　祖諱政　父諱炳皆不仕
府君少治詩以學究舉凡八上終不遇遂絶意不復自進
於有司專以治家爲事爲人魁岸慷慨尚氣義於宗族恩尤
篤司馬氏累世聚居食口衆而田園寡　府君竭力營衣
食以贍之均壹無私孀婦孤兒皆獲其所凡數十年始終無
絲豪怨言家貧　祖墓迫隘尊卑長幼前後積二十九喪
久未之葬　府君履行　祖墓之西相地爲新墓稱家
之有無一旦悉舉而葬之弟子里早孤　府君識其儁異
自幼教督甚嚴其後卒以文學取進士第仕至太常少卿所
至著名迹前此鄉人導涑水以溉田利甚博歲久岸益深峭
水不能復上田日磽薄將不足以輸租　府君帥鄉人言

宋熙甯八年九月

縣官始請築埭於下流水乃復行田閒爲民用至于今賴之
天聖八年四月癸巳終於家年六十三慶曆二年八月癸酉
葬西墓初娶張氏早終生女適解人南公佐公佐舉進士得
同學究出身再娶蘇氏先　府君十年終年五十八生男
宣又娶郭氏無子後　府君十六年終年八十宣用　太
尉公蔭補郊社齋郎累官爲尚書駕部員外郎知梁山軍今
致仕居家駕部君寬厚有守練習法令善爲政吏民不能欺
既升　朝累贈　府君官至衞尉卿　夫人蘇氏
追封長安縣太君駕部君謂古之君子必論譔其先人之美
著諸金石故命光直敘其實以表於　府君之墓道時熙
寧八年九月庚辰也
石匠元遇泉刊字

鄭仲賢詩刻

石高六尺廣二尺八寸詩四行行七字字徑六寸餘篆書後標題五字跋二行年月一行題名二行字徑一寸內外不一正書在偃師

鄭仲賢詩并篆 額題六字三行字徑三寸分書
秋風宋漢秋雲輕緱氏山頭月正明帝子西飛僊馭遠不知
何處夜吹笙
杜正獻公題 五字在知字之左
白傅謂劉賓客詩云在在處處常有靈物擁護今見滎陽
之詩筆斯亦近之 二行在題名五字之下從何字左起
熙寧九年七月十日永慶院主僧□敏立石　潁川張
宋熙寧九年七月十日
溫其模刻 此行文在前二行之左熙字與令字平
僧文達
庫頭文新　典座文□ 二題在其模刻三字之右

張文預等修像記
高連額二尺七寸廣一尺四寸十六行
行三十字字徑七分正書在曲陽黃山
定武邑衆之記 額橫列六字字徑
詳夫敎列粹喻混同乃爲　三佛居其一也如妙旨者則暗
通㒰化秘密微言者則廣諭凡流開張勸善之門解摘執迷
之網欲使衆心皈敬須令像設莊嚴有感無求不應𢇛情田
而種福游法海而淘殃是以不可思議　定武西六十里曲
陽南黃山有寺額曰八會有大佛石像功重累成人仰其功
而可遵焉其山高摽光位雨洗煙䆗之色下壓松蘿風敲月
砌之聲在一郡偏爲聖境佛之化也於四時則最稱若辰人

宋元豐元年七月十五日

之感也春夏綠波生紅紫於石上秋冬變色落黃白於澗下
都人仕女以遨以遊不勞聽演之緣自得銷憂之所　定州
東門招賢仁仙二坊有善友數人各持願心虔恭詣此求法
化緣近善應思不及遠懸如聞探湯既迯過去之災須補未
來之福但以一毛可扶先求信義之心百足不僵須賴扶持
之力既難獨辦闔託衆緣無悋己財必增洪福謹記
元豐元年歲次戊午七月癸酉朔十五日丁亥建
都維那頭張文預　邑長程信　孫昭永　宋密　邑衆
郝琏　許士安　戴禧　史仲　王世隆　李琮
李資　劉琏　劉慶　張立　鄭賓　劉貴　李吉

馬從化　劉式　蔡興　榮脩　劉昭亮　張全　趙
泉　都維那家眷　父張延永　母齊氏　男文靖、
文預　新婦劉氏　徐氏　孫男　張瑾妻宗氏　次
孫小二哥　賽哥　山漢　石柱　孫女小大姐　小
二姐　小三姐　小四姐　五娘々　重孫　鐵柱
東關劉瑋　中山李獲撰并書　曲陽石玉刊

韓忠獻公祠堂記

高六尺一寸廣三尺二寸二十三行
行四十九字字徑一寸正書在定州

魏國韓忠獻公祠堂記篆額九字字徑寸分

魏國韓忠獻公祠堂記
潁州團練推官將仕郎試秘書省校書郎知太平州繁昌
縣事充定州州學教授郭時亮撰
將仕郎守將作監主簿新差監瀛州倉草場滕中書幷篆
額
元豐元年十月潁川　韓公自幷門拜　命以建雄之
節來鎮中山公至行政愷悌臨事果斷寬猛適中民愛且畏
而相與語曰我公之於政疾惡好善大槩似　魏忠獻公
也魏公亦韓姓也惟我中山之民思魏公之深而欲爲之堂
宇像其容貌四時祭享以厭吾思也久矣每惟官府之弗與
故不敢爲之今觀我公之所存有似魏公又況乎姓氏之同
是豈不愛魏公之爲人而欲見其髣髴也吾儕雖卑亦當告
其所志宜若我公與之也乃屬其士子之在學者願見我公
而請焉旣而公果臨學奠謁
先聖先師士子因得序進于前乃請于公曰昔魏公之守中
山凡五年矣方其下車卒伍之衆玩習偷惰前爲郡者徒務
姑息至□驕悍怙不以約束號令爲意其閒往往構爲姦宄

宋元豐三年正月十九日

一

揺惑黨類居民震恐日不遑甯魏公皆按以法繇是姦黨喪
魄莫敢動氣民始能以相保繼而境內飢饉河水決溢須隄
防材用而又大農每歲出金幣使民均售有司拘文責辦而
不以飢饉爲恤衆方患其無備而復有流離之虞于□魏公
開倉廩賑乏絕因獻榮子　朝請自中山以北皆爲邊防
州郡願罷去一切科調使藏於百姓以待緩急　朝廷從
之而此邦之人遂大和會乃訓練卒伍勸課農桑兵強民富
政尚寬簡則又建立學校誘誨其爲士者自彼時至今民得
安堵而蒙被　朝廷之惠澤又得教其子弟而學先王之
道者皆魏公之力也願爲堂宇像其容貌四時祭享以厭其
思公喟然歎曰德之在人有至於此吾聞善爲政者上以稟
君之令而不敢慢下以從民之欲而不敢咈今民誠思魏公
而所欲如此況在教令之不禁其聽爾爲之衆聞之喜曰信
乎我公之愷悌也乃聚材鳩工未幾堂成像立公謂時亮曰
宜有以記斯民之志也時亮辭不獲命蓋聞之昔召伯茇于
甘棠之下羊公憩于峴山之上及其往也民思其人則有愛
甘棠而戒以勿伐卽峴山而因以立廟彼誠有以格民之心
而使之久而不忘也若詩人之美史氏之褒豈欺我哉矧魏
公弼亮之勳無替於古人語其大則定策推　聖光紹
帝緒語其小則鎮撫方國勤施猷訓其嚴於祭享則

二

有
英宗廟廷之配侑其銘於金石則有
上主聖作之淵懿若乃斯民之思慕它人之稱述豈足以明
魏公之善也然民服適化而能不忘舊德則不可以不書也
愚於是喜斯民之信厚而樂潁川韓公之不咈其民也如此
故取其民所請之意而詳記之元豐三年正月十九日建
建雄軍節度晉州管内觀察處置等使特進檢校太傅使
持節晉州諸軍事行晉州刺史兼御史大夫充定州路安
撫使兼提舉本路水利事兼馬步軍都總管兼知定州軍
州事及管内勸農使上柱國南陽郡開國公食邑九千戶
食實封貳阡玖伯戶韓　絳

三

寶教院重修相公堂記并陰
高四尺五寸四分廣二尺九寸二十七行行四十四字字徑一寸正書在滿城西十四里抱陽山定慧寺
重修相公堂記篆額六字字徑寸分
泐四字抱陽□□教院重修泐
泐不知幾字□□差監瀛州倉草場滕　中書并篆額
保塞之西五十里有山南拱□□陽山之寺曰寶教圖經謂
之定慧圖經從古也舊記所傳其寺起於隋開皇之閒寺有
堂曰　相公堂相公者唐之　張燕公也燕公諱說開元之
賢相布衣時肄業於此山今寺之東巖書院乃其所也院有
石室三南而下者曰五經堂上者曰進士堂北而又上者其

宋元豐三年二月十日　一

名不傳石室與山同生皆非人力之所爲　燕公貴念平生
爲學之所依思有以傳其迹重其報遂自山足疊石爲岸以
廣寺地就山鑿室工製精妙龕像有殿䟽泉有池堂廚廊廡
細翔軒谿寺之上壘石構宇蕟泉引流以爲上方寺之下壘
七曲石磴以便登降由山兩翼引而合之中起三門内列堂
宇書院之上因山南北鑿廊百步石廊之下又得三泉皆鐫
石堂以蓄之石廊之東別構一堂造白石像以爲堂之莊嚴
儀相之美宛然如動礲刻之妙瑩爾無蹟時人德　公思欲
日夕奉之乃塑　公之眞於此堂因號曰　相公堂此堂名
之所由得也由　燕公之後距　吾宋之景德燕趙

之民日事兵賦寺之堂殿廊廡頹尭不脩廣者日隘棠者日
卑昔之壯麗僅存遺迹山前之三門堂宇但舊址而已雖五
代之瀛王馮道嘗學於此山以取富貴偶時版蕩亦無暇繼
燕公之迹景德後戎狄納款邊安俗阜　左領軍衛將軍
邢公得以致興復之功寺之殿廡堂廚繪塑龕像一一增而
新之　燕公興於前　領軍繼於後寥寥三百餘年功之隆
者獨此　二公而已奉其教遊其地者無不想望　二公而
加欽慕熙甯三年領軍殂謝自是歷歲霖霪而　相公堂者
棟撓不支鄉中好事者會而議曰是寺之盛起於　燕公而
是堂者　燕公之堂乃興寺之根本今根本壞廢尚可忘而　二
不脩則恐枝葉者從而頹矣鄉人宿有定議以　邢領軍之
恩教深被於人嘗欲建祠以事之而束於
朝廷之着令令指實教以議功則　邢公之力可以紹　燕
公之美堂之成則　二公之眞宜平對設而使人人皆得以
尊事則爲善者無不知勸矣於是材不率而至功不督而集
仍還其堂於石廊之南以避北嶺風雨之圮不踰時而堂成
像之左極　燕公也右極　領軍也　燕公之忠勳德業具
於唐史此不復叙　領軍之事得以言其略領軍諱化基字
宗本保塞人也少孤事母至孝長而慷慨好赴人之急能談
漢唐五代事鄉人爭曲直詣　公求辨公析理遣之無不順

諸作考字叚此作字乃知非是

教至有昆弟姻戚成闇隙者　公責教以孝義皆服而改焉
歲歉盜掠鄉人財又執數人將殺之　公還自宦里而遇焉
乃責其盜而又許之以周急盜素畏服慚而解縱終亦無追
其迹者奉釋氏甚謹大會緇徒讀藏經皆以百數放羽毛鱗
介之命踰六十萬用子蔭□官壽七十八歲雖晚年視聽齒
髮如少時豈非爲善之効歟夫人趙功建事患力屈而不成
成者患改晦還而不繼繼者患湮沒而不傳是寺也　燕公成
於昔　領軍繼於今脩是堂立是石者又欲傳於無窮雖百
世之後必有同志則斯堂也與山同其存亡且彰往所以勸
来表善所以警惡来者知勸而惡者知警此所以宜爲記也　三
元豐三年歲次庚申二月乙未朔十日甲辰鄉貢進士張緯
記
都維那本州助教安壽維那張允郭仲儀曹基賈澤李敏
功德主僧繼實同立石

碑陰

高廣與正碑同上截記二十六行行九字字徑一寸下截題名三十二行行字不一字徑八分均正書

相公堂碑陰題名之記　額題三行行三字正書

相公堂碑陰題名記
□非□□於獨見則莫□與衆與衆者天下之公言也善而
譽惡而毀人道之不能免其所以聲聞之来必在名實之際

表裏混茫而爲一名者實之載所以行天下實者名之源所
以澄一身一身不有求於外而外自應者以無心而感萬物
也物不鼓作牽制而能自至者中心悅而誠服也　燕公興
寺之□　領軍維脩之功原□□□之心皆出於自得固非
有求於物鄉人新□□□其真而紀美於石又非鼓作牽制
而至此以無心彼以誠服所謂名實混茫而爲一然而唱者
□人而和者千百可謂衆矣鄉人竊慕乎善可謂善人之徒
故其來□□□於石記　此後闕泐
右上截
都維那本州助教安壽張允郭仲儀曹基賈澤李宗敏維那
四
本州助教仇中立廣信軍助教苑陟前梓州司戶叅軍李正
臣助教李惟應王仲珹牛師道助教李珪賈中庸張益助教
張詠冉化張湜吳凡齊應孫德李中庸張慶郭正田應劉宣
郎萬韓槃杜中立李亨楊授李景王慶司徒張慶段鐸李信
宋銓張應宋古李信李壽楊式焦公謹董德段安苑宣張均
張演楊祚助教張景王良臣順安軍市丘王庚蓋琛李簡臧
錫臧延齡右班殿直閤門舍人監北岳廟臧景進士宋遺進
士陳儀進士王完進士張復進士吳造本州機宜司都知兵
馬使韓己教練使劉敏押司官郝翊前都院守機宜管勾脩
城賈定衙司教練使李普知客押衙袁青通引官宋勾使院

都孔目官吳甫副孔目官王式孔目官魏堅孔目官吳廉孔
目官邢通押司官李智押司官張忍押司官邢質押司官史
應本州真覺寺長老僧海信講經論僧海仙僧海從僧海隆
僧海永僧海覺僧海全管內僧正純瓊寺主僧純清永靈院
長老僧歸因前僧正講經論賜紫僧惠靄前副正講經論賜
紫僧惠璨僧惠律管內副正僧惠金僧惠景僧惠和應奉表
白惠鑒僧惠亮鴻福院講經論傳大乘戒賜紫僧重白前僧
正講經論賜紫僧雲超僧德清講經論僧紹俊講經論僧紹
瑞僧紹春講經論僧德臻闍梨僧明德僧文顯講經論僧文
才管內僧判義用講經論僧雲浦講經論僧義昇講經論僧
五
德慶崇嚴院長老僧法琛院主僧法賢講經論僧法□僧定
欽僧法照講經論僧法化奉祇院長老僧義化講經論僧義
深講經論僧義杲謁山□聖寺長老僧紹文僧德果僧法戒
魏村壽聖寺僧德恭僧有權僧法德武安村崇覲寺主僧純
臻溫仁村壽聖寺主僧方真南臨水村壽聖寺主僧雲興本
院主僧繼元僧繼果僧繼□僧繼喜僧福海僧紹誠僧紹潛
僧澄喆僧智廣西頭供奉官王昭亮右班殿直史用前進士
胡僅進士楊授魏居寔袁明抱陽村張元張清王白張峭王
讚王清李則王乂楊德顧從顧永趙景李本李順張智劉澄
于德許和王贍王宸王佶劉德劉一田千孚口村劉貴郝方

李保村都維鄘安壽長男端次男靖小男竦田遵劉順馮新
趙習劉遵程勍李恭劉仙謝方劉進李澄苑㯷石方馮用韓
則韓宣韓倩□倩李永王化劉遂張恭盧羨李用李元孫瓊
孫一賈村任畢任秀劉遇□宣孫仙劉江王贍田鐲張則賈
真賈倩賈德張秀張貴邢鑾邢錫馮用崔玘崔賢崔澄王演
□仙崔京孫晟孫寬安吉安興安全孫□沈佶任仙袁定李
素張智馮□王□孫青東魚河村□元李友梁贍梁倩梁秀
王志李宗蔡倩何真李倩田定□□□安□□□王化王德
王昔李德胡政張千胡思胡倩張化邢化□千楊德曹辛曹
遵袁金袁榮受□村田幺田巳李□李順孫友張玉崔乂王

六

式王緒李宣李定李已孟瓊孟進蕭敏許倩楊景張澄王□
王龍張吉蕭一盧評張継韓信王習劉化韓習雨王村前監
龍泉鎮侍禁劉化陶秀陶素陶遇陶質陶□劉求劉全董用
范清玉志崔慶魏慶韓□王千趙律王澄王宣張德田慶韓
□□化范□□院□孫愢馬孜馬□馬用張皓李倩李杲劉
寧安□李□劉興袁信王勍王祐□□□□賈演蘱澄張□
陳顯陳慶□□邢良邢仙甫劉□□慶葛□□□□萬韓□
韓□□宣閔倫閔□王青王□石□□□陳萬劉素陳倩李
順李□泐下　泐上孫秀賈宣泐下

敍此蘱民之方也
雖瘠土疲俗樂輸
安堵又能

五嶽廟記

高四尺四寸廣二尺二十四行行三十八字字徑一寸正書在□都北關外五嶽廟

五嶽廟記

主簿武騎尉劉　郛文

陰隲潛德匪求為聞人則天壽坤祺闇然而饗也隱慝姦謀
幸而未獻輮其罪則風霆鬼神可得而殲也故鶡符機婦神
崗雷篆炳靈覿聽豈曰小補于世哉然則周詩寫嶽刺麟經
書褒譏神明降禍福交相表裏助
天子之賞刑然後善惡情偽雖芒纖眇忽莫得而遁也五嶽
見于詩書及史稱淪陷于蠻狄而已別山代祀者詳矣至大

宋元豐六年十二月　一

雄老子關巫者舊之說則詭妄妖誕弗可攷據岱宗不崇朝
而雨天下而去司按冥嶽華陰壞朽摧裂延袤壓渭而去神
蜂怒覆甚矣民之好惡也春秋重變禾為君民尤所賴者元
豐六載適自三月不雨至于六月慶都邑據要衝桑麻萬井
鶡冠汚俗艱得治聲
魚侯仲脩霸臺豸冠詞林翰苑慶闕華冑紹其鼎裘以宣德
郎來莅先是浚滚豫畜役號脂韋韝究旁午一旦關藉手定
衆議歎然嘉嘆乎允其風力才刃皆此類也威而有恕此馭
吏之術也故老姦宿贓桄魄沮氣簡而能憫雨而禱于廟謀
于衆僉曰與其勞于遠曷若求于近與其數而禱曷若類而

祭故未踰浹旬之告足此邪所親覩案舊記熙甯改元地震
繼之大水民懼而建祠夫政之善神之靈有功于民者在聖
賢之法皆可書也其勝槩佳趣則西溪菡萏藏瀟湘之夢思
北平翠微入吴越之吟想幽亭矮橋柳堤花塢暝煙霽虹霜
郊殘照浴鷗湧浪馴鷺翥鵝真所謂仙遊物外有卜隱忘歸
者矣其締搆繕完則嚴而不幾于華壯而不逼諸陋上弗擾
于公帑下靡蹟于民力節邑中制巋然一新簷楹鳳騰廡直
雲矗適宮引愧梵剎翬燿蓋髣髴畫圖神造者矣民有系而
歌曰
驕虬妖魃跧姦蹤吾父民謂令曰父雩禱精誠通叱屏翳兮鞭穹
窿靐鄉雲兮雨濛濛轟然狂雹鼈鱗封九穀穟角殭蝝螺盜
越境兮國靡災病者揭履瞶者充公遂仁政歸神功抃蹈阜
魯謠仁風刊翠叜兮流無窮
三班借職權望都縣巡檢崔　遇立石
三班奉職定州望都縣尉裴　珪
宣德郎□□□望都縣事兼兵馬監押魚　端夫
元豐□年十二月□一日太原郝洪書
中山石玉刊
劉郛撰郝淇碑作洪正書元豐六年立京畿金石考
謹案劉郛官慶都主簿文敘縣令魚仲脩禱雨靈應事畿輔通志碑末年數已泐金石考作六年從之記云慶都邑據要
衝按望都本漢縣歷代因之至金始改名慶都漢志引
帝王世紀曰堯封唐堯山在北南有望都山即堯母慶
都所居張晏云堯山在北堯母慶都山在南登堯山
見都山故以為名是慶都即望都之别名非當時已以
慶都名縣也通志跋云劉郛官慶都主簿似混

成德軍修虖池河記

碑高五尺二寸廣二尺六寸二十一
行行三十七字字徑九分正書在正定

虖池河記　篆額二行字徑六七寸

成德軍修虖池河記

虖池之源發於鴈門繁畤東南道于中山又東過靈壽而常
衛從之霖潦時至長川巨浸之水雜而會者白波沸騰赫數
里鼓城下隘而真定控河之衝數罹漂溢之患天聖七年堤
潰于曹馬口傍激南關壞城之西南隅以入樓櫓泛蕩闉殫
為河□□之死多於魚鼈於是北道播然大發兵夫以趣其
役而堤塞之功九十七萬城堞之功百六十四萬物為之敗

宋元豐八年三月二十五日　一

萬於工役之費而莫之計也天聖距今久矣聞有語其害者
悲傷感嘆猶之未忘然堤圮（埽）毀高以牛羊之踐平下以沙淤
之壞沒又廢河防之卒徙之於祁因循大壞非一日之積元
豐甲子六月復決於曹馬口下□關門遂掘北濠泄之將軍
之濼而城幸以完水北行三十里湯湯浩浩乃復于河歲之
九月廬陵劉公以天章閣待制自南都帥于茲車未及停輪
即往相其事圖之以進章十上辭益懇而　部使者亟以
為言
朝廷閔焉乙丑二月　制可之　公命以諸邑版
籍率八丁均一夫先當浚治城隍乃罷之而并於茲役尺符

所須俯期而集負畚築者驩呼與譊謞以相杵市之富室偕
與餉之役者恍而無所匿其遲且未嘗鞭扑之而能致其功
也自曹馬口下中渡橫袤四十里作之新堤蜿□而峙又鋸
牙分流殺之勢堤道所象寔洄洑之末地之聚沙者疊埽若
木岸以禦之木岸八百餘步而埽三倍於木岸之長民之苦
於墊溺而知其利也用不懈于勤閱三旬之功餘四日之力
復請治南關　公樂從之使築墉道上平於城以通南
北往來之衢凡村落之蹊絕於堤者築之如關城之制且聚
土其傍補隳於歲月功已序矣奏都水領之而請復河防之
卒營之故堤植榆柳於堤足而揭盜決之條以申告賞其所

二

以久為之慮曲為之防後人無以加焉是則　公之政
槩見於斯矣大而用之崇太平之基永萬年之𢇃信乎其無
難矣清源石亘書從按役于行於是錄之以記元豐八年三
月二十五日
朝散郎充天章閣待制真定府路安撫使兼馬步軍都總
管兼知成德軍府事兼管內勸農使護軍彭城縣開國伯
食邑七百戶賜紫金魚袋劉瑾

右記石亘撰不著書碑篆額人姓名亘事蹟未詳記稱亘
嘗從按役于行知亘亦宦於河北者亘籍貫清源宋史地
理志河東路太原府有清源縣碑滹沱作虖池彙說文無

滹字周官職方氏漢書地理志滹沱字皆作虖池禮記作
惡池戰國策作呼池詛楚文作亞駝惟山海經作滹沱乃
別體字此碑作虖池正與周禮合記云虖池之源發於雁
門繁畤東南逈於中山又東過靈壽而常衛從之案山海
經北山經泰戲之山滹沱之水出焉而東流注於漊水郭
璞注今滹沱水出雁門鹵城南武夫漢書地理志師古注
滹沱出鹵城元和郡縣圖志代州繁畤縣泰戲山一名武
夫山在縣南九十里滹沱河水出焉太平寰宇記繁畤縣
泰戲山一名武夫山亦名平山亦名戍夫山今曰派山在
縣東南九十里滹沱源出縣東南孤阜山漢書地理志靈
壽中山桓公居此十三州志亦云中山桓公新都太平寰
宇記舊邑城在今縣西北是記所云逈於中山者即指靈
壽故城非謂定州之中山也常衛即禹貢恒衛既從恒犯
宋真宗諱故改常字以避之猶漢改恒山為常山唐改恒
州為鎮州也漢書地理志靈壽禹貢衛水出東北入滹沱
而恒水不入滹沱記所云誤又記云天聖七年堤潰於曹
馬口傍激南關壞城之西南隅以入人死多於魚鼈於是
北道騷然大發兵夫以趣其役而堤塞之功九十七萬城
堞之功百六十四萬物為之費萬於工役之費而莫之計
宋史河渠志不載天聖七年正定滹沱河決事仁宗本紀

校勘

天聖七年夏四月庚寅赦天下免河北被水民租賦長編同
長編載是年二月乙酉賑河北沿邊水災饑民閏二月癸
巳詔河北經水州軍募人入粟以濟貧民真定故屬河北
原可無庸單舉而塞堤築城工費如是之浩繁史志並所
不載故無解於疏略矣曹馬口即白馬口在城西北見嘉
靖真定府志又記云元豐甲午六月復決於曹馬口下□
關門遂掘北濠泄之將軍欒宋史神宗紀五行志皆載是
年河北東西路水壞城郭廬舍惟長編載是年九月提舉
河北路保甲司言祁州鼓城縣巡檢下指使彭大因大水
收救器甲溺死詔賜其家銀二百兩鼓城正滹沱下流據
此可為是年真定決口之證而河渠志亦不載將軍欒未
詳記所云廬陵劉公即記後題名之劉瑾其列銜皆與宋
史瑾傳合天章閣天禧四年建在會慶殿之西龍圖閣之
北明年仁宗即位修天章閣畢以奉安真宗御製天聖八
年置待制從四品見職官志記載瑾治河之役謂自曹馬
口下中渡橫袤四十里作新堤鋸牙分流殺之勢云云案
五代史晉開運三年契丹趨恒州晉杜威禦之至中渡橋
而退胡三省通鑑注曰州人津渡之所也其上下流各有
渡此為中渡宋史河渠志元豐五年前河北轉運副使周
革言熙寧中程昉真定府中渡創繫浮梁增費數倍請歲

八九月易以板橋至四五月防河即折去權用渡船蓋即今鄴南之廣濟橋也常山貞石志

僧清則葬母丁氏記

高七寸餘廣一尺三寸十二行行八九十字不等字徑七分正書

當州聖壽院翻修大殿功德主僧清則本在力邵鎮受業有
母丁氏於元豐八年正月二□二日辰時殁故焚燒訖惟收
舍利數百顆於當年十二月　日安立石卯塔并隨骨舍利
一同葬訖元豐八年三月　日□記之耳
男僧清則并□
師僧智□

宋元豐八年三月

張成等題名

高一尺三寸廣一尺七寸六行行四字字徑二寸餘正書在四川

張成□□明鵬苗□平同飲小閣上元豐乙丑季夏八日

宋元豐八年六月八日

天威軍石橋記碑

高四尺八寸廣三尺二寸五行行四十字字徑八分行書篆額未見在井陘

大宋□□軍天威軍石橋記

進士馬　寔之撰

本軍東北隅有七里澗北距煮乳嶺少龍□西接鳳山□五龍崗諸澗之水會於其中南入錦漫河常遇夏秋之交霖潦暴作則濤奔浪突岳聳山峙湍猛□湧勢若激箭蕩崖則雨散觸石則雷吼蛟蜃不能居黿魚不能止遠而聽之若百萬鼉鼓億兆勇士戰酣而不已至其漲甚則逆入於澗十數里行人阻而不通者久矣泥塗沮洳淤漫陷潰馬濡其膺車□其轂或有急故往涉者往往被溺前後蹈而死者不可勝紀良可悲夫　既有軍旅寇盜之警征役賦輿之急羽書行李臨川數日而不得少進往來之人歲苦其患此實為害之大者也本軍□□□□立身端謹賦性恬和務惻隱存心拯患難為意曰擊斯害首圖厥利因謂大□栖真院□頭陀善慈曰七里之患爾知之矣暫勤而永佚少費而久牢者仁人之所用心也爾素有□緣眾所傾嚮將與爾建石矼一道以濟萬眾之不通可乎頭陀喜而言曰此我平生之所欲也

軍使通直葛公下車之始

神明其政父母其心百廢具修一弊必去宣以橋事請之

宋元豐八年七月

使曰興民之利除民之害本民之情同民之樂乃古良刺史
縣令之職之心也
予安得不從之乎宣唯唯忻躍而去遂同心鳩工諭日蕆事
使胥因公暇同僚屬而覵焉諭其匠者宜速成功無妨農務
其民悅而施勞殊無倦矣宣等一毫不犯三□□□道□□
忻忻然室家相慶曰七里之患自此息矣一路之民脫沉溺
之夭保性命而躋壽域者得□□□□□□□□□石匠張
安之作也覵□用心□□□礁□瓶灰壘拴鐵雕鏤禽獸曲
盡飛走之狀第十七行全泐下半行無字
□□□□□□□□□□□□□□□□為□□□□□□

不知為文推避不獲但紀其實爾
上空三格十 元豐八年乙丑歲七月十五日□石
上空七格十 三班奉職充井陘縣巡檢□捐使王 尚
上空三格十 三班奉職監天威軍益酒稅榷井陘縣簿尉劉 禾穗
上空六格十 三班奉職充井陘縣巡檢教押保甲任 育
上空十格通直郎充天威軍使兼知井陘縣事及管内勸農事葛
贖
上空四格十 槐陽新科明法楊淮纂 本軍扶風馬通書 造橋
刻字張安
上空四格都維那李宣 頭陁趙善慈頭陁岳 頭陁李 頭陁
張
起橋根行者韓文昇八字補刻正書非出一手
謹案天威城在縣東北五十里宋初置天威砦於此尋曰
天威軍熙甯八年移井陘縣治焉金初置威州亦治此後
仍還舊治今亦謂之威州城又名威州堡亦曰井陘店此
碑直曰天威軍城而不言井陘縣當立於熙甯八年以前
未移縣治之時也畿輔通志

粟子山運石題記 元豐八年七月既望 萃編載卷百卌八

趙洙 洙誤沈 般運石叚 原石不作叚

宋元豐八年七月既望

李廣卿殘碑

石斷闕存上截二尺一寸五分廣三尺三十二行行存二十二字字徑八分正書

宋故朝奉郎□州□□□□□陳□縣開國男食□闕下
朝散大夫尚書工部郎中□□□闕下
端明殿學士兼翰林　侍□學□闕下
中散大夫右諫議大夫充天章□闕下
惟李氏姐之著姓自□□仕唐至御史大夫有重德天□闕下
太子少保於　公為高祖少保子言贈太子少傅□闕下
自滕水而下皆以太師貴　公太師之幼子也諱寔卿□闕下
公力爭之曰□□□出令以　公不屢謁於法當坐□□闕下

宋元豐末

登封縣改太子右贊善大夫賜五品服知興元府西縣□闕下
是深相結□遷殿中丞知開封府司錄參軍開封□□□闕下
山東劇郡　公不設鉤距不希耳目盗發必獲人畏之□闕下
錢法□大□□□□□盗鑄益衆而法不可禁　公曰利□闕下
見納用翰林學士承旨王堯臣薦其材授提點江南西□闕下
回緣為奸　公推析□□得其直八百萬使者以聞闕下
陛辭賜對　仁宗慰勉之趣令還舊職　公遂巡未即闕下
謂　公之去當有巧□之者士論譁然不已　公既罷□闕下
仁宗之明見至隱而□勸能吏至於如此自寔部五遷為闕下
領使六路所至必求民之疾苦去吏之貪殘者四興州□闕下

守害民斥逐之足矣舉其則細□者衆捕□益甚是吾重闕下
擿　公曰是盜虗名以蓋實罪也此而不懲無以沮惡皆闕下
比者居頃之舉得末疾丐閒授管句南京留司御史臺□闕下
少□為人下耻以疾病被懷祿之譏故其之政□年止□闕下
適歲時伏臘一切取具未嘗以毫髮累□公方□　公□闕下
高下雖善談者無以易　公確論事寡姉李□撫孤□□闕下
人嫡母丁氏永嘉郡太夫人母王氏集　郡太君娶□□闕下
□流孫男二人□中求中孫女一人適潞州襄垣縣令□闕下
朝眞　公于緱山里第□斬然衰衰伏拜不能興□而□闕下
□□而□于鄉其始終皆可書也銘曰

李氏三□　父子公□　為□闕下　不驕不盈　奮于
甲牝　公之闕下　嚋能用　公　惟　天子明　六
□闕下　□又何求　逍遥以老　長□闕下

右李虞卿殘碑未詳所在碑云眞公於緱山里第則其
墓當不相遠而碑在偃師左近矣石缺下半僅存工截
二十二字撰書人名及卒葬立碑年月皆不可見虞卿
高祖太子少保曾祖太子少傅父太師並佚其名按宋
史李昌齡子名虞卿官將作監主簿其高祖雖曾祖諱
仕皆止縣令昌齡官至光祿卿授祕書監致仕與碑所
書無一合者必非其人而此虞卿無可攷矣碑云翰林
學士承旨王堯臣薦其材授提點江南西缺云〻王堯
臣拜學士承旨在皇祐初其歷官在至和嘉祐閒碑文
數稱仁宗是其卒在英宗神宗朝可知也因次元豐末

新修梁昭明太子廟殘碑

高五尺四寸廣三尺三寸三十三行行存四十餘字不等字徑八分正書在貴池縣山

新修昭明廟記篆額三行字徑四寸五分

□□□□□□□昭明太子廟記

□□州軍事下泐此行自三十九格書起

第三行自三十三格書起

元祐元年夏六月初□貴池之人無貴賤缺十二字□□□□在

□惠澤四海天覆地載可謂仁矣□下缺不知幾字不□□□之□

□□□漁樵自遂於田缺十三字□訓以□世用安閑佚樂不知

老至可謂泰矣下缺□□□□□□□疫癘疾病□□缺十四字

宋元祐元年六月初

濤萬頃舟航上下田墻一矚則安流而無虞此下缺□□□□

□□□□□□之人與缺十五字久而廟貌不莊齋祠不修牛羊

鳥鼠穿蹂於庭除下缺□□□□□□□□□經營□缺十六字

前宮寢有後室門闕重廡列衛在廊齋祠有庖謁款有房下缺

□□□□□□於一□□□□使□缺十六字月考之於　年　月是

時世美莞庫於此而邦人屬以記下缺□□□□□□□明□□

□缺十八字數峯矗於雲表清溪環合為一洞天土地饒沃人感

而質下缺既□□□旋亡□□□□缺十八字祀我我其福之於是

民相與築祠於秀山之阿秋冬享祀下缺□□□□永□□□

□缺十九字西於是郭西之祠遍於江東然以梁史考之則昭明

未下缺□□□此豈非史□缺二十字其何故而泰山神祠亦以此

紀之豈非功德及民而□秩於嶽下缺□□□即序次□缺二十二

字孝寬博喜慍不形於色美姿容舉止自為兒時已喜讀書

□下缺記講解辯說該缺二十三字商略著述以為樂其成書至八

十卷而東宮聚書幾□萬下缺來雷未之有缺二十四字元甘露降

于庭然居東宮不忍違顏而忽忽下缺南向而臥□缺二十四字疾

而衣不解帶及貴嬪薨扶喪還宮至殯而下缺□□□□缺二十五

字侈靡示躬儉以率之而衣以澣濯食不兼下缺勝□□□□缺二

十五字久詠左思招隱云何必絲與竹山水有下缺雖□□□缺二十六

字因而書之弊罷以杖□聞而喜時有所下缺□□□缺二十六字

鱉日常愀然而不自安未價騰踊則下缺□□□缺二十七字之然背

容施時莫之知而天下下缺之□□□缺二十六字右欲聞自傷貽

帝之念噫嗚下缺晃謚曰□缺二十六字材德而不及纘承大業丕

冒天下缺□□□□心缺二十三字奄及江東明靈陰德及於庶民

靡下缺□□□為□下缺

□□□□缺四句缺上□兮　不顯其靈莫□□□

下缺不知幾句□□□□缺四句缺□延兮　精意感格

靡不旋兮下缺□□池□缺四句藻繪藹兮　家

衣龍章冕未縱兮䮀䮀下缺□□□□缺三句□

神嘉□　□矜憐兮　□時釃澤　雨公田兮　殄靡缺

□□□柔　□□□□□□□□　□□□兮（下缺）
□□三□　□□□□□□□號　□□元□　福被
□（下缺）
□□□□大夫□□□□□□□□□（下缺此行自第二十九格起）
朝散大□□□州軍（以下剝泐不可辨此行自第二十格起）

司馬文正公神道碑

（四石各高五尺餘廣二尺四寸各十七行行四十一字字徑一寸正書）

宋故正議大夫守尚書左僕射兼門下侍郎上柱國河内郡開國公食邑四千一百户食實封壹阡伍伯户贈太師追封温國公謚文正司馬公神道碑

翰林學士朝奉郎知　制誥兼　侍讀上騎都尉武功縣開國男食邑三百户賜紫金魚袋臣蘇軾奉　敕撰并書

上即位之三年　朝廷清明百揆時敘民安其生風俗一變異時薄夫鄙人皆洗心易德務為忠厚人三自重恥言人過中國無事四夷稽首請命惟西羌夏人叛服不常懷毒自疑數入為寇　上命諸將按兵不戰示以形勢不數月生致大首領鬼章青宜結　闕下夏人數十萬寇涇原至鎮戎城下五日無所得一夕遁去而西羌兀𢓜聲延以其族萬人來降黄河始決曹村既築靈平復決小吴横流五年溯方驗然而今歲之秋積雨彌月河不大溢及冬水入地蓋深有北流赴海復禹舊迹之勢凡　上所欲不求而獲而其所惡不麾而去天下曉然知天意與　上合庶幾復見至治之成家給人足刑措不用如咸平景德間也或以問臣軾　上與　太皇太后安所施設而及此臣軾

宋元祐二年正月　一

對曰在易大有上九自天祐之吉無不利孔子曰天之所助
者順也人之所助者信也履信思乎順又以尚賢也是以自
天祐之吉無不利令　二聖躬信順以先天下而用司
馬公以致天下士應是三德矣且以臣觀之公仁人也天相
之矣何以知其然也曰公以文章名於世而以忠義自結
人主　朝廷知之可也四方之人何自知之士大
夫知之可也農商走卒何自知之中國知之可也九夷八蠻
何自知之方其退居於洛眇然如顏子之在陋巷纍然如屈
原之在陂澤其與民相忘也久矣而名震天下如雷霆如河
漢如家至而日見之聞其名者雖愚無知如婦人孺子勇悍

二

難化如軍伍夷狄以至於姦邪小人雖惡其害己仇而疾之
者莫不斂衽變色咨嗟太息或至於流涕也元豐之末臣自
登州入　朝過八州以至　京師民知其與公善也所
在數千人聚而號呼於馬首曰寄謝司馬丞相慎毋去
朝廷厚自愛以活百姓如是者蓋千餘里不絕至　京師
聞士大夫言公初入　朝民擁其馬至不得行衛士見公
擎跽流涕者不可勝數公懼而歸洛遼人夏人遣使入
朝與吾使至虜中者虜必問公起居而遼人敕其邊吏曰中
國相司馬矣慎毋生事開邊隙其後公薨　京師之民罷
市而往弔鬻衣以致奠巷哭以過車者蓋以千萬數

上命戶部侍郎趙瞻內侍省押班馮宗道護其喪歸葬瞻等
既還皆言民哭公哀甚如哭其私親四方來會葬者蓋數萬
人而嶺南封州父老相率致祭且作佛事以薦公者其詞尤
哀炷薌於手頂以送公葬者凡百餘人而畫像以祠公者天
下皆是也此豈人力也哉天相之也匹夫而能動天亦必有
道矣非至誠一德其孰能使之記曰惟天下之至誠為能盡
其性能盡其性則能盡人之性能盡人之性則能盡物之性
能盡物之性則可以贊天地之化育矣書曰惟尹躬暨湯咸
有一德克享天心又曰德惟一動罔不吉德二三動罔不凶
或以千金與人而人不喜或以一言使人而人死之者誠與

三

不誠故也稽天之潦不能終朝而一綫之溜可以達石者一
與不一故也誠而一古之聖人不能加毫末於此矣而況公
乎故臣論公之德至於感人心動天地巍巍如此而蔽之以
二言曰誠曰一公諱光字君實其先河內人晉安平獻王孚
之後王之裔孫征東大將軍陽始葬今陝州夏縣涑水鄉子
孫因家焉曾祖諱政以五代衰亂不仕贈太子太保祖諱炫
舉進士試祕書省校書郎終於耀州富平縣令贈太子太傅
考諱池寶元慶曆間名臣終於兵部郎中天章閣待制贈太
師溫國公曾祖妣薛氏祖妣皇甫氏妣聶氏皆封溫國太夫
人公始以進士甲科事　仁宗皇帝至天章閣待制知

諫院始發大議乞立宗子為後以安　宗廟韋相韓琦
等因其言遂定大計事　英宗皇帝為諫議大夫龍圖
閣直學士論陝西刺義勇為民患及內侍任守忠姦蠹乞斬
以謝天下守忠竟以譴死又論　濮安懿王當準
先朝封贈期親尊屬故事天下義之事　神宗皇帝為
翰林學士御史中丞西戎部將嵬名山欲以橫山之衆降公
極論其不可納後必為邊患已而果然勸　帝不受尊
號遂為萬世法及王安石為相始行青苗助役農田水利謂
之新　法公首言其害以身爭之當時士大夫不附安石言新
法不便者皆倚公為重　帝以公為樞密副使公以言

四

不行不受命乃以為端明殿學士出知永興軍遂以留司御
史臺及提舉崇福宮退居於洛十有五年及　上即位
太皇太后攝政起公為門下侍郎遷正議大夫遂拜
左僕射公首更　詔書以開言路分別邪正進退其甚者
十餘人旋罷保甲保馬市易及諸道新行鹽鐵茶法最後遂
罷助役青苗方議取士擇守令監司以養民期於富而教之
凜凜嚮至治矣而公卧病以元祐元年九月丙辰朔薨于位
享年六十八　太皇太后聞之慟　上亦感涕不
已時方祀明堂禮成不賀　二聖皆臨其喪哭之哀甚
輟視朝贈太師溫國公襚以一品禮服謚曰文正官其親屬

十人公娶張氏禮部尚書存之女封清河郡君公先卒追封
溫國夫人子三人童唐皆早亡康今為祕書省校書郎孫二
人植桓皆承奉郎以元祐二年正月辛酉葬于陝之夏縣涑
水南原之晁村　上以御篆表其墓道曰忠清粹德之
碑而其文以命臣軾臣蓋當為公行狀而端明殿學士范鎮
取以志其墓矣故其詳不復再見而獨論其大方議者徒見
上與　太皇太后進公之速用公之盡而不知
神宗皇帝知公之深也自士庶人至于卿大夫相與
為賓師朋友道足以相信而權不足以相休戚然猶同己則
親之異己則疏之未有聞過而喜受誨而不怒者也而況於

五

君臣之間乎方熙寧中　朝廷政事與公所言無一不相
違者書數十上皆盡言不諱蓋自敵以下所不能堪而
先帝安受之非特不怒而已乃欲以為左右輔弼之臣至
為敘其所著書讀之於邇英閣不深知公而能如是乎
二聖之知公也知之於既同而　先帝之知公也知
之於方異故臣以　先帝為難昔齊神武皇帝寢疾告其
子世宗曰侯景專制河南十四年矣諸將皆莫能敵惟慕容
紹宗可以制之我故不貴留以遺汝而唐太宗亦謂高宗汝
於李勣無恩我今責出之汝當授以僕射乃出勣為疊州都
督夫齊神武唐太宗雖未足以比隆　先帝而紹宗與

勳亦非公之流然古之人君所以爲其子孫長計遠慮者類
皆如此寔其身不受知人之名而使其子專享得賢之利
先帝知公如此而卒不盡用安知其意不出於此乎臣
旣書其事乃拜手稽首而作詩曰
於皇上帝　子惠我民　孰堪顧天　惟　聖與仁　聖
子受命　如堯之初　神母詔之　匪亟匪徐　聖神
無心　孰左右之　民自擇相　我興授之　其相惟
何　太師溫公　公來自西　一馬二童　萬人環之
如渴赴泉　孰不見公　莫如我先　二聖忘巳　惟公
是式　公亦無我　惟民是度　民曰樂哉　旣相司

六

馬　尓賈于途　我耕于野　士曰時哉　旣用君實
我後子先　時不可失　公如麟鳳　不鷙不搏　羽毛
畢朝　雄狡率服　爲政一年　疾病半之　功則多
矣　百年之思　知公于異　識公于微　匪公之思
神考是懷　天子萬年　四夷來同　薦于　清廟
神考之功
玉冊官臣王璠奉　聖旨摹刻

右司馬光神道碑蘇軾奉敕撰并書朱子云坡公作溫公神道碑敘事略然其生平大致不遺於是矣文載本集按傳稱紹聖初御史周秩首論光誣謗先帝章惇蔡卞請發冢斲棺帝不許乃令奪贈謚仆所立碑是碑立八年即被仆也今拓本凡四石未至碑下莫詳其式字經俗子修鑿結搆失形十且七八初疑爲翻刻本而字裏時見原刻筆畫參差呈露知碑在追貶時仆而未毀後人就磨蝕處疊鐫以顯明之雖遭劣手而其爲蘇書原石無疑也拓本流傳甚少于司直天下金石志載其目瞿氏古泉山館金石録亦有之爲寰宇訪碑録所採其餘各家俱未搜及字與集本異者負人數十萬集作十數萬孫二人植桓植集作栢按桓爲欽宗御名碑刻於前三十年無所避改集本刊在南渡後缺末筆作桓後來覆刻遂訛爲栢耳而獨論其大方方集作槩瞻等既還還一本作葬而蔽之以二言二一本作一天

七

下義之義一本作嶷凜凜嚮至治矣一本凜々下衍乎字子三人童唐皆早亡童一本作華而紹宗與勳與一本作於甯其身不受知人之明不一本作亡而使其子專享得賢之利一本子下衍孫字乃拜手稽首一本無手字皆可据碑以刊槧本之誤也

与下[illegible]某記[illegible]
前後互易

韓忠獻公祠堂事迹記

高六尺六寸廣三尺五寸序四行行六十七字字徑一寸事迹六列首列三十四行次列三十八行三列六列各四十行四列三十九行五列三十六行首列五列行各十四字次列四列各十二字三列十八字六列十五字字徑六七分末一行書碑篆額銜名均正書在定州

韓忠獻公祠堂事跡記篆額題九字字徑寸分

韓忠獻公祠堂事迹記

忠獻韓公治定之日善政之迹歲月雖久而詢之吏民人人各能道其一二邦人乃欲繪於祠堂固已不可悉紀而况吏民有所不知形容之所不能者又豈可勝道哉今姑擇遺老所聞及

公奏請施行之事有所據依可以傳信者凡三十事以繪于堂之兩廡然憲棟宇丹青□時而壞謹以所書大槧復刊于石庶幾後之君子有尊賢樂善之心欲繼而完葺之則有所考焉元祐三年十月初五日宣德郎知定州安喜縣事衛　規　謹序

宋元祐三年十月初五日

一

一

慶曆八年大水歲饑流民滿道公大發倉廩募人入粟分命官吏設飦粥以食民公日往按視遠近歸之者不可勝數明年皆給路糧遣歸優

詔褒美其略曰河北都轉運司奏去年河北艱食人户流亡卿多方擘畫全活人命及七百萬並歸本業蓋是卿用心拯救朕甚嘉之

二

定州沿山口鋪舊有差三等以下户充巡子把截者公曰此貧弱之民不足以禦盜徒妨農作皆易之以禁兵於是巡警嚴肅民得歸業公私便之

三

公以災傷之後境内二税悉奏蠲免山澤之利聽民貿易官不收其税往來河津者不取渡錢一切逋負閣而不追三司科買縈草食羊之類悉權止之故窮民蘇息

四

二

異時雄騎入界侵掠官司追捕者多以生事譴去故縱不敢呵公曰時方講好彼入我境曲在彼也豈可使吾民不安而官吏爲自便之計乃請於朝或雄寇越境劫居民聽邊吏以時掩殺

詔從之自此編户皆得安居

五

定武自五代以來學校廢息守臣皆以用武之地視爲末事公始躬行釋奠禮於夫子廟見其頹墉壞宇退而嘆憤乃命工大葺之廟既完又市地於廟北建學舍諸生始有習業之所公又時往勸課焉其後學者遂大盛

右一
列

六

甘陵之役定武兵有殁王事者公厚賻其家子孫年十五以上先涅以爲軍給衣廩之半俟其長教藝而全給之軍中莫勸悅其後　朝廷推以爲法

七

河北廂禁兵有逃竄者舊制一季外移其家屬於河南一日有孕婦扶其姑老且病過定武不能前訴於公公曰立法之始憲其奔投異域然未必皆如此令一人犯法使其父母妻子流離轉徙於千里之外甚傷和氣乃請逐涉已叛者方用此制餘悉令逐便至今著以爲令

三

八

皇祐初三司出緡數十萬收市穀粟轉運司均配人戶變納見錢期限甚促公以軍儲不足請滿歲方輸官仍免配坊郭第四第五等戶鄉村亦聽以斛斗折納於是人力舒緩無逼迫之憂

九

兩府舊臣出鎮多務大體細故委之僚屬公至定州則不然事無小大必躬親臨之民有赴愬則委曲訪問犯法者情或可恕施刑則有降殺爲故下情皆得上達而刑獄無冤

十

北京修塞商胡口三司令勸諭坊郭縣鎮五等戶進納梢草第一等限二十五萬束第二等已下遞減五萬公以本州民力不厚復至澶州地遠若與北京同等出草必立見破蕩家業累奏得免

右二列

十一

三司嘗以緡五萬七千一百餘疋縑以金三千兩銀五萬一千一百餘兩令定州變轉見錢二十萬封椿公奏曰物數浩瀚難以一州當之定武實緣邊也州縣坊郭戶事力素薄今若以二十萬數止於定州一處變易人戶不易勝任坐見破

四

壞矣願令諸州寬以期限變轉送至定州衆力集之當不爲難累奏竟得分配於諸郡

十二

定州西北近邊山林舊禁斬伐其後楊懷敏建言并以近裏淺山耕藝之地槩行禁止督州縣自胝河以北巡邏日益嚴犯者輙致于法邊人或徙居失業公乃遣官行視去北境尚五六十里足爲防蔽別定禁地揭牓諭之非今所禁者縱民採伐由是得地六百餘里莫不感説

十三

慶曆八年緣邊始廢見錢入中而用三說四說之法由是使

羅州軍文抄積滯商賈不行以至米斗七百甚者千錢公以
邊備事重極陳其法非便　朝廷以公奏不已詔河北緣邊
入中糧草復行見錢之法衆議稱便于今行之
十四
公修明軍政剗除宿弊士卒犯令者一切繩以紀律恩威既
信乃考李衛公遺法爲方圓鋭三陣以教軍旅迭引番休循
環無窮强弩短兵出入陣間皆有次第又張兩翼以待之由
是定兵冠河朔首郡皆取以爲法軍聲大震于今行之
十五
公禮賢待士輕財好施四方之士聞風而至定者不可勝數
五
至者益多公益不厭必隨其緩急以賙之及其去無不各充
其欲嘗有一書生以葬親有求於公公贈以緡錢五萬生得
之乃盡爲遊燕之費他日復託以臥疾謂前賜已竭公又遺
之如初僚吏皆不平白公曰彼妄費且盡必復來欺公願毋
予也既而果詐以被盜又至公又以前日之數與之左右莫
不憤然公曰彼來詐我我以誠待彼前日雖妄安知今日不
實欲葬耶若遂絶之使不克葬其親予不忍也其後生因此
贈遂得畢其葬聞者嘆服公以誠心待物類如此
右三列
十六

公以備邊惟積穀爲先務歲糴之入倍於他道乃請以緣邊
文抄至京先次給錢商賈於是輻湊矣其後歲豐入粟者大
至熟給券多而難售民以爲患公命出庫錢加估以市之遣
吏以券易貨于都下公私利焉
十七
公嘗請開保州徐河大堰置水磋限洗兆泊水以變惜民田
議久未得行後公爲宰相乃命三司判官楊佐知保州趙滋
同屯田司張茂則置立石堰以限泊水民得免漂蕩之患于
今存焉
十八
六
廣信軍界北人數百夜掠民數十口并取其財而去本軍援
文適年不肯遣還定武舊例與虜中公文不相通公以帥檄
諭之虜□懼悉還所掠
十九
定武備粟常數百萬其倉廩□六七而頹弊相望主者日有
敗惡之憂公乃徧爲完葺又度地城南偏以建大倉名之曰
實豐列爲九區屋揔千六百有八楹因爲文以名其諸敖曰
足兵伊何惟穀之力守得以固攻恃而克其武官不貪賞法
無屢易則吾食既精芻戎庚常積
二十

禁卒有私逃數日而負其母以至者軍中執之以見公按法
當死卒曰母老且病近在數舍聞常恐不復見誠知擅去當
誅得一見死無恨公惻然考按得實即以便宜釋之軍中感
悅有無涕者

右四
列

二十一

一歲霖雨爲患總管狄武襄言公宇□壞之甚公曰若此則
士卒營壘當有不可處者□武襄聞之瞿然亟往行視諸營
頼加補葺軍中莫不感悅

二十二

七

定武屯駐大兵歲仰它州供億不可勝計轉運司所支金帛
多在內郡皆令衙前吏往詣逐州輦致未嘗少休往往破産
被譴至有棄家而亡者極爲困弊公奏極邊之民吾無事力
平時當且愛惜請逐州自爲輸送於是一州民戶得遂休息

二十三

定武舊歲調黃河夫如中州公以極邊宜蠲苛役常使畜力
以待緩急遹爲奏畫因是沿邊例免春夫百姓蒙惠至今矣

二十四

公帥定武凡將佐必精意選擇幕府如陳薦王居卿韓璹夏
倚偏裨如狄青趙滋郝質張忠邢佐臣等平日聞公語論見

公施爲後皆爲名將才臣

二十五

皇祐三年本路八州之民合數千人撾登聞鼓願不以三年
代公
上自以中山地重輟公未可乃遷觀文殿學士再任其制略
曰顧定武之雄塞控燕垂之巨防克宣壯猷有嚴武服戎落
畏附師毛肅和思代爾虞良難其付□推進律之寵宜懋增
□之蕃中山之民又嘗相率走闕下願得生祀公以廟
天子嘉歎焉故龍圖李公絢序閱古堂嘗紀其事後公□□
民追思不已相與立祠以成其善

八

右五
列

二十六

公仁政既行年穀告豐乃於城北隅興葺池臺号曰衆春園
歲時與民同遊衆情熙熙始知有太平之樂嘗因歲饑公不
出游者久之機宜陳薦以詩上公曰水底魚龍思鼓吹沙頭
鷗鷺望旌旗公荅詩曰所恨無才濟阻飢此堂因此失春期
又曰細民滿壟方携手別館鶯花任送春於此見公與民同
其樂又同其憂也

二十七

公於郡圃建閱古堂摭前代良守將之事可爲法者凡六十

條繪于堂之左右壁一時名士皆爲之賦詩刻石堂上

二十八

北嶽祠在州之曲陽縣歲久不葺守臣奉祠與執事者升降
於頹簷壞廡間公以爲慢神莫斯爲甚迺完廟宇煥然一新
每雨雪不時降公即走僚屬禱于祠下而神必應之時六道
薦饑定獨屢豐故公嘗有詩曰靈嶽祠官尚未迴六花隨禱
下瓊瑰其後公政帥并門又嘗遺于廟去每時有水旱必致
禱祠下無不響荅故枉道即靈居以謝

二十九

公自成德移帥中山前驅至沙河而馳報曰河勢將漲震水

九

暴至願迴轅少須公曰第具舟既而徐濟人望其水流若有
神龍偃止之狀行李方絕波濤果如山而下後騎猶有未得
渡者觀者莫不驚歎以謂盛德所至神明常[illegible]相之也

三□

皇祐五年公拜武康軍節度使經略河東時公在定□年矣
將行定人爭欲遮留公使不得出公聞之一日偽遊眾春園
陰欲由他道去民初不知至日晡始悟奔走宿於城北門不
得闔寮屬相與設祖于道鈴轄郝質壯勇士也甫感泣大慟
聲徹于外官吏皆泣下既而道路士庶哭震動原野

右六
列

新授權橫海軍節度推官劉 燾書
西京左藏庫使北平軍使張 守誠篆額
中山楊世□刊

十

蓋震墓誌銘

方廣二尺一寸三十一行行
三十一字字徑五分正書

宋故平昌蓋君墓誌銘并序
新授河南府密縣主簿郭懋撰　新授□州桃源縣主
簿郭□□
平昌蓋君名震字伯安其先浙右台州臨海人也祖大父曰
□□太平興國三年從忠懿王納土來京師後徙籍潁川之
長葛□緒繼承遂爲長葛人考曰□始究尚書學累困科舉
因自詆其業慕陶朱猗頓之術厲敕專少修治生事有居積
之息以時而射之督日以勤之至富羨君少失父侍奉群叔

宋元祐二年十月初七日

訓嘗委□任舉無不克事孀母以孝篤聞于鄉里天聖中季
父□議以族黨□大量入□□諸給以析生各周其奉養君
惟稟命竟無所較自是益勤謹通理財之幾務積久行□過
盛□族衆暇宅無嗜好惟蓄書史樂取人之有善行者嚮慕
之家庭之訓率以義方常以厚禮招致博學有聞之士以教
育其子孫爲急日思人之爲孝所以奉先今未葬者三世要
獨以□□自□□□手錄是訪師卜兆疚懷念口錢數十
年間始得今邑之西北嘉鳳岳里之□北君一見之目巧經
營左右前後環擁□完□□得之私謂神授熙寧八年十月
初九日丁酉遷祖考之柩以□勝之法葬焉自作墳域記敘

煉昭穆之次藉以示奕世之裔識親支之詳繇久不失尊卑
之叙其訓後昆之志斯亦深且遠矣其系大父之宗爲異屋
者凡十七喪亦同年月前旬有三日別域而葬於三亭□里
之原舉事致力咸出于君□費困窮之一毫誠親親義分之
至矣酷留意於醫學古今方書習知浩博人有疾若不聞親
□視由□論施藥偶病工之粗者往往屈具精至尤長□陽
筭數之術推窮禍福頗多中獲人往往之託以不能而罕言
至於君自終之年密諭友知曰熙而識之過則陰陽之書誣
不可信元豐八年正月十有四日以疾終于家享年七十有
七果如預告友知之數人益重其□精賫性敏悟保身畏慎

富閭強識人稱多能交外悍和□家嚴毅俾閨门之內嗃嗃
然不失其□節初娶洸氏次郭氏咸有婦道皆先君歿生六
子孟季四子俱早亡仲子安期操履純固業進士嘗預鄉薦
次仲安世性靜氣直幹材堪任莅先君卒常語人而追惜之
曰天不與我起家幹蠱之子邪女□人長適邑人趙彭年次
二女蚤亡孫四人舜臣治家之叢無忝厥祖舜民舜明皆舉
進士舜欽尚幼孫女六人長適遜遜次孟宗立次進士李鄴
次李恪次李□次尚幼曾孫七人大中大年大禮大有大臨
大鈞大防元祐二年十月初七日乙酉詵詵孫子奉君之柩
祔于岳里之原從先塋之庚甲諸孫奉以事能□銘於人以

紀君平日之善者寔君嘯普急赦論禮致孝之明效□系

其銘曰

嘉鳳原 □岳里 左依山 右帶水 地形勝 神所

指 祔正甲 從先子 □敘昭 柏森掛 守藝終

宜有後 銘刻石 著不朽

濮巖題刻七種 在合州

劉象功濮巖銘 高九尺五寸廣一丈銘十九行行十六字字徑五寸正書

濮巖銘 并序

左朝請郎知合州軍州事劉象功撰

距城□里有僧舍依大江林麓樓觀聳出者狀□纖素閱其

絕俗幽邃歷歷可指予時侍 先君嘗遊 今叨 敕□命領郡復至□

然有 空 □新感舊之歎因作銘 泐

□之二州 河漢發源 極□通□

□渺東傾 奔龍竄鯨 吞□走荆

□□蒼巖 喬松古杉 陰□撲□

□崖斷壁 □昏霧塞 □空嶽折

巴濮隣國 □豪相賊 爲狼爲𢈔

□血枯□ □王滅迹 雲閑㫄寂

世變茫茫 □空地荒 □□□藏

□築其□ 憑高搆危 立刹開基

在昔幼□侍□ 先公 曾步巖宫

帝命惟汝 克蹈前武 往治茲土

馬焉歲久 江山惟舊 □懷孔□

勒銘其巔 子承孫傳 與□齊□

元祐五秊正月九日磨□

宋元祐五年正月九日

元祐殘刻 拓紙高二尺六寸廣二尺三寸約六行行約八字字徑二三寸正書

元祐八年泐□有□花入洞泐泐塵□第四行全泐泐

陳□第六行全泐

趙伯義題名 高一尺八寸四分廣二尺四寸八分十二行行九字字徑一寸五分正書

紹興甲寅上春初旬開封趙伯義宜仲挈家遊之公老人巖時同来者十六人　叔文李□悦道親友董洪伯源杜霖澤民□子□明□弟伯□元□□□□□□壻張逕□□□王軏□載□□李□享叔□應□□□□衆叔□□師顏□賢師閔□李□□仲悅男師之侍行

馮茂恭等題名 高存一尺八寸廣三尺四寸六分五行行存三字字徑五寸正書

馮茂恭缺商民唐缺夫紹興缺亥十月缺巳同遊

紹興元年直辛亥十三年癸亥二十五年乙亥是刻上或缺佚不知何年

紹熙殘刻 高三尺七寸廣二尺五寸四行行八字字徑三寸末行較小分書

紹熙庚戌泐下杜□下及第三行全泐上缺酌別歲寒亭

住山普覺磨崖

知合州劉題詩 高三尺五寸廣五尺二寸六行行四字字徑七寸末行較小正書

石壁雲垂壯丹青世代遷名山未能隱逸興已飄飄

知合州劉泐下

泐名殘詩刻 高二尺廣三尺一寸十一行行九字字徑一寸八分正書

泐合州定林□泐□□□□□半倚□□□□□門對□□□樵徑秋□□□□□斑白雲邀客住明□□僧閑經梵□□□□□□露閒此下及後四行全泐

郝宗臣等題名

高一尺六寸廣一尺四寸七行行十字字徑一寸三分正書在曲陽王子寺

元祐五年自春及夏時雨稍愆寀以奉
命祈禱至寺遂獲感應仲夏十三日右通直郎知曲陽縣事
郝宗臣右侍禁監北嶽廟張維周三班奉職縣尉劉仲師同到於此

宋元祐五年五月十三日

郝宗臣等題名

高一尺六寸五分廣一尺八寸九行行八字名字擠書一格字徑一寸四分正書在曲陽北五十里柏靈院龍炬寺

右通直郎知曲陽縣事郝宗臣左侍禁巡檢劉旦右侍禁監
廟張維周三班奉職縣尉劉仲□奉
命祈雨恭詣至寺遂需感應而還邑時大宋元祐五年五月
十六日書

宋元祐五年五月十六日

元氏縣重建廟學碑
碑高五尺四寸廣二尺四寸五分二十六行行四十五字字徑八分正書在元氏大成殿前
元氏縣重建廟學碑篆額三行九字字徑三寸
元氏縣重建廟學記
士溺於俗學爲日之久
先皇帝念之故有樂育之道作成之古皆出於教養之義意
天下之士始不流於淺近之習而自弃者日寡小以成小大
以成大隨所造而已熙寧初大建太學於京都亦以待方來
之學者開館至數千楹又厚其廩食之賜羈旅之士其至如
歸而居有餘安矣遴擇教官使亦專經責以講事可以發明
宋元祐五年八月
先王道德之遺意而承學之徒亦知自窮於性命之理轉相
傳導以自幸設三舍以爲之勸須其問學之精考其行能之
實爲之升遷之序學者患乎无材而不患乎无所取是以譽
髦之彥漸漬夫日就月將之間者幾於唐虞之盛有向於成
周之隆矣於是又　詔郡邑皆置學舍立宣聖之廟爲雖
遐陬邊徼不以遠而有所遺不以小而有所廢以謂土地雖
異宜風化雖異習出於人心者未始不同且以有生之身索
於性分之內良知良能善所固有在因其固有而達之要使
四方萬里之外人人無不同之學　仁博而恩洽矣由是
學者莫不欣戴　德澤知盛時之爲難遇㪅之而有聲者
應舞之而有形者隨老師宿儒無容肆其迂誕不根之言稍
鄉於理義之域然而州縣之吏往往不能奉承　盲意一
切苟且入於因循失於建立者衆間有文具而已者不知夫
古者家有塾黨有庠遂有序國有學於以致其有德行道藝
者膺興之則學校之設亦治世之先務也元氏之有學始營
於田君照鄰在縣之西北隅規其作室之制與夫　廟貌
之飾究之以禮陋而不典是以其道鬱而不發歲月浸久弊
壞寖盛遂使　先聖之居索然幽寂而無尊奉之敬學
者從可知故間有有意於從學者無受教之地則雖抱至美
之質有入道之資亦將茅塞廢弛而不能自振於荒殆之中
顶格写
良可嗟惜邑民病此故有欲共工出力作而新之且未及
今上即位學由天縱　聖德日躋慨然思有以繼述
成就
神考之志嗚呼以
先帝之聰明睿智神文聖武創瀌立制經萬世而不可易者
何特學校而已哉雖威神在天餘光炳耀與日月而並明
天子方且敬仰其
隆功休烈固難以形容萬一而顯揚欽慕無有窮期則羣臣
百執事正當謹承
二聖之所以然者直不可以私意自任恣謬悠之談闗於流

俗之論作爲異端横議如歆有所戾爲者又不可不知也今
邑人承議郎鄭士宗殿直裴士廉因衆人之所願又請以己
之私錢助夫不足之用擇地之巽而遷之長廊複屋廣殿重
廬宏壯而不華顯敞而不麗工不日而告畢行且擇夫有道
者主之以教誨後學使各知脩進以取名當世又將見高車
大蓋煥乎衣冠之盛里人皆曰吾鄉之人也吾鄉之人也得
不偉歟其來蓋自學校始今略其興立之初而話其落成之
日寔元祐庚午仲秋初吉右朝請郎知縣事護軍賜緋魚袋
曹景記并自書丹

右記曹景撰并書無篆額人姓名曹景見元氏縣志名宦
傳元豐寄禄格以朝請郎换前行員外郎侍御史元祐四
年自承務郎以上皆分左右兩等左以加進士出身人員
右以加餘人景列銜爲右朝請郎蓋非進士出身者也記
云熙寧初大建太學於京師開館至數千楹設三舍以爲
之勸云云事見宋史選舉志又記云詔郡邑皆置學舍立
宣聖廟案詔天下州縣立學在慶曆四年事詳皇祐二年
曹宏撰元氏新建縣學記跋常山貞石志
常山志二聖作三聖擇地之巽巽作異均誤

韓魏公祠堂繪畫遺事記

高五尺六寸廣二尺八寸二十三行行五十二字字徑八分正書在定州

宋韓魏公祠堂繪畫記 篆額九字字徑寸分

韓魏公祠堂繪畫遺事記
左朝奉郎充龍圖閣待　制權知開封府兼畿内勸農使
飛騎尉賜紫金魚袋王巖叟撰
左通直郎充集賢殿修撰提舉西京嵩山崇福宫賜緋魚
袋劉安世書
左朝散郎試中書舍人輕車都尉賜紫金魚袋韓川篆額
立天下之功易感天下之心難感之深而不忘又難非天下
宋元祐五年九月二十日
之至誠其孰能與於此□□
魏國忠獻韓公見之矣慶曆中
朝廷有北顧憂始詔魏瀛鎮定並用儒帥而　公以資政
殿學士帥定武
天子倚　公以安六年乃得去定人德　公深故愈久
而益思元豐之□蓋三十年矣思之而不足始相與立祠於
郡庠之西壖　公師時儀形而神事之皆曰幸見
如　公存焉不獲其所者往而禱曰　公幸佑我得其
欲者往而謝曰　公佑我之賜也每　公生及諱之日
則又往各盡其情以致祠事同不贍仰咨嗟□□久之而後

去夫豈特惠澤之間哉誠意在前故能□□□貫幽明而無
閒也自康國韓公中國呂公之為帥既釋奠於夫子常率寮
佐及諸生以一獻之禮置祝設幣修敬於　公之祠□□
□悅歸美二公後遂為故事元豐末余為邑於安喜州之耆
舊有為余道　公之遺事至流涕者且曰自今觀之不知
公之功親見其初然後知　公之有德於今爾兵騎
而　公安之民病而　公蘇之人心危而　公安之
子弟未知學而　公教之以情勵物以義制事不可悉數
吾懼老且死子孫傳久失其真願其□可繪者繪於祠堂之兩
廡使後世覽餘烈而想清風子能為我成而記之乎余曰天
下之政神而明之不著其迹者　公之心也取而形容無
乃示人以不廣哉應曰念　公之不可得而見也而圖其
事以闡之遺老之心聊自慰爾非謂其可以盡　公之美
也蜀人之於武侯襄人之於叔子魏人之於梁公愛而思之
可謂至矣不知如吾定人之於　公否也余未暇成其志
而被召以去越明年　公之子忠彥由禮部尚書以樞密
直學士出帥於定定人望而喜曰吾家資政之子也吾之素
意庶乎行矣繪事竟遺老以為請余嘉定人之誠心於□
公也故喜為敘而書之然此獨定人之所知也至於　公
謀謨廟堂寤寐大計惟
社稷之憂而忘家之憂羣臣□懼身獨任之危言決策以開
萬世之福使四海內外生靈熙饗於太平者歟　公之功
在天下而定人之所不知也大議未定　公無前卻之心
大勳既成　公無自伐之色避而去之以為榮貪而居之
以為恥時有□捨而　公無重輕事有去來而　公無
得喪歟　公之德在天下而定人之所不知也定人所不
能知工所不能盡余亦不能書也

元祐五年九月二十日立石

祠在定州文廟西宋王嚴叟作記明一統志
碑記慶曆中魏公以資政殿學士帥定武六年乃得去去
後三十年民相與立祠於郡庠之西元豐末州之耆舊請
繪公遺事於祠堂之兩廡未暇成民初為魏公立祠在元豐元年韓絳自河東移知定州民請於絳立廟見忠獻公祠堂記越明年公之子忠彥出帥定定人喜
曰吾家資政之子也因相與成之案文獻通考慶曆八年
詔置河北四路安撫以韓琦王拱辰賈昌朝等充諸路使
碑言魏博鎮定並用儒帥是其事也忠彥本傳拜禮部尚
書以樞密直學士知定州與碑合碑前列左朝奉郎充龍
圖閣待制權知開封府兼畿內勸農使飛騎尉賜紫金魚
袋王巖叟撰左通直郎充集賢殿修撰提舉西京嵩山崇
福宮賜緋魚袋劉安世書左朝散郎試中書舍人賜紫金

魚袋韓川篆額三人宋史并有傳而巖叟尤為魏公門下
客也巖叟本傳止載權知開封府其階勳兼官悉不書惟
郤埽編載元祐六年王公巖叟自左朝奉郎龍圖閣待制
拜樞密直學士簽書樞密院事同此碑結銜則史失之略
矣安世本傳以集賢殿修撰提舉崇福宮與碑相證符而
階亦未之及川本傳進為侍御史樞密都承旨進中書舍
人蓋至此始得實任不知其衘為試中書舍人也授堂金石跋

右韓魏公祠堂繪畫遺事記王巖叟撰劉安世書韓川篆
額三人皆元祐黨籍中人也記略云慶歷中朝廷有北顧
憂始詔魏瀛鎮定並用儒帥而公以資政殿學士帥定武
後三十年民相與立祠於郡庠之西自康國韓公中國呂
公為帥常率寮佐及諸生以一獻之禮祀焉云云韓呂兩
公謂韓絳呂公著也潛研堂金石文跋尾

韓忠獻魏公載祀典敕殘碑

碑存上截高三尺三寸廣三尺七寸二十二行行存二至十二字字首行徑二寸五分餘徑寸餘行書在定州

韓忠獻魏公載祀典敕篆額三行字徑五寸

尚書禮部泐

元祐下及後二行全泐無跋

□□□□□□□□□□□□□□□□事不□至今缺下同

□□□□□□□□□□□□□□□□□□□□□

名額□在□□竊念本州□□□□□□年中恩□□

姑息驕橫不戢又歲大水流者轉徙居者震□始以□

□□□□□□□来鎮□□體物情憂民如己周□為

宋元祐五年四月六日

□□□□□□□□□□乃至為□□饘粥招徠流

□□□□□□□□□民□百萬□謂贍□遺風善政□□

□□□□□□□□□□□□□□□□韓琦前帥□□

□□□□□□□□□□□□□□□□又欲□□□□

□□□□□□□□□□□圖形於秘宮配□□□□□

□□□□□□□□□□□□□□□尚□□□□□□

□□□□□□□

勅旨□□□□十月六日

聖旨依奏奉

勅如右牒到奉行前才十月六日□□□禮郎施行仍開□

空一格　行末僅空一字

□定州主者一依
勅命指揮施行□到奉行
元祐五年十月六日下

右碑下截斷缺不知幾許所存亦剝泐已甚其可辨者如是而已

唐王右丞陰陽竹石刻題記

石畫竹高四尺七寸廣一尺九寸題記在右下角六行行二十一字字徑六分正書在定州

唐王右丞陰陽竹
□陽東塔下即唐王右丞家景□出□□門□□有泐若
竹兩□□□□門之右竹兩竿□三□□□□跳□泐榮者
有□者有倚者有□□□□□□□者□□理泐□□纖
家□□□高泐下全□元祐六年冬至日

宋元祐六年十一月

移從唐雅上人舍利塔記

方一尺三寸五分，保題八字居上，橫列四行，字徑二寸四分；記居下，十二行，行八字，字徑七分，並正書，在偃師永慶寺。

後唐雅上人舍利塔
舍利塔舊在外門西偏溝之南壖雜於民居宋元祐六年昭
詮始來緱氏遂移於大殿後上人事蹟已見比囙仁雨記此
不復敘十一月二十四日寶嚴院主賜紫昭詮謹題
元祐七年歲次壬申正月一日建
□京刊字

偃師金石錄寶嚴院嚴作巖誤

宋元祐七年正月一日

孔師祖墓誌銘并蓋

方二尺三寸，三十四行，行三十四字，字徑七分，正書，在曲阜。

宋故鄉貢明經闕里孔君墓銘 篆蓋十二字字徑寸分
宋故鄉貢明經孔君墓誌銘并序
新授通利軍司理叅軍濟南王若撰
從姪襲封院魯學尚書學諭宗哲書
表姪□朝請大夫知齊州軍州兼管內勸農事雲騎尉借
紫周逢厚篆蓋
人之於事始則銳稍則怠□漫遭而不振者十常八九予覩
熙寧初 天子大有為更新天下□□改科舉時□
焉□去學究明經之科尚經術黜詩賦一以進士取天下之
士法既定決於遂行大臣偃蹇不合継以罷黜腹非心議者
且不敢況能以己意自列於 上耶公嗣舊舉明經
於禮部及科舉制下慨然曰責人以不素學取非所習豈造
法之本心千里徒步欲上書 天子先見宰相論列
辯析言有條理宰相惻□納其說為言於 上□姑
少遲之聽其習而後罷是歲以明經登第者四十人而公嗣
復不預選或曰孔君報罷我輩登科實厚顏也日有載酒持
金以相慰藉沓至其門公嗣與之飲既酣而卻其所遺曰我
走京師干宰相冀以舊學獲升斗祿以養吾親豈為是哉孔

宋元祐七年十月十七日

氏宗□之裔□襲封院支庶蔓衍流泳數十謂之外院雖名
在民版悉不服州縣之役會熙寧閒□輸役錢元祐復差法
蠲役之例不可明矣均被徭使公嗣三走京師□戶部謁執
政曰　孔子之澤萬世不斬後世有任於有司而不
舍反不及八品之子孫治　朝廷未之知議已下而
公嗣疾遂不起公嗣姓孔氏名師祖公嗣其字也（空十三格）夫子
四十五世孫祖諱貽政父諱龍皆不仕其先世未克葬公嗣
乃告於縣封院曰我　五世祖温裕仕於咸通閒爲天平軍節
度使嘗緞俸以葺　祖祠宜不可忘遂允其請始得
葬於　聖林家素窶而親且老力學遊四方爲後生講

說惡衣菲食積其資買田山下俾其弟力耘歲屢豐而家曰
完富閭喜而語人曰吾於世雖不偶昔固甚今得以具旨甘
於吾親亦足矣親□□居不安行不□終夜不寢飲食藥劑
嘗而后進疾已則□居笑語如它日文明友以誠有不善斥
言而無所顧忌始若難合終則□之元祐七年□月□十二
日以疾卒於家享年六十有二啓手足之際家之事死巨細
悉詔其弟而處之皆應□□□□又戒其子曰善事尔叔它
日先異志既而與其母訣曰死生人之常□母耄且疾□□
□不得終養所以飲恨於泉下者此也遂盥□振衣整冠襯
不亂而終嗚呼可謂剛毅□立之士矣卒不信於世以□厥

志是可悲也始娶邵氏再娶周氏皆有婦德生四子長未□
而卒次曰頎次曰預次曰頌並傳其家學女二人孫男二人
皆幼以其年十一月十七日舉葬於　夫子墳之東
南從先塋也前葬其子頎以若同年友程發狀遵君之遺命
求銘於予銘曰

堂堂挺特　剛而毅兮　慷慨於事　有立志兮
初終惟一　職能申兮　怯懦委屈　奮以起兮
孝誠渠渠　是甘旨兮　連蹇不偶　今已矣兮
鬱鬱佳城　云孔里兮　嗚呼歸葬　自君始兮

胡深刻

昭孝院辯證大師塔銘
高六尺廣二尺五寸二十二行行五十字字徑八分正書在鞏縣康家店
大宋故昭孝禪院主辯證大師塔銘并序
持節文州諸軍事文州刺史充本州團練使駙馬都尉上
柱國王　詵　撰并書
翰林學士左朝奉大夫知　制誥兼　侍讀護軍賜紫金
魚袋顧臨　篆額
神宗皇帝以孝治天下凡世之所以奉先追遠之事靡不舉
焉熙寧初　詔即　永昭　□享陵建浮圖氏居以修梵福
五年功畢敕額曰昭孝禪院　御書其榜乃推擇名德僧將
宋元祐八年六月十五日
使主其事凡得二十人又選於其中得啓聖禪院僧重表於
是　宣補住持特度其弟子十人以寵榮之師修　上之賜
恩有以□　天子追奉之誠莅事之日謀善於始約以
持己寛以御物殿既飾以致□修之勤堂既崇以蔵講誦之
席有容焉則以安清衆有廚焉則以薦香積不敢為安悦雖
無刑而嚴不敢為妄怒雖無賞而和是以聚徒百衆直侍役
□者過之而小大皆得其情且樂為之用故師雷之裕如而
全穀滋衍垣墉者皆墍茨矣樸斲者皆丹雘矣師猶不自暇
豫日底□□□祐初　太皇太后聞其行　詔坤成節
別賜度牒三道紫衣二道為莊嚴聖像之用繇是人益歸嚮

善緣日廣師未嘗畜衣盂至於服用取纔足而□住持凡二
十年久無閒言度其弟子至一百六十餘人以元祐六年十
一月二十日示疾召門弟子語之曰有為之法豈異電光雲
影哉吾嘗修淨土觀緣殆至矣語畢右脇而□蓋西嚮也聞
者皆驚歎焉俗壽七十二僧臘五十一嘗□嵩山崇福宮朝
請郎□君景國□□一方為塔蔵之域直昭孝之西三里曰
孝義橋西北之原明年正月二日弟子具禮餞而葬之既葬
八月其法屬弟啓聖禪院供養主圓通大師守僧弟子明教
大師昭智等來請余誌其塔按師姓張氏洺州曲周人也自
童丱時已異諸□稍長□事生産業一日告其母曰聞佛氏
有出家法願歸心焉景祐四年來京師往謁啓聖禪院主明
智大師惠諶具□其志明智壯而□之師喜且歎曰既已棄
吾親而來可不淬勵以成吾身哉執役之閒未始輟焚誦也
康定二年以誦經及格披剃明年受具□自是篤志律儀尤
樂濟衆之行主院者稍委以事師謹力以辦之後益掌金帛
衆服其清尤喜賓客頗為士大夫所知嘉□中□□宋莒公
奏授命服本院又奏賜師號故及是被　詔主昭孝院事人
多識其能以為必善其任也師之始終可紀如此故余喜為
□其事而著之銘曰
於□　神考致孝□　先乃即　陵寢作□柢國□佛塔

廟既成有嚴榜曰昭孝　帝意攸虔孰□其事聽於僉言淂辯證師往始法緣師既戾止廣佛所傳食蘖□行貫花肆筵焚修之功　二后在天作者維艱居者孔安既基而堂則師之賢来嗣觀德考銘新阡

元祐八年六月望日　建

勑補住持院主明教大師昭智立石王冊官□此行在年月半行之下

表白廣照大師　昭惠　知庫賜紫　昭用　典座寶慈大師昭隆　維那圓照大師　昭圓此行在銘下空六格　供養主慧覺大師　昭遇此在年月半行之上立石半行之上

辯證主昭孝禪院熙寧初詔即永昭永厚陵建浮圖氏居以修梵福五年功畢改額曰昭孝禪院御書其榜宋時園陵之制如是臣下亦依此例見賜文潞公教忠積慶禪院額牒又顧臨篆額碑列題其歷官與宋史本傳合王詵撰書而列銜云持節文州諸軍事文州刺史充本州團練使詵見魏國大長公主傳不書曾為是官亦從略也詵與東坡遊故碑銘敘雅飭書尤似東坡余所見參寥子三十六峰賦自書亦得東坡遺意與此頗相類益見東坡為世所傾慕若此辯證墓今在碑後其陰列諸弟子名皆未刻缺又陀羅尼經石幢一亦附立是碑之左授堂金石跋

右昭孝院主辯證塔銘中州金石記失採寰宇訪碑録王詵作銑八年六月作六年八月並誤授堂金石跋亦誤碑言神宗初詔即永昭永厚陵建浮圖氏居敕額曰昭孝禪院按史永昭仁宗陵永厚英宗陵也撰書者文州刺史駙馬都尉王詵篆額者翰林學士知制誥顧臨詵史附見凱傳後字晉卿尚英宗女蜀國長公主官至留後慕東坡與相游從東坡嘗為作寶繪堂記見施註蘇詩蓋戚畹中之好文喜士者見劉後村西園雅集圖跋公主傳主元豐三年薨既葬謫詵均州後東坡有詩和晉卿云公子亦生還仍分刺史竹當在元祐二三年間碑書於元祐八年結銜文州刺史史皆從略文州屬利州路此刻乃授任而未行時作是年詵有再遊慈恩塔題名則之任文州道經京兆所題也顧臨字子敦傳敘其為翰林學士在改元紹聖之前與此碑結銜合其知制誥則傳略之臨亦東坡友嘗贈詩云平生批敕手濃墨寫黄紙又云遥知送別處醉墨爭淋紙其善書可知惜此額失拓未見陰亦遺之

長老承□窣堵波記殘字

高二尺廣三尺三寸餘三十二行行十八字字徑八分正書在淅川縣治南五里興化寺後

大宋大長老承□窣堵波記
娑婆世界南贍部□東震旦大宋國□大比邱承字泐九　持三
昧十方遊戲自在神力字泐七　次身□□如□實相同□□□
□受諸垢□世字泐五　故不字泐六　故□生字泐八　比邱不泐下　居泐下
中四泐下　究閟泐下　□本所泐下　曰重泐下　次一日下及十四五六三行全泐　尋上
人泐下　所泐下　□比邱泐下　窣堵波□□□財□□□□力泐下　心泐下　氵
可泐下　囷手首□□而泐下　法性有字泐六　性泐下　虛空□愚一下及廿行全
泐　感歸泐下　堂堂大四字泐十　中唐坊下及廿五行全泐

宋元祐八年八月初八日

建安練下泐不辨數字
元祐八年八月初八日立石　□□□刊

右興化寺長老承□窣堵波記南陽張忠甫訪獲於寺後攜以貽余文殘已甚寺始建於隋仁壽四年號法相寺太平興國中改今名見歐陽文忠公淅川縣興化寺廊記今碑中興化寺字雖不可見而石在寺後則長老之爲興化寺主可知也歐公記云僧延遇以寓化三年止此寺居二十有三年授弟子惠聰而老焉又十八年惠聰營此廊廊成明道二年某月也忠甫攜長老爲惠聰之徒傅會亦合

太常少卿石輅墓誌銘

方二尺七寸三十一行行三十二字字徑七分正書

宋故太常少卿石公墓誌銘
右朝散郎權尚書兵部侍郎上輕車都尉賜紫金魚袋杜
純撰并篆蓋
左奉議郎充祕閣校理守祕書丞武騎尉晁補之書
公石氏諱輅字君乘濮州范縣人也曾祖諱溫祖諱文舉皆
不仕考諱崧益州司理參軍贈工部侍郎工部以明經入官
而好文自公幼學則諄諄語之曰女當以文顯即大感發晝
夜誦讀貧無燭至梯其屋就月視書無幾何則以詞藝稱中
進士乙科調青州節度推官改知萊陽縣縣負海民習爲姦
利公治明恕賊民多改或適去又以吏事稱康定中夏英公
經略西邊奏掌永興書記管勾機宜文字方元昊叛時獻策
畫多見聽用再從辟涇州渭州用特敕薦改著作佐郎賊圍
鎮戎急後騎日益諸將以謂利疾戰且深入牽其勢公起席
末言曰賊鋒銳未可大將葛懷敏怒曰兵因敵而制勝石君
安能遂知往先馳之軍盡沒或走入塞者猶道懷敏臨死而
悔曰坐以書生待石君至此公既久從軍母老與諸子安土
不肯行欲解官歸帥惜其才使部尉氏還戍因昔送軍衣京
東闕從范縣過問母或欲以事疵帥者摘其違法坐責監長

宋元祐八年十月十七日

葛縣酒税稍徙知崑山縣簽書陳州判官通判綿州邛州事
會嘉祐閒　朝廷以諸路計不入詔三司薦可任吏公在書
中擢廣濟河都大輦運廣濟輸尤不繼數十年或置或罷公
究知其弊奏更法數事軍大將有罪不取決三司得專治自
公始明年東州之粟至京師者百萬石擢知眞州又改虔州
韓魏公聞其名召至中書與議鹽事許以便宜措置虔于邑
綿地千里民狡善訟文案如山守葦葦不能省公治不煩而
威甚行三獄爲空以疾求北歸知光化軍復領輦運移梓州
路轉運判官遷利州路改提點兩浙路刑獄事疾病分司西
京熙寧二年七月十八日卒年六十二　自佐著作九遷爲太
二
常少卿階朝奉郎勳輕車都尉爵河東縣開國男食邑三百
戶娶孟氏長壽縣君四男子伯宗古內黃縣尉仲宗彝通直
郎季宗彭皆前卒而叔宗壽揚州錄事參軍廉平而文能裕
其蠱者也公少孤事兄悌遇族人恩嘗請于　朝願納兩官
授兄一致仕官不行乃以其任予恩任兄之孫爲人靜慎遇
事警發既老猶好書不倦病不問家事怡然捐盡可謂君子
也已宗壽卜元祐八年十月十七日葬公于河南府澠池縣
大塢鄉鳳皇山之原以純鄉里舊知公爲詳屬純銘銘曰
親教以學　雖淺以聞　推此而往　可與事親
君任以事　雖輕以成　推此而往　可與事君

小試必立　豈大不能　壽貴不稱　短窮亦福
寧此有餘　而彼不足　惟此有餘　小人無之
惟彼不足　聖賢有之

宣仁后山陵採石記元祐八年十一月九日萃編載卷一百四十

採石記此記前標題也原書誤以題爲標題而脫此三字

而訖於十一月之壬午於誤子罔不悉心爲麋粥煮藥碑文罔作

罔原作麋原書爲之跋正然非本文傳諸毋窮之意毋誤無

宋元祐八年十一月九日

東坡書贈模上人經刻高一尺餘廣一尺六寸經咒八行行字不一字徑六分題款二行刊石記三行行字不一字均徑四五分後附呪音連標目三行正書在宣城出自敬亭山雙塔頂上

觀自在菩薩如意輪陀羅尼曰

經咒不錄

元豐四年二月二十七日責授黃州團練副使眉陽蘇軾

書以贈宣城廣教院模上人

紹聖三年六月旦日宛陵乾明寺楞嚴講院童行徐懷義

摹刊於石普勸受持同增善果

呪音

不錄

宋紹聖三年六月旦日

白雲洞題刻二 正書在麗水

劉涇杜穎等題名 高三尺四寸廣三尺九寸六行行五字字徑六寸內外

神宋紹聖三
季重九劉涇
杜穎劉唐年
方塽席昌壽
葉黃朱
師回來磨崖筆

右劉涇等三巖寺磨崖在白雲洞前西向石上劉涇字巨濟蜀人時爲栝郡守杜穎字鴻遠淮人時爲栝郡倅席昌壽洛陽人與方塽皆爲劉巨濟幕客皆見南明山磨崖葉黃朱師回麗水人均无秙戊辰進士劉唐年無攷此拓與石梁張康國磨崖同一手筆疑爲劉巨濟書深得柳公綽筆意 栝蒼金石志

弟二行剝落僅存季字半畫一撇涇字之工字栝蒼金石志錄此尚無損闕据以補之南明山張康國一刻未得拓本

方塽等題名 高四尺二寸廣二尺八寸五分五行行九字字徑四寸

元符元年仲秋末澣與
郡僚游三岩亭午過天
王晚宴寺閣
薄莫而歸
同之者方塽席昌壽程
宏陳正夫江懋迪黃潛

右在劉巨濟詩刻後元符元年爲哲宗紹聖五年六月改元也天王山在郡西北山之西有碧霞元君祠久廢乾隆間還碧霞元君銅像於城中即今之泰山宫也所云晚宴寺閣即碧霞元君之祠歟程宏爲劉涇幕友陳正夫麗水人其餘數人即所謂郡僚也然志皆不載此題書法大佳惜巖石粗頑拓本漫漶耳 栝蒼金石志

仇公著墓誌銘

高二尺三寸廣二尺三寸二十七行行三十字字徑七分正書在益都

宋故定州觀察判官仇府君墓誌銘
承議郎簽書定武軍節度判官廳公事雲騎尉借緋柳
子文譔
朝請大夫試將作監上護軍賜紫金魚袋王　同老書
宣德郎試大理司直晁　端德篆蓋
府君姓仇氏諱公著字晦之與予同在中山幕府每以老成
惇重而誠敬之豈第簡易而心好之見其喜蓄翰墨而不矜
文藝練達政事而不急功名君起寒素而不道閥閱久淹州
縣而不求論薦數以是叩之笑而不我告也一日暴疾卒子
赴位哭其孤請銘以壽不朽予因得其世次之詳　君
之先滄州人曾祖諱華任尚書駕部員外郎爲青州牧終而
家焉後贈工部侍郎祖諱永任尚書屯田員外郎父諱諒任
國子監丞累世皆列于朝王文安公　君姑之子也文
安公由進士第一參預大政爲　宋名臣封其妣爲徐
國太夫人而報其外族者甚渥嘉祐三年文安薨于位遺奏
補　君爲太廟齋郎君少往來文安家又因其任宜得
貴□而從宦四十許年乃止於是然後知　君爲能安於命
不以顛躓蹭蹬爲慊也　君歷官德州德平縣主簿秀

州海鹽縣尉廣州司理端潮鄂三州軍事推官遷天平軍節
度推官監楚州鹽稅以課增羨循爲定州觀察判官在廣與
潮皆能出力治其同事之喪厚賻其幼稚使脫於瘴癘廣帥
賢而薦之潮人德而思之其在楚也使者欲薦　君推
以與同僚適得改官其在定也余使司農使按所入粟治其
官吏之不職者將加罪焉　君覆護保全竟賴以免此
皆常人之所難而　□優爲之終以不得志而無所大
施設故隨地以自見所至號稱長者　君以紹聖三年
四月初四日卒于官享年六十有一其葬以是年十月□酉
日其墓在青州□固鄉雲門里　君娶王氏先卒子男
一人僉女二人長適進士劉愈季居室予以僚友之義不可
以不銘銘曰
昔在漢覽　赫奕循吏　徙家于青　豈其□裔
州牧郎星　佑我賢世　閟我諸姑　宜□教子
胡不相君　我祿我仕　用嗇於材　譽騰於里
惟壽與官　匪天孰柅　岸谷有遷　斯銘以識
蘇□□刊

龍興寺大悲閣記
高三尺九寸廣二尺二寸七分二十二
行行五十字字徑七分正書在正定

真定府龍興寺大悲閣記
距真定府城之西三四里有大悲寺唐自覺禪師所造金銅
大悲菩薩像在焉因以名寺五代之亂契丹犯境焼寺鎔毀
其半□□以香泥補完之周顯德中國用空虛掌計者無遠
圖收羅天下銅佛鑄錢以資調度於是菩薩之像又以泥易
其半
宋興
太祖皇帝開寶二年討晉不庭駐蹕真定召麾僧而問焉得
像之興□本末欲徙置城中不可且言像壞之時有文在其
中曰遇□即毀遇 宋即興於是 詔遣中使相地於
龍興寺佛殿之北將復建閣鑄銅像以慰鎮人之意 車
駕還京師未幾寺之菜園有祥光出其上凡三年不滅望氣
者占之所得古銅物不可勝數時暴雨大作浮楝梁材千万計
自五臺山而下至頰龍河止州以事 上聞 詔以銅
鑄像以木建閣內遣軍器使與州鈐轄等領其事工人冶者
與夫力役之輩皆妙選能者凡所經費悉從官給像成其身
七十三尺其臂四十有二威容煊赫相好圓成善者見之而
心開不善者瞻之而生彩有生之類遷善遠罪於冥冥不可見
之間其為利也豈小補哉謹按內典 大悲菩薩乃觀音
大士應現之身正法明如來降迹之體也於曩劫來□□□
脩入三摩地成妙功德獲勝圓通上合十方諸佛本原妙心
同一慈力下合六道衆生融通無礙同一悲仰能成三十二
應入國土之身超過六十二億沙數菩薩之智顯現衆多妙
容宣說無邊神呪通身是眼不見纖塵多手護持拔提諸趣
不動真際得大自在故觀音名遍十方國是故世人聞名起
敬植大福緣覩相悟心直趨正覺非夫 大慈愍護衆生
之力何以感攝聾動非夫 大聖人天錫勇智有應天順
人之功何以能保佑斯人成就妙用矧讖文先定響應無差
金木之來神物冥助恭惟
我宋之興積功累行盛德大業繼繼承承傳千万世豈特人
為之力哉抑亦幽贊之道非智之所能知非情之所能測也
景祐中寺僧惠演錄其興建之迹甚詳言不雅馴令 大
師寶文吳公以道存心以德惠民覩 寶像雄壯圓悟不
思議之旨灼見
傳之無窮於是使蘇因舊文而為之記蘇聞理本無心以百
姓心為心道本無言不得已而後言故起心為物者率乎無
心為道而言者率乎無言 大悲菩薩已成佛道於無
量劫前而

宋紹聖四年二月望

我太祖皇帝撥亂反正於五季之後救民出塗炭之苦與善薩慶生之擔若合符契興闍建像作大莊嚴皆欲福被生□使人趨善而歸於道可謂無心之化矣且得有言乎蓋寶文公之意欲尊　朝廷而明大道之本繁也學淺而文不工故言多而道不見雖然道豈可見也哉將使覩是文者知　聖人之心存乎道妙圓超悟而不滯於文句之間則言雖多亦志於無言而已矣紹聖四年二月望日朝奉郎管勾真定府路都總管安撫司機宜文字驍騎尉賜緋魚袋葛繁記

右記葛繁撰宋史無傳王荊公葛興祖墓誌銘稱興祖丹徒人三子繁蘊皆有文學繁許州臨潁縣主簿續通鑑長編元祐三年八月辛丑右正言劉安世奏有近日伏覩除目内奉議郎程公孫堂差監在京商税院葛繁兵器監主簿臣聞二人者與執政皆是姻家乞罷新命以伸公貼黄稱葛繁係范純仁之同門壻云云長編又引呂公著掌記云葛繁名聲藉藉荊公始愛其材後當國以其不附已疏之當即此葛繁長編作葛繁當是傳寫之誤又志雅堂雜抄載繁題雪竇和尚親書偈後七絶稱繁號鶴林居士崇寧閒臨潁主簿守鎮江云云繁列銜爲管勾真定府都總管安撫司機宜文字案宋史職官志經略安撫司經略安撫使一人在河北及近地則使事止於安撫其屬有幹當公事主管機宜文字準備將領準備差使仁宗本紀慶曆七年八月乙丑析河北爲四路各置都總管通攷慶曆七年析河北四路各置都總管一員如無止以安撫使總制諸路記載龍興寺鑄像蓋閣事稱景祐中寺僧惠演録其興建之迹甚詳言不雅馴令大師寶文吳公使繁因舊文而爲之記大師寶文吳公其名不可攷職官志有寶文閣學士直學士待制閣在天章閣之東西序羣玉蘂珠殿之北即壽昌閣慶曆改曰寶文嘉祐八年英宗即位詔以仁宗御書御集藏於閣命王珪撰立石治平四年神宗即位始置學士直學士待制恩賜如龍圖英宗御書附於閣又攷哲宗本紀韓忠彦罷知樞密院事以觀文殿學士知真定府在紹聖三年正月據此則寶文吳公之帥真定尚在忠彦之後矣常山貞石志

北嶽大殿增建引簷記

高四尺額高一尺四寸五分廣二尺三寸六分二十
九行行四十五字字徑七分正書在曲陽北嶽廟

北嶽大殿增建引檐記　篆額三行行三字字徑四寸

北嶽大殿增建引簷記
方嶽祀事肇見有虞氏之典加隆于周官之書而盡美于
本朝其位號盡爵秩儀物盡度數珮服章采睟穆儼□以
盡其容廟居體楹放于宮城以盡壯麗所屬守長夙興朝服
奉甲令日詔□庭稽首興煩罔敢弗虔以盡厥職歲時祝筴
又自　中出皆　天子著名于上畀郡守奉筴即事而水
旱禱禳又躬遣近侍　拜而授祝既盡所以禮神示之道

宋紹聖四年九月　一

而廟有圯缺得贊帑猷以營理之務崇弗庳以符　詔旨
有事
上帝肆眚下國皆　勑郡縣加飭祠宮而又　嶽在稱
首嗚呼殆可謂盡美無以復加矣方春始和庶民來祀祈田
荅蠁巫覡牲牽相望於道群千聚百踰越千里不約而會于
祠下者日以億計蠲潔齋敬務極誠悃牲腯酎醇務極豐好
富人巨室別極難得之貨幻伎瑰詭又極平生之術冤章禱
靡名馬金玉奇禽異獸又極耳目之玩而詞殆不能既也簫
鼓隱春雷之聲旗旐擬淛江之濤牲牢多於燕鄉之牧薌燎
欝於岱山之雲馨膻雜觸肩逊相軋讙囂紛錯師曠失其聰

離婁失其明拕率其費巧歷失其智而十三歸于有司受藏
廥中又吕其羊輸郡為燕饗之用嗚呼可謂甚盛無以復加
矣是宜　神居邃嚴庭壇巽壝以稱盛美之盡然惟
安天元聖帝祠曲陽隷定武相望一驛不當孔道凡詔使建
帥將　命間一來禮成輒去不一二閒其弊邑令謹庶職
不遑凡目舉制度故祠宮略備而不大稱　帝者之居殿
之南榮褊迫不可周旋每牲祭盛時人相蹙壓體蔫登藉距
座纔咫尺爾臭腥酷烈潔人掩鼻況　煌煌儼聖與
天為徒肯復顧享　帝意所薦山川百靈罔敢錫佑故曠
滌迭興公私告疾蓋有官守者如前而在下者斷牲命終獻

二

飲福唉爵吕歸浸歷朞閏無復廣斥意紹聖丁丑歲臣君壽
令曲陽琢頑鉏枉百廢維新睠茲南嚮弗崇弗嚴弗稱
明天子敬神恤民之意亦失予為令之職迺度址庀具以俟
欄楣增衡袤丈有奇縱高倍若於殿眈眈翼翼究極華明石
楹鏤蛟金甲玉爪蜿蜒躩拏騰驤欲奮欂櫨棍榱窮輪奐之
美丹臒金碧窮繪事之妙廉陛窮崇窗戶窮深膠葛尊高浚
落增雄巘迤職吏自遠　帝所修祠奉幣而至者瞻仰咨
嗟肅然生敬令曰是僅畢予裒庶錢揭虔妥靈也其費亡
慮百萬計錙得以　勑書從事而來祠者謚有司顧有所
輸或出其材或出其力或出其巧各顧竊出其所有而令不

禁也適得以成始哉于二月乙亥畢竣于九月庚辰屬陸易
記其事敬原本祀典而究其弊且述今之志曰見致美之盡
敢系以詩曰
殫祝史兮丙有年屏黔伏兮旱魃囚鞭庵六穗兮倉箱萬
千簫鼓宴饗兮東帶華軒牢醴潔豐于我有嘉賓春秋郎
事于牲犧醪酸執事若忘兮以瀆為虔宮雉圮缺兮狼籍
庭壇我有公事兮靡遑飭完冷祲茹蘙于儀物載蠲謬為
惆歎兮雩榮降神山鬼憑怒于劉　帝之尊十五恤荒兮
緊吏弗敬天假令尹于為民錫命請恭厥事兮礼神以正
致美　帝居兮　帝則顧之風馬雲車兮肅然來斯潭潭
三
凝旒兮織冗絕綦協氣橫流于民恬以嬉令尹之德兮神
人具依凡百來者兮毋忘是詩
晉國王易譔并書　高陽許彝篆
三班借職監酒稅齊為三班借職權縣尉回俊民右班殿直
監廟劉稷主簿西門聿宣德郎知縣事趙君壽立石刊者楊
□

蘇東坡行香子臨江仙二詞
一詞一石各高四尺餘廣二尺二寸六
行行十一字字徑三寸正書在璞山
清夜無塵月色如銀酒斟時須滿十分浮名浮利休苦勞神
似隙中駒石中火夢中身雖抱文章開口誰親且陶陶樂取
天真幾時歸去作箇閒人背一張琴一壺酒一溪雲九十日
春都過了貪忙何處追游三分春色一分愁雨翻榆莢陣風
轉柳花毬閬苑先生須自責蟠桃動是千秋不知人世苦厭
求東皇不拘束肯為使君留
東坡居士書

宋元符三年

蘇東坡洞酌亭詩并引 重刻本

高四尺餘廣二尺五寸餘刻前半石七行行二十四字字徑一寸五分正書後半石爲明人題識在瓊山

重刻蘇東坡洞酌亭詩并引

瓊山縣東衆泉觱沸皆冽而不食丁丑歲六月軾南遷過
瓊始得雙泉之甘於城之東北隅以告其人旦是汲者常滿
泉相去咫尺而異味庚辰歲六月十七日還于合浦復過之
太守承議郎陸公求泉上之亭名與詩名之曰洞酌亭詩曰
酌彼兩泉挹彼注茲一缾之中有澠有淄以瀹以烹衆喊莫
齊自江徂海浩然無私豈弟君子江海是儀既味我泉亦嚌
我詩

宋元符三年

石東坡公洞酌亭廢久矣亭名與詩與引固載之誌傳之
人可考也予于公爲鄉晚治瓊三年始訪故址而登焉一
井尚存頹圮一井已乎猶溢溥言酌之其色澠以淄其味
甘以冽真海外一清流也遂與同寅楊蔡二君相地度基
搆亭浚井取詩與引而勒之壁今去公無慮數百年升公
之亭汲公之泉者莫不有遺澤之思嗚呼源頭活水可以
觀公之醞淳光鑵金可以觀公之丈肴之不濁可以觀公
之節井之所繫深矣哉後之君子臨流而日新之當必有
同然于我者因紀其事云萬[曆]八年歲次庚辰七月既望
賜進士第中憲大夫知瓊州府事西蜀唐可封謹識

比干廟碑

高四尺六寸廣二尺餘廿二行行四十字字徑六分正書

商少師碑 篆額二行四字字徑三寸餘

太宗文皇帝既一海内明君臣之義正觀十九年東征島夷
師次商墟乃下詔追贈商少師比干爲太師謚曰忠烈公遣
大臣持節弔贈申命郡縣封墓葺祠置守冢五家以少牢時
享著于甲令[刻]于金石[歎]比干之忠益彰臣子得以述其志
也昔商王受毒痛于四海德悖于三正肆厥淫虐下罔敢諫
於是微子去之箕子囚之而公獨死之非捐生之難處死之
難非處死之難得死之難故不可死而死之是輕其生非孝
也得其死而不死是重其死非忠也王之叔父親莫至焉國
之元臣位莫[崇]焉崇高不可[以][觀]其[危][亂]昵不可以忘其祖
則我成湯之業將墜于泉商王之命將絕于天[盍]扶其[顛][隧]
[棟]而扭[倒][懸][非]癬商[莊]遇而痛公之忠烈也其若是乎故能
獨立危邦橫抗興運周武以三分之業有[諸]侯之[師][資][廿][亂]
[以][謀]掩[□]之衆當公之存也則戢彼西土及公之喪也乃[觀]
于盟津公存而商存公喪而商喪[興][亡][所][繫][豈][不][重][歟]且聖
人立教懲惡勸善而已矣人倫大統父子君臣而已矣太師
存則正其[誠][服][則]垂[其][教]奮乎千古之上行乎百王之末俾
夫淫者懼佞者慚睿者思忠者勸其爲式也不亦大哉而夫

宋建中靖國元年正月

子稱商有三仁□置□無□殺盲嘗敢賾之曰存其□名存其祀亦仁
也亡其身存其國亦仁也若進死者退生者狂狷之士将奔
馳焉褻生者貶死者宴安之人将寘力焉故同歸諸仁各順
其志殊塗而一揆異行而齊□致俾後之人優柔而自得焉蓋
春秋微婉之義也必将建皇極叙彛倫擴在三之規□垂不二
之訓以□昭□於□世□則夫人□俾□鑑□觀移□孝于親而致之於君焉有
聞親失而不爭睹親危而不救從容安地而稱得禮甚不然
矣夫孝於其親者人之親皆願其爲子忠于其君者人之君
皆欲其爲臣故歷代帝王莫不旌顯周武下車而封其墓□
國南遷而創其祠我太宗有天下禋百神而盛其禮追贈太
師謚曰忠烈申命郡縣封墓葺祠置守冢五家以少牢時享
著于甲令刻于金石於戲哀傷烈辟主食舊封德爲神明秩
視韋望身滅而名益大世絶而祀愈長然後知忠烈之道其
感激天人深矣天寶十祀余尉于衛拜手祠堂魄感精動而
廟在隣邑官非軾閭刊石銘表以志丕烈詞曰
靡軀非仁蹈難非智死于其死然後爲義忠無二體烈有餘
氣正直聰明至今猶視□爾來代爲臣不易

右唐李翰文

宋建中靖國元年正月汲令聊城朱子才立石主簿東
里張琪書丹監衛州酒稅宛丘孫絢題額

刊者柳士□

段谿等造香爐題名

高八寸廣五寸四分八行行十七字至二十一字不等字徑四五分正書在行唐東北二十里南莊普照院

真定府行唐縣合河村使南莊造香爐維那等
段谿妻鄭氏男段受段立孫段希合家眷屬二十三口
張密妻封氏男張澄張濟合家眷屬一十一口
張恩妻董氏男張立張丈合家眷屬一十六口
張開妻封氏男張溫張良合家眷屬一十口
張從妻劉氏男張琢張思合家眷屬一十二口
張孛妻侯氏男張秀張太合家眷屬一十一口
崇寧元年壬午歲春季月初二日記

宋崇甯元年三月初二日

朝散大夫上護軍致仕羅適墓誌銘

高三尺五寸廣四尺四十九行行五十二字字徑六分正書在甯海

宋故朝散大夫上護軍致政羅公墓誌銘
奉議郎管句潭州衡南山嶽廟輕車都尉賜紫金魚袋舒
亶　譔
朝奉大夫知台州軍州兼管内勸農事上輕車都尉借紫
樓常　書
朝奉大夫新差知歙州軍州事兼管内勸農事上輕車都
尉借紫湯蒼　篆蓋
哲宗皇帝即位改元之二年　詔曰知開封府開封縣

宋崇甯元年三月初七日

羅適豈弟廉平出於天性視民疾苦如在于已朕惟京師大
衆之地宜得仁人往體朕心可權發遣開封府推官公事當
是時天下曉然咸知
天子仁聖所以惠養元元之意至深厚而公行治暴耀翕赩
爲一時公卿大夫之所嘆譽謂且用世矣既而推遷出入奔
走使事凡十有餘年比還得對。天子而公老矣於是遂致
其事以歸歸之三年夏明適大旱公曰民病甚　國事
也余雖老且得謝竊服　明詔所以褒諭甚寵夙夜念
不報萬分義終不忍以仕已貳其心頃令江都旱命浮屠氏
作瑜伽法禱于揚子江神驗乃即佛祠閉前法方祥暑自夕

通旦擧蹕曲奉百拜不少閒因以感疾浸劇遂卒於其家實
建中靖國元年辛巳八月十有六日乙巳也
公諱適字正之世為台州甯海縣人曾祖爽祖德誠皆不仕
父允明贈中散大夫公兩舉鄉書第治平二年進士尉舒州
之桐城縣縣俗習病不知醫獨用巫治公一日屬群巫盡取
所謂像設焚之庭下即捐私錢市藥以予民既又石刻方書
以示後用舉者移兖州泗水令山東曠地數萬頃民佃居幾
數千戶部使者欲取以規利以禍福撼公使任其事公力建
不可使者卒感悟改著作佐郎知曹州濟陰縣居數月察訪
使入飛語奏劾公輙奪官去父老詣　闕訴留者殆萬

二

人　朝廷察之以天平軍節度推官還舊治閱二歲復
官如初守臣以公最上即徙知開封府陳留縣畿甸宿兵餘
數萬主將不得其情方春閱伐有以變告者僚佐惶駭噤不
敢出氣公笑曰妄人也即其衆杖之軍以無事　上遣
內侍刺知　德音為稱善邑當孔道四方宦游死不能
歸而旅殯佛廟殘骸破棺無復主名以數千計公請于
朝即縣之東南隅葬之有官於南方溺死其妻挈孤㷀
匃於道公館之傳舍解衣輟食衣食之卒移其所居州里親
黨使收恤以去開封府軍巡院官闕以公攝事院獄淹不決
寒餓疾病相枕藉粮吏玩為常公至則首懲其黠吏一黥其

連坐之無辜者出之斥棄牘之無用者為衣衣之宿垢陳敝
不閱月殆盡　朝廷患市易積乾沒張職鉤考公與辟
為屬同列有忌公前數出異論者官長謀為君罷之公曰進
已退人非所願也去知揚州江都縣前此吏七令皆不得以
理去訴牒日盈庭大抵緣逋賦不能均公以保伍法集民廡
下給筆札使自列人人得其平淮俗麤鄙窳農惰不勸公為
易置耕器身自教督之　朝廷議鹽法使者妄意欲以
強民他郡縣皆應矣公獨弗聽人莫不為公危之公曰為國
愛民令職也縱得罪何憾卒寢時近臣有薦公可任劇　天子
召對久不報會大臣守揚最為知公者歸相

三

於是擢知開封府開封縣就遷府推官未幾除提點府界刑
獄兼相度京西等路水利畿邑溝洫久湮莽歲積潦田至□
不得下公設法疏畎之民始不病廣濟軍南里堤田凡數千
頃地形相傾水上下交為患公行視即下流釃為渠以注之
淮其功利居多　朝廷賞之公曰僚吏力也推不受雖
不行公志也兩浙道蘇秀水議者不一　朝廷遣吏
使相視經理而又以公為提點刑獄佐其事經費不貲民力
殆不支公不及請輙發常平貸助之　朝廷為薄其罪
最後移京西北路提點刑獄熙甯中河北災　詔許流
民處荒土汝州幾數百戶至是或者規其地以冒佃告數吏

有司不能判公請如方田法民以眞居蓋公少長田閒於民
事無所不知故仕宦自初暨終更十任而六爲長官其所設
施初雖若煩碎及其旣久上下情得是非曲直至則辨察事
無小大罔不飭舉教條所下吏服民聽如父詔子以至四爲
監司一切務在恤民隱戒督官吏必先慮恕而於水事尤爲
不苟有勞以故所至稱治去則人思之多爲生立祠而論者
以謂有古循吏之風信然公資渾厚質直不華臨事疑獄信
理直前不肯爲利害俯仰聞人之善舉與成就唯恐不力急
人艱阨勇往不倦如赴嗜欲奉祿所入應手隨盡未始爲子
孫後日毫髮計其事親孝於兄弟友待親戚交舊篤恩義立

四

然諾異母兄欲異財聽其所欲取季弟死爲擇婿嫁其婦□
嫁其女如己出初未知學自大母族黨薰之其後家因爲撫
育其孤女妻之士族嘗學於鄉先生旣死與教養其子至分
俸以舍之太學少舉進士與友生偕上中道輒臥疾他皆委
以自便公獨留不去故人死久不能舉唱鄉人營宅兆卜日
月哭泣以葬之有使者數侵公他日公出使乃在部中初疑
其不能忘也公曰本自不記無可忘者蓋公義節厚德類如
此而多至不可勝數平日與客語常謂憂人之憂然後可以
樂其樂蓋其意向所在大抵不以私自營晚雖退休志猶不
衰而其餘力長智者尚可以爲世用近臣使者方且交章而

公亡矣人莫不惜之公好古强學雖老不廢書當嘉祐治平
閒學者方事聲律而公已能用意經傳然頗獨嗜易其所爲
注解合其他歌詩章疏碑碣雜文僅百卷雅意藏書凡遺文
古事與夫　國朝新書家多有之晚歲奉佛尤嚴云公
享年七十有三官自著作佐郎換宣德郎七□爲朝散大夫
勳至上護軍服五品中散公兩娶前吳贈慈溪縣太君後周
贈金華縣太君公即金華出也娶周封永嘉縣君男六人四
亡曰璪曰球皆爲太廟齋郎女九人一亡長歸陳師衡次陳
惇次王庭筠次朱亮皆舉進士一在室餘尚幼以崇甯元年
壬午三月初七日壬辰歸葬于甯海海游之東原公雖世居

五

甯海而姻舊多在明且愛其湖山可樂去墳墓爲不遠遂家
焉比訃至於其鄉父老爲置位聚而哭者凡三日余與公少
同筆硯又爲同年生又嘗爲同僚今又爲同里接分實四十
年自公寢疾得日造其門迨治命與之握手而訣且語其所
欲屬我者曾不及他夫豈謂余自足以深知其心而不待言
與故當其葬也爲具論其平生泣而爲之銘曰
允矣維公　其德孔恵　維人之憂　弗啇弗隨　維聖
天子　民瘼是咨　大衆之區　曰惟京師　其往贊哉
莫如汝宜　輙荒我田　有黍離離　水行地中　自公
來尸　耋稚舞歌　匪惟無飢　凡利在人　弗閒細微

曁厥行路　枯髊弗遺　内外戚踈　豈不異施　我罔
不盡　忠利愛慈　百爾士夫　孰一于兹　公取而足
其賢可知　膴膴故原　公乎其歸　甯我邦人　百世
是思　爰憩彼郡　其生有祠　配古社神　春秋祀之
四明陳鉅□

六

陝州新建府學記

高七尺廣三尺六寸二十七行行五十三字字徑一寸三分正書在當陝州

陝州大都督府奉　詔新建府學記
朝散郎權發遣陝州軍府兼管内勸農事兼提舉商虢州
兵馬巡檢公事驍騎尉借紫臣張　勵撰并書
崇甯元年秋七月
天子大修熙甯元豐政事考慎其相以翰林學士承　旨
臣京爲尚書右僕射兼中書侍郎　諭所以繼志述事之
意者後數日復下手詔諏求天下之務命即尚書省置司講
議辟除佐屬無問從官大吏咸使得自選擇條具凡目亟一

宋崇甯二年十月十二日

而法度之所施縣學校始臣竊伏覩之自昔聖帝明王所以
治登太平號稱最隆極盛者曷嘗不本諸此易曰觀乎人文
以化成天下帝莫盛於堯王莫隆於周蓋孔子之稱堯曰巍
巍乎其有成功煥乎其有文章其稱周曰周監於二代郁郁
乎文哉吾從周然則文者治功之成禮樂法度無不完具要
其初所以美教化成風俗舍學校則無以爲矣夫道揆明於
上然後法守嚴於下此所以道德一而風俗同于斯時也天
下爲一家中國爲一人非獨爲士者之得而人莫不有士君
子之器理勢然也自鄉舉里選之法廢爲士者大抵失其本
守矣逮秦滅書經籍文喪天地之全性命之藴學者無自而

猶見漢雖購求亾逸表章六經然專門傳授統類不一而傳
注更為之蔽至唐取士以蟲篆之技違道愈遠經籍之傳不
亡而泯士雖有聰明智識之質孰從而成之伐精神於蹇淺
無用之習聖人之情歸漫莫之知非夫不待文王而興者惡
能自拔於流俗哉斯弊也非一日之積也
神宗皇帝天縱聖神文武超觀前古慨然深悼其弊一劃而
革之時則有若丞相臣安石實始厥謀乃命以經術造士大
興學館置官師分三舍以明教養之法士得釋無用而致有
功去蹇淺而抗高明聰明智識有以啓發真賢實能由道術
德業為世顯人先後接武而奮疊疊乎鄉三代之風矣猶有
未者以俟　後聖而賡續焉
主上躬睿聖之姿克紹其德追念　先烈緝而熙之且欲
士者漸漬鄉舉里選而賓興之也上自朝廷外逮郡縣增築
館舍廣教導之員厚廩餼之給凡郡縣長佐諸路刺舉之吏
咸有職事于學勸禁之方纖悉備飭有司承奉　詔旨罔
或不虔陜舊有學本唐開元中夫子廟記識具存而圖經稱
後魏所建莫可考驗地褊巷窮制度卑陋介於民居之間不
容展斥大懼非所以稱　明詔乃相而遷之得州子城之
東稍北故鑄錢監地基步脩廣面勢軒豁遠去闤闠而井邑
塗陌皆直其下屹然獨據一隅陰陽允臧不孝而合度前為
臺門三重內挾以東西大序亘以南北之廡講書議道皆有
堂祭器經籍錢粮皆有庫為庖湢於東序之外為小學於西
序之外為先聖廟於外門之內東偏為教授位於外門之內
西偏皆南向而便門東西向繚以土垣再周耽耽翼翼咸應
程度入其門者廓如也升其堂者肅如也處其室者申如也
蓋經始以二年五月庚辰而落成以七月壬辰先是工人伻
圖計材所須甚博患不可辨距城之東十里得入官民地有
林木喬挺皆累數十年雨露之所養一伐□臣材所須無不
充足前此未有睨之者豈固有所待耶嗚呼章哉士之生斯
時也其居有廬其承有師其食有餼月選歲考勤勤眷眷□
父兄之詔子弟然道藝之成也又以爵祿從之出使長入使
治達而論道於王以下膏澤於斯民以顯榮其親以垂名於
後世皆繇此塗出也嗚呼顧非幸歟臣之始至學未有定議
越三日謁先聖見諸生袛修厥職仰惟
聖上德意深遠加惠天下亡窮惕不敢後退帥僚吏相與協
力亟營之維不費於公不擾于民不日而功成有司職也夫
何足道然作始之歲月使來者有考不可以無述謹推原本
末而書于石臣　勳　謹記
十月十二日立石

崇甯興學聖德頌碑并兩側進頌表

高五尺八寸廣三尺四寸五分兩面刻二十五行行各四十四字行末各闕二字字徑一寸二分正書在順德府大廟内

崇甯興學聖德頌

越州山陰縣主簿充邢州州學教授臣范　致君撰進并

書

上即位之明年總覽權綱昭察正枉沈潛淵默獨斷不疑邦

明善類陟降庭直又明年建元崇甯以應緝熙恩闕天上帝

眷命　有宋之意俾丕受大業纘承繼述我　神考之休緒

永念　先烈昭格天地卑越萬古究其源闕始于學躬蒞

德音出自　聖意專命左右輔弼之臣詳延修潔洽聞之士

規□三代賓興之典儀刑元豐□闕制討論參議著之功令

國舉舊章而興焉有司既以新書上聞越一年正月之吉始

和請頌行之制曰可□闕詔書通古今之義明人倫之至品

式備具　訓辭溫厚首善自京師□達于郡縣□國之陽大

闕黌舍以延□闕邦國之賦恙以養士廣厲學官風勸天下

四方欣欣莫不洗心滌慮□承　休德嗚呼盛矣□□故全

趙之邦闕左爲陰燕陽魏襟帶常山之麓肘腋大河之津山

川氣象人材風教□古號爲全盛之都□□豪傑特起之□

闕傳記不可勝數自五代□□□□辭華邢爲用武之國藩

臣跋扈幾□而□流於左衽厥今□下承平百五□闕祖宗

涵養休息之澤厚矣　神宗皇帝始變彫蟲篆刻而易之以

經□蓋自熙甯迄□□□垂三十年諸科之闕既華而類多

藝文之士風行俗成其効可見豈特此哉今　陛下遵□揚

功尊崇儒術上稽唐虞下畢秦漢四闕商宗化厲賢愚駿雜

而務醇粹明好惡以正是非　裕陵之木雖拱　雲漢之章

昭回于天　陛下以道覺民闕聖心獨得其鼓舞之妙精神

之運經緯天地搖蕩民心莫知所以然而然者蓋自成周而

下願治之君皆不足闕此茲甯二帝三王之舉而天下學者承

餘光被嘉惠乃千載不可逢之休運而□隆之道允謂非

常之功雖闕德蔑加此矣郡守臣許興其副從事臣正卿既

奉　詔而興學乃命臣致君　述以文辭臣仰惟天德

清闕盡者無所施其巧日月出矣爝火者豈足以益其光臣

伏思厥官職在教□□宜揄揚論次作爲雅歌刻之金闕于

郡學以形容　天子之美臣謹稽首再拜而獻頌曰

宋受天命畢臣萬方　一祖　六宗業熾而昌繼繼承承其

祚無疆　藝祖□造　太宗紹隆戡亂以武東書闕矢其文

德地大物豐舊染織程濯以清潔僭僞鼎峙屈膝殄滅眷之

以□如春之融□之以明如日之中　真闕辨登封降禪垂

衣拱手恭己南面穆穆　仁宗功成治定博愛兼容出□天

性　英廟□翼剛毅静容篤生
神宗順帝之則大統未集　泰陵紹基其明斤斤其功巍巍
湏命　皇□　潛邸　龍飛天錫純嘏以緝以熙闕皇帝智
極象數其德文明以身爲度永言孝思憲天稽古惟我　神
考□蹻□造睿哲奐奐對越穹昊六經之闕頌典謨禮樂度
數洛書河圖神而明之㘴蹄遠廬後世學者困于傳注□緯
殽亂申解離□邪說誣民罔知所闕我　神考發揮義訓鉤
深致遠窮理盡性室者斯通隆者復振□其狂□川流翕順
障而東□咸歸于正法□闕以上正面由漢與唐苟且爲治孰能
更張惟我　神考盡制盡倫或損或益或革或因閩于盛衰
三
久而弥新周之無弊不闕人如燧取火可傳於新惟文造周
濟濟多士秉文之德不顯亦世菁菁者莪樂育人材邦□之
基有臺有萊宣闕興溥言采芭新田所取或任或使惟我
神考陟彼景山取人以身寢成孔安棫樸雖微周□□遺金
玉雖美闕琢之道無不容小大得宜惟此盛美煥然昭倬原
始要終皆本于學斂之□□□就月將惟我　神考道貫百
闕本生知侔堯並湯文王質文徽柔懿恭靈德及物於樂辟
雝武王宅鎬自西自東豈□□□繼志續終惟我　闕先明
經術須之學宮是訓是迪人材既充率此羣匹成法憲章可
遵可述罔有二三□心□一　皇帝顧位灼闕體大恢儒館

烝我髦士至誠惻怛形于　詔旨厥惟漢武投戈息馬論道
講藝尊崇儒雅□若　皇帝運以聖闕言心成其衡克邁厥
惟顯宗雍泮恢儒橋門冠帶實繁有徒孰若　皇帝賓興賢
能乃書乃考職于成均德行闕咸以序升真賢實廉有翼有
憑厥惟匹觀番酋子弟慕義入學殊方並至孰若　皇帝顯
顯令德用夏變夷王闕極聲教所暨下土之式時君世主溺
於所好異端詖行錯亂顛倒儒爲城旦雜以黃老孰若　皇
帝適乎正道闕聖王撫御宇大寶以善養人其治皞皞漢孝
西都城隍苑囿甘泉建章横絶宇宙太液昆明珍禽異獸
皇帝儉闕遠聲色敦朴寡欲僣刹弗殖離宮別館靡加崇飾
四
惟闢賢關以臨萬國東都主人盛稱河洛明堂煌煌靈臺脊
闕雍五學矜耀制作　皇帝聖明高見遠舉虞庠東膠夏校
商序規摹雄偉治諧韶頀非美輪奐以道爲主人觀闕聖作
物覩惟學之興泮泮頌聲守令承流是經是營普天率土不
日而成惟學之興設官分職内增博士外廣闕分布列郡負
倍於昔一日除吏數踰百十究宣　上德彬彬藉藉冠□相
望肩摩轂擊惟學之興僻陋巖穴抱闕墳雲集鼓篋方領矩
步有俊有傑來游來歌講解誦說惟學之興在□城闕舞雩
而詠或啓或發父詔子從兄闕悅人自夔皋家自稷契惟學
之興釆藻釆芹獻馘獻囚魯頌是陳美成在久邂不□□惟

學之興道化旣行被闕海湯湯難名西及流沙北逮朔荒重
譯萬里朝鮮夜郎悅德歸義貳梯貳航惟學之興□霆發榮
鳶飛魚躍□闕嗚醉酒飽德坐致太平樂且有儀持盈守成
皇帝曰嘻彌綸範圍裁成輔相神而化之開物成務惟幾
惟深闕回應服形齋心咀嚼道味并包書林上理乎天三光
宣精下理乎地山川以甯萬彙由儀魚鼈咸若太微輝輝闕
昭灼物無札瘥歲仍大穫穆穆清廟春祠夏禴肅雝顯相王
公伊濯休矣　皇考告成用酌肯堂肯構神祇□闕皇帝曰
嘻惟國之陽大建黌宇海流湯湯圜圖萬峙帝耤在傍郊祀
祀之歲和鑾鏘鏘　法駕還宮　予其視學闕訪道考禮闕

五

樂　皇帝曰嘻　予敢弗恪於斯之時儲精嬳濩道追來孝
虩泰彌約燕及皇天萬壽攸酢
朝散大夫通判邢州軍州兼管內勸農事上騎都尉賜
緋魚袋□　正卿
四方館使泰州團練使充眞定府路兵馬鈐轄兼知邢州
軍州事　管內勸農使上護軍李　許

碑兩側進頌表

高同厚一尺五行行三十一字行末闕二三字不等字徑二寸正書

進崇甯興學聖德頌表臣致君言臣聞賢關流化辟雝莫盛
於鎬京□□闕水獨稱於魯國學旣共於三代道乃同於百
王順詩書禮樂之文設黌□闕□俾考察其行藝以興賓其
賢能茲實太平之原允爲盛德之事恭惟
皇帝陛下睿質高遠天資聰明日就月將深造聖王之學功
成治定發揮道闕光乃稽元豐之舊書用廣崇甯之新制雲
漢昭倬咸覩法象之章芹藻沉涵闕以上一側鈞陶之化臣致君
猥緣儒藝濫備學官採兒童之謠欣逢盛旦第從臣之闕斐
詞謹撰到崇甯興學　聖德頌一首并序謹繕寫投進以紀
陛下紹法闕□宗皇帝之孝德干冒冕旒臣無任瞻天望
聖懽呼鼓舞激切屏營之至臣闕誠惶誠恐頓首頓首謹言
大宋崇甯二年歲次癸未□月十五日立石

六

按范致君即臨摹重刻宋璟碑者　畿輔碑目作范致能
誤畿輔通志

徽宗賜辟廱詔後序

高四尺六寸廣三尺二寸二十九行行五十字至五十二字不等字徑八分行書在陵縣學

皇帝賜辟廱詔後序
承議郎試大司成兼　侍講武騎尉保甯縣開國男食
邑三百户賜紫金魚袋臣薛　昂　奉
聖旨撰并書
崇甯元年
上總覽庶政慨然欲大有爲將躋斯民咸底于道迺下
詔曰學校崇則德義著德義著則風俗醇其大興黌舍于天
下又

宋崇甯四年　一

詔即國近郊建置辟廱匠臣抗圖
上曰古者學必祭先師茲聚四方士多且數千宜增殿像于
前徙經閣于後布講席于四隅餘若爾規厥既得　旨
則經營越三年工告成
車駕幸焉祇見　夫子于大成又　詔國子司業
臣絪臣靜曰朕攄至懷親箸翰墨賜之璧水申勸無窮小大
之臣下逮韋布鼓舞頌咏咸以覩所未嘗爲章蔵之層搆勒
之翠琰明年臣靜又請序其後
上命臣昂曰汝其爲之臣不獲辭乃拜手稽首言曰唐虞三
代尚矣歷世既遠教法不存然上下之庠東西之序左右之

學與夫東膠虞庠或在國或在郊又曰成均曰米廩曰瞽宗
曰辟廱蓋皆設於王都者如此至於鄉遂則又各爲庠序學
校嗚呼何其詳且至也秦漢而降治失本原禮樂化微師友
道喪人才卑陋有媿成周蓋無足怪
於皇神考稽古御時闢太學建三舍論選有法士變宿學而
新美矣
皇帝陛下祖述憲章咸在
先帝收科舉於學校推三舍于四方肇立司成專遣膚使
燕見訓諭　載色載笑
啟意所屬可謂至矣於是時也士患不學不患無所於學人

二

患不才不患無以成其才方策所傳歎不可得於　今親
見如出其時豈不盛歟然昔倫成於積世　今掩迹于一
時昔大比於王畿　今賓興乎海寓非　天錫
聖上勇智照於理而不惑斷以義而必行則希世墜典豈易
悉舉哉臣待罪從官以總領師儒爲職誠不自揆仰
聖政之丕成慶多士之幸會忘其淺陋昧冒稱述姑以塞
明詔焉若夫
雲漢之章　河洛之畫爾豈筆舌所能形容彼目擊心諭
得　法象焉則　無爲而成其猶天地歟臣謹序
奉議郎試辟廱司業武騎尉臣何昌言　承議郎

守國子司業兼同編修國朝會要武騎尉賜緋魚袋臣
强淵明
朝請郎守國子司業雲騎尉臣汪澥　奉議郎試
辟廱司業臣余深
朝散郎試中書舍人雲騎尉賜紫金魚袋臣蔣靜　朝
散郎試中書舍人飛騎尉賜紫金魚袋臣吳絪
司空尚書左僕射兼門下侍郎上柱國衛國公食邑六千
八百戸食實封二千戸臣蔡　京　奉
勑題額
從事郎知德州安德縣丞兼（專）切管句學事教閱保甲權　三
州學教授臣葛　長卿　以下四行字較小
通直郎通判德州軍州管句學事察視保甲兼管内勸
農事借緋臣牛　篴
右中散大夫知德州軍州管句學事兼管内勸農使上
騎都尉榮陽縣開國男食邑三百户賜紫金魚袋臣賀
宗賢奉
聖旨立石
教練使臣孫延太臣耿蕎摸刊
徽宗賜辟廱詔已載補正此序刻詔石下截　先大夫
未之得也山左志據序三年告成車駕幸焉語證以本

紀系碑於崇甯三年十一月寰宇訪碑録因之　繼煇按
序稱崇甯元年下詔越三年工告成明年蔣靜又請序
其後上命（蔡）薛昂爲之則刻石當在崇甯四年矣山左志
工告成工迺今賓興乎海寓賓誤實寓誤寓當訂正　四

徽宗賜辟廱詔并後序

揭本三紙詔一紙高二尺五寸後序一紙高四尺七寸五分廣各三尺三寸詔十五行行二十一字後序及銜名二十六行行四十五字字均徑一寸末有立石銜名三行字徑五六分當在武定府

皇帝賜辟廱詔額題一紙高一尺八寸六字兩行字徑五寸

詔補正已錄此刻尺寸行字悉同

皇帝賜辟廱詔後序序及序前薛昂題銜序後何昌言強淵明汪澥余深蔣靜吳絪蔡京等銜名皆與陵縣本同此刻字多闕泐陵縣本特完善故錄文於彼而此從節

宋崇甯四年

宣德郎權通判□州軍州管勾學事兼管

從事郎充本州州闕下

兼管內勸農事兼察視保甲武騎闕下

左中散大夫知本州軍州事管勾學事兼管內勸農使

提舉滄德博□巡檢公事雲騎尉安陽縣開國男食邑

三百戶賜紫金魚闕下

聖旨立石

右徽宗賜辟廱詔并薛昂後序山左金石志兩浙金石志皆載之寰宇訪碑錄列目凡四一山東陵縣次崇甯元年一山東陵縣次崇甯三年十一月一浙江山陰次崇甯四年一山東鉅野次大觀元年山陰一石即兩浙志所錄陵縣二條即山左志所錄孫氏誤以一石為二也鉅野一刻與此本畢阮二公皆漏採此本未詳何在文字行款與陵縣山陰二本悉同蓋當時普頒諸州摹勒者也後序石多剝蝕據兩志錄補以阮金志碑末立石銜名三行各斷闕數字前一行充本州次行通判□州軍州三行知本州軍州事及提舉滄德博□巡檢事俱鑿去一字案宋諸州從木旁字者十有二以滄德博□參之知是棣州棣在滄德二州之閒同屬河北道也鑿去棣字蓋在明永樂年以成祖御名棣故耳棣州唐置宋因之明初改樂安州宣德元年改武定州今為武定府治然則碑當在武定矣詔書播告之修山左志以修為條之誤　先大夫已糾之按兩浙志跋亦有是語阮公經學冠絕一時何以盤庚篇文一再失憶如是

徽宗賜辟廱詔後序

碑及上截詔書失拓此本高三尺七寸五分廣三尺八寸前標題及題名三行序二十一行行三十八字後題名十行字均徑八分正書在順德府學

皇帝賜辟廱詔後序

序及前撰書人序後題額人以前各銜名並與前二刻同不錄

邑三百戶賜紫金魚袋臣薛　昂　奉
聖旨撰并書
序見前不錄
奉議郎試辟廱司業武騎尉臣何昌言
承議郎守國子司業兼同編修國朝會要武騎尉賜緋

宋崇甯五年七月初一日

魚袋臣孫淵明
朝請郎守國子司業雲騎尉臣汪澥　奉議郎試辟
廱司業臣余　深
朝散郎試中書舍人雲騎尉賜紫金魚袋臣蔣靜　朝
散郎試中書舍人飛騎尉賜紫金魚袋臣吳絪
司空尚書左僕射兼門下侍郎上柱國衛國公食邑六千
八百戶食實封二千戶臣蔡　京　奉
勅題額
文林郎充邢州州學教授臣曾　踞　朝奉郎簽
書安國軍節度判官廳公事兼同管勾學事雲騎尉

賜緋魚袋臣鄭深
通直郎權通判邢州軍州管內學事兼管內
監牧勸農事兼察視保甲兼專提舉黃河埽岸賜緋
魚袋臣胡泳
供備庫使充真定府路兵馬都監權知邢州軍州事
兼管內監牧勸農事兼專提舉黃河埽岸上護軍平
涼縣開國男食邑三百戶臣李伾
崇甯五年七月初一日立石

社頭王政等題名

摩崖高二尺九寸廣一尺五寸四行行十字十一字字徑二寸餘正書

時大宋崇甯四年歲次乙酉六月十七日大水庄村念法華

經社遊此社頭王政　丁安政　劉琮　劉平　李握

永記之 三字別一紙不知何屬

宋崇甯四年六月十七日

郭革等施柱助緣記

高三尺五寸柱不知幾面面廣三寸餘一面二行行十五六字字徑寸餘一面上二行行十字下一行六字俱正書

大宋崇甯五年歲次丙戌七月庚寅朔初三日郭革自備重

添此柱并壘外石牆

當村□宣德男天民助緣 并特置牌額綽楔門二座

匠人國□張皋

附楊景略等題名 二面廣與前刻同疑係一柱面各一行行十二字字徑一寸七八分正書

左諫議大夫河南楊景略康功

禮賓使太原王舜封長民奉使

水裏保龐氏等施石柱記 柱一面高二尺廣五寸三行行十十一字字徑一寸四分正書

崇甯五年七月初三日

左行

水裏保居住紀首龐氏馬氏 王氏郭氏尼寶勤共施柱一條

歲次乙未五月八日記

右石柱記與前柱當在一處乙未為政和五年

新刱鎮宅誓妒魅神碑記

高二尺六寸七分廣二尺二寸二十三行行約三十四字下截殘泐字徑六分正書

新刱鎮宅誓妒魅神碑記
竊聞佛□于世利樂有情我佛方便之門解脫千□□泐下乃
正直皈真能救万民之冤濫若仗神□佛已雲明泐下除魔魅
蕩掃妒精解除一切违遭能免非灾横禍但凡夫泐下天地蓋
載之恩耀日月有照臨之□□性□□當憂□業□泐下造神
碑者並祈隨心供養所求如意　今有大宋緜南泐下旁地
內居住淨信弟子郭元貴一家尊少等先自往□已□泐下祥
人口損傷財帛迮□田蠶少收六畜不亨遂詣明師□□□
□泐下男郭文和先於元祐并內在涪州衆□難□便死亡□
□□□泐下致□傳屍很連累及弟郭文珙并田二娘所懸勞
疾□軟有似泐下夜憂惶在念無門懇告特啓誠心抽拾泐下□
□□新婦□二娘等冤識莫作傳屍□連□□男自是□□泐下
向千潯窟內休慕氏閒速改嫉妬之心莫作譴遞傳屍之念
□□□泐下三塗莫□苦趣之間早往弥陀之殿散誕向於无
憂□□□□□□□泐下之□勤絕愛增之念□年自往他
邦万劫不生於□□□□□□是泐下及五姓百離香油刀
兵虛空孤林下道南蠻一切鬼□□合地泐下女姑遠年近歲
少死嫩亡男殃女鬼諸般虛耗百雜鬼□泐下地內土生之物
所起惡心者返受其殃並祈郭元貴刱此神碑泐下淨界逍遙
快樂從此向向去改妬心而變作真心脫獸躰速成於佛躰
□泐下天寬家早出三塗岸並所生生世世永無冤對勤絕根
源置此靈□已泐下千灾永散福祿增添錢財歸集富比石崇
祈乞年年二發万倍歲歲五穀泐下□求公私□泰　讚曰
鎮宅靈碑　功不可說　誓□□了　泐下　礼經表慶　唻
呪獲除　譴遞勤絕　□違此誓　□破□烈　泐下
崇甯五年七月十五日

宋崇甯五年七月十五日

查考

章吉老墓表（高四尺八寸廣三尺九寸十五行行二十二字至二十四字不等字徑寸餘行書在無爲州）

炎宋章吉老墓（額題六字字徑六七寸）

無爲章吉老墓

承議郎行學博士飛騎尉賜緋魚袋米　芾　表

神農有熊氏或以捄民爲道上聖神靈生而知之簡易無文

後世聖賢相師或□機若心得其至也雖千年若合符契故

孔氏謂安知來者之不如今又曰聖人有所不能如夫陰陽

儞精神而明之可不妙哉無爲章氏迪字吉老洞精醫書而

得針剌術於素問内經之闡以其道捄人者壽至七十九莫

宋大觀元年五月

不□□透膜隨針病已華□氏不能過也又以其道授子濟

濟誓捄三千人因不復針又以父道付子權吾聞士大夫多

道濟權起病如神遠得守符觀所嘗試會濟請以吾友周元

章撰埋誌不復多得願表墓道遂直書其事吾不及識君觀

其子孫廉介自守不以藝取人如君隱施夫行符藥除病捄

人□害物者上清有録許氏陽鷄犬亦仙去後之人勿晳其

□来□墓下讀吾文者勉之

大觀元年歲次丁亥丙午月丙戌日男　濟　立石

學校八行八刑碑（高五尺一寸四分廣三尺二寸三分三十行行五十二字字徑八分正書在邢臺文廟）

御製學校八行八刑條（篆額題三行字徑四寸）

大觀元年三月十八日奉

御筆學校以善風俗至聽齒於諸生之列

第六條（文已載萃編惟第六條有異餘皆同故不具錄此本前序六行頂格條目二十行每條首行低二格次行又都下二格）依太學貢士釋褐法取旨推恩（萃編錄與平本無此四字）中等依太

學上（上作中）等法待殿試年推恩（無此六字）下等依太學中（中作下）等

法

大觀元年六月十五日奉

宋大觀元年六月十五日

御筆八行八刑施之庠序以善風俗厚人倫可刊之州學以

教天下之忠孝

將仕郎邢州堯山縣主簿權州學教授臣劉全

奉義郎權通判邢州軍州管勾學事臣王似（二人在末）

（二行上截後書建二人在下截）從事郎充河北西路提舉學事司管句文字臣趙

湯書

西上閤門使知邢州軍州事臣王傳建

襄國臣白信刊

右徽宗御製學校八行八刑條當時編頒天下郡邑勒

碑示之今見於金石諸書者陝西六本山東九本河南三本江蘇一本此刻在直隸邢臺畿輔通志有之他家多未搜及弟六條與萃編録與平本小異其滷化高陵臨潼三本王氏未録其文　先大夫補正所載臨潁本亦未有文搨本遠在故鄉無從檢對同不同未可知也就條目絜之當以是刻爲正不解當時何以兩異

張司空等建香爐題記

高一尺拓字五面面廣不一共十一行行字大小不等正書在唐縣西北八十里金牛寺

大觀元年□亥歲
八月九日重修建香炉一坐以上一面廣四寸
定州唐縣仁樂鄉嫝薄村
維那頭張司空次維那張欽以上一面廣二寸五分
□閭鄉故城村維那頭李德張祐
維那楊倩　王福　□仲　劉方　王善
劉晸　孫燮　薛□　劉學究　劉真以上一面廣四寸
曹倩　李立　□志　安清

宋大觀元年八月九日

秘道姑　李□　□李以上一面廣二寸五分
撞香炉人等　□□　宋清　劉真
李真　李用　趙千　劉平　宋友以上一面廣四寸

米芾淮山避暑雜詠

下截斷闕存高二尺三寸廣二尺十四行行存十五六七字不等字徑一寸三四分行書在定州學

淮山避暑雜詠

中岳外史米　芾 以下在下截

試茶 題上空四字下同

文器玉臺明瓊霏出素輕竹捎雨腳蹙湯 下斷五字闕 散雲留子

咽甘露有兄連與何處客羡酒 闕

遇郭剛叔別寄

帝所勞清夢山樹匹素居永懷新別友 字闕七 方誰閤青錢選

米踈公卿多謝客誰□ 闕

附宋大觀元年

即事

秋色動巖巔雄㢘暑客頑落霞追徹水 字闕六 酌貧囊罄狂吟

老思慳臨風對茶併□ 闕

呈章清

十日淮南雨炎涼氣遂分天開還白日風勁 字闕四 扇情初斷

黄華興欲醺江東將載酒千里 闕

淮山雜詠米芾書見天下金石志 京畿金石考

定州學淮山雜詠米芾行書無年月直隸曲陽 寰宇訪碑錄

案詩即米芾撰訪碑錄列入曲陽誤 畿輔通志

碑無年月孫氏次大觀元年從之

孔廟題名二段

林棐題名 高一尺五寸廣一尺四寸四行行六七字字徑一寸八分行書

温陵林棐謹謁宣聖祠下大觀三年三月十八日男稷孫黄

老侍

宋大觀三年三月

高士瞳題名 高一尺七寸廣二尺七寸七行字徑二寸行書左行

□點刑獄高士曈宣和四年十二月十四日恭拜

祠殿塩司管勾文字張觀復弓箭社勾官趙子佩同行男公

河公漢侍

崇甯萬壽禪寺撥房錢劄
連額高六尺廣二尺五寸十行行二十二字字徑二寸行書在定州天甯寺
崇甯萬壽禪□□房錢聖旨碑額四行題十二字正書

知定州梁子美劄子定州崇甯萬壽禪寺每年本□所入約收錢壹伯伍拾貫及立撥賜到地壹拾頃以邊□地多瘠薄每年所收麤色租課約叁伯碩本寺常有僧伯員童行僅貳伯人計壹年所費將本寺所入及收到□□相兼應副外尚闕叁阡餘貫本州為本寺常住闕乏□□不給難得僧人住持乞依大名府崇甯萬壽禪□□□□於省房錢內撥賜錢叁貫文相兼贍衆候指揮□□□□奉
聖旨依所乞不得為例
右劄付定州崇甯萬壽禪寺
大觀三年四月五日　押

宋大觀三年四月五日

趙州石橋洞題名三
王革等題名高一尺六寸廣八寸三行行七字字徑二寸正書在南洞南壁

王革曹君文將
命迓客過此大觀三年八月廿五日
政和殘題二紙上下左右不知何屬各高一尺一寸廣一尺二寸字不一字徑一寸五分左行行書在南洞北壁
□武□　□□
□莞城□　師劉
□□□□　赴
□此□　□　□□觀

宋大觀三年八月廿五日

冬至□　祖　□
季冬初
時政味四
□觀
奏　□
□
右一紙

道□夫題名高九寸餘廣一尺七寸七行行四字字徑二寸正書在南洞北壁

天水趙□夫被
詔赴

關過此時宣和甲辰季冬十□日題

開元寺圓照塔記

高五尺七寸五分廣三尺七寸二十七行行四十二字字徑一寸正書在邢臺本寺

敕賜圓照塔記篆額題三行字徑五寸陽文

開元寺圓照塔記

次行空

少室陳振撰

具茨晁詠之書二行行首低十四格

大觀三年秋八月□亥有詔邢州開元寺大聖塔宜賜名圓
照主塔僧□祥特詔來請曰願為大衆說此曰緣振稽首為
白大衆曰若等知佛之心乎知　吾君所以報佛之意乎
宋大觀四年十月　一
抑嘗聞圓照之說乎吾今試為若等妄諭之如珠在槃宛轉
不定是名為圓如鑒在臺光明不礙是名為照玩珠求圓圓
不在珠指鑒說照照不在鑒無珠無鑒亦無圓照在珠指鑒
說照照不在鑒無珠無鑒亦無圓照如月指月月不在指亡
月亡指盡虛空界吾今以妄諭之若等亦以妄聽之□佛法
固有所謂入於神通大光明藏乃至清淨覺地身心寂滅平
等本際圓滿十方者吾又何以妄諭之若等又何以妄聽之
耶若等欲聞圓照之說當以種種心求種種法則知一切見
解皆是妄生分別然則　吾君何以報佛佛何以得名圓
照願佛有不可思議者雖以　吾君聖哲莫得而言傳

始取其□以示人者號而讀之耳佛之示人以象象必託物
無物無象則大法不立至其妙處物象兩亡法亦隨滅今若
等所見寶構層層踰三百尺龕中□坐具是色身者何物何
象復有何法既是泗州相何得来至此□地亦何得住泗州
相若謂祈禱感應本無祈禱感應若謂顯現靈異本無顯現
靈異百千萬刼未来之時還曾有是否百千萬刼過去之日
欲復見是還得□否嘗試與若登其頂而望之有梵刹崛起
於前者曰此二祖傳鉢之地有茂林秀發於後者曰此趙州
授衣之境也有祥光異氣蔥鬱於石掖者此佛圖澄呪龍之
岡也今三大德者安在若等能復聽其說乎又□與若循其
二

要廊廡而閱之有僧師安者經營於寶元之巳卯者塔之始
興也有僧用實崇脩於嘉祐之壬寅者塔之既成也今二師者
安在若等復能結此善因乎彼既不知所在此亦安得而固
有之故曰物象兩亡法亦隨滅也若夫佛之心與　吾君
所以報佛之意則無量無（無數）□與天地無窮矣大衆曰善哉善
哉於是稽首歸依而作偈言
我聞一切法　皆有一切道　道本在虛空　法亦虛空
故　譬如水上波　波從水中起　無水亦無波　何
用妄分別　世間種種人　行道不見道　如魚蝦鱻蚌
在水不知水　佛以大慈悲　救此衆生苦　變現幻
化中　具有大神力　假象以示人　人亦隨象化
謂象真是佛　又是一種妄　如指光說燈　光盡燈不
見　若能解此義　是名為圓照　偈言行首各低四格
莊宅副使權發遣邢州軍州兼管內監牧勸農事兼專
提舉黃河埽岸雲騎尉閻紹宗建　三行首低三格
通仕郎邢州龍岡縣令張公謹施石　將仕郎書學諭
吳睃篆　三行首低三格
大觀四年歲在庚寅十月丁酉　七行首低七格
襄國□明刋
三

魯百能遠愛亭詩

高一尺六寸五分廣三尺三寸五分正書字徑一寸四分末一行擗寫字徑五分在陝西扶風

提舉魯公留題□□□遠愛亭

溪南一帶列千家高下樓臺傍水斜天闊亂鴻橫晚照煙輕白鳥戲晴沙波光瑩澈涵山影秋色澄清鑒物華僧倚上方雲遶檻市聲昏曉自喧譁

辛卯八月二十八日行部至扶風登此亭吳興魯百能懋成題

承議郎知鳳翔府扶風縣管句學事管勸農公事兼兵馬都監武騎尉高　完　立石

宋政和元年八月二十八日

訪碑錄列政和元年

提行依一格寫

鶴林老圖偈

高三尺七寸廣二尺七寸九行行十三字字徑二寸五分立石一行字徑一寸餘正書在定州天甯寺

慣經行脚老禪和南北東西叉路多問得臺山驀直去行行勘破趙州婆

趙州婆子最多知不識當本老古錐幸得臺山行路直欲使宜處落便宜

南和尚頌曰傑出叢林是趙州余謂其徒當作安帖因成此示諸罷參禪者鶴林老圖筆

政和元年十月十一日天圍萬壽禪寺住持傳法賜紫沙門晉融立石

宋政和元年十月十一日

西河新修普濟寺記

高三尺二寸廣一尺九寸七分二十三行行四十四字字徑六分正書有行筆在澄城

西河新修普濟寺記
距馮翊郡之北九十里其屬邑曰澄城縣縣西三里澗行而
南百餘步谷曰金沙有泉出于山谷之間世傳曰洗腸泉即
東晉高僧佛圖澄開脇浴腸之地也師之靈異晉記言之詳
矣遼遼曠古聖跡具存髙山蒼蒼流水湯湯狐雲裴回仰清
風而不忘觀其圓明一鑑涵畜萬象非之可以致雲雨酌之
可以愈疾病故民間水旱疕疫必禱焉應驗如響人加畏信
相與勸飭𦵔寺宇於泉上以為大衆祈禳歸依福地大觀丁
宋政和二年十月初吉　一
亥冬馮翊久不雪麦苗未滋且慮來歲之歉郡侯郭公長卿
遣使具蒲塞之饌嚴潔致祀迎酌泉水而供事之越翌日而
瑞雪應祈闔境霑足歲遂大熟郭侯表其事于朝
天子嘉賞至大觀戊子四月錫師以真顯法師之號大觀己丑
有　詔毀天下寺之無名額者太守李公慎由從邑人
之請具以靈泉寺屋滿三十楹之數上之　詔遂不毀
仍
勑普濟之名以為寺額李侯親書其榜揭示無窮亦使後世
知寺獲普濟名者自李侯始也舊泉之東上皆土山其高數
百尺崖岸斬絕雖樵夫牧孺不能留足其地邑之大姓曹師

仁之所有也曹念法師神異綿歷七百餘祀今既曆
天子寵命蓋宜崇飾梵宇奉安神像使之輪奐壯麗以為邑
人美觀不亦可乎於是畫施泉上之地以為寺址有比丘尼
法遠苦形勵志力願成就命工鑿鬭削土山而平之剗攘榛
穢始墉始基法遠布衣一襲糲飯一盂早辦下色謹募檀越
往來城中日十數返冽寒酷暑志不少替邑人視遠之勤嘉
遠之志揮金爭施樂助緣事桴棟瓴甋遐邇輦至鳩工聚林
卜日而就三門峻峙兩廡翼立堂屋廚庫皆有法度粥魚齋
磬罔不嚴肅東敞髙閣層倚巖腹真顯之像處其下西構清
軒俯臨溪流以為士庶行樂宴賞之勝然寺踞河上高倍十　二
丈每歲夏秋之交雨水暴漲泉之東岸旋葺旋壞大觀庚寅
汶陽王公泱授　天子命作宰是邑戒為民祈請戒行
春布令柅車駐旆屢至寺下一日擄軒愕視曰水所以為東
偏患者以河西巨石磩礴隱伏地中障回水勢而不得西此
所以東岸受其患也因自給俸廪募石工䟽鑿以殺水東之
勢仍諭遠以丐化石如柱礎大者二千有奇積起為岸以護
河水泛溢之患以為永遠堅固之利遠如大夫指閥歲而功
告成自是䑳䑳沈沈莊嚴靜深薦香花之芬馥聞鍾磬之清
音梗楠杉檜翠陰蕭森溪聲漱玉嚦溜鳴琴禪侶燕坐如鷲
峯之與雙林又有桃李以茂陽春之華亦有松竹以固歲寒

之節夏風如焚則就濯匱谷金沙之泉秋霄氣清則坐延堯山金粟之月顧寺之興豈特法師蓮鉢一勺之水可以為雲雨而澤萬物至於四時數榮之景凡可以供耳目之娛者又且使人樂之而不猒也即以利物又以便人孰不曰瞿曇氏之教政和壬辰孟冬初吉邑人曹景儉記　少陵王懿書

陳仲文刊

崇恩園陵採石記　政和三年三月　萃編載卷百四十六

篆額崇恩園陵采石六字

文無標題　首行衍

二月丙申　二誤三　太史涓辰丁未初吉　缺涓辰丁未初字　菅句文字　缺字

趙士䔥　缺䔥字　李周孺　孺誤獳　鐵爐東井　東誤車　張守中　中誤忠　京西路轉運　脫路字

偃師志未錄碑文萃編錄此於趙霆等奉詔提舉園陵采石為政和三年三月丙申審視拓本月上究然三字惟徽宗本紀是年三月壬子朔則是月不得有丙申崇恩太后二月辛卯暴崩以三月壬子朔推之辛卯為初

宋政和三年三月

十日丙申為十五日丙丁未祭山為二十六日若小盡則遞前一日於事皆合且太后以二月上旬崩不能遲至三月始營園陵其為二月丙申可知也碑文二上損蝕成斑有似於三王氏未之攷耳又按詩小明二月初吉注初吉朔日也碑於丁未不值朔亦稱初吉蓋誤

龍門山趙士□張崧等題名

高一尺一寸廣七寸四行行八字字徑八九分正書在洛陽

趙士□□□弟士邦元達張崧子□□□公和同游時政和
癸巳閏四月初七日記

翟太等題名并苑宣獻石香爐記

搨本七面高一尺二寸廣四寸五分字三行與三寸字二行相間行字不一字徑七分至一寸正書在兗縣南五里堙寺

中山府北平軍兗城鄉五里堙全村人特發願心建立脩□

宋政和三年閏四月初七日

□第三行鑿滅 以上一面

政和三年六月二十四日

維那頭翟太　維那田俊 以上一面

維那張安維那翟式維那呂金　維那田廣維那趙政維那
刘閏　維那刘佺維那翟乂維那翟謹 以上一面 維那韓倩維
那苑順維那刘景　維那刘德維那趙□維那趙真 以上一面
維那翟傳維那刘稔維那李一 以上一面 後空二行

五里堙村住人苑宣并妻張　特發願心献石香炉一座 以上一面

維願皇帝萬歲　重臣千秋國泰民安　四季無灾常德耶
耶合護 以上一面

論古堂記

高三尺八寸五分廣二尺二十二行行四十四字字徑七分正書篆額失搨在濰縣

論古堂記

羿之於射造父之於御伶倫之於律秋之於弈各名一藝卓
立前古後世有作者必來取法斯可以盡藝之善古之君子
高名不磨昭如日月直節不回堅如金石出而輔世則堯舜
其君退而窮處則巢許其身表表乎百世之上聞者莫不興
起豈特羿之射造父之御伶倫之律秋之弈卓立於前古哉
業其藝者猶知有所取法士大夫脩身見於世一出一處一
然一語曷嘗不以往哲為龜鑒然則古人之所行後人之所
師□可一日廢自警也北海為郡尚矣自漢迄于五季搢紳
先生世不乏賢天下之士聞其風而悅之讀其書撫其實資
之以立身揚名推之以致君澤民斟酌飽滿皆足所欲況鄉
里之所嚮慕耆舊之所誦道情親而意密人□所自私者耶
惜乎去古邈遠欲親炙其人而不可得獨可考其衣冠想其
風采於繪畫閒以慰與衡之思而有所未能也惟　太守安
陽韓公　通守汝陽慕容公博學好古器識宏遠□北海
之多賢□斯人之慕義於是披閱載籍拔其□□學術如逢
紛庸譚郎宗鄭□成甄宇徐房徐幹孝友如淳于恭王裒王
閭呂元簡節義如禽慶王脩杜松贇正直如□融周澤王儀

宋政和四年四月十五日

是儀韓熙載操尚如公沙穆郲原王昕隱德如逢萌管甯知
人如郎顗高構高義如□嵩劉敏元政事如滕撫張允濟皆
足以振揚英聲扶持風教接邦人於道哀其像而繪之名其
堂曰論古孟子曰一鄉之善士斯友一鄉之善士一鄉為未
足則及一國一國為未足則及天下天下為未足則又論古
之人堂之所繪者不出乎一鄉一國景行其賢德則進乎論
古之人登其堂儼然而望之其嚴如秋霜烈日其高如泰山
北斗可以興好義之心可以消鄙吝之情如芝蘭之薰染與
俱化而罔覺於見此　二公之意所以待北海者為不薄
矣愚請述古之循吏有以惠愛元元稱者不過出入阡陌勸

二

課農桑有以獎厲風化稱者不過斥大學校延見諸生未嘗
有㕘訂圖史馳騁上下千餘載索先賢而繪像示一郡之儀
形如我　二公者風義凜然度越古之循吏遠甚此邦之
人從　公之化莫不父令其子兄誡其弟在　朝廷
則厲臣節在閨門則竭子職居鄉黨則以仁待交友則以信
毋俾先賢專美於前毋俾　二公有慽於後戒之戒之毋怠
於斯言異時才傑間出焜耀青史猶今之視昔無乏才之歎
蓋有椎輪□始者云杲卿郡人也獲覩盛事豈可喑無揄揚
之辭顧惟才力卑弱不足以延其文玆以為愧登仕郎前萊
州□縣簿劉杲卿記將仕郎濰州司刑曹事馮若德書□□

郎濰州司工曹事宋村篆
政和四年四月十五日建
劉彭年刊

三

普照院造像殘題

拓本似從石像右肩後拓得者前三行高五寸後三行遞低廣四寸五分行字不一字徑六分正書在行唐東北十二里南莊普照院

□□□□□漢一堂十六尊合家供養

政和四年五月十五日記

宋政和四年五月十五日

趙政等施香爐題記

高廣皆六寸餘七行行八字字徑五分正書在曲陽城内某寺

中山府曲陽縣嘉山鄉西河流村趙政趙尚白宣三人同共

施香炉一座永為供養政和四年七月一日陽平村彪石人

賈□

□十六麗□□

宋政和四年七月一日

靈岩寺趙子明謝雨記

高二尺廣三尺五寸十一行行大字字徑一寸五分至二寸餘不等行書在長清

政和乙未經春不雨百姓咨嗟思欲禱于

法定聖像誠心一啓甘澤隨降遂消吉辰詣

靈光致謝曰覽諸泉經日而還向子千消同至縣令趙子

明孟夏廿一日

監寺僧昭戒立石此行字徑七分

右碑見山左金石志攷宋史宗室世系表燕王房名子明者三一為右侍禁一為左侍禁一為三班借職皆非此趙子明也

政和五年四月廿一日

報恩塔記

高一尺二寸七分廣二尺一寸十九行行二十一字字徑五六分正書

報恩塔記
林棣開元寺東大聖院講經論僧宗義行業特異所在有聞
意謂三界拘㝵邪宗莫能越六道升沉世智不可逃使三界
不能拘㝵六道無以升沉一謝迷津永登覺岸者惟吾佛之
教也故恩若虛空無有限量又念
君以安治親以生育
師長以誨導檀信以資給此恩不報何德可酬遂罄所有於
齊之龍洞山寺鷲棲巖□瘞舍利數十粒起石塔七層置
觀音像於龕中又盡以昔日講經論讀誦功德迴向報恩
故名之曰報恩塔以成其志也當知登是巖瞻塔禮像者知
恩不可忘則忠孝廉恥之心不待勸而後發矣況明眼洞照
之士覩晴天烈日殊非外物層巒秀嶺皆出自心色闕淺深
□群花之開落聲傳遠近任幽鳥之去來萬異千差惟□真
界則又以法報恩者也今集斯勝剎上祝
聖壽無窮法輪常轉更願父母師長一切含靈同登極樂親
禮
弥陁時政和六年歲次丙申四月吉日濟南王澄記
修塔講經論僧宗義
龍洞山管句僧德彥

宋政和六年四月

歷下徐儀刊

陳明叟墓誌銘

高一尺一寸五分廣一尺八寸二十五行行十七字字徑五分正書

宋故陳明叟墓誌銘

叔　宜之撰

予仲兄祖德之子煋字明叟年十七而死仲兄哭之哀甚嗚呼孔子曰苗而不秀秀而不實其明叟之謂乎明叟生而聰敏殆若夙悟八歲而失其所恃孺慕泣血號稱孝童年及幼學始從師讀書日誦數百言往往通大義衆皆謂其爲遠器非它兒可比也不幸得唾血疾初亦甚微政和五年冬我先夫人捐館舍明叟號泣如失所恃疾遂大作僅得小康明年

宋政和七年四月十二日

秋予從仲兄走河南卜襄大事而明叟侍行道過龍門歷龕嵓明叟所至輒賦詩自刊名于石上初未嘗學也仲兄驚與予言此非兒平日所能爲者其進如是仲兄喜甚予獨私憂之此殆退之之謂滂也明叟天資孝悌其年日長至拜起甚勞明叟知其爲恭而忘其身之病越明日疾再作寖至於不可而死實政和七年二月十一日也後六十有一日葬於河南府壽安縣龕澗里我先考妣墓之東七十步明叟娶陳氏汝州葉人曾祖諭故任尚書職方員外郎祖綱故不仕仲兄名覺之未仕於其葬也仲兄哭謂予曰汝其謂我銘吾子乃序而銘之銘曰

嗚呼夭顏壽跖吾不知其理也孰俾其愚而昌智而死也自古聖賢未嘗不歎息於斯則吾兄之哀庶乎其少止也

西韓臺村衆獻香炉記

拓本六面高一尺三寸面廣三寸三分記刻三面各二行字數大小均不一正書在元氏

门韓臺村衆特發虔心謹獻上香炉以上一面

一坐　神妃娘娘廟內供養上祝

皇帝　萬歲　臣宰　千秋　万民樂業以上一面

政和七年歲次丁酉孟秋初一日建

維那頭王古友　匠人董贍　孫门書以上一面

此刻常山貞石志失採餘三面有元延祐元年重修古廟記知其為西韓臺村在元氏縣也沈匏廬跋宣和六年石香炉記謂炉為俗之甚按唐賀秘監龍瑞宮記香爐字作

宋政和七年七月初一日

炉是天寶初年已有此俗體蓋從草書爐而又省其末二曲耳

李遠墓誌銘

方二尺一寸二分二十七行行二十六字字徑七分正書

宋故李君墓誌銘

文林郎充濰州州學教授胡松年撰

從政郎淮陽軍司工曹事秦執禮書

通直郎充大晟府按協聲律王楚篆蓋

士有能自植立者雖不暴白於功名冨貴而嗜詩書事筆研潛心師古聖賢以所得道理推而信於用友睦於兄弟仁於鄉黨行於閨門使後世子孫允蹈乃事吾知其無憾也君諱遠字致遠累世為昌樂人曾祖諱守則祖諱吉父諱文皆不

宋政和七年七月二十三日

獲仕君方在母而父卒生六歲日誦數百言羣兒戲事略不掛眼人皆奇之及學綴文詞語多自出臆見曰為文不難患弗種學耳乃盡閱諸子百家涵養日大以肆充蓄研極義理人有思弗得者多所警悟一時研席之友莫不服其該貫歎其明穎聲聞從此籍甚矣姊之子習者亦蚤孤懶不務學每戒之曰吾兄弟皆孤不砥〻力學何以起家復使從師既終祖母喪乃散出分君以田園儲蓄倍與之議者多其人所難能輕財好施不喜多積有餘即賙急難曾無吝色凡孤無所依貧不能養者皆仰以給鄉閭於疏戚也平居不妄言〻必中法度事無巨細咸有條理僕隸不敢以欺娶孫氏大有賢

德事其姑孝德著聞閫内之事倚以整肅生二女晉卒一子
曰丕遊學館晉預賢書其爲人能自修整余嘗愛之一日造
門有請曰先父不幸業進士終不得一試於有司享年止三
十五元祐三年五月六日以疾終於家後二十八年先妣又
亡此人子之所悲悼無窮極也卜以政和七年七月二十三
日合葬於昌樂縣東文鄉孝陵里敢求銘之使狀其行事乃
爲銘曰
學師古人而不見於爲政豈才之虗兮秊未及壯而造物
者遷負以去實命之窮兮天道之是耶非耶人孰淂而識
兮有子克似而聲譽早聞意者謂將以此報兮
劉鼓刻

華陽觀省符刻石
高二尺五寸餘廣一尺六寸餘十行第二行十七字餘行十六字字徑一寸餘末另一行字特小正書有行筆在朋徒東南鄉北朗里之南華陽觀
華陽觀 三字徑一寸七八分
昨奉 府符備准 尚書禮部符承政和七年正月六日尚
書省劄子奉
御筆自今後應天下道士與免揩擗迎接衙府及宮觀科配
借索搔擾郡官監司相見依長老法右劄付禮部疾速施行
仍關合屬去處符本府一依 尚書省劄子内 御筆指揮
疾速施行仍關應干合屬去處毋徒縣仰詳前項省符備降
御筆指揮遵依施行政和七年八月 日
宋政和七年八月
副知觀事蕭太素 沖妙大師知觀事賜紫湯大久立
石 此行在碑末
金陵袁仲亨刊 在首行標題下

豐澤廟康顯侯敕牒并記

高五尺八寸廣二尺六寸
六列行字見後在濬縣

勑濬州豐澤廟朝廷咸秩無文神罔恫怨有功則祀國有典
常娟禳禬之有憑豈褒嘉之可後惟神宅山川之奧粹天地
之靈閟雨暘之求陰致豐穰之助會需章之奏御笈申命
以用休爵以通侯胥之顯號併為異數用荅神釐夫陰陽不
能常升水旱疑或有數然禮有禜門之祭詩存雲漢之章則
人之歸德於神無所不用其至矣然則神之歸德於人者可
獨忘哉神其歆承益侈美報可特封康顯侯
政和八年閏九月八日

宋宣和元年三月

一

太師　下勑

右第一二列各十一行行七八九字字徑
一寸行書末行字徑三分正書

右□□闕
少保少宰兼中書侍郎臣□宣
中書侍郎臣王□奉
中書舍人臣吳□行
奉
勑如右牒到奉行
政和八年閏九月九日
太師魯國公京□書

左□□□朝□
門下侍郎時中
□事中□

右第三列中三行行字徑八九分行
書前後各四行字均徑三分正書

閏九月十日申時都事李綎冲受
右□員外郎權李□付吏部
太師魯國公京免書
太宰闕
少宰押
尚書左丞熙載

二

尚書右丞致虛
吏部尚書□
吏部侍郎米
告康顯
侯奉
勑如右符到奉行
典事李孝敏
郎倚令史張應
書令史白宗禮
政和八年閏九月十三日下

右前十行為第四列後六行為第五列銜名字徑三分正書告康顯侯云云三行字徑一寸末年月一行字徑八分行書後三行題銜疑有泐字

豐澤之廟食舊矣而封爵尚闕政和八年春　徐公由
尚書郎涖二千石下車之始詢民利病咸云歲久不雨來年
將槁若涉旬時恐害西成　公曰有是哉勸課農事迺予之
職維莫之春余敢不勉越翌日遂率僚屬奔走躬禱于　祠
下若響若荅一夕陰雲四合不崇朝而雨千里仆者勃興槁
者膏潤耕男餉婦忻忻衎衎是　神之大庇于斯民也　公
遂具述　明神靈應抗章于
朝詔從之由是　爵通侯　賁顯號用荅　神釐是歲麥秀

三

兩岐一禾四穗則和氣致祥明効大驗如此明年其時陽復
元　公又再祈不懈益虔歲仍大味然後闔境之內始知
康顯之威烈炳燿盪人耳目而禱　公之德至誠感神每
如斯含哺鼓腹日用而不知
帝力何有於我哉僕告之曰
今天子興唐虞之極治而百揆四岳弼諧於內州牧侯伯承
流於外庶政惟和五穀時熟則神罔恫怨兩不相傷故德交
歸焉今濬瀕河而居則允猶翕河者尤在於懷柔百神顧土
人毋怠　公遂刻石以紀其　綸言因書本末之義以詒
後來云宣和元年三月日奉議郎充濬州州學教授黃翰記

并書
奉議郎知濬州黎陽縣事王兆立石
朝請大夫通判濬州軍州同管句神霄玉清萬壽宮管
句學事謝中美
朝請大夫權知濬州軍州管句神霄玉清萬壽宮管句學
事徐閎中
中奉大夫提舉三山天成橋河等事賜紫金魚袋孟擴
拱衛大夫永州防禦使直　睿思殿提舉三山天成橋河等
事王□

四

范致沖謁先聖廟題名

高二尺二寸廣三尺五寸十五行行十字字徑二寸行書在曲阜孔廟

宣和元年四月朔承事郎直祕閣權發遣山東西路學事范
致沖以職事躬謁先聖祠廟閱大樂考祭器觀魯國遺迹山
川氣象如在其時若親見之天下承平久矣
帝道興隆恢儒靡泮奠盛於斯嗚呼盛德必百世祀□□□
□□□□□□□□□□□□□□□□歟宜其□□絲□□□
木之茂無不尒㦯承□□時宣教郎本司管句文□錢敏功
同行男寅秩侍

右題名山左金石志未載孫氏訪碑錄亦失採范致沖史無其人宋有范致虛者傳稱建州建陽人徽宗時以鄆州通判召爲右司諫進中書舍人其爲致沖昆弟與否不可知也按乾陵無字碑有政和元年范致明題名末有寅亮寅畏從行語此刻末有男寅秩侍兩人名字（皆以）致其子亦皆以寅殆致沖與致明爲昆弟歟又同時有范致君者撰崇甯興學聖德頌碑在順德府文廟又見於大觀二年泰山后土廟題名及崇甯二年別刻唐宋環碑記未知是致沖同族否

楊祐等造大聖像記

高六寸四面面廣四寸二面龕像二面題記各六行行字不一字徑五六分正書在唐縣西十八里香山寺

中山府　唐縣
南赤村維那頭楊祐楊一楊十妹姊楊氏楊方
女弟子田氏石氏　長男楊貴
蔡祐張𠬝安一張趙氏　弟楊苑
西赤村石進李受趙太宋全趙倩趙超
中赤村王志陳志魏全
皇帝萬歲目佐千秋
宣和二年二月十五造大聖一堂合村供養
大邑匠人楊胡守堅□□粧綵□完

□贊等造像題記殘石

存高四寸五分一面廣六寸前存記三行行三四字後年月題名三行行存八九字字徑五分一面廣八寸七分前題名二行後三行行五字字徑八分正書

闕皆獲斯闕
闕固文武高闕
闕識俱悟
空一行
闕和二年三月初十日　建
闕贊并女十一娘十二娘
闕德仕智雲并弟張格

右一面
闕瓊并妻馬氏
闕文并妻管氏
中空四寸
闕縣成公保臺
闕緣人馬善友
闕智造兼闕

右造像殘刻姓名年號俱不全與仰天山造像同得疑亦在臨朐宋以後和字紀年者至和政和重和宣和金泰和元致和此石筆意自是宋刻因次宣和二年

向約之等題名

高二尺五寸廣三尺二寸十五行行十一至十四字不等字徑一寸六分至二寸餘不等正書左行在武安南四十里鼓山北響堂寺

宣和二年三月十八日下方早飯已躡盤道由閔子洞登大像閣觀磨崖碑過中嶽烹茶至此以棊爭勝午後登天宮還復憩於此縱覽齊唐石刻令人有感古之意世傳竹林寺既不可追訪而峭山古木映帶左右危樓石觀高出人間數千萬仞宜為神物之居竹林有無不必窮也游息未猒日已西乗晚風而下念山林分薄塵土累深徒極回戀嗟人一生能幾輛屐他時重来儻復偕今日同游之人也河内向約之濟

南張夢授大梁張望之汝上李民望恵國趙元禮曳門徐祖慶河間李致一

忠翊郎符脩墓誌銘

方一尺三寸五分，十三行，行十五字，字徑七分，正書，洛陽出土，今歸端午橋中丞

宋故忠翊郎符侯墓誌銘

侯諱脩，字子列，曾祖惟則，贈左領軍衛將軍；祖守正，贈左千牛衛將軍；父世表，武德大夫，見管勾西京中嶽廟。侯孝友多能，莅官勤飭，娶宗室仲樽女，再娶直龍圖閣今誠女，生男二人，滋、浩，女二人。初任安州應城縣監酒，次任淮甯府西華縣斟門，次任河南府福昌縣尉。宣和二年三月十三日以疾卒于家，享年三十六。以六月初三日葬于洛陽之先塋。銘曰：才足以有為而位不顯，善足以及人而止於此，嗚呼逝矣，其必有後乎。

宋宣和二年六月初三日

封崇寺鑄鐘記

高五尺六寸，廣二尺九寸，上截記十八行，行二十五字，後題名九行，字徑九分，題名二十七行，行字不一，字徑七分，均正書，在行唐本寺。下截

大宋真定府行唐縣封崇寺創鑄鐘之記（額正書，行十六字，字徑）

大宋真定府行唐縣封崇寺創鑄鐘記

長老講經論文慧大師繼重　撰并書

伏聞周王踐祚，聖慈出化於西方；漢帝龍飛，大教流傳於中國。式彰無為之法，原崇至善之宗，是蠢動以含靈，乃咸遵於佛性。及後緜歷累代，像法崇脩，迨有聖朝至化，式九圍而康靜，扶百祀以齋莊。恭欽釋教之門，啓迪真靈之貝，羣氓歸善，庶類咸甯。伽藍建於萬州，精舍脩於天下。茲寺者三門前望，正殿當陽，像閣巍峩，塔凌霄漢，講堂寢室，中衛兩挾，厨庫寮室，相連方位，僧宇高敞，精華長詹，尊容大殿，聖貟半千，兩廊輔翼，悉皆嚴飾。僧吟梵詠，磬韻相和，萃遊緇徒，旦霄常託。鄉郭人議，唯闕乾椎。一日王匠語僧福慧曰：師若肯勞，掌不費，有成福慧，喜然偶斯同志，遂擇良地，匠之刻模，僧勞營求諸舍所用。政和二年夏四月念日，炉安十所，鍋鎔一十五百工，扇通霄，燒空炎焰，搆汁三盆，觀人及萬，鼓聲齊注，一無塞滯，須臾析摸，不有纖玦，自尔□營，漸漸力成，懸之時轄，式賛皇基之永固，福懷生而去禍來祥，此假歷任

宋宣和三年四月二十四日

官賚坊郭檀信始終垂護而致光陰迅速時移事異聊紀
異聊紀其實用彰来者云尒
時宣和三年歲次辛丑四月癸巳朔二十四日戊子立
[illegible]監
鑄鐘蓋鐘樓僧　福慧
尚座講經洪濟大師　福海　中山府匠人楊仲刊
市戶官人王
市戶承信郎楊名
承節郎監市易務兼抵當庫鄭
保義郎縣尉專切管勾教閱保甲仇
迪功郎主簿權縣丞專切管勾教閱保甲鄭
忠訓郎監酒稅劉
承議郎知縣管勾勸農公事兼兵馬都監專切管勾教門保
甲賜緋魚袋姚
右上截
本院僧法名如後
福全　福慶　賜紫福顯　福成　福順　福江　福□
賜紫福端　福泐下　福延　福迎　福僅　福壽　賜紫講
論覺悟　明玉　□□　賜紫講泐下　明當　明俊　明可
管句明祥　講論明正　講論明□　通慧大師泐下　賜

紫明果　明熙　明智　明信　明存　明琢　明辯　從
深　惠持泐下　楊同村盖鐘樓都維那頭王安妻杜氏合家
捨施。泐李三泐　施泐　合何村南賈素盖鐘樓都維那頭侯
栢母李氏合家捨施　王家疰張隱□□氏泐下　楊同村盖
鐘樓都維那頭栗廣妻周氏合家捨施泐下　楊同村盖鐘
樓都維那頭栗簡妻田氏合家捨施　楊同村盖鐘樓都維
那頭栗昌妻王氏合家捨施　解家疰維那頭解景妻劉氏
合家捨施　南健兒疃維那頭胡氏女夫田明合家捨施
城西劉浩妻栗氏合家捨施　解家疰解良母張氏合家捨
施　楊□李金男小二郎合家捨□　楊□□鑄鐘同管炭
劉昉泐合家捨施　解家疰解懷母鄭氏合家捨施　[illegible]
村□家疰李簡合家捨施　楊同村李超男大□□家捨施
西霍後邢進妻杜氏合家捨施　西霍後邢善母李氏合
家捨施　楊同村鑄鐘管炭劉恩男劉春合家捨施　在縣
前録事張志妻趙氏男張致平男張穩合家捨施　南賈素
甄千妻習氏合家捨施　北賈素戴宣妻王氏合家捨施
北健兒疃張全張從張万張順張一張□等同施柱一條
本縣鎮將王在合家捨施　本縣廂典康實　以上十九行與梁懷一行
為一列　北狹神王万妻祖氏合家捨施　北俠神王元合家
捨施　北俠神王舉合家捨施泐下　北俠神王德合家捨施

北俠神韓宣妻王氏合家捨施　北俠神張□□封□□家

捨施　北俠神張汹施　以上在下自為一列　祁州蒲□縣馬過村

王汹捨施一　此行在解懷行之下

維那聶晸等殘刻

前存二行後五行字徑五分正書在直隸唐縣西北十八里北店頭村香山寺

缺　彌陁佛眞金色　缺

缺　嚴無等倫□　缺

蝕缺三寸許

宣和三年七月十五　缺

維鄉

聶晸　聶　缺

聶仲　聶玘　聶眞

馬因　郅乂

宋宣和三年七月十五日

維那王□殘刻

高九寸餘廣六寸餘前一行四字字徑二寸後三行行九字字徑七分正書在唐縣西北十八里北店頭村香山寺

宣和六年　此當是別一刻之存餘者

宣和六年二月十五□

維鄉王□□□□□□

趙□□□□□□供養

吳村人造石炉記

高九寸六面廣三寸二分一寸五分相間正書餘均見後存元氏龍王廟

永淥菩薩三娘子廟此第一面字徑寸許

真定府元氏縣甘泉鄉吳村元建廟六十餘年到今合村人

供託做造石炉一坐以上二面永為供養年長吳顏　郝振　吳

琪　吳莒　許誠　趙智　時定　靈俊　曹小大　□進

吳道　時佼　□仙　時演　□□以上三面

宣和六年閏三月十八日記

做時米麥每斗價錢伍伯伍十文以上四面字均徑四分

都維那頭趙昇

副維那頭梁榮　父梁通

副維那頭苑贇　母趙氏

□維那頭趙德以上五面

□□那頭宋侁　父宋華此第六面字均徑六分

劉師顏合家題名

高二尺三寸廣一尺三寸九行行字不一字徑八分正書

曾祖順　曾母蘇氏　祖畓化　祖母齊氏

父世興　亡母楊氏母王氏　兄師儒　妻姚氏

師顏　妻郭氏　智度寺出家亡弟講論沙門師宣亡

弟師貞　妻康氏　姪重孫　妻王氏　男刘八　姪

福興　刘九　刘十　師姑王郎婦　妹縣郡孫郎婦

女馮郎婦　姪女王郎婦　姪女趙郎婦　姪女姚師

姑姪女望哥　姪女定哥　孫後興

先支賀　世賢　妻田氏

宣和六年四月　日　建

南安仇公墓誌銘殘字幷蓋

高二尺二寸八分廣二尺二寸三分三十九行行約四十八字至五十字不等字徑四分正書在益都

南安仇公墓誌　蓋篆書二行行三字字徑三寸

泐九字仇公墓誌銘　此下撰書人銜名泐

□□□字□□開寶八年□□　先府君司□青泐十二字

人也　曾祖諱□少□閒不□□□以下三四五六行全泐之枝葉

張七行末浮海之八行首朝夕論政九行末也次任德十行末□軍泐

防禦於□十一行首及末□馬十二行首□事泐作佐郎從□□十三行首及末

百里之□既□一同之□□□□□化鳴之以琴俗有十四行下半□施之泐通修和好十五行首及末遠□十六行末理之十八行末至十九行末

宋　紀年泐附北宋末

□還□□一邑之民如□子之□□父焉泐不合□者一

人二十行首及末□降□□當未泐資廉兼□二十一行首及末權通判軍

州泐紀號類二十二行首及末帝禋宗泐解印□二十三行首及末閒提泐

公□□刑□二十四行首及末□童民□從令泐知文州軍泐人實

□二十五行首中末郡侯之二十六行首皇帝若曰泐輕車二十七行首及末都

尉借燃二十八行首□□以忠二十九行首上三十行首何期寒泐五年

春正三十一行首及末月二十二日泐七十三泐外和內□三十二行首中末

□德芳三十三行首□芳泐人□三十四行首及末□許孰泐女三人

長從□州團練泐景□三十五行首中末□進士□次從□作佐郎

知□州張公□□□□訓克奉閨門孝子□□於當年四月

十三日卜□□□□□□□□□益都縣□三十六行□東劉村先

□□皆合祔焉棺外無餘物□□遵　理命也休復斯文見

託退讓匪遑忻有幸以受見知恥無才而旌德行銘曰三十七行

□鍾秀氣　性沉靜兮　岳降奇姿　心直方兮

志業精新　文璨爛兮　敭官清肅　篤忠貞兮

三十八行□□□□□　□□□兮□□□□□　□□□兮

□□□□□□□□令德以□□□三十九行

誌文約千八百餘字磨滅僅存二百七十餘字年代及仇公名均泐其歷官可見者文曰百里之□一同之□曰一邑之民如□子之□□父知仇君嘗為縣令矣他則第曰權通判軍州曰知□州軍曰輕車都尉如是而已宋史列傳仇姓止一人名悆益都人大觀三年進士其歷官與碑所云無可證合非此仇君也序首有開寶八年□□先府君司□青泐十二字人也云云此敘仇君先世所謂先府君似指其先祖言也又按唐人避高宗諱以理代治此誌遵治命也治作理不知何故

婁山劉霧題名

高一尺六寸八分一行六字字徑二寸正書在永寧

勾當虞候劉霧

此題名六字狗山摩厓郁久閭明達題名後考宋節度觀察團練防禦等使其所屬官皆有虞候勾當字與檢校同義宋時多有此稱百官志間亦見之曹彬自署曰江南勾當公事回即此義也金元以後遂以勾當為實職之稱如某某府户勾當官之類甚多與此勾當虞候字義稍有區別疑此為宋人刻石也

北宋末

天慶觀銅鐘款識

拓本上層六紙縱一尺一寸五分廣九寸餘每紙十行至十三行不一下層四紙縱七寸餘廣一尺陽文三紙十五六行陰文一紙十三行又上層區縫間題名十二條第八條陰文下層區縫間二條皆陰文行字不一字徑五六分正書在麗水

維紹興三年歲次癸丑十二月辛巳朔初十庚寅日處州天慶觀太上正一盟威高上神霄九一六陽太平輔化法籙典者太微仙佐行上清北極天心正法　勅差副道正權道正賜紫靈希大師臣吳師正募緣并將己財鑄大鐘一座仰祝今上皇帝陛下聖壽邁於萬春

神功越於千古

宋紹興三年十二月初十日

寶曆隨乾坤並久

洪基與山嶽齊安五穀時豐四夷率服干戈戢早覲撥亂之

功麟鳳自来行見

興平之瑞郡邑文武官僚同增福慶臣師正早悞真徽在會捨錢士女各延冨壽迻所爲具疏宣懺者

右上層第一區

左朝奉郎前金部郎中賜緋魚袋潘特悚捨十五千四百文足

左朝散郎致仕賜緋魚袋祝卞捨二十三百文足

左奉議郎提舉廣南西路茶鹽公事賜緋魚袋胡廾
右迪功郎前韶州龍溪縣主簿葉綬捨五千足
武義大夫前水軍都統制耿進葉茂各捨三千八百五十足
夫人王氏前帶御前器械張見道夫人楊氏共捨四千六百
足
潘勲潘特夫各十千足潘特秀潘宗隲劉公運各捨七千足
周直方楊十娘徐二娘各五千足梅開劉恍紀廷幹陳三娘
各三千足
陳師旦紀汝霖劉宗智周惠廾各千五百足葉兢張深各千
四百足楊（此字陰文）衆卿夏德詮虞時通周居全章十五娘徐三

二

娘各二千足潘亮葉儔葉俊胡廿八娘徐周生周公喜周旋
楊八娘王十二娘吳堅吳褒虞二娘王十三娘吳十二娘葉
廾祝三娘丁堅徐廿一娘章廳陳珎吳宗吳善和各一千足
右弟二區
母親太上法籙女弟子陳十二娘二十千足　劉嘉彥同妻
吳七娘二十千足張道馨妻吳十二娘十千足知紫虛觀事
李若朴并道葉七千足賜紫道士俞景岑千伍百足朱知先
一千足王子超千四足妙成知觀葉嗣浩道業四千六伯足
葉嗣涇柳仲宣各千足天國万壽宮五千足壽光宮道衆共
六千足玉虛宮游大成道業共八千足道衆千六百足光為

知觀富有明十四千足賜紫許世雄張世微富擇堯富惠存
富擇京各一千二百足葉擇方富惠清龔世欽各一千足道
衆十九人共九千五百足青田崇道觀五千足沖真觀知觀
張智沖道業十一千足道衆三千八百足崇道觀道衆共七
千足景霄知觀朱存一壽聖知觀楊拱份各一千四百足妙
庭知觀陳允軒并道業共二千七百足道衆一千五百足逍
遥觀壽聖觀各一千二百文足
右弟三區
龍圖閣直學士左朝奉大夫知處州軍州兼管内勸農使耿
延禧

三

左朝散郎通判處州軍州兼管内勸農事賜緋魚袋崔耀卿
左文林郎軍事判官薛彥時　左從事郎軍事推官宋敦朴
右從事郎軍事推官王恂　左修職郎録事參軍張　華
右迪功郎司戶參軍凌日高　右迪功司法參軍趙　不蓩
右修職郎司理參軍馬壁　右從事郎監酒稅陳　正度
空四行許
前荊門軍尉孫薪一千省葉汝訓千五百四十足
左宣教郎前建康府教授劉亘捨五千足
右弟四區
道士王大鵬陳致選緣化到修武郎特添差處州兵馬都監

康䓵忠訓郎添差兵馬監押趙伯仁李應義李寬王庚盧欽
陳肇沈珣沈灟祝兗民童昇童士榮童明陳榮業　陳有機
章興陳新許元理孫杲曹居宝謝頌唐杲王進昌周元宝何
感程集陳敦王涉何承緣陳林晟朱榮吳埜羅宗祝汝錫諸
万王蘊周王德朱民鄭布葉穩胡文毛伊公胡隆胡榮林閏
葉春生葉毛周安程膚俞雄盧咗孫政王弟兒五　沈四娘俞
六娘應十娘趙十娘葉十娘陳廿五娘葉二娘葉十一娘李
廿一娘穉七娘仰二娘刘三二娘吳七娘章廿一娘章十三
娘女真刘可卿詹通遵葉懷通錢八娘汪八娘楊十二娘呂
李吳隆吳榮李敦仁程僧行周宥俞宗訓各一千足唐晃同

四

妻林廿四娘捨三千省徐維徐宝周迪葉茂各二千足
右第五區
右宣義郎知麗水縣事劉晫民
右承事郎縣丞吳檝　右迪功郎主簿沈旦
右脩職郎縣尉胡思恭
空一行
管內副道正賜紫陳究微知天慶觀陳子琮道判官章應之
道監平覺各千五百四十文厲應瓌李拱元葉師宗管應及
吳致柔刘致琛刘致遠徐致謙張彪懃黃大倫王天恍朱應
珂樓大度李師宣潘希蘊季希杲魏彥臻各一千足王大雅

葉如止各一千足
葉應韶楊致永各二千足□拱雲一千五百足
王十四娘陳七娘陳十一娘戴十娘陳七娘羅四娘王五娘
羅僧吳珣吳言吳廉各一千足
右第六區後八行左行
道士葉致球募到葉淪葉惟紹葉大年葉惟政葉亮葉惟二
葉濟葉真妻元陳允達葉公憙楊公太葉五娘蔡八娘陳九
娘葉十二娘梁念七娘郭森葉如　道士葉彥敦各一千足
　道士李致術募到迪功郎陳師尹沈端中李解生李叔
宥季孫宥淪昌李旹有李歸順李言厚李才惠謝寅生馮子

五

宜馮子卿潘子楙周友諒徐德舍姚宗實陳九八陳曦馮十
娘陳念三娘常六娘邵六娘潘六娘李念三娘周五娘李七
娘王大娘謝倚沈葉俞道安洪十二娘洪十三娘王紹閏趙
一娘各一千足　外幹到十三千足道士吳德任母親葉大
娘鄭馥吳十七娘張清宥各一千足
右下層第一區
道士陳致選同劉彥達幹到梅寘葉簡陳堅劉生李英趙十
二娘趙文浩趙文濟王□王澤王品王憲王實陳堯輔王大
年徐琳柳公濟柳三娘柳十七娘吳四見沈隆錢九娘毛敦
言毛敦仁章倫葉紹沈適隆周廿六娘鄭十二娘　劉當劉顧

新劉顧長潘良盛葉夢顏徐十七娘葉十四娘樓婆保李佐
皃徐添孫陳六娘姜十一娘張璐黃隣黃騰刘高李遇陵李
遇榮各一千足外令化到二十三千足吳深妻葉九娘妹十
四娘吳李各一千足刘軒千四足　陳智一千足
葉盛盛徐五娘人一千足
右第二區
道士毛希長葉敦仁謝大隆王德徽平彥嘉林允舉共緣化
到二十一千足道衆街上出隊十二千足
希夷觀一千二百足永寧觀道業三千足道衆九百足天真
院道衆二千八百足壽昌觀一千足松陽壽聖觀道衆共千
六
四百足太虛觀四千九百足道士吳致顯吳大祥各三千足
道童吳大軒吳致乂各一千足
空一行
平大壽刘大時少助
湯宗晟宗師共五千足
此洪鐘用銅三千五百餘斤用糸一千四百餘千衆幹到六
百餘千外唱化衣鉢添助師正録記
右第三區
道士李永澄　潘博吳肱毛伸張公都李寶葉子雲葉向儔
梵日祝徽祝汝爲祝汝平吳念五娘李贒沈士明儔道嚴羅

一娘各一千足
承信郎高廷佐進士林遂林并各一千足
玉虛宮
空一行
祝亢管希立各千五足
道士吳知和葉太始一千足
葉兗俞二千足
靈慧大師管轄左街長生宮葉師□緣化到左修職郎祝徽
潘勲潘特秀潘特夫潘宗隲潘曾同造鍾鈎
右第四區字俱陰文
七
道衆九十八人道童四十二人
湯正臣同妻刘十娘三千六百足張四娘二千足
左朝奉大夫前越州通判朱璞　進士葉弥邵二千足
教門表白厲大京葉昌齡王晃沈韶各捨一千足
金華攻醫林貴和助緣
道士刘彥珎打化到錢三貫文足
本觀道士徐德廣魏貽顯奉命刊字
弟子陳迪徐大年尼道真女真張從道徐三娘各一千此行陰文
道士陳世恭陸享葉榮陳泉何感瓊孫彪慕花紅并設
黃岳同妻朱四娘三千五百足刘七娘俞廿九娘各二千足

道士朱大圜化到王禄妻解大娘刘勝妻曹二娘各一千足
道士刘德儒爲母王五娘一千足葉復并妻楊四娘男臻各
一千足
右十二條介在上層各區之間
外幹到二千足在後一行之右
道士李太徽一千五伯足此行及後一行陰文
中　君觀孫居眞一千足
右二條介在下層四區間

蓮池東偏有阜曰圓山即宋王給事之山堂故址也山之東有樓曰明遠架銅鐘一爲宋天慶觀道士吳師正所鑄鐘二層上下界十二區上六區一載道士吳師正疏文二載郡邑文武官寮銜名餘周載道衆及捨錢男女姓名凡四百二十八人内有官爵者如龍溪縣主簿葉綬水軍都統制耿進前帶御前器械張見道荆閩軍尉孫薪建康府教授劉亘進士林逐越州通判朱璞進士葉弥卲等八人志稍不載又如郡邑官僚有通判崔耀卿判官薛庚時推官宋敎朴王洵録事叅軍張華司户叅軍淩日萬司法叅軍趙不秀司理叅軍馬陞監酒税陳正度兵馬都監康嵒兵馬監押趙伯仁縣丞吳徽主簿沈旦縣尉胡思恭等十四人志復軼之其當時職官之銜名搢紳之姓氏皆可據以資志乘家考證者至於衆姓捨錢若干下皆有足字或省字蓋宋時有足陌短陌之別如范文正義莊規條支錢若干貫省之屬按五代史王章傳緡錢出入皆以八十爲陌章減其出者陌三叉宋史言宋初凡輸官者亦用八十或八十五爲陌諸州私用各隨其俗至有以四十八爲百者太平興國中詔所在以七十七爲百此由隋唐以来皆有此短陌至官用自是足陌金史言大定中民間以八十爲陌謂之短錢官用足陌謂之長錢此鐘内用足字者乃足陌也用省字者蓋短陌耳下層第三區有用錢一千四百餘千錢作禾金承安四年韓城圓覺寺鐘款有書禾氏二人王蘭泉先生萃編云禾當即錢字俗書省文始見於金而不知宋已有之矣王尚書

鐘今在新意山法海寺明遠樓上康熙癸酉移自元妙觀即古天慶觀也府志元妙觀在府治東南晉爲老君廟唐始改開元觀宋大中祥符元年改天慶觀元貞元年改元妙觀明燬於洪武而重建於天順　國朝康熙間數遭水灾觀廢無存所以移鐘於法海寺也二跋並見栝蒼金石志

嵊縣學田記

碑高四尺餘廣二尺三十七行行六十七字字徑五分正書在嵊縣學宮

嵊縣學田記 額橫列五字徑二寸五分

嵊縣建學久矣至紹興三載縣學長諭始與諸生共出力創買田地爲齋鹽之計旣而告之于縣縣爲命公吏置案牘歲督其入以給廚饌尚慮綿歷歲月事或遺忘則又書其步畝之廣袤稅賦之重輕暨佃户之姓名租課之多寡咸刊諸石以傳不泯

田畝五十六起不具錄

巳上年管收租米壹伯壹拾壹碩玖㪷捌勝伍合頁租錢肆拾叁貫捌伯文並足錢　一管納夏秋二稅絹貳疋叁丈叁尺紬壹丈壹尺綿陸兩役錢叁貫伍伯玖拾伍文省秋米玖碩陸㪷伍勝　宣詔亭後地壹片黃葦佃月納債錢壹伯足

紹興五年十月初一日右儒林郎知縣主管勸農公事姜仲閈　立石　待詔陳諒刻

宋紹興五年十月初一日

按高似孫剡錄載王銍所撰修學記碑稱淄川姜仲閈建學堂移殿廡與門南向諸事文題紹興五年九月甲午則與此碑皆仲閈同時所立蓋因修學之舉并置田地以供費用嵊志云仲閈卒葬福泉山其子孫居江田村越中金石記

右碑與修學記二搨本四弟椎氊嵊縣覓以寄錄別有孫吳至隋唐古甎百餘種皆前人未經搜及者此碑兩浙阮志失採越中金石記具載全文所記田地有山田水田有桑地有草茨地有濱地鄉曰昇平曰仁德曰方山曰剡元每地各誌賣人佃户姓名四至之界租米錢數田稱若干畝步有稱若干畝若干角若干步者量名以碩㪷勝爲石斗升字升作勝僅見於此蓋假音同鑿寨字取難鑿改非有義也末記二稅役錢秋米可考見宋時徵納之實末行姜下妄人加鐫矣字

吴郡重修大成殿記
高四尺二寸四分廣二尺六寸二十二行行
四十五字字徑八九分行書在蘇州府學
吴郡重修大成殿記 額三行行八字字徑四寸篆書
郡邑置夫子廟於學以歲時釋奠蓋自唐正觀以來未之或
改我　宋有天下因其制而損益之姑蘇當浙右要區規
橅尤大更建炎戎馬蕩然無遺雖修學宫於荊榛瓦礫之餘
獨殿宇未遑議也每春秋展禮於齋廬已則置不問殆爲闕
典今　寳文閣直學士括蒼梁公来牧之明年實紹興十有
一禩也二月上丁修祀既畢乃惕然自咎挹諸生告之曰
天子不以汝嘉爲不肖俾再守兹土顧治民事神皆守之

宋紹興十一年四月朔　一

職惟是夫子之祀教化所基尤宜嚴且謹而拜跪薦祭之地
庳陋乃爾其何以揭虔妥靈汝嘉也不敢避其責曩嘗去此
弥年若有所負尚安得以罷輭自恕復累後人乎他日或克
就緒願與諸君落之於是謀之僚吏搜故府得遺材逾千枚
取贏貲以給其費鳩工庀役各舉其任幾月訖功民不與知
像設禮器百用具修至於堂室廊序門牖垣墻皆一新之無
兵火凋殘之象既而公求去甚力士子德公之賜陰圖挽之
者計百出不果仲熊客游之久嘗從公廡下壯其閎偉徘徊
不能去退而竊有述焉夫樂因循而重改作家天下大患當
承平無事法令備具上下恬嬉往往負材抱藝之流欲有施

設亦無因以見若艱難多故雖賢智馳騖猶日不暇給儻復
一切苟且則浸淫跅弛無所不至矣自　國家兵興之後
天下廟學廑廑有之類因陋就寡甚者以爲迂闊不急之務
漫不加省縱有意吾黨事者猶縮手畏避不敢爲蓋嘗深鄙
之去年夏六月胡寇敗盟邊陲繹騷　朝廷以此邦江淮
之衝亟起公琳館以鎮撫之下車未久一境晏然迺獨以學
校爲急除舊起廢以飭祀典且修文正范公安定胡先生二
祠以爲邦人之勸公之用意至到如此可謂知所先矣此役
也雖未足以窺公規畫一二然使爲師帥者率以是爲務吾
知其有廢皆舉何事不濟哉故叙其實以告来者且系之以
二

詩曰
巍巍夫子　道侔天地　久而弥光　于今奉祀　中原
雲擾　俎豆靡餘　旁風上雨　似窘厥居　兩楹之
奠　鮮克中禮　弗恭弗蠲　吾道是耻　玩歲愒日
孰爲經營　奕奕斯廟　非公莫成　神棲孔嚴　遂
還舊觀　峩峩儒冠　載瞻詠歎　維昔僖公　實修
頖宫　千載相望　蔚其高風　猗歟兹舉　能使吳重
我作此詩　以繼魯頌
紹興十一年歲次辛酉四月己巳朔建
右宣教郎程　耆年篆額

右朝散郎提舉兩浙西路茶鹽公事米　友仁
書
左迪功郎新差充太平州州學教授鄭　仲熊
撰
姑蘇徐宲刊

三

嵊縣舊學記

碑高四尺餘廣二尺十四行行三十五字字徑八分正書跋低四格起七行行約五十字字徑五六分行書又銜名三行在嵊縣學宮

嵊縣舊學記　篆額三行六字字長二寸五分

嵊縣舊學記

太子中允知縣事丁　寶臣　撰

天之道運乎上地之道處乎下聖人之道行乎其中一物之不生非所以為天地之道一民之不治非所以為聖人之道萬物充塞乎天地之間非聖人固不能存是聖人之道與天地等離而三合而一相資而神以成乎萬物者也生民以來

宋紹興十二年四月望日

一

夫所謂聖人之道者其吾先師孔子之道乎孔子出於周之末自堯舜禹湯文武成康而下至于孔子之時不啻千餘年自孔子之時下歷秦漢魏晉訖五代以至于今亦不啻千餘年其所以治天下者同吾聖人之道者也其所以亂天下者異吾聖人之道者也推乎其前引乎其後亘千萬世上下治亂之効卒無以易吾聖人之道者故有天下者無不北面而祭至于追爵以王允殿陛冕服牲玉之制率用天子禮自京師以達一郡一邑均得立廟雖然聖人之道豈視此為盛哉國後之人知所本始尊而奉之之至也剡越下邑也縣令沈振初築學舍未及完而徙他官寶臣至則嗣而成之遷殿于

其中塑孔子像與門人之高弟者十人配坐左右新門嚴二
應門耽二兩序翼張中庭砥平縣令而下與諸學者春秋釋
奠之事朔望朝謁之禮於是乎在噫聖人之道與天地無窮
天地敝則聖人之道或幾乎熄斯學也可廢乎慶曆八年五
月一日記
世之為吏者往往以簿書期會為政事之本以剝下奉上
為進身之梯又其下者飾廚傳以悅過客濫公帑以市私
恩至學校則視為不急之務而漫不加省夫豈知風化之
源實有在於茲也　三衢毛公來宰是邑下車之初即
以黌序未宇為不可後於是夙夜究心營葺有序又得

二

丞佐諸公一時之賢皆好文喜士樂贊而成之曾未期凡
昔無者今備　公一日登堂慨然曰先聖之宮學者
肄業之所可無俎豆容絃誦聲乎邑里士子欣從其化爭
先掃治齋几布袍韋帶翕然而至濟濟詵詵有鄒魯之風
矣時邑之先達鎮江通守　黃公堯舉因出示慶曆中丁
公初興學記以贊　公之盛美命鐫諸石以示源流所自後
之來者尚皆能以　公之心為心如　公之不忘
前人信斯學之不廢矣此下泐約五字悞當講泐下書其後紹興壬戌
四月望日鄉貢進士充講書蘇復跋并書丹　玉牒嘉國
公泐

右迪功郎前縣尉韓　書　右迪功郎縣尉程　衎
右文林郎泐
右承事郎知縣丞□昇
右奉議郎知縣事毛鐸重立　四明陳景中刻
按丁寶臣字元珍常州晉陵人歐陽文忠公稱其治劇判
決精明賦役有法民畏信而便安之嘉泰志云寶臣始至
縣流大姓一人除蠹興利甚衆其歿也王荆公誌墓又云
嵊學創於寶臣臨川王平甫安國記今不存獨寶臣所撰
碑及興學五言尚在嘉泰志所謂碑在者當即指毛令此
石也沈振錢唐人黃堯舉名唐傑宣和三年進士玉牒嘉

三

國公當是篆額之人名已剝落惟公字下一字左邊尚露
中畫之首攷宋史宗室表封嘉國公者益懿王房有世括
子劇皆中有長畫世括為懿王孫時代較前則此應為子
劇矣縣丞□昇姓闕剡錄題名有沈昇蓋即其人碑中完
字缺筆避欽宗廟諱同音也越中金石志
此碑兩浙金石誌失採記有缺泐字跋尤多據越中金
石記補載之杜禾子錄此亦已缺泐未知據何本補入
後跋未詳也記中初築學舍未及完完字杜君錄此亦
缺末筆今拓本不缺蓋道光以後淺人所加矣

多寶塔馮氏家屬題名

高一尺五寸廣一尺一寸六分十六行行二十二字字徑六分正書在四川

□□□□□□□□□□□□□□□□□□□□□□
文閣直學□□□□□□□府路兵馬都鈐轄瀘□沿邊
安撫使知□州軍州□□□事兼管内勸農使文安縣開國
伯食邑九百戶□紫金魚袋馮□年七十八歲男右承奉郎
瀘□安撫使司主管機宜文字馮□年三十二歲男右迪功
郎前成都府路提刑司幹辦公事馮覺年三十歲新婦機宜
孺人徐氏年三十四歲提幹孺人鄧氏年二十六歲孫男登
仕郎□祖年九歲登仕郎繼祖年六歲楊僧年三歲祿保年
三歲□兒年二歲孫女閏師年七歲女童妙明年二十五歲
妙悟年二十五歲黃法智年十歲法慧年十四歲姊子等任
氏二娘年二十五歲逵姊吳氏年三十歲虎姊尹氏年三十
六歲佛保姊王氏年二十八歲楊僧姊□氏年二十六歲閏
師姊王氏年三十歲佛兒姊鄧氏年二十八歲□□唐氏年
二十七歲奇奴姚氏年二十七歲忠奴丁氏年二十六歲秋
喜趙氏年三十三歲
紹興壬申□□□□旦日建塔化首任亮刊石立

宋紹興二十二年

醉石劉季高題名

四行行四字字徑一寸二分正書在江甯胡氏愚園

劉季高父
排佪其旁
紹興丁丑
七月乙未

孫氏文川云光緒丁丑江甯胡君恩燮構園於鳳皇臺之麓買石疊小山匠方舉石綆斷三舉三斷訝焉諦視得此石因嵌於山隙予考鳳皇臺北花盝岡之東南有勝國徐錦衣西園再易主為吳中丞用光之園見路鴻休帝里人文略及金氏鼇金陵待徵錄據王文簡公六朝松石記知吳園有六朝石劉季高題據周吉甫金陵瑣事知季高題名即張乖厓醉石瑣事云宋乖厓醉石在徐府西園中石上文字磨滅殆盡僅存排佪其旁紹興丁丑十數字而已周氏云十數字與今存字數同顧文莊金陵古金石考載有醉石題名即指此石文莊避園與西園相鄰其說更可信今胡君之園為吳園舊址此石為吳園之石隱而復見去來非偶然也季高名岑本吳興人後遷溧陽登第累官戶部侍郎歷知太平州池州鎮江府及信泰揚溫等州御營隨軍都轉運使告老除徽猷閣直學士乾道三年卒年八十一景定建康志儒雅傳載其事蹟甚詳楊誠齋曰李高居建康張安國為帥具衣冠造季高欲北面書法安國書為宋南渡第一乃欲效法季高則季高可知矣季高有蔣山太平興國寺大佛殿記高座寺碑王忠節廟碑蓋工書而能文之士也季高文字僅此三首興國寺佛殿記高座寺碑景定志尚載其略王忠節廟記則僅存其目耳嚴氏觀江

宋紹興二十七年七月

提行低一格寫

常金石記采李高碑記多至六首朱氏緒曾讀書志又謂有劉忠肅廟記皆誤 案呂志佚目據獻
徵餘錄采醉石題名云上有紹興十七等字在江甯城内
吳園即此石也丁丑為紹興二十七年餘錄作十七年誤
且題名用支幹非紀年數據景定志李高以乾道三年卒
年八十上溯紹興二十七年李高題字時已七十一矣楊
誠齋集又謂李高大意令安國學李邕書此題字雅近北
海可證誠齋之說 續纂江甯府志

按周吉甫金陵瑣事云張乖厓醉石文字磨滅幾盡僅
存緋細其旁紹興丁丑十數字然則是石當別有乖厓
題記今不可見矣此十六字亦經後人剜鑿多半失真

宋紹興丁丑

江陰復軍牒

高連額五尺四寸廣三尺分上下兩截刻之行字多寡大小真行不一詳註各節下正書

紹興復軍指揮 額三行字徑三寸正書

尚書省牒 四字徑三寸五分行書

兩浙路轉運司準紹興三十一年五月十四日敕節□戶
部狀□□轉運副使兼權□江府林安宅□□被
旨暫權平江府事兼領提督海船詢究江陰利害自廢軍
之後全無裨補常州事宜江陰□歲虧欠上供諸色錢一
十餘萬貫文及據江陰知縣縣丞曹總等□□□□□□
聞□右州軍例皆殘破實賴再復軍額駐泊兵馬守禦得
以保全軍須之□□時辦集□□輻湊戶口增盈民樂其
業本軍合辦 朝廷歲計官兵衣糧不曾□欠後來改軍
為縣廢罷場務客販不通居民失業流徙他□□本縣夏
稅□丁鹽錢綿絹舊為軍日均於客戶送納廢軍之後人
煙稀少所虧之數均及見□比之舊年增加錢數民受其
害衆□□之後禁地既感客旅蕭踈酒稅課利虧失元額
違欠上供諸色錢數至多無從樁辦今仍舊復為軍額本
部看詳欲下逐司諳本官所乞同共相度如委是經久可
行利便即保奏施行□省同奉聖旨依戶部看詳到事理
[illegible]同今契勘江陰昨為軍日贍養本軍官兵樁辦

宋紹興三十一年十一月

朝廷歲計每年三十□□四千七百二十九貫三百三十
九文常年並皆足備即無拖欠後因廢軍為縣客旅稀少
居民失業酒稅虧額自改為縣至今四年已是拖欠上供
諸色錢總計四十五萬九千餘貫文見有案籍照應竊緣
財賦正隸漕司他司不知詳細兼江陰邊臨大江即與鎮
江府一帶聲援相接自今見屯軍馬防禦盜賊最為浙□
喉襟控□□要之地本司今相度若復為軍委是經久利
便欲□　朝廷詳酌特降指揮施行伏候指揮以上十六行行三十餘字字徑四五分正書
牒奉
勅宜復為
右上截
江陰軍牒至准
勅故牒以上四行字徑三四五寸行書
紹興三十一年十一月　日牒此行字徑一寸餘行書
叅知政事楊　押
尚書右僕射同中書門下平章事　押
尚書左僕射同中書門下平章事　押
以上三行橫廣各三寸餘後二行擠寫與前行齊趾正書　右下截

南海廣利洪聖昭順威顯王記
高連額五尺四寸廣三尺八寸三十六行行四十字字徑七分後二行字徑四分正書在南海南海廟
南海廣利洪聖昭順威顯王記篆額六行行二字字徑四五寸許
南海廣利洪聖昭順威顯王記
左朝奉郎權發遣南恩州軍州主管學事兼管內勸農事
借紫陳豐撰
右朝奉大夫提舉廣南路鹽事廣東常平茶事賜紫金魚
袋詹度書
左承議郎權發遣廣南東路轉運判官兼提舉學事苟燁
篆額
南海王有功德於民威靈昭著傳記所載與故老傳聞歷歷
可考自唐以來褒封崇極隆名徽稱累增而未已天寶中冊
尊為廣利王牲幣祭式與爵命俱升元和十二年詔前尚書
右丞孔公戣為刺史有惠政事神不懈益虔神所顧歆風災
熄滅仍歲大熟韓昌黎為之記爛然與日月爭光神之靈迹
益著
聖宋開基
太祖皇帝遣中使修敬易故宮而新之冊祝維謹　仁宗康提行
定改元之明年增封四海而王加號洪聖皇祐壬寅蠻猺猖
二廣暴集三水中流颶作閉關渴飲雨降而足變怪驚異賊

矍然若加兵頸上一夕遁去有司以狀聞
上心感歎詔增昭順之號加冕旒簪導以答靈休元祐閒妖
巫竊發新昌領衆數千來薄城下官吏登城望神而禱是日
晴霽忽大晦冥震風淩雨凝為冰沍群盜戰慄至不能立足
望城上甲兵無數怖畏顛沛隨即潰散雖八公山草木之助
未若是之神速也狀奏下太常擬定所增徽名禮官以為王
號加至六字矣疑不可復加
二聖特旨詔工部賜緡錢載新祠宇於以顯神之賜
太上皇御圖慨然南顧務極崇奉紹興七年秋申加命秩度
越元祐於是有威顯之號寵數便蕃不以為後第恨無美名
二
徽稱以酬靈貺豈復計八字褒封耶左海遐暕颶風掀簸蛟
鰐磨牙祝融司南彈壓百怪庇護南服俾瀕海居民飽魚蟹
厭稻粱舟行萬里偃如㘫席上過獲珠琲犀象之贏餘斂惠
一方厚矣西京師頃年旱暵異常
裕陵遣使懇祈雨雪應不旋踵又何患澤澪博若是也黎弓
毒矢嘯聚巖谷多掛大樟出沒濤波弄兵未旬時旋即撲滅
蔭護捍禦而人不知神之力冥漠之中陰賜多矣至於震風
反燄霈雨蘇暍見新城於水中出陰兵於城上飛鼠凝澌變
怪萬狀又何靈異顯著若是也日者郴寇猖獗侵軼連山
南海牧長樂陳公偕部使者祓齋以請于祠下未幾賊徒膽
落折北不支屬城才堵帖然無犬吠之警公之精誠感神如
桴鼓影響之應神之威靈排難如摧枯拉朽之易皆當大書
深刻以詔後人豐叨乘一障在窮海之濆方記价藩懈㦧而
竊神庥佑居多不敢以蕪纇為辭謹再拜而書之且□以詩
曰
顯顯靈異　百神之英　功德在民　昭若日
星　庇佑南服　民無震驚　風雨時敘
百穀用成　夷舶往來　百貨豐盈　順流而
濟　波伏不興　自唐迄今　務極徽稱
祀典叅式　與次俱升　捍禦劉賊　閒見陰
三
兵　呼吸變化　風雨晦冥　壓難折衝
易如建瓴　奔潰磔岑　群盜肅清　蠢
爾郴寇　嗷嘯橫行　傳聞訩訩　郡邑靡寧
堂堂元侯　賢於長城　邀我星軺　各
盡其情　祓齋以請　神鑒惟精　式遏寇攘
惟神之靈　應如影響　惟元侯之誠
惟部使者　協恭同盟　選值群賢　惟
天子之明　神休無斁　何千萬齡
乾道元年十月二十五日右朝請大夫直敷文閣權
發遣廣州軍州主管學事兼管內勸農事主管廣南

東路經略安撫司公事馬步軍都總管賜紫金魚袋
陳　輝　立石
記成求石於肆得之丁氏高大中度其直二萬錫
已明年夏饗以舟津置俾戌官植于廟而戌官以
趺坐爲慮祠祝曰後殿之旁有之棄不用試度其
鑿無差又舁碑以夫七十坐如之詎非陰有所□
而然耶圖奉親陪祀目擊其事謹識左方用諗來者
古靈陳圖

風雷雨師殿記

高四尺四寸三分廣二尺三寸五分十二行行四十字字徑八分行書在南海南海神廟

創建風雷雨師殿記　額四行行二字陽文字徑寸分

凡陰陽凝結之氣積高廣大者皆神明之隩故古之君天下
者必柴望於嶽瀆周公相成王懷柔百神咸秩無文五嶽視
三公四瀆視諸侯漢神爵元年制詔太常曰江海百川之大
者也今闕爲無祀其令禮官以四時祀江海　聖朝治暢
道洽神明饗□海嶽冊禮跨古尊顯而南粵置使掌卉服□
夷貿易□事歲資　邦計數百鉅萬胡商海賈以不貲之
貨入重譯之地行萬里之海必稟命於　南海□□□水
之使然後敢行舟舳既濟輸征乃廣國以饒用吏以稱職可
不敬歟共惟　主上順　撝遜之美受慶禪之禮　光
明緝熙以報　付託　審求吏能勞於疏遠　詔爲
□□□□入□　行在所不稱者報罷始吳興陶公定子符
治貴·陛對之次　玉音激揚明年粵□舟使選才
上録陶公移使爲公清名峻節聞於天下精辭麗句推於
前輩至則辦治歲貢倍恩　神實相之不怠於□□□厲
南海神祠下謂未至者　南海神大神之尊主於事而
風雷雨師□　□神之列行於事昔無陛級之嚴雜
廊廡之祀非所以配食　大神攸司上列□即廟之□□

宋乾道三年閏七月

此跋與上一刻全係
南海廟碑亟改

創殿安靈立象置器□謝曠闕是歲也田豐海熟迅霆收聲
颶母滅影歸檣去柂安若衽席以乾道□□閏七月癸□落
成用□奉安謹攷石紀始以告於後洛師康與之記并書
年數已泐就閏七月攷之則乾道三年也寰宇訪碑錄
作三年良是惟標目題重修南海廟碑康與之撰并正
書而是碑則爲行書豈別有南海廟碑亦康與之撰書
同時立石耶應再攷

二

重修南海廟碑

石下截斷闕連額存高四尺廣二尺三寸三分
二十行行存二十六七字字徑九分正書在南海

重修南海廟記 篆額陽文六字 字徑寸分

仰惟 洪聖位冠四海尊配兩儀歷代人君悉嚴廟祀□唐
之前邈闕下鉅儒如韓愈輩以大手筆刊諸琬琰昭示萬代
王之□稱瑤冊□闕下國下以濟民或裨大計或弭大盜或捄
大菑或贊大役凡有祈禱應闕下哉矧夫滄溟之廣萬里無際
欠伸風雷噓吸潮汐胡商□賈具萬□闕下風破巨浪往來迅
速如履平地非恃 王之陰佑曷克□邪西南□闕下異之貨
不可縷數閩浙舳艫亦皆重載而至歲補大農何啻千萬緡

宋乾道三年十二月

一

闕下王之力焉朱明之祀祭告謝報之禮 御香祝冊以時而
頒 □闕下又一在州城之西南隅故有東西二廟之稱天
寶元和閒增拓東廟闕下
藝祖臨御首遣中使重加崇葺嘉祐中余靖嘗修之元祐中
蔣之奇□闕下於政和季陵葺西廟於紹興歲記于石厥後歲
月寖久棟宇滋敝□□闕下補漏而已振而興之理若有待然
非誠心何以奉神非正己何以立□闕下其心可乎身正不令
而行不正雖令不從立事而不正其己可乎□闕下律貪鋤姦
剔蠹所至有廉直聲持節初届款謁二祠延目周覽歎其□
闕下是節約官緡無纖介妄費出其奇羨市材募工大興營繕

役弗及民迺闕下而辦隆其棟梁壯其柱石棟椽欂櫨椳闑㮧
楔楯牖陛級瓴甋瓶甓□闕下堂廊廡齋廬宿館山亭□榭靡
不宏邃又刱建風雷兩師之□金碧□闕下國家崇奉之意使
瞻謁者齋慄祗肅以旌　王之功德靈顯彼之闕下矣是役也
經始於乾道丁亥冬十月初六日凡用功八十二日而告□
闕下鄉黨請書其事以紀歲時□雖不敏敢不直書以告將□
□歲□□□闕下崇道觀廖□記并書

褱宇訪碑錄以前碑爲重修南海廟碑此碑爲重修南
海廟碑陰記

二

重修顯應廟記

石連額高三尺二寸廣二尺五寸三十五行行三十八字字徑七分正書在嵊縣嶀浦廟

顯應廟記　篆額横列四字字徑四寸

重修顯應廟記

越之剡邑距治所三十里有㠯□刁富里曰□木巍然有廟
曰　陳府君祠也　府君之□□□□於圖經故不復紀姑
掇近事以告後人非□爲文也恭惟　府君之祠鄉邑遠近
與夫鄰境□□□祀豐豐不絶□有旱乾水溢之患飛蝗螟
螣之災僅於人力所不可勝者則　府君在所祈焉□□之
庭宇□□草螢於堂而蛇鼠爲窟穴墉窶於溝而牛羊□踐
塗有邑人之仁者惻然在念□□□己之厚豈若奉神之有
功德於生靈者耶於是裒財募力剔弊而新之飛廡複道宇連
棟壓墻□□□堊闢以□碧刻鏤綺錯煥耀耳目塑　府君
之像于堂繪諸神之像于壁民之禱祈祭告倍□□□曰茲
建□實　先君子之力與今逾二紀矣號更崇寧歲在甲申
秋七月天降㵾雨震風薄□□□水溢郊野波濤洶湧民之
居舍稻田桑麻檿柘五穀之殖漂流散洸不可勝數而廟所
止敞□□□湍瀨漫汗人且謂庭宇無復存在舉淪爲陂池
矣有頃雨霽風息煙雲四開覩巨木焉餘數□□□山而下
横水截流若致而禦之者閭里老穉奔走瞻視共詫神之至

宋乾道九年四月　日

一

靈事之甚異也然則廟之□□木朽瓦腐於神之居爲有闕
於人之禮爲未盡一日僧廣修詣予曰理不可不因因理可
以□□□不可不□□曰可以致祥令　府君之祠光靈威
烈倬示鄉俗所謂扶地更舊之利願導□□□□就其美因
□□鳩工聚役若夫良材縎帛不約而至幾月而遂成簷楹
峥嵘棟甍髙聳更□□□□置備具彩□□堵周環雉立茂
松脩栢森翠成陰規制益新神舍增重彼雖有侮慢傲□□
□□□首致欽敬□□乎嗚呼人者神所依神者人所歸二
者常相須以行其來有自矣至若□□□□□巫沉女以□
□嫗豈特爲神之羞且又爲政之棊可不謹乎　府君靈祠
二
殆異於是遂擧而□□□覼三年三月□日從事郎河北路
都轉運司主管文字黄將記
按圖經　祠初建於赤烏二年　神嘗爲令此邑民思
惠政尸而祝之社而稷之然□□□□名系莫能□撥而
鄉社欽事之禮至今弗怠則知所治政績必有大功德於
此也大觀□□□□君大夫靚廟頽壞率鄉民隆壯其宇
記紀靈績刊之于石宣和辛丑
皇朝升平既□東南曠弛武備睦寇嘯聚雲擾蔓延旁境
魔黨響應惟剡縣尤熾人□□□□□盡焚一夕有□四
山旗幟車蓋隱隱如去雲端閒咸疑神游而廟不存矣視

之□□□□□□□□復見如前日□異若反旆而來繼踵
賊徒如睞魔叫於巢崖曰天兵至矣遂相□亂矛□□
□殲渠魁崇仁永冨二鄉不勞大兵賊已撲滅脅從胥靡
類免遺殲之苦人謂□□□□□□□賊自殘戮豈
神得請於天而討之繇是遠近日益信嚮因緝故址隨財
□□不□□□□□成像設具瞻嘲□齋廬嚴整如昔
旱潦有禱疾疫必求□辭歸謁祈籤決疑駿奔□□□
□□答之若響應聲乃以紹興十一年辛酉歲上靈績于
朝錫額顯應垂三十五年鄉井晏然雖遇凶荒民不至揹
鄉人姚□憲爲諫議大□□□□□率鄉社載陳于邑
三
邑之府府之漕司漕司上之省寺丐旌襃之禮□蹦李
綸命煥頒封靈祐侯吕乾道八年十二月二十一日綵軒
蓋以迎
寵命摛藻翰以致祝辭盡豐潔以薦膳喧發鼓而酌告典
禮備擧所以致襃崇荅□□□□□嗚呼正直惟　神
爲人所依　神既福此方而困窮則民報功德宜無斁也
剡困賊□□□□書以記乾道九年四月旦日男右宣
教郎特改差監潭州南嶽廟倫重記汝陰王廉□□□□
□郎新江南東路提擧茶塩司幹辦公事白仲炎篆額
鄭□□□□

右重修顯應廟記在嵊縣兩浙金石志失採越中金石記錄嘉泰三年顯應廟記一碑而漏載此石按碑文陳府君祠先修於元豐末年至崇甯甲申水溢祠壞大觀三年重修之從事郎黃時先記其事宣和三年睦寇之亂時清溪妖賊方臘反陷建德及歙杭婺處衢州四月平神特著靈績紹興十一年賜額顯應乾道八年獲封靈祐侯九年時子倫重爲之記乃立此碑王廉□書白仲炎篆額自紹興十一年辛酉至乾道八年僅三十二年記作三十五年誤

四

陳文惠公府學二大字幷跋

高六尺五寸廣三尺三寸二大字居碑三之二下載跋十四行行十二字字徑五分正書在蘇州府學

府學二字居中字徑二尺三寸餘分書

大丞相贈太尉中書令文惠陳公筆

宣教郎充平江府府學教授潘旦立二行分刻二大字左右字徑一寸五分正書

先正文惠陳公才華命一世勳業炳汗青至其游意翰墨之妙人尤珍之紹興初吳門府學告成權守向公提刑得文惠所書此二字於他郡移鋟諸木而揭焉自是門雖再易而獨得不廢亢善書者來游率用敬仰典藩名流或命工梯梁摹揩以墨既有損壞且不能廣宋淳熙三年十二月未興潘先生掌教之明年因託堅珉而壽之蓋欲彰前賢之蹟廣四方之傳以增吾鄉校之壯觀乃俾侍坐者識其略淳熙丙申季冬既望學錄學生吉　中孚書

余舉刊在左下角

文惠名堯佐宋史有傳跋中云權守向公者即向宗原見郡志曾以提刑權平江府牧守題名遺載吳郡金石目

呂元錫南山留題並和作

高二尺七寸廣二尺兩層上層十一行下層九行又小字六行行字均不一上層徑七八分正書下層徑寸餘行書在大足東南玉成山

南山留題

泐

龍穴潛幽通海潮璇宮突兀插雲霄三千世界諸天近百二山河故國遥寨落偏城連谷口荒涼古寺倚山腰溪南可歎門脩竹何況丁圍已見招

右淳熙五年六月十二日挈家登南山回少憩南禪寺書示小子祖吉晚赴真符孫丞之約中國呂元錫　右上層

宋淳熙五年六月十二日

□次元□

泐二行

詞源浩渺浙江潮倒瀉銀河落九霄貝闕琳宮春不老蓬萊瀛海路非遥多君訪古曾携手愧我勞生漫折腰擬欲誅茅成小隱山靈不薄幸相招

後跋六行字徑四分平漫僅辨數字不可復錄　右下層

三巴稽古志題玉成山雕壇詩此二詩外尚有張宗彥詩何格非和作俱未得拓本此本平湯處當歸後撿劉志校之

泉州韓忠獻公祠記

連額高八尺二寸廣三尺七寸五分記文佔四尺六寸六分十八行行二十九字字徑一寸五分正書長徑五寸在晉江

宋中令韓公忠獻魏王祠堂記長篆額二行字徑五寸

乾□五年泉州大字缺七獻魏國□□祠於州治之大隱庵闕熙四年公五世孫康卿字缺五明季夏四月壬申改作中令及公之祠秋七月甲子訖事康卿告饗如禮來諗克家曰是舉也非康卿私其先將以慰邦人無窮之思願乞文以紀歲月嘗攷景德中中令公以太常少卿知州事魏公實生焉中令公有惠於此邦邦人不能忘及拜諫議大夫召還道及建陽而卒邦人奔走千里拜奠朝夕哭久不忍去其後魏公歷相

宋淳熙六年四月

三朝有大勳業邦人曰是我諫議公之子昔生于此邦者也則相與即州之堂因其謚而名之以著夫不忘之意歲時奉祀顧猶缺然建夫即庵以祠繪事雖嚴而堂宇制度曾弗之稱至是易其舊貫輪奐儼然像設並崇分左右室佩金蟬焜燿交映瞻者起敬罔不懽喜蓋古之為政必因人心之所不能忘者故物成而人說夫以遺愛在人□勳嗣世合而祠之瞻敬一新豈不真有以慰邦人無窮之思歟克家頃使北虜□□州□□者語及公舉手加額曰公勳德威名百世所仰今晝錦堂固無□□公歿百餘年彼異域且知所尊敬如此而況此邦之人哉故附載□□云又明年夏四月既望資

政殿大學士宣奉大夫知福州軍州事兼管内□農使充福
建路安撫使馬步軍都總管清源郡開國公食邑五千七百
戶食實封貳阡叁百戶梁克家記敷文閣學士降授中大夫
知泉州軍州事兼管内勸農使蘄春郡開國侯食邑一千戶
韓彦直書朝散大夫直秘閣知内外宗正事趙不敵篆蓋
福唐李藻鐫 五字徑七分

南山順濟龍王廟記

高三尺廣一尺七寸十一行行二十一字至二十五字不等字徑一寸行書又五石年月一行字較小在錢塘

南山順濟龍王廟記
諸行無常一切皆苦諸法無我寂滅爲樂無上兩足尊初說
□妬路爲海居種性聞此甘露門登渴以無耳聞經無垢以非
男成佛維順濟王承佛記莂有大福田爲世津梁得自在力
當時十處十會皆聽圓音今日三江五湖不忘外護所以作
南山之檀越應清隱之鑪香以佛事作神通化血食爲净供
雖然太陽門下一切遍周普光法堂當仁分上不妨於法界
海見作魚龍入覲音門能施无畏鍾魚鼓板釋迦苦口丁寧
雷雨風濤順濟家常相助因行不妨掉臂南山飯在往來船
非唯曲爲今時亦與後人作古記歲癸亥歸元豐月黄鍾日
巳巳雙井黄庭堅撰并書
淳熙巳亥夏五月一日戊午魯國祝□
住持僧 正□缺
宋淳熙六年五月一日

此碑訪碑録云在錢塘兩浙金石志失採

寶梵寺碑
高四尺三寸二分廣三尺五分二十一行行三十三
字字徑一寸正書有篆額失拓在蓬溪西三十里
君賜重
院之興先因羅漢名以佛法重也後得寶梵名以
也溪山環遶如跸楹桷莊嚴一新律居而禪規在世而出塵
人入門知有西方之神不生下劣輕慢想賜紫太師宗顯更
革之敷也師姓令狐里中人弱冠落髮誠敬自將凡鄉邑大
佛會必與種種滿人意常曰三寶僧居一得□僧則貴□□
世間泉貨長物爾何用為於是得財施即以改造諸不度者
自階道至門若殿若樓若諸齋廳像閣佛菩薩羅漢諸神像
及七里灘石橋日積月累次第飭立一一可觀費緡錢餘萬

宋淳熙十一年十一月

有二千皆囊鉢所貯不以擾人抑亦難矣故曰我佛之法不
殫則律師之模畫似矣道其未醇乎非也精進不力沈滯空
寂兀然無為禪之病也執物不堅□壞戒定莫克有為律之
蠹也蠹律病禪飽食安眠人相我相□□面顏山岳貢高□
□一切庸人也庸人滿天下伽藍起滅誰責耶修土木煥金
碧崇□象設以境示人是則於佛不為無助師所以不著禪
不縛律而特盡心於此也乃令緇徒往往既其名不既其實
視棲身覺食地若郵亭虛聚上雨下風竝龍象穴狐兔無□
分顧惜第知貨佛滋益非周至捐一錢易一椽如生龜脫殼
入師之室覽師之建立無愧怍者幾希予喜師一念正知顧

力洪遠年逾七十略不轉因為記之并繫以偈言幻身浮脆
草頭露實見卓立中流柱世網走逃如脫兔菩提了了無他
路迷人捐軀大大聚自灼自焚甘自苦諸佛菩薩慈憫故教
以一捨勿復取顯公超然知落處功德銷磨貲萬數一單一
鉢朝昏度佛事日富貧非處如是降心如是住嘔嚱鼠蓄與
蟲蠹風清松竹相爾汝誰其嗣之需一悟甲辰淳熙十一年
冬至日儒林郎前潼川府觀察推官陳祖仁記小溪進士胥
天錫篆額邑士王鈜書
修造賜紫慈慧大師山主住持宗顯同
小師惟月師孫圓覺立石

搨本漫漶處据金石苑補註於旁末行小師以下十字
金石苑失錄

趙彥權禱雨題名

高一尺六寸廣一尺四寸五行行七字字徑一寸五分分書在吳縣洞庭山

紹熙甲寅夏久不雨農以旱告知縣事趙彥權致禱龍洞陳珣姚熹同來五月十有二日

右陽谷洞口趙彥權姑蘇志守令題名失載吳郡金石目

甯宗題字

高四尺四寸其三之一爲額廣二尺五寸二行行三字字徑七寸正書在上海静安寺

皇太子書篆額四字字徑三寸餘

雲漢昭回之閣

吳學義廩規約

高五尺五寸廣二尺九寸五分上爲額額下分爲三截畫綫
隔之字徑三四分至六分不等第三截剝泐在蘇州府學

吳學義廩規約字額橫列分書
字徑四寸餘

鄉爲義廩其來尚矣□□□能以行遠何哉義根於人心而
人心不能以皆齊雖有□□無以討其後後之君子豈獨無
是心興今　起萬之爲是舉也非曰自我作古亦即鄉廩之
遺意而先之以學校爾異時第□相承推而廣之使命名之
意因得不廢豈惟吾邦可行雖他邦可也豈惟學校可行雖
鄉黨可也雖然推其餘及其所不足因其無用轉而爲有用
此今之善意恩也然郡國養士之費自有常數不可侵紊或
宋慶元二年正月　一
者過用其心必將殺彼與此則非余之所敢知余固喜　起
萬之爲是舉也抑本諸人心之公而非矯激以好名者前肆
業敬行齋黃由題

以上九行行二
十四字正書

吳學義廩條目略具□望記中學校之食已有餘正合爲此
等費。。起萬行之是也美風化廣教養雖常患無財然誠意
□率精神興起自在財之外立義明善使秀茂者獲成焉又
其外也今　起萬辛苦積聚既先有其□以遺後人若夫
因其規約考其條目而思其所以爲教之意則所謂二外者
固存乎其人焉慶元二年正月葉　適題

以上七行行
十九字行書

紹定元年十月日權府林提刑牒從教授汪從事中每
歲添祀和靖先生
一紹定四年六月　日準
知府吳煥章牒附祠　滕忠節公
一紹定五年閏九月　日準
提舉袁吏部牒教授石承直備坐　台判平江府學舊
有義廩規約詳明今教授敬再加推廣此志極可嘉本
司所拘沒僧蘊潛田地壹拾壹頃通計肆伯貳弍拾叁畝
壹角伍拾肆步有砧基契書撥歸府學永爲義廩之助　二
崇县逕頃畝步字號等牒府學謹應
一當年閏九月　日準　提舉王郎中牒於內索去張
彥珪覆姓陳七二田貳弍拾畝肆拾玖步
一紹定六年四月初五日準　提舉趙計院牒於內索去
潘仁進地陸拾叁畝弍角肆拾柒步
一紹定六年秋八月始繪
晦庵　南軒　東萊　象山四先生于學之西序　賢
堂丁祭前一日　判府秘閣編修户部下學舉舍釆
禮從校官石承直之請也所有掌祠職事尋的派壹人
爲吳中月評共推者帖差苟非其人不許詭冒

以上十七行行字不一正書　右第一截

宋元憲公　文忠烈公　龐莊敬公　富文忠公　泐下

忠泐公　二劉先生　樂圃朱先生及其他詢訪未

盡殆非一家當職到任以泐下葺必偕鄉曲老師宿儒延請

相與行禮□□□子孫及風俗爲善泐下宿齋館待之費難

以支破養士學糧啟於□□□□內支結內有謹□泐不拘有無□□相泐

一五縣士人赴省量助裹足之費運司發舉□□

內肄業本學月日及壹季以上當年發舉貳拾阡

|過省叁拾泐下

內肄業月日不及壹季者發舉壹拾伍阡　過省叁拾

三

|泐下

內舊在本學及不曾肄業本學者發舉特給壹拾阡　過

|省□拾阡

免舉人不以本學內外及有無職事名目各拾伍阡　過

|省□拾阡

已上發舉免舉人並於　本府鹿鳴宴後□□□過省

□榜到□□支□

狀元壹伯阡　特助報榜之費鄉舉太學人同

省元弁

殿試第二第三名各柒拾阡送如狀元之儀鄉舉太學人同

特奏名狀元伍拾阡送如正奏名狀元之儀鄉舉太學人

同

一五縣士人初入太學國子同量助參齋之費

內當年肄業本學及一月以上或先一年肄業及一季者

貳拾阡

內舊在本學及不曾肄業本學者特給壹拾阡

發舉壹拾阡

恩霈免舉兩請免舉一請一免免舉並壹拾阡　餘依鄉舉

免例

公試升補內舍壹拾阡追補同

四

升補上舍叁拾阡優校同

已上過省並叁拾阡

兩優釋褐壹伯阡送如狀元之儀

恩霈釋褐叁拾阡

一五縣中

制科舉　特送壹伯阡送如狀元之儀

一五縣中童子舉　特送壹拾阡

一五縣武舉士人赴省量助裹足之□

內肄業本學及一月以上當年發舉壹拾阡

過省壹拾伍阡

内不係當年肄業者發舉特給伍阡免舉□
過省壹拾伍阡
一五縣武舉士人初入右學國子同量助叅齋之費
内當年肄業本學及一月以上或先一年肄業壹拾阡
過省壹拾伍阡
内舊在本學及不曾肄業本學者特給伍阡
過省壹拾伍阡
升補上舍壹拾伍阡
狀元伍拾阡送如文舉狀元之儀
一五縣宗子文舉赴省量□□足之費

五

内肄業本學及一季以□□年□舉壹拾阡
過省貳拾阡
右弟二截三十七行行字不一正書
泐 足 元特 賓 試□牓上叅 朝言 僨 費 應在
貳拾 使□牒委縣檢 本 來 義廪
職事□合 同 内有 人 職事 相 正錄會 呈
教授 支給茶 十二節 其錢□□附
各有已行則 職 使府
右第三截剝泐已甚行數字數皆無從辨其可見者止此

盧坦傳語刻石

刻鶴字碑陰界作四截每截八行行三字字徑三寸第四截之左題識三行行八字字徑六七分俱正書在蘇州府學

盧坦爲河南尉時杜黄裳爲尹召坦立堂下曰某家子與惡人游破產盍察之坦曰凡居官廉雖大臣無厚蓄其能積財者必剥下以致之如子孫善守是天富不道之家不若恣其不道以歸於人黄裳驚其言自是遇□厚
張安國書何同村刻石於浙西憲治慶元丙辰孟夏
刊者張文偉吕梴

宋慶元二年四月

竹鶴二碑

高四尺八寸廣二尺六寸餘一字一碑各徑四尺餘篆書鶴字之左題識一行二十四字字徑五分正書在蘇州府學

竹

鶴

臨川何異得武功蘇唐卿篆因刻石于西憲治慶元丙辰孟夏

何宋史有傳 吳郡金石目

此二碑之陰一爲盧坦傳語一爲疏廣傳語

宋慶元二年四月

瓊州通守劉渙創小學記

高三尺七寸廣二尺八寸二十八行行三十七字字徑八分正書篆額失拓在瓊山

瓊州通守劉公創小學記

古者以教學爲先有大學有小學王畿置小學辟雍之側其在侯服邦國則列之頖宮之右六年教以方名十年學書計十有三年學樂誦詩舞勺十有五年舞象學射御學成有秀異者移諸庠序自庠序移之少學由少學貢天子其不躐等若此

國朝崇飾人文學校徧天下瓊環海爲州在天極南文物彬彬有中土風士之聚于學廩給之養特度於廣右諸郡建學

宋慶元三年五月上浣

已來垂二百年而小學獨誌置弗及講慶元改元潮陽劉公通守是邦攝府事既剗蠹夷姦民用靖安則葺學校訪儒雅思欲激卬振起之迺喟然曰古人於學自有次序小學爲學者始進之階方人心未漓天機未散收而養之以固其天則德性全學力充而后大學之功成此邦逢掖之士亦衆矣然未能大有震發以雋特聞者或者教之無其漸與於是剏小學羣里衖之成童既衣以佩觿且慮其亡嘗從師揖公帑之羨爲錢五百緡呂廩之率七十員分隸諸齋延師訓導日有課程旬有覆誦月有會試　公擇其優者時出清奉以勉其進又爲之粥民田募工墾耕官有閒地辟爲房廊悉收

其租倚小學廩歲入亦數百緡厥今垂髫之童執策爭奮唯
恐後歸之衿佩桃達遊于城闕者咸無焉不圖唯是 公時
至黌堂延遇大學諸生相與講明道要且寓諸文用示激勸
而又修崇文宣王廟像繪彩丰加金碧交映[illegible]宇楣楯舉整
而新丹漆黝堊各極工堅叢者大比供需之費悉於養士中
取給令月揣郡計之贏備科舉用毋使復侵學庾前此籲廩
多不時給令如期散之贍學舊無贏租令溢額增之它如附
齋生徒不以大小悉半其供為祭器為庖傳為寢浴所為几
席具莫不精緻遠而支郡皆聞風來游雖黎獠獷悍亦知遣
子就學衣裳其介鱗踵至者十餘人人讙曰前未有也歲杪
二
公將趙朝權教授梁君永年條其事呂書來請曰州之士
與民同辭云瓊之學校未有如今日之盛而小學剏始公之
惠瓊人為無窮可不紀諸堅珉使後有攷焉為記之方比分
麾海上嘗得奉 公從游知 公設施最詳其奚辭因為之
說曰天之降材初匪爾殊長育成就上之人實為之牛山之
木嘗美矣自其萌蘗之生培殖何往非美材若日聽其伐於
斧斤又牛羊牧之弗卹逮其濯濯則以為未嘗有材無材豈
山之性 公今不鄙夷斯人以忠信望十室故於其喜怒哀
樂始發之際禁之養其清明純粹之天使之極於致知格物
之妙則小學之作詎說云虖哉 公名渙字伯順天姿忠[illegible]

溫厚撫之如春風和氣其豈弟慈祥之政易直子諒之教在
人不約而孚士民已播諸歌謠比列其成績備詳於偕徇之
章請壹行以課最聞于 上它歲不勝紀述姑徇邦人小學
之請於是乎特書慶元丁巳中夏上澣朝奉大夫前權知瓊
州軍州瓊管安撫都監溫陵莊六記 武功大夫特改差權
發遣瓊州軍州瓊管安撫都監龍舒長孫宗旦篆額邦人通
直郎致仕林椿等立石

三

襄陽修隄殘記

拓本四紙一高二尺五寸廣二尺七寸餘存九行行八字一高一尺五寸廣一尺七寸存六行行五字一高一尺餘廣三尺一寸存十行行三字一高一尺一寸廣三尺一寸存十一行行四字字徑二寸餘正書在襄陽仙人洞下崖

襄陽自昔有大隄迴環重複蹦四十里歲久不繕日就隳削

慶元丁巳秋七月渼水暴至隄不沒者纔一二尺由罅漏而

入者□十□□幾水平□第八行全泐□□□猷程公用楚

右一紙

全一行泐

朝顧□□之　督口授　□之日饗

来而□　□董工官

宋慶元三年後

都統領衛趙　泐　□馬鈐轄

是役才二月　公時加　□王亨王

命下即相與　樂為用　留恪范□

工度材□　曰前此　王欽軍忠

右一紙

□隄防　議官陳識

見其廣　文字王舜

重城吾　事盛晳皆

矣　以紀歲月

右一紙

□始末大

右一紙

御書吳挺保蜀碑并陰神道碑

碑高一丈三尺廣六尺上截四之一為額書鍋雙龍中四之二為御書圖閣鍋雲龍下截文四十八行行二十字字徑五分正書㫖有圖閣彫鏤並精工繳在成縣

皇帝宸翰篆額陽文二行字長徑一寸二分

世功保蜀忠德之碑正書二行字徑八九寸

修政殿書四字居中在第二三字之間字徑七分正書印有御寶

臣恭惟

高宗皇帝以

以下二十七行不可辨識上半間有一二字

□季□戰泐八字孔聖□之泐下

宋嘉泰三年十月十七日

延陵季子之墓□使泐下

□□□□□遭逢

聖明之朝者□再世碑額

大君發揮□孔聖之□□視

□朝之□□相去有間臣之家門□□

帝寵庶幾□□□

天幸敷臣仰惟

陛下無非

勉臣以為臣為子之大□

責臣以盡忠盡孝之後効先臣□

國□念屬纘猶□臣雖凡庸當□先志是□□□□
首勒諸堅珉式彰
上恩永光宰□寶此常□詔于□□□□□□戴
皇宋於無極也嘉泰三年十月十七日太尉昭信軍
節度使興州駐劄　御前諸軍都統制兼知興州軍
州事兼管內勸農營田使充利州西路安撫使馬步
軍都總管順政郡開國侯食邑一千八百戶食實封
□百戶臣吳曦拜手稽首謹書
碑陰
額式及邊紋與正碑同文七十五行
行一百二十字字徑六分正書

二

世功保蜀忠德之碑　篆額二行字長四寸五分
宋故太尉定江軍節度使武功郡開國公食邑六千七百戶
食實封一千四百戶致仕累贈太師衛國公謚武穆吳公神
道碑
中大夫守中書舍人兼國子祭酒兼直學士院兼　實
錄院同修撰臣高　文虎　奉　□□
朝奉大夫起居舍人兼　實錄院檢討官兼權直學士
院賜緋魚袋臣□　□石　奉　□書
慶元三年十二月二十一日　殿前副都指揮使臣曦奏
事　殿中泣而言曰臣祖父璘際遇　高宗皇帝中興

陳力西陲賴　國威靈克保全蜀　孝宗皇帝親灑
奎翰　賜之安民保蜀定功□德之碑先臣挺□□
三朝備宣忠力歲在辛巳逆虜渝盟瓦亭德順至于治平
東山鞏城之勳顯有戰捷虜卒畏遁蜀賴以安而提兵中外
世守西邊者三十餘載不幸奄棄　明世五年于茲今隧
碑未立懼無以宣焯前美敢百拜昧死請　上感懷
祖烈　闡繹　慈訓維時際會之□思極　襃美趣
顧謂曦曰惟汝父爲　國勳臣固當有以　渥寵
之旣取禁暴定衆布德執義之旨謚曰武穆又　親御翰
墨以世功保蜀忠德名其碑而　詔臣文虎曰汝以西拔

三

直北門其爲之銘臣拜手奉　詔仰惟　高宗皇帝以
明謨赳斷　大略雄才受　命于　天　中興
復□　總攬文武　信威北夷四方英豪以忠義奮酬
功□□帶礪山河　如高祖白馬之盟　孝宗皇帝以
聖武聰文　仁謀勇智膺　堯之禮　付托
得人　內修外攘　志在殄虜元勳宿將　駕馭
有經激節厲忠天下風動　如孝宣麒閣之象　今上
皇帝以　廣淵濬哲　睿德英□　嗣纘　慶基
增光　□□　上策□治居安□危選將訓兵以飭
遠備植模垂範砥礪方來　如明帝雲臺之登公於是時

或以忠勇而建勳或以智謀而廣略或以精慮而植摹凡所
著宣可傳悠久故其克敵騁謀用繼廼父勳勞事業並耀一
時非世功之大歟保境守邊兵□民靖惠愛仁利洽于坤維
非保蜀之至歟抗誠勵衷報　國衛　上篤有大節修
于　君親非忠德之全歟　皇帝當饋以思　拊髀
以感　光灑　奎畫揭之豐碑以一門父子之功被
兩朝褒表之異眎諸勳門特盛矣謹按太尉定江軍節度
使累贈太師衛國公謚武穆吳公捷字仲烈德順隴干人也
曾大父遂追封楚國公累贈太師大父扆追封魯國公累贈
太師父□太傅奉國軍節度使新安郡王追封信王贈太師
四
謚武順妣王氏吳國夫人劉氏慶國夫人公信武順王第五
子慶國夫人所生也王守武階日生子守舍始生目光炯然
顧瞻如成人長不好嬉弄舉止凝重王奇之曰是兒必能紹
吾家勳業者就學通左氏春秋至征伐會盟究極其旨倜儻
尚氣節有大志以蔭補忠訓郎年十七慨然以功名奮廼從
軍為後部準備將稍遷中軍第一將提振軍馬會有　詔
選發西兵公奉檄部送　闕下　高宗　召對
便殿　問西邊形勢兵力與夫戰守之宜且及二父勳□
公□□□□言論激烈占對如響　高宗驚喜　顧左
右曰真名將家兒即日起授右武郎改差浙西路兵馬都監

賜金帶明年亀帶　禁庭復以金束帶　賜之公
妙年以材略辯智克世其家起自遠方　一見寤合驟膺
顯拔由是名聲益彰無不羨吳氏人門之盛者旋以解帶
恩轉右武大夫□差利州路兵馬鈐轄以便定省未幾易
利州東路　御前前軍同統制繼移西路前軍紹興三十
一年虜亮渝盟盛兵渭上信武順王以四川宣撫使揔三路
兵討之將以公攝興州公固請曰所願自試軍前乘時以建
功業王壯之即以為中軍統制俾出師經略秦中初王師尅
復秦州虜大酋合喜孛堇與戰叛將張忠彥引兵欲爭據□
宣撫司檄公偕知文州向起深入□賊至治平寨遇虜與戰
五
□之已而南市城賊來援戰至暮未決公眎虜氣惰語向曰
是可以奇取也廼令裨校領所部牙兵直擣城門衆皆莫喻
且懼力不敵公曰汝第往無慮事或不捷吾與若俱死衆感
泣皆殊死戰公率背嵬軍□□黃幟繞出賊後乘高衝之虜
譁曰黃旗軍至矣皆錯迕驚亂進兵襲之遂大敗橫屍蔽野
俘馘甚衆獲偽宣武將軍安甯斬阿烏孛堇蕭千户二級上
功幕府公推功其下士亦以此多公宣撫司引嫌亦乞不第
賞　朝廷知公異勳擢榮州刺史旋拜熙河路經略安撫
使三十二年公被檄同都統制姚仲率東西兩路兵攻德順
金人左都監擁師由張義堡駐攤沙會平涼援兵亦至大酋

合喜繼遣萬戶□奴□□等益精甲來自鳳翔與之合賊怙
衆自驕仲營六盤公獨率兵趨瓦亭虜望公陳軍肅整鎧甲
戈鋋耀日氣已奪號我軍曰天兵公冒矢石摧鋒陷堅士皆
奮死力虜窘不支盡舍騎操短兵鬬公麾別將旁出悉奪其
馬虜大奔潰我□追北蹀血□十餘里斬馘萬計軍裝器仗
委棄山積及生縛千戶耶律九斤孛菫□□首一百三十七
人當是時虜幾隻輪不返公威名大震秦隴捷書聞　上
嘉歎再三虜懲前衂將益兵求勝悉趨德順會信武順王東
騎自秦州晝夜疾馳來視師預擾要為壁力治夾河戰地爲
我師於利而致敵於不利也避一日虜拔兵果大至合城中
六
兵皆集未□布滿山谷彌望不絕公先以數百騎嘗虜虜馳
之公不為動徐誘虜致所治戰地駴鼓震天公率騎士乘利
摧堅莫不一當十虜折北窮蹙還走壁翌日將出師而虜不
敢動是時天大風雨雪虜幸休止而力已窮矣一夕遁去時
降師有□者曰吾自從虜百戰未嘗見如此吳公可謂神矣
德順既復市不易肆公功尤多鞏州圍久不下公以選行諸
將咸曰鞏城小而堅□有備難下盍先其易者公曰人臣趨
事赴功闌擇難易況去　國遠關豈問城之堅脆耶今日
之事視吾旗所向即日引兵至城下按視所攻皆以西北隅
坡陁可攻公曰西北雖低而土堅東南並河多沙礫善圮況

以少衆分攻堅城城可得下乎諸將皆服曰非所及也於是
盡徙攻具齊□東南隅公談笑應□創為攻具發□中的自
出新意不二日樓櫓俱盡且遣間其酋酋皆懷精無固志有
雷千戶者飛箭□降夜半□其□數十人見公羅拜公與語
明示大信示以不疑黎明城破公入城撫定人□□□□全
□□可□□虜酋□千戶□不與雷協以女眞千人劫萬戶
斬西門而遁公諜知之先期設伏盡殲之城下以功特除正
任團練使　　制有曰陷陣攻城何止一月而三捷疇庸錫
爵殆將終歲而九遷皆書實也錄瓦亭功為鄜州防禦使六
月　孝宗皇帝受　內禪信武順王兼陝西河東路招
七
討宣撫使王度虜□□□□至自河池已而虜果大至合完
顏悉烈等兵十□萬列柵拒我三日□酋先引數千騎睥睨
東山王遣公領精騎邀擊之虜虫走壁下恥不勝復盡銳索
戰公鏖擊自旦至晡虜大敗退入壁自守不敢輕動悍酋谿
谿萬戶領兵自鳳翔來援既旦率萬騎猖獗城下意自溢公
語諸將曰戰以氣為主虜遠來銳甚不□其氣而用之無餘
彼竭我盈破之必矣迺偃旗臥鼓士皆休息諸將請戰□□
曰既畏虜氣已惰令諸軍□鳴鼓若將率兵趣其營者虜大
駭亟走壁□擊之虜又敗公將以輕兵挑虜戰以奇兵擣其
虛令列陣城下調虜虜益閉守王遣公移軍築堡東山時雨

雪大寒裂膚地凍不可施密甫則燒土而□之公躬役先士
卒□□□成而虜兵大合極力爭之殺傷虜兵幾半卒不可
得踰□□王□秦州留公共諸將守虜自失□路形勝糧道
梗艱雖合喜親提河南陝西兵而屢敗屢北未嘗少得志又
東山据其衝北嶺實其背三路頴峙士馬皆我有虜日憤恨
盛修攻具規古轒轀車之制作大車下□上覆載以四牛輪
內□卒五十□橫錯大木蒙以革中穴天井四維植竿施巨
綆□□□□石號憨□□□□□而□自謂無以□之諸將□
□公曰是特易與耳掄三大木□以銅鐵名曰將軍柱中道
而植之車至礙不得前亟發機石礫之車中虜皆斃酋忿甚　八
力欲害柱摧毀百計不能壞人皆服公智巧公暴露久一日
□□□或謀□公歸公聞□□□□吾父子受　國重恩
日夜思所□況□□□□吾□□□□而身謀乎復有言者
斬三日病良愈公振軍深入介西北二虜閒惟與士卒同甘
苦凡故□舊民以牛酒餽餉者悉以饗下而又勞存之不輟
士略無惰志　上以公功績顯異拜武昌軍承宣使尋加
龍神衛四廂都指揮使熙河路經略安撫使依前中軍統制
公春秋二十五□戰多累勳自致高□人不以為幸朝廷□
用和議西師解嚴乾道元年信武順王　入覲　行在
所宣撫司乞以公權□興州又自　奏免熙河路安撫使

詔特陞本軍都統制二年王西還以太傅宣威四川遣　撫
公奏事　□庭　孝宗以公久居兵閒多勳勞　奏□□□
勞特寵又。問今日所以待虜之策公數
激切□□一千餘□大略以為□寓戰於和益修武備一志
滅虜　上深然之即日拜侍衛親軍步軍都指揮使節制
興州軍馬中道聞信武順王薨銜哀星奔毀頓骨立　詔
起復充金州駐劄　御前諸軍都統制知金州兼金房開
達州安撫使馬步軍都總管□□□力辭　優詔不允時
方防秋公不敢□□□□□單騎□道即之官次日
上□□終制未幾□利州東路總管興元府駐劄復力伸前　九
請　上允之服除　召為左衛上將軍依前侍衛親軍
步軍都指揮使武昌軍承宣使初時相□議□神武中軍一
□以五千人□□選江上諸軍子弟年十五□上二十以下
者□之不黥涅不□□□□以屬　御前　上以公□
都統制統之公力陳其不可且謂不當輕變　祖宗軍制
上不樂公曰臣不敢愛死與其□日□　國事伏鈇
鉞與今日拂　聖意死均之　上徐曰卿試思之為
朕□□□□　入對　□□殿公條具如前　□
□□□旋拜主管侍衛步軍司公事□□□□□□大□
宿□□將□□刂宂□扌亻□□□惰勤嚴揀汰之條申私

占之令紀明律修軍中悅服公　燕見從容嘗力言兩淮
地勢縣□爲備固不一然備多則兵分兵分則勢弱此言兵
□流所□□也宜擇形勢□□地□□□□□□□立□
□□不過數處皆以重兵據之憑藉險阻撫背扼吭我固有
以制敵虜□□□攻則不克□我而南又不敢我乘其弊以
全力破之鮮不濟矣又密　奏軍中事宜不一　上皆
嘉納八年武昌謀帥　上以其地爲今重鎮　問公欲
假卿以行可乎公即日奉　命□□□□□□　□□
□□□□□□□□□□□□□□□□□□□□□□
□□□同□□□□緡林貿易取□私置榷酤一切革去發
十
姦摘伏略無容貸悉以聞於　上降　詔獎諭有曰卿
自膺重任吏革宿弊杜□私託竭忠盡誠　又曰其益懋
勉毋卹浮言　上又軫念西□　謂非公莫可付之一
日　詔曰卿在荊鄂軍皆整肅廉潔自持　朕甚嘉之
今□卿興州駐劄　御前諸軍都統制依前侍衛親軍步
軍都指揮使其分　朕西顧之憂又　賜公　宸翰
曰卿廉介自持臨事不苟屢爲軍帥莅政嚴明已降　麻
制除卿定江軍節度使所以表著公正率□四方是歲淳熙
改元也公奉　詔感涕以爲　天予知之可謂　明
見萬里矣□武□□□□□□□□□□之力一一釐治

之族屬在籍者　奏從別路遠親嫌部曲嘗薄□□公者
置不復問人服其□而□□西邊地控全秦平原淺甲風埃
千里實騎兵用長之利信武順王時以金繒誘致疊□諸羌
使之耕牧□□之田自是益置互市於宕昌故多得奇馬辛
巳之戰西路騎兵甲天下自張松典榷牧　奏絕軍中互市
聽其給撥故所得皆下駟數輙不充公歎曰馬者兵之用也
吾甯罷去不忍一旦誤　國重事即條　奏利害以謂
軍中市馬行之三十餘年有騎兵精強之聲而無歲額侵才
之害不宜更變令軍中給□□非□時比若□歲市四五百
□其可□也時　孝宗金□□治　□□□敵如恐弗
十一
及□□□□□許市七百匹西□騎軍於是復盛簽書樞密
院事沈夏使蜀　朝廷以公威略謀慮倚以爲重命參贊
軍事公曰吾以都統制居藩府得無嫌乎累辭不獲　命
視事一日即還軍人以公爲知體□亦尋罷去始□興所部
五軍合選鋒一軍凡六就餉分屯繚繞二千里堡壘□□□
□□張而勢□□□□□所出□報輙朞月又伍籍將校衆
寡不齊公列其事乞釐爲十軍因其將校卒乘均而析之使
無相遠自邊北至武興列五軍曰踏白曰摧鋒曰選鋒曰策
選鋒曰遊奕而武興所駐爲前軍爲中軍□□□□□□□
□爲左□後軍各□舊屯□易新號不費一錢不易一兵營

帝□旗□□□轅門□□朝□而安遠矣　上俞其請
蓋公精思絕人慮深晝遠皆所以為無窮計也四年公
入覲中道除兼知興州仍趣詣　闕既　對悉以西邊
便宜為　上歷言之如進人材繩貪墨□原堡除戎器買
戰馬廣□□治□□□禦凡此□□累至百牘　上覽
奏　嘉歎無不行者除利州西□□□使離不許　陛
辭之日所以　委注之意尤諄諄也公濟更重寄聲望益
重偉然為時虎臣及是盡領信武順王舊職人以曹武惠武
穆王武康武恭方之還武興益思所以報　上者皂郊堡
為蜀捍蔽距虜境三里□□□力攻□□虜和好既成疆

十二

吏懼虜□□□□弗支公於暇日密□□為□□□四萬
二千有畸時補治之常率戍兵趣成之合水寨為壘者三聲
勢相接又掘地得泉為井十有四金湯之固足以瞰秦壤而
護蜀門雖李允則暗拓雄州北城不是過也文州夷數擾塞
多殺掠人民　朝廷時時□□然利於□常□出□□夷
□□□畔伏不常公曰□□□□□□□□□器甲
□□彼習熟其地且健捷使於捕逐又其鄉邑自知捍護夷
且戢矣又乞增階州踏白軍二百人更戍　從之公外申
威仁旁□明信夷守條欽東毋敢侵境自是邊方肅然
靖乂□山□界人素□□無所□□□力□□□登□

□□依□山□□□□□□□□□□□□□□
□□□皆擁衆豆麾幟私建官稱公設方略招捕皆刺為勝
兵否則誅之故環□岷畏公威名無一人敢盜者公撙裁用
度大治戎器冶鐵取材日以富羨為之及矛戈盾弓矢甲胄
韔韇麾旗至于鉦鼓韇裳毛弁尉注鉤膺之□□歷□供□
□□積如邸山延度地亢爽於東西□□□□□□□
□□□□□□□□唯言觀者悚然嘆公之志常在乎虜
宿兵以來所創見也十年冬　上以公整軍護塞有勞進
公撿校少保時公子曦以忠謹侍　天子左右至是
令裔　宸翰褒諭以　告及金器香茶　賜□明□

十三

成州西和歲□□公首□□□賑民仍檄二州廩□□
□□□□□□□□□□□□□計司發所在軍儲
以濟公選擇能吏指授方策分道拯救全活者不貲計十二
年春丁慶國夫人憂公委節去位護葬□谷　詔起復
上表請終喪　上以近防秋　優詔不允不得已還
軍每對□僚曰挺不幸併□□□今未死惟一心報　國
耳聞□□□□□□□□□□□□□□既行之未
嘗自以為言世尤稱其忠惢蜀自宿師諸郡士卒廩賜官糴
其三之一□其貫之高下給之名曰折估於是有潼川興元
府□成階西和州閬縣劍及其他州總一□□等之賈是□

隨所屯地出入相爲乘除士亦安之歲久移□向軍□之□
不易其舊吏□□□□□□□□□□□□□□□□□□□
□所扌公久知其弊至是爲之釐正裒多益寡立爲中制
上大悅令樞□傳　旨有曰茲事衆久病之議者多以
爲言而未得其策令閣來奏損多增寡均使酌中上無費材
下有定數非□　國郵士□能及此即降　□□□□
□□□□得其平凡□所施□□□□□□□□□□□□
□□□□□和議久軍中自一命以上歲益凋落迺　詔
內外諸軍射射鐵□許補轉官貲公曰爵祿厲世之具令挽
强中堅鈸之冑矢石爭一旦之命萬不侔盡空倖路精求實　十四
能人不可以冒得　太上皇帝龍飛□公□　□知□
□□□　□札□卿□□心勞任□□□□□□□□
□□□□□□□□□卒乘輯睦軍政邊防無不修飭凡
所倚重如古長城它日功名之會豈惟勳在　王室亦增
前人之光恨無官酬卿耳旋降　制授太尉加井賦眞食
遺官　賜告又欲　御札以公忠勞□□克紹家世雖
□□□□□刀　□□□　□□□□□□　□□□
□□□□□□□□□□□□□積不治公曰葺蠹壞
綴斷爛雖督之無益也迺大裒工飭材悉創新之　朝廷
方命公下諸郡督治郎　上奏分給之六州無科擾之煩

而武備以飭　詔以璽書襃寵公馭軍雖嚴紀律不可犯
而察其有□叙以□□□□□□□宍□□□□憫然
爲□□□□□□□□□□□□□□□□□降諸軍
時其緩急假貸之毋得取贏　上從之於是富民不敢以
重息要士卒奚軍中賴之興□郡介嘉陵大江江納東北谷
二水紹熙二年秋七月霖雨江大溢湍怒洶湧合二谷水匯
爲一夜□半水注城灘民廬公□□□□□□□□分遣吏
□□□□□□□□□□□□□□□□□□□□□
□□居之水降井邑盡壞公爲置場聚材瓦甓售以紓民業
定而受其償貧不能者裨之未幾而畢復舊觀先是公知水　十五
之終爲民害也作二隄西捍城東捍武庫隄成復慮水勢洄
激下順政又躬迺其源垂築長隄一百三十丈□□□□
□□□是□□□□□□□□□□□□□□
□□□□□□卒又民屋廬據山蟻聚往往葺茅居之易
致火公始誘民易以陶瓦又疏其衢巷之隘者亦無火烖武
興之民家家有公像飲食必祝焉公雖居無事日爲有事之
備每念高祖用蜀以成豐功先主用之垂成東國者餉□□
□□□□分也□有　□□備邊急□□□□□□
□□□□□□□□□□□□□　詔公同結保明來
上結去官　朝廷以　命楊輔而公條　奏其事愈

悉　朝廷即日施行令倉廩相望糗糧粗備盖自公發之
四年春公感疾　上章丐祠甚力至夏疾寖作猶治事不
少輟□□□□□及□□□□月□□□□□□□□□□
□□□□□□□□□□□□□□□□□□□□計聞　天
子震悼特贈少保賻銀絹各千錢五百萬甍之前一日口授
幕客草遺表無非憂　國愛　君備邊養民殄殲戎虜
之策以曦武貴累贈太師衛國公公天資儁異標望峻整器
度智識淵深嶽峙□□□□□□□□□□□□□□□
□□□□□□□□□□□□□□□□□□□□□□
□□授□以文學材術稱者皆屈己以接之小官賤吏與之
廿六

均禮平居酬應端恪少忽雖席貴顯据重權公事有檄牒他
司者必躬自裁定著名細如芒唯謹先王舊部曲拜於庭者
輒下□之即犯□□誅治無少貸其□□□□□□□
□□□□□□□□□□□□□□□□□□□□□□
□□□□則興利除□□暴去苛□□□□省施利澤有古
賢牧之行故凡紀律□明號令嚴肅士有固志人無怨心是
以宣[illegible]　威靈申守備禦者必言西師至于固守封陲申
戢寇警西南萬里雞犬相聞□之□□□□□□□□□
□□□□□□□□□□□□□□□□□□□□□□
□□□□□□□□[illegible]著□□德順厲氣已愊　朝廷

亟從和議父子奉　詔旋軍功沮于成識者為之深太息
於斯也□　孝宗以　英謀遠慮　圖回斯世未嘗
一日忘中原故歲時　遣□□問　恩□□□
□□□□□□□□□□□□□□□□□□□□□□
□□□□□□□□□□□□□□□□□自□□及□常曰
吳氏有子矣　孝宗□命郭得□□閱事於王王因奏臣
第五子挺忠智可任　孝宗亦常曰吳挺是　朕千百
人中　親選出者則公之才可槩見矣屬虜守盟無以究
公□□□□□□□□□□□□□□□□□□□□□
□□□□□□□□□□□□□□□□□□□詔之曰
廿七

□政剗弊備形奏陳每嘆究心智慮周密又　詔之曰揔
戎□久整竭忠勞師律整暇軍聲甚振　又曰持己甚廉
治軍有法　又曰莅政嚴明臨事不苟至　謂自被選
□不負拔擢力殫□□□□□□□□□□□□□□□
□□□□□□□□□□□□□□□□□□□□□□
□□□□□□而砥礪勤勞□在　軒陛每　入覲
□所　孝宗必俾侍　禁中　待之如家人及其
去　國常　問賚不絕公亦感厲圖報職思其憂知無
不言言無不盡是以　孝宗□□□□□□□□□□
□□□□□□□□□□□□□□□□□□□□□□

□□□□□□□帶者累□及還歸葬過界□坂□□□月
□□□□□者足皆胝路人瞻望欷慟妻李氏右武大夫輝
之女令德淑行爲時閫範封永嘉郡夫人追贈衛國夫人先
公二十四年歿于五人□□奉郎直秘閣知金州次□□□
□□□□□□□□□□□□□□□□□□□□魚袋□
□□和□州□□□　　□□二令□□□義郎閤門祗候
□成□□孫男二人孫女二人臣既書其□□□□□周詩
曰王命召虎來自來宣文武受命召公維翰無曰予小子召
公是似美其子之克紹廼父也□□□□□□□□□□□
裕□父□□□之□□□□□□□□□□□□□□□□
六八
乎□予惟□□□□□□之能□是□□□呼　　中興以
來元勳宿將感　　風雷而亻　　日月書竹帛而銘旂常
者前後相望若廼父子濟美功業一門如周詩□隹所云者
惟吳氏耳昔曦以文資侍公　入覲　　□□□□□曰
卿予能□□□□□□□曰曦生□□□□□□□□□□
□□□□　　使□　　命□□□□□　　　□□喜
遂易武階拔寘環衛自是久侍　　邃近備承　　恩渥令
又以才能智略受知　　天子峻列　　巖陛光前文人□
□　　四明提　　國兵柄是豈吳氏之光顯亦惟我
□□□□□之□□□□□勤銘□□□于千萬□□□□

皇矣　上帝　享　宋之仁
二百中天　其命維新　天麻所歸　既作之
君　人謀咸贊　又生此臣　如虎嘯風
如龍翔雲　□□　□□　帝王□眞
明謨雄斷　□□□□　摠攬文武　掃清妖氛
至于功業　父子一門　再世保蜀　□世□□
忠德茂盛　人莫能倫　亦惟吳氏　獨勳而勤
曰武順王　允武□□　□我　□□
□震□□　正已有□　忠勇不羣　□□□□
父子奮身　自勵背盟　渭上鬨紛　公獨摧堅
六奇迭陳　虜見黄幟　懼憤縮逡　我大□之
暴尸如莽　虜憤且耻　拏兵慄瞋　再攻德□
雷□□鬭　公進瓦□　□□金□　兩兵交鋒
□□□□　□□□□　縛酋斬獯　鞏州之圍
以威柬狺　飛笴夜降　如火自焚　一月三捷
見　褒綸音　孝宗受　禪
以武濟文　眷公勳力　有德　有□
蠢蠢□□　意不克馴　來窺東山　□□□□
我又破之　蹀血川淪　虜失險要　志挫莫振
丸

大作戰車　如輜如軏　我以□木　銅鐵殄憒
犁彼軌涂　輕軼亂奔　虜大駭驚　□公如神
我又□之　返無隻輪　虜卒□讋　和議迺申
公□振旅　内外□屯　吾　太上皇
繼御　帝宸　亦惟　禮遇
錫閥日頻　公以忠義　父訓所薰　勇於爲
國　報時　君親　招兵以律
裕士忘貧　甘□必同　糗給以均　□水□□
民墾是瀕　公獨障之　挈之沉龠　惟歲之飢
民死相困　公獨全之　置之晏忻　民之懐愛
士樂拊循　有備無患　不忘宵晨　宕昌馬政
有馬有駰　皂郊堡禦　有城有闉　□具兵械
鐵石角觔　其□□戎　蠢午彪分　惟
高宗　孝宗　賜見　大昕
至　太上皇　惟　訓之遵
當其造　朝　□門□□　公奏方略
有懐必伸　宸翰之光　金□□□　三宫斯賫
寵極緡紳　致位右棘　福禄蓁蓁　遷奪英武
孰問昊穹　皇上踐祚　嘅思忠純　緬贍儀形
流聲垂芬　繄公有子　王亦有孫　方提

廿

禁旅　肅于　階軒　維公垂烈
世濟父勳　維公障蜀　保綏厥民　曰忠與德
光于前人　宣猷焯美　被之堅珉　奎畫
昭回　光麗三辰　錫以節惠　猶偉繼彬
公雖既往　英氣凜存　子孝而忠　□文孔賛
訂此銘詩　鎮彼西坤　何千萬年　宋德□沄
右太尉定江軍節度使吴挺碑在甘肅成縣亦葉鞠裳
寄貽巍我鉅製以偏遠故不爲金石家所知得此良足
快意碑立於嘉泰三年十月十七日先是挺子曦以慶
元三年十二月請於朝甯宗御書世功保蜀忠德之碑

廿一

賜之中書舍人高文虎奉敕爲銘至是葢七年矣今正
碑勒御書兩行八大字行間有修政殿書四小字印有
御璽額曰皇帝宸翰下爲吴曦紀恩之辭細書剥蝕過
半年月結銜存焉陰刻神道碑銘書者姓名已泐後半
下截漫漶亦甚按挺吴玠弟璘之子璘代兄帥蜀餘二
十年挺繼之紹熈初左丞相留正慮其過盛嘗言西邊
三將惟吴氏世襲兵柄號爲吴家軍不知有朝廷後卒
以曦叛覆其宗祀可慨也然挺累從征討功效甚著史
稱其有父風而禮賢下士弗居其貴與璘同以功名終
德之衰良非溢美此碑爲宋史列傳所本故敘事略同

茲舉其異者言之璘謚武順璘傳未及撿孝宗本紀則乾道七年六月賜也傳云挺以門功補官從璘為中郎將碑云以蔭補忠訓郎從軍為後路準備將少遷中軍第一將提振軍馬按中郎將環衛官非軍中裨將當以碑為正碑云授右武郎旋以解帶恩轉右武大夫傳不言轉右武大夫似漏（續資治通鑑紹興三十一年十月右武大夫興州前軍統制兼主管中軍兵馬吳挺及知文州節制軍馬向起取金人於德順軍之治平寨三十二年正月右武大夫興州前軍統制節制軍馬吳挺為榮州刺史兩書右武大夫與碑正合）治平寨之役南市城賊來援碑第曰令裨校領所部牙兵直據城門云云（不悉錄）傳則曰挺令前軍統制梅彥麾衆直據城門衆弗喻彥懼力不敵挺贊之彥出兵殊死戰此碑略而傳特詳者也瓦亭之戰碑云金人左都監擁師由張義堡駐摧沙會平涼援兵亦至大酋合喜繼遣萬戶□奴□□等益精甲來自鳳翔與之合是平涼援兵非左都監所擁鳳翔精甲亦非左都監所遣傳云金左都監空平涼之衆以援合喜又遣精兵數萬自鳳翔來奈其緒矣碑云拜侍衛親軍步軍都指揮使傳云拜侍衛親步軍指揮使脫軍字都字碑云詔起復充金州駐劄御前諸軍都統制兼金房開達州安撫使馬步軍都總管傳云起復金州都統金房開達安撫使則省文也朝野雜記建炎元年置御前五軍軍各置統制隸御營司以諸將張韓等為之三年改神武五軍紹興元年以神武為徽諱改行營五護軍川陝軍號右護軍十一年三宣撫司罷（張韓岳）改其部曲稱某州駐劄御前諸軍川陝如故都統制先未為官稱武臣出師征討則加都統制軍馬之名建炎時始以張韓為御前左右軍都統制十九年漢沔兩大安將次第改為御前諸軍金州時無都統制但以武臣知州事節制御前軍馬入衛三十一年王彥始除金房開達州駐劄御前諸軍都統制乾道五年王公明入蜀（當是王炎本紀是年三月以王炎為四川宣撫使）奏三都統並依江上諸軍隨駐劄處繫銜此碑所以稱金州駐劄也職官志安撫總一路兵政以知州兼又云安撫使帶馬步軍都總管史家刪繁舉要書金州都統而知金州在其中書金房開達安撫使而馬步軍都總管在其中非苟簡矣議置神武中軍以挺為都統制碑與傳皆不繫以年據本紀則乾道六年十月也事未果行史志不載傳云嘗論兩淮形勢宜擇勝地扼以重兵敵仰攻則不克越西南又不敢碑云虜仰攻則不克□我西南又不敢據此知傳西字當作而乃轉寫之誤碑言武昌謀帥上以其地為今重鎮閫公欲假卿以行可手公即日奉命云云下泐三十

餘字按本紀九年八月癸未合荆鄂軍爲一以吴挺兖都統制續通鑑閏月丁酉鄂州都統制吴挺奏前任秦琪冒請馬料朝廷降錢修造軍器皆不堅利所降錢輒營運自私帝以琪下挺定罪與碑私置榷酤一切革去發姦摘伏略無容貸等語並合即其事也而傳略之簽書樞密院事沈夏史無傳撿紀及宰輔表其任簽書在乾道九年正月尋遷同知院事其爲四川宣撫使在湻熙元年十二月時夏官資政殿大學士二年六月以同知樞密院事召還朝罷宣撫司据此則夏使蜀時已非簽書碑何以稱焉夏本紀屢見並作夏表皆作夏與碑同是紀之訛也續資治通鑑亦承其訛並當刊正楊輔字嗣勲遂甯人紹熙三年以戸部郎中總領四川財賦碑於備邊急下缺泐二十餘字以下文推之葢論積儲史亦不載其事結保明無攷結氏見姓苑挺薨年月日泐不可見其贈少保與光宗本紀紹熙四年八月丁巳贈吴挺少保同傳作少師葢誤其謚武穆据碑在卒後五年以曦之請而予之紀傳皆不載予五名仕皆泐曦其次子餘有名晫者見曦傳有名旰者見朝野雜記晫同受誅旰其在覯昆弟除名之列歟高文虎宋詩紀事字炳如餘姚人紹興三十年進士甯宗朝歴中書舍人翰林學士葢即此人翰林學士後所歴職也碑言璘克保西蜀孝宗賜之安民保蜀定功□德之碑此碑不知猶在人間否

顯應廟記

連額高四尺六寸廣二尺五寸五分二十四行行三十九字字徑六七分正書在嵊縣嶀浦廟

顯應廟記　篆額橫列四字字徑五寸餘

剡壯縣也兩炎一刀自古記之晉宋名勝遺跡至多地以谿
名以谿上之山水俱秀也邑城之北山圍平野谿行其中至
四十里所兩山相向愈近剡之水易於暴漲者以此然水口
氣聚所以為壯縣也西曰嶀山巨石突踞水上其下曰嶀浦
巖壑奇聳尤為勝絕谿多積沙深淺不等惟此數里間淵渟
澂澈不知為幾尋丈潭在石下為羣魚淵藪相傳中有神物
無敢觸犯亦險絕之地也上善濟物庚廟貌像嚴毅風著威　一

宋嘉泰三年十二月朔

靈據山瞰谿稱其神明之居谿通曹娥大江山為台越孔道
舟車所經無不致敬吉凶嚮答求夢尤應遠近以雨暘祈禱
蒙賜為深時節報謝者相踵畫像以祠于家者俱是也駱氏
世為廟史有吳越時公牒稱陳長官祠嘉祐七季鄉貢進士
何淹為給事郎太子中舍知縣高安世作記云庚姓陳氏為
台之隱居令始過此陰有卜居之志扶滿舟覆于下拯之復
溺死為自爾顯靈民遂祠之天禧初有神兵之助而受此封
然鄮道元之注水經出於後魏已言嶀山北有嶀浦浦口有
廟廟甚靈驗行人及樵伐者皆先敬焉若相盜竊必為蛇虎
所傷則廟已古矣況台州樂安縣五代時改永安至

皇朝景德四季始改為僊居不應石晉之前已有此名豈庚
實為永安縣令後人誤承僊居之名邪正如磁州崔府君
國家奉之甚嚴會要以為後漢之崔子玉
孝宗皇帝聖德事跡謂　賜名从玉蓋以始生符瑞然契其
名而
昭陵實錄乃謂唐正觀中滏陽一縣令也幽冥之事不可究
知傳記亦有謂靈祠間有以剛方之士代之者惟其血食有
素授職于　朝故封爵之報與臣子不殊也建炎虜騎入
越而叛兵欲犯邑境以神之威不戰而退乾道　賜香茗
之真　今丞相大觀文謝公布衣時由丹丘赴南宮神已告　二
之富貴之期是舉登科作尉此邑事之尤謹公既登樞筦修
職魏君必大率邑人以加封為請慶元改元　賜廟額曰顯
應公之力也魏君年及八十為一鄉之老既募眾力新其祠
而鑰之子濂適為丞介以請記惟神之姓氏勳績著聞已久
濂又能道祠宇祈禱之詳且將捐私財以刻石併為記之修
廟之役劉令君渠先以十万錢市材魏君以寧木助之周令
君悅取以建殿宇始於慶元四季十一月成於六季六月而
經始者魏君也嘉泰三季十二月朔顯謨閣直學士通議大
夫提舉江州太平興國宮奉化縣開國子食邑五百戶四明
樓鑰記宣教郎新知慶元府鄞縣主管勸農公事古剡周之

瑞篆頌

從政郎紹興府嵊縣丞樓　濤　立石并書

四明李顯刻

按神名廓王梅谿嵱山賦有曰陳廓漂流立靈祠於此地即指是廟也寶慶續志云神睦州青谿縣人丞相謝公名深甫字子肅台之臨海人其登科在乾道二年樓鑰字大防號攻媿鄞人官至參知政事謚宣獻宋史有傳周之瑞淳熙十四年進士嵊志謂官荊門軍教授蓋未詳其知鄞也文當載攻媿集中惜未攜以自隨末由互校嵊山嵊浦見水經注字从庠今變文作嵱字書亦有嵱無嵊知其承譌久矣廟有乾道九年黃倫重修顯應廟碑云以紹興十一年辛酉上靈績于朝錫額顯應今此記謂慶元改元所賜殊為失實然攻媿從其子濤之請而為之記蓋疏舛在濤也

越州金石記

處州應星樓記

高三尺八寸廣二尺九寸餘二十行行三十五字字徑一寸正書帶行筆在麗水

古栝士風彬彬著聞東浙□觀今昔韋布之彥搢紳之賢舒翹揚英砥節厲操載之文章措諸事業大者光明儁偉軌轍相望小亦代不乏才揆厥所元維見可孜盖天之生賢必有鍾賦非山嶽之炳靈則星精之毓粹仰觀乾象少微四星在太微西士大夫之位也一曰處士明大而黃則賢士舉在昔有隋處士星見因置處州然則吾州素號多士衣冠文物之盛得非星分之應耶州治東南三百餘步有應星橋會城郭之水尾閭□下歸于大溪橋之西隅居民屋壤每遇溪流□漲必為衝浸嘉祐間郡守崔公愈始作石堤以捍水患就橋立屋時遷歲久而剝風頹庳陋不稱無以壯水口之勢士民僉以為言歲在丁卯七月初吉郡守寺丞王公庭芝撤舊圖新敞以高樓載揭扁榜因以名之棟宇翬飛四顧軒豁山光水色儒宫道□通衢列肆鱗差櫛比揔寓目前四序之間良辰清夜萬籟已收一塵不到高睨遠眺相羊其上如乘風馭如泛靈槎如擾巨鼇之首如運大鵬之翼神舒意暢飄飄然有淩雲氣星辰可摘是以助胷中之磊隗者豈但侈土木之麗面勢之雄也哉易曰天垂象見吉凶凡璇璣之運動分野之照臨得之一身則為一身之應得之一方則為一方之應

宋開禧三年七月十六日

傅説之箕尾蕭何之昂宿李白之長庚德星聚于潁川使星
向于益部歲星福于吴越各有其驗殆若桴鼓洒知是樓鼎
剏宜其上挹景緯之精下爲譽髦之應也公昔爲成均名士
蜚從鴛綴来守處士之邦自足友一邦之善士凡所建立又
能振起士氣其加惠于此固不淺矣爲士者盍亦激昂自奮
覽輝貽代掇巍科躋膴仕使嚴名赫奕勳業顯著增光少微
不負賢侯作新之意可也方時羽檄交馳在他人供億軍需
有不暇給公材力敏强遇事鞅辯獨能成此竒事兆特巍然
一樓至如薙荒剔蠹塡漏支傾靡廢不舉又知節用愛人竭
諸邑之逋負代下戸之供輸馭軍弭盜邦人類能誦之併書
二
于末以傳不朽云開禧三年孟秋既望朝散大夫主管建寧
府武夷山冲佑觀葉宗魯記觀文殿學士金紫光禄大夫提
舉臨安府洞霄宫何澹書

右碑篆額六字文二十行正書在麗水縣應星樓亭内按
處州之名秦曰閩中郡漢屬會稽吴曰臨海晉曰永嘉隋
開皇九年始置處州十二年改栝州處士名州之説僅見
此碑猶婺之應婺台之應三台分野之末論也州治東南
有應星橋嘉祐間郡守崔公愈始作石堤以捍水患橋上
作樓以祠星君歲久就圮開禧三年守王公撤而新之此
紀事之文也舊制橋楯外置水閘設夫司啟閉以備水患
今久廢故城南游遺水患有土者所當究心耳文云羽檄
交馳處州自方臘洪載之亂山賊時發文中歷敘王公政
績崔公作堤皆能捍患禦災而稽之故籍寂無聞焉金石
之所關如此何澹字自然龍泉人歷官御史中丞參知政
事奉祠禄閒居十餘年甯宗以舊學眷遇甚隆見宋史兩浙金石志

余所居郡學署距碑所僅數箭路當至碑下摩挲其文碑
在一小廟門外嵌壁閘無所謂樓也因思記中所云神舒
意暢飄飄有淩雲氣星辰可摘足以助胸中之磊塊者當
時何等偉觀六七百年來屢爲山水所齧其蕩廢固不待
三
言幸此碑巋然獨存并完好絶無斷截處亦足見後之君
子保護之力也噫處城之被水灾由来久矣因水患而作
閘橋上作樓以祀星君藉觀水勢始於嘉祐間郡守崔公
愈修于開禧三年郡守寺丞王公庭芝此碑記之所以作
也今水閘依然而啟閉乏人溪水暴漲城中人惴惴不能
安寢是守土者之責也崔愈見郡志官秩志無傳王庭芝
無考三嵒有磨崖題名稱柯山王庭芝是紹興人也葉宗
魯見選舉志淳熙乙未科進士官河南提舉麗水人何澹
兩浙金石志跋已詳述矣

碑有篆額六字云處州應星樓記字徑四五寸拓工遺

之會城郭之水枯蒼金石志郛作郭居民屋壞壞作壞
並誤

平江府井闌題刻八 在蘇州府城

缺名為母造井記 六面有字一二面各一字三面記九行行約十二字字徑七分四面五行字數小五面缺橫幾排六面元刻四行均正書在府城內

義　井 字一字一面徑一尺

□□縣□娃鄉書利橋 泐下 □□三寶弟子母□□ 泐下 □□□

意者伏□ 泐下 □昨於嘉定二年五月 泐下 後身亡謹將奩金□

□ 泐下 神厲悼 □靈承□良 泐下 脫離幽途求生淨土□ 泐下 □

□者 皆嘉定庚午 泐下 幹緣僧□□ 下泐幹字與皆字齊此第三面

泐 張□□都 泐 泐 重修義井奉為 □□使宋光□□

壽喜往生 下泐此第四面其第五面亦有字無一可識

趙宋嘉定三年

此刻吳郡金石目失採利娃鄉見報恩寺塔甎題記瞿木老云即麗娃沿唐之舊此刻娃上泐一字似亦作利第六面有元泰定元年僧智觀洎繆祥禧募修題記

江陰尉曹某義井記 一二面各一字三面記六行行約十五字字徑五六分正書在布政司署前

義　井 字一字一面徑七寸

泐 里□居父江東漕 泐 泐 水軍江陰縣尉曹 泐 泐 北義

井資薦 空 泐 求結眾緣脫 泐 泐 清淨福 空

嘉定辛巳四月中澣題

吳郡金石目有是年四月一刻題為財帛司廟前井闌題字云在明澤橋北中有弦歌里西巢行等名按是刻

里上字迹莫辨西葉行三字亦不復見不知是一是二
邢某造井題記 一二兩各一字三兩記八行行十五字字徑六七分正書在府治東西美巷
義 井 一字一兩字徑八寸
首行全泐 ．□□□三寶弟子邢□發心捐□淨財□□□義泉
□□□□□□功德□□□□□□女邢氏十□娘子靈魂
□歛 五六行全泐
嘉定十七年十二月日□題 此後末行似尚有字
吳郡金石目題此為永定鄉人造井記四字當在首行
今泐
馮宗興開井題記 一二兩各一字三兩八行行十六字字徑五六分正書在婁門外
義 井 一字一兩字徑九寸
大宋國平江府長洲縣婁門外留義鄉念三都□浮橋□下
大王管界居住奉 佛弟子馮宗興情□為妻謝氏六二
娘子□年三十二歲六月十六日建生忽於紹定元年十月
初九日在家不幸身亡今謹發心開□義井二口□□追悼
亡妻謝氏六二娘子往生淨土超昇者
紹定二年四月 日題
此刻前人均未搜錄
吉州助教郭鎬捨井欄記 五行行十字十一字字徑六七分正書在醋坊巷
長洲縣上元鄉□庫巷西南居住守吉州助教郭鎬捨石庋

并井欄所集功德追薦亡妻□氏八娘子往生淨土□□壬
辰年六月 日□
瞿氏作淳祐戊申今觀石刻紀年二字漫滅壬辰二字
顯尚明顯蓋紹定五年壬辰也
施主某修井薦妻龍氏記 七行行十三四字字徑五分正書在張果老橋税家巷
司百一官□□到
□□名施主□先妻龍氏亡□衣□大小共五十 下字莫辨 □沁
助修□□井所集功德追薦先妻□□□□托化人天史□
□□□緣□主 下字莫辨
淳祐庚戌三月 日題
首行瞿氏作周百一官元買到七字今審首行一字是
司決非周第五字不存第六字決非買
鳳皇鄉仁義井題記 一二兩各一字三兩記十行行約二十餘字字徑六分正書在烏鵲橋南
義 井 一字一兩字徑八寸
泐鳳皇鄉白蜆橋□西□南面泐者伏為亡妻包氏十五娘
□泐年二十九歲端平元年八月十四日受生昨泐年六月
二十一日因產後□患身故□□泐淪沒苦塗思念痛傷□
□□泐於白蜆橋塊下重新修造□泐使泉□流通四方汲
引甘美□泐亡妻包氏十五娘子身心清泐生淨土者
泐月初八日施泐

正書□□□年四月以文中有端平元年推之當是景定四年也潛研堂金石文目錄

年月在末行錢潛研所見月上尚有四字今亦泐

享泉詩并徐恭䟦記

拓本八面高一尺餘面廣八寸除第一面二字徑五寸七分二三四五面各二行行五字字徑二寸五分六七面各二行行四五字字體大小不一第八面隱約有字八九行行約二十許字字徑四分俱正書在杭州橋南街

享泉

濬井無窮□良緣屬泗州境清因□□土厚得□□超拔幽魂去刋題施姓留共資功德水法界永周流

歲𦽏戊辰住山明叟立開山惟一闢路景陽□

泐街南居義夫徐恭□□第二行以後約七行無字可辨

昔歲𦽏四泐五寸許徐□□此末行

四

無錫縣重修縣學記

連額高三尺四寸廣二尺三寸二十八行行三十字字徑七分正書在無錫學宮

無錫縣重修縣學記

無錫縣重修縣學記

通天下郡縣有學縣之學無錫官令實主之□縣以□□□□者日與簿書期會相迫逐斤斤救過何暇論繩墨外故學之修廢視人□□□山見謂壯哉縣學之區宇稱是耆儁所傳往時祖入數邑歲計沛然中□□去其籍並緣爲姦乾沒十五六縣家究極竟莫得要領繇是所入不足以支□出其來久矣趙公崇要之爲令尹也以明敏之資行簡靜之政整

宋嘉定十年十二月望日

一

大綱略小節而劇務自理始至首問學事有吏持簿以祖入不繼爲言者叱去之厥明入鄉校招諸生誨之曰□□後教聖人論凡民耳士不與焉須富而教則爲令者言政而後及化爲士□□利而後及義不幾於交相爲癘乎藉使用度未從容節目未備具亶令不至闕需廢事足矣吾非念不到與顧吾以教化爲職當先務之爲急而徐思□以經理之可乎於是合一邑之士羣試之拔其尤者分職餘充弟子員月書□孜激厲有方明年講鄉飲酒禮又明年申行之主賓介僎濟濟在庿少長□□□酬有節觀者如堵墻目擊心諭禮孫興焉會三歲大比公應鎖廳□□□□□舉首而邑人之薦

于鄉于學于胄監于漕闈數路得人倍蓰往年□□□□會
鄉之耆英歌鹿鳴燕多士身勸爲之駕凡上春官者五六十
人文□□□□風增盛公乃節浮費絫贏財顧視學宮有不
可於意者撤而新之□□□□□氣象淺迫於是乎外爲門
三列戟未設觀瞻弗肅於是乎中設戟二□□□□未備禮
容弗嚴於是乎製子男之服墻垣階戺棟梁榱桷敗者易之
□□□□先是學租額財四百石歲入實不登公撥閒田之
在官者附益之視□□□□半外又豫備鄉飲鹿鳴等費條
目凡最它有紀錄諸生德公之深則繪□□□學朝夕寅奉
之吁事夂論定毀譽乃眞初公以冨教之序語諸生豈無謂
二
□□欺余而笑于列者及觀厥成無言不酬蓋公默窺聖人
言外之意規模先□□胷中達者信之衆人固不識也政成
遄歸不鄙謂予俾記顚末辭不獲命□□念予既冠入鄉校
以課試見推爲右職追歸自上庠邑令尹鄭公之悌鋭□□
養嘗俾予與聞學政矣柬於事力不逮美意未獲盡施縣令
視昔予心愜焉是以樂爲之書公字履簡鄱陽人今官爲宣
教郎　丞相忠定公之第七子凡兩薦於胄闈云嘉定十
年十二月望日迪功郎新江陰軍軍學教授鄭子恭記
迪功郎新臨江軍司理參軍虞遴書

魏玠壙誌

高一尺六寸廣一尺三寸三分十一行行二十七字字徑六分正書

□故黃州判官從政魏公壙誌
先君姓魏氏諱玠字德潤吳郡人曾大父憲故顯謨閣直學
士左宣奉大夫贈光祿大夫大父持故承務郎應天府司錄
累贈奉直大夫父興□故朝奉大夫通判眞州妣胡氏再陳
氏初以大父　郊恩補將仕郎□銓調揚州戶曹歷慶元昌
國鹽監黃州判官　覃恩遷從政郎先君□性冲粹履行剛
方整肅施於齊家廉勤見於涖仕交遊稱之奉祠里□曾靡
微恙嘉定癸未六月丙子夙興盥櫛就寢無何悠然而逝年
宋嘉定十七年三月
六□娶俞氏訓武郎充東南第四副將允功之女一男汝礪
修職郎紹興□司戶一女適待補國學生陸世用孫男一人
煥孫女一人尚幼汝礪□死扶力勉襄大事明年三月庚申
葬吳縣長洲鄉祝鳰山大父墓右□輒敘次家世生平履歷
泣血敬書而納諸壙親末進士張一新塡諱

樓觀吴琚題字

高六尺二寸廣三尺七寸二行行三字字徑一尺五寸正書署名四字徑二寸行書在盩厔

天下第一福地

延陵吴琚在石右邊下第二字之右

古樓觀立在石左邊後人加刻

樓觀有太平宫碑陰殘文及東坡等題名一石萃編失採　家大人已補録之此刻不著時代王編及　先集均未録按吴琚宋史附其父吴益傳益有書名琚蓋亦善書者焦山石刻有琚五言古詩及心經殘字見補正卷一百七筆勢遒拔詩署尾亦曰延陵吴琚與此正同即其人也惟史叙琚歷官在孝光甯三朝焦山詩淳熙十一年所題其時秦地已為金有琚無緣至樓觀疑非一人然米南宫第一山三字後人摹盱眙本刻之樓觀援彼例此殆亦後来上石者萃編既録米書則此亦宜補録也

宋甯宗末

安養院記

高四尺六寸廣二尺五寸十八行行三十三字字徑一寸正書在蘇州府學紹熙酬唱詩碑陰

安養院記篆額横列四字字徑五寸

尚書郎林公之使淛右也决而龢威而愛辠自死以下周悉熟讞不得其情不止焉既而曰死於刑吾不忍也而有死於病者若之何忍之於是安養院成群府縣四獄之以病告者而治其毉之政令大概屋百礎田三頃飲食卧藉薰燎之物靡不具護眂典領臨督之人靡不力貯藏須給激犒之法靡不時簡良材稱名方以授大小醫而精煉治之因氣略不舒識之囹圄至因亦至既至毉拯療如法洎愈因與圄歸爭喜曰吾病憂死爾今遇公得不死果死可無憾况生乎且吾嘗之病未若今之病之愈之速也果死信無憾也或曰囚有罪者也果死死有罪者也毉有罪使不死豈過歟余曰不然均是民也均是耳目肢體也其罪至死者法也欲生之者吾心也縱不可生當死於法而不當死於病也或罪不至死而亦死於病官實死之也夫不能生其所可死而至於死其所可生是假獄以穽也如公之心惟見其可生不見其可死視其有罪也猶其有疾也則視其有疾而欲生之尤甚於有辠而欲生之之亟也洪惟

皇上御極以来天覆春植允眷眷岸獄事乃四月

宋寶慶二年八月既望

制下猷饒監司郡守以審克縷縷三百言公未讀
訓辭發知
德憲院之成今已一歲成而不墜可百世蓋好生之
君與宅生之刺史脗相合如此今而後囚固無憾公亦無憾
也哉公名介紹熙名御史之子御史按刑東淛有異績先後
輝映其克謹庶獄有自來云寶慶二年八月既望天台陳耆
卿記　　張宗元刊

給復學田公牒碑一

高五尺四寸廣二尺七寸六分額下分為四截第一截四十六行合第二截前十五行為一牒後十四行合第三截三十一行為一牒第四截二十七行為一牒牒文每行二十六字字徑四分其餘行字大小疏密不一均正書在蘇州府學

給復學田公牒一 額橫列分書徑三寸

軍府　牒　府學
據吳縣主簿□修職申准　使府送下陳煥冒占府學蕩
田公案壹宗委指定回申本職拖詳府案□年正月內府
學公狀申本學砧基石碑有常熟縣雙鳳鄉四十二都𦉪
字號蕩田壹阡陸伯玖拾畝叁角壹拾玖步據王彬等五
紹定元年七月　一
戶圍裹壹阡肆拾畝壹拾伍步租佃外有陸伯拾伍畝不
見著落節次是王彬朱忠葉延年首論陳煥冒占乞根究
施行奉
權府提刑大卿台判帖尉司追三月二十三日府學再狀
申府奉
判府寶謨大卿棨嚴限催續追到陳煥葉延年奉
台判押下府學委職事同常熟邵縣尉從公打量據邵縣
尉回申繳到莊宅牙人蔣成等狀稱打量得王彬施祥朱
千十一濮光輔陳煥見種蕩田壹阡柒拾肆畝貳拾叁步
外有寬剩蕩田壹阡玖拾畝貳拾叁步及備到朱千十一

名瓊濮珙施祥王大任等供證係是陳煥冒占看蕩人張
十二供王彬等元佃學田壹阡陸伯玖拾畝東止韓家田
西止徑山寺田南止府學舊田北止雙鳳涇所有陸伯餘
畝係陳煥冒占田鄰顧三十三等供有陳煥圍裹學蕩成
田不知所納何色官物回申　使府續是供責出叁契內
壹契是顧恍下子榮將信字堪貳號田貳伯玖拾壹畝貳
角肆拾步東止自比西止僧宗覺田南止王北止雙鳳鄉
涇嘉定貳年正月初拾壹日無錢貫買主姓名前有思政
鄉陳百十三秀才約後有顧應將田壹拾陸畝永賣與陳
煥秀才契是嘉定陸年拾月叁拾日嘉定拾年貳月貳拾　二

肆日印內壹契是王聰等將使字堪陸拾畝東吉家浜西
趙府田南行舡路北韓其田召到陳煥秀才承買價錢陸
拾捌貫文嘉定陸年拾貳月日嘉定拾年貳月貳拾肆日
印壹契是俞樞密府提舉位元作兩契將錢叁阡貳伯柒
拾貫文典到陳煥雙鳳鄉已產壹阡叁畝貳角肆步轉典
與朱寺丞宅無都分無字號四至無陳煥上手干照是寶
慶元年叁月契肆月日印本職竊詳上件事理府學砧基
是圖熙五年造碑石是慶元貳年立具載常熟縣雙鳳鄉
肆拾貳都器字蕩壹阡陸伯玖拾畝叁角壹拾玖步除王
彬五戶租佃外有陸伯餘畝不見着落申府根究本府委

邵縣尉集田隣打量畝步回申除王彬五戶所佃外寬剩
壹阡玖拾畝有零又宿供證□係陳煥占種蕩內既無其
他民產隔截則府學所失陸伯餘畝是陳煥冒占也陳煥
無以蓋其冒占之罪却於今來打量後執出叁契影射並
在府學年月之後第壹契是顧子榮等召人交易經帳即
非契書無錢貫買主姓名於年月上又添改作正月初拾
壹日第貳契王聰契又與學蕩四至字號不同第叁契是
俞提舉轉典陳煥產與朱寺丞無都分無四至字號無陳
煥上手干照以畝步計之叁契共有壹阡叁伯柒拾壹畝
比今來寬剩之數多貳伯捌拾畝况俞府壹契內稱係產　三

田契內錢叁阡貳伯餘貫置田壹阡叁畝有零則是叁阡
壹畝若是民產其價不應如是之賤若果是陳煥已產典
在俞府俞府又典在朱宅則其契合在朱宅收掌責出到
官不應陳煥執出見得是詭名偽契其干照既不分明非
影射冒占而何準
律諸盜耕種公私田壹畝以下笞三十伍畝加壹等過杖
壹百拾畝加壹等罪止徒壹年半荒田減壹等強者各加
壹等苗子歸官主準令諸盜耕種及貿易官田泥田沙田逃田退復
田同若冒占官宅欺隱稅租賃直者並追理積年雖多至拾
年止今陳煥但已身死偽契叁紙合行毀抹元占田陸伯

餘畝合給還府學管業其餘寬剩蕩田肆伯餘畝既興學
蕩相連欲乞
台判併給府學以助養士陳煥所收租利具陸伯畝合追
上以次人監還府學外肆伯餘畝亦合追理入官申乞取
自使府指揮施行奉
台判案照行府司已具梟將陳煥硃契參紙毀抹附案及
闕府院就押上陳煥以次人陳百十四赴府招認所欠十
年租課外所合牒府學仰徑自管業須至行遣
牒請候到照牒內備去事理仰徑自管業具狀供申謹牒
紹定元年五月日牒

四

儒林郎平江府觀察推官呂
承直郎平江軍節度推官耿
通直郎特派差通判平江軍府事冨
府學 承議郎通判平江軍府事石
朝奉大夫直寶謨閣知平江軍府事章
軍府 牒 府學
承府學教授汪從事申准 使府斷還陳煥元冒占雙鳳
鄉四十二都學田乞申出牓約束事件等奉
判府寶謨大卿台判案並行今具下項須至行遣
第一項據申乞帖委元打量官常熟縣尉同本學職事
躬親前去交業庶得小人知畏
此項本府除已專帖委常熟縣尉同與本學差到職
事躬親前去田所令府學交業外今牒府學請立便
差委學職前去常熟縣尉同與交業一併具狀供申
第二項據申本學交業以後切恐陳煥兄弟子姪及鄰
比惡少妄行搔擾損掘岸塍偷斫稻禾侵害官租
深屬利害乞給牓嚴行約束仍帖本縣及巡尉告
示鄉夏都保合屬去處知委常切差人防護無致
損壞官田仍牓約束
此項本府除已出牓府學學田所曉示約束及帖本

五

縣并巡尉告示鄉夏都保知委常切差人防護不得
妄行生事外今牒府學請照應
第三項據申陳煥冒占學田上有莊屋農具等物乞帖
下尉司籍定名件給本學田所公用
此項本府除已併帖委常熟縣尉仰將陳煥元占學
田所莊屋農具等物給與本學公用今牒府學併請
職事前去交管具狀供申
第四項據申陳煥元佃學田壹伯伍拾餘畝納米叁拾
捌碩有零本學得蒙 使府理斷冒占田畝歸給
本學訖所有上項田段陳焯委難仍前租種合從

本學别召人布種庶免他日抵賴學租案瀆官府
仍乞行下尉司一併交業
此項本府除已併帖常熟縣尉與職事逐一交業外
令牒府學請照應毀自别行召人布種具狀供申
第五項據申蒙　使府施行陳煥節次案牘仍乞關府
院所斷陳焯等因依詳備始末牒本學鐫刻碑石
庶得久遠遵守
此項本府除已行關府院仰備元斷陳焯等因依始
末案牘回關赴府以憑牒府學照應外今牒府學請
照應施行

六

第六項據申蒙　使府理斷陳煥弟陳焯陳煥冒占學
田壹阡餘畝給還本學添助養士乞備因依具申
臺部及諸司證會
此項本府除已詳具元斷因依備申
御史臺戶部轉運司提刑提舉使司證會外今牒府
學請一併證應
牒請照備去牒內事理逐項施行具狀供申謹牒
紹定元年六月　日牒
儒林郎平江府觀察推官呂
承直郎平江軍節度推官耿

通直郎特派差通判平江軍府事富
府學
承議郎通判平江軍府事石
朝奉大夫直寶謨閣知平江軍府事章
軍府　牒　府學
承府學教授汪從事申蒙　使帖差委元打量官邵縣尉
同學職前去田所一併拘籍給歸本學交業切慮尉司承
吏受豪戶陳焯計囑遷延不爲從公逐一交業深屬利害
乞下案證租嚴限行下交業奉台判催今具下項須至行
遣
一府司除已再帖常熟縣尉照已帖疾速躬親前去田

七

所同府學交業去外
此項再牒府學立便差撥職事前去所委官同與躬
親田所交業具已差定姓名狀申
一府司除已再帖常熟縣尉籍定陳煥元占田所莊屋
農具等物歸給府學公用去外
此項今牒府學照應併具交管狀申
一府司除已再帖常熟縣尉併將陳煥元佃學田壹伯
伍拾餘□一併令府學交業外
此項今牒府學照應一併具已交業狀申
一府司除已再帖常熟縣尉告示鄉吳都保知委常切

差人防護陳焕兄弟子姪及鄰比悪少妄行攙擾
損掘岸塍偷斫稻禾侵害官租去外
此項今牒府學照應
牒請照應施行謹牒
紹定元年七月日牒
儒林郎平江府觀察推官呂
承直郎平江軍節度推官耿
通直郎特差僉書平江軍節度判官廳事趙
府學　通直郎特派差通判平江軍府事富
承議郎通判平江軍府事石
朝請大夫直秘閣兩浙西路提點刑獄事兼權平江府新除太府卿林

給復學田公牒碑二
高廣與第一碑同題下第一截三十六行合第二截前一行為一牒後四十行合第三截前十五行為一牒後十四
行合第四截三十行為一牒牒文每行字數及
其餘大小疏密不一均同前碑在蘇州府學
給復學田公牒二前題同
軍府　牒　府學
承府學迁教授申到因依乞證周主簿指定監陳焯合納
本學及合納本府拾年花利及照
條收坐罪名及備申
臺部諸司證會庶免陳焯異時妄訴申乞指揮施行奉
台判府學蕩田載之砧基刊之石刻悉有可照先本蕩地
續後衆戶圍裹成田濮光輔等四名於已圍之後就學立
租歲有輸納惟陳焕冒占在已學校弟知器字蕩田濮光
輔等已行請佃而陳焕所占所未及知因葉延年等告首
方於砧基石刻考證始知源流陳焕欺弊迹已難掩乃於
本府已斷之後輙經提舉司作自已蕩田耆訴且謂昨來
有指揮開掘之日先曾自陳且開掘圍田青冊已載者並
行免掘府學田蕩所係養士别無民産隣至從前並無開
掘明文陳焕弟陳焯豈得以嘗作蕩田經提舉司陳詞藉
口況今來執出叅契皆是以别項影射周主簿點對極為
明白本府打量除證府學舊來畝步外尚有圍裹餘剩田

宋紹定元年十一月初五日

肆伯餘畝陳煥既無祖來干照可證拘没入官併撥養士
已爲得當陳煥欺弊買之　條法本非輕典今來所監瞞
昧米數又已輕優猶敢於已斷之後飾詞妄訴法司具
條呈候監納了足日施行牒府學證應仍申運司府司已
送法司今承法司檢具　條令律諸盜耕種公私田者壹
畝以下笞三十伍畝加壹等過杖壹伯拾畝加壹等罪止
徒壹年半荒田減一等强者各加壹等苗子歸官主下條苗子
准此律諸妄認公私田若盜貿賣者壹畝以下笞五十伍畝
加一等過杖壹伯拾畝加壹等罪止徒二年　勅諸盜耕
種及貿易官田泥田沙田逃田退復田同官荒田雖不籍係亦是各論如律冒占
官宅者計所賃坐贓論罪止杖壹伯盜耕種官荒田沙田罪止准此並許
人告　令諸盜耕種及貿易官田泥田沙田逃田退復田同若冒占官
宅欺隱稅租賃直者並追理積年雖多至拾年止貧乏不能全納
者每年理二分自首者免雖應召人佃賃仍給首者　格諸色人
告獲盜耕種及貿易官田者泥田沙田逃田退復田同准價給五分
令諸應備賞而無應受之人者理没官奉
台判候監足呈府司除已具申
轉運使衙去外湏至行遣
牒請照應謹牒
紹定元年玖月　日牒

儒林郎平江府觀察推官呂
承直郎平江軍節度推官耿
通直郎特差僉書平江軍節度判官廳事趙
府學
承議郎通判平江軍府事石
朝請大夫直秘閣兩浙西路提點刑獄事兼權平江府新除太府卿林　押

軍府　牒　府學
今月初弍日准
行在尚書省劄子據本府申證對本府據府學教授汪從
事申本學養士田産係范文正公選請至紹興肆年立石
公堂㘘熙伍年置砧基簿慶元貳年重立石刻並載常熟
縣雙鳳鄉肆拾貳都器字蕩田壹阡陸伯玖拾畝叁角壹
拾玖步　一前項田除濮光輔施祥等承佃壹阡柒拾畝
壹拾伍步半外於内不見陸伯貳拾畝叁角叁步半着落
自嘉定貳年以來節次據王彬葉延年告首係是豪戶陳
煥冒占雖屢具申　使府緣陳煥富强不伏出官　一紹
定元年正月内本學再據葉延年狀首備因依申府蒙
權府帖廵尉會合追繼帖本縣邵縣尉打量定驗到陳煥
冒占陸伯貳拾畝叁角叁步半連段寛剩田肆伯陸拾玖
畝貳角伍拾玖步共壹阡玖拾畝貳角貳步半繼帖吴縣
周主簿指定到父宿供證田内既無其他民産則府學所

失陸伯餘畝合給還府學管業覔剩田肆伯餘畝乞併給
給府學以助養士奉　判案行牒學證應仍將陳煥莊屋
車船等籍給府學　一本學再具歸給府學因依申府乞
備申　臺部諸司證會本府書判府學蕩田載之砧基刊
之石刻悉有可證濮光輔等互相輸納惟陳煥冒占在已
學校第知濮光輔等已行請佃而陳煥所占未及知因業
延年告首方於砧基石刻考證始知源流陳煥欺弊迹已
難掩乃於本府已斷之後輒經提舉司作自已蕩田畨訴
且謂昨來有指揮開掘之日先曾自陳且開掘圍田青冊
已載者並行免掘府學田蕩所係養士别無民産隣至從
前並無開掘明文陳煥弟陳焯豈得以嘗作蕩田經提舉
司陳詞藉口執出叁契皆是以别項影射周主簿點對極
為明白本府打量除證府學舊來畝外步尚有餘剩田肆
伯餘畝陳煥既無祖來干照可證拘没入官併撥養士已
為得當陳煥欺弊覔之　條法本非輕典猶敢飾詞妄訴
法司具　條呈牒府學證應　一令來本學已證府牒管
業緣陳煥弟陳焯冨横健訟尚慮日後多方營求紊擾不
已乞備申
尚書省劄下本學以憑悠久遵守本府證得先據府學教
授汪從事申前項學田已帖常熟縣尉鄧從事集父宿等

再低二格

打量定驗到陳煥冒占學田因依遂再送吴縣主簿周修
職從　條指定斷歸府學紹業及監陳煥弟陳焯了還所
欠本學租米外今據府學教授汪從事所申本府備申
尚書省乞賜
劄下提舉司及本府遵守施行伏乞指揮施行申聞事已
劄下浙西提舉司從所申事理施行外右劄付□府證會
施行準此本府所準省劄已備帖常熟知縣白節巡檢常
熟縣尉各仰遵守施行外須至行遣
四十二都學田壹阡陸伯玖拾畝叁角壹拾玖步
内施祥等共管壹阡柒拾畝壹拾伍步半
施祥甲頭沈良佃肆伯伍拾貳畝壹角貳步半
徑山莊甲頭朱千十乙佃壹伯玖拾捌畝壹角
壹拾叁步
濮光輔等貳戶佃叁伯伍畝貳角
王彬佃壹伯壹拾肆畝
陳煥冒占陸伯貳拾畝叁角叁步半准　使府差
常熟縣□打量到上件學田并量出連段下脚肆
伯陸拾玖畝貳角伍拾玖步
貳項共計壹阡玖拾畝貳角貳步半
牒請照應施行謹牒

五押字均改小

紹定元年十一月　日牒
儒林郎平江府觀察推官呂　押
承直郎平江軍節度推官耿　押
通直郎特差僉書平江軍節度判官廳事趙　押
府學　承議郎通判平江軍府事石　押
朝議大夫直秘閣兩浙西路提點刑獄公事兼權平江府新除太府卿林　押
提舉常平司　牒　平江府府學
今月初四日准
尚書省劄子平江府申證對本府據府學教授汪泰亨從
事狀申本學養士田產係范文正公選請至紹興四年立
石公堂國熙五年置砧基簿慶元二年重立石刻並載常
熟縣雙鳳鄉四十二都器字蕩田壹阡陸伯玖拾畝叁角
壹拾玖步　一前項田除濮光輔施祥等承佃壹阡柒拾
畝壹拾伍步半外於內不見陸伯貳拾畝叁角叁步半着
落自嘉定二年以來節次據王彬葉延年告首係是豪戶
陳煥冒占雖屢具申　使府緣陳煥富強不伏出官　一
紹定元年正月內泰亨再據葉延年狀首備因依申府蒙
權府帖巡尉會合追繳帖本縣即縣尉打量定驗到陳
煥冒占陸伯貳拾畝叁角叁步半連段寬剩田肆伯陸拾
玖畝貳角伍拾玖步共壹阡玖拾畝貳角貳步半繳帖吳

縣周主簿指定到文宿供對田內既無其他民產則府學
所失陸伯餘畝合給還府學管業寬剩田肆伯餘畝乞併
給府學以助養士奉　判業行牒學證應仍將陳煥莊屋
車舡等籍給府學　一本學再具歸給因依申府乞備申
臺部諸司證會　書判府學蕩田載之砧基刊之石刻
悉有可證濮光輔等立租輸納惟陳煥冒占在已學校第
知濮光輔等已行請佃而陳煥所占未及知因葉延年告
首方於砧基石刻考證始知源流陳煥敗弊迹已難掩乃
於本府已斷之後輒經提舉司作自已蕩田嗇訴且謂昨
來有指揮開掘之日先曾自陳開掘圍田青冊已載者並
行免掘府學田蕩所係養士別無民產隣至從前並無開
掘明文陳煥弟陳焯豈得以嘗作蕩田經提舉司陳詞藉
口執出叁契皆是以別項影射周主簿點對極為明白本
府打量除證府學舊來畝步外尚有餘剩田肆伯餘畝陳
煥既無祖來干照可證拘沒入官併撥養士已為得當陳
煥敗弊質之　條法本非輕典猶敢飾詞妄訴法司具
條呈牒府學證應　一今來本學已證府牒管業緣陳煥
弟陳焯富橫健訟尚慮日後多方營求紊擾不已乞備申
尚書省劄下本學以憑悠久遵守本府證得先據府學教
授汪從事申前項學田已帖委常熟縣尉即從事集文宿

等打量定驗到陳煥冒占學田田依遂再送吳縣主簿周
修職從　條指定断歸府學紹業及監陳煥弟陳焯了還
所欠本學租米外今據教授汪泰亨從事所申本府所合
具申
尚書省乞賜劄下提舉司及本府遵守施行伏乞指揮施
行申聞事劄付本司從平江府所申事理施行所准
省劄僉廳官書擬欲牒府學及帖常熟縣照
省劄內事理坐下數目紹業收租養士奉
台判行當司除別行遣外須至行遣
牒請遵照
省劄內事理坐下數目紹業收租養士謹牒
紹　定　元　年　十　一　月　初五日　牒
平江府府學
朝請大夫提舉兩浙西路常平茶鹽公事王　押

吳學復田記
高建額五尺四寸五分廣二尺八寸七分二十行行三十五字字徑一寸正書在蘇州府學
吳學還田之記篆額六字二行字徑四寸四分
按吳郡圖刻建學昉　文正范公主學昉　安定胡先生先
生學瀘傳天下未嘗學宮在一州亦未廢也而田有不守者
蓋公斥勝地為宫又擇沃壤為田更　建炎亡其籍而　紹
興之石與版獨爛如也不幸漁於豪民之手縣吏羽翼之株
遠穴深漫弗省治故在常熟縣為田千六百九十畝而租之
入者僅千畝焉蓋十有九季更幾部使者郡守不能直幾數
官不得直而得直者汪君泰亨能直之者　林公介　章公
良朋　司馬公述也方　林公之攝守也汪君力以告公力
主之已而　章公為守又力主之既主之直矣有據者司
馬公為使繼直其事過　林公再攝守復深直其事遂得直
蓋歸其冒沒六百二十畝又歸其閒羡四百餘畝士類起舞
矣迺並祠三公于學而請記於余余惟三代盛時無地無學
而無家無田故學之宫不待興田不待給而所謂良民者即
其所謂秀士也具後士與民二矣給之田以助學蓋將使士
之秀者專之而迺使民之無良者奪之其於義何居而不知
此邦之田則　文正所給之田也給以助學則　安定所主之
學也自　景祐以來言哲輔者孰如　文正言明師者孰如

宋紹定二年八月十五日

安定二覽光氣寰單八表豈以一州親沭嘉澤親染餘誨
而可廢隊之乎以十有九季之湮没而還之一朝其還者時
也所以還者人也此三公之所以有賜於學也三公治　文
正之地而汪君司　安定之席者也或主養或主教一也凡
爾多士因其養而遡其所以養如見　文正焉因其教而遡
其所以教如見　安定焉以是學古窮經砥操厲行未達則
治已達則治天下國家將使事業顯融名聲輝焯後之人見
其盛而推其所自曰吳學之士也不負教與養者也其豈非
三公與汪君之意夫其豈非　文正　安定之意夫
紹定二年八月十五日通直郎祕書郎兼　魏惠憲王府教
二
授天台陳耆卿記朝奉郎權□判平江軍府兼管内勸農事
會稽石孝隆書并題額

給復學田省劄碑

高五尺四寸廣二尺八寸額下分為三截第一截二十六行行四十四寸一、字不等字徑四分末三行字遞大不一分第二截三十四行行四十四至四十八字不等字徑三四分末三行字亦遞大第三截跋二十五行行二十字字徑八分俱正書在蘇州府學

給復學田省劄　額横列字徑四寸五分分書
平江府申證對本府據府學教授汪泰亨從事狀申本學養
士田產係　范文正公選請至紹興肆年立石公堂瀘熙伍
年置砧基簿慶元貳年重立石刻並載常熟縣雙鳳鄉肆拾
貳都𡇤字蕩田壹阡陸伯玖拾畝叁角壹拾玖步　一前項
田除濮光輔施祥等承佃壹阡柒拾畝壹拾伍步半外於内
宋紹定三年十月望
一
不見陸伯貳拾畝叁角叁步半着落自嘉定貳年以來節次
據王彬葉延年告首係是豪戶陳煥冒占雖屢具申使府緣
陳煥冨強不伏出官　一紹定元年正月内泰亨再據葉延
年狀首備因依申府蒙權府帖巡尉會合追繼帖本縣郡縣
尉打量定驗到陳煥冒占陸伯貳拾畝叁角叁步半連段寬
剩田肆伯陸拾玖畝貳角伍拾玖步共壹阡玖拾畝貳角貳
步半繼帖吳縣周主簿指定到父宿供對田内既無其他民
產則府學所失陸伯餘畝合給還府學管業寬剩田肆伯餘
畝乞併給府學以助養士奉判案行牒學證應仍將陳煥莊
屋車舡等籍給府學　一本學再具歸給因依申府乞備申

臺部諸司證會介書判府學蕩田載之砧基刊之石刻悉有
可證濮光輔等立租輸納惟陳煥冒占在已學校弟知濮光
輔等已行請佃而陳煥所占未及知因葉延年告首方於砧
基石刻考證始知源流陳煥欺弊迹已難掩乃於本府已斷
之後輙經提舉司作自己蕩田龖訴且謂昨來有指揮開掘
之日先曾自陳且開掘圍田青册已載者並行免掘府學田
蕩所係養士別無民產隣至從前並無開掘明文陳煥弟陳
焯豈得以嘗作蕩田經提舉司陳詞藉口執出叁契皆是以
別項影射周主簿點對極爲明白本府打量除證府學舊來
畝步外尚有餘剩田肆伯餘畝陳煥既無祖來干照可證拘
二
沒入官併撥養士已爲得當陳煥欺弊實之　條法本非輕
典猶敢飾詞妄訴法司具　條呈牒府學證應　一今來本
學已證府牒管業緣陳煥弟陳焯冨横健訟尚慮日後多方
營求奪擾不已乞備申
尚書省劄下本學以憑悠久遵守本府證得先據府學教授
汪從事申前項學田已帖委常熟縣尉邵從事集父宿等打
量定驗到陳煥冒占學田因依遂再送吳縣主簿周修職從
條指定斷歸府學紹業及監陳煥弟陳焯了還所欠本學
租米外今據教授汪泰亨從事所申本府所合具申
尚書省乞賜

劄下提舉司及本府遵守施行伏乞
指揮施行申聞事
已劄下浙西提舉司從所申事理施行外
右劄付平江府證會施行準此
紹定元年拾月叁拾日　　丞相在假　押
平江府申證對本府據府學教授汪從事申據正錄直學鄉
貢進士學正學生王天德等狀申今月拾肆日准通判轉運
主管司牒准轉運使衙准　尚書刑部符據常熟縣陳焯妄
訴學田事證得本學湻熙伍年砧基簿及慶元貳年公堂石
刻有管常熟縣雙鳳鄉肆拾貳都囂字號蕩田除王彬濮光
三
輔等承佃外有田壹阡餘畝不見着落自嘉定叁年劉教授
以後節次據王彬朱忠張千拾貳葉延年等告首被豪戶陳
煥陳焯倚恃強横從嘉定貳年冒占在已盜收花利計壹拾
玖年本學累申本府及提刑司追理緣陳煥陳焯家豪有力
不能究竟積計盜收花利壹萬叁阡餘石至紹定元年又據
葉延年告首遂具申本府蒙權府提刑林少卿帖匣巡尉追
經涉肆伍箇月至知府章少卿到任方始追得出官帖常熟
縣邵縣尉躬親前往田所呼集隣保父宿供證打量續據回申
陳煥冒占分明送吳縣周主簿從　條指定准府牒斷還本
學養士及將陳煥責出僞契及砧基毀抹附案仍證　條合

追拾年花利納官所有莊屋農具舡篗一併藉給本學公用
自後陳焕在安下人黃百貳家染病身死續蒙本府追弟陳
焯監納盜收花利其陳焯脫身又經提舉司將冒占學田僞
作自已蕩田妄訴蒙提舉司馬郎中台判是蕩是田皆合歸
府學牒學證驗續准府牒蒙權府提刑林少卿台判府學田
蕩載之砧基刊之石刻悉有可證先本蕩地續後衆戶圍裹
成田濮光輔等肆名於已圍裹之後就學立租歲有輸納惟
陳焕冒占在已學校第知器字號蕩田濮光輔等已行請佃
其陳焕冒占所未及知因葉延年等告首方於砧基石刻考
證始知源流陳焕欺弊迹已難掩乃於本府已斷之後輙經

四

提舉司作自已蕩田㩀訴且謂昨來有指揮開掘之日先曾
自陳且開掘圍田青冊已載者並行免掘府學田蕩所係養
士別無民產隣至從前並無開掘明文陳焕弟陳焯豈得以
嘗作蕩田經提舉司陳詞藉口況今來執出叁契皆是以別
項影射周主簿點對極爲明白本府打量除證府學舊來畝
步外尚有餘剩田肆伯餘畝陳焕既無祖來干照可證拘沒
入官併撥養士已爲得當陳焕欺弊實之　條法本非輕典
猶敢於已斷之後飾詞妄訴法司具　條仍申轉運司證會
自後本府領上陳焯監納拾年花利其本人節次止納到錢
叁阡伍伯壹拾貫文官會蒙本府牒發上項錢送錢粮官取

節推交管收附赤歷官簿訖及在府責狀甘自理斷之後不
敢冒占罪賞文狀附案存證本學爲見陳焯冨横健訟尚慮
日後多方營求奏擾不已已具申本府乞備申　尚書省至
紹定元年拾月叁拾日備准　省劄劄下浙西提舉司及劄
下本府從所申事理證會施行外切縁當來本府止據陳焯
供責自後不敢仍前冒占學田具狀哀鳴一時寛恤有失結
斷罪名以致今來陳焯妄經　尚書刑部隱下　尚書省省
劄一節及隱下冒占學田盜收花利壹拾玖年計積壹萬叁
阡餘石情把却以陳焕在外病亡妄稱在獄身死及將納到
盜收花利錢叁阡伍伯壹拾貫文妄作吏胥欺詐脫判符下

五

轉運司天德等竊詳陳焯縁見府教先生書滿在即我埋訟
根爲異時侵占張本雖訴府吏乞免有與於本學初無關涉
但陳焯借訴吏胥爲名意實在田所訴取索案祖意欲滅去
其籍以顯陳焯豪横狡詐又陳焯當來於提舉司妄訴則稱
是自已蕩田今來於轉運司妄訴則稱是自已省額苗田只
此兩端便又顯見得陳焯前後異同虛妄狡詐又況上件田
元係文正范公啓請于朝自是本學舊物今係　尚書省劄
下即是
朝廷養士之田陳焯罪名未正豈得復萌覬覦及使欲脫漏
椿管田苗今蒙印到　省劄及本府并提舉司公牒隨狀見

到申府乞備申　尚書省乞證先來行下　省劄事理劄下
刑部及轉運司就將陳焯并男陳念九押下從　條結斷罰
占學田情罪及今來違背省劄指揮妄狀越訴情罪及監追
未納足巳指定拾年花利入官仍乞　劄下平江府府學證
應本府所據府學教授汪從事前項所申所合具申
尚書省乞賜
指揮施行伏候
指揮
巳劄下刑部兩浙轉運司從平江府所申事理施行
并劄平江府證會施行外

六

右劄付平江府府學證會準此
紹定叁年玖月　日　押
押押
吳學　文正范公所建田亦公所請也碑籍無恙而大姓
已有侵占之者常熟陳其姓占田至一千一百餘畝擅利
至二十餘年學校婁鳴弗克伸也寶慶三年冬十一月泰
亨來復有告者明年春始白之郡今左司林農卿故　寶
謨章少卿相繼主之涉半歲始克歸田又俾輸三年租剔
貽以脩學其人誦言必且壞是廼種訟為根是歲秋九月
泰亨校文迴伏
光範以告得

加一行

堂帖其人始退聽又明年秋脩頖宮成　陳祕書仕復田
記　吳校書作脩學記皆直書其事刻珉公堂矣明年秋
其人猶復枝辭越訴志在復占田郡太守朱貳卿復以本
末上
尚書省不旬日復得
堂帖重刊于學諸生來前曰所在學校常不勝豪右者此
以空言彼以訾力此所主者才一二彼不得志於郡則徼
勝於諸司於臺部不勝不已今吳學獨賴　賢判史　賢使
者而
大丞相又主之於上則此田其泰山而四維之矣又為之

七

辭曰田失矣而復歸學圯矣而復治堂堂
堂堂魯公寔主之何以頌之在頖詩遂書下方以告來者貳卿
又將據
堂帖取七年租復作六經閣泰亨雖滿去就閣成尚能執
筆記之以踵張伯玉故事紹定三年冬十月望泰亨謹跋
吳門張思恭刊

司馬文正公分書六大字

高七尺廣二尺五寸餘大字各徑一尺左右題款各一行六字字徑一寸五分俱分書在蘇州府學

思無邪公生明

司馬文正公書

元祐元正摹刻

宋元祐元年正月

疏廣傳語刻石

刻竹字碑陰界作四截每截八行行三字字徑二寸四五分第四截之左跋五行行九字字徑八分俱正書在蘇州府學

疏廣辭太傅歸趣賣賜金日與族人賓客相娛樂廣子孫竊謂其所愛信者勸買田宅廣曰吾豈不念子孫顧自有舊田廬足共衣食賢而多財則損其志愚而多財則益其過且夫富者衆人之怨也吾不欲益其過而生怨

戒人爲不善勸人爲善盧坦疏廣同一機耳然則爲人父祖子孫可不審所擇云元祐辛丑孟夏陳瓘對刻于明清堂

宋元祐元年四月

在府學即刻於何同叔所刻篆書竹字碑後瓘見郡志跋守題名又見宋史吳郡金石目

無錫縣學續增養士田記

高連額七尺七寸廣三尺五寸五分上截狀據司帖中截
田段等數四列下截記文末有立石人名一行行字大小
多寡詳注各段下司帖行
書餘皆正書在本縣學

無錫縣學[淳]祐癸卯續增養士田記 額題七行行二字字徑二寸五分分書
常州 二字徑一寸四分
司理院奉本州皮下無錫知縣薛通直狀備□本縣縣學學
長學生蔣金極等連狀稱縣學自紹興初元重行修建舊有
養士田畝具載□基經今已及百年　先聖殿宇及齋舍廊
廡門墻□□頹壞圮毁至不能蔽風雨見者無不動心近荷
大監安撫尤先生伯仲主盟斜率鄉大夫邑士鳩財整葺僅

宋淳祐五年七月　一

畢　先聖殿宇而廊廡諸處無可□支未及施工及按視學
田舊籍欺竊之餘歲入鮮少不足以供諸職生員會食之需
允此用度金極等竊謂非本縣事力所能辦集自非□叩
使府力與資助學舍恐未易修復公廚雖□徒有甑塵釜魚
之嘆金極等□聞本縣攬幹尤梓因欺蠹官府被罪抄估家
業內有田拘没入官計契捌拾肆紙□牘具存尉司幸值□
府秘閣節制郎中先生篤意崇儒壹心待士下車之初視學
校尤爲急務與昔龔黄異世同符茲承知縣留意邑庠先蒙
捐撥己俸錢未入學重懇尤大監伯仲見議修整廊廡齋舍
門墻等處孟秋擬試士子捐餽激勸是致邑之士友預薦者

十有五人視四邑爲最皆感荷作成之賜金極等□□　台
慈亟請于郡以無錫没官之田歸于無錫縣之學以其租入
助充養士之資使來游者無子衿之嘆肄業者無倚席不講
之□倫明於上民親於下孰不仰戴　賢師帥與令尹陶成
長育之恩乞備稟使府□從所請給撥尤梓没官田畝入學
充養士公用□行本職□□□□□鄉校仰視先聖殿宇
雖復舊觀而齋舍等處悉皆摧□至以葦席代□□甚爲動
心縣計單弱難於致力遂先撥己俸錢未一月懇　尤秘監
伯仲復舉修葺之議見此經營及政養士田粮不足以周一
歲支遣每值月旦不敢廢謁學之禮僅與諸職升堂集講而

二

退生員□破□無取辦大爲缺典今寄□與邑士借以請給
本縣没官田添助學粮陳告本職不揆僭越敢用稟□□望
台慈矜從特賜　台判給付縣學永充養士之用併□公
據于石垂示無窮以彰　賢師帥崇儒育材之意乞指揮奉
台判干□所以養民學校所以養士養士乃以及民也况此
田隸無錫歲額近叁伯石而頑佃猾吏相爲隱庇所收不得
一半若撥入縣學則縣家必能爲學生□又有群職事可以
任責庶幾盡得所收以養多士業給據并契□仍申　提刑
司照會院司照得先於[淳]祐元年七月中奉本州押下尤梓
據無錫知縣解到根究廣攬人户官物詭名置産及縣吏眘

訴折拽懷仁鄉官版薄紙業等事已勘擄尤梓供招情犯斷
配訖案内元索到尤梓□契書計伍拾壹紙共樁米叁百伍
碩柒勝伍勺租錢貳拾肆貫柒伯貳拾伍文足大麥陸勝小
麥伍㪷陸勝伍合所合發下縣學文膂湏至行遣以上三十三行行二
十五字至三十一字不等字徑四分
右今出給公據付無錫縣學收執膂業永遠照應湻祐三年
閏八月　　日給以上二行字徑八分
使此字徑二寸
轉運提舉學事此行字徑八分
據無錫縣申本縣據縣學長蔣金極等連狀施行本縣幹
三
攬尤梓斷配抄籍沒官田弍伯餘畝添助縣學養士事乞
更賜申　御史臺符下無錫縣縣學照應膂業施行奉
台判知縣下車未幾留意學校本州撥田爲久遠養士之
規可謂知所先務矣備申　臺部仍帖縣照應本司除已
具申
御史臺户部照會外湏至行遣以上六行行二十至二十六字不等字徑四五分行
書
右令帖無錫縣仰照應湻祐三年十月　　日帖此二行字徑七分
　　無錫縣三字徑同前
朝散大夫秘閣修撰兩浙路計度轉運副使魏此行橫廣三寸五分上十
七字併擠五寸末一字徑三寸餘右第一截

令具諸鄉田段畝步樁米稅錢客户姓名下項
揚名鄉
田段不錄下同
景雲鄉
垂慶鄉
開元鄉
梅李鄉
延祥鄉
四
興道鄉
天授鄉
以上詳記田段畝步四至樁米稅錢客户姓名凡四列每列六十八行第四列六十六行行各三十字左右字徑四分右第二截
古者設學莫重於教養教養之制稽諸成周如鄉大夫之孜
□行載師之任士田二者不可偏廢
國朝踵□成規開設學校　慶曆四禩乃詔諸縣立學由□
教養之澤布滿天下錫山爲令巨邑彬彬多□□□士貢秋
賦上春官視他邑爲冣倫魁接踵□□□出比年邑來學舍
頹圮田租虧失生徒解□□□□閩斡抑甚矣湻祐三載師

魯被
命□宰斯邑目擊其弊領事之初力未克支首荷鄉達尊制
使祕撰尤祕監昆中終始扶持吾道篤意興修殿齋堂宇廊
廡序舍奐然一新雖欲誘掖後進作成人材夫何學糧之在
籍者十僅三四皆縣胥此職錢糧者與吏竝緣為姦多借
逃亡戶絕之名肆隱占詭挾之弊斂併去其籍而業淪於私
家故一歲所入不足以贍一歲之需弊痼而不可攻攝邑職
者不暇問也師魯一日因會諸友而語之曰古之為教者一
今之為教者三彼釋老氏假禍福語誘齊民乃克侈大廬舍
粒食以聚其徒今吾儒獨不能崇庠校尊　聖人可乎且庠

五

者養也非徒以養口體也校者教也非徒誦說云也今諸友
誠能以詩書之澤疏瀹其身心禮樂之教磨礱其術業達則
充所學以治國平天下否則隱約自養以啓迪其後昆此其
為福豈不踰於緇黃遠甚何忍覩斗升之微肆其侵漁之欺
而不思為淋後之計乎癸卯之春偶有本邑吏攬尤梓沒官
之祖三百斛有奇歸之州郡師魯遂率學職闔□□請蒙
知郡祕閣章監丞有意作成慨然備申　臺部給憑改撥入
學以助養士代其朶頤無恥者之謀自是歲廩日豐士類雲
集皆有弦誦盈耳之樂絕無甑塵釜魚之歎子衿之刺今可
逃否乎雖然吏有時而更籍有時而泯將何以壽其永遠乎

遂命鑱諸石以傳不朽淳祐五禩七月吉日邑令奉議郎薛
師魯謹題 以上三十二行行十九字字徑八分
鄉貢進士司計尤有大錢會龍李觀國唐夬揚待省進士縣
學長直劉當□陳潛王祖洪蔣金極立石 此行在碑末自第二截第四列下半
起字徑五六分末二字較大
右第三截

六

江陰復軍牒 高五尺六寸廣二尺九寸分三截第一截題額第二三截行字多寡大小不一敕牒行書狀及末行上石年月正書在江陰縣署大門

建炎復軍指揮 額題六字字徑四寸正書

尚書省牒江陰軍 字廣三寸五分

兩浙轉運提刑司狀據常州江陰縣父老胡崇等狀伏覩
兩浙一路自
祖　宗管一十五軍州唯江陰高郵軍於熙甯年中改爲
縣緣江陰疆里闊遠人民浩大自元祐已後民戶添增鹽
錢一倍已上伏見高郵軍□人戶陳乞已復爲□況高郵
不及江陰戶口之半念江陰危險控扼之地邊臨大江接

宋湻祐七年六月

連巨海向緣方賊作過及近爲西兵驚刼常州至鎭江府
放火殺人賊徒眾欲來燒刼江陰本縣城郭民兵防托牢
固方免侵犯一邑人民遂獲安息願復爲軍兼本縣自廢
軍爲縣所有舊軍諸官衙亭并雄□崇節等指揮及江陰
城內見差兵馬都監兩員縣尉二員東西兩寨並見存本
縣爲臨江海商旅般販浩大所收稅錢過迭常州之數陳
乞數奏　朝廷乞復爲軍額契勘常州江陰縣界在平江
鎭江之間最爲唇齒要害之地今來□□本縣軍民申請
依舊制改還軍額使之屯兵聚糧措置控禦則鎭江一帶
邊江去處聲援相接委爲經久利便伏望指揮許依所請
復還軍額仍選有心力諳知江路利害之人充知軍伏候
指揮 以上十二行行二十七至三十四字不等字徑六分
牒奉
敕宜復爲 右第二截

江陰軍牒至准
敕故牒 以上四行字徑二寸至五寸不等
建炎二年十一月四日牒 字徑一寸二分
太中大夫守右丞朱　押
中大夫守左丞顏　押

正議大夫守右僕射　押 以上三行字廣三寸
湻祐七年六月吉日朝請郎知江陰軍兼管內勸農
事節制屯戍水軍新除宗學博士陳鑄命工摹刻 此行字徑四分
右第三截

知吉陽軍毛奎釣臺記

拓二紙一高三尺五寸廣八尺二寸襯列二大字徑二尺九寸餘左右二行行六字字徑五寸一高二尺三寸廣四尺記十一行行六七字字徑三寸餘正書在崖州

釣臺

淳祐丁未仲秋 在二大字之右

郡守毛奎經始 在二大字之左

吉陽氣象雄偉南山有幽洞淳熙周史君磨崖前瞰大海後環曲巷山麓石峯之陰有石可坐而釣曰釣臺乃刻石爲海山之奇觀崖州之佳致也知吉陽軍富川毛奎記

釣臺二大字左右年月款識各一行墨色不一疑是拓者黏連之未必與唐崖位置合也

宋淳祐七年八月

平江圖碑

高六尺五寸廣四尺六寸勝字漫平者十之三存者字徑二三分正書

東南西北 四字在四旁分書字徑一寸有方闌

葑門　盤門　閶門　齊門　婁門

右門五

長洲縣　縣丞廳　主簿廳　吳縣　縣丞廳　主簿廳

提舉司　提刑司　提□廳　檢□廳　□幹廳　教授廳

長洲縣尉司　□學　收稅亭

右官廨之未泐者凡十四

威果二十八營　全捷二十一營　□□四十一營　雄節營　六十五營　驍軍務　教場　教場

右營地

大成殿　□仁壇　社壇　縣社壇

右壇廟

北□廟　寶積寺　圓國寺　關王廟　祥符寺　傳法寺　妙嚴寺　廣化寺　永福寺　北□廟　廣惠廟　善賢院 三　雍熙寺　朱明寺　景德寺　天宮寺　仁王寺　積慶院　相王廟　土地廟 二　靈濟廟　覺報寺　重□院　□□夫人廟　后□院　伍相公廟　報恩寺　普門院　文殊院　水陸堂　泗洲院　法華院　朱司徒院　能仁

寺　寶幢院　圓通院　水陸院　福昌院　崇真宮　至
德廟　北觀音院　靈鷲寺　北禪寺　安齊王廟　寶光
寺　利濟院二修和觀　橫塘寺　楓橋寺　張家庵　叢
家庵　半塘寺　虎邱西庵　雲巖寺　資福廟
右寺廟庵院宮觀之未泐者凡五十六
南園　花月樓　洗馬池　百花洲　接官亭　□門亭
高麗亭　望雲館
右園亭池館
大雲坊　□鳳坊　乘鯉坊　崇義坊　閶德坊　□仁坊
閶闔坊　流化坊　文正范公坊　盍簪坊　德慶坊
清嘉坊　仁風坊　闔國坊　吳趨坊　和□坊　晉□坊
狀元坊　同仁坊　館娃坊　慶源坊　布□坊　豸冠
坊　天宮坊　繡衣坊　孔聖坊　袞繡坊　儒學坊　玉
淵坊　孝友坊　旌義坊　南宮坊　義和坊　靈芝坊
晝錦坊　甘節坊　立義坊　至德坊　迎春坊　平□坊
儒教坊
右坊名之未泐者凡三十六
張府
右府
花橋　南新橋　衆善橋　圓通橋　定𨛦橋　徐鬼橋

兵馬使橋　醋坊橋　顧周橋　縣東橋二縣前橋　院子
橋　金獅子橋　寺後橋八寺東橋五鶴舞橋　廣化寺橋
四通橋　宮橋二北倉橋　天心橋　永福橋　錢都衙
橋　大郎橋　雙板橋　新街橋　寺西橋六□黃橋　銀
錠橋　杉板橋　李公橋　胡家橋　張馬步橋　禪興寺
橋　祥符寺橋　小市橋　小平橋　丁家橋　縣西橋
蒲老橋　芝草營橋　普濟橋　錠船橋　六通橋　艾家
橋　崇利橋　安民橋　盧家橋　德慶橋　方廣橋　沈
家橋　席家橋　廣書橋　高家橋　郭家橋　洞橋三葑
橋　三太尉橋　朱明寺橋　仰家橋　鳳凰橋　壽聖橋
華家橋　楊家橋二錢附馬橋　徐家橋　虎蹲橋　皐
橋　鄭使橋　西蔣家橋　黃牛坊橋　徐胡橋　陸侍郎
橋　劉家橋　太平橋　魏家橋　東周太保橋　胡廂使
橋　東閘明橋　寺前橋四通利橋　衆安橋　朱馬交橋
北張家橋　蘇軍橋　積慶橋　羅家橋　熙圖橋　雪
柱橋　南張家橋　廟堂橋　苑橋　顧□橋　寺南橋
唐家橋　清道橋　南倉橋　迎□橋　望信橋　董家橋
曹家橋　雙紅橋　章家橋　朱家橋　望門橋　帶城
橋　紅鴨橋　西長橋　燒香橋　東長橋　斜橋　安里
橋　船□橋　船舫橋　龍堂橋　淨河橋　梲橋　南□

橋　燕家橋　查家橋　奚公橋　奚婆橋　蔡家橋　杉
□橋　北□□橋　□生橋　南□□橋　新橋　程橋三
梅□橋　廟橋二虹橋三吳門橋　短橋　西章家橋　香
花橋　西石塘橋　單家橋　曹使橋　鴻橋　都亭橋
南過軍橋　北過軍橋　紅橋　張廣橋　錢橋　桃花橋
隆興橋　柳穀橋　□堂橋　洋澳橋　華家橋　北新
橋　吳郎橋　跨塘橋　臨頓橋　任蔣橋　東章家橋
中路橋　狄勝橋　東石塘橋　寺莊橋　斜路橋　棧橋
迎春橋　胡家橋　周通橋　百口橋　華陽橋　張香
橋　徐鯉魚橋　奚家橋　富孫橋　慶豳橋　打急路橋
渡僧橋　楓橋　山塘橋　彩雲橋　便山橋　胡書記
橋　楊園橋　蔣使橋
右橋名末泐者凡二百三
越城　吳城　姑蘇臺　治平山　高峯山　穹隆山　虎
邱山　陽山　洞庭西山　洞庭東山　□天蕩　赤門灣
運河三石家匯　太湖　長蕩　陽城湖　至和塘　燕
塘匯　常熟塘　胥口　三脳堆　程宅墳
右城外山川等名之末泐者
吕梴張允成張允迪缺
右在碑末下角

平江圖碑正書大小不等在府學無年月末有吕梴張允
成張允迪姓名乃刻圖之人因攷府學嘉定八年記長洲
縣學慶元六年重修主簿廳記又紹定二年嘉定縣學記
皆有張允成張迪刻工姓名則此非甯宗時即理宗初年
物

帝王紹運圖碑

高五尺六寸廣三尺上爲額下爲圖自五帝至宋理宗朝代陽文居中直下世繫横列自右而左春秋十二國秦六國東晉十六國五代十三國附列左右其標題亦陽文下截文三十七行行十六字字徑五分均正書在蘇州學府

帝王紹運圖額五字横列字徑二寸四分陽文分書

帝王紹運圖

帝王紹運自五帝以降迄于
國朝凡一百九十五君歷三千五百餘年世道之理亂王綱
之離合於斯可睹矣昔溫國司馬光之言曰周室東遷以來
王政不行諸侯並僭分崩離析不可勝紀凡五百有五十年

宋淳祐七年十一月

而合於秦秦虐用其民十有一年而天下亂又八年而合於
漢漢爲天子二百有六年而失其柄王莽盜之十有七年而
復爲漢更始不能自保光武誅僭僞凡十有四年然後能一
之又一百五十有三年董卓擅朝州郡瓦解更相吞噬至于
魏氏海内三分凡九十有一年而合於晉晉得天下纔二十
年惠帝昏愚宗室造難羣胡乘釁濁亂中原散爲六七聚爲
二三凡二百八十有八年而合於隋隋得天下纔二十有八
年煬帝無道九州幅裂八年而天下合於唐唐得天下一百
有三十年明皇恃其承平荒于酒色養其疽囊以爲子孫不
治之疾於是漁陽竊發而四海横流矣肅代以降方鎮跋扈
號令不從朝貢不至名爲君臣實爲讎敵陵夷衰微至于五
代三綱頽絶五常殄滅懷璽未煖處宮未安朝成夕敗有如
逆旅禍亂相尋戰爭不息流血成川澤聚骸成丘陵生民之
類其不盡者無幾矣於是
太祖皇帝受命於上帝起而拯之躬擐甲冑櫛風沐雨東征
西伐掃除海内當是之時食不暇飽寢不遑安以爲子孫建
太平之基大勲未集
太宗皇帝嗣而成之凡二百二十有五年然後大禹之迹復
混而爲一黎民遺種始有所息肩矣由是觀之上下一千七
百餘年天下一統者五百餘年而已嗚呼以圖之所載與光
之所言合而觀之則知自古及今治不能十一而亂常八九
爲君者亦可以知所戒矣

天文圖碑

高六尺廣三尺二寸上為額下為圖居碑七之四下為文四十二行行五十一字字徑四分圖中標名字徑三分均正書圖四圍有陽文字相間在蘇州府學

天文圖（額三字橫列字徑二寸陽文分書）

天文圖

太極未判天地人三才函於其中謂之混沌云者言天地人渾然而未分也太極既判輕清者為天重濁者為地清濁混者為人輕清者氣也重濁者形也形氣合者人也故凡氣之發見於天者皆太極中自然之理運而為日月分而為五星列而為二十八舍會而為斗極莫不皆有常理與人道相應可以理而知也今略舉其梗槩列之于下天體圓地體方圓者動方者靜天包地地依天天體周圍皆三百六十五度四分度之一徑一百二十一度四分度之三凡一度為百分四分度之一即百分中二十五分也四分度之三即百分中七十五分也天左旋東出地上西入地下動而不息一晝一夜行三百六十五度四分度之一（緣日東行一度故天左旋三百六十六度然後日復出於東方）地體徑二十四度其厚半之勢傾東南其西北之高不過一度邵雍謂水火土石合而為地今所謂徑二十四度者乃土石之體爾土石之外水接於天皆為地體地之徑亦得一百二十一度四分度之三也兩極南北上下樞是也北高而南下自地上觀之北極出地上三十五度有餘南極入地下亦三十五度有餘兩極之中皆去九十一度三分度之一謂之赤道橫絡天腹以紀二十八宿相距之度大抵兩極正居南北之中是為天心中氣存焉其動有常不疾不徐晝夜循環斡旋天運自東而西分為四時寒暑所以平陰陽所以和此後天之太極也先天之太極造天地於無形後天之太極運天地於有形三才妙用盡在是矣因太陽之精主生養恩德人君之象也人君有道則日五色失道則日露其慝譴告人主而儆戒之如史志所載日有食之日中烏見日中黑子日色赤日無光或變為孛星夜見中天光芒四溢之類是也日體徑一度半自西而東一日行一度一歲一周天所行之路謂之黃道與赤道相交半出赤道外半入赤道內冬至之日黃道出赤道外二十四度去北極最遠日出辰日入申故時寒晝短而夜長夏至之日黃道入赤道內二十四度去北極最近日出寅日入戌故時暑晝長而夜短春分秋分黃道與赤道相交當兩極之中日出卯日入酉故時和而晝夜均焉因太陰之精主刑罰威權大臣之象大臣有德能盡輔相之道則月行合度或大臣擅權貴戚宦官用事則月露其慝而變異生焉如史志所載月有食之月掩五星五星入月月

光盡見或變爲彗星陵犯紫宫侵掃列舍之類是也月體徑一度半一日行十三度百分度之三十七二十七日有餘一周天所行之路謂之白道與黃道相交半出黃道外半入黃道内出入不過六度如黃道出入赤道二十四度也陽精猶火陰精猶水火則有光水則含影故月光生於日之所照魄生於日之所不照當日則光明就日則光盡與日同度謂之朔（月行潛於日下與日會也）邇一遐三謂之弦（分天體爲四分謂初八日及二十三日月行近日一分謂之邇三分謂之遐三邇日一分受日光之半故半明半魄如弓張弦上弦昏見故光在西下弦旦見故光在東也）衡分天中謂之望（謂十五日之昏日入西月出東東西相望光滿而魄死也）光盡體伏謂之晦（謂三十日月行近日光體皆不見也）於月行於白道與黃道正交之處

在朔則日食在望則月食日食者月體掩日光也月食者月入暗虛不受日光也（暗虛者日正對照處）經星三垣二十八舍中外官星是也計二百八十三官一千五百六十五星其星不動三垣紫微太微天市垣也二十八舍東方七宿角亢氐房心尾箕爲蒼龍之體北方七宿斗牛女虛危室壁爲靈龜之體西方七宿奎婁胃昴畢觜參爲白虎之體南方七宿井鬼柳星張翼軫爲朱雀之體中外官星在朝象官如三台諸侯九卿騎官羽林之類是也在野象物如雞狗狼魚龜鼈之類是也在人象事如離宫閣道華蓋五車之類是也其餘因義制名觀其名則可知其義也經星皆守常位隨天運轉譬如百官

萬民各守其職業而聽命於七政七政之行至其所居之次或有進退不常變異失序則災祥之應如影響然可占而知也緯星五行之精木曰歲星火曰熒惑土曰塡星金曰太白水曰辰星併日月而言謂之七政皆麗于天天行速七政行遲遲爲速所帶故與天俱東出西入也五星輔佐日月斡旋五氣如六官分職而治號令天下利害安危由斯而出至治之世人事有常則各守其常度而行其或君侵臣職臣專君權政令錯繆風教陵遲乖氣所感則變化多端非復常理如史志所載熒惑入於匏瓜一夕不見匏瓜在黃道北三十餘度或句己而行光芒震曜如五斗器太白忽犯狼星狼星在

黃道南四十餘度或晝見經天與日爭明甚者變爲妖星歲星之精變爲攙搶熒惑之精變爲蚩尤之旗塡星之精變爲天賊太白之精變爲天狗辰星之精變爲枉矢之類如日之精變爲孛月之精變爲彗政教失於此變異見於彼故爲政者尤謹候焉天漢四瀆之精也起於鶉火經西方之宿而過北方至於箕尾而入地下二十四氣本一氣也以一歲言之則一氣耳以四時言之則一氣分爲四氣以十二月言之則一氣分而爲六氣故六陰六陽爲十二氣又於六陰六陽之中每一氣分爲初終則又裂而爲二十四氣二十四氣之中每一氣有三應故又分而爲三候是爲七十二候原其本始

貫一氣耳自一而爲四自四而爲十二自十二爲二十四自
二十四而爲七十二皆一氣之節也十二辰乃十二月斗綱
所指之地也斗綱所指之辰四月指巳五月指午六月指未（正月元氣所在正月指寅二月指卯三月指辰）
七月指申八月指酉九月指戌十月指亥十一月指子十二
月指丑謂之月建天之元氣無形可見觀斗綱所建之辰即
可知矣斗有七星第一星曰魁第五星曰衡第七星曰杓此
三星謂之斗綱假如建寅之月昏則杓指寅夜半衡指寅平
旦魁指寅他月倣此十二次乃日月所會之處凡日月一歲
十二會故有十二次建子之月次名元枵建丑之月次名星
紀建寅之月次名析木建卯之月次名大火建辰之月次名
壽星建巳之月次名鶉尾建午之月次名鶉火建未之月次
名鶉首建申之月次名實沈建酉之月次名大梁建戌之月
次名降婁建亥之月次名陬訾十二分野即辰次所臨之地
也在天爲十二辰十二次在地爲十二國十二州凡日月之
交食星辰之變異以所臨分野占之或吉或凶各有當之者
矣

地理圖碑

高六尺廣三尺二寸上爲額額下爲圖居碑十之七下爲文三十二行行二十二字字徑五分後題記四行行十四字字徑六分圖中標名字徑三分諸路用陽文均正書在蘇州府學

墬理圖（額三字橫列字各徑二寸陽文分書）

地理圖□□□□都邑亦詳且明矣則又取契丹女真之
地□□□□□南北形勢使人觀之可以感可以憤歟□
□□□□也九服之地自開闢以來未之有改而乍離□
□□不同周秦之世分而爲六漢魏以後裂而爲□□□
□而南北之勢成祿山叛唐而五季之亂起回視□□□漢
能以天下爲一統者僅十一耳將天時有否泰□□□德有
厚薄歟奚其治少而亂多若此哉此可以□□□□土壤北
屬幽燕以長城爲境舊矣至五代時石□□□□六州之地
以賂契丹而幽薊朔易之境不復爲□□□□百餘年　國
朝自
藝□□帝櫛風沐雨平定海內取蜀取江南取吳越取廣東
□取河北獨河東數州之地與幽薊相接堅壁不下王師□
駕說無成功羣臣欲上一統尊號　□□曰河東未下幽薊
未復何一統之有終謙遜不敢當也蓋至
□宗之世王師三駕河東始平而幽薊之地卒爲契丹所□

宋淳祐七年十一月

不能復也則
□宗之所以創造王業混一區宇者其難如此乃今自關以
東河以南綿亘萬里盡爲賊區追思
祖宗開創之勞可不爲之流涕太息哉此可以憤也雖然□
地之數離必合合必離非有一定不易之理顧君德何□耳
湯以七十里文王以百里有天下豈以地大民衆之□哉以
往事觀之則吾今日所以爲資者視湯文何啻百□□能修
德行政上感天心下悅人意則機會之來并吞□□追復故
疆盡歸之版籍亦豈難哉故曰亦可以作興□□□哉披輿
地圖指示鄧禹曰天下郡縣如此其多今□□其一君前言
以公而慮天下不足何定也禹對曰古□□王在德厚薄不
在大小善哉禹之言也光武起田閭□□□□□寇克復
舊物如取之囊中抑禹之言有以感發之耶孟□□□□□
□□□□□大國以德行仁者王王不待大自今觀之禹
之言□□□□□□□口眞可謂中興之龜鑑也故并
書之圖本庶幾觀者亦有所感發焉
右四圖　康山黃公爲
嘉郎翊善日所進也致遠舊得此本於蜀司臬右浙因摹刻
以永其傳寶祐丁未仲冬東嘉王致遠書

觀德亭題字并跋

高六尺五寸廣三尺一寸二大字居五之三左右各一行下截跋三十一行行三十五字字徑六分楷正書在蘇州府學

觀德二字居中字徑一尺四寸
寶祐丙辰孟夏
古汴趙與𥲅書二行分刻二大字左右字徑一寸六分
歲在柔兆執徐孟春壬寅
節𡍼觀相趙公先生再鎭吳門報政之五月以是日行鄉飮
于郡學粵四月壬午合鄉射于學之圃禮也古鄉大夫射必
先行鄉飮之禮飮所以序長幼射所以觀悳行賢夫揖讓而
無所爭不中而不怨勝己惟有德者能之繇其安行乎恭遜
之節習熟乎和順之體者有素也不然血氣之性能無爭物
欲之情能無怨乎故三揖三讓昭其敬也五豆六豆昭其等
也由是而貴賤明隆殺辨則以之備志體之正直持弓矢而
審固爭且怨何有哉然則先飮後射古人以此觀德行而亦
世教所關繫矣故　泰伯之國也莫大於天下而讓者三其
去揖升下飮之爭遠矣厥遂二千季聞忠信之教雖微而禮
遜之士不乏哉
朝文正范公始建鄉校古道復振嘗自謂曰士當先天下之
憂而憂後天下之樂而樂被其敎者闔復以勝己爲恐乎

宋寶祐四年四月　一

先生趙崇隂於衮繡之鄉德爵無慊於范公而政教有加於
往昔猶念風漓俗靡浸不如古思欲一變而還其初謂學莫
先於崇化而道莫易於觀鄉既咨郡博士四明林君濬致經
定式倫諸郡之彌文復命幕屬趙君孟憲王君次丑聯事合
治總庶務之靡密前期舍采于
先聖　先師越夕會鄉之耋老暨大夫士齒于飲所先以僎
禮延致　憲使宏齋邑公恢　庾使雲岩洪公燾而　先生
實主之三行百拜觀聽一新且班教給賚命諸邑倣行如郡
庠威儀盛美矣林君曰古人射禮必繼鄉飲之後蓋有為也
可舉一廢一哉撤射亭而新之俾衿佩游於斯習於斯無何
二
决拾既閑正鵠命中君曰可矣迺白請涖射　先生復為之
集衣冠合臺府旗旄庋止立司馬射人以節其進退之儀雖
二于二升降呂序發彼有的行同乎賓筵舍矢既均藏脩乎
行葦　先生喟然曰禮無古今鄉何轉移習俗之易也射可
以觀德信矣遂大書二字以扁斯亭銀鉤雙揭光彩蜚動蓋
與吳學相為不朽也噫　先生之化宏矣士當何如哉是必
味繹志之義樂采蘩之節孝弟好禮篤學稱道無愧於矍圃
歠觶之言可也它日試于
天子之澤宮而中者多與者盛豈直進爵益地為
先生榮哉當知士者民之表也禮者化之樞也昔文翁招弟

子立學官而蜀郡化於文韓延壽命諸生執俎豆而潁川化
於禮矧吳會素號文物之邦既辱
賢師帥作成之又得名師儒講行之目擊心諭俗其不古乎
嘗謂世固有言政而不及化者未有化行而政不脩者也
先生下車以來蠲斁雜以便民錄巨奸而戢吏招兵而增脩
核賦以寬征政之大者無不脩此化之所以易行也雖然風
動教化用之鄉人用之邦國一也　先生豈久私於鄉哉
挈斯世於三代之隆特一鄉飲射之推耳先收先生作棟梁
指日事也其次迺及楠與樸廣文二幔何遜焉景齊吳人也
且受知　師門偶綴底班弗獲聽政役幸前廡諸君有請輙
三
誦所聞以詔來者云門生朝議大夫軍器少監兼權金部郎
官兼　資善堂直講王景齊謹跋

重刊捨宅誓願疏文

高連額五尺五寸五分廣二尺七寸二十五行行四十六字字徑八分行書在錢塘。

捨宅誓願疏文額六字字徑三寸四分行書

大乘菩薩戒弟子承事郎直祕閣新權通判臨安軍□事兼

管内勸農事張鎡

右鎡一心皈命

本師釋迦牟尼佛　當來下生弥勒尊佛　西方極□世界

阿彌陀佛　十方塵界諸佛諸大菩薩緣覺聲聞　大梵天

王　帝釋尊天　四大天王　韋陀尊天　守護正法天龍

八部大權聖衆　五嶽四瀆名山大川祠廟神祇伏望　不

宋景定三年八月

離真際普賜證明鎡恭以欲導群迷必闡揚於　佛道將興

道教宜建立於僧坊勝福難思契經具載鎡生　佛滅後值

法住時幸發無上心願學第一義念真乘難逢於曠劫思慧

命常續於未來助行欲妙於莊嚴隨力當施於利益深心所

在至願方陳閻浮乃衆生選　佛之場震旦多大乘得道之

器教法東漸而獨此爲盛　祖師西來而其傳不窮由是衆

多之伽藍徧我清淨之國土或據名山勝地或居赤縣神州

皆古德之所興實檀那之自創伏遇

主上體　佛心而治天下崇祖道而護宗門惟錢塘駐蹕之

方乃寰宇觀光之地昔相國曾聞十禪之建今

在所未見一刹之隆　如來演教於王成蓋居精舍宗師接

人於閙市可立叢林都民賜擾而罕聞説法之音衲子往來

而靡有息肩之處慨斯闕典久矣經懷昨倦處於舊廬遂更

謀於別業園得百畝地占一隅幽當北郭之隣秀踞南湖之

上雖混京塵而有山林之趣雖在人境而無車馬之諠爰翦

荊榛式營棟宇勞一心而經始歷二歲而落成念勝處可作

精藍而薄德豈宜於大廈頤棲身之尚賴姑假舍而寓居淨

□自覈於艱實幻質累縈於疢疾求　佛祖之加被祈　天

龍之護持增長善根銷除宿業年得踰於知命運獲度於多

災必法尊經爰織方而成淨域延依前哲捨居宅而爲梵宮

用分常產之田永作香廚之供願主席者皆有道行使掛錫

者□悟心源爲東方立光明幢興末世灑甘露雨稊草不離

於當念布金何借於他緣言弗苟陳誓無終悔鎡竊慮事有

多障時不待人先期或至於報終異議忍紛於身後宗族長

幼朋友親姻或𢦤亂命之難從或謂名教之有害引屈到嗜

芰之説誚王旦削髮之言壞我良因奪我素志以至恃勢力

而求指占由賄賂而請住持輒汙指提妄談般若是岀　佛

身之血是斷正灋之輪死當墮於阿鼻生亟遭於奇禍特將

此誓痛警若人俾平一時之狂心勿受歷劫之極苦蓋念起

立塔廟□食沙門□通大事之緣成就圓機之善恭願

皇圖鞏固
睿筭增延期永措於兵刑庶宏持於像教上薦　祖先父母
次及知識□□□難三塗四生凡類志資熏而獲益總解脫
以超輪廣此願心周乎法界作菩提之妙行為淨業之正因
佛國俱□□□□□於極樂法身非有不妨面奉於　彌
陀普與有情同成此道謹疏
淳熙十四年歲次丙午七月初七日大乘菩薩戒弟子承事
郎直祕閣□□□□□□軍府事兼管內勸農事張　鎡
疏
景定壬戌中秋蜀閬州許文安捐金命工重刊永爲不朽
之傳
御前應奉余臬刊
住山息峯　行海　立石 以上三行在首二行之下字徑三分正書

此碑與廣壽慧雲寺碑皆景定三年重刊鎡孫櫰跋其後自當同在一寺而兩浙金石志失採何也據櫰跋此為鎡手書重摹上石者

重刊廣壽慧雲寺記

高連額五尺五寸五分廣二尺七寸十七行行三十字字徑一寸正書在杭州艮山門內白洋池

廣壽慧雲禪寺之記 額題正書字徑四寸五分
紹熙元年春　月辛丑故循王之曾孫宣義郎直祕閣前通
判臨安軍府事張鎡請於
朝曰願以城東北新宅一區效前賢捨為佛寺仍割田六十
頃有奇贍其徒董修植福以伸歸美報
上之志
上曰可賜額廣壽慧雲禪寺張君勳門佳裔自幼刻苦問學
年未強仕澹然無意於榮進閒居遠聲色薄滋味終日矻矻
宋景定三年九月十九日
攻為詩文自處不異布衣臞儒人所難能茲又捐所重以創
精藍尤難能者既得請乃一意崇飾以侈
上賜儆堂為殿凡佛屋之未備者悉力經營土木堅好金碧
煥發隱然叢林為
寓都壯觀見者起敬焉落成以書禱予為記予每歎世人苟
貴若富必思廣其居務極雄麗以貽厥後而夸無窮然歷世
未幾生息繁衍宏敞化為湫隘又從而分裂之蜂房蟻垤各
開户牖無復前日耽耽氣象劇或不競求售它人一再過而
為墟者有之固不若釋吝驕齊物我推己所有與衆共之為
長且久也異時寢處宴游之地千載儼然子孫登覽企想風

烈必有慷慨激昂思濟其美者世人識慮及此已足為達而
張君之志則又過之蓋自其先王受國隆恩河潤澤及迄兹
涵浸一身眇然圖報無所故為是舉以紓厥忠匪直為其私
也若夫鐘魚震動雲水鼎來演上乘而祝
帝齡
錫餘福以佑黎庶兹念一興亘千萬禩不能磨滅如佛氏所
謂願力者張君之忠(闕)有既耶子嘉其志故為之書太師保
(闕)軍節度使致仕魏國公史浩撰中大夫權吏部尚書兼直
學士院兼　實録院修撰兼　侍讀樓鑰書并題額
先大父少卿捨宅一區以築梵宮割田□□畝有奇以給

二

僧飯獨力營刱不假它緣盖思忠報之不已而植香火於
無窮也時　丞相留公奏請賜額　太師越王史公作記
攻媿大□□公書丹及　先大父所著發願文雄碑對峙
叢林逮今傳誦紹定厄於刼火寺雖重建而記文皆不存
蜀人許居士所藏發願文舊刻即　先大父手筆慨然捐
金礱石併寺記重勒以成山中之闕典請跋於余追慕感
嘆兆惟敬承　先志以詔後人且使緇流知安居暇食之
源而聞者亦足以戒云景定壬戌重陽後十日孫承信郎
閤門看班祗候張樫百拜謹書
王冊官余臬摹刊 以上四行在記後字徑五分

右在艮山門内白洋池咸淳臨安志云宋張循王之孫鎡
捨宅為寺紹熙元年賜今額俗呼張家寺按南湖集鎡所
居名玉照堂極林臺池館之勝四時帬屐接踵摩肩照燿
一時而宣獻此文則謂其閒居遠聲色薄滋味不異布衣
臞儒攻媿椽筆南湖雅詞似皆足以傳信何異同若此耶
然卒能屏去塵俗捨宅歸真終如文中所云釋吝驕齊物
我為長且久者迄今黃童白叟猶能指而道之 兩浙金石志
阮氏録此一意崇飾飾誤飭寢處宴游之地宴誤暝思
濟其美者毄思字已足為達足誤定而植香火於無窮
也於誤之厄於刼火厄誤危

三

宣聖像碑

高七尺二寸廣三尺六寸左有題識一行二十七字字徑一寸正書在蘇州府學

咸國十年歲在甲戌七月乙亥朔吳郡文學董師謙郭夢良命工敬刊

宋咸淳十年七月朔

褒贈趙卯發敕

石高四尺廣二尺六寸上截敕十三行行二十二字銜二十三行行字多寡不一字徑七分下截列宋史本傳二十五行行十九字字較上截略小俱正書在貴池齊山

敕

拔身成仁孔子明訓舍生取義孟氏格言既克著於精忠其可無於郵典朝請郎權通判池州軍州兼管内勸農營田事趙卯發志存報國義不辱身方哨騎長驅啟遂會降之計惟監州不屈獨堅守死之心言言大節之可書凜□英風之不泯用加褒贈以慰忠忱升之次對之班畀之□子之澤賜誄以旌其善立廟以妥其神非惟表人生之□三亦以愧臣子之懷二國知先軫儼然面貌之如生意□張巡能為厲鬼以殺賊庶幾精爽尚克歆承可特贈華□閣待制奉

敕如右牒到奉行

德祐元年六月十四日

平章軍國重事爚

左丞相都督諸路軍馬宜中

右丞相都督諸路軍馬夢炎

參知政事逵芝

僉書樞密院事兼權參知政事斯得

宋德祐元年六月十四日

兼給事中鏞

六月十四日午時都事陳南受

吏部員外郎兼左司王　付吏部

平章軍國重事

左丞相都督諸路軍馬

右丞相都督諸路軍馬

參知政事

僉書樞密院事兼權參知政事

吏部尚書

吏部侍郎

二

告故朝請郎

贈華文閣待制

趙卯發奉

勑如右符到奉行

主事

令史

主管院　某書令史

德祐元年六月十四日下　印　印

右上截

宋史本傳

傳□不錄

水調歌頭詞

高三尺七寸二分廣六尺四寸十二行行存八字字徑四寸正書在巴州

靄色湛空碧爽氣政字闕一妹登高行樂□來只□古巴州掃

去塵埃米□携取煙雲杖屨容我□清遊坐上盡佳客一□

破千憂倚虛壁臨絶□上層樓黃花杰葉鳥□啼斷四山幽

醉裏不□歸去空有亂雲衰草□日幾多愁舞鶴在霄□宿

鷺點汀洲

水調歌頭

如合州徐□殘字

宋末

高一尺三寸七分廣三尺五寸七行行二三字字徑四五寸正書在合州

五百年前知合州莊□□□□□轉□徐□□

遼一

盤山感化寺辛禪師塔記

高一尺七寸三分廣二尺一寸二分二十八行
行二十二字字徑七分正書在京師端午橋家

盤山上方感化寺故辛□□□□塔記

靈龍軍節度掌書記汾約七八字察御史賜緋魚袋張□□

粤惟開示悟入四義日就達此真□□□□□王心非心所繫
法無法可宣萬有都亡一言頓悟□□□三祇而精進觀四
智以通明即　　我感化寺辛禪師者矣　　禪師諱智辛

遼應曆二年十月廿五日

俗姓王氏金□三河人也昔□成周而分玉冑慶流緜嶺世
保淮源祖讓積德弥高猷紫不仕父從遺風益著守道居閑
禪師氣稟圓和性惟沉靜爰從佩觽便悟出塵神穎不
群風鑒高邁糠粃仲尼之典錙銖老子之言考彼兩宗伏膺
大教年十有五憤悱違親礼栖茲寺降龍大師門人徽禪師
落髮金刀灰心玉刹精勤求法夙夜登神□□□載本寺依
年受具戒□□方捻聲聞之客行情深□物□□□□之懣心
訪真侶於江南礼名山於湖外一祭□□□悟□攆緜是覽
大藏經明諸イ行回飛金錫曾届青州□□衆以開禪乃五
使而請益歸依轉甚弥重弥增　　禪師自傳□祖之衣將
付一□之理故山却返法□重開□□□人□居丨都邑□
崇國□□□□□來往如雲　　禪師去天祿五年仲秋中
旬□□□數日忽□剃髮着衣告門人日吾來也久其去也
常各了真空共成道言訖示微疾至廿四日坐化瞑□□□
□□安禪感想鶴林宜歸火葬至廿九日幡花□□道俗□
□□□□□城□□□□雲愁寒郭水□門人崇德崇信崇
□崇益崇閏崇廣　　□弟子瓊習□□□□□□□□□
□恩重孝敬情深絶曾子之漿泣□□之□□□□□以應
圓二年□次壬子十月甲申朔廿五日戊□□□□□東嶮
起塔□□□□□□□□但□□□□□□□□□微猷而不
□行末半泐
□寺泐下　　石匠馬士一刊

崇聖院碑記

高六尺五寸廣二尺六寸二十行行五十五字字徑一寸正書在房山西北二十里

三盆山崇聖院碑記　額

大都崇聖院碑記

朝奉郎守司農少卿范陽郡開國男食邑三百户賜緋魚
袋王鳴鳳撰
涿州學廩膳生員盧進達書

大覺垂慈聖人利物是故發源西國則優塡創其始移教東
域則漢明肇其初導四生於寶所運三有於大乘巧使現
權之教以救未來蒙迷時有范陽僧人惠誠俗姓張毋孫
氏丱歲禮惠華寺玉藏主為師授以天台止觀攜錫縱遊
逕過此處地名三盆山崇聖院見其山名水秀地傑人豐
林樹欝茂巢株滋榮殿宇頹毀古跡猶存石幢一座乃晉
唐之興脩實往代之遺蹤惟見一僧耆年老邁病患相仍
嘆之不已嗟之不息遂迺發心募化衆緣郡公王希道張
仲釗蕭名遠楊從實等同發誠心各捨己資於
大遼應曆二年戊辰歲三月内興工至應曆八年甲戌歲八
月中秋營理大殿三間中塑
釋迦牟尼佛左大智文殊師利菩薩右大行普賢菩薩兩壁
懸山應真一十八尊羅漢東西伽藍祖師二堂兩廊僧舍

二檻鍾鼓二樓晨昏　梵唄用宣
佛化引導群迷上祝
皇主聲固　帝道遐昌　佛日增輝　法輪常轉
今則殿宇一新金碧燦爛山門廊廡俱已完備殿此真石
永為千古之叢林萬代之不磨者矣　是為記　銘曰
應曆年間重建　多虧衆信施財　殿宇金碧交輝　聖
容燦爛爭鮮　鍾聲朗朗響山川　鼓韻鼕鼕霄漢　碑
石萬封不磨　莫名古代留傳　人人瞻禮福無邊　鷲
峯靈境不換
大遼應曆十年丙子歲四月吉日立碑住持惠誠
同徒清良　清真　清寶　清瞢　清□　清彤
徒孫　淨堂　淨受　淨鐸　淨山　淨海
檀越芳名王希道李氏　張仲釗劉氏　蕭名遠郝氏
楊從實盧氏　李伯通韓氏　劉字棄邵氏　郝少達
錢氏　盧進學崔氏　王古文盛氏　田福通康氏　崔
福銘樂氏　史永成高氏
鐫字石匠段得聰

碑記遼僧惠誠修殿塑像始於應曆二年戊辰歲至八
年甲戌告成十年丙子立碑按遼穆宗應曆二年為後
周廣順二年太歲在壬子八年戊午十年庚申若戊辰

壽昌六年當刻有
故洪據遼史考二

則爲應厤十八年甲戌爲保甯六年丙子爲八年碑遽
差十六年殊不可解銘靨題書亦俗山明誤名地傑人
豐有顛倒字記云石幢一座乃晉唐之興修實歷代之
遺跡按碑陰刻明嘉靖年禮遊題名前敘古跡云晉建
武元年丁丑歲二月上旬僧人惠淨開創結廬精修淨
業觀禮弥陁晨昏參究於甯康二年甲戌歲無疾忽覩
金蓮臺三聖來迎異香滿室奄然而逝唐貞觀十二年
戊戌歲僧人義端來住此山脩飾院宇□意禪誦至顯
慶五年庚申歲重陽日別衆坐脫而化帝代有僧未顯
其名難以□述照依碑中前文留書碑陰云云即所謂
晉唐遺跡也然則院當有唐石幢記其事嘉靖時猶見
之後不知何時就佚

經幢類列

李崇菀爲父彥超建幢記

高四尺三寸餘八面面廣六寸餘八行與四寸餘七行相間行六十八至七十餘字不等字徑六分第八面記五行並正書在廣昌

□頂尊勝陁羅尼經　并序

攝絳州防禦衙□耿匡輔書在標題下

序及經不錄

若夫　皇覺□仁福祐含識　玉毫垂照有感必通　金臂
舒光無幽不燭救衆生之危苦拔旁類之罪殃敷妙法以誦
持樹□幢而刊勒隨其解脫□□□靈即　尊勝下闕　毅勇

功臣前武定軍內外馬步軍都指揮使兵馬都部署金紫崇
祿大夫特進檢校司徒使持節易州諸軍事易州刺史兼御
史大夫上柱國隴西李公彥超男崇菀以　父當唐祚替
陵　大遼啓運□下闕　兩朝權綰□師警禦邊徼因茲阻闕
徒翳　晨夕之心積變炎涼莫委　存亡之耗緣是須虔
梵□特立　法幢上禱　金僊福祐　慈父悳者保延　祿
壽披　惠日以長榮奄謝　英下闕　□是刊貞珉崇此　勝
因慶賫奕世時應厤十六年歲次丙寅五月乙丑朔二十二
日丙戌巽時建　功德主前攝武定軍節度巡官李崇菀
母段氏　新婦韓氏　男望翁　王九　王下闕

院主僧惠光　僧判官沙門惠雲　僧匡翮　沙弥□

僧

熾盛光真言曰 記一行半在後不錄

前武定軍石匠都作頭董進遇陳紹贇鶴　王思柔

苑福□ 下闕此在末半行下

幢在廣昌城內建於遼穆宗應厤十六年宋太祖乾德四年也廣昌故漢縣北魏省宇文氏復置隋改飛狐唐屬蔚州石晉以之賂契丹遂為遼有李彥超及其男崇苑俱無考記言當唐祚替陵大遼啟運 闕約十餘字 兩朝權綰□師警禦邊徼因茲阻陽徒懸晨夕之心積變炎涼莫吞存亡之耗彥超蓋自唐末遭五季之亂仕於遼而不知所終者彥超官位甚崇必有勳伐而其子莫悉其存亡何也武定軍遼志在奉聖州馬步軍都指揮使及兵馬都部署茲見百官志金紫崇祿大夫即金紫光祿大夫遼避太祖名改之蘭泉先生雲居寺四大部經記跋以為未詳者偶失攷耳

許延密建陁羅尼幢

高二尺八面面廣三寸八分與三寸一分相間經七面各三行三十字以內不一記一面四行行字不一字經七分正書在易州

佛說佛頂尊勝陁羅尼曰

攝北王府推官董文整　書　涿郡邵郁鐫字 在標題下

在標題下

唐開元三朝灌頂國師和尚特進試鴻臚卿開府儀同三司肅國公食邑二千戶實封三百戶贈司空謚大辯正大廣智大興善寺三藏沙門不空奉。

詔譯 此與標題一行凡三行為第一面

經不錄

大契丹國統和廿八年歲次庚戌十月戊寅朔九日丙戌晨時建

西門功德香幢子施主男弟子許延密合家供養女弟子妻王氏　長男守瀋　次男和尚奴　男守信　男守式　男佛奴　男神奴　姪男守□　女党郎婦孀子楊氏　新婦馬氏　新婦石氏　孫女進師和孫女宜師　孫女越師　孫女住師

吳從諫等建陁羅尼幢

高四尺三寸八面面廣七寸二分五行與三寸八分三行相間經五面行二十九字字徑一寸題名三面字特小正書在固安西南五十里楷林村

佛說佛頂尊勝陁羅尼曰

經不錄

景福元年歲次辛未十一月甲戌朔二十一日甲午丙時

建（在第五面經末）
燕京左街崇仁寺沙門德□書　當寺沙門雲震同書
涿州井堂院僧知堅揚村趙化
成造人涿州攝彰武軍節度推官吴從諫同造人男攝晉
州觀察推官上鶻字人男守素同造人男守信男康八孫
延哥
禮讓村□事郎試秘書省校書郎前守白川州咸康縣令
武□尉杜允文弟蔚州司法参軍允昇獨留村郝鑾（以上三行）
（在經末半行及年月平行下上空二寸餘）
獨留王用母李氏弟小□錄（以下皆村男女名氏不錄此行在前三行之右）
周元妻王氏男奴兒又兒女□□（此在丙時建三字之右）
禮言村黄司空（在弟六面行首〇六七八面皆助緣人每行約百餘字多半漫漶茲錄其村名及結銜之可見者餘不悉錄）永清薛家莊（二行下）義軍軍使銀青崇祿大夫捡校
武騎尉成進□　西□和村　君子村　義后村　北羅城
中公由　南孟　宛平縣崇福村（以上五行）在郝村　崇仁寺
括樓城　胡家務　翟村（以上六行）在當村院主沙門　郝維
那　副維那　維那　錄事（以上邑衆等在弟七面其下題名十二行字特小無行）
（可存）摘尊勝陁羅尼并心經施主彭家盧氏磨（此下約七十餘字泐多半）
合家計一十五口願共值龍花初會同捘菩提之記（此弟八面首行）
留守衙銀青崇

祿大夫□□□□□武騎尉固安□□前□押官（在二行）□□
□永泰軍押司官　攝長慶軍節度推官（以上在四行）□城村義
軍軍使銀青崇祿大夫捡校武騎尉（在五行）內觀察使知源州
軍州事兼管內巡捡□□勸農□□守□等使（在六行）
遼史地理志涿州置永泰軍上刺史屬南京彰武軍節
度屬中京霸州吴從諫結銜稱涿州攝彰武軍節度推
官者蓋籍涿州而攝官在霸州彰武軍也白川州志作
川州統縣三一曰咸康杜允文作令時猶未改川州故
書舊名惟志云川州本青山州地太祖弟明王安端置
會同三年詔為白川州安端子察割以大逆誅没入省
曰川州按察割誅在穆宗初年至造幢之興宗景福元
年已八十年杜允文守咸康在八十年前而猶得題名
此幢必壽過期頤乃可竊疑史文有誤及觀興中府下
有統和中制置建霸宜錦白川等五州語是聖宗時猶
稱白川州非應歷初没入即改志於省曰川州上過從
簡略故耳長慶軍屬上京之成州源州屬東京道晉州
觀察遼志不載
韓村邑人等建陁羅尼幢記
高四尺七寸八面面廣七寸四分與四寸八分相間經二
面七行四行又弟三面一行行四十八字字徑八分記三
面各多一行行五十六字字徑七分題名三面六八面各
七行七面十二行橫列直下長短均不一字徑五分正書

在定興東韓村

佛頂尊勝陁羅尼曰

行下有邑人名氏四人乃末一面餘出環刻於此

真言不錄

易州容城縣韓村邑人等建佛頂尊勝陁羅尼幢記

張村攝南王府掌書記鄭、下　撰

伏以　佛頂尊勝陁羅尼經者出世間之法号佛頂之經
爰在西方昜流東土遣佛陁再取文殊要利於四生令善住
嚴持帝釋爲傷於七返卷同毛芥量廕江山九十九億之□
共詮秘密三千大千之界悉度含靈異口同音皆說清淨摧
邪顯正其實不虛觀察籌量數未曾有流通遍見本今古於
無始時來歷數難窮指塵墨而更超劫已自傳漢地譯出唐
言其言則唐梵雖殊於理則功德何異如灌甘露充塞幽遐
屏三惡道之執言却十易門之關鑰又云陁羅真梵内典圀
源澄清含玉沼之泉湛淨爍螗光之影或其教人書寫或即
依法受持業緣而返變善緣短命而復增壽命是知修因得
果表聖從凡人變火而尚魁金　佛說經而應滅罪功緣
當村寺院先因臣汎併毀前基法宇崩摧空門淺從檀信謂
曰人不修陁善何以證菩提佛不盡纖瑕焉能達彼岸遂於
　皇朝建號開泰二年三月内四村人等共糺邑七十餘
人兼請到東五臺金河寺臨壇大德僧惠稱作功德主蓋三
間之寶殿地踊天垂造十所之金容鬼功神化對持兜率惟
此金蘭量其殊□之因顯是能仁之德良工至巧屏障難圖
□花檻以栽松不招凡鳥俯香堦而鑿井待引毒龍依佛柢
少法幢未圓勝景當村邑錄劉習等欲援前□又慮類煩四
相遷移寸陰切覺遂乃改更村社廻作邑人各抽汗血之財
便聚国山之物仍乃徵求巧匠選揀奇材傾心待擊於荆山
應意幸獲於玉石俾其飛鎚走鑿迸火流星論清翠則水結
寒氷比瑩淨則鏡懸秋月上聳金蓋安　帝號於龍龕下
拯酒弥列　覺皇之神呪兼以雕鐫衆像題錄諸名歲月
逝而勝教存天地□而功德在但塵霑影覆離苦歸人住鬼
趣傍生非因獲果先有故佛殿功德主沙門惠稱講經律論
紹天人師居僧首之宏綱契佛陁之大□□□□衆臺山寺
□於金河隨戒□□□□人□□□□又乃文章博達德行
溫良□□□不□空□□□□曾□地今有當村邑人等
□俗歡俗在家出家平居致敬於二親既悟□歸於三寶覩
相生善習以性成樂三種之□車跳出火宅憶四門之生老
亦□□山今則别啓丹誠仰□素願向我佛前面作堅固之
良因在法界之有情布普霑於利益所作已辦喜不自勝顧
稽首□永爲供養切以□名□鄉貫性好醫方慕老子之門
徒□親爲言奔光君之典籍休聚□光然乃揀摭群言□添

本□每逢苦病若切己身大行但離於膏肓神驗竊方於靈
扁是日遭逢起建請述讚揚慚虧愽考之功恐失穿鑿之用
又況□道下品及以僧門凡立碑幢皆製文字莫不上人精
撰逸士討論猶稱不備之詞蓋取勞謙之義既詳如是黙敢
沖陳撮樞要以删繁存其當用□□□而所作敦肯刑馬時
重熙三年歲次甲戌八月丁巳朔四日庚申丙時建　徵
事郎徵事試大理評事守易州容城縣令飛騎尉馬　□□
承務郎試太子正字守容城縣主簿兼知縣尉□□尉汾
汾廿三金河寺講經律論□□大德汾以上三行在記後上一列當村□
乙室南王府巡官□□亡父故東□州左都押衙晏□亡
母李氏此記後弟二列之首行其次行止見汾門□倫三字餘及弟三行皆漫漶難辨
當村攝乙室南王府文學王延□此記後弟三列之首行其次三行全滅
當村人□剮妻張氏男文□妻趙氏次男文□妻房氏□
女□□女鵰兒□兒汾約十字猪畬
大康七年□月十日重建以上四行在記後弟四列是後人附題
弟六七八面皆助緣人衆名氏有横排成列者有直行聯綴
長短不齊者半就漫漶約五六百人稱邑録邑正邑長者各
一人餘多稱邑人其直行聯綴者或領以村名皆無
足録惟弟八面有攝乙室南王府巡官及文學數人
許延密造幢之書人董文璧衙曰攝北王府推官此幢
撰人鄭卞曰攝南王府掌書記題名中又屢見乙室南
王府巡官乙室南王府文學等銜按北王府南王府乙
室王府並載遼史百官志遼制官分北南院北面治宮
帳部族屬國之政南面治漢人州縣租賦軍馬之事太
宗會同元年升南北二院及乙室夷离菫為王夷离菫
者統軍馬大官也自是史或稱北院大王南院大王或
稱北大王院南大王院或稱北王府南王府南北二王
府南北府皆即此乙室契丹外戚國舅帳之一族與二
院並升為王史或稱乙室王乙室大王或稱乙室王府
乙室府或稱北南乙室三府皆是又按西京諸司控制
西夏者有南王府北王府乙室王府為北面邊防官則
不獨朝官有之矣二幢所稱推官巡官文學掌書記等
蓋邊防府之屬官也惟乙室與南王各自為府而幢稱
乙室南王府併二為一其制未詳志云乙室部在朝曰
乙室王府有乙室府迪首里節度使司按此即邊防乙
室府意者邊防乙室或可兼南王府歟俟再攷五臺金
河寺聖宗本紀統和十年九月癸卯幸五臺山金河寺
飯僧即此東□州闕文考史為勝字

開元寺沙門繼嵩書幢

高二尺一寸五分八面圍三尺一寸經五面面四行行三
十一字字徑六分題名一面三行末行及七八面佛號興
題名相雜行字疏密大小不
一俱正書在易州龍興觀

佛說佛頂尊勝陀羅尼[illegible]日

開元寺講經論沙門繼嵩書　匠人陳下泐

經文及不空譯經銜名不錄

重熙十一年歲□壬□□□□□戊朔□□□□□□□建

此後沙門等衆題名不悉錄摘其名稍少異者如下

講□□上生經沙門　前院主沙門　講百□論上生經沙
門法幽　院主誦六門陀羅尼沙門　□明王經沙門　誦
法花經沙門　此後佛號與題名人相錯雜剝蝕不甚可辨茲不錄

空鄉寺陀羅尼幢記

幢二層此其下層高三尺二寸八面面廣七寸五分與五寸相間弟一面額在上截額下題祝辭三行二三四面記四行六行行二十五至三十六字不等字徑七八分五面至八面題名八行五行字數不一並正書在定興空鄉寺

佛頂尊勝陀羅尼經幢一額三行九字字徑寸八分在弟一面
大契丹國奉為
皇帝皇后萬歲燕王太弟良
王千秋文武官班恒居祿位雨順風條万民樂業

以上三行在額下字徑一寸七分至一寸行末尤小

伏以如來滅後衆教由興四衆歸依之處賢聖同遵敬之例
彼愛河越於苦海毀之□於十惡墜於三塗金光明經云薩
朶似虎十一而超雪山訟持□於六雙過去未來諸佛同共
宣說照啟幽冥所有功德塵霑影覆並得生天之果南張村
張□□□妻李氏成僅妻張氏成永女以上弟二面

名

夫聞佛開誘進之門式貽□法□□將來之果必建精妙法
幢能濟含靈必超彼岸□佛與法如世舡伐佛陀波利志訪
遺蹤情存道返復而□□□不憚驅馳涉沙渡以圖勞負彼
真筌□於此□疑操惠炬□群□彼寘□圀似□慈舫利於
四生□□苦海莫不持之者□附聖位□之者理脫樊籠或
有□蘊巖嵕或有書存樓閣諒慈功德鑒證菩提報應無虛
隨之有驗　今有當村邑衆等□林易水金臺楊林司空□
謂衆聖□居將吉祥□斯記於是遐鳩哲匠□化多人以□
經時興事任力　馮氏男郝宜以上弟三面
立績三載無騫功乃可嘉□□不測霑礼影仆除七返之殃
圖像聞音永息三塗之苦式窮神力郡鑾管瀞恭願我聰
文聖武英略神功睿哲仁孝皇帝德紹金輪　□登寶位君
臣歡洽樂業合璧連珠之瑞每煥堯天芝草之祥時生禹□
更願信士等姓代祖宗生身父母雲□水止識性含□除苦
慳□兹大事達人□□刊石題名□□□下泐以上弟四面
易州易縣易水金臺下泐
維那施主　張福貴合家共施錢壹拾貳貫文此弟五面首行及次行行
首其下及六七八面皆村邑施主男女姓名施錢自數貫至數十文不等錢有作各者均不錄
重熙二十二年歲次癸巳四月庚午朔十五日甲申再建
幢稱大契丹國奉為皇帝皇后萬歲燕王太弟良王千

秋記又有聰文聖武英略神功睿哲仁孝皇帝語按遼興宗改元重熙十一年上尊號曰聰文聖武英略神功睿哲仁孝皇帝二十三年上尊號曰欽天奉道祐世興歷武定文成聖神純孝皇帝幢立於二十二年故仍稱聰文等十二字也契丹建國大遼據史在太宗大同元年五代新史云會同元年其後去遼號仍稱契丹及復號大遼史皆未載萃編雲居寺四大部經記碑跋採查悔叔紀遊集一則據東都事略以糾遼史之疏漏已見原書茲不具述蓋遼自聖宗統和以後道宗清甯十年以前八十餘年國號皆稱大契丹此幢亦其一證燕王太弟者皇子表聖宗第七子名烏格興宗之弟封燕王嘗為南京留守當即其人良王疑當作梁王本紀重熙六年封皇子洪基為梁王也惟梁王於十一年進封燕國王嗣又封燕趙國王幢不稱當時封國而稱初封王號何耶然遼史無良王其人且於皇帝皇后燕王太弟下特書良王則惟道宗以皇子初封梁王者足以當之幢出村衆手撰書皆陋字多訛俗船䇳作伐慕適作幕哲匠作哲正皆是其誤書前封而又以良為梁不足責也

孫匡宇等建幢題名

存高一尺三寸八面面廣五寸八行與二寸五分四行相間弟一面經字徑八分餘皆題名行存字不一字徑五分

正書在永清茹葦村

破地獄真言　□繼孫殿試進士祺并書

經磨滅後似有記文不可辨不錄

上泐熙歲次已卯十月十一日下泐在弟一面末一行

重熙二十三年八月旦□建幢孫匡宇等

存穀故父□男安兒弟小字十一　故母張氏外生呂再呂□呂璁

呂間　從孝權居崔家務故祖永保故父□母張氏男猗兒弟

從政　男乞兒次弟從亮有男猗猪兒次弟從訓有男喜兒外

生呂万呂□呂進　以上弟二面以下各面題名都翻此三五七面漫漶茲不復錄

孫孝純三司押衙　故祖匡信御史臺令史將仕郎守汝州

叅下泐此弟八面之首行餘三行皆其父母兄弟子女名氏

記後□熙歲次已卯是為重熙八年而建幢乃在二十十三年相距二十五年文多磨滅不可知其故也

法喻等為師造陀羅尼幢

高二尺八寸八面面廣七寸與五寸相間標題一面經四面面四行六行八行約二十八九字字徑八分記三面五行七行行約三十五六字不等字徑四五分並正書在房山中峨寺

奉為　本師建佛頂尊勝陀羅尼之幢弟一面大書三行行六字字徑二寸

佛頂尊勝陀羅尼

真言不錄漫漶已甚

弟六面記文磨滅

泐七字生□師□不泐十三字重灑十七年孟秋月蓂生十四葉俗
壽四十有□乃化緣終矣痛□□而一□悼泐五字是時群品
泐六字乃於□南拔涅槃彳□積香□而□尋泐五字咸雍二祀
二月三十日有門人法喻　法□等有先師之遺□□□□
賢之令望□有奉先之孝曹無忘本之心欲報先師泐下恩於
寺東南隅敬造尊勝密言幢一坐伏願法師塵霑餘□□□
超十地之泐下軀一生圖曠劫之果尔
當院菀□□□前首座耶耶□□門侍三人　先師□□法
花上生經下泐以上第七面
我師門□□三人以下及後三行一片模糊偶見二三字皆僧徒題名
維咸雍二年歲在丙午二月乙酉朔三十日泐○以上弟八面

缺名為男建陀羅尼幢

高二尺四寸八面面廣六寸與三寸五分相間弟一面有額經六面面五行三行行約二十餘字字徑八九分記一面字較小正書在房山東峨寺

奉為
殁故出家男建尊勝陀羅尼塔額四行十四字字徑一寸四分

此下模糊似無字

經漫漶不錄

記約五行僅一二字略存形似無可錄

維咸雍三年二月十二日建在後記

李晟年等建幢記

高三尺八面面廣五寸二分四行與四寸三行相間經弟一面漫滅二三面行約四十字字徑八分四面年月一行五六七面記頌字徑一寸八面題名並正書在涞水西三十里累子村大明寺

經標題漫滅文不錄

維咸雍七年歲次辛亥十一月任午十一月十五日建
涞水縣遒亭鄉累子村李晟年出家女法戶等
奉為
先亡父母耶耶孃孃等將建尊勝陀羅尼幢子一坐於此塋
內亡過父母先亡等或在地獄願速離三塗若在人世願福
樂百年其父五戒於咸雍五年終於九月殯之葬在莊東落
北約一里林塋之西故建此幢
五戒頌曰　伏以五戒　於家存孝　於國盡忠　一生慈
善　性行敦柔　□□苦空　設齋報施　持戒誦經　恒
修進道　三十餘載　常齋不闕　生生世世　常生佛國
生　孝哉李公　善治家風　百行豈失　三教俱通
上補先靈　下滋後嗣　塋石勒經　興幢表志　人天造
善　天必降祥　門傳大慶　家滅餘殃　教記西方　化
流中國　人發信心　佛乘惠力　孝思虔啓　陰隲潛伏
嘉□斯□　万古傳□　提行低一格幢主李晟□　□姊韓郎婦　出家
□女法戶　長男□□　次男韓兒　次□韓□　□三
□女　妻劉氏　男新婦劉　男□□□□　姪女崔郎婦

史郎婦
十一月任午以任爲壬當是月朔建辰其下又有十一
月字乃衍文也女法亍兩見皆如此作或以世宗諱瓦
欲故闕筆歟

傳逐秀等造幢記
高一尺三寸八面面廣五寸六分與三寸六分相間經三面五行三行行九字字徑一寸餘記二面三行六行題名三面字大小不一正書在涞水水東村龍巖寺

阿閦如來滅輕重罪障陀羅尼
經不錄
維大遼之國燕京易州涞水縣遒亭鄉水東村邑衆傅秀
等先於寺西約□步有相承古塔一坐村衆共重興□內新
有弥陀石佛一尊特□渾全我佛已記爲有餘錢又塑□顏
新造香幢一所薔□滅罪今施香幢保鎮當村□灾勿起八
方咸懽有施譔名在此　咸雍歲次九年癸丑壬申八月之
朔二十二日癸巳□時建
此後村衆姓名一面四行一面五行一面二行行各六人餘不具錄
奉爲　今聖帝時敬造香幢一所此在第八面之末
經有阿屬毗夜野句屬未知作何讀歲次九年癸丑壬
申八月之朔皆倒文

沙門奉暹等建陀羅尼幢
高二尺四寸八面面廣八寸八分四寸三分相間題一面經六面七行三行行十六字字徑一寸題名一面三行行字不一正書在房山中城寺
奉爲殁故和尚建佛頂尊勝陀羅尼之塔額四行行十六字字徑一寸五分額下
刹寺門形
佛頂尊勝陀羅尼曰
經不錄
缺師公　講經沙門奉暹　缺三人持念沙門法□　缺
沙門□□　沙門法□　姪二人持念沙門志勸沙門志□
沙弥□□青漢
咸雍□年三月四日建

高秘建陀羅尼幢
高四尺七寸八面面廣五寸八分三寸八分相間第一面上截題額下截有題記餘七面皆經三行四行行三十四字字徑一寸二分第八面字較小正書在涿州房樹村
奉爲自身亡室特建佛頂尊勝陀羅尼幢額二行行八字字徑二寸
涿州范陽縣理謙鄉劉村里故安次縣令男高秘　妻劉氏
故　妻衛氏　男捕哥　男折悉婦劉氏蘊氏故
新婦向氏　孫男貴奴　孫女畢哥　二姐額下五行此題第一行自
額下起二三四行起處皆與前行妻衛氏銜字平且上有佛號及真言等三行不錄
咸雍十年歲次甲寅十一月乙未朔二十六日巽時建在額下末行

百二十佛幢

高四尺三寸八面一三五七面廣五寸七分佛像十列每列二龕無字二四六八面每列一龕左右各有題字多寡不一字徑六七分正書在東安

第二面右一行題字盡滅

上泐當寺僧在六列左下泐十尊佛在八列左以上第二面

上泐□李氏第三列右下泐□佛二尊第九列右　上泐當寺僧第六列左

下泐□佛二尊第九列左以上第四面

上泐□十五佛第二列右□三十五佛第三列右□佛第四列右藥王□□菩

薩第五列右藥上□□□薩第七列右長□上菩薩王第八列右九之壽王

菩薩第十列右□□佛第一列左下泐□在佛第三列左下泐大康六年四月

九日下泐奉為法界衆生　特建以上第六面

□□五年五月十五日重建□□□□施主圓□　□座大

師善□　□主法師圓忠　寺主圓□等　□□沙門圓□

此行在右都維那沙門遵義□□錢帛□驛□一□外庫圓興

典座遵□　功德主沙門圓超　成造匠陳敬遵此行在左以上第八面

張德讓陁羅尼幢記

高四尺六寸八面面廣六寸餘與四寸餘相閒經一三五行二面四行又第四面一行行四十三字字經一寸記第四面三行與第八面題名四行字數不一體略小五七面五行六面四行行三十二字字經一寸餘正書在東安留禱村甯國寺

佛頂尊勝陁羅尼呪曰

經不錄

大遼燕京析津府安次縣惠化鄉留馬里前留守押衙知客

銀青崇祿大夫兼監察御史武騎尉張　景運　奉為

景蓮　奉為

先亡祖翁考妣特建　佛頂尊勝諸陁羅尼幢記

孫男鄉貢進士　□□　撰

燕京承應　兩朝禮信司書表將仕郎守均州參軍張惟

白書

夫人子之奉　父母生則養而恭沒則享而敬其禮然耶□

有過咎不利於長往嗚呼奈何盍聞　佛頂尊勝陁羅尼能

與衆生除一切惡道罪障□□若非已靈以祐逝者則是其

不孝矣即有　景運等常深不匱之懷永念罔極之報況

我亡考前攝洛安王府文學姓張名德讓字聞善世代本安

次縣留馬人也自佩觿之歲□然不群深□慕道之□廻□

出塵之見造善事以無厭抱　慈心而不退時時讀誦□□

經日日持念諸佛□□我亡妣幼從姆教長習閨儀在室稟

曹家之訓適人□陶氏之賢性善□慈崇敬　三寶以日繫

時恒念諸佛是為常課偈

二親之已□慮三惡之久況　景□等況屬眷族□盛產藉□

□事

先塋之□□為□□之□□□□於　先考妣墓側建是　勝
幢鐫斯祕□□冀□□□景□罪日得而滅福日得而生一變
苦惡之塗永作清涼之地更願五服之內□□先亡亞承資
薦之因俱逐解脫之理　景運敬報垂念難吞於昊天不待纏
哀空悲於淨樹遂乃喜　捨淨財選求翠琰將成勝事必藉
良工敢輒罄於荒蕪故特憑於列勒誠謂斯幢既立庶有無
溥天率土動植飛沉凡有眼臨盡同休慶　余　孫抽鄙思聊
紀　先德時大康七祺三月十九日記
故祖翁魏州觀察支使朝議郎試大理司直兼監察御□□
□□張翼男孫功德主景運次孫景延次孫景逸留守押衙
通引官副行首重孫永貞重孫女劉郎婦重孫三人永堅
永□　泐此行並後二行皆家屬名氏不具錄

鄭某及妻董氏建幢
高三尺八寸八面面廣五寸九分四寸七分相間經七面五行四行行二十七字字徑八分正書與梵文夾行題名一面六行字特小在永清茹葦村
佛頂尊勝陀羅尼日
經不錄
大安二年歲次丙寅十月三十日甲時建立
上泐一尺一寸餘妻董氏　奉為　先祖耶耶娘娘獨辦雜寶藏
棻子經壹藏記　又特建佛頂心尊勝陀羅尼　幢
泐八寸佛自□□□若人能書此陀羅尼安高幢上或安高山
或安樓上乃至安置窣堵波中若有四衆族姓男族姓女於
幢等上或□或□□□其影□自或覆風吹陀羅尼幢等上
塵落在身上彼諸衆生所有罪業皆悉消滅不可盡說不可
盡說
□□□□□　□□□□□　父鄭ㄐ　母李氏　叔鄭朏　孀
子田氏王氏　故兄右承制鄭顏　故嫂郅氏　堂弟三班
奉職鄭顥　妻趙氏　故堂弟鄭瓓　妻傅氏　後二行皆家屬男女名氏
並不錄

劉指等建幢并供具實錄記
高四尺七寸八面面廣七寸與四寸相間經三面四行二行行三十五字字徑一寸二分記二面四行七行行五十二字字徑九分題名二面七行四行行十一又末一面題名二行年月一行正書在易州興國寺

大遼興國寺太子螺鈸邑長劉揩等建　佛頂尊勝陁羅
尼幢　并諸供具實錄記
經不錄
太子服用故邑人馬俊施具諸物供具隨姓名如後　金
冠壹頂貳拾壹兩伍分銀襯在內　金撒花鈴壹頂伍兩伍
分珠子砌帶金雲仙腰帶壹條壹拾捌兩壹分鞋全　銀
香爐壹坐蓋上有金鍍鳳子共貳伯壹拾陸兩　銀蓮花
罇子壹對共貳拾伍兩玖分銀葵花椀壹對共叁拾玖兩玖
分　銀蓮花樣子壹拾床共陸拾叁兩　大磬壹枝
螺壹枝　銀鈸壹對捌拾兩趙夔辦　銅鈸壹拾對
銀聒子壹對貳拾兩張謹張捐辦　銅聒子肆對　金
三塔法皷壹對共壹拾壹兩劉樞梁去瑕辦壹柄劉揩馬敎
邑人等辦壹柄　銀三塔法皷壹對共貳拾伍兩　金
鳳銀法皷壹柄壹拾兩　紅羅金裝幢子叁對劉揩李□
王遷等辦　紅紫羅幡并蓋陸合王祥王遷辦　紅羅繡
大傘壹柄圍闊肆拾伍尺銀穗毬捌拾吊金銀頭項托手帶
全銀竿叁拾兩劉揩辦　紫羅大傘壹柄圍闊叁拾叁尺
金珠子內外網金銀穗毬貳拾肆吊劉衡辦金銀頭項托手
珠子帶銀竿叁拾兩劉揩辦　紫羅　金鍍千佛傘壹柄
圍闊貳拾肆尺銀穗毬壹拾陸吊金銀頭項托手珠子帶全

銀竿壹拾陸兩梁去瑕辦　紫羅中傘壹對金裝毬　吊
連珠頭項李寓王惣辦　紅羅中傘壹對金裝毬吊連珠
頭項帶全　紫羅中傘壹對金裝毬吊連珠頭項帶全梁
去瑕辦　紅羅傘壹對金裝毬吊連珠帶全郭肯李立
辦　紫羅傘壹對金裝毬吊連珠帶全田郁辦　紅羅
傘壹對金裝毬吊連珠帶全　馬亨辦　朱紅竹節大壇
面壹坐圍闊肆拾捌尺　朱紅壇面壹坐圍闊肆拾伍尺
香壇面壹坐
邑長劉揩　次梁去瑕　殿直鄭謙　評證趙悅　評證李
範　評證李言　提點劉樞　提點高惠　□□□敬　錄
事馬敎　次錄孫□　呈押李章　左衙田僅　右衙王息
書表崔祥　印官王寧　前行田□　後行王□　後行
馬詮　司典郭□　邑人馬□　邑人何□　題名在第六七面茲錄其
二行餘皆邑人名不具錄
前知文書當寺首坐沙門　可休　講經論誦法花經沙
門　可拱　持菩薩戒經見寺主沙門　□□　見□□
□□經主講大花嚴經律論　□□　空當寺講經律論沙
門　□□　此在次行之末
維大安三季歲次丁卯六月辛巳朔二日壬午艮時　建
范陽清河□士□□□書刻

闕名建唐梵二體經幢記

高三尺九寸八面面廣七寸與四寸相間弟一面弟七面六行三五面五行二四六八面各三行經六面唐梵夾行行三十五字記二面字徑八分正書在永清

佛頂尊勝陁泐下

經不錄

□幢記文泐下

泐一尺六寸半鷹幽泐七寸四分而□也茲　佛頂尊勝陁羅尼幢者乃

泐一尺一奉□　先考妣泐一尺一不□俯□偕□□□禮送終以時

追遠□泐二尺二寸王具有威神□福存□□□匠琢石特建茲

幢一座□于壇左泐一尺九寸秉所託難思其願如是工既畢又

命屬辭之士□其意以泐二尺三寸半熙二十四年身故娘子□周

氏後郎□三十年両□□□九十有□□大安元年泐一尺五寸半

孝誠追薦之由以信于後庶其不朽傳之無窮時大安三年

歲次丁卯十月廿二日庚時建

故□□郎□年六十二亻□□□令去泐六字　亡妣夫人

年九十六大安元年無故長男則應帶左承制妻無王氏

次男則哲妻魏氏次男□□無妻□氏泐七寸僧□□大德

議□　長孫有□次孫有□次孫有慶次孫有　倫二行在月

日一行下

寶勝寺主志全建經幢

小字須東齋下脚此處脫去二行在此不原稿刻於此

智炬如來心破地獄真言曰經不錄下又有變食陁羅尼多寶如來陁羅尼廣博身如來施羅尼離怖畏如來陁羅尼妙色身如來陁羅尼施食偈聖觀自在菩薩甘露真言諸經呪

高三尺八面面廣四寸八分三行與三寸二行相間行十八字字徑一寸三分末一行題記特小正書在直隸東安薊州鎮大悲寺

法□陁羅尼塔記

高三尺九寸八面廣六寸與三寸五分相間額一面經五面二行四行又弟七面二行行二十一二三字不等字徑一寸二三分記弟七面二行八面四行行不辨若干字字徑七分正書

奉爲　先亡本師特建佛頂尊勝陁羅尼之塔額二行字徑一寸五六分

佛頂尊勝陁羅尼曰

經不錄

經後隱約有字一行似是紀年月日已不可辨

泐四字陁羅尼塔記　伏聞　如來所宣利生妙法□惟有無

量善具大薦冥拔苦之力泐上有□師諱法□俗姓□即涿州

范陽□□□□里人也□泐上可具錄及与常住均當爲綱首

深有功勤年六十有六去大安四年秋泐上以禮死葬之以禮

火殯□□□遺骨迨今數月□念□有□□資薦泐上之大塋

內立石塔一坐上列　尊勝密言□以□□之德資未半行泐

□□□□門資□人持念比丘□杲誦法花經沙門志廓在

一面題額下偏右凡二行次尤剥蝕不錄

此幢年月已泐記有去大安四年秋云云乃誌師圓寂

卅二行至精舍前一頁

之日立塔又在其後按金衛紹王改元大安止三年明
年正月朔即改元崇慶此稱大安四年秋其爲遼道宗
之大安可知也

寶勝寺常住　維大安五年歲次己巳六月庚子朔甲子二
十五日建　寺主志全　尚座老耀

廣因寺沙門守恩造陁羅尼幢

高二尺五寸八面面廣六寸九分與六寸相間經七面五行四行行十五字字徑一寸三分第八面標題一行字徑一寸餘六行行三十五至四十字不等字徑六分正書在涿州南關外火神廟

佛頂尊勝陁羅尼　經不錄

大遼燕京涿州廣因寺持念沙門　守恩　爲自身特建塔子一
坐
故本師講經論沙門師贇弟子七人故守清守顯守幹守景
守寂見在守恩持諸雜真言大悲心小佛頂勝六字觀音滿
願金剛延壽文殊一字呪大方等經大懺悔普賢菩薩滅罪
釋迦壽命百字名呪文殊菩薩十吉祥陁羅尼善真言大般
若心經共十二道約持四十餘年
故講經律論沙門守慶當房見在法孫傳大教提點沙門奉
振講花嚴經奉美講經律論沙門奉昭門資講經論沙門奉
遵習花嚴經沙門奉成重孫持念沙門智覺講經沙門智延
當寺講經律論沙門奉昇見寺主沙門智廣見上座沙門奉
舟典座沙門智順門資講經奉剬大安六年二月二十五日
庚申巽時建

文永等造陁羅尼幢記

高二尺六寸八面面四寸三行行二十二字第八面四行字徑一寸記句弟七面次行起字較小正書在蔚州南廿里石佛寺

佛頂尊勝陁羅尼經　經不錄

夫尊勝陁羅尼者是諸佛之秘要□衆生之本源遇之則七
逆重罪咸得消亡持之三塗惡業盡皆除滅開生天路示菩
提□功之最大不可□也文永等奉爲　亡過先代父母建
造幢子仍□餘願上通百□傍亘十方粮此殊因齊登覺道
維大安七年五月蓂生七葉記
亡過耶耶　守貞　孃孃李氏　亡過父　承剬　母伯氏
亡弟下泐九寸　見在長男　文永　弟登仕郎試太子正
字守易州司侯參軍武騎尉　□□　下泐末行男姉等姓氏漫漶不錄

大悲心真言幢

高二尺六寸八面面廣五寸三行與四寸三行相間行十六七字字徑一寸三分第一面題額二行字特大第八面年月一行較小正書在易州西南七十五里東山南村

奉爲　亡耶耶特建大悲心真言之法幢

諸真言不錄

大安七年歲次辛未八月戊子朔二十一日戊申大天赦
庚時建

幢不著建者姓氏真字五見其三缺末點避興宗諱而
標題及第二面兩真字獨不缺筆

諸佛大神呪斷幢

上下斷缺存高一尺八面廣三寸七分與三寸相間面各二行行存七八字第一面題額餘俱經文末行年月字均徑一寸餘正書與前幢同在一處

闕
先亡耶耶特建闕諸佛大神呪之頂幢

真言不錄

闕安七年八月二十一日庚時建

此與前幢同在一處建幢時日悉同末建字下餘地尚
多或有造人姓氏訖佚無攷

龐貴省等建幢

高二尺二寸五分八面面廣四寸餘與二寸餘相間經三面三行二行行十七字字徑一寸經說二面二行四行行三十七八字字徑六分記及題名三面亦二行四行行字不一字徑六七八分俱正書在涞水木井村

阿閦如來滅輕重罪摠持陀羅尼曰 此在末一面之末行即第一面之首行

經呪并後佛言云云均不錄

講經論沙門法嵩重修　俗兄龐貴靖貴秀龐竦文扁

維大遼國燕京易州涞水縣遒亭鄉木井村邑衆等重修淨
戒院奉為今聖皇帝法界衆生特建香幢一所增無量福齋
登覺道

邑長龐貴省二哥劉貴錄事郭用龐貴闔提點龐亨於佐劉
海高用張亨曹德劉□ 後三行皆邑衆姓名不具錄
旋幡竿人等李全龐文佶王一龐慶　維大安八年歲次壬
申八月壬子朔再建 此一行在末一面標題之前

劉志建心經幢

高一尺八寸拓本三面一廣九寸一廣九寸刻經七行一記一廣一尺一寸五分經十行一廣九寸經三行行各十五字記三行行十字字徑一寸正書在涞水石亭鎮

佛說般若波羅蜜多心經

經文不錄

易州涞水縣石亭里劉志 次男從顯次男從仙從彥
壽昌二年二月二十九日 出家男僧寶 女趙郎婦
為亡過父母建立塔子一坐
石亭□谷書

善興寺經幢記

高二尺一寸五分八面面廣四寸餘與二寸八分相間記二面經四面三行二行行二十字字徑八分題名二面共八行年月一行字特小而省正書在易州北二十五里本寺

伏以祈恩求福供養為先破暗顯明其功弟一□又五香淨
德真實精進之門六事殊熏莫越焚修之法是以邑衆等特

開喜捨美利自他同生歡喜之心共□菩提之種仍迴有善
普益無邊一切含靈齊登覺道用成不朽刻石立名　大
乘起信論立義分
經不錄
□□□善興寺□□□□沙門此下二十六七字及後五行並第八面二行皆寺僧等題名漫漶過半茲不悉錄
壽昌二年歲次丙子十月丁巳朔二十九乙酉日丙時建師
人晉玉　□人□□　吴志宣　□□

志空墳塔記

高三尺一寸八面面廣七寸二分四行與三寸八分二行相閒行十九字字經一寸二三分第七面行二十四字第八面記四行字徑六分行約三十七八字正書當在淶水
佛頂尊勝陁羅尼
經不錄
石經堂□□□墳塔記
□□志空俗姓張氏即淶水縣龍泉村人也自小出家礼石
經□□□主為師泐下□□□恩受具恒持經□少曾有聞
春秋六十有六至壽昌四年秋八月廿八日□患小泐下　陳
門資一人講法華經一部沙門□慈　法□　志□　□
□三人持念沙門泐下

法□陁羅尼幢記

高五尺六寸八面面廣六寸七分與五寸相閒經七面四行三行行三十四字字徑一寸一分記一面五行上截漫滅過半行字不計字徑五六分正書在房山楊家樓村
佛頂尊勝陁羅尼呪
經不錄
上泐二尺五寸似本不皆有字佛頂尊勝陁羅尼及大悲心陁羅尼幢記
上泐二尺六寸也若記在高幢□□先龍所獲冥祐可勝道哉　大
遼國涿州范陽縣南白帶里人也諱法上泐三三尺寸至乾統元年
三月廿四日持念之次如眠而逝殯泐五字遺□□禮葬上泐三尺
七寸半燬時乾統元年十二月四日巽時建立記　門資三人
志該志幹志□末行全泐

師哲建文塚經幢記

高四尺八寸八面面廣七寸與四寸相閒經六面面四行二行行二十九字字徑一寸第六面三行字較密記一面六行行四十四字字經八分題名一面六行字特小正書在京南九十里禮賢鎮壽峰寺
□千手千眼觀自在菩薩摩訶薩廣大圓滿無礙大悲心陁
羅尼曰
經不錄
大遼故□□□□陁羅尼幢記　寶集寺沙門泐下
夫佛宣萬法之言唯陁羅尼最尊最勝若書寫其文凡塵霑
影覆皆得生天且師哲為人之子罔不敬而信之遂命□工
礲高幢以□之立於　皇考太□墳塚之傍以為銘薦之祐

文因而實錄其事　其公諱頔生而迥異長而好□重熙二
十四年一舉明經擢第所歷四　任在位布職允彰廉幹之
能佐國澤民妙盡公勤之道所持課限以□□□為務大康
七年五月二十五日不禄於寶興銀冶享年五十三大安六
年四月内葬於燕京析津縣崇禮鄉□□□□□□□之
塋礼也今復建法幢乃顯去靈之美示其来裔之人而垂不
朽者哉
泐八字男泐五字孫女三　長子師哲次子出家於燕京寶集寺
沙門　志鮮　師哲娶妻馬氏故長女翟郎中娘子　次故
女侯秀才妻次女張郎中娘子　次故女張郎婦　次故女
□郎□次行與三四五行皆一家人名有夫耶耶孃孃二三五耶耶孃孃等稱名附以子婦男女茲不悉錄
乾□三年歲次癸未正月小辛巳朔十四日甲午甲時初
啓庚時　建
泐不辨幾字伍拾貫每年□□□叁貫每年□月十八日□
娘子忌辰□□合院衆僧盡未來際子孫行香此題在題名弟
五行下半空處字尤小
泐不辨幾字廣福寺施錢伍拾貫每年泐約十字忌□日□合□
□僧□□来□□孫行香此在第七面首行下空處
師哲叙文曰其公諱頔具頔之姓也漢書功臣表其石
封陽河齊侯傳六世

正覺寺法性陁羅尼幢記
高二尺八寸八面面廣八寸五分與七寸二分相間經三面記四面六行五行行二十六字字經一寸記後真言四
行具後二行及題名四行年月一行在第八面正書在東安大五龍村
佛頂尊勝陁羅尼曰
經不錄
大遼國燕京南右街安次縣正覺寺故講經律論傳戒法師塔
記
泐九字遠之恩智不大寡悟適正真之見其具明□泐十一字出□
□□□河間邢氏之家也曾高□泐九字敏昆季有四師廼其
二爰自□齡便懷先覺厭昆居於浮世期迴向於空門遂□
□□□禮正覺寺持念上人□遠為師果蒙攝受得服勤勞
諱承師訓因號曰法性時屆清甯二年遇普度壇具大乘戒爾
後博窮諸部歷覽多文手匪釋卷目無暫捨渠渠為孜孜焉
不數年而功業大就經律論悉以該通或論□數演則辯泐七
字戒□度則美言同於甘露故得衆服□□名扇遐邇逮至
□□元年合縣義集滿會人推謂師之行於世迥高謂師之
情與衆允恊率皆異口同音舉為僧首洎乎統轄之際莫不
心盡公平事多幹濟或復調□寺儀則寺儀□□蘊積庫務
則□務充盈經閲大藏周足四□屢有神驗難具述陳斯可
謂能事畢□柰何色身有限光景難留人與世違古今若此

由是沉痾忽染醫藥無徵於乾統三年十月二十九日奄任
房室中安寂如寐儼然遷□嗚呼哀哉至神已返於罔窮行
事□存於故迹凡所聞而所睹孰不揮涕而寒心者也世壽
六十四夏臘四十□□□吉日具禮發引諸弟子將議藏葬
相謂曰我親教和尚□諸□□恐後不聞敬為永記宜勒貞
珉乃命匠卜地於當寺舊□□□立石塔一座中藏靈骨上
刊諸雜陀羅尼□憑資薦撫茲遺懿聊以直書

經不錄

安次縣正覺寺講經律沙門　惠敬　奉為
亡師監□特建　陀羅尼石塔一坐　門資四人
講經律沙門　惠敞　講論沙門　惠道
習經論沙門　惠全　沙門　惠□　法孫五人　沙門
紹寶　沙門　紹樞　沙門　紹偲　沙門　□□
沙門　紹凝
維乾統四年歲次甲申三月甲戌朔九日壬午坤時建

開元寺某大師經幢遺□記

高三尺四寸八面廣八寸五分與七寸五分相間面各七行經二面行三十四字字徑八分記五面行三十五字字徑七分題名一面九列列七人字徑六分正書在易州西關內

經標題漫漶莫辨文不錄

□易州開元寺故傳戒□□大師遺□塔記

□□法□沙門　□□　書
泐十一字燕京大□寺□□□沙門下及第三四行全泐□殿故泐廿四字要□
衆生之苦恭泐廿七字言那下五字及第七行上九字泐之一也其□宗之泐五
字此□□書蓋從釋氏今但紀其行闕六字云　大□諱□
□姓劉氏易之泐六字人也松生枳棘陵雲之氣次行全泐三行泐十二字
故而知新九年□唯識論於本寺以　師下六字及四行上五字泐以
主財雖和光應物而□性難拘咸雍六年杖錫關內翱翔遼
道泐五字大師□□□金泥於名相□□回心□真勵志雜花
精金百鍊而益珍良玉□□而□美□泐六字陵之地□得□
為大安初會燕京憫忠寺　錄司徒太師□□□赴
行在□□□之　道宗一見便加顧待及問雜花大義
師剖析疑氵大□闕五字京□□報恩寺言主歲
滿始受紫方下泐又次闕上四字行編□而又□承清顯因念古賢或
游泐九字成事下泐報所生及鄉舊之德也大安四年遂還故里
自是泐八字初　上既籍　師嘉名及欲助其有力復
賜茂本以敦勉之泐五字餘五十□□□□二十遍盂蘭盆楚
綱泥洹等經摩訶衍起信唯識等論泐五字或門放五八十□
□□□十萬□菩薩戒壇所出學徒非復前計所度人□亦
□□□大凡今之人□有□於□□至于傷恩冒禁而誅求
之如漏卮無厭　師於茍得則不爽矣壽昌中寇盜□行

□人□□嘗有寄黃白金共百餘兩於　師者會其人卒
經數年乃□及其泐下一一如故其慶潔有如此者雖古之郝
子未可加尚　師又念十身妙□□之不□於□泐一□□
行殊因修之亦須於福聚於是大作佛事廣飯僧伽補圖大
殿金容泐一會□山□帳□泐五字經藏法□□塑像壁畫皆金
粧細縷新殿之內仍穿水晶綱纓絡寶蓋以嚴之□□□□
古泐六字又結毬吊以飾之外則雕以萬之欄檻而周衛之皆
金碧相輝泐六字人自泐七字本寺提才常住稍有豐盈而又踵
先糾蓋行廊甃砌泐十九字皆三等分散凡在州寺院夾郡蘭
若咸仝第七面一二行全泐三行上泐五字四年十一月□□日下及四行上泐五字沙
門即泐十三字以□□葬于□□之西易水之表□□本寺別業
之前附先師之塋禮也石既成又□文于友僧誌其芳□用
警後之游惰者仍于塔身列之神呪庶其威力以助勝道況
予久親丈室粗熟行事是敢條其昭昭可信者以貽來裔自
餘瑣屑不足殫述亦以存　師之志焉時乾統五年九月
二十七日建
同門法弟誦法華經沙門　諦純
門人等　俗弟
持念即勳　習經即遇　大郎高□□
藏主即念　習經即湛　太保張公孝
講經即敬　習經即脩　殿直楊□言
□□即演　習經即遂　孫恒益
孫恒□
右第八面題名三列此下尚有法屬等題名六列不具錄

沙門惠等建陀羅尼幢

高三尺八寸八面廣五寸八分與三寸八分相間經七面五行三行行三十字字徑一寸第八面題記四行字較小

正書在固安

佛頂尊勝陀羅尼曰
經不錄
大遼國燕京涿州固安縣劉紹村磨去六字　大圓寺出家住
持受具大戒業律沙門　惠　次男亦住當寺講花嚴
經沙門　相　奉為　先祖考妣特建
尊勝陀羅尼幢一坐　曾盡益　祖盡用　父諱俊
曾娘娘王氏　祖娘娘張氏　母諱崔氏　故兄諱惟
景故姐姐嚴郎婦　姪　杲　次姪　儒　次姪玉兒
次姪亦住當寺誦法華經沙門智炬　故阿嫂靳氏
姪婦李郎　姪妻李氏　姪妻王氏
維乾統五年歲次下無字

靈應院藏主經幢遺行記

高三尺餘八面廣七寸七分與四寸二分相間經六面五行三行行二十一字字徑一寸記二面七行四行行二十

佛頂尊勝尼羅尼日　九字字較小在直隸東安固城村廣善寺

經不錄

勅賜靈應院藏主上人遺行記

藏主自從出家世壓不染誘□檀那或施一文兩文時時
不閒歲久辦成藏　經至清寧年分受了具戒已後六時
礼念提瓶護淨不出院門獨辦了二十四度大供更會花
嚴蓮經通四衆法會亦二十四度又獨辦了大塔一簷於
自身上燃了万餘辦香結緣念了法花經一部明王經一
部大般若經一百餘正本課誦菩薩戒經大悲心上生經
日誦二十一遍戒經誦到十万餘卷口中戒□時時疏出
於乾統六年三月二十四日日暮時分生天祥瑞多觳日
有万餘人瞻礼其師計日礼　拜四千七百拜
大遼燕京左街安次縣靈應院講經沙門　德緼
奉為
亡師藏主重修石塔一坐亡師持誦沙門法□　門
資四人　講經沙門德緼　沙門德辛　沙門德行　沙
門德雲
維乾統七年三月二十六日重修建　善友僧德詳
善友呂戒師　善友闞孝礼

寶勝寺唐梵二體經幢并僧妙行記　高二尺四寸八面各廣五寸五分經七面面五行正書梵文夾行行二十四字字徑七分弟八面記十行行五十餘字字徑四五分　在直隸東安

佛頂尊勝陁羅尼日唐梵本

經不錄

大遼國燕京析津府安次縣寶勝寺僧妙行記　泐析　嗚呼不
有盛德何以垂無窮之休不有美行焉能昭不墜之烈自如
來示滅之後承襲其圓滿功德者非師而孰師諱囡□夲長
壽鄉王馬里人也俗姓出隴西李氏生神用雋遠宇量昭融
誠專白業志樂空門□是削髮染衣遂礼在縣寶勝寺講經
沙門奉緘為師奉□之禮誠如夙習十有五歲遇恩受具一
旦聽讀大花嚴經圖談方周六載未曾有輟誦得觀音品般
若經梵行品大准提陁羅尼滅罪陁羅尼佛頂心陁羅尼一
字頂輪王陁羅尼等繫時誦持恒以為預謂婆□寔幼軀之
託指極樂為證果之方將期升蓮花之臺不意報雙林之□
良由急于善道積成冷疾乾統六年五月十二日不幸殂逝
氣絶而神色若生焰化而馨香尚欝享齡二十僧夏六年遂
命哲匠俄琢貞珉特建石塔一所上刻特容旁列秘印所願
承此影覆塵霑之益轉超聖位以師俗父□愚忝鄉黨之交
固以相託辭避寔難強搜鄙才直而不文聊紀美德者也乾

統七年丁亥歲四月丁巳朔十七日辛時特建　師講經
沙門　奉緘　師耶々　志恒　師伯英慧大德賜紫
沙門　奉濟　師叔講經沙門　奉坦　師叔奉□　法眷
四人光図煦　光図晟　弟図哲俗眷等耶耶師運　孃孃
崔氏　耶耶師戩　孃孃趙氏　耶耶師穆　孃孃崔氏
父倓彥　母□氏

雲居寺僧辯證經幢記

高四尺一寸八面廣七寸與五寸三分相間題額一面二行行十二三字字徑二寸四分經五面三行四行行二十五字字徑一寸五分記一面八行又弟八面一行題名年月四行行四十六字字徑六分正書在房山西南五里

石經山雲居寺前中京管內僧錄判官辯證大德賜紫沙門
石塔
佛頂尊勝陀羅尼曰
經不錄
大□□京涿州石經山雲居寺前中京管內僧□判官辯正
大□賜紫沙門石塔記
當寺沙門惠幽撰
大師諱法□固安□□務人也俗姓李氏自童年出家礼石
經寺律法華為師□圖元年遇　恩受具尔後□□□師
□□閱遍亡疫□□十數年□□□□三□故得學徒雲聚

千里風從泐七字旨　師惠其勞泐五字節食終歲□次郡邑
泐八字三□時求指訓致□□名高□　皇朝下泐有空格師回
泐二十五字上泐五字懺悔大師識奇知□乃傳大乘□泐三十三字賜
紫受恩下泐空三字泐三十三字邑所□者同生極樂因□□鄉□泐三十九字
戒□□遍野舌齒弟八面一行全泐二行上泐八寸統七年三月十四日下全
泐三行泐八寸餘沙門志勤　門資沙門志□下泐　門資二百
餘人所住寺六處
乾統六年二月十九日遷化

鄭仁及斷幢

幢闕上半截存高三尺三寸八面廣八寸與六寸相間額一面二行字徑二寸三分經五面四行三行行存十六字字徑一寸三分記一面五行存二十至二十二字字徑一寸題名一面六行正書在房山南五十里楊樹村

闕先靈父母特建　闕陀羅尼□妙幢
經目闕經文上闕十一字不錄
闕父者性瑯瑯諱仁及德動四民學通平古自丱歲來　闕弱
冠時復通二儀八宅尔後醫方針灸光揚內外芳　闕經州府
感諸方之士庶疊跡求音使四遠之英傑鱗集趁　闕道迎遊
盡皆重□春秋八十有四身患深疾時乾統　闕夲宅遐迩流
哀高伍抱搶難具云尔哉　石經寺沙門惠幽撰
闕建勝幢福資亡者冀陰現存　高祖諱首文　孃孃劉氏
曾祖諱用但　孃孃渠氏　上祖父諱仁及　闕妻張氏

以下皆家屬子女名不錄

乾統八年十月六日蔡時建幢

文字鄙俗卩作艸傑作傑癸作蔡尤謬

國子直講腆墓經幢題名

高四尺四寸八面廣六寸五分與四寸一分相閒經七面五行三行正書梵文夾行行三十七字字與末行年月均經一寸弟八面題名四行字特小在京南禮賢鎮壽峰寺

□□□□尊勝陁羅尼日

經錄不

題名一面上半截刻泐已甚　建首行僅見此字

泐圀化半截泐至下　孫五人　故長國子直講腆　次三司押衙

去惑　妻李氏　次石丞制副宗　妻解氏　次惟幹　妻

王氏　後二行皆家屬名字不具錄

維乾統八年歲次戊子十月丁丑朔二十四日庚子甲

時建

志妙建梵文經塔記

高三尺一寸五分八面廣七寸三分與四寸一分相閒題額一面二行字經一寸六分梵文經五面二三行與四行相閒記一面五行行三十餘字經八分正書弟八面漫滅在房山中城寺字

奉為法界父母特建佛頂尊勝陁羅尼塔

經梵文惟末二行正書不錄

伏泐約十字七返破諸□拔衆難者其唯尊勝陁羅之蜜言也若

塵泐約四字消□□之　實或覩目耳聞能滅恒沙之罪但志妙

戶貫范陽西南鄉李石村人也俗姓李父李得鱗母張氏自

幼心歌塵俗至樂門二十一上礼石經寺法澤為師至一十

有二遇　恩受具至一十七上与常住出力大小勾當二

十余年自後持蜜言為務至六十八上為法界父母泐六字佛

頂尊勝陁羅尼石塔一坐記　乾統十年四月　建

寶勝寺僧元樞經幢并遺行記

高三尺餘八面廣一尺與七寸五分相間經四面八行六行二十六字字徑一寸記三面九行七行又弟八面三行行二十五至三十字不等字較小題名四行年月一行字徑五六分正書在東安

□□□勝陁羅尼曰

佛說般若波羅蜜多心經

經佚不錄

大遼國析津府安次縣寶勝寺前監寺大德遺行記

殿試進士李　　撿　撰

夫去来無定真常也死生無愠真　勝也　　善哉達人能了斯理者其惟監寺大德之謂歟　大德諱元樞俗姓梁氏代為安次縣入也幼而敏悟具釋子相九歲出家禮聖利寺講法華經義隆上人為親教奉拳伏膺而撿跡於無過之地清寧二年依法受具尔後學大小乘教凡至法席終擅其場舉緘默而誠服焉非勉力而至此信絕世天完之人也寶勝寺大衆知　師之戒定慧學傑出人表共持狀請提點寺事太康二年始啟唯識論梵網經大講尋聲得器泝流討源開蒙破惑□□皆應琅琅然猶洪鍾之受扣當世以大德為如来之木鐸也太康七年諸寺院尊宿義學共請□任僧首於是鑒察情偽剖析是非如權衡輕重繩墨曲直而無私枉僉曰斯人緇門之龔黄也四衆瞻仰莫不稱善暨大安初俗年四十有二遂齋心禁足以日繫時召集徒衆發菩提心誦觀音弥陁梵行大悲心密多心等經歷數十年聞名不啻万卷由是聞達鞍山傳戒大師知　師以精進慈悲喜捨為務乃相謂而言曰荀歲不登稔如何濟世遂同建義倉凡不足者□□而惠之兼與當寺演妙大師同辦誌千部大花嚴經及罄衣盂□塑藥師□音弥陁明王一會等壇增於經藏三聖殿舍利塔三處繪畫三寶□師花嚴十處九會弥陁釋迦八相成道等懸壁并諸幡蓋供具□完備皆嚴麗而可觀者率由師之積行累功之所致也其餘興國利益之事難盡數述乹統四年因遘厲其疾以日者卜之言天禄盡師乃發上善心請諸師德轉讀藏教設無遮會翼日乃瘳復延數稔信不虛矣乹統十年春再染宿疾旬日間俄然風號天黯有大樹忽摧門人嘆曰梁木其壞乎將安仰至季春□十七日昏時會集徒衆稱念諸　佛將至昧爽令止乃曰我見幡花来迎遂合掌頂礼吾帰矣吾帰矣吾帰本寺矣洎收遺襯惟舌具存白而不燼以表師□□□□持誦功課不可勝數僧夏五十有七世壽六十有九門人裕集泐寸八令名垂於不朽乃建法幢紀其功行庶使將来見聞泐寸八依并書　佛頂尊勝陁羅尼於右期塵霑影覆之利普被含生縱陵遷谷變之時長留遺跡撿因而見託乃援筆直述其事

門人誦□沙門裕弇　門人講經律論沙門裕伊　門人講
經沙門裕慈　門人講經沙門裕良　孝與院門人誦經沙
門裕念　後三行皆僧衆題名不具錄
維□□□□歲次庚寅八月己巳朔十七日辛時特建

僧善圓爲父高孝思建幢
高一尺九寸八分面廣三寸餘經七面各三行行十七字字徑八分題名自第七面末行起及第八面四行字較小正書在涿州西四十里高村寶興寺

佛頂尊勝陀羅尼曰
經不錄
涿州□□縣高黍村高　孝思　男石經寺出家僧　善圓
奉爲亡過父母特建石塔一坐父諱□□□□嫣氏
男善圓　弟僧□　陌々孝□妻張氏　守々孝□妻
□□　□□□□□澤子添　思鳩育之恩每念劬勞之得
下泐　慈尊法界含靈同□□覺　天慶元年二月　下泐
陌々守々不知是何俗稱幢爲僧善圓所建其父名孝
思陌々守々亦以孝爲名則孝思之兄弟行也豈陌爲
伯守爲叔音近而誤歟

劉思鑑建陀羅尼幢
高二尺三寸八分面廣四寸七分與三寸六分相間經六面三行二行又七面一行行二十一字題記三行又第八面三行行字不一正書在淶水板城村西五里

佛頂尊勝陀羅尼曰
經不錄
大遼燕京易州淶水縣水門鄉木城劉家庄　劉思鑑爲自
身建石塔一坐□□□□　先祖老耶々□□□　娘々魏
氏　少耶諱德□娘々陳氏　男三人諱可求　娘々□氏
□□□娘々溫氏　父現在可敬母王氏　孝郎婦　王郎
婦　劉思鑑故妻□氏　第八面子孫男女等名氏不具錄
天□二年五月四日統時建立記

王允恭書陀羅尼幢
高四尺八寸八分面廣六寸五分與三寸五分相間經六面四行二行又第七面三行行二十六字字徑一寸五分記第七面二行八面四行行字不辨字徑六分丞正書在來安大悲隱村

佛頂尊勝陀羅尼曰
經不錄
大遼國析津府安次縣長□鄉北□□□正下泐六寸餘妻朱氏□
□任□集王氏　李王氏下泐七寸新授□□郎守析津府參軍
王　允恭書
□□□經律論沙門下泐一尺五寸餘持念沙門□悟下泐一尺二寸講經沙
門慧隣　習經沙門慧遷
第八面亦皆僧俗男女題名泐存之字無多不具錄
天慶三年歲次癸巳九月三十日建在第八面末行之下半截

清濬 二十八册一頁

王興才　邑人同建在天慶三年一行之下
大金國中都大興府安次縣長□鄉北隱院村衆寸於正
隆六年二月十五日重修再建石幢人院主僧志□　紀在此一
面楪題下
明昌四年六月十六日立在天慶三年一行之上半截　張俊乂。

僧清濬陀羅尼幢記

高四尺三寸八面廣七寸八分與四寸六分相間經每面五行三行至弟五面弟三行而上行二十三字經一寸五分記弟五面三行六八面各五行七面八行行三十五字字經九分正書在永清東北三十里茹葦村

佛頂尊勝陀羅尼曰
經不録

大遼國燕京永清縣□□鄉□□□院門人　積祥等奉為
先師特建　佛頂尊勝陀羅尼幢記
傳菩薩戒英悟大德賜紫沙門　恒劭　編
師諱清濬世為永清縣宣禮鄉王恵人俗姓賈氏父奎母鄭
氏以
師夙願潛啓意在捨家雖鍾愛偏尤不可奪其志也年始十
八遂乃落縣礼茹葦院闢上人為親教焉以經業該贍所司
稱選獲具足戒實大安元歲也自是隨方求法若善財之遇
知識發明心地若明鏡涵於虛空日益其學識者器之遂登
猊坐講雜花白蓮等經慷慨如注聞者驚異時年二十八由
是名馳寶至福從行生檀施雲屯恵然大聚屬西齊村衆召
住蕭藍□輒紆營締搆完備乃以志𢷬上人為依□師復至
乾統初元自永泰寺
內殿懺主撿挍太尉正恵大師大闡教風聞者草偃咨啓法
要憤悱忘倦礼為傳法師遂訓名□天慶三年夏疾作遂捨
衣鉢以資其壽得貨泉二十萬月息其利啓無休息講長川
延□□□之徒五□用□□四恩也知病不起遂請隣院啓
消災集福道場僅十處凡鳴鍾齋七皆預指畫至十二日□
□招余懺授悲淚執手謂余曰大事可成矣因諭之以漚幻
不實如夢深悟其旨遂罄□衣盂一無所恪以四百緡施普
安寺中敬大殿又以四百緡設無遮會余得此請卒有力者
皆助成其願三十日奄然而逝荼毗之際身無異氣世壽五
十五僧臘二十九又選日琢石為塔瘞靈骨焉又豎之以琚
幢刻　尊勝陀羅尼呪於其上取塵影之□也有門人
若干人以余為臨終之友遂託摭其生平遺芳卒葬時日不
敢牢讓延記之於石
維天慶四年歲次甲午二月丁未朔十四日庚申坤時建
謹為銘曰
能仁言化　草偃摩方　教流震旦　帰者蹌蹌　有僧清
濬　宏振其芳　操精進鎧　秉淨戒囊　所為順善　事

無不熾　執智惠刀　韜解脫香　將傳佛印　永輔覺皇
奄然而逝　摧彼舟船　燕然蒼蒼　桑乾泱泱　嘉名
懿行　山高水長

永泰寺正慧大師塔記

高三尺七寸八面面廣八寸六分弟一面題題二行經四面各五行行二十二字字徑一寸三分記四面各八行行三十八字字徑七分正書在房山張坊鎮二郎廟

奉為先師大師特建　佛頂尊勝密言靈塔字徑寸六分
佛頂尊勝陁羅尼曰
經不錄
大遼國燕京永泰寺崇祿大夫撿校太尉傳菩薩戒懺悔正
慧大師遺□□□記
噫自古前賢凡有德者過世已後□採貞珉造于幢塔置在
先壠上列　佛頂尊勝陁羅尼用薦去靈幽冥之福祐及
標遺行以授後人或子或孫遂禩依時具禮備于□□□
□□令人求□□降赴燹後披讀斯文足知我先人所附名
品高低方亻仍存□為服□如茲合□□之道□□□以
我建塔之主沙門善隱及廻礼門資請經□前都綱□□□
沙門善仙及張□豪民□□□□□師□士衛李智祥　張
十郎等何可以順□子之高懷契　如來之聖意者實其人也
□有　生天本師大師者俗姓齊氏本永清縣東齊
里齊公之季男也自為　童□□□異不蓄髫髮尔後毀居
俗室志樂空門出家礼燕京天王寺三藏為師遇　恩受具
下功　律論迴出人間大傳乎世自後廻礼永泰寺　守司徒蹤
主大師為師　試經受具受　宣于□京為三學經主因
此　宣賜到紫衣未久之間奉　勅為燕京僧錄可謂人
天眼目昏夜慈燈為三界之導師作八方之化主善說義壇
所度之衆數過九百餘万遍齋貧人約二十餘億　兩
朝懺主二帝仁師名震四方德彰八表所至之處自然而有
香花燈燭音樂螺鈸上妙供養無不求而至我師享年七十
有五猶居聖水岩靜止是歲冬三月因有請命□□□至于
本村　天慶六年正月二十六日忽于禪室內現震光七
道大師自晃　天帝釋并諸聖衆同共來迎是　夜更乃順
世無常　緣終示化此際地踊愁雲天垂　慘霧嗚呼哀哉
三界無依四生何托痛法山而傾傾倒念法海以枯竭可憐
智炬潛輝禪燈泯覺于是　遼國七衆凡但聞者皆如喪考
至後二月二十八日俻荼毗之則廣積香檀幡蓋殯送之衆
數過百萬當期天降五色祥雲地踊四色蓮花未及火滅舍
利盈室衆皆收供大師靈骨分于七處各與妙塔造今數月
憶慈猶存別加薦葬之誠用報　先師之德特命良工造
成石塔壹坐上下十五層高低二十尺去張坊院內軋位年

于天慶六秊四月二十七日丙時具禮掩建　是塔如天上
化来似地中踊出士衆有願准定年年三目三日同佫上妙
供養供塔縱地久天長猶增光于遺行任陵遷谷變永不泯
于芳名者哉
先師門資　玉泉太師大師　傳戒善傑法師　善悟法師
善儀法師　善稱法師　善樞大師　善李法師　善隱
法師　善贍法師　善餘法師　善擢法師　法孫圓實
妙教奴　寶林奴　張坊院大衆　沙門輝法師　沙門智
燈　沙門志燈　沙門志□　沙門志念　沙門志新　沙
門志深　沙門志圓　沙門志誦　沙門志蘊沙門志隱沙
門善詮沙門善定沙門志寬沙門選法沙門志捈沙門志迪
沙門志捺沙門志淨□大翁　龐氏界師郭氏
孟氏郭氏大五孃孃　母阿王阿軒妻阿闞弟婦阿劉次阿
朱男婦阿王姪婦阿闞　使文但杜清哥杜好哥
崇仁寺沙門積□經塔記
高三尺八面廣六寸餘與三寸八分相間經七面五行三行行二十一字幢六七面梵文第八面記四行行二十八字字徑七分均正書在京南九十里禮賢鎮壽峰寺
□□尊勝陁羅尼經曰
經不錄
大遼燕京左街崇仁寺□僧持念沙門　積□遺行塔記

師諱□□□姓張世居析津府析津縣東李雍村人也年一
十六歲遂礼當□□□上人為師□□一十七歲受具□□
礼念每日持誦一為常果字泐七於本寺字泐七葬天慶九年
善興寺花嚴座主經塔記
高二尺八寸八面廣四寸八分四行與二寸五分二行相間經四面記三面行二十一字字徑一寸末一面年月及題名三行字較小正書在易州馬頭村本寺
佛頂心陁羅尼曰
經不錄
□□□□易州馬頭山善興寺花嚴座□塔記
□□□□俗姓史氏本易郡固城人也自幼宗儒理因□□
□□□韻書筆人所共師後□□□□□□□捨儒俗帰我
佛門□落髮礼故上生座主為師受具□□□□蘊精志
衆所共高矣禁足十夏綿綿則等所□□礼念六時歷歷則
未曾有闕于是讀□四萬六百卷念大悲心准提□支□□
等□□共一百三十六萬遍□燈一萬盞其餘志行□□竄
盡師一日字泐五固將□□以造塔子一坐上書聖□以備之
世亻獲餘□以□四恩□惠三有字泐七師□乃□□□云耳
維天慶十年歲次庚子二月□□朔六日乙時建此末

一面之首行後二行題名數人漫滅難識不具錄

僧崇昱墳塔記

高二尺六寸拓本止見六面經一面六行與記及題名之第二面各九行並廣九寸五分記之第一第三面及題名第一面各七行並廣七寸八分經每行十七字字徑一寸餘記每行二十四字字徑八九分題名行字不一字較小正書在東安小五龍村

真言不錄

大遼燕□安□□□□□故□□上人墳塔記
師諱崇昱俗姓李氏安次縣崇福里人也歲近齠齔有異常
童進□施為皆出家相始年□一禮當縣□□□　義隆法
師為師勤奉左右字泐九遇　恩具　大尸羅爾後忌親妙理
躋□京州□□□□登涉　海岳授□梲金論于燕臺永泰
寺　疏主臻師年二十四於本寺啓唯識瑜珈論窮於□□
□　始末次歲迴相歸性充楊　令公大王講主開花嚴大
經周滿三遍闡說□十席摩訶衍論菩薩戒金剛般若等經
聯綿不絕歷方度化踵晉賢之先蹤遍境勞龍躍聖人之後
跡萬類含靈一心奔濟　師之顧也大安初驀然大悟曰市
朝名利水月空花究之非真在八成累遂蹷捨衣盂賑貧施
乏無復遺餘遐訪孫征首抵王家島先有　通理策師住□
於此　師授以達磨傳心之要一見情通事無重吉至八
年結心相與返詣西峯駐錫於石經山雲居寺與師同辦石
經復更數祺次又遷往佛岩山丈室寂居門絕賓友曁天慶
四年秋八月因還本刹拜　先師塔至十二月十一日夜誨
門人曰日中有昃月滿有虧物盛有衰人生有滅各宜自省
勿易吾言時在寅初如常睡眠恬然而逝報齡七十有六僧
夏六十至十三日荼毗於寺西北隅是時日慘天昏道俗號
慟焚無異氣舌不燹灰至九年二月建石塔于　先師塋穴
之乾位祥謹等念　師解行之絕倫性相之該博誘物之寅
緣講傳之獨步恐陵移海變　泯落嘉聲謹募殊工刻石成
記
天慶十年歲次庚子朔九月二十三日乙　時建

此後衆僧題名二面一爲故法弟崇喆及門徒一十三人一爲法孫二十三人不具錄

隗臺雲遊沙門　惟和　書　天水趙　祈　刻

記云師年二十四之次歲充楊令公大王講主稽之遼史蓋楊績也師天慶四年年七十六逆推其二十四五爲清甯六七年績先知涿州清甯初參知政事兼同知樞密院事爲南府宰相正其時也績咸雍元年知樞密院拜南院樞密使八年由北府宰相封趙王記於清甯閒已稱大王者以其後封之爵書之耳其知中書令則傳無之

郭仁孝建頂幢

高一尺五寸八面廣三寸七分三行與二寸一分一行相閒經七面行十字字徑一寸第八面題字三行字徑五六

甘露王陁尼（分正書在曲陽）

經不錄

大遼燕京涿州固安縣歸仁鄉中由里郭　仁孝　奉為

考妣特建頂幢　妻杜氏　男十得　妹張□

天慶十季十月二十七日丙時建

內興寺陁羅尼呪幢

（高二尺八寸八面廣六寸五分四行與三十六分二行相間經七面行二十字字徑一寸弟八面題字四行漫漶字經四分正書在永清東韓村內興寺）

佛頂尊勝陁羅尼呪一本

經不錄

大遼（字下約十七八字漫漶難識）

三□管內興□□右街僧錄□通大師賜紫沙門　□□

特建石塔（以下及弟三行題名十餘人字多損蝕不具錄）

天定二年九月

內興寺石幢記正書天定二年按史無天定年號蓋記載闕略非石刻之誤直隸永清（寰宇訪碑錄）

天定年號於遼無徵孫氏以首書大遼二字因附遼末次行三□管內興□□右街僧錄云云內字疑屬上讀孫氏以內興寺題之詳審興下尚存禪字右下半禪下未可定為寺字或當年石泐未甚猶及見也今其寺猶沿內興之名故標題從之

甯遠軍司馬馬令欽等再修塔記殘刻

（高一尺餘廣存二尺一寸二十三行行十三四五字字徑六分正書）

前缺　遭時移代革之缺　輕滅其主馬令欽傷茲聖像缺

以極多愍以靈基見瞻承而甚少前歲也已興一念之誠令

日乎遂報再修之願爰有供養主志問妙敎名橎空門逢片

善以必修完無一物而不矜恤靚茲墮廢念在建遼次則衆

信共謀多仁特佑移故基而勤力營新止以同心于此精藍

致安靈塔自茲供養者或名香妙花歸依者或掃塔塗地令

衆生息輪廻於六趣獲消滅於三塗量再建之殊因幸書言

之不盡

統和十四年歲次丙申三月辛丑朔十八日戊午丙時

建

院主持千部法華經僧匡美

持千部法華經僧匡素

供養主僧匡山

前甯遠軍節度司馬馬令欽

攝歸德軍節度巡官劉希明

遼統和十四年三月

檑安國軍節度都教練使劉繼琛
檑歸德軍節度巡官李延恕受五戒胡彥□
受五戒張惠光受五戒胡彥平
胡恕欽受五戒解文進張內欽

重修唐水東村佛塔題名

高一尺五寸廣三尺右六行中一行左四行行字不一字徑六分正書在涞水

重熙六年二月二十二日重修佛塔□門泐下

遼重熙六年二月廿二日

子良山山主景衆　僧□□泐下
木井功德主胡善母嚴氏
功德主牛元母價氏女刘郎婦
功德主鄭圜丈母趙氏
功德主龐從　功德主盧□以上右偏刻
婁村佛主盧信合家供養此行在中間
水東村請攝節度推官泐下
鄭希峰　鄭可用　□泐下
刘從□　王宋元
鄭延□　鄭延嗣以上左偏刻

右塔為唐光天元年適亭鄉道俗同造三面皆唐人題名此重修題名在弟四面重熙遼興宗年號六年值宋仁宗景祐四年

王寔撰□□寺碑

高四尺三寸廣二尺八寸記十三行行五十字題名十九行行字不一字徑五分至七分不等均正書篆額八字盡泐在涞水西北十八里石圭山

□□□□□并序
前鄉貢進士王寔撰
匠人陳守泐下

遼重熙十一年四月

司書表盧泐下書
上泐十一字貝譯貽文茂宣於震域□膺賢劫丕□紗法門□□
□上□心□□□□□之□□□□□□□本□□□□□□
□□□□□□若乃從規鷲嶺取法鷄園□埽向之□場廓
摟遊之勝地則有石□□□□□□□□□□以其□巨石
而□□□□□□□之□接高陽之境□之□介距馬之濵
南則□裸□之畝疆北則□□□之□邑□□□□□泉□
□中□□□□□□□□□華□剎無□於青龍近□清幽
寺有如於白馬□□攸往衆聖焉依□彤□□□□□□□□
之未具當寺□有□□□囮□□□□根□植惠炬深融身

居緇素之先位在伽藍之長欲儩功於大殿遂底□於宏基
□□□□贊導者六□之□化緣自廣□□者十善之儔儆
福寔繁發誠士衆越縣俗於百里革邑社於千人女或績以
或蠶□以承筐之□男若商而若賈奉以在橐之資工□斵
以獻能農輟耕而捨力妙因天假信施日增於是灼靈蔡以
涓辰埶名檀而舉役斧斤電□畚築星陳土必自擇淨而□
□材必自擢良而丹刻彤管霞亘紺□煙鋪或五彩以飛文
肇巖種相或百寶而合色□飾睟容始自景福士中□□重
熙辛巳□□告畢鏡盇□深不唯祐我聖朝抑亦隆茲像運
然願一方□最聽禮者罪不墜於三塗千室慶餘興葺者福
□登於二梵其有叨名□□□□ 御廣忽諾徵辭弥
慙寡述攜□遐□既殊童子之戲沙刊勒永存□等仙人之
拂石謹秉筆長□直書銘曰 瑞分竺國 化流震域
像李傳法 我佛之力 跡託燕畿 名達宋土 因圖
植果 此僧之績 花木殊絕 泉石異奇 □聖攸賞
彼奇之覩 柱礎自固 □□□□ 億劫無壞 斯殿之
基
時重熙十一年歲次壬午辛巳四月八日晨時建
講百法論繼清 講上生經巨詮 監寺大德崇喜 講法
花經德□ 講百法論德全 德□ 德□ 德□ 德□

德容 德渕 德朗 德明 德信 講法花經□□
講上生經法□ 德昇 德□ 德□ 德正 講百法□
□□ □□寺主德純 講百法論德瑩 □唯識百法論
德惠 德滋 德堅 德忍 法端 法善 講上生經法
□ 講上生經法義 法遵 法昭 法智 法英 法□
□幽 法嵩 法志 法珪 法□ 法顯 法增 法
恩 法遠 □□ 法□ 法□ 德宣 德從 法誠
法□ 法欽 法□ 法之 德進 法教 法□ 法潤
德元 方景 德□ 德□ 德□ 德□ 法順 法
東 法□ 方□ 法質 □□ 法□ 法□ 法敬
法容 法躬 方省 法意 方□ 法□ □□ □□
法蔡 法□ 法素 法臻 芳委 德□ 德言 德
允 芳永 芳秉 法紀 法千 法寬 芳演 芳金
統軍都監特授圖□軍節使 州管內觀察處置等使金紫
崇祿大夫檢校大使持節 州諸軍事 州刺史兼御史
大夫上柱國淶水郡開國侯食邑一千五百戶食實封 統
軍都監司漢見□孔目官李可簡 監軍司 馬軍使揚佛
奴 承務郎守太子洗馬知易州淶水縣事□騎尉李 士
□ 奉義郎試太子校書郎守易州淶水縣主簿兼知縣
尉騎尉李□□ 前東檀州密雲縣主簿兼知縣尉承奉郎

充太子正字雲騎尉　州都孔目官　袁巳　魏村邑人等
燕京留守押衙知孤山倉官郎俊　□□王□　留守司
王圖　王躬　水北傅順　傅超　傅亨　水東村□欽邑
人等　傅德　傅圖　劉正　傅　傅文　王辛　田景
武　高□□　傅□　□□　傅景　傅王喜　傅清
傅素　張愽士　婁村□□　梁倫　王景　任贇　任
遇　李巳　□衙推梁□　梁行　□榮　盧希　長堤村
邑人　孫貞　孫晏　□□　任遇　藏昭　孫義　任□
龐□　王□　□明　李留七　藏進　宮乂　牛完
牛遵　王貞　永□　王□　王冏　承天軍使祖衍　孤
亭　□□　薩齋　李□　尹□　尹□　尹晏　劉行
蔡緒　李垣　張玉　李眷　李□奴　王□　□善　田
□　宣德郎試秘書省挍書曹唐魚　香花邑　尹□□安
□泉　陳吉　李俊　張用　揚文　王貞　田恒　張慶
寗□　張信　張文　李秀　陳善　田無憂　張六兒
刘弥　揚三留　□□留　王凝　落平村□敦睦宮朝
職左郡押衙邑長張□□　張興　張□　朱敬明　張□
□素　徐敬詮　張春　朱恒　劉□　張己　張□
累子村　李進□　龐勍　李岫　李節用　李□　李□
檀山村　□□□□牛輦　尹惟信　□□村□惠　□

□□勍　井上村　□□　牛□　張秀　張□　李□
方□　□軍使　王□　□□魏貴　嚴吉　□成　□
冏　□山尹貞　劉榮　□□　陳敬　封村　孫德　□
□指揮使李恕　兵馬使張□　□□□提點　盧吉　李
德　□勍　□岫　李遵　□□　東相石岫　牛榮　孫
□孫德　牛吉　□□　□□　牛則　李榮　□□　李
興　酈進　張□　□□□泉村石□成　王□　王□
□□　李□　□□　□□　揚拱　李□　李□　新城
縣三張村攝南王府巡官張玉　□□學究　王德　習大
小團攝天德軍節度推官　王弁　□□□　李□珪　中
三村李□　安□□　陳玫　□□陳則張秀　陳□　□
□　李□　李貞　漸村劉美　劉□　□□　魏□
衙　石龜村　張□　張顯　田容　李□　張諒
□□　□□村女邑人張氏楊氏　祖氏　邵氏　梁氏
婁村女邑人梁氏　李氏　□氏王氏下空十字　內陳村王□
□邵村劉氏　流井村劉氏　新高村□氏　三張村劉氏
□□□　□□　□□□氏　時家庄李氏　石龜村□
氏　趙氏　累子村韓氏
[illegible]化寺沙門法慈修建實錄
高□尺九寸廣二尺七寸五分二十行行二十五字字徑□分後半題名二十行行字不一字徑五分末二行花[illegible]

僧了性等造尊勝經碣

高四尺五寸五分廣二尺一寸經十七行年月一行行三十六字字徑八分下截題名三十二行行字不一字徑四分均正書在涞水樂平村慶華寺

□□
□□□□□□□□□□□特建尊勝陁羅尼之碣
額　行
佛頂尊勝陁羅尼曰
經文不錄
維重熙拾陸年歲次丁亥見寺主了性尚座善遇　行倩
維那張守巳在經末
善伏　善數
當寺大衆等

遼重熙十六年

堂誦法花經沙門　德欽　持誦礼念沙門　德□　比丘
法英　比丘法智　比丘法言　講上生經比丘法際　比
丘法道　講百法論比丘法忠　比丘法基　比丘法意
比丘法幽　比丘法進　比丘行周　比丘行蒲　比丘行
存　比丘行振　比丘行帝　比丘行開　比丘行增　比
丘行志　比丘行超　比丘行全　比丘行宵　比丘行談
比丘行法初　比丘法壽
良鄉縣六聘山天開寺塔主沙門守賓　東五臺化園寺傳
大教沙門　從哲　易水高陽軍隴西郡維那□壽李晟
□衙呈押官張　逆□　攝敦睦宫左都押衙張　逆□

攝隨軒掌書記張　逆慶　攝南王府左都押衙朱　守顯
誦金部法花經五戒朱　敬明　鄉貢尚書學究朱　知
新　木匠作頭張　守貞　維那蘇　匡翘　習醫藥衙推
張　文興　木匠作頭劉　廷華　維那劉　廷祚　維那劉
廷素　燮理衙推張　希緒　燮理衙推武　惟質　習
醫衙朱　守信　知州縣橋前官朱　福林　當縣雜職徐
敬詮

堂誦法花經沙門　德欽　持誦礼念沙門　德□　比丘
法英　比丘法智　比丘法言　講上生經比丘法際　比
丘法道　講百法論比丘法忠　比丘法基　比丘法意

超化寺沙門法慈修建實錄

高一尺九寸廣二尺七寸五分二十行行二十五字字徑六分後半題名二十行行字不一字徑五分末二行尤小

俱正書

在涿州

涿州超化寺誦法華經沙門　法慈修建實錄　鄉貢
進士（鄉貢進士）劉師民　撰
夫漢□而下像教綿興凡都城郡邑山野林泉地或有可者
皆以□□□聚緇侶而為修習之所紫地誌燕南良鄉縣黃
山之陽有□□□□□境□一川地吞百頃東西分野實連
於荆□□槽南□□□遠□於灌山花壁歷載頹深遺掏靡
具廊宇圮毀垣墉廢□避風雨□遮脩行住坐臥之處則杳

遼清甯二年

無觀矣逮重熙十祀有瓦井村邑人王文正三十餘衆特以
茲院施於燃郡超化招提為上院之備也乃有綱首沙門守
能等愍此荒穢遂於當寺僧臘閒擢大有□□者主焉衆謂
我師行望素高尋以固請不果辭讓是往住持□後克殫
已力善化他財得一錢一飯之費曾不自給止以□□□□
常□□□特於正面建慈氏堂一坐三間四椽□□□□
□□□人七菩薩並已了畢西位蓋僧堂一坐三間四椽
□□□□衤□二十坐定光佛舍利塔一所三簷八角內
收藏□□□□□到□□菓木二千餘根開科出堪佃□
□□□□□□□□□言小小幹□不克盡書噫法之於世

有衰有盛必因□□□□□之行世有廢有興必因人而主
也主是院者非□□□□□□於□□良緣告畢思誌其
功以師氏鄉人也少小好□□以見託無克□退因述鄙詞
清甯二年
□□□□前范陽縣監寺副貟大德沙門崇訓　前表白沙
門道濟　功德主誦法華經沙門道淵□□□沙門道運前
寺主沙門道朏殿主誦法華經沙門道寶知文書大德沙門
道恒　□□□□沙門□□前寺主沙門道忠前殿主沙
門曇壽前尚座沙門道一現寺主沙門曇信沙門□□沙門
道臻沙門曇方誦法華經沙門曇宣講經律論沙門行融講

遼清甯二年

律沙門法幽　□經論沙門□□沙門道志講法華金剛經
沙門法淨沙門道振尚座沙門道初都維那僧道寂　講經
沙門道□講經論沙門談該　沙門曇諦沙門義全講經沙
門法琳沙門道冝沙門義園典座曇恩□□法論沙門□□
□大□阿闍梨沙門法性沙門法瓊業百法論沙門法才沙
門法濁僧法資僧曇濟僧曇□僧義□僧義質僧法式僧法
登僧法準僧義章僧法進僧法備僧義成僧義騰僧義因僧
法敵僧義園僧義殊僧法弁僧道隆僧法清僧義圓僧法行
僧道琛僧義詳僧義顯僧義思僧義亨僧義清僧恒念僧法
善僧法景僧法昇僧義緣僧法言僧可冽僧義忍義立僧義

祀□□弟子沙門義辛僧義文僧義峭僧義正僧義略僧義
嶶僧義海僧義廣僧義寬　瓦井村興建塼公院邑人王文正
等　邑長解璘　評證李延琛録事劉推吉邑人解匡祚胡
華李延恕李延貴成延貞胡推正解從德解善解正成興劉
化解舉紀貞劉盛王德辛王文信游文興游文筆王輦王秀
王文善張守辛楊金韓正馬秀張煦劉推德王拯柳郎張延
後張信崔遂殷文德賀守辛邊德成村人劉推恒張保胡演
李貞韓祚張用文張遵女邑人趙氏劉氏王氏次樂庄村人
劉守璘劉守遵舁承顯劉守易劉昌張承晏武振王知教王
知隆王万興梁希圓郝信郝用呂守德安壽齊榮祖維貞劉
匡美畫文德畫文亨蔡文秀劉匡晏張圓宋守則石從景劉
睿
涿州齋僧開講邑大哥馮德遇楊承秀鄭推則彭守宗趙守
均李文慶高文德楊善劉希榮成從整劉文正劉守均李文
祐劉贍王六郎君趙善王用□□文□趙永壽周仁進李亨
李慎行馮田氏鄭楊氏楊李氏李楊氏

王世永造像碑

石高五尺六寸廣二尺四寸五分佛龕三列經一列十四行行十六字字徑七分記一列占下截六寸三十六行行十二至十六字不等字徑四五分均正書

南无海□如来佛　南无□□□□如来佛在第一列佛龕左右
□□□□□　南无尸□佛　南无毗舍浮佛　南无□
□□佛在第二列各佛龕傍　□□□□□　南无□□波□　南
无釋迦牟尼佛　南无□□□□□□如来佛在第三列各佛龕右
經文不録在第四列
伏聞普薄伽梵大□利濟之心演陁羅丘普救輪迴之苦世
永因念父兮生我母兮鞠我劬勞之恩昊天難報若非秘藏
何可依憑是以捨清淨財符勇猛願建碑二所刻揔持教及
諸佛像成造已畢即將上来造佛造法功德迴向真如實際
迴向無上菩提迴施和尚闍梨亦願上資七祖咸證天宮下
薦群生悉除地獄涿州范陽縣孝義鄉盧村里
奉議郎守太子中允前知長寧延昌□燕京提轄司事上騎
都尉賜緋魚袋王世永　娘子梁氏　奉為先祖特建佛法
之碑　曾祖英　婆婆張氏　祖攝盧龍軍節度別駕名
昭字日朗孃孃劉氏父攝永泰軍教練使信　□鄭氏　阿
姊子四人　長適在州成□□　次適故□城縣主簿邢去
華次適在州□　次適清水碾故建州□□縣主簿朱紱

遼咸雍七年十月

世永二字改小仍居中

妹一人適孤樹□翔州觀察判官李閎　男八人　長曰至
淇亡　至淑　至洽　至清亡　至潤　文林郎守析津府
文學　至治六班奉職平州望都縣商麴鐵都監至淯至□
女三人　長彭郎婦亡次梁郎婦亡次張郎婦亡　新婦
八人李氏張氏李氏□氏□氏梁氏梁氏閔氏孫男十人□
□知剛富孫福若奴馬吴留熊兒陳□□聖□□壽馬兒
孫女九人長梁郎婦□郎婦縣哥庶哥倩哥　女哥洵哥蕣花
梅花重孫男臻哥重孫女□哥湘哥
咸雍七年歲次辛亥十月壬子□□日丁卯丙時建
□□兒□□

都維那張祐等鑄鐘款識

鐘高及圍徑未詳搨本五紙題名十六起各為方闌行字不一字徑寸許正書在東安

□□□□士義詮僧延□□□□僧義成僧義進　提點
都維那張祐等　造□□□宋□□□□字□　西北保翟
□貴　西中保陳資埜以上五起橫列一紙　□李□□寺□□主三
五學提點□□　李□李□李成大德大戒法師□□□
□□□□□□僧□□大戒僧圓常大戒以上三起橫列一紙　當
里　李楨書　北保張子明南中保袁德明北保李□□
南務□□和　北保劉珣□　□保李□□　北保□□以上
四起橫列一紙　西中保張□　西中保翟仲□　鑄鐘匠人李□

遼大安二年五月十二日

□□□□楊琮以上二起一紙　匠人徐□之仲仁王玉　昔大安
二年五月十二日造以上二起一紙

固城村石橋記
高三尺七寸廣二尺二寸記十七行行三十五六字拓本下截短一字字徑一寸題名三行行字不一字徑七分正書在固安
奉為　皇帝特建石橋記碑額寸行字徑分正書
固安縣固城村謝家庄石橋記
翰林學士中散大夫行中書舍人充史館修撰上騎都尉
太原縣開國俟食邑一千戶食實封一伯戶賜紫金魚袋
王　鼎　撰
噫舊立徒杠尚有常節故雨畢除道水涸成梁弗可闕已過
是未修或修之不謹則為其□也非細焉若官司失豫備則
遼大安五年三月八日
民下得發圖亦救弊之一端也固安坤隅一舍內有謝家庄
□近川流恒若湫下每春澤未透秋潦尚渟則此河瑀大為
坎窞使人病涉焉還溢雖魏汾□泓荊土塗泥不是過也竝
谿習貫止務因循致茲險阻之深要有坦夷之望慢坊耳久
改□者誰則我邑主優婆夷寶其人也邑主事張姓閻氏自
為女為婦為母已來孝敬慈柔鄉□藉甚固不待言說而後
知其美也及稱未亡見諒之死以家二女選壻同居感之悅
之俱□和順故其興利若一心焉每自出財或他與力前後
鑄辦洪鍾一口起建佛殿三間疊成□路一十里□其始終
有立雖勇毅英雄蔑以加矣惟茲遠慮尚未速成似有待而
然也以謂□然莫之禦者水為大碓手弗可拔者石為堅與
其多易而致難昌若暫勞而享逸繇是一之□規斷岸計橫
流二之日就它山下文礎雲隨根至天與骨來相繼十霜才
及百兩猶未畢□願也會有涿州西七里小馬村成濟聞之
惠然來助自時緣感特異往初老幼相呼遠近□至上疊崎
岸旁壓需泥有同下坂以走丸竝欲挾山而超海望之王立
地欻變乎寶嚴過□砥平人咸疑其化出自非悠久難得經
營則何以發自至誠形于吉夢得人為助不日告□若是之
速邪橋既成又求文于下走欲其同會各錄本名如過見于
佛之比用齊坤厚永□隆焉時大安五年歲次己巳仲春三
月八日丙時記
蓋橋都維閻氏亡夫張景亡翁等五翁五婆李三翁下缺婆楊
氏二翁妻杜氏六翁妻何氏程郎二姐崔郎三姐二行在年月一行之下
天水郡呂氏五字在年月一行之左
蓋橋維那涿州范陽小馬里成濟妻王氏亡父成矩亡母王
氏光成流妻王氏弟成□妻劉氏弟成治妻孟氏姪慎初妻
□氏慎下泐
蓋橋維那謝積妻劉氏亡父守贇亡母李氏秘□守固安主
簿吳鑒中舍知固安縣事必復固安縣兵馬都鑒蕭下泐

盤山感化寺僧澄方遺行銘

高一尺七寸二分廣一尺四寸三分十九行行二十九字
字徑五分餘正書在京師端午橋家

上方感化寺故監寺遺行銘并序
醫巫閭山望海寺僧　即祁　撰　　參學釋□
□　筆
夫禪波元淨也出沒無妨鏡像無心也隱顯何定悟□聖之
超言念了生死之非去來其唯　法師爭師俗姓孫氏諱澄
方香河西□人也稚齒之間不墮髻髮礼隆安寺慧通尊宿
爲師年十有八納戒于□□□□□□□博究群言因明百法
唯識摩訶衍論花嚴等經習學未久數演適□□□□□□
同玉関既揖休名共旌至德是以當縣緇素虔請充部內□
□□□□□□閒辟遜而乃決斷靡私攝持有執後探祖道
悟以眞空而欲彳身林□息□忘緣豁啓斯顧顯招其應尋
有茲寺　尊宿大衆狀請永居攝度門徒□是控上藍既果
其志忻然允諾迴稟　都綱諱可立爲出師表以□□□
必從上訓後於絕頂特建浮圖竦耀太霄路危像大瞻者興
善鳴呼月盈還缺物極有終於大安五載季冬月二十二日
示疾卒於本山俗壽七十臘四十二門人士隆嘆曰神歸凝
寂追無再面哭哀毀過封樹爲孝獨捨淨財立銘建塔次歲
季春月八日收遺骸瘗於石柩事迹頗多聊紀實德　銘

曰
火宅塵籠　全燒莫窮　宿懷善本　劬離其中　演㐫談
眞　言常意新　持茲法寶　用濟孤貧　德立名揚　爲僧
紀綱　人皆敬畏　懲惡旌良　二十年間　韜光隱山　心
同槁木　世事何關　生也非有　終兮不空　生隨緣盡
順尔歸終　美矣門資　孝風不頹　立銘紀德　百代無
遺
門人講花嚴經囦祐　建塔門人士隆
利生奴

遼金皆有大安年號此石眞光二字皆缺末筆蓋避遼太宗興宗諱也

靳信等造塔記

高二尺三寸五分廣一尺四寸首行經語二行真言三行以下上半截記文十行行二十五至二十八字不等碑左及下截皆題名行字不一字均徑四五分正書在涿州永樂村寺內

大遼國　竊聞
吾皇治化位登九五遠則八方入貢近則風條雨順八荼承
條千齡應運德感賢臣匡袪內外極無不歸然及先宗釋典
三教興焉今則我釋迦佛舍利者　如來因遠澳義無窮不
盡天地而堪倚堪託万□而悉皆從順寔燕京析津府涿州
范陽縣任和鄉永樂里螺鈸邑衆先去大安三年二月十五
興供養三晝夜火滅已後邑長靳信等收得舍利□顆自來

遼大安六年七月

未成辦至第三季有當村念　佛邑計二十餘人廣修信心
累世曾供養諸　佛各抽有限之財同證無為之果遂乃特
建寶塔一所高五千餘尺去當院前堂南面約五步一級三
簷是日有當年首領王仙喬壽鄺翔董選張仁思五人特管
兩簷塼灰同成靈記共結良因
螺鈸邑一道　卌餘人　邑長靳信　上生經邑一道
卄餘人　評正靳惟保　錄事張文道　邑人張千
邑長鄺仲翔　評正靳亮　邑人田信　邑人盧光演　靳
开靳倩　提點董文思　錄事董選　王仙　張安氏
張遷　董文思韓嚴　張景　董文正　靳遷張君儒　張

安氏書　于時大安六季庚午歲次甲子朔七月十五日記
院主沙門　去疑　城東店張國德花塼五十口　此行在首行竊聞二字下
念佛邑一道　邑長張文李　評正鄺仲思　錄事董
師允　此行在第二行佛頂真言之下　提點張惟孝　辦事沙弥智滋
此行在花塼題名之下　邑人靳惟謹　邑人張和　邑人張
仁思　邑人張詮　邑人張徵　邑人張從讓　邑人張
貴　邑人張惟忠　邑人張成德　邑人張惟海　邑人張
師旦　邑人董師敎　邑人劉惟孝　邑人董文正　邑人
張均　邑人張文又　邑人劉斅冀　邑人靳久兒　邑人
靳惟興　邑人張師林

當村女邑一道　共辦舍利塔人靳詮　邑長靳穆氏　評
正靳李氏　提點靳劉氏　鄺刘氏　靳田氏　尉張氏
張馬氏　喬王氏　董孫氏　張朱氏　靳田氏　靳盧氏
勒李氏　王董氏　張尉氏　王張氏　靳張氏　董靳
氏　董靳氏
張高氏張李氏張呂氏張靳氏張劉氏張高氏張李氏張李
氏

李從善等造像題名

搨本高六寸廣一尺二寸字徑五六分正書在通州城南王恕園關帝廟

路縣住人李從善妻孫氏
今辦到石羅漢一尊
亡父守但母刘氏阿伯
守寧伯娘刘氏兄
從整妻刘氏又次兄
歛□妻梁氏又弟
從得妻郭氏出是
女半郎婦姪公才
□安八年四月八日辦羅漢一尊
姪公才妻刘氏弟公亮
妻郭氏公順妻潘氏
公進妻刘氏
公應妻陳氏

唐以後安字紀年者遼有大安金有承安大安西夏有大安永安此石在通州地不屬西夏而金之承安大安均無八年此云□安八年安上所缺當是大字遼道宗時題也漢書地理志路縣屬漁陽郡莽曰通路亭後漢曰潞縣自是至遼末之或改金天德三年即其地置通州領潞三河二縣明省潞縣以通州屬順天府此刻作路不作潞偶爾省文非必有心寫古字也分域編作潞非石刻本文半錢之俗與劉作刘同

添修縉陽寺功德碑記

（下截斷闕存高三尺六寸廣二尺六寸十九行行存字不一字徑一寸行書碑陰載香火地畝未得拓本在延慶龍州）安山

縉陽寺功德碑（額三寸一行字徑三寸一行書）

添修縉陽寺功德碑記

樞密院令史行太子洗馬鄭□撰

當寺前傳判官講經論（下闕）

縉陽寺者古之禪房院也光啓二年為創置之始雖年代寖遠而壯麗（下闕）我大遼國先朝聖宗皇帝初以鑾輿南幸駐蹕於此登臨觀眺深思物（下闕）寺殘僧少山院細路高乃命筆題於壁面于今一百三十餘載龍鳳之（下闕）興宗皇帝偶因延幸事亦瞽先太平間賜号曰縉陽蓋其形勝崇麗□（下闕）名與寶相副矣次至今

上睿孝皇帝於清寧年追思往事駕幸於（下闕）田之意遂施銀一十兩絹一十疋粤有當寺持念沙門奉潤幼抛俗愛早悟（下闕）耆年而益進如巖松老而不改若海月高而愈明其閒受先君之遺（下闕）旲萬矣嘗念出家而為俗務寔達人之所耻也况知本性虛□忍（下闕）室散浮雲為福田盡出所藏咸集上善遂命耆人而揆日召梓匠（下闕）一所弁內藏經匣於內共施錢七百餘貫次於寺北隅建洞□（下闕）建土地伽藍堂兩位弁神從共五十餘事復於寺前起五（下闕）壁畫弥陁□氏來迎相二壇皆以締搆者盡奥巧繪飾者（下闕）外猶有餘積仍每年延僧二百人迄今二十餘年未曾有（下闕）粟一千碩錢五百緡每年各息利一分壽終之日永入[illegible]□（下闕）輪如日月之運傳之無窮自餘勝因不可殫述粗錄（下闕）之詞多驗其所行則寔曰仁人之利愽俾千□（下闕）

皇朝建号壽昌元年（下闕）

縉陽寺功德碑

遼壽昌元年

興國寺太子誕聖邑碑

高四尺二寸廣二尺六寸三分十六行行三十三字字徑一寸後題名行字不一字徑五六分正書在易州本寺

太子誕聖邑碑額徑六字字正書

大遼國燕京易州興國寺太子誕聖邑碑

當寺講經論沙門方偁撰

范陽逸士張雲書鐫

惟佛法身本離名相然其應物無不現形故我　釋迦文爲度娑婆界隱變爲質託廢於大術胎中示有爲形誕跡於無憂樹下四方各行於七步九龍共沐於一身箭射鐵鼓箭墮井象擲王城象沒象坑香智神武靡倫匹焉因足履於四門遂目矚於三病彼既如斯孰不然矣遂乃踰春城於二月居雪嶺於六年將龍服貿於皮衣身參麋鹿以鳳鞋易於菖履足濫樵人万般苦行成　真應之金身三轉法輪演有空之玉偈化居輪於會中度陳如於言下尒後順彼包雙林示滅遺舍利八國爭分塔起於八万四千教設於一十二分向上等迹已扇今時唯誕生相未之有也爰有邑長家習十善世踵五常博識多聞矜孤恤寡者則劉公名楷嵩楷常思誕瑞之辰擬興供養一身雖謹欲利多人繼年於四月八日誦經於七處九會或齎持於繒蓋幢幡或備其香花燈燭或歌聲讚唄或盡理歸依想應再動於魔宮不止輝於沙界

遼壽昌四年七月

度生生世世承　佛廕以彌堅子子孫孫同道心而不退云爾詞曰

清淨法界無覩無聽應根示現有形有聲啟酬宿願擬利含靈歷閻浮界居迦毗城金團選家淨飯所生九龍沐體七步蓮英箭墮箭井象沒象坑足履四門目覩三屯私離万乘踰城五更苦行六年剋果三身根應万類教設五乘化緣將息破戰破水歸真

維壽昌四年歲次戊寅七月丁未朔三日己酉乙時　建

涿州石匠吳　鄉儒　成造

都維那右監門衛大將軍知易州軍州事蕭撿安

撫屯田勸農等使耶律遼

朝散大夫尚書左司郎中通判軍州事賜紫金魚袋武

騎尉楊　恭直

朝散大夫尚書比部郎中知易縣事飛騎尉李師劉借紫此行

琚　妻李　氏以上弟一列

承務郎試太子校書郎守司候參軍雲騎尉李師仲此行

之前空一行

承務郎試太子校書郎守易縣主簿兼知縣尉宋公絢

以上弟二列

儒林郎試大理司直守司戶參軍借緋新　佑臣此行較後

二行高出五字

儒林郎試太子校書郎雲騎尉知律劉　詠　將仕郎

守国子直講官學黃　溫仁 以上弟三列 軍事判官文林

郎試太子校書郎魯　去華　都孔目官文林郎試太

子校書郎武騎尉周　師安　左都押衙李照　右都

押衙王友信　知客石恩　副知張存　知衙韓安 以上

一行直下下同

安撫押司官楊師言　印官韓仁詮　前行曹拱

溫　後行劉世宣　州司呈押田溓　書表馮詮

印官何潤　前行孫世卿　前行石惠　司候司

典曹福　本典王恩

當寺前燕京管內左街僧錄通敏覺慧大師賜紫釋　惟

極　前都綱副貟大德講經沙門　法秘　首座法開

講經論沙門　惠凝　惟躬　法捷　法準　法雲　惟

仿　惟數　寺主惟闡典座惟信

邑長劉揩　邑錄馬亨　許念　故許襄　呈押劉榣

梁滋　太保劉惠　王恩　楊仲思　魏寶端　張

應　韓忝　殿直田擇章　許延　蘇允章高惠　劉

師儒　許興嗣　王永達

右易州興國寺太子誕聖邑碑沙門方偁撰范陽逸士張

雲書太子誕聖邑碑者千人邑之名以四月八日誦經禮佛而名之也遼史禮志二月八日為悉達太子生辰京府及諸州雕木為像儀仗百戲導從廵城為樂葉隆禮契丹國志本作四月八日此碑亦以四月八日為誕聖之辰則禮志所稱誤矣然金史海陵紀有禁二月八日迎佛之文知當時固有以二月為佛生辰者非後人轉寫之誤也碑末列銜者都維那右監門衛大將軍知易州軍州事兼淶邊廵檢安撫屯田勸農等使卽律遼朝散大夫尚書左司郎中通判軍州事賜紫金魚袋武騎尉楊舉直朝散大夫尚書比部郎中知易縣事飛騎尉借紫劉瑤妻李氏儒林郎試大理司直守司戶叅軍借緋靳佑臣承務郎試太子校書郎守司候叅軍雲騎尉李師仲承務郎試太子校書郎守易縣主簿康知縣尉宋公絢將仕郎守國子直講官學黃溫仁儒林郎守太子校書郎雲騎尉知律劉詠軍事判官文林郎試太子校書郎魯去華都孔目官文林郎試太子校書郎武騎尉周師安左都押衙李照右都押衙王文信知客石恩副知張存知衙韓安安撫押司官楊師言印官韓仁詮前行曹拱溫後行劉世宣州司呈押田溓書表馮詮印官何閏前行孫世卿前行石惠司候司典曹福本典王恩皆州之官吏也遼史百官志南面方州官州有

刺史縣有令而碑所載知軍州事通判軍州事知縣事之名史皆失書蓋遼之官制多雜采唐宋之名志以爲大略采用唐制者猶未甚核故予特標而出之俾後之言官制者有所考焉 潛研堂金石文跋尾

孫氏寰宇訪碑錄載此碑入灤平題易州興國寺太子誕聖邑碑書撰人名時代悉合既知爲易州興國寺何以誤入灤平或者得之傳聞並未一見碑拓耶 上谷訪古記

柳谿元心寺洙公壁記

高二尺一寸二分廣二尺三寸五分三十一行行三十三字字徑六分正書在房山東南五十里甘赤村本寺

柳谿园心寺洙公壁記

守鴻臚少卿知秘書少監賜紫金魚袋楊。

國文。〇丨撰　闕

夫善治性者必求其所以養之也養之之道無佗焉一諸仁智而已矣仁性之固也智性之適也固之不已則閎閎之甚則猝庠溢之亡禦也適之不已則肆肆則擾擾則憚之惴惴庠惟其有所爲也溢之亡禦則禮之畔畔之亡信也惴惴庠惟其有所爲則義之衄衄之亡勇也是二者皆蔽之一而病之衆也故知通者以智養之仁以仁養之智仁焉以智之養則安智焉以仁之養則給仁之安則恬庠其内而不流智之給則應荅庠萬變而弗殆故畜諸己之謂德履而行之之謂行擴之錯諸物之謂業貴斯三者之謂文德以實之行以厲之業以成之文以明之斯治性之道得矣　佛之徒曰洙公者吾友人也字渙之姓高氏世籍燕爲名家生而被詩書禮樂之教固充飫庠耳目矣然性介絜自丱倜然有絕俗高蹈之志一日嗜浮圖所謂禪者之說迺廣其徒邀林谷以爲顑頷之遊日灼月漬不數歲得其術乃卜居豐陽园心寺研探六藝子史之學撥其微眇蒐所意得作爲文辭而綴輯

遼乾統三年四月七日

之積十數歲不舍鉛槧窶然聲聞流於京師其黨聞之忿其
委彼而適我繩繩而來扣諸門而詰之曰子其服吾徒之服
隸吾徒之業有日矣然不能專氣徹慮恭焉泊庠囿妙之閫
而反慆悱篤思庠儒學一何累哉矧吾之爲道其視天地萬
物蔑如也又妄以其文爲公妥然不顧苐以鑽仰而爲事也
今年春僕以乘傳距儕家回走易水枉道下柳谿郎公儵起
居既見握手道舊出新文若干以示僕僕周駭其鍛揉之鋭
未已又語僕以其黨詰之之狀僕應之曰夫道之在心不言
則不諭故形之言而后達之也言不及遠又不能人人乎敎
之故載之文而遍天下歷後世而無不至也然文之於道爲
力莫甚焉固可得而閒哉笞　吾先師孔子知道之極迺
著之易以神其天地之蘊萬物之變也傳之其孫曰子思子
思爲之作中庸以明誠性之德不慮而會不營而功也子思
傳之孟子孟子得之曰吾善養我浩然之氣以配之道義不
爲萬物之所梏也列之編籍以傳之徒是後千有餘年諸子
逢湧而有捭闔之辯刑名之說紛綸庠其閒故是道寂無傳
焉至漢有楊子雲奮然特起發孔孟之奧草之太玄以天下
之所無待天下之所有乘其數演其德以覺後世之志志也
然則文果累諸道乎抑閒彼之所謂　佛者迺爾黨之
所師也倡之五教之說以溢編軸而後其徒若爍肇馱嚳觀

密之華比比而作皆爾黨之秀傑者也率有辯論篇藻以冀
其術而怖之世也不亦謂之文乎是皆得吾仁智相養之道
也噫顓顓庠一介之謂傑旁睨四達之謂聖錄㒓僻之軌而
欲之聖人之域則是猶北走而求越不其邈哉故爲吾子辨
之以質其來者之譊譊也時　大遼乾統三年癸未四月
己酉朔七日乙卯記　當寺沙門　慧冲　書
悊題郜　師圖　刻

提行

金山演教院千人邑記

高遼題六尺八寸廣三尺五寸十九行行四十三字字徑一寸正書碑有陰失搨

奉為□□□后□歲□主□王千秋

額七行行各二字字徑正書

金山演教院千人邑記

鄉貢進士韓　温教　撰

涞水縣西北一舍之外有县鎮名曰金山其山之左有精藍古老相傳號演教院清泉滴瀝疑俯近於鷲池丹嶠巍峩認旁臨於鷲嶺從古多有名僧上士在中棲隱難以具述至景福間有沙門道誨居焉鑿石成垣葺茅為舍開土田以具饘粥植林木以供果實自是所居之衆相繼不絕次有沙門圀幽居焉養性恬神高出六塵之外積功累行僅經三紀之餘跡藏而道愈彰身隱而名益著時有縣之毫士董生數詣參訪仰師德之孤高嗟山坊之闃寂遂罄其家產攝大藏一座印內典五百餘帙在中龕置及建僧房數間師常念將含教法宣揚必假衆所成就□□路歧險隘老幼之人難虔登陟繞興是念有四村人等於山下建此下院置小佛亭一座前左道場房各□□□□僧舍□間東北廚房一座準備每年起報　國恩□壇放戒度生可謂經之營之不日成之者也副師之意斂如影響修誠則物應信不虛矣次有沙門道常□之經先師之遺軌遠近之人益加珍重每啓法席常有學徒不啻百人自此恒有緇流十數人在院居止次有沙門圀昇志霞更闢覺路遞轉法輪與閤院大衆及近隣壇越田辛等於亭子後建正堂五間正面畫本尊八菩薩刑像專請到燕京憫忠寺論主大師義景在中開演師時在褐衣兩次是院啓唯識論講八方學人雲會而至不數年間京師內外義學共舉師為在京三學論主固辭不已方詣講筵演法三年尋蒙

改賜至乾統元年正月十九日復至此院放大乘戒三七日以報　聖獎至孟冬朔日爲導迷徒復圀頓教演百千之妙頌洞究淵源談十萬之正文深窮根柢性相慧通有如此者

遼乾統三年十月

復有沙門　善信俗姓許氏板城里人也十八出家二十受具二十有四講花嚴經遊方演化四十有二復届斯焉為報四種之恩遂結千人之友為念佛邑每會稱念阿弥陀佛名號廢盡此報同生極樂世界是其願也會散成鄉人韓温教嘉其事遂述其本末兼列隨人姓名於碑背乾統三年癸未歲十月丁未朔十五辛未日乙未時建

韓百谷書成文信韓孝成等二人刻

豐山章慶禪院實錄

高二尺四寸廣二尺一寸五分二十三行行三十一字字徑七分正書在房山東南甘赤村元心寺

大遼范陽豐山章慶禪院實錄

當山文雄慧照大師賜紫沙門。了洙。了字　渙之

撰

郡城西北兩舍之外峯巒相屬綿亘百有餘里有山崷崒俗曰太湖詰其得名之繇驗諸圖牒則無考焉固弗之取也三峯疊秀遠望參差巘然不倚狀如豐字固號曰豐山盤礐脩阻踈外人境嶮峭幽閒雅稱靜居翠微之下營構新宇題曰函虛殿以其無經像之設彩繪之繁豁然虛白況諸道也樹

重熙四年八月十四日

石之間庵廬星布採椽茅茨示樸質也居人無系任其去來示無主宰也土厚肥腴中樹叢灌泉清而甘飲之無疾春陽方煦冒冰始泮異花靈藥馥烈芬披谿谷生雲林薄發吹夏無毒著在處清凉怪石巉巖矗𡶶疊巘識道之者匪坐其上橫經揮麈議論詵詵奇獸珍禽馴狎不驚秋夕雲霽露寒氣肅巖岫泊煙松陰鏤月猿聲斷續螢光明滅陰崖結溜冬雪不飛長風吼木居實凜然一徑東指旁無枝岐度石梯下麻谷谿□院道南陟長嶺西南趣柳谿至園心則下寺也又道出甘泉村南並墳莊涉泥溝河水東南奔西焉別野則韓莊也又東北走驛路抵良鄉如京師入南肅慎里東之高氏所

營講宇則下院也是三者皆供億厥處羣迎侯往來憩泊之所耳是山也頃歲賊擾庵宇蕩然殆參季矣

今上龍飛天下謐清始復其居廼營而補葺之嵐氣增潤林影稠密泉池不涸鑿夫病者新瘉氣血裁固神漸完而色益舒也噫處之於人果相待也人之於處又烏異哉夫境靜心謐處勝情樓人孰弗若是膺苟欲布設景物高樹亭觀翠朋命侶以騁游騁者此非其處也或欲聚徒百千來施委積轟轟闐闐谿谷成市者也又非其處也惟是外形骸忘者欲恬於埶利高尚其事耽味道腴者迺從而棲遯焉古之所謂隱山者則其類與其經始再造之季月已具別載此所要固畧而不書云時乾統四季甲申秋八月十四日記

當山沙門　戒琛　筆　　𢡀題郡賀　君一　刻

雲居寺供塔燈邑記并陰

高六尺廣二尺五寸十六行行三十八字字徑一寸三分
行書末題名二行字徑六分正書在涿州北塔寺

雲居寺供塔點燈邑記篆額字徑九字

大遼涿州雲居寺供塔燈邑記
崇教寺沙門　行鮮　撰
昔我釋迦氏出世也聲敎被於大千之界垂方便門饒益衆
生天上天下世出世間罔不受賜滅度之後迨今二千餘載
惟䆫堵波以寘舍利俾見聞之種能殖梵福永出迷津遄臻
覺岸其大柢也自炎漢而下迄於　我朝城邑繁
富之地山林桒壤之所尠不建於塔廟興於佛像欲令人

遼乾統十年九月

率奉常享寔古今之大務也涿州雲居寺迺神州之鉅刹
也佛事嚴飾僧徒駢羅輪焉奐焉鬱為道場爰降聖迹興于
是處昔有高僧從西土來之於此地遂開左臂取出舍利二
粒迺
釋迦如來之頂骨也傳授數人櫝而藏之積有年矣厥後有
百法上人得而秘之外無知者臨逝之日方付與衆接響傳
聲達於四方遂使遠近瞻禮高低仰慕如輻湊轂不可勝數
其間靈異昌可殫言是時有寺僧文密與衆謀議化錢三萬餘
緡建塔一坐甃　塼以成中設睟容下葬舍利上下六層高
低二百餘尺以為禮供之所是以燈邑高文用等與衆誓志每

歲工元各捨已財廣設燈燭環於塔上三夜不息從昔至今
殆無闕焉而後有供塔邑僧義咸等於佛誕之辰爐香盤食以
供其所花菓並陳螺梵交響若緇若素無不響應郁郁紛紛
若斯之盛也然而為善雖異於治亦同蓋從人之所欲固無
定矣噫末法之代去聖逾遠沙門則道眼昏昧檀越則信心
寡薄往往陷於饕餮之者衆矣茍非舍利因緣暨我曹循循
善誘之力其空格避石泐處孰能與於此乎所願邑衆等承是勝緣
俾資遐福世世生生恒躋聖處今具錄姓名於碑陰俾之無
窮永垂不朽以俟來哲見而還矣
維乾統十年歲次庚寅九月丙寅朔七日壬申辛　時
建
陽嵠山沙門圓融書　石匠吳志温刻
前提點三學律主精持大德賜紫沙門釋　法遵　首座持
念沙門　思賢　提點供塔邑講經沙門　義咸　見講花
嚴經沙門　依鑒
寺主持念沙門　行純　尚座講經沙門　行祊　都維那
講經沙門　行嚴　典座持念沙門　去結　殿主持念沙
門　善談

碑陰

首段四行次段五行次三四行
末段七行行字不一字徑六分正書

當寺司徒大師門□□□燈邑□□□□□□□□□□行
□□
邑人□經沙門　□□　邑人講經沙門　行□　邑人講
論沙門　□□　邑人講論沙門　□□　邑人□□□門
□□　邑人講論沙門　□□　邑人習經沙門　行儇
邑人講經沙門　□□　邑人習論沙門　□□　邑人
習論沙門　行□　邑人講□沙門　去塵　邑人習經沙
門　□□　邑人□□□門　□□　邑人習論沙門｜□
□　邑人習□沙門　□□　邑人習經沙門　□詮　邑
人習經沙門　□□　邑人講經沙門　知清　邑人習論
沙門　□□　邑人習經沙門　□□　邑人習□□門
□□　邑人習經沙門　□□　邑人習經沙門　行賛
邑人沙弥　即□以上首段
點燈邑長高　文用等
邑人王□□　□言李詳　邑人□□　□人□□□　邑
人盡壽　邑人張□　邑人姚僮　邑人高文□　邑人□
□□　□□□□□　□□□□□□　邑人□□□　邑人
王□　邑人王松　邑人韓德　邑人亻明□　邑人李壽
邑人史□　邑人薛□□　邑人高士仙　邑人□□□
邑人□合□　邑人□□□　□□周□□　邑人□□

□　□人□□□　□人□□□　邑人劉家立　邑人王
坤　邑人成公□　邑人王用直　邑人王文齊　邑人王
文□　邑人趙□　邑人□元英　邑人王□□　邑人□
□□　□人□□□　□□□□□　邑人□□□　邑□
□□□　邑人王□　邑人陳□□　邑人王贊皃　邑人
史郎　邑人李王氏　邑人李□氏　邑人石張氏　邑人
□□□以上次段
當寺提點供塔邑長講經沙門　義成等
邑人講□經沙門□□　邑人講經沙門　行□　邑人講
論沙門　□□　邑人講經沙門　行□　邑人□經沙門
□□　□人□□□門　□□　邑人講論沙門　□□
邑人習經沙門　□□　邑人永□院持念沙門智因　邑
人講經沙門　知清
邑人講經沙門　□成　邑人講經沙門　恒□以上三段
供燈邑人姚□□邑人□高氏邑人蘇王氏亻邑人李薛氏
邑人田孫氏邑人劉王氏邑人王張氏邑人□□氏邑人馬
梁氏邑人□周氏邑人□□氏邑人姚□氏邑人成李氏邑
人馬李氏邑人□刘氏邑人王□氏　邑人□□氏邑人高
張氏邑人□□氏邑人高張氏邑人郭田氏邑人王□氏邑

人韓高氏邑人□楊氏邑人王□氏邑人□□氏邑人□□
氏□人□□□邑人史高氏邑人李王氏邑人石張氏邑人
□□氏　邑人史　氏邑人史王氏邑人周李氏邑人□成
氏邑人周凝兒邑人曹張氏邑人□□氏邑人黄大姐邑人
王三姐邑人李□□邑人高□□邑人周□氏邑人王張氏
邑人李馮氏邑人胡張氏邑人蘇□氏　邑人張□氏邑人
張李氏邑人成□氏邑人□□□邑人□陳氏邑人張陳氏
邑人□□氏邑人王□氏邑人張馬氏□人□□□□人□
□□邑人□□□邑人張李氏邑人史成氏邑人董王氏□
人王張氏　邑人楊□氏邑人王劉氏邑人梁王氏邑人盧
田氏邑人趙郜氏邑人吳張氏邑人王□氏邑人趙張氏邑
人王楊氏□人□□□邑人□□氏邑人王□□邑人□王
氏邑人魏□氏邑人□二姑邑人段陳氏　邑人劉張氏邑
人范趙氏邑人崔劉氏邑人李張氏邑人劉冬哥邑人白□
□邑人□□□邑人王二姐邑人□大□□人□□□□人
史□□□人王二姐邑人□落氏□入□□□邑人揚□氏
邑人王□氏　邑□王張氏邑人張李氏邑人張王氏邑人
韓王氏邑人張二姐邑人梁趙氏邑人□□□邑人□□□
邑人□□□以下全泐

碑前列崇教寺沙門行鮮撰後列陽嵕沙門圖融書其文

載舍利始於西來高僧出之暨開後有百法上人得之寺僧大德文密與衆謀議化錢建塔一座燈邑高文用等誓志每歲上元廣設燈燭環於塔上三夜不息遼之遺俗修於佛事此其一也燈邑即近人稱燈社爾他無足紀者圖融書勢深似李北海遼刻佳本可寶也　授堂金石續跋

重修聖塔院記

高二尺六寸廣二尺一寸二十四行行三十一至三十五字不等字徑七分正書在易州西五里

大遼易州重修聖塔記篆額字徑九字

重修聖塔院記

奉□□沙門　思察　述

法弟沙門　□□　書并篆額標二條在題下

夫聖塔者幢誌塵昏莫能詳究稽於內典及古老相傳西

如來滅後百有餘年有西方波羅柰國華氏城鐵輪王

名阿育者所建八□□□寶塔之一也迄於　我朝開國之

後僅百載□　承天皇太□□□□□□□□□□□

遼崇福十三年五月

而爾□□□□□□□　□□□馬乃□□□□□□□□

□□□　□令□□其□人□□□□□□□□□□□□

□□□□□□□□□□□□□□□□□□□二□□是□

□□□□□□□□□□□□□□□□□□□□□□□□

□□□□□□□□□□□□□□□之□□□□□□而方

□□□□□□□□□□□□□　□□遺骸□□□□

□□□□□□□□□□□□□□□□□□□□□□□□

□□□□□□□□□□□以□□□□□□有當□□□

□□□□□□□□□□□□□□□□一坐□□三其架

四東西序搆側堂其制頗類於戲其事□□□□□□且夫

時來事備代不乏賢繢有　清信者長刘楷者天鍾耿介祠

曉經書崇重空門好興佛□攸繼其後銳志光前以廣其居

仍展拗凹乃移西堂置於東序之後復展故址以□□□□

□□□以金瓶加以銀閣葬於其處上建甎塔一坐制度壯

麗達以欄檻不三月而成初役工時慮井水難供忽於乾隅

若石盆之狀噴□□泉功告就而泉亟蔽此所□至誠感神

者也又於正堂內繪懸壁為毗盧之壇懸以賢聖安金剛經

行藏備纂要二□□□□□□□□□□可以瞻礼頂戴

可以披閱諷誦又塑羅漢十六尊置於東堂之內正位西構

屋三間中安觀世音像東西間塑山神土地之像其位造僖

舍三間東序之北□淨厨一所院之四周砌以甎甃招提告

成而營葺之心尚未厭飫其間感應雖還不能備述　公

心力有餘迥出常輩凡厥規畫曲盡其妙懿我經營勉勵孰

不嘉焉後之居人毋至輕忽　公有二弟長曰湘次曰衡

皆出言有經與人存信凡我公興作畢贊成之特糺蓮社春

秋與供以助無窮之福也託予紀述意思誠□光伍我宗胡

為舜巖弟且直書其事以備實錄云爾

宋乾道二年歲次癸未五月己卯朔二十四日

建施主刘　楷　立石

金

經幢類列九十七

任師誨梵字經幢記（高四尺七寸五分四面廣四寸餘經梵文每面五行行五十一字字徑八分經末一行又題字二行正書）經不錄

□□國燕京仙露寺講經論比丘僧　同委師長奉爲存
亡父母特建大佛頂諸雜陁羅尼幢記　見在父洛州刺使
銀青崇祿大夫檢校功部尚書驍騎□□開國男食邑叅伯
戶前松亭關都監任　師誨　故妻禮賓使檢校功部尚書
史　世遷　之女也弟觀察使師晏□西□君（姪受澧淵澤姪女高郎婦）
天會五年二月十二日庚時立

沙門行章自建經塔（高三尺二寸八面廣六寸餘四行與四寸二行相間行二十一字字徑一寸餘末有題字三行字徑四五分並正書在東安觀音菴）經不錄

燕京左街析津□□□縣□李福僊院習經沙門　行章
自建　大悲心陁羅尼石塔一座

徑

（後二行衆僧題名行首漫漶不具錄）
天會六年五月二日

延壽寺陁羅尼經幢記（高二尺九寸八面廣七寸三分與四寸六分相間經五面六行三行行十九字字徑一寸記三面五行八行行字不一字徑五分在永清陳各莊本寺）

佛頂尊勝陁羅尼曰　經不錄

（記首行空次行泐七寸餘）里（下空）
□□□建□頂尊勝陁羅尼石塔□□□顯其□行自銜自
媒是諸佛共說生死融同肇公云古今通始終同窮本極末
□□□□□□引（泐六寸七分）當村鄭□□第二箇男滎陽郡人也
年二十二歲告白父母求索出家（泐二尺）受具足□□院誦
經至年二七與諸朋友誦習經論後從延壽寺主僧（泐七寸七分）
經冠談講粟大師爲師自後連續講學上生經菩薩戒經□
師經弥陁經大請問（泐六字）冠談五十餘遍不□□□□論至
年五十九有願講大經三遍十年不輟至七十歲終罷又有
願作都維那建三□佛□□□俱□□有□壁佛□□□菜
子未了值國□亂不逐本願每時課誦不敢待慢至八十歲
知□世境界如幻如夢如□如□□亦如□□色身（泐五字）亦
唯願始從剃洛終至今時所擾講演披讀課誦所集福善

幢有毫分冥合聖心□□法界衆生得大覺圓明𣵀槃常樂
尓　更願生身父母師長父母九祖先亡未離苦者願令離
苦未得樂者願令□□未□菩提心者願令發菩提心未成
佛者願作成佛
恩深父母其父每日常念上生藥師多心等經已爲諱誦至
年八十八歲無常母亦每日常念上生多心經諸佛名号泐約
八字不曾有闕至年七十五歲無常兄師才至年八十五歲無
常妻諸氏弟師儒至年七十二歲無常妻□氏□□□者積
慶妻□氏次姪積□妻□氏次姪積福　妻趙氏小者積圖
妻田氏□同師法春在本師塔上摽記

其所度門資具列如後　誦法華經全部沙門普明
以下及後二行皆傳八題名
有法姪法孫等稱不具錄
天會八年歲次庚戌十月庚午朔四日癸時建
此幢寰宇訪碑錄作壽延寺寫刊者誤倒也癸時爲癸
時之誤

辯惠大師經幢記

高三尺八面廣七寸五分與四寸七分相間經五面五行
三行行二十字字徑一寸二分記二面五行八行行約三
十二字字徑九分正書末一面
漫滅在淶水石圭山遵化寺

佛頂尊勝陁羅尼曰

經不錄

故辯惠大師廸公塔記
鄉貢進士　張□撰
夫青蓮□相誰開覺路之緘縢□頁無白馬之文孰發禪門之
扃鐍自金人□□於帝□□□□始闡於民區九所瞻依泐祇幸
皆虔奉者蓋能大施法雨廣被慈雲无間幽明□蒙度脫是
以釋風𧃭集九近□塔必立寶幢憑　無上尊書㝡勝句非一
特有益於亡者抑亦取信於將来此故辯惠大師刊石之文
所不可□也師諱曰廸俗姓□氏其先高陽淶水人也投跡
于卧龍寺受泐下全□□海淵深過童之□□□□□廻冠之
年泐下全□從泐七字講經論而覺泐下全垂二十載泐下全□天會
七□十二月□六日下行全泐及弟六□□□□□之泐十三四字師□
德可記□之□因命□□□
天會十年仲春十有一日建　當寺□□沙門　□□
書　天水趙□刊

陁羅尼經幢殘記

高三尺八面廣五寸八分與四寸五分相間經五面四行
三行行二十五字字徑一寸記三面全泐約四行五行行
字莫辨字徑
八分正書

佛頂尊勝陁羅尼曰

經不錄

記淺滅偶見二三字無可錄存

天會十五年歲次丁巳三月癸亥朔下泐

張三娥為寺主建陁羅尼塔記

高二尺九寸八面廣五寸與四寸相間經五面四行三行行二十四字字徑一寸記三面四行六行行三十三字字徑八分正書在易州

佛頂尊勝陁羅尼曰

經不錄

獨樹西保任人俗弟子張三娥奉為　先師寺主特建　佛頂尊勝陁羅尼塔

噫從無生有散有歸萬類之變其理一也法本空寂涉相須壞至如天地雖大劫火終焚天地尚不能久况於人乎如來憫諸浮生廣演解脫之冗言強名曰經中有諸呪之工者無越於　佛頂尊勝陁羅尼也若有人書寫鐫刻持讀誦能除七返之□□□三塗之苦□□惡之冗言乃　□生　之要路凡有志誠無不獲益

師諱□□俗□楊氏□永清　縣高齋里人也　父諱㫖母董氏昆季二人師之長也□□出家礼□□寺　言□為師至乾統初遇恩受具爾後與　常住諸頭□□□□有餘　洎天會十五年夏五月十三日因疾而□春秋六十有一夏□三十有六至當年仲秋建石塔於中塋之左英師在生之日多積衆善以□過去之□□□□□犯之愆須仗威神之力伏願日移影覆其福也㳂□而生風觸塵霑其罪也隨□而滅既其功就遂假文以述之故序本原用記命

弟講首楞嚴經沙門　智微　門徒二人沙弥實德　沙弥寶覺

俗阿姊侯楊氏　俗弟子丁張氏

天會十五年歲次丁巳九月辛卯朔二十四日甲寅辰時口。口

按前幢亦是年所建書三月癸亥朔與金史熙宗本紀及宋史紹興七年本紀合此書九月辛卯朔二十四日甲寅攷是年無閏月既三月朔值癸亥則九月朔必不值辛卯矣宋紀辛卯朔在六月至十月為庚寅朔六七八九四閏月止一月小盡以此推之辛卯當係八月朔而九月朔當係辛酉二十四日為甲申二者必有一誤也記首行散有歸無奪無字

于三臣經幢文
高二尺八面廣四寸五行與三寸餘四行相間經二面文六面行十九字字徑八分正書在蔚州君子疃宏慶寺
若救地獄誦智炬如來心破地獄眞言曰
經不錄
河内郡于適呈幢文并序
公諱三臣字漢卿蔚羅靈□來遠此字補註人也始幼少時罕爲
童戲恒若有所思念計畫及壯至耄果善㪅家後享洪範五
福皆得備也其爲人者五常撿儉□百行飾身居家□□奉國
忠□克己而交友信□覆親踈謙閑□功□外況厚精敏未嘗
有子也弟之□斅賓接門下侍側無虛其性也温然如玉其行
也芬然若蘭公始娶妻者乃東平郡呂氏後生子男□三人
長女生年丙子嫁武威郡曹氏至甲辰二月二十三日卒季
女庚辰年生嫁清河郡張氏至辛丑八月十一日終男娶妻
濟陰郡董氏後娶瑯瑘郡□氏其永堅生男三人長觀音次
藥師幼慈氏此□公之孫也其先呂氏丁未八月一日生至
辛亥七月七日不幸先卒再娶彭城郡劉氏公所歷春秋七
十有五己酉五月十四日生至□癸亥年八月乙酉朔十七
日終後有男供奉班祗候　修武校尉永堅選擇次歲甲子
十月乙亥戊寅朔□七日甲午丁時合葬考妣是時仰思生
鞠之恩□返念劬勞之力欲報其德昊天罔極嘗聞佛頂尊勝
陀羅尼功德不可思議謹捨財造建立石幢一座命請人丹
書刻石以憑資薦伏願亡靈考妣五　靈聳足速生兜率之
天百寶嚴身早受慈尊之　記銘曰
卓哉伊人　恒持十善　不恃富尊　無輕貧賤　天雖
奪工　德音也彰　里人稱頌　于今不忘
維皇統四年歲次甲子十月乙亥戊寅朔十七日甲午丁
時　男供奉班祗候修武校尉于永堅　建立記
鄉貢進士史　仲誨撰　翟貴寫石　王世佶姪男興壽

如意院尼道一梵字經幢并記
高四尺五寸八面廣七寸與四寸相間皆梵書經文下截記五行三行行十二三四字不等字徑一寸正書在涞水白衣菴
大金燕京易州涞水縣如意院尼道一首座幢記　尼諱道
一尼諱道悊提范陽人也俗姓邢氏父諱師古業進士也綽有文譽
秀而未實壯年而逝母劉氏端厚慈明崇佛祖也尼調亂之
年天性賢善霜母識其志落縣爲尼礼涞水縣如意院淨彴
常講大比丘尼智寂爲師奉侍有孝習學抱懃未周歲閒妙
法花經熟精而誦明年聲　官給發憑回特詣考試一赴得
捷次年夏初受六法尸羅學律精特後二年間受大比丘尼

戒迹後覲學精苦頻著至二十五歲於本院始登猊座闡花
嚴經懸談講是日剖析文義音辯出倫座下高人讚頌者衆
暨年不惑□□□能姝毫無犯老長□□□□有餘□□六
紀□□□此行全泐□□食衣下泐委施本院常住暨諸寺院□□
□法僧一□無□至夜半如□而逝傳臘五十二夏荼毗之
後□□□常信珠數十□由是門人□□□命工刊石建梵
書字陁羅尼幢一坐竪之于　先師塔之右然論正理本絶
罪福之相而至孝之誠望多塵影之利余浮圖氏非文藻之
人覩斯美善爭忍忘言剏命三復敢用直書云尔維皇統六
年歲次丙寅十二月丙申朔二十五日乙時建　門人恒淨恒謹恒均恒湛
恒戒恒適恒巧恒昱

雲居寺僧楞嚴塔記

高三尺八面廣六寸七分與四寸四分相間題額一面經一面四行字數莫辨記六面六行四行行三十七字徑八分正書在房山本寺

石經山雲居寺故楞嚴法師塔題額二行行字徑二寸餘
阿閦如來滅罪障陁羅尼曰
經不錄
□□故□□□□□□
泐七字石經山雲居寺有楞　嚴法師泐八字行下泐泐二尺餘德三年

衆疾而終□□□四五六行全泐泐七字冤□□□□□大師□求冤
下泐全無不□解日新月異窮理盡性乃雲遊四方曾無一□
之□至乾統四年下泐大帳公主□莚下開大乘講聞者見者
率皆欽仰次於雲中□天德□起栖禪道院一所聚徒二百
餘衆所□供應未嘗少有所闕至天□四年自天德迴泐七字
主三□而□□□管勾寺□百度唯貢內外二□心悦誠服
有□□餘下泐全德惠然肯來以弟子之礼奉之請詣真定府
攝度四衆下泐全所言必信行必果故揔運兩衙及諸檀信歡
而重之其總管特進請為本府僧錄判官□終□□因暇還
寺更不□往在昔日有所施道友風從至無不納應有所□
無不□盈始終如一後于固安縣禮讓村建道院一所諸□
學者聞風而至供待□□次有□□□□郭□□聆其善風
請於本州開大乘壇所得淨施下泐全雲堂一坐五間□□有
下泐全完聖事欲補其闕乃隨方化□□□□□門人□□二泐十
三字檀信□施錢壹萬餘緡遂刻經琬圓滿三十□□皇統七
年天災大水平地丈餘摧壞託西洞房二十二間薰打壞了
菩薩全身二十四尊師遂捨衣盂重行修蓋及塑粧全又當
寺坤位有故□理師藏所造經碑舍利塔一坐其功未完師
又緝之使完若無非常之善安成不世之功師慈悲夙賦定
慧兩全相窮言□深含清涼之心性契眞筌實得達磨之髓

故所至之方人皆影附故本州同泰天開圖業在京仰山并
奉聖州維摩共五寺並請住持攝度凡所營為不日而就謂
能事說畢知天數將終故于天德三年十二月內將平生俾
法淨施駝馬車輿衣物等盡數施納常住至三年二月一日
因疾（發）而終僧臘五十二俗年七十一至當月五日具儀荼毗
記門人善□等念
先師之厚德無以仰答遂于本寺先塋建塔□之以□□□
□□前涞水縣令龍山王　章　記
天德三年歲次辛未四月甲午一日壬寅□□日下泐後空三行
不辨有字無字

龍恩言經幢記
高一尺五寸五分八面廣三寸六分與二寸二分相間經
三面四行二行行二十字字徑七分記五面四行三行行
二十三字字徑五分正書
在房山白帶村關王廟
經錄不
大金中都涿州范陽□□鄉□□□里龍恩言幢記
□□□□貞元之初年十月有五日也□□王里龍鑒奉為
缺六泐字葬之□□焉　公諱恩言其□回望出于譙郡泐五全泐而二泐
十字一安靜公為先考及兄恩信并嫂具□葬後□□悲感五泐
字□□□有子□□□和尚仲興壽季德壽及女一□□□
□□劉氏□德□□　公有姪三孝政且亻長曰鑒妻鄭
氏次曰識妻王氏幼□經出家宗唯識論請道洪鑒有一子
黑兒及女曰千哥識有女一曰師姑　鑒嗟雖考妣久□召
矣而□其叔早以夭爲率弟兄等□力營玉幢一坐塵影弥
綸布此風山峒而高水浩而長者也
姪龍鑒□□謹建

檀山村殘經幢
高一尺九寸八面廣四寸六分三行與三寸一分二行相
間經五面唐梵兼有行八字字徑一寸四分記三面三行
四行字徑一寸餘正書
在涞水叢山大佛寺
佛頂心真言曰

經錄上空　不

大金國中都大興□□豪鄉檀山村□□□□□右妙□□

□亡過父□□母任氏特建生天佛頂心真言石幢一坐所

□□□今具家屬姓名開立如後

家屬題名三行漫漶不具錄

時貞元二年二月十四日

大興府縣即遼之析津府縣貞元元年改燕京為中都析津府為大興二年改縣亦曰大興即建幢之年也

貞元殘幢

高存一尺七寸八面廣四寸與二寸七分相間經三面二三行又四面一行行十一字經一寸二分記一行又四面二三四行不等字大小不一正書在房山上洛村寶僧寺

缺□□世音菩薩大尊聖陀羅下缺凡九行經

缺□□□□塔子之記記及題名年月凡十一行

貞元三年二月十缺行之下在末

此刻剝蝕已甚其存者文字俱劣不瑣錄

惠奇為定公建幢辭

高二尺二寸六分八面廣六寸弱與五寸四分相間各四行經一面又半梵書餘皆記行十八字字徑八分正書在房山金家莊

阿閦如來滅罪密言

經錄不

故□□定公法□□□

公□□□易州淶□□水東人姓張自非歲發願礼□寺□

華嚴為字泐九事以□宗為事解不同它□然以□氣之清而

不欲墮顯仁藏用之適肯隱其所學(武)於是□□坐□法□

□璣心□冠年也師以學解居上大□今□宜下泐十三字給垂

撫勿艾□美於皇統中□□□□□天□滄海無風之月鑑

用方同既而老終身以金剛般若梵本心行願等經竟為香

火薰修之課也越貞元二年季冬晦日夕恭方畢扃戶就寢

明日以鄰房閟安連呼不應乃發視于牖而已奄矣具茶毗

於亂山之陰門徒習經沙門惠奇收靈骨於明年四月附先

壠而石塔啟之辭曰

維雲居於山阿將百代之不磨訶妙理之其故有行人於無

何非千頃之古鼎豈非歲而馴魔逮洪鐘之遍告復吹貝与

鳴螺騰妙辯以雲飛鼓學海之風波疑雷湧於春谷舞頑礦

之婆娑我□□其適兒聽四方□云何浮秋江之孤月增冰

質之峨二□晚年以學□果獨□於六和既理均以無適為

誰起於塔婆(承)神呪之義利塵影繞於蜉蠃或庇後之門嗣

亟甘棠之纂柯謹告實於來兼期永圖兮無它

貞元三年四月八日建

門人　惠智　惠奇

汾名陁羅尼幢記

高二尺九寸八面廣七寸與四寸相間經七面五行三行行二十字字徑一寸弟八面記八行約六七十字字徑四分正書在東安

佛頂尊勝陁羅尼曰

經不錄

□□□安次□北□□化□僧汾約六字師起建石幢刊佛頂尊勝陁羅尼

師諱□□俗姓賀汾八字師自汾五寸其志汾四十餘法師爲師所汾六字至九歲自□□居學肄至年二十誦傳大經□□□□戒行精懃六時無倦汾六寸遍遊汾一尺二寸易□忽生忽滅□如雷霆□之常道豈可云乎至正隆三年五月□日知□□□歇去歸葬□□□□俗年七十有九僧□大小門人汾五寸餘莫知其故□大化也□前度門人四十有餘各收靈骨至正隆六年三月故命良工建□□於先□之□永建□言汾下

此後上截衆僧題名五列每列二人下截俗邑衆首題名四行又弟七面末行空處題名二行又弟一面標題下題名行列不一均不具錄

正隆六年三月十一日　成造刻石匠陳□此行在弟一面標題八字之書

高安氏等經幢題名

高一尺六寸五分廣三寸四分與二寸五分相間四正四隅五行四隅三四行不等行二十九字字徑五分正書在固安禮讓店

經弟一面淺滅餘七面有大麻□年衛山□令劉氏女身亡到冥司見閻羅天子閻女子曰汝何不念金剛纂廻到陽間分明記取發如是我聞至信受奉行都計五十□百四十九字九十九佛五十一世尊八十五如來一百三十八須善提二□六善男子善女人七字四句偈等云云故又有每月十齋某日某佛下界念某經一千遍不受某地獄讚曰云云至弟八面弟二行以此功德普□□□如我與衆生皆共□道止未詳何經略記於此遺字下接題名如後

父高安氏母高阿李男高興□男興立男興□

□□高亡門致高鐐致高詮□□□□□張阿高孟阿高

□□□□巳上眷屬君得生天　正隆六年

建

優婆夷清河氏經幢記

高一尺五寸三分八面廣三寸七分三行行十九字經二面又一行餘皆記文字徑七分正書在房山上方山

佛頂心觀世音真言經不錄

竊以紛紛六趣咸流轉於無常擾擾四生盡輪廻於有□□優婆夷姓清河氏乃永清縣梁村人也自亡遼時信緣遊出遂止樂深一旦表從塵累內積善緣凡遇四方僧侶遠近栖遊動縫浣以忘疲奉蔬餔而靡倦此外誦持佛語聽受經文如是聯綿僅五十載況人壽七十甚爲希有幸□□□□□

其所有於正隆三季孟夏十五日就斯勝地□□高流□辨
□修齋七次第無遺修設□□□□上下執事僧曰□昔於
皇統泐七字任鄆國公之女賜□□安為師泐七字家之□復思
季□□澀□□□非泐六字三衣語□□日臨命終時願求披
剃用結當□出家之種也衆後復乞歸葬於時由斯□許立
□□□建山之兆位也斯蓋覺悟無常跡除有□□□難
生而已生善心難發而已發歸□□聖逆順□輙能詳可謂
唯飲水者知冷暖孰後至　月　日而年其年
月　日復開葬□□□

清信女龐氏經幢記
八面面較前幢窄七分餘悉同
□□心觀世音真言經不錄
□以紛紛六趣咸流轉於無常擾擾四生盡輪迴於有結此
一清信女乃易州流井之人也姓龐氏同父母徙居良鄉縣
樂深村故從生於彼也洎成長已來身累塵緣心遊善境由
昔行檀恒豐財贍也於四隣名山大剎及此止方塑畫尊客
齋設僧□□□無仲□十餘載況人生百歲七十尚稀□復□
□□□□□哉遂喜捨所有之資於正隆三季□月十五日
□□□地□□□修齋七□□無遺□□□□上□□齋僧

日□昔嘗皇統閒礼韓閒府之女善安□師為師訓名妙深
當□出家之後思耄□之季身□空門□□落髮今□潛□
三衣投知識日臨命終時願求披剃用結當來出家之種也
衆後復乞歸葬□此由斯蒙許立塔□□山之兆也斯蓋欲
□無常□除有結怖心難生而已生善心難發而已發既然
聖凡逆順孰輙能□其深與淨行止願同故此所書首尾稍
異後　年　月卒其　季　月而開葬之云爾

闕名經幢記
高三尺八面廣各九寸經一面八行上多闕泐存字不一記第二面六行三四面八行五面前五行行三十五字字徑七分題名第五面後四行及六七八面各三截每截數行至十四行不等行字不一字特小正書在涞安
師諱祥□俗姓張□□里人也父曰公後母曰董氏世業為
農母始娠惡聞葷茹之氣既生室有光泐二字十歲時□聚土石
為塔廟之像年十歲許自求出家父母不泐一尺三寸山依當寺
故通慧　大師傳公為師方以讀經受具泐一尺一寸律身嚴謹
精進無怠濟生行道一遵教法不捨手晝夜泐九寸可加恩者
師年尚少衆推之賜紫方袍　師□讓法兄善泐一尺三寸餘授
傳妙大師時以僧尼無依者建□□之泐一尺三寸推　師始官
日食百人　師既即事適泐一尺四寸餘日食千人無閒僧俗不彼
仰給於□□所泐一尺三寸凡十餘次徇衆所請為設戒度推以

利（泐一尺四寸餘）寺提點寺遺大火梵毀無遺　師為設□□□□
□興之（泐一尺）　於興禪寺因示疾陞座辞衆悉以衣鉢（泐一尺三寸）
謂其徒曰吾目覩弥陁来迎道跏趺而逝春秋（泐一尺）一衆哀慕
如亡津檀依法闍維之靈骨如玉雪齒舌不（泐五字）等建□塔
于□□□嗚呼　師之勤苦而不息豈非率人以精進
師之供施而不怠豈非示人以喜捨　師之隨方檝度豈不
欲普度群生遠離泥垢　師之示見弥陁豈不欲廣揚□□
歸於浄土或者覩　師有為跡而求　師於名相之間殊不
知　師之（泐六字）不在此况其生也有光明雨花之異其滅也
有齒舌不壞之相始終□□□可測耶　師所度弟子七十
餘人俗弟子千人許其辞曰
覺□□□□□仰　寂湛真常絶運為　至人發起無緣
慈　因入塵勞度群品　□□□應利他際　百千妙行
以莊嚴　見為一切人所難　開道群迷故如是　我聞
任世法王子　其數六十二恒沙　能以一善利衆生
當知即是菩薩行　□士行化乃如彼　示必應身無所
疑　護持諸佛秘密因　混迹不令人異觀　涉入世間
雖幻化　共道闇然而日彰　初生天雨蔓陁花　火浴
齒舌皆不壞　當此遷流生死界　大士何道乃如斯
譬如燃火加膏油　成光圓二不可掩　凡尓見前修學
人　對師靈塔當勤念　還持密行為利益　是名知恩
報恩者　同入圓寂解脱門　即知大士常不滅
大定二年歲次壬午甲辰月辛酉日丁時建
中散大夫行太原府榆□□令隴西開國子食邑七百戶
賜紫金魚□□軨　隴西郡張氏長男李若虚妻張氏次
男修□□尉前授雄州麹部都監李德華妻張氏（記後題名四行）
（及六七八面諸題名惟弟六面下截有繫衘者摘存之餘皆僧俗男女凡數百人不具録）
太原府榆下泐蓋榆次縣也

雲居寺善師殘經塔記

（高二尺三寸八面廣五寸經六面四行弟六面五行行十六字字徑八分記二面面七行行二十餘字字徑五分正書在房山西三十五里福盛寺）

佛頂尊勝陁羅尼
（經不錄）
（上泐）居寺故善師墳塔之記
（上泐）之□也封樹建廟孝之□也往古來今以高□□□（上泐）
（上泐徐州□□次曰□言師其次也季曰仲□□）
里人也俗姓張氏父曰孝廉母劉氏□（上泐）釋門年纔一紀礼
石經寺寄座主為師□□□□（上泐）至天慶元年二十二試經
受具多以（下泐）□□誦觀世音經二□卷并餘課務未曾有闕
無何至正隆□□□（上泐）月二日因疾而卒化于□莊俗□家

內春秋七十有□□泐上門人義楫具天生□荼毗于庄東□
□年閏二月十二日□神骨□葬于寺之先塋門人義□□
□先師之□□命良工造窣言石塔一坐所冀日彩影泐下泐上
利□昏蒙永無窮矣
泐門題名一行半不具錄
大定二年閏二月十二日　建

大興寺尼善正經塔記

高二尺八面廣四寸三四分經七面梵書各三行行十五字記一面六行行二十五字字徑六分正書在涿州馮村大興寺

佛頂尊勝陁羅尼
涿州范陽縣永福鄉西馮村大興寺門徒智性等奉為亡師
特建石塔一坐　師諱善正俗姓程年滿九十夏臘七十有
七乃固安縣李村程郎中次女也時既趣於非家年未盈而
受具每日常講誦其花嚴經也於大定六年六月十九日因
疾化於本寺後有門徒三人智性智俊智松至今年三月初
八日各捨己財仰吝
師恩以建靈塔　大定七年三月初八日門徒智性建

兵部令史張吉造幢記

高三尺八寸八面廣六寸餘與三寸餘相間經一面六行記一面四行題名五面行字均不一字徑七八分正書在涞水樂平村天真觀一

經不錄

大金中都易州涞水縣□□鄉落□村清河郡特建幟罪生
天□□幢記□□□□以為標目　伏願　先祖考妣及
於後代承茲功德若生　天上長親　万德之尊或在人
間增益二嚴之報
大定三年二月廿四日尚書兵部令史修武校尉泐下
故高祖守能妻□氏男三人長男曾祖得泰妻朱氏二男長
男房祖奉顯妻郭氏四兒一女房叔永福闕下　房叔永勝□
□氏妻傅氏男七姐二王郎婦蘇姑房叔永仙妻于氏男榮
趙妻午氏一兒□孫黑□□仙闕下　妻劉氏孫元壽孫□□
孫女□□房妹牛郎婦
房祖長氏妻祖氏男弃俗雲遊□□道士　志明　審母龐
氏男榮嵩妻劉氏□□孫三女孫郎婦闕下　曾祖得詠　男
房祖奉約妻李氏二男　馬留妻趙氏　次男四兒
親曾祖得祐　男祖父奉棟妻劉氏男故父□母董氏六男
一女長兄晏次兄建下泐四字昌□　次吉尚書兵部令史見□修武校尉故妻
闕下　兒妻□氏三男二女　長男亨妻孫氏　孫女□四人

提行

大女召到趙履珪爲婿　次娥兒　次□兒　次金仙　女
仙□（下闕）（以上第三面）吉於大定六年正月職滿蒙　恩授泰
安軍事判官兼監東嶽廟迁帶忠顯校尉武騎尉供職（下闕）
至八年六月未滿閏　□□前來□祭祖墳見幢子□□再
行盛正　大定八年七月十一日記（此第四面題名之後二行其前二行及第五六七面皆家屬題名不悉錄）

按金地理志泰安軍大定二十二年升爲泰安州張吉授軍事判官在大定六年故猶爲泰安軍也忠顯校尉從七品下吉以修武校尉遷帶是由從八品上進階者也迁遷之俗

蔡氏爲男和兒建幢記

（高一尺六寸三分廣二寸六分三行與二寸一分二行相間經五面居先□行書記三面行十九字字徑八分正書在東安留犢村甯國寺）

不空羂索毗盧遮那佛大灌頂光真言曰

（文不錄）

大金中都大興府安次縣忠北鄉舊留犢里蔡氏昨於大定
四年甲申因通附籍坊市今爲亡男和兒處有身世之愆欲免
冥宮之責特建破地獄滅罪生天幢一座時大定八年歲次
戊子丙辰月癸酉日中時建
副庚穴記耳　母　蔡氏建

鄉貢律科　堂姪名　天保　書唐
大延壽寺講經沙門　瓊肅　書梵

沙門道昇經幢寶行記銘

（高二尺三寸廣六寸二分與三分四分相間第一面鐫阿弥陀佛像二四六面經各三行三面五行五面六行行二十字梵文七八面記十行六行行三十三字字徑六分正書在東安西北七十里某村）

佛頂尊勝陀羅尼
（經梵書）

維大金國中都安次縣正覺寺故儀淨大師賜紫誦經沙
門道昇實行記

嘗聞一期化物拔沉溺超於有海百歲科生誘炎童出於火
宅故儀淨大師者本縣常壽鄉安樂里久居人也俗姓妻氏
譙國望父名君才母天水郡趙氏俗年五十有九僧臘三十
六夏自童子位依在縣正覺寺律師裕蕴出家訓到法名道
昇讀四大部經爲□至□十三歲試經得度受具足戒入十
年任中都右街奉恩寺律宗成名講四分律行□□□□宣
師之義開金剛般若經默印玉峯之心又二十載貞元元年
授臨壇冥戒大德□□□大定四年改賜紫儀淨大德勅於
大定八年仲夏冀生十三蓂向中都□化寺枕肱右脇而化
嗚呼夢幻春侵无常忽至逐逝水而東流終無返浪之波落

日而西沉豈有再廻之路信步大方去來死定三光有影遺
誰繫万籟傳喘何處尋論云未得真覺恒處夢中不能越生
死悔不能超四瀑流人人盡落去來中人人難逃生死界昇
上人不如是矣一生清淨獨步逍遙講行事鈔一千遍開金
般若經三遍住圓教報德等寺五所總持念誦旦夕不忘開
閒一切生死之門開示人天涅盤之路真□□□□□齋修
□即具多多即□文適於義義隨文亡忝銘曰
□□至德　坦坦行藏　耳順光紀　倏忽死常　枕肱
□足　撒手空亡　念念孤征　獨步大方　弟子門人
嗚噎□□　凝眸洒泪　千行万行　門資　講經
沙門　德嚴　習經沙門　德存　習律沙門　德信
習律沙門　□泉　法弟習經沙門　道帳　法姪誦經
沙門　德□　習經沙門　德林　大定八年

雲居寺某公經塔記

高二尺五寸七分八面廣各五寸四分經六面各四行行十六字字徑一寸記自六面第三行起歷七八面各六行行三十字字徑六分正書在房山本寺

□□佛頂陁羅尼

經不錄

石經山雲居寺故□公靈塔
夫水□易壞風燭難停乃有□之常□而物理之所以□也
□令故□□□諱□□俗姓□氏乃范陽縣□方里人也父
□□安□□氏自童年出家幼不□□□於石經寺乃拜正
公座主爲師泐七字請四大部經至天會十三年試經具戒尔
後□□□方泐十字名德泐六字後行六字人常不幸至大定六年□月
□□日□□而終□於本院次日荼□于寺之東南隅俗年
八十六僧夏□十一嗚呼□而泐下□者□矣□□□師之
□世□□不□□□□公泐七字亦何異奔驥力中塗□足
高鴻輕舉在□壟□凡所知者豈勝哀悼至大定九年有門
人義性與俗姪女□哥并王氏等欲報先師之德遂命良工
刊石作塔爲記乃葬于寺之祖塋所□□□影復常放光明
□觴塵雲弥增遺力□□□□永□□□□
門人講經沙門　□性　姪女二人泐下
大定九年歲次己丑二月丁卯二十九日丙辰庚寅時建

封崇寺釋崇辯塔銘

高三尺三寸五分八面廣七寸各七行經四面行三十七字記四面行四十字字徑七八分正書在行唐縣東一里

佛頂尊勝陁羅尼經

經不錄

大定十年八月二十七日立　曲陽張□元刊在經末

真定府行唐縣封崇寺釋充河北西路臨壇首座傳戒賜紫
崇辯大師塔銘并序
儒林郎充真定府行唐縣酒稅使武騎尉賜緋魚袋范楫
撰
宣威將軍行真定府行唐縣令上騎都尉河東縣開國子
食邑伍伯戶□□□書并題額
游孔氏之門者以仁義禮樂輔時主扶世導俗名為丈夫奉
釋氏泐下號為達者捨此無以為丈夫也背此無以為達者也
於戲師其達道者乎　大師泐六字覺悟俗姓王氏本邑玉
山鄉高陵村人也其全德法器本天授之自為兒童時未嘗
處泐五字中既長不喜聲色父母異之年十一乃送出家依本
寺洪濟大師為沙弥十五□度受具戒以為非遠遊不足□
□學問非廣問不足以為人師乃杖錫四方遍參名士採道
覩奧通幽洞微自是經律論□□□□□下囊括川注逢原
委□□□然莫能濟其畔岸矣二十五歲遂開講於真定福
聖寺發明妙理敷演□□□□海之大航盤迷徒於彼岸學
者羌肩翕然風靡其後□赴五臺大名南京真定等處大會
四方緇徒動□千計師匠百餘位講十數座演論說法持律
傳戒莫不以師為宗主所獲供施不下數萬泐下無一物之私
已又每泐八字講席未□法供無盡凡十年而後已皇統二年

為本路□□□座度苾蒭萬餘人鶩泐七字師號師謂泐下號即
故宋所賜之師泐下本寺自兵革之泐下國朝興平泐下一弥陁
閣一泐下定戊子歲二月五日示寂於本寺春秋八十八僧臘
七十三州閭赴弔泐八字法教□□□以其月七日遷座於城
東北之原縣峯已泐八字荼毗已煙□一時西北而去門人四
衆各獲舍利者甚多是年真定福聖寺泐十一字師代而作□也
師泐下者皆當世名士泐下特勤至其餘片善細行叙何足言嘗
造百法顯義鈔及刪補彛陽鈔各一泐六字因字以詮義因義
以明理實迷途之要津學者之指南也余□南唐之歲師始
告寂越明泐五字立石塔於其塋其弟子惠琳等持師之行事
屬余為文余素□□□名久矣稔聞師之善熟矣泐四字行業
之詳矣隨喜讚嘆固無愧詞銘曰　佛教之興　始□
□乾　□以經來　□以法□　□□□□　燈不絕燃
聞有傑出　號□聖□　□□□□　□□物先　領
袖萬僧　□闡善□　□□□□　微言載宣　釋宮斯
闡泐二句又三字邊　本不生滅　泐一句又三字沒　衆安仰焉
門人思慕　泐二句又三字川　恒沙劫壞　泐二句　勒銘此言

梁公遇經塔記

(高二尺八面廣四寸至五寸不一各四行經二面唐梵夾行記六面行十五字字徑一寸正書在涞水樓村三清觀)

(經不錄)

故梁公石塔實錄記

梁公諱公遇涞陽北樓村里人也(泐下)弧矢書計射御㮾(泐下)國

大徵兵以□從征是時公年□十有八天會三年乙巳□季

冬二十七日去不復迴未知存亡惟存嫠婦年三十有七孀

居守志潔白氷玉雖化不石古來節婦未可比也自一離永

別終無復合覩春花發而秋月圓衾枕孤而月長缺與□女

謀生事產不聽知前生無圓滿之因發心六齋十齋未嘗有

輟恒持五戒供□三寶以甚勤勤大定七年丁亥歲寢疾孟

秋十有二日善終壽七十有七無嫡庶之子惟有女子龐郎

婦追念父□深恩孀母守志劬勞鞠育特建石塔葬於先壠

舊墳

大定十□年□卯歲□□□酉二十日女子龐郎婦建

野叟楊肅書□　張欽立刻

□爺爺諱保和　娘娘任氏　故父諱公遇　□□氏□

水東劉郎姑姑(以下及後三行題名均漫漶不悉錄)

思誠等建陁羅尼幢

(幢斷為二合高四尺七寸八面廣八寸四行與四寸七分二行相間行存二十三字字徑一寸二分正書有隸體)

(經不錄)

大定十三年正月初九□男思誠等建

殘經幢

(高一尺五寸五分八面廣三寸五分二行與二寸五分一行相間經六面字大小多寡不一記二面正書)

(經不錄)

金涿州范陽縣歧溝(泐下)□□□記　妹子(泐下)

大定十四年二月二十五日□□□□建

欽公經幢誄文

(高二尺一寸八面廣五寸各四行經三面梵書行十二字誄五面行十八字字徑一寸正書經標題漫滅)

□□院欽華嚴塔誄文

苾蒭義藏謹□

兖公顏淵楚王韓信護法論師此三先生□□為亞(泐六字)為

侯王忠義而□□□□(泐七字)積德可延正三十二歲□□(此行及後行上七字俱泐)

欽姓劉李(此下七字及後行上十字泐)依李院□□□□□

□上人為師皇統二年遇　恩得戒以華嚴為業既通妙義

及公清温厚謹□謙和大定十六年二月師以寢疾知不起
四月十七日遂以□□屬當院□□□經沙門善琮曰□者
生□□吾執友吾病□此必□不免我無徒□□□爲我經
營葬事訖至二十四日泐下年三十九琮公承所屬行下及後俱泐
□欽公尚緇宗五性了□□圓字泐六甫不惑殄厥躬委化外
餘煙中□原北□山東□□塔退英風非有有不空空

楊文忠墓幢題記

高二尺八面廣三寸四分至八分不一三行經一面行十五字記四面行十四字題名三面字數不一字徑一寸正書

智炬如來心破地獄真言

經不錄

楊公墓石記

公諱文忠世居樓村里以農桑爲業祖巨淵父乃楊談大定
十一年歲次辛卯四月十一日因病卒春秋六十有八生乾
統八年甲申歲十二月二十日以大定十六年秋九月十八
日葬於祖塋君天性和樂相待交遊深爲厚情若遇歌舞飲
酒醉笑諠譁連夜不厭生涯費盡不顧或有分者所□一無
愛惜後日不爲毫髮留娶鄭氏生一男一女故記尔
祖公巨淵生二男長男楊談生子文成
文成生楊甫娶王氏生男宗古
宗古娶高氏生男樂天奴
次男楊談生文忠文忠生楊温
生女出嫁本里張宗貴
泐先娶張氏生男二長男安□ □□□兒
張氏生女出嫁高永嗣
温後娶邢氏
楊甫書 李仁□□石
大定十六年九月十八日□□ 建

孫師孝經塔記

高二尺八面廣三寸八分至四寸二分不等佛龕一面經六面各二行行十一字字徑一寸四分記一面三行字徑八分正書在涞水

大定十七年十月十九日乙時建立在弟一面龕像下
佛頂心陁羅尼曰

經不錄

唯南□部州大金國中都大興府易州涞水縣水□鄉□□
村住人亡過父孫師孝母阿成石塔一坐 □孫□妻阿
焦次女字劉郎婦次男泐下

張怨爲亡忠武校尉建幢記

高一尺四寸五分，八面，廣二寸餘至三寸不等。三行二行經，五面，唐梵夾，行行十〇六字；記三面，行十五六七字不等。字徑八九分，正書，在東安留犢村甯國寺。

經不錄

大金中都大興府安次縣惠化鄉舊留犢里　昨於大定四年甲申中因通撿時附藉坊市奉爲　亡兄忠武校尉慮有身亡之憾特建破地獄滅罪生幢一座記耳

時大定十八年歲次戊戌己未□月壬申日坤時建壬穴記矣

弟張　怨建

重修佛殿記幢

高一尺一寸五分，八面，四正廣四寸七分，其三面各三字，字徑二寸六七分，一面三行，行十字八字，字徑一寸餘，正書，四隅廣三寸，無字。在完縣朝陽村真覺寺。

佛頂尊勝陁羅尼經幢

大金大定十四年十二月内起首重修佛殿十八年八月二十五日工畢

龍興寺廣惠大師經幢銘

高四尺三寸，八面，額居一尺四寸，面廣八寸四分。經四面，記四面，各九行，行三十一字，字徑八分，正書，在正定。

大金國河北西路真定府都僧錄改授廣惠大師舍利經幢銘

額八面，凡二十四字，字徑四寸，分書。

尊勝陁羅尼啓請

經不錄

大定二十年十月一日造經幢功德主門人順道建　匠人恒嶽楊溫楊灏楊顯楊演

門人順淨　順應　順教　順理　順行　順果　順道　順寶　順受　順千　順喜　順成　順高

師孫　宗悟　宗政　宗因　宗遇　宗印　宗閞　宗鎮　宗定　宗仙　宗懃　俗弟子劉居士順賢

學法傳戒弟子數百人以上在四面經後

鎮陽龍興寺河北西路都僧錄改授廣惠大師經幢銘并序

本寺傳教簡了沙門　法通　撰　本寺圓憶沙門洪道書并題額

原夫如如無生，無滅智智，有慈有悲，成事智見三類，化身定果色，酬四弘誓願，利物緣周，皈真而已。厥後五師傳教十科，揚僧師名義虎，亞譯經馬，師諱智和，本貫祁州角頭村彭城

劉君季子也家世奉佛精嚴歸戒其母崔氏因感祺夢遂誕
異靈師年方推果未邇辯李戲沙爲塔旋遶瞻礼時有異僧
謂劉君曰此子當爲吾門之偉器也後迺屢斵出家父母愛
念未允次殺師与姊擗踊泣血哀而送之屋喪致毀事亡若
存乃至寢苫枕塊俯制三季啓于姊曰雖倖曾子未階目連
顧逞出家薦親紹佛物顧幸矣其姊不克奪其志遂送真定
府龍興寺傳教院礼感公爲師訓師名已付所試經朝讀暮
誦即年就試經優拔萃及甲而皈其師歎曰青過于藍信有
之矣受具之後擔簦汴洛負笈德秦棘明門論莫不目覽耳
聆心傳口諷乃至五位百法之義魚志鏊八識三變之文因
指覩月允出戈言冥符四印演賾鈞深時無敵者師既學位
名飛八表博州書申三請光宅千部傳燈十載學人輻湊皆
虛來實往時諸方名匠靡弗出師席下郡有趙滄城欽師德
學進納紫衣師號特以奉施師辭不獲已撫而受之臻天會
間有真定府耆宿衆德持書具儀請師皈里師不慢鄉閭遂
還本府于奉恩精舍泊龍興本藍幾十年間大播宗風時無
階者届皇統二祀大衆叶心保充副錄其季仲夏旦日授河
北西路都僧錄判官賜紫圓明大德至貞元二載復遷都僧
錄改授廣惠大師余嘗有詩云圓明德號光前後廣惠師名
鎮古今師清畏四知政發三歎寔佛宇之棟梁法門之鈐鍵

時友忐陳太中贊曰選官選佛臨歧異爲人爲法到頭同師
嚴職後修六師殿刋百法板不日而成供佛飯僧莫知其數
于大定三年歲次癸未月建乙丑丙寅朔戊子時化緣將畢
涅盤時至謂門人慈和大德曰夜夢庭樹變白避吾入滅之
兆也俟吾入滅後火焚殘骸葬不毛之地言訖辭衆云天門
開口稱弥勒跏趺而逝緇素號咷如喪考妣荼毗之日有異
數人不期而會或隱或顯方表吾師非凡聖也火滅之後獲
舍利莫限其數門人捧靈骨附古塋葬之師享齡七十八僧
臘五十八度門人順淨等弍十三人嗣法傳戒者莫克記之
其後門人順道恐湮師跡特建經幢執師行狀揮涕靳文余
性不隱賢況手知己但嗟墜露詎以忝流勉叙實錄以爲銘
曰

廣惠大師　衆所知識　具躰隣智　九聖叵測　神情
高奥　人寶殊特　性潔澄潭　心明浴日　學鎮神州
道嚴佛國　三錫紫袍　兩遷僧職　如氷之清　如
絃之直　止諍權衡　決疑繩墨　弍路政風　諸方取
則　宗説知道　戒乘俱械　夜修止觀　晝避聲色
六師殿修　百法板刻　月盈漸虧　日中還昃　根背
緣乖　師歸寂默　囑天門開　口稱弥勒　結跏趺坐
氣絶神息　天樂霄迎　悲嚴慟域　荼毗有終　舍

利無極　地久天長　師名翼翼

梁仲巖尊靈幢記

高二尺二寸五分八面廣四寸四分五行與二十八分三行相間經一面唐梵間格記四面行二十字字徑八分題名三面行字不一字徑六分正書在易州豹泉村雲集寺經不錄

梁公尊靈幢記

公者諱仲巖世本久居豹泉里人是三□之子也公□呂承襲父藝繪畫爲務慈柔好善性□□聲張僧繇重來示現吳道子再得爲人見解機□□□今古廣有清德數之不盡公娶張氏所生三男二女□男名公真次名公思幼子爲僧名歸慧此□□□□侍二親至大孝也其幼子歸惠自小意樂□□於涿州范陽縣□門院受具尸羅迺□秋訪□□□□□□華□經爲業有范陽一郡僧□請充管□□□□□清而吏幹住持行解高名遠播今則與兄□□□□曰父母鞠養之恩如何酬報遂發虔誠□□□□□其良功特建陀羅尼幢一所安於上祖□□□□□拔尊靈幽沉罪各普及含識速生　天界□□

祖先已來家屬名号具之于後

時大定二十年歲次庚子九月建丙戌□天福之月十月建丁亥庚辰朔初五日甲申用□時立

家屬題名不具錄

普照院滿公塔記

高四尺四寸八面廣六寸五分五行與五寸五分四行相間額一面記二面題名二面經三面行各三十九字字均徑八分經正書餘皆行書在曲陽

第四代蒲公禪師塔一行字徑四寸

定州曲陽縣普照禪院蒲公禪師塔記

中山天寧萬壽禪寺傳法住持嗣祖沙門　了孚撰

本庵道人　智宗書及題額

禪師姓趙□蒲其名本縣鳳羅人也弱冠出家礼慧炬寺善公禪師爲師皇統二年受具足戒常閱華□□覺金剛等經深解義趣餘疑□㒵徧□知識□鎮陽封龍山彥和尚席以□嚴上樹因緣詰之豁然開悟□蒙□□旋歸慧□本寺□門養□　□今安遠張懿□師德行率衆釆僚敬礼堅請住持普照禪院泐十六字不可勝計春秋七十九僧臘四十五至大定二十七年七月初九泐九字安然坐逝門人智海等建石浮圖刻尊勝呪海乃□亡晰禪師□嗣余之從姪也持師行

狀見託其文義不能辭故作斯記
大金大定二十八年戊申三月三十日慧炬寺住持嗣祖
小師智海立
門人具列於後不錄　今具助緣緇素列□如後凡六行不錄
智德　法琳
照覺□□□　□居□□□□氏　楊太郎王□□
經不錄

紀宗為父母建幢

高一尺六寸五分八面廣三寸八分與二寸五分相間經二面共三行字徑一寸餘題名六面三行二行行字不一字較小正書在固安禮讓村

經不錄

大金中都涿州固安縣太平鄉禮讓里進義校尉紀宗為父
與吉母馬氏
父母生三男二女
名氏不具錄
大定二十一年四月十六日

郭均墓梵經幢記

高一尺六寸八面廣四寸經三行與二寸約一行相間額一面經四面梵書行十字記三面行字不一字徑八分正書在淶水

郭均公之墓記在上截字徑一寸三分正書
破地獄真言曰
大　准提呪
易州淶水縣板城馬興遇奉為亡過外祖父母特建石匣頂
幢一座
祖諱郭均妻　王氏　生二女
大女韓郎婦　小女馬郎婦
大定二十三年歲次壬寅二月二十五日巳時建

尼智明經塔記

高三尺六寸八面廣四寸七分五行與六寸七分七行相間經二面行三十九字正書記五面行四十字行書字徑七分題名一面漫漶又額高一尺五寸八面各廣四寸五分在唐縣

定州唐縣從化鄉北屯村雲臺庵故傳法比丘尼智明之塔
額每面三字字徑三寸正書
經漫漶不錄
故比丘尼智下泐標題下火室有字迹不可辨

大金大定二十三年六月十(泐二十二字)葬於庵之西北普同塔
之右其門人文遠等狀師之行以告於(泐二十一字)智炬(泐十二字)弗
宣至行堙滅况予平昔承師要旨(泐下)(泐上)自□丱時志樂出家
處富貴如窞穽慕空穽如飢渴父母數欲強嬪之知不可奪
乃精(泐上)元氏縣神嵓鄉周通家谿君識環謂周氏曰(全行畫泐)以
師之夙契喜不自勝乃以息女事(泐十九字)雖□□□未嘗少□
□□□恒嶽□洪黄□諸山求師問法不遑寧居乃(泐下)(泐上)
數十人聞師之德同心歸嚮乃構庵於鳳山之陰唐水之□
□□□□□日之曰雲臺庵□□□□雲臺□□□之義也
初師聞圓公高(泐下)□□□□□□与鄉民保聚於山寨雖丁
□□□□說□修佛事不□□大軍欲行攻取乃見如來相
於□□□由是軍士□兵而不□□□全乃□毗盧礼圓
公圓公見而奇之即導之以言師言下開悟□□□毗盧□
□白蓮□開□□心智□照□□□□自此道法踴進出乎
其類迨夫圓老既化又夢圓□以□□金字經授之曰汝□
以此道□□□自時厥後心勤濟度說法利生辯若懸河
道崇法重聲□□□遊歷以化□衆□□東平(泐二十字)侍左右
者四十餘(泐十三字)者不可勝(泐八字)聽衆七百餘人時外道兇徒
數十人□□之化□惡□□既至座下聞師說法皆作禮受
□□退初師過元氏縣豪□梁氏懇求演法□□□□□說

法之次座下聽者或出而將入師偃息之廬復見□端坐於
座中駭而出它日以告師戒以勿□自□莫□見者師居雲
臺庵凡四十餘年一日微疾卧□□□至夜忽光明滿室可
數毛髮如是者三□□□□□至緣化期□乃辞衆作頌曰
從來多少言說今日一時□□虛空打破歸來依舊清風明
月頌訖□趺而逝容皃如生享年七十有九戒臘二十有二
將葬而禽獸悲號荼毗而異香芬馥四衆送葬者聞□□□
悲慕嗚呼昔金剛□□親於毗盧遮那佛前受瑜伽最上乘
義□數百歲傳於龍猛又數百歲傳□龍智阿闍梨龍智傳
金□□阿闍梨金剛智東來傳唐不空三藏又數百歲□山
毗盧安公復興其教以傳圓公〻傳於師〻以此毘尼身闡
最上乘義其勃興如此不可不銘銘曰
堂堂明師　廼真佛子　入不二門　得第一義　如雲
在天　如月印水　聾者聳聞　盲者駭視　七十九年
示滅於此　我作斯銘　亘千万祀
大定二十三年歲次癸卯冬十月壬辰朔三日甲午門
人　文遠等　建
元氏縣神嵓鄉姪周　仙　同建
(題名漫滅所存字不具錄)

文用經幢

高一尺五寸五分八面廣三寸七分二行與二寸四分一行相間經四面題名四面行字不一字徑一寸正書在淶水板城村

經不錄

大定二十三年歲次癸卯十月三十日辛酉　立在經前一行

顯考諱文用　母于氏

生四子　長子身故　次子佾璋後三面不悉錄

李溫建陁羅尼幢記

高二尺三寸八面廣四寸三行與二寸餘二行相間像一面經四面行十五字字徑一寸記三面行字不一字數小正書在淶水檀山村

佛頂心陁羅尼經

經不錄

大金國中都易州淶水縣冡子里李溫　奉為　亡過父

母建立　佛頂心陁羅尼石塔之記

夫佛頂心陁羅尼者　諸佛宣說不可思議塵霑影覆皆得

在天　伏願

已祖先靈承此勝因　常蒙金色之光永受無生之樂

耶〻李端妻傅氏　弟李瞻妻龐氏　房弟李金妻魏氏女

王郎婦泐一行

父諱端妻傅氏長男　溫妻龐出家僧法樞、溫婦女劉郎

婦　女婿李祥妻刘氏小女傅郎婦　祥刘氏長男長壽

次男留住　長男長壽妻白氏　婦女杜郎婦

一大定二十三年十一月二十九日　建

□永昌梵經幢題名

高一尺六寸八面廣三寸內外各二行像一面經五面梵書題名二面行十三四字字徑七分正書在淶水婁村

□永昌頂記五字在刻像之上

經梵文

公諱□生□長男諱云中妻褚氏生三男長男永昌妻李氏

生三女□□郎婦次刘郎婦　小醜師□

大定二十五年二月二十八日清明節

張公墓梵書經幢

高一尺五寸六分八面廣五寸三行與二寸七分一行相間第一面篆額二至七面梵書經文末一面年月字徑八分正書在房山上洛村石佛寺

弘□亞臺 篆額二行字徑三寸　元興之祖 四字在額下正書字徑八分

佛頂心陀羅尼 字徑一寸四分

大定二十五年四月二十日　國昌建

沙門文俊建經幢記

高二尺七寸八面面廣四寸像一面經五面四行行二十一字字徑八分記二面五行行四十餘字字徑五分正書在易州豹泉村雲集寺

佛說佛頂尊勝陀羅尼經

經不錄

大金國中都易州崇覺寺習經沙門　文俊　奉為
亡過父母建立　佛頂尊勝陀羅尼石塔之記
□諱云鑾于正隆□□十一月十一日因疾而終　母王
氏于大定十九年六月二十七日亦因疾而終
夫尊勝陀羅尼者 文與李溫幢記同惟止祖先靈作祖上先靈耳不具錄　祖耶耶諱
子旦　娘娘張氏　耶耶四人　文方　王氏　李□
武氏　李蹩龐氏　李□盈　王氏　父諱云監　王氏
以下兄弟男女子孫凡二行不具錄
大明院首座監造幢塔住持沙門義詮　當院習經
沙門義遠書　趙奉先刊

大定二十六年歲次丙午正月庚寅二十七日丙午丙時
建

傅成建真言幢題名

高一尺五寸五分八面廣三寸五分與二寸二分相間像一面經標題一面梵文一面二行題名五面三行二行行十二字字徑八分正書在涿州北二十里清江寺

破地獄真言曰

大金涿州范陽縣馮東保居住傅成奉為
亡父母合家建石匣頂幢四坐同建妻魚氏　孫子建幢石
匣
□定二十六年三月初七日傅成建立

天開寺法揔經塔記

高三尺一寸四面各廣一尺一寸五分題額并像一面梵書經文一面七行記二面各十行行廿八字字徑一寸正書在房山本寺北二里

故揔公監寺靈塔之記 額正書字徑二寸三分

觀世音菩薩陀羅尼曰

生天真言曰

天開寺觀音院故揔公監寺靈塔記

監寺諱法揔易州淶水人也姓邵氏父諱元母張氏生一子
齠齔有異不畱髻髮志樂空門遂礼良鄉縣天開寺觀音院
故提點禪師新公為師侍師忘疲業經積雪天眷元年季
秋試經登高第明年孟夏具戒尔後□究花嚴奧旨遂依
故□山僧錄圓法常講㴱諸師迭遷淘汰數歲之間方欲洞
明伏蒙本寺□言□啓大花嚴經冠談講二席後有□□□
□□寶嚴院狀請啓花嚴經講一周□請住寺□□涞陽紫
□山淨覺寺公本欲隨分雲水講演以□司請□尊宿寺主
固不能辭□歷寺事數載□□□□本縣大□寺院衆請充
管內監寺一任周滿公賦性仁慈天鍾嚴□自幼至老以十泐
三字未嘗有懈公□□□□十六年二月二十一日示微疾安
眠終於本院以表平昔慈悲□□□□佛德之敷也春秋六
十有九夏臘四十有三次日荼毗觸花□□寺之東南隅是
日收其靈骨有法屬法閑門人思慶等用酬同氣法□□□
□命良工敬造石方塔一坐高一丈一尺藏於　先塋之
右前安
聖像次置金文左書密語右鐫斯記影覆塵霑悉蒙解脫法
姪□□求□斯文固不能辭法迪自愧荒唐以法屬之義謬
為記耳

低一格

大定二十六年閏七月十一日門資沙門　思慶等
立石
法兄二人故提點沙門　法嚴　故提點沙門　法斌　法
弟六人故法遠　故法真　故法泰　沙門法閑　沙門
法初　沙門法迪　門資思海　門資童行二人　㛹遇
龜齡　俗姪二人　應兒　善珠

沙門師政陀羅尼幢記

高一尺六寸五分廣三寸八分與一寸九分相間經七面四行二行行十七字字徑八分記一面三行字特小均正書

在涿州

佛頂尊勝陀羅尼

經不錄

涿州范陽縣永福鄉杜村住人俗姓孟杜村院為僧具戒沙
門師政亡靈□在俗長男在州寶嚴寺為僧沙門行遇
長女□　李阿孟　奉為亡父特揵尊勝陀羅尼大定
廿八年申三月初二日

馬璘為父母建幢題名
高一尺五寸八面廣二寸五分至八分不一經一面二行題名七面行字不一字徑一寸至七分不一正書在涿州
報七世父母真言曰
經僅九字不錄
中都大興府涿州范陽縣永福鄉西馮村里馬　璘伏為父
母建五頂幢一坐
父諱　公方　母軒氏故　男四人　長男馬璘　妻張氏
以下皆男女孫曾等題名不具錄
大定二十八年三月二十四日辛時　建

魏村王六經幢題名
高一尺七寸八面廣三寸餘三行與二寸七分二行相間像一面經四面題名三面行各十五字字徑一寸正書在涞水縣亭山
佛頂心觀世音菩□□陀□尼經
經不錄
大金國中都大興府西南易州涞水□水門鄉魏村住人王
六耶耶妻□氏□□□所生五男二女長男王彥次男王□
以下不錄
大定廿八年歲次戊申□申月□□日
下泐

邢州任提史男升

布政鄉經塔記
拓本未全所見者高四尺餘額居五寸廣六寸餘與八寸八分相間止見六面弟一面七言偈四行行見五句末為標題一行弟二面經七行弟三四面五行行見四十字內外不等弟五面亦釋家言二行行見十字又一面題記偏右二行行不辨幾字弟二面上有題額三行弟四面上有錫像額與弟五面字各徑二寸餘功徑八分正書在任縣楊固村南一里
佛頂尊勝□呪
額六字
稽首三身調主御
下不錄
加句靈驗佛頂尊勝陁羅尼曰
以上一面
二三面呪不錄
靈驗佛頂尊勝陀羅尼

不錄
時大金大定二十九年□次已酉三月十八日立
以上四面
若人欲了知三世一切佛應觀法界性一
下泐弟五面
此邢州任
縣布政鄉有慈悲□□□言□□□□年起□□□□孫惠
下泐
剏造石塔各法界父母一切衆生永為□養
此在別一面

龐俊墓幢記

高二尺三寸八面廣五寸二分經一面梵書記五面各四行行十六字字徑一寸餘題名二面各五行行字不辨字略小正書在淶水木井村

觀自在菩薩甘露陁羅尼曰

龐公墓石記

公姓龐氏諱俊乃淶陽北一舍閒有里曰木井久處人也自幼事農桑為業以□□為生中年于家衣食克倫如意豐足□功勤者也耄年七十有八宿緣福祐於大定十一年受勑特□一官揆進□□□乃同輩之殊也不幸次年七十有九□□□有三日身故娶妻任氏其平生□□性孝老而不倦於汙濯乃謹儉淑□□□□□生女三人各有所適生子三人□□□□之業有小男詣紫京山花嚴寺泐六字大戒法号圓詮□智□能泐六字復於人莫□□之者也於□□也克竭其力事常住也忠盡其心嗚□□□以師生之乃父母也昊天罔極□□□□□命工立石以報考妣之劬勞而泐六字乃終孝之□也□來樓村泐五字而君為之探知□頗數字以泐七字敬寺主忠孝之心乃德泐七字之志也□有取於世矣泐四字月某日命兄行礼□於舊墳焉

□龐□　祖母□氏　父諱龐俊母任氏所生三子以後皆家屬名氏不悉錄

□大定二十九年三月　日建

僧某自營壽塔經刻弁記

高二尺六寸八面面廣七寸經五面梵書各六行記三面各五行行十八字字徑一寸正書在房山南龍陽宮

經標題泐不可見

記首行全泐

師名□□□□涿州泐七字父□□□玉母劉伯仲三人師居其季幼年礼本寺前管內都綱□□法師□公為師閱習五經合格遇皇□□恩□受下全泐演泐六字困□□至五天姿溫□□□平□潔已本分語不傷□以華嚴行願品為□行年八十有四身強力健眼如點漆頤雪峥嶸别無徒屬自營壽塔不煩後人以庚戌歲寒食建東坡先生有云百年房舍千年[illegible]斯言可□是為之記

兄□興　次兄君成　姊一名王郎婦　姪一名□信婦胡　氏　孫松壽婦侯氏　姪女梁郎婦　龐郎婦　重孫□兒

大定三十年寒食建　太原郡王□刊

曰暉為光某僧建經塔記
高二尺七寸五分八面面廣五寸五分經三面梵書各五行記僅見二面五行行二十字字徑一寸正書餘三面漫滅
在房山中峨寺
尊勝佛頂陀羅尼
先師無畏三藏譯二行分書
經三面梵文
第四記面無一字可見第五面首行亦泐太祖以燕界宋以下泐駒以華嚴為業下泐
□□□公寔俗中下及第五行第六面全泐並□十有八大定十五年五
月初三日以疾而化門下泐□□□明于今亦沒二十九年秋
俗弟曰暉率下泐□□琮為師建石塔□先公之域前僧義藏
記并書
上泐庚戌年寒食節建　姪彥慶□以上第七面後第八面漫滅

任永安陀羅尼幢記
高二尺一寸八面廣三寸六分與三寸相間經五面三行二行行十五字字徑一寸餘記三面三行四行行十九字字徑八分正書在易州白馬村
佛頂心陀羅尼
經不錄
大金國中都易州易縣北王鄉白馬里□□□□　奉為亡
父母特建佛頂心陀羅尼幢記
先亡耶耶任諱不知妻梁氏男二人女二人
亡父任諱永安母柴氏男三人長曰任子興以下家屬名氏不具錄
□陽趙奉先造
明昌二年辛亥歲　辛丑月□酉日次男任子忠書

忠顯校尉李貞墓幢記
高二尺八面廣四寸二分五行與三寸三行相間記五面行二十二字題名二面梵書經文二行之前字均徑七分正書在涞水累子村大明寺
忠顯校尉李貞墓幢記序
詳夫人倫之道自古以來陰陽配合產其子孫蔓衍承繼先
祖家業□亡而不凋弊者是謂有後遂得生侍之以禮能觀
其顏色聽其音聲候其炎涼飲食衣服給奉之死葬之以禮
選風水吉地營以塚墓植以□楸歲□拜掃因敵羅列器皿
酒脯餚饍而興祭祀夙夜匪懈世之孝莫過於此者也又能
慎終追遠崇以冥福薦資生于勝地其為孝之至矣今
易之涞水縣遒亭鄉累子村世居民李興仁等謹追編祖父
遺迹求予紀之遂原其本末而言之伊祖諱貞始自天會八
年十月闕從軍

本朝取汴梁攻城有力命系六班奉職次晉五年又功加進
義校尉隨□有勲遂累遷忠顯乃卒于世壽久以便瘞兹擇
吉日時還奉高原樹石幢于塚上刻文以表之警其後焉銘
曰
偉哉李貞　以忠以孝　為國為家　惟節惟操　重
死輕生　因□内懊　歷官忠顯　錫以勑誥　旌表
門閭　悉以示告　庇及子孫　陽施陰報　□□金
石　堅之不耗　勗其後昆　咸有所好
上缺易州淶水縣遒亭鄉累子村　李興仁
上缺耶耶諱貞　建立陁羅尼幢一坐
後二面家屬題名不具錄
明昌三年後二月十一日五戒李興仁特建

李興仁建真言幢記

高一尺七寸廣三寸八分與二寸七分相間經五面三行二行行十二字字徑一寸記三面三行四行行字不一字徑七分正書在淶水累子村大明寺

□頂心陁羅尼真言曰
經不錄
夫佛頂心陁羅尼者此三行在第五面經後辭與李溫文俊等幢記同茲不錄

大金中都易州淶水縣累子村姪李興仁并尼女　妙淨
奉為亡父建立陁羅尼幢一坐
宗耶耶李貞　妻田氏　次妻□氏　長男二人　長男李
欽　妻龐氏　弟李琛　妻王氏　男二人　長男李興
仁以下家屬名氏不錄
明昌三年後二月十一日姪李興仁　并尼女妙淨同
建
李村大明院講經沙門　淨秀書　趙奉先刻

李融為父貴建幢記

高二尺九寸八分廣五寸四行與三寸八分三行相間經五面行二十五字記三面行字不一字徑一寸正書在淶水大明寺

佛頂尊勝陁羅尼經
經不錄
大金國中都易州淶水縣遒亭鄉累子里□□李融
奉為先亡宗　父諱貴　建立佛頂尊勝陁羅尼幢一
坐
父諱貴　妻張氏　男五人　長男李融　妻龐氏
後家屬題名五行不具錄

明昌三季後二月十四日立

趙熙書　趙顏刊

劉嵩爲父母建幢記

高一尺七寸八面廣四寸五分與二寸八分相間經二面三行一行梵書記六面三行二行行字不一字徑八分正書在淶水板城村西五里

大准提呪

八字呪

大金中都易州淶水縣板城里刘嵩等奉爲亡過父母特建

石匣頂幢之記

亡考諱君瞎亡妣張氏所生三男　長男嵩　妻張氏　次男僧惠能　次三男□　妻張氏　後九行家屬題名不具錄

金山愚魯本里人李　伯真磨梵書　張嗣庭刻

明昌三年壬子歲後二月甲辰朔十四日　建立

張文英墓幢銘

高一尺四寸八面廣三寸餘四行與一寸八分二行相間行十三字字徑八分正書在東安西八里禪房村法華寺

大金大興府安次縣西儲里張公墓頂幢銘并序　里人進士

劉全　撰

公姓張名文英西儲里明於醫脉難經素問无不通者鄉鄰有疾必親給救藥餌而救療之閭里蒙其濟至於暮年□以齋戒持誦經教未第三面漫滅孫男一名譖亦有祖父之風娶董氏二日公之孫謙謙然相謂曰舞家舊卜塋地於寺西南其地約一十五畝葬事將□約創之以礫令時日甫近予姑於頂幢之銘仝曰敬聞命矣乃爲之銘曰

賢哉張公　醫學博通　救療鄉里　無間貧窮　陰德之致　貨殖財豐　缺四句　福禄之助　歷世其隆

明昌三年潤二月庚申日孫君譖立

東安坊市里人陳璧刊造

天開寺上方山主迪公幢記

高二尺六寸四面廣各一尺有奇題額佛像一面經一面記二面十行行二十六字字徑七分正書在房山本寺

故迪公山主塔額六字二行字徑二寸

經漫滅不辨幾行

天開寺上方山主迪公□記

山主順之坐於西山之麓老於西山之阿□知西山□絕之□性□好山水因與之游山水間二十有三年矣故悉知

□□□順之性□敬孝義奚其如之群居終身□無老幼
皆云順之□□用力□□□□無□□私以是知其□也（泐五字）
晝夜不怠以是知其敬也□□□□其□□大捨施之（泐六字）
吾親罔有（泐下）□□□□□□祭之資乃刻諸石□□□□閒必曰
吾不敢違（泐下）□□是知其孝也與人結交緩急（泐下字泐六）以是
知其義也（下及第十十一十二行全泐）（字泐七）平生無愧於心□曰撒手便
行且無（泐下字泐七）回想松聲嵐影將歷笑言處恍如一夢於（下及）
（後行四五字泐）
□□□□風行清崇　敬親與佛　佛與親同　視物
也仁　□□□□　奉己也儉　待人也豐　結交之
義　□□□□之風　□□□□　夫復何愧於中
超然長逝　一歸真空　但松竹□□□　□□□□
□□　明昌三年四月二十四日立石　門徒思□書丹
俗兄□□□甫　俗（下不可辨）

不空

韓福延建梵經塔記

高一尺九寸八面面廣四寸餘鐫像一面經四面又一行梵書記三面各三行行字不一字徑一寸正書在淶水石亭鎮

□頂心陁羅尼
大金中都易州淶陽乙縣石亭里韓福延奉為亡過父母特
建石塔之記
祖公　妻耿氏所生二男　長男諱諫　妻成氏　次男諱
友　妻梁氏　諫所生一男二孫　長男諱福延　妻董氏
（以下諸名氏不具錄）
明昌三年壬子歲戊申月乙酉（泐下）

提行

韓得□墓陁羅尼幢記

高三尺三寸八面廣五寸餘四行與四寸三行相間經四面行三十二字字徑七分記四面行存二十八字字略小正書在永清新留村

佛頂尊勝陁羅尼曰
（經不錄）（泐）
中都□□□□清縣景隆鄉（泐六字）韓得□墓記（泐上）於十
□先祖父母留靈骨在於此地昇哉靈塞（泐）先□□□妣命
以□蔑哀哀父母生我□勞既深□育之恩豈非焉（泐）而志

□□□□有當村西一里有雷上故墳一所其乃八祖之墳
也今以泐又□祖墳東□三里□為其墳遷葬孟祖父叔等
於此各有墓焉祖□□泐妻王氏　□文仙妻靈氏　叔文
美妻黃氏若乃觀公之所以焚而見幾泐知命者矣□張靈
寒亻妻甯氏　弟熊吼妻董氏　次三弟幼為出家礼到
本村延慶院講經沙門善暉為師訓到法名思純空次四弟
幼為出家礼到空中都奉福寺　廣慧通理禪師為師訓
到法名玉舉　重孫瘦兒妻王氏　餘人不具錄
明昌三年歲次壬子庚戌月庚午朔十六日乙酉丁時
建

奉先亡特建佛頂尊勝陁羅尼幢

記出村豎手多不可曉是年九月庚午朔與章宗本紀
合

宗經等為師建梵經幢殘記

高二尺五寸八面面廣五寸餘各四行經四面梵書行十四字記四面行二十字字徑八分正書在房山中域寺

經標題磨滅　記弟一二面泐存五六字不可連屬不錄□七十七以大定八年十二月二十七
日辰時盥水摳衣坐□於本里之俗舍法子宗經比丘圓義通

捐□□為師建塔俗姪二人長名智用次名智恩皆早世弟三面二三四行
從孫三人長曰□次曰泐後二十餘年□□師泐
弟四面一二行明昌五年三月初六日門人宗泐下

右三部檢法王子春建幢記

高一尺六寸八面廣四寸餘四行與三寸餘三行相間經二面及記前二面均漫滅五六七八面皆家屬名氏字徑六分正書

長男師孝下泐在弟四面末行　長孫子璋故　孫婦李□氏
見年五十九　次孫和尚故　孫女福兒見年三十
五　子璋女要兒見年十二
次男師信見年六十五男婦劉氏年六十七　長孫徵事
郎見右三部檢法王子春年四十三　次孫王子顏
年二十七未仕　長孫婦張氏年四十三次孫婦
何氏年二十六以上弟五六面餘不具錄
明昌六年二月十六日徵事郎見右三部檢法王子春

蘇傅氏梵經幢記

高三尺八面面廣五寸餘各四行經四面行十九字梵書記四面行二十九字序横經一寸餘分書在易州

獨樹里蘇傅氏幢記

渠易州坊市塑工傅孝寬之女母劉祝蘇敬安落縣□三十
歲先歿東髮傅年十九爲敬安之糟糠姑不㥃婆意在後漸
修婦道竟親睦于尊老誦華嚴行願梵行大悲心白傘瑜伽
字母及通閑蓮經神和氣臨臨事通變賦性不□婆歿飯僧
園此□溪郡中五泉石經等處年四十有一考石經陰堂其
後敬安横遭朋黨恃勢通令削髮褰裳夜竄以避□□明昌
元年十月二十一傅以疾歿郡中清化里壽四十九敬安雖
一子名虢明年二十五三月二十七日容死于中都大聖
安寺六年寒食葬傅□虢於祖塋傅三女長適楊文昌次適
劉英貴幼招張仲均虢一子小名潤奴始十歲敬安衰暮孤
苦撫其□□感無已也乃作頌云
蘇氏之□　一子龔門　敬安先歿　三十冠婚　維傅爲
偶　婦道優勤　□滑穠□　驕緣照顰　樂事荊笄　廿
此布褰　婢肌中患　以義歿身　与子俱去　一孫僅存
敬安耆僊　手戰眼昏　風憨入骨　後加困貧　自鑽
梵偈　用福幽冤　覺路雖緬　理契則鄰　不羸厥躬
以利嗣人

鍭摩怛迦大明上章句　梵書四字

明昌六年二月廿八日建　劉募造

鄭興昌等建陀羅尼幢記

高三尺八面面廣五寸餘與三寸五分相間經六面四行二行又七面二行行二十二字字徑一寸記七面三行八面四行行字不一字徑六分正書在涞水全牛山天仙廟

佛說佛頂尊勝陀羅尼經　經不錄

大金中都易州涞水縣□山村鄭興昌等　奉爲亡考妣特
建陀羅尼幢一坐　祖代良鄉十渡今係本村戶貫
曾祖父諱文信妻蔡氏　長男諱德義妻李氏　次男德
連妻趙氏　長男二人長曰福壽妻趙氏　次曰　福
榮妻傅氏　所生男五人女二人　長曰興昌妻李氏
後妻張氏　次曰興貴妻龐氏　次曰興□妻李氏第八面家
屬名氏不具錄
明昌六年十二月二十八日建立　李德淵書
趙顏刊

劉德義等建陁羅尼幢記

高二尺一寸八面周三尺八寸五分經五面各四行行十六字字徑一寸記三面其一五行餘各四行行二十字字略小正書在涞水北三十五里板城西五里

佛頂尊勝陁羅尼　經不錄

大金中都易州涞水　下泐全

為亡過耶耶諱思僅妻孫氏建石　下泐後所存字及七八面皆家屬名氏德義等思僅之重孫也不具錄

德義劉德容劉德元劉德　泐五十餘

明昌七年二月二十八日建立

照偏注

通鑒大師陁羅尼真言塔銘

高三尺二寸餘八面面廣五寸餘弟一面題額經三面面六行行三十三字記四面行字不等字徑八分正書在正定西關月城内

通鑒大師靈塔　額一行字徑三寸五分

佛頂尊勝陁羅尼啓請

經多剝泐不錄

真定府華嚴寺通鑒大師能公塔□　提行低一格

天闓萬壽禪寺□□傳法沙門　善慶　撰　師孫圓

昭　書

師鹿泉之西檀村人俗姓趙□□□農為業生而存□□□

提行　師偏注

□□異於常童志學之年□□□棄母李氏捨　泐八字　出家□

□順圖為師訓名　福能　執侍□□誦□□□政和元　泐十字　淨

游講肆初依府之嚴福院□　泐下　□□□□論　泐十七字　空有　泐下　傳

法報佛深恩無何天會年間寺罹火厄殿堂廊宇頓成灰燼

□□□和尚洎師同列寺主大師□□□□基□□歎逮月

□已獨師投□□衆曰物□有壞迭相倚伏自然　泐二十九字　隅

隙閒□　泐二十四字　□晉照和尚移建大剎　數十葬□　泐十二字　之□

無出□□者經年晉照老□以年邁寢疾令師繼主雄席日

居月諸誨人不倦道緣大行稟師經業分化一方者十有餘

人　此不具錄度門弟子曰嚴固□九人　正隆四年□□

首座□□　國恩賜紫□袍授清簡大德大定三年保

充□□□□□授通鑒大師□□十六年九月二十四日辰

時示疾委順俗壽八十六僧□□□□明昌七年□□嚴信

嚴行□靈骨起石塔于西城寺之故基□記于□□者人□

□不□□□為銘曰

上空五格　□□□師　釋門龍象　功成不居

示疾長往　下空　□□□身　無往者真

真道至德　刻之貞珉

明昌七年季秋望日記　十月初一日嚴信立

石鹿泉匠人蘇祐刊

門弟子九人（不錄）　師孫（十八人不錄）　㸚雎　張小郎

俗孫前住持沙門圓沼

臨壇首座尼妙嚴大德（宝俊）　臨壇尼傳妙大德（善玉）　臨壇（尼宗印）

講經尼宗□（宝誠）　（洪誠）　宋三郎

本寺綱首僧　監庫圓應　都和圓鑑　監寺圓皐　管

勾寺主僧　圓□

一右幢立石華嚴寺正定府縣志並失載嚴福院亦無攷銘後題名有㸚雎張小郎按㸚雎即外甥字見趙崡石墨鐫華謂與甥同㸚字不見字書龍龕手鑑有㸚字云即外字（常山貞石志）

幢字多剝泐据常山貞石志補昔所未泐者於旁㸚雎二字先見於龍門山李德深造像記中彼爲唐刻則其字之由來舊矣

德信等建陀羅尼幢記

（高一尺六寸五分八面廣三寸五分與四寸餘相間經五面各三行行十二字字徑一寸餘記二面各四行行字不辦字徑六七分正書未一面無字在淶水板城村）

佛頂陀羅尼（經不錄）

大金□□易州淶水縣（泐六寸餘）父□□□母□氏建頂幢一（泐三）寸生二男長男德□妻□氏次男德信妻（泐九寸餘）孫子三人長□□□妻趙氏次孫□兒妻□氏德元所生（下泐）妻王氏德信所生（下及次行泐存四五字不具錄）

明昌□年二月二十□日（下及次行俱泐）

僧圓志經幢寶行記

（高四尺八寸八面廣六寸弱與五寸弱相間經五面四行三行行二十八字字徑一寸記一面五行六行行六十餘至七十字不等題名二面字均徑六七分正書在安東淄村）

佛頂尊勝陀羅尼曰（經不錄）

大金國中都大興府安次縣惠化鄉西義陵靈感院傳法長老和尚寶行幢記

前管內監寺講經律沙門　靈琪撰

大興縣大渠宋　仲仙書
□以□□現瑞表不滅之常身□□□歸示□□□真相古
來如□故我傳法行□長老和尚化道俄終□□□□化大
行難窮靈琪略錄師諱法名圓志廼　中都大興府安次縣
西武陵人也俗姓李昆季並無一身孤立生而不群長而異
常知身虛假□劫非堅□空□□□入山住於平頂□□□
州靈岡縣應仙寺師礼俊爽長老和尚適眼相見頓然得悟
付傳□法令圓志出世昔定四年九月初一日開利物□生
引攝群迷後來廻詣□□□□□內開度數載於永安□年
閏六月二十四日午時已前淨法披衣世跏趺而逝俗年六
十七歲荼毗之日□□千人見焰之間□□長空□□□□□
火□□如白晝僧俗泐四十餘建碑幢聊述實行□遂記耳
承安二年歲次丁巳酉月庚寅日巽時
□□門人□□　僧行昭僧行□□行資僧行元僧行仙
講經沙門智□元□僧圓□　僧通□　僧法真　俗
衆　進義校尉艾公顏　進義校尉李貞　進義校尉
李興恕　進義校尉馬嗣忠　王興遇在第七面以下百人不具
錄
進義校尉□□□　進義校尉李公政此第八面首行下更有十四人
東武陵僧智柔　修武校尉劉子良　潘村興國院僧行
□此行上中下更有十四人　白□廣福院首座惠資　院主德輪
西孫氏寺首座圓淨　俗衆張文遇此行下更有十二人　北高進
義校尉缺通進義校尉祖文秀李文照　張□□此行上有十五人並末行
二十八人又第一面標題下及次行下十五人俱不錄

念公壽塔銘記

高一尺五寸五分六面面廣四寸三分各四行行十四字字徑八九分正書在淶水

念公設濟壽塔銘記
夫自金容兆夢煥發於梵邦具譯貽文茂寘於震域凡所瞻
依率皆虔奉者蓋能人大施法雨廣披慈雲無間幽明例皆
度脫是以釋風浴襲凡近葬塔必立寶幢　憑亡上　尊書
最勝句不推嚴峯壯宇求增福而消灾抑亦影覆霑塵皆
離苦而獲樂故念公設濟法師者本淶陽西北孤亭里人也
俗姓薛氏父名公亮母名白氏為自幼男生處空門八歲於
本村院內引劈落髮礼欽公大經法師為師日後蒙師嚴訓
教習諸經至年二十七歲普遇　皇恩受具沐戒自此已後
恒居學肆趁奉名師宗習花嚴大教數載炎涼不憚至年二
十有三蒙師句換至於本院開演經業稍遇因緣日後有時

歲儉飢饉兩次奉　省行設洺鳩集施利設貧有約十方余
數目後州縣所開壇講五十余禩冬夏無輟恐非常預造壽
塔一坐專付門人等後收靈骨吉日卜地
經一行十一字
承安三年八月初八日遷化十月二十七日葬
杜文興刻張暉書七字雙行在記末地字下　建塔弟子五人在經一行下
戒慈　戒遵　戒義　戒和　戒幽　刘宗倫三行在五人二字及
末一行之下

南尼院石塔記

高二尺三寸六面面廣五寸九分鐫像一面記四面題名一面各六行行二十六字字徑七八分正書在淶水南莊藥王廟

□□南尼院新□石塔記
□□明帝永平十四年開佛入洛請求梵教較試唯釋教赤
軸黃卷□□灰爐佛舍利光明五色直上空中旋環如蓋摩
騰正阿羅漢果□□僧尼寺畫釋迦像優塡王栴檀像明帝
令盡工圖寫置清涼□□□□興揚焉古有淶陽北一舍開
有里曰木井自大唐貞觀中本□□僧尼寺三處南尼院古
佛道場繪塑凋朽□□踈漏迄大金天□□閒有□弟子□

公諱□爲妻□氏□□□□□出家後蒙
□□之恩具其□戒法号恒運□□□尼院□□□□□法
任□□詣新城縣李座主法号善智出家字泐九大成恒時□
閼絕世離俗永割親愛□□□性不□□□□苦受□捐棄
軀命□服出家動爲法則不□不□不言不□□念釋教□
日□卷座主□□主□□出家爲道至重至難不可自輕不
可自易所謂重者荷□□德字泐六亦死而□已矣後大定年
閒有涿州定興縣□氏院尼善興將本院應□□本院家爲
主諸物一根後持狀施□座主講主設度住持与木井南尼
院同上下一院往復爲主住座師徒万固不朽上下二院重
修□舍再補聖像繪素金碧五□□容不數祀院門一切完
具乃二尊宿竭力而成也　座主壽年七十有六講主七十
有三□□數十年間駈馳勞心爲道不易幕溪山之下金□
之東巨水之□□化之北□曰木井可字泐七年□有□□之
地乃命閭里尚書吏部選中衛人楊先生選地於院之東南
隅其處土豐尤壤花果藥植水秀山明可以安□兆域爲院
門之幽室作涅盤之林泉命工立石益其壽獲其福□利其
土覆其塚生其天化其墳安其人万代不徙乃作斯文記之
者矣　衆門人等
□□比丘尼圓□　□經比丘尼圓宗　講經比丘尼圓□

講經比邱尼圓□圓□
末一面題名五行中有長髮弟子之稱不具錄
承安四年二月　日

張蓮成建梵經幢記
高一尺五寸八分廣四寸三分三行與二十四分一行相間鐫像一面經三面梵書記四面行十二三字字徑九分正書在房山鎮江營村
經不錄
涿州奉先縣西南懷王鄉西趙里張蓮成奉爲先亡父母特建頂幢一座父諱思俊母王氏長一男蓮成妻邢氏
餘家屬名氏不具錄

承安四年三月初一日　建

僧運寬陀羅尼幢記
高一尺九寸八分廣三寸八分三行與二十七分二行相間題額及佛像一面經四面記三面行皆十五字字徑八分正書在涞水樂平村慶化寺
運公靈塔之記
一額二行字徑一寸五分
佛頂心陀羅尼
經不錄

大金國易州涞水縣樂平村住人張從善妻魏氏一子正隆二年出家法名運寬慶化寺爲僧礼拜了隱爲師至承安年遇國恩受具足戒
門人等　圓深
承安四年三月　日清明節建

法興院理公七佛八偈塔
高三尺六寸八分廣八寸與五寸餘相間題額一面經偈五面面三行四行又七面一行行二十八字字徑一寸餘年月題名漫漶字徑七八分正書在曲陽北六十里王子山寺

敬諡理公㞢塔
篆額一行字徑三寸餘
大金定州曲陽縣歸善鄉王子山寺法興院奉爲理公和尚敬造七佛八偈之塔
寓定武軍前新樂縣主簿改授蔚州靈仙縣令賜緋魚袋李仲和篆
毗婆尸佛偈　其一
身從無相中受生猶如幻出諸形象幻人心識本來無罪福皆空無所有
尸棄佛偈　其二
起諸善法本是幻造諸惡業亦是幻身如聚沫心如風

幻出無根無實性

毗舍浮佛偈　其三

假借四大以為身心本無生因境有前境若無心亦無

罪福如幻起亦滅

拘留孫佛偈　其四

見身無實是佛身了心如幻是佛心了得身心本性空

斯人與佛何殊別

拘那含牟尼佛偈其五

佛不見身知是佛若實有知別無佛智者能知罪性空

坦然不懼於生死

迦葉佛偈　其六

一切衆生性清淨從本無生何可滅即此身心是幻生

幻化之中無罪福

釋迦牟尼佛偈其七

幻化無因亦無生皆即自然見如是諸法無非自化生

幻化無生無所畏

又付迦葉偈　其八

法本法無法無法法亦法今付無法時法法何曾法

承安四年下泐

中山□真老人書丹并篆□

唐縣從化鄉灌城幢佛下泐弟八面漫漶尤甚其可辨者皆僧人題名不復錄

牛仁義真言幢記

高一尺七寸八面廣四寸與二寸相間經二面三行一行又弟三面一行梵書記弟三面次行起二行四面二行五面四行題名六八面各一行七面三行行字不一字徑八分正書有行體在淶水升上村

觀自在菩薩甘露真言呪曰

竊以始於混沌塞乎天地通人神貫貴賤儒釋皆宗之發揮孝道酬罔極之恩報昊天之德宗之神靈者則父母之識性也是顯之常存既神形不異豈厚薄神乎生存敬之禮沒後葬之禮逸釋家教影覆塵霑無間重罪幽靈咸蒙生天者自上播於歷代於今宗祖以來止弁上人也遠祖難知近代素質耕織為業牛資奉為亡過父母特建靈幢一坐

旹承安五年歲次庚申五月十八日牛仁義靈幢記

牛仁義　妻李氏　房弟忠信　全□房弟泐　長男資

妻艾氏次男秀妻龐氏以下皆家屬名氏不悉錄

進義校尉劉氏梵經壽塔記

高二尺四寸八面面廣五寸餘弟一面佛龕龕上梵書一圈圈心有一字經二面四行三行行十九字梵書又記棣題一行記四面各四行行二十字題名一面四行字徑一寸正書在淶水石圭村

佛頂心陀羅尼

大金中都易州淶水縣石龜里校尉劉公壽塔記

隱君子劉公諱氏乃本里久居人也父諱□亮母盧氏公為人耿界倜儻不群氣識宏遠□量豁如平日治家康儉為度貞孝為心勤□農業五十年閭家傳餘慶凡百如意資產尤足戶門輝華迨承□二年中年八十有四歲以鄉老特蒙國恩受賜進義校尉有妻楊氏體白淑美恭止異常能閫鞠育之理不幸於承安二年十月十八日因微疾而卒矣壽年八十有四也孝男彥璋念父壽高八十有七歲身體猶健耳目尚明孔聖有言曰父母之年不可不知一則以喜一則以懼預備不虞以發敬心特命良工建斯壽塔伏願生者延生亡者入聖為之銘曰

淶陽邑北　石龜之峯　峯下故里　人物蔥蔥　東沿栢岸　西接梵宮　南橫長山　仙洞雲生　北流勝水　魚躍龍昇　叠霞掩映　草木欣榮　化出逸士　本祖鼓城　卜居久隱　子孫詵詵　高門之慶　異日必臻

長男彥璋妻蘭氏次男彥昌妻竇氏以下家屬不具錄

泰和元年四月十八日丁酉丙時建立

張文佶真言壽塔銘

高二尺三寸八面廣五寸四分各三行弟一面題額及佛龕經二面梵書記三面行十六字字徑一寸餘正書在淶水水東村龍巖寺

張大郎壽塔銘額六字二行字徑一寸六分

佛說增福壽真言曰

大金高陽之屬淶水縣坊市亭子北巷世居祖業後遷莊到于水東村約及數載。大郎諱文佶壽同嵩岳巍巍兮不腐之堅命寺椿松森森兮長青永固十州仙客三島蓬人蟾宮玉兔為儔溟海神龜作侶林巖烏鹿脩竹朱鶴願將斯物同齊壹改綠顏成皓　祝讚曰

竹栢椿松石　鶴龜烏鹿仙　總將十个字　壽命寺齊堅

父□□□母王氏泐下

□弟弁妹於石龕新遷墳內大幢有名

以下三行均漫滅

泰和元年五月初七日　張文佶　特　建

盧千為父造幢記

高一尺五寸六面面廣三寸六分各三行行十三字字徑一寸正書在淶水婁村天仙庵

大金中都易州淶泐下　千奉為考妣敬造頂幢一所考諱盧
專為人吉善□儉為心不說□非無談已是唯以耕稼為務
□□苟利不作欺心真一時之君子也母韓氏平日治家□
惠溫和□□淑美教誨男女深閨長幼之禮長男千公當念
養育之恩哀哀父母生我劬勞欲報之德昊天罔極□長男
二人次男□兒早亡長男泐盧千　妻邢氏以下家屬名氏不具錄
泰和元年□□初泐下

劉維真言幢殘記

高二尺四寸拓本見五面剝蝕已甚廣五寸與二寸八分相間經一面梵書題名二面四行一行年月一面二行字徑八分又一面無字在蔚州大崇口石佛寺

觀□音滿願真言
大金國西京路蔚州靈縣親仁鄉刘家疃□□刘維妻李
氏　所生四子女長男善慶梁□□郎婦　次男
仲通妻□氏餘不錄
泰和二年五月初二日身亡□身□葬
三年二月三日立石泐　善慶

金地理志蔚州屬有靈仙靈邱二縣此單舉靈字乃靈仙也金靈仙縣即今宣化府蔚州治

進義副尉李昌陁羅尼幢記

高三尺八面廣六寸與三寸五分相間經七面四行二行二十三字字徑一寸記一面三行字較小正書在淶水大明寺

佛頂尊勝陁羅尼經
經不錄
大金國□□□□路易州淶水泐下
亡父特建香幢一坐亡父進義副尉李昌泐下
泰和三年三月十五泐下

李永忠自建陁羅尼壽幢記

高二尺三寸八面廣四寸四分與三寸五分相間經六面四行三行又七面一行行二十字字徑八分記二面共七行行字不一字略小正書在淶水西三十里大明寺

佛說佛頂尊勝陁羅尼經

經不錄

大金易州淶水縣遒亭鄉累子里李公諱永忠伏為自身見在眼前功德今建佛頂尊勝陁羅尼壽幢一坐流傳万囗上及祖先下至囗孫是忠平生願足有妻囗氏承安三年十一月十八日因疾病一經身故男子五人女子一名王郎婦囗囗長子李囝妻安氏餘不錄

泰和三𠦚五月日　特建壽幢一坐　趙奉先造

以𠦚為年僅見於此義取千百與唐武后製年字作𠡦取千千万万意同

淨行普同經塔

高三尺一寸餘八面面廣五寸一面鐫寺門雙闕形上有題額左右二面鐫侍童各一人經五面各四行行二十五字字徑八九分正書在唐縣

淨行普同靈塔 額六字二行字徑寸三分

佛頂尊勝陁羅尼 經不錄

泰和四秊三月二十日　建 經在末

此唐舊幢為之故有零星字迹

康伯祿建真言幢記

高一尺八寸拓本五面面廣四寸各三行經三面行十一字梵書記二面字徑七分正書在淶水赤土村

大准提真言曰

大金淶水縣赤土里康伯祿奉為先亡父母特建石囗一座

父諱琚母張氏長亡男長男伯祿妻石氏餘不錄

泰和五年三月八日

趙彥忠建梵經塔記

高一尺八寸八面面廣四寸各三行經六面行十四字梵書記自六面末行起訖於末一面字徑一寸正書在涿州高村寶興寺

佛頂心陁羅尼

大金涿州范陽縣高梨趙彥忠奉為亡過父母特建石塔一坐

父諱永璋母孫氏　生二男

長男趙彥忠妻王氏餘不錄

泰和六年五月囗六日　建

提行項格寫

宋公進等建真言幢記

高一尺五寸八面廣三寸餘三行至二寸餘二行不一鐫像一面經二面梵書記五面行字不一字徑七分正書在淶水北關

大准提陁羅尼真言

維大金國中都大興府易州淶水縣漸村住人宋公進與弟兄等與亡殁祖父母同建頂幢一座

父諱遇母阿王生二男一女又繼母阿孟

長男曰公進妻梁氏生女四人餘不錄

泰和七年五月初九日丙時建立

張百瓊建陁羅尼幢記

高一尺七寸餘八面廣四寸八分與二寸五分相間經四面四行二行行十二字梵書記四面四二三一行不等行字不一字徑五分正書在房山上樂村觀音堂

塵影往生諸陁羅尼

大金奉先縣上樂里人也姓張諱百瓊奉為亡父特建陁□尼□□一坐

竊聞孝者百行之源名者諸功之本平樂善性格温柔允所作□□□父□恤念孤貧之□視無差　曾祖耶□□□

娶楊氏所生一男　名孝□以下字多漫滅不錄

泰和八年三月十五日張百瓊　建

此記文多脫落

尼妙政壽塔記

高一尺五寸五分八面廣三寸五分與二寸相間三行二行行十二十五字字徑八分正書在淶水孤亭寺山

妙政設濟壽泐下

□自金容兆夢煥發於兌邦□譯貽文茂寔於震域蓋□人□施法雨廣披慈雲是以□風□蒙□近葬塔必立寶幢□无上尊書□增福而消災抑亦□影覆塵塵□離苦而獲樂

故妙政花嚴者本是淶陽西南長女□入也俗姓張氏父名强□母姓韓氏□自幼女生處冗門六歲於淶陽聖嚴寺引攜落髮禮當寺□容為師□□蒙師□訓教習花嚴經至年壹拾□歲普遇皇恩受具大戒自此之後□□□□□院住坐二□有餘炎涼□禪開演□業初遇泐下□□非常預造壽塔壹坐專□門□□後收靈骨吉日卜地

經不錄一行

建塔弟子三人淨□　淨圓　淨□　戒之書

泰和八年閏四月初一日

此與承安三年念公一刹語句相同設濟為彼法號而亦襲之可嗤也

劉金等建經塔記 高二尺八面面廣四寸五分各四行經三面梵書記五面行十六字字徑八分正書在涞水板城村

薦幽冥起勝道陀羅尼

維大金國中都易州涞水縣思孝□板城村居民劉金弁姪

劉希等奉爲　亡過　父母考妣之靈特建石塔之記

昔亡父劉慶延乃劉思□之孫劉君杩之子□母阿高是高

陽縣□梨村人也所生子字劭六長曰金劉妻張□□□曰得

照妻王氏餘皆家屬名氏不具錄

本里布衣隱士馬昌書丹

范陽縣横岐里張嗣□刊石

時大安二年歲次庚午二月初三日孝男劉金等特建

壽聖院舊經幢弁尼慶榮增刊經幢記 上下二層上層高二尺七寸拓本七面廣六寸與四寸七分相間題額一面經五面三行四行行二十五六七字字經八分弟七面題名二人字較大下層高三尺二寸拓本六面廣七寸與五寸相間經三面五行六七行不一記三面行各三十字字徑八分均正書在磨縣壽聖院

大佛頂尊勝陀羅尼玉石之幢 額三行十二字字徑二寸餘

小佛頂真言

經不錄

功德幢主劉元𦖃

東普賢院主僧隬辯

右上層

□頂尊勝陀羅尼真言曰

經不錄

右重脩立石幢所集　功德□願 此在弟二面末行

皇風永扇

帝道弥昌河海晏清臣隣歸美金枝榮茂寶祚延長民樂太

平時登大有法輪常轉□運恒曆謹記

大安二年五月二十七□ 以上弟四面

大金壽聖院重遷寶幢記

大安庚午五月仲夏日有客見過因謂余曰本邑壽聖之院

舊有石經幢不𡨥數百年矣哉安置於後殿之東有尼慶榮

一日嘆曰嗟乎寶幢何隱於此耶□先師亦嘗有願欲徙於

前殿之不暢幸謝世遂計工出私錢卅千擇吉日以遷建更

增刊尊勝陁羅尼經一卷余荅曰僕聞慶榮頗亦詳矣自幼

年絶俗出家試經顯名今遷建寶幢盖承先意也客於是莞

尔而嘯曰誠哉是言也客請予書之聊復爲記□不敏何足

以發揚勝緣客曰但紀其實耳因□其請噫尼者恒存善念

亦□有之此能出私錢遷建寶幢世鮮矣哉是歲立夏后五

日將仕□□□里左坦謹記并書 以上弟五面三行弟六面六行

右下層

幢有二層下層刷尼慶榮還建舊經幢而作也上層不著年代觀字體及所願云云當是晚唐所立呪中恒孝書作旦此唐人避睿宗廟諱可證也今姑與下層並列於此左坦作記旨稱大安庚午五月仲夏云云而篇尾又稱是歲立夏后五日記殊不可解豈立夏爲夏至之誤歟世下十字衍文

法師思祖陁羅尼壽塔記

高二尺八寸八面面廣四寸餘弟一面題額餘各三行記三面又一行經三面行各十八字字徑八分題名一面正書在易州白馬村

祖公法師壽塔之記 額二行八字字徑二寸

大金易州延慶寺祖公法師壽塔記

夫生死常理何足噫戲

師諱思祖白馬里人也父李晃母石氏家世純善師幼不茹葷不兒戲父母遂放令出家禮奉州延慶寺晉安大德爲師訓以今名讀習經業至定十七年中選受具戒尔後遍歷講肆深通奧旨不數年本村堅請開大花嚴經講至今三十餘載如一日方以六旬自思人生何定終不免最後一朝遂竭誠預造壽塔一坐置於白馬義井院西南隅終爲後代軌矣

佛頂心陁羅尼 經不錄

門□五人曰善義善溫善企善柔善仁

姪男李貴李資全

大安二年五月二十九日建涞陽田慶刊

李忠直建梵經塔記

高一尺八寸八面面廣四寸二分鐫像一面經一面梵書記六面各四行行十五字字徑七分正書在涞水胴楢村

大悲菩薩□地獄真言曰

□大金易州涞水□縣□□□□里□李忠直 奉□□故

父母特建石塔一座父□□母劉氏所生三男 三女 後五行

後三面家屬名氏泐賸無幾字不具錄

試過度之 勿宣於口 常思已過之□毋□未來之□ 以上

弟七面存賸字

大安三年四月二十一日丙時立 在弟八面末行

資甫爲祖父母建經幢記

高二尺八面面廣三寸五分各三行第一面經首次佛像像上亦有梵書六字餘六面皆記行字不一字徑六七分正書在涞水弃上村

大金中都西南高陽正西有里曰弃上孝孫資甫奉爲亡祖
小四翁耶二娘娘李氏建立石磄壹坐之記
公幼小農桑爲鄰稼穡爲生中年幹家衣食豐足常懷孔聖
之此字補注儀久習顔淵之禮爲人苦己樂他千壽命樹常搖吉
善之風万仞福山不改青貞之德塵影所霑不墮沉輪風落
磄塵皆獲利欲公不壽大命豈由人□□記遠年而逝報亡
祖劬勞之德命刊石不□其銘
先亡耶二四翁娘二李氏生二子長男諱十次男諱□以下家爲名氏不悉錄
昝大安三年辛未歲次五月初九日孝□孫資甫特建

企公壽塔銘記

高一尺五寸六面面廣四寸餘記三面經三面各三行行十二字字徑一寸正書末一面多年月一行字較小在涞水孤亭山

企公壽塔銘記　弟張善
原夫自幼年十九出家礼　師琮公先　師亡者彧礼　淨
公所以今之企公德之彌高有若出谷之孤雲清之彌遠渊
如離波之素月自六旬已上喜遇　皇恩德界後師　濟公
誓報僧俗父母養幼之恩持經
佛說生兄經一卷
經不錄　行先行□行秀左經末半行下
里人張克巽書
崇慶元年正月初三日企公遷化親姪張子榮建
界紀德界後得戒之譌書人名偏右示謙始見於此

齊仲甫幢記

高一尺四寸五分八面面廣三寸八分四行與二寸二行相間行十六字字徑八分正書在涞水炭山

大金國中都易州涞水縣炭山里人孫□慶全姪齊閏長女
安郎婦甘　奉爲　亡祖父齊公諱仲甫母高氏特建佛頂
尊勝陁羅尼幢一生○○○○○○石匠仇□
夫人之死生由命善惡在人爲善迺福之本爲惡迺禍之基
古今皆知弗能行也□□涞陽之西約十七八里有炭山居
民　齊公者字泐十農桑志勤啇泐十二字則惠及僧道済字泐七協
和於兄弟敬愛於親朋遂使鄉閭□重賓友欽服子孫遜順
門户峥嶸盖精善之致也蔕固則花茂源深而流長信有之

矣忽有疾弗愈藥餌難瘥不幸卒時大定十七年歲次丁酉
年三十有九遐終　齊公生前長男三□□男琍妻蔡氏次
男珪妻溫氏小男□妻王氏餘不具錄
崇慶二年四月二十六日特建
記云建佛頂尊勝陁羅尼幢今幢八面皆記及題名不
見有經殆別刻一幢拓者遺之耶抑當是帶圍之誤衍
紹王改元崇慶次年五月又改至寧此幢立於四月故
猶書崇慶

茀

劉伯昌爲叔建幢記

高一尺五寸餘八面面廣三寸刻一面鐫像二三四五面記各三行行十四字字徑六分正書六七面經各二行梵書末一面紀年一行在淶水板城村

大金国中都西南路易州淶水縣北舍之地有墅曰板城村
北庄任人刘伯昌奉爲亡過親叔一名諱寅特建造礦一坐
之記　先妣亡過諱公俊妻曹氏所生二男長男刘敬次
男刘寅妻□氏所生二女張方史郎　有三姪長曰刘伯□
妻張氏次曰刘子泉妻高氏次三曰伯昌妻李氏餘四行漫漶不錄
大准提陁羅尼□
崇慶貳年　建立

提行空一格

惠明梵經塔記

高二尺四寸五分八面面廣五寸內外各四行經二面行十三字梵書記六面行十七字字橫徑一寸分書

尊勝□□智□陁羅尼分書
明公唯識濾師塔記
吞友義藏譔書
濾師名惠明姓趙莆村斯庄人父諱信母王昆仲四人師當
其次幼於石經寺礼□□華嚴崇公顧師大二十三年□□
□大帶□□□莆昊天寺方判圖□大泐五字泰寺大帶梁公
左錄通性圓明大師泐五字罷凡與師遊罔不稱善及登戒
字宗預易州圖國寺全公學肆及泐五字通□□十□丰追戒
之後值本寨奄化□□本泐六字雲公濾帶彙經□試中選泐十
一字寺滿公席□□□□舊業更益斯聞豈應演說大有啓發
師言行典足爲兒俱清梵音洋洋赴性溫厚喜泐五字不□亞
語加人楷隸行草兼□後一行及七八面俱漫漶泐四字納年□□建
末行僅見此

茀

法明生前建陁羅尼塔殘字

高三尺九寸八面廣七寸七八分與五寸五六分相間題額一面經六面三行四行行二十二字字徑一寸餘記五行行字莫辨字徑六分正書

法明　生前特建佛頂陁羅尼之塔 額十三字字徑一寸六分

佛頂尊勝陁羅尼曰

經不錄

伏聞　如來□□□利生妙法能□善□□□之 下泐二尺餘

粤有石經寺 下泐 全 日持諸陁羅尼 下泐 法明 下泐

上泐一尺餘 三年四 下泐

明字缺筆蓋塔爲其徒所建而致謹師名也

重建大悲院記

高五尺廣二尺四寸五分二十三行行四十五字字徑一寸正書在順天東安舊州鎮大悲寺

重建十方大悲禪院之記 篆額

燕京析津府安次縣重建十方大悲禪院記　并序

德賜紫沙門　如智　撰　太子校書郎守安次縣丞王

詔　篆額　沙門　圖膽　書文

石之義用大矣哉世所由來尚矣厥□理異諸詞賦者弗在雕蟲粉飾而已貴乎直其筆實其事因圖括美於丁世意夫取信於將來豈小事與愚釋家之流觸物而牆者也抱藝康之七病有碩鼠之五能自非儒學安敢逮斯事去秋寢疾于水北蘭若沙門圖幹與道俗十數人持狀至請爲斯文再三抑命弗克違蓋不得已而記之庶悱雅君子不皐焉夫旭日不昇六合長冥大覺未興群生莫醒昔　吾師大沙門能寂如來譬優曇花時適一現出賢劫之九次千佛之四應機任世開物成務可繫屬者咸入陶誘使二十五有朽生死之根九十八使斷牽連之纍久黙之要既說所應度者已訖能事斯畢留藥而歸所留藥者瀁從瀁化生者僧僧之居處伽藍謂與亦日道場適有道者息心之地且心不自息託靜處以息之處不自靜待善人以擇之粤曩古三乘聖賢未有不須此而致道者也然有二類故禪師一行曰僧坊西國呼毗

訶囉此譯住處白衣爲長福故與諸比丘造房舍禦庇風寒
著濕所不饒益事使居人安心行道修戒心慧令檀越受用
淨福晝夜常流無有斷絶是以名焉别有阿蘭若名意樂處
謂空寂行者攸好之所或獨一無侶或二三人去城邑村落
人煙一鼓聲外齊五百弓量造限量小室或施主爲造其寺
山島空澤樹下塚間咸其類尔北方所以名寺者由騰蘭始
入漢寄鴻臚寺以待之後白馬譯因以名之隋更道場至唐
復爲寺至于今又禪剎之興自達磨遊梁之後五葉已來天
下角立炎炎如也安次縣西大悲院古之僧居年禩雖遥
勑額□□會亡遼數盡兟遺兵火灰燼而已有　故英慧
大師門人行進等知力不逮仰稟先師之遺囑迺以茲地施
爲拈提禪院及將院東南隅菜園一所計地三畝以助供費
今此常住體通法界處非一衆之局財有十方之分師無攝
度資斷繼承亘無窮時永爲定式遂告請到在縣正覺寺賜
紫沙門慧儞俗士史信如等同心併力爲主悶護知普安寺
僧圓幹有愛道崇建之志衆請爲供養主經之營之不數年
間佛宇香廚禪室藍垣百一資具事事悉備其心力勞勤有
如此者噫靡患處之不興患人之不圖苟處之得人能事罔
有不濟者未或聞也宋宣和乙巳季秋有燕京竹林寺
前三學論主賜紫沙門行成世號大悲大師常以頭陀爲行
護生救貧是務衣鉢之餘分寸不畜是歲草刱起于畢工丁
未中復承燕京化度寺　檢校太尉眞戒淨慧大師賜紫
沙門祥楷開大乘菩薩戒壇結化到千人淨社據先於人上
所有積欠一切酬畢爲山功成事在今日千古便事具見斯
文冀傳之無窮燈燈續燄庶吾道無墜地之患云爾
時大金天會六年龍集戊申月旅姑洗望日記
當縣何永壽　刻　并男相兒同造
在縣西閻家疃天會六年立（日下舊聞）

智度寺供塔碑銘

高六尺六寸廣三尺四寸五分二十六行行五十三字字徑一寸末一行題名九十八字字特小正書在涿州南塔寺

大金國涿州智度寺舍利塔供養邑碑記　題

大金涿州智度寺邑人供塔碑銘　并序

鄉人將仕郎試大理評事李　端謀　撰

同泰寺沙門　法諝　書

伏聞梵語云窣堵波者唐言譯之為高顯其義取之曰塔迺
如來靈骨之所歸也　如來示滅之後大千百國土爭請
分骨而葬之名曰舍利分布郡國不可勝數故　如來真

金天會十年六月

身之所有者一無遺焉具大神通力而不可思議遇有光明
照曜警悟衆生之俗眼令生信敬心而真得供饗(養)者獲其福
利為功德之取勝也昔李唐憲宗詔大達法師奉其緇衆迎
真骨於靈山開道場於秘殿親奉香花為人請福則其事也
城東北隅有智度寺者當郡之晴(精)刹也始遼國之有名焉中
有之塔則　如來具體之一分也寶塼疊起既聳且麗飛
簷平接於青雲金鐸上衝於碧落風傳鐸韻振聞數里天光
轉影大有餘蔭而含生託藉之利不甚(其)博哉時已寖遠由來
未詳亦見休徵難以具載時故遼大康開道宗皇帝即位二
十有八載也治平日久人安富庶郡人周永遠楊遵式等而

相謂曰生於其時衣食餘而無事豈非諸佛庇庥之力也當
發一念心與供於佛塔迺以為報不其偉歟應者如響從者
如流而署名齎錢先寶於寺庫以日繫月而息其淨利泊每
年春以花開為壯丹會衆集其下周匝圍遶而花韉塗者種
種伎樂幢幡寶蓋螺鈸鼓磬聲明蔥蒨振耀而已疑天人大
下於其會中心爛齋燃出(出)家藏之珍異陳列次弟一一相勝
其諸妙供莊嚴豈勝言哉而佛食庭僧有可費者利之供焉
善善相承燈燈不絕其間踵事而增華者歲多有之奈何日
月逾邁時態有遷興廢相仍干戈之事作生業有所未保善
事由之中缺十有數年無復於是哭貞石刻在名之幾何而

迄
本朝王者用兵一舉而定掃平寇亂芽蘖無遺武功已成而
文事乃修釋教興行蒼生有賴歲既稔矣人亦安矣時謂太
平之美人興念善之心其郡人多先邑人之後也皆有繼修
之志而不拘聲色之論迺具狀申晴(請)　靖(清)河使君張公為
邑長　公勇於義好於善一言則許而唱導之凡在下者
罔不聞命仍謂自經兵火之廢亂廊廡作踐花木斯盡闃然
而無觀者不可以供會繼及前事當於四月八日　如來降生
之辰也真可供養而作囗念其齋錢息利之用一依舊式期
於是日發懇重心壯觀繁麗當無少讓於彼時也既足以闌

揚佛教又足以報答
國恩也噫佛者聖人也以大覺多能稱乎有道廣以方便力
故誘化群生歸於浮圖氏之教不其神乎莫法不移變興亦
時也廢亦時也繫人時而所為之是知人能弘道非道弘人
信哉繫此善跡繼絶而復興當示其將來傳之不朽使見者
思齊聞者生信非勒碑以紀之而何為哉有當寺綱首洎諸
邑人請於余且錄其衆善文之於碑惟名才大手而已余
為學疏略安能當之牢讓不已而為之銘曰
漢夢而下　教法東被　所有真骨　而名舍利　藏
之寶塔　精一純粹　至哉威德　不可思議　忽焉
光明　莫測神異　迺得瞻仰　其福必至　善緣復
生　善道復行　所作皆辦　而無能名　真得供養
莫非克誠　今屬明世　既安且圖　惟善是念
〻歸依佛靈　法燈相傳　久而愈明　福海相接
流水不停　鮮克有終　刊石作銘　乃至千劫　継
闡德馨
天會十年六月二十日　建
當郡韓孝成　刻
邑長彰信軍節度使金紫崇祿大夫檢校太保知涿州軍州
事清河縣開國子食邑五百戶張　元徽　中散大夫起居
郎同知州涿州軍州事都騎尉東陽縣開國男食邑三百戶
賜紫金魚袋甯　獬　涿州軍事判官文林郎試秘書省校
書郎張　綱

碑載涿州城東北隅智度寺中有塔為如来具體之一郡
人周永逸楊遵式倡衆興供佛塔當四月八日如来降生
之辰其事最侈陳因以刻石前列鄉人將仕郎試大理評
事李端謀撰同泰寺沙門法譜書後列邑長彰信軍節度
使金紫崇祿大夫檢校大保知涿州軍州事清河縣開國
子食邑五百戶張元徽中散大夫起居郎同知涿州軍州
事都騎尉東陽縣開國男食邑三百戶賜紫金魚袋甯獬
涿州軍事判官文林郎試秘書省校書郎張綱按元徽見
金史張汝弼傳云父元徽彰信軍節度使元素之兄也
此碑所署銜與史合惟崇祿大夫不載百官志攷遼史百
官志崇祿寺避太宗諱光改階光祿大夫者皆易崇祿意
金之初尚襲其制未及釐正也與甯獬階中散大夫志稱
中散為内侍之階天德創制今加於文職事官大金國志
五品謂文臣中散大夫至朝列大夫是其徵也都騎尉及
秘書省與志騎都尉秘書監不符都騎尉或上石者倒訛
又省監亦可互稱故云然（授堂金石續跋）

馬瓊施香爐記

高九寸廣九寸五分八行行字不一字徑七分正書在唐縣店頭村香山寺

定州唐縣小東閭鄉南赤村馬瓊特發願心獨管香爐一座
施與中赤村香山聖壽禪院永爲供養　獨管香爐人馬
瓊妻邳氏　長一男三女男馬海妻魏氏長一男不措
匠人楊孝恭
天會十四年七月十五日建立

金天會十四年七月十五日

趙州石橋洞題刻四

完顏□槩等題名　高二尺一寸廣一尺一寸四行行字不一字徑一寸五分正書在北洞

回謝大齊國信使興義軍節度使完顏□槩
副使游騎將軍知東上閤門使劉君駒
天會十四年十一月二十八日過此

按宋金二史僞齊劉豫以金主天會八年立爲帝都大名十年遷都汴十五年金主廢之此刻在天會十四年故猶稱大齊入汴過趙道所必由也惟按金熙宗本紀天會十四年十月使蕭仲恭爲齊劉豫回謝并生日正旦使是奉使者非完顏□槩矣然蕭仲恭傳不載此役豈初命爲蕭而後易完顏歟完顏□槩與劉君駒史皆無攷

金天會十四年十一月二十八日

中山楊□等題名　高一尺餘廣一尺四寸五行行四字字徑二寸四分正書在南洞

中山楊□廣平張□大定丙午歲寓居洨川暇日全來

太平寰宇記趙州平棘縣下引水經注云洨水今本誤作汶水又東逕平棘縣南有石橋跨水闊四十步長五十步即今大石橋也按水經注此文已佚洨水源委見唐永徽四年程村永橋碑記跋

平棘令高國忠題名　高一尺廣一尺八寸七行行四五字正草相間在南洞

懷遠□□行沃州平棘縣令白霽高國忠重建南北二洞皆

□安二年六月望日題

安上泐一字按平棘自唐迄宋為趙州治徽宗升為慶源府趙郡治金天會七年改為趙州天德三年更為沃州元仍為趙州明省平棘入趙州此刻稱沃州平棘縣則為金刻無疑泐字筆蹤與承為近蓋承安也白霫北狄國名唐書回鶻傳居鮮卑故地

信都令某題詩并和作高八寸餘廣二尺二十二行詩每行七字字徑寸餘餘每行十二字徑六七分正書在北洞

近蒙

上司□□□□缺下

從弟□□烏古□□□道由□

川偶聞南宋遣使

賀□

詔留之方□

接伴副使者廼

家兄撿院同知也奉待□□橋

下徘徊偶□一絶聊誌其來□

州信都縣令烏古論忌武□郎

使董璞從行昔泰和五年閏□

月十四日永紀

□石壘□跨黄流□必□□問濟舟漲溢驚湍雖拍岸肯教

二

行者稍為憂

德金敬次

□公高韻

一見危木□□□猶疑瀑布半才□天涯羇旅行無□免得

舟人來往□

三

奇石山磨崖記

高連額四尺五寸廣七尺二寸四十四行行三十字字徑一寸餘記後銜名及碑後捨財人名五行字較小正書在獲鹿

奇石山磨崖記篆額横行六字字徑五寸

奇石山磨崖記

朝散大夫尚書虞部郎中權知稾城縣事畢伯據撰
文林郎尚書都官員外郎權知獲鹿縣事王琯書
文林郎太子校書郎守獲鹿縣丞郭宗益篆額
太子右翊衛校尉知獲鹿縣尉趙炳温同建

獲鹿自漢以来號稱名邑邑之西北粵有含滋吐潤濃翠如匀不險不夷獨秀而野桉之圖經寔所謂奇石山也環邑皆山而山之大者青嶂碧巘雲岫煙嵐峩峩萬疊一帶屏列而危巔峻嶺又且連亘重複有弗絶者宜睥睨此山爲迤邐而不足道然境勝地靈特為逸人高士所愛固異乎它山也里人好事者曹能劉清於山之阿穴石為二洞命其名曰純陽曰脩真學道者居焉洞之頂有地爽塏坦然如砥平廣袤百步冠褐之侶因議其所以起建　三清殿以崇奉高真其徒五六人與夫掌化縁者分遣四方未幾邑境鄰封人皆輻湊信心喜施財無所惜而富者車載貧者肩檐雜沓而来唯恐其後由是鳩材傭工閲數月告成巍然突兀屹立於上衆所欽戴也顧不𨇤巘初於殿廡下其無草木如屺道衆手植數

金天會十五年十月十五日

一

樹力於栽培柔枝弱榦今漸扶踈掩映緑陰頗增氣象然則殿之建也豈徒示甍桷之壯麗捨堊之藻飾以為衆人觀美哉蓋使之登其庭瞻仰繪像而咸起好善之心焉先是殿之始基也其種種靈跡所以信於人者固難以縷陳而悉數之試槩舉其略以表希異村民有張氏者乃富農也榆數株方茂許施其一以為之材後靳吝竟不副所願化縁渠長欲以錢易之亦不肯售越三日擊電迅雷駭人耳目大風飄屋雨霆如傾轟然霹靂不知其所從来拔張氏所許樹□去枝條其家驚惶遽載而施焉洎涓日之良扶木以構則適當務農之時從事東作者頃刻弗得息嘗欲借人以助役至是辝以

二

無暇道衆彷徨四顧茫然失措者久之方慮勝縁艱阻不旋踵濃雲布野雨亦隨降而執耕布種者不能趨田畝於是竭蹷以赴期會人遂雲集隆棟巨梁成於肇造既構則天乃開霽變化之道孰能測究哉工作之興也先於南坡下取土以供其用人之登躋疲苶方苦其難忽有弋褒衣老叟謂其人曰此山之鞍其上有土甚廣何必遠去以重困爾力遂以杖指示叟導而前乃至其所斸去蕪根果得厚壤十數步内一無拳石蓋惟土功之□自起址至于塗墍杇鏝因是取足凡不乏而功倍以省虆梩之役美哉斯事也道衆忻然共延於座方烹茗以謝其意俄失所在衆皆奇之法師龐居仁子安

以道行住持宰其徒成此善緣躬自董工勞且不憚至誠所
動有感必通是故始於繕營則有賴人為及其畢事□致獲
神助其於真詮正教又能宣揚之而通元究微深造本原紬
繹沖科數□□範而以之開悟衆人使知趨向也一爐香火
安置清壇幡蓋具陳花燈間列吟詠□呪執節行道而持誦
之力垂恵一方期於無天灾無物癘雨暘時叙五穀豐穰俾
人人多種福□咸躋壽域顧豈小補哉蓋余曩時與龐為學
校友而縣令王公都官亦有同年契因殿之落成也欲刊諸
崖石而紀之以垂永遠來□余記義不得辭余昔為布衣時
長邑庠者殆數歲矣每因暇日歷覽此山之勝故余喜導其

三

事而為之文也天會十五年十月十五日記　鹿泉南亭
刊
河北西路都□□□□□判事特授賜紫澄□大師□□
河北西路□□錄判官特授賜紫達□大師　善應
□□□□□□□□□□□純陽洞賜紫□□□
□　前□□□□□□□授賜紫□妙大□□□
上□□□□□　□□郝抱永　直歲□□□□□鐫
宇□□□□　□事□□　□□□□和
太子右翊衛校尉前酒稅都監周元宰　右班殿直前定
州酒稅都監封倚　本縣監酒稅判官李讜

在縣左班殿□杜已　右承制前主簿趙通　左班殿直
劉政　左班殿直孫正
典史陰義　書佐□誠　書佐安成　□□康簡　書佐
孫賢
空
上渤善衆同發願心各捨淨財塑造供養歸依永祈福祐
此下題名四行皆施主姓氏凡四十九人不錄
右記單伯橅撰王琯書郭宗益篆額趙炳温同建案金熙
宗以天會十三年正月嗣位不改元仍稱天會十三年至
十五年十二月始詔改明年為天眷元年見熙宗本紀碑

四

書天會十五年正與史合奇石山獲鹿縣志山在縣西北
二里許石清潤可為碑碣山脉自虎山東北迤邐而來環
繞城郭上有元人磨崖記即此刻也碑為金刻而志稱元
人誤伯橅琯宗益炳温俱無攷伯橅列銜為尚書虞部郎
中琯列銜為尚書都官員外郎宗益列銜為太子校書郎
炳温列銜為太子右翊衛校尉皆不見金史百官志案志
稱漢官之制自平州人不樂為猛安謀克之官始置長吏
以下天會四年建尚書省遂有三省之制至熙宗頒新制
及換官格除拜內外官始定勳封食邑入銜而後其制定
然大率皆循遼宋之舊云云攷熙宗頒行官制在天眷元

年八月即磨崖刻記之明年也百官志於熙宗以後之制頗詳而於天會初之設官甚略蓋亦雜采遼宋之舊矣又金志東宮官有左右衛率府右翊衛校尉疑即其屬官又志云散官高於職事者帶行字職事高於散官一品者帶守字二品者帶試字品同者皆否案文林郎正八品上縣丞正九品宗益以文林爲獲鹿縣丞散官高於職事宜題曰行此題守者蓋天眷以前官制尚未畫一故與史有異同也記後銜名可辨者有河北西路都（泐五字）判□特授賜紫澄□大師□□又有河北西路□□錄判官特授賜紫達□大□□善應第二行有（泐上）純陽洞賜紫（泐下五字）又有前

五

（泐七字）授賜紫□妙大（泐三字）諸字案正定龍興寺大定二十年廣惠大師經幢銘云師皇統二祀保充副錄二僧列銜是河北西路都僧錄判官無疑都僧錄爲帥府僧職判官即其屬員大金國志有僧錄而無都僧錄及判官此其漏略矣此後列銜有前酒稅都監右班殿直前定州酒稅都監本縣監酒稅判官在縣左班殿直右承制等官酒稅都監係都麯使司屬官見百官志又志云凡京都及真定皆爲都麯酒使司他處酒使司課及十萬貫以上者設使副小都監各一員五萬貫以上者設使副各一員三萬貫以上者設使及都監各一員不及二萬貫者爲院務設都監同監各一員不及千貫之院務設都監一員而無監稅判官之職又左右班殿直及右承制亦皆金志所無案宋史職官志武選官使臣班有內殿承制左右班殿直政和二年改內殿承制爲敦武郎左班殿直爲成忠郎右班殿直爲保義郎碑題右承制當即內殿承制金蓋采用宋武選舊格而又析承制爲左右兩階耳（常山貞石志）

沈氏錄此碑文第十四行脫於殿廡下其五字雨霪如傾霪誤霪其家驚惶惶誤煌忽有弌褒衣老叟弌作一以重困爾力脫力字而爲之文也脫之字後銜直歲□□□□□□鎸字脫字字今搨本漫漶字據沈氏所錄

六

補註於旁

龍池事因記

高四尺六寸廣二尺四寸五分十六行行
三十六字字徑一寸正書在曲陽黄山

龍池事因記
自本院先師法春僧惠備惠辯審爲等於本院東高會處起
建龍池於五臺山及諸山二十四處龍池内請水投於池内
興建龍池遇旱山下之民及本州累獲感應自後遇旱本州
官屬累次求水祈禱感應熙寧間本州遇旱取水祈禱而獲
感應本州安撫侍郎薛向奏乞
朝廷特賜美號奉
勑特賜黄山八會寺華嚴集聖池利民侯之号山下之民虔
天眷二年三月二十四日
仰尋命工立石刻
勑文上石立碑於本院
佛殿内□□□宣和年事馬燒壊
勑文□令□□載長老僧善通等再命工上石刻
□文上碑□□□□之左
本院周□之界東至滴水堂西至古跡石南至打皷臺北
至帳子崖院西北有庄良田數頃
□法眷僧
僧善喜僧善澄長老僧善通僧善和僧善□僧善興
僧善實僧□遇

下法眷僧
僧宝清僧宝開僧宝忠僧宝寶僧宝珙僧宝玉僧
宝存僧宝貴
時天眷二年歲次己未三月辛巳朔二十四日甲辰乙時
立石

鐫莽藏經目錄

拓本二紙當是兩面刻各高一尺二寸四分廣二尺一寸五十行行字不一字徑七分正書在房山西南五十里西域寺

上闕莽藏經揔經題字号目錄

上泐羅尼經四經合十二卷同帙　覆字号

上泐海經一十卷同帙　器字号

大方□佛報恩經七卷於同帙菩薩本

□經□□□紙鐫摽在馬鞍山洞裏

□□□□□□造此報恩經請知有

菩薩本行經上中下三卷　欲字号

上泐經合一十卷同帙　難字号

金天眷三年四月十五日

一

上泐經合十卷同帙量字号

上泐經合十卷同帙墨字号

中□□五經合十卷同帙　悲字号

□□次□經五經合十卷同帙絲字号

□大寶樓閣善住秘密陁羅尼經三經

□九卷同帙　染字号

大□□遮那成佛神變加持經二經合

十卷同帙　讃字号

□□地羯囉經三經合八卷同帙羔字号

□佛所説神呪經七經合十一卷同帙羊字号

智炬陁羅尼經二十六經合十卷同帙景字号

□光太子經二十二經合十卷同帙行字号

菩薩内習六波羅蜜經二十三經合十

□同帙　維字号

十地經三經合一十卷同帙　書字号

□□□界王陁羅尼經十卷同帙　經字号

□□烏樞瑟摩明王七經合十卷　羅字号

右一紙

一字奇特佛頂經九經合十一卷同帙　將字号

菩提場所説一字頂輪王經十經合十

二

二卷同帙　相字号

佛母大金曜孔雀明王九經合八卷同帙路字号

大寶廣博樓閣善住秘密陁羅尼經十

三經合七卷同帙　俠字号

金剛頂瑜伽千手千眼觀自在菩薩修

行儀軌十三經合九卷同帙　槐字号

仁王般若念誦法十三經合六卷同帙　卿字号

大聖文殊師利菩薩佛刹功德莊嚴經

五經合七卷同帙

普遍光明清淨熾盛如意輪寶印心無

能勝大明王大隨求陁羅尼七經合
八卷同帙　　封字号
金剛手光明灌頂經冣勝立印聖無動
尊大威怒王念誦儀軌法十三經合
八卷同帙　　八字号
已上計二十七箇字号此經碑有長有短高下不平當來
出時冝慎護之
鶴䆠藏經施主山西奉聖州保寧寺沙門冗英俗弟子史
君慶等奉為
先亡生身父母法界衆生承此功德同生花藏親見諸佛
維天眷三年歲次庚申四月乙巳朔十五日己未辰時瘞
之

蘆子水道院法堂記

碑中斷連額合高六尺五寸廣二尺四寸五分記十四行行四十三字字徑一寸正書後題名八行字特小在房山西卅里金山院

大金國大聖大明皇帝皇后萬歲特建三間法堂一坐永記
碑 額八行行三字字徑二寸
大房山□子水道院剏興三間法堂闕
燕之西南垂百里曰大房山按圖詠云當呂大房爲郡小吏
羽化此山因以名焉昝如來生依鷲嶽晦瘞房山舍利靈圖
苑然斯在古木輪椿寒泉激□勝五嶽之嘉祥異三山之秀
氣谿壑之蘊風雷巖廊之孕聖賢咽喉諸地襟帶群方寔
吾國之大壯者也向有招提曰蘆子□院之巽有香泉一沼

金皇統元年十月

冬温夏凉每達芳景白蓮菡萏畫鷁翩翻榛栗滿谿菓花盈
塢翠凝香浮別爲一天遠抛榮辱之鄉高出科名之地以古
之郡老之所建也先有僧数人但以興國在務恐失軌範擬
華上院易爲禪觀希唯　我絕頂上人逦當時之秀器高
標顯世勝槩絕倫白月在天朗然獨出山主祥義等心狀陳
丹懇將此上院一區東隣木口西接陽溪南達九女之安北
據牛家之峪在內山林居中院舍一蓋並施與　上人永爲
道院任意□訖是師不以一方可繫化事以狀授門人次長
　禪師上人亦乃道器清芬群髦□尚獲心印於齠季脫
凡□於冠歲猛風徑草也烈火良金也雖世貫鄉鄉心居房

岳復承　師付凨夜務興既結交於他方共成緣於是地師
屆之所老幼忻隨豪俠者願輸其財匱乏希垂其力院之乾
有地坦平固若龍蟠遂致立功日夕無暇剗剗琅□斵剗坱
圠㨾巨楝於佗山命良工於别郡藻梲繪餙不日告成法堂
一坐三間四𡍼莫不嚴而整高且麗僧舍禪庵星分左右叵
甚清幽以致大功莫不賫良蓋　禪師上人之決剖也非
鬼神之力聖賢之祐其孰能倫于是乎□□感此勝事命愚
實錄刻珉倫紀垂于將來俾万世不銷其道而已
維大金皇統元年歲次辛酉十月望日庚時建
後有題名八行平漫莫可辨識

二

寶教院重修相公堂記
石斷爲二共高五尺五寸五分廣二尺九寸六分二十五行行四十七字字徑一寸正書末另二行字特小在满城抱陽山定慧寺

寶教院重修相公堂記　篆額九字
大金保州順天軍抱陽山寶教院重修相公堂記
夫寶教院有之其歲時久矣自隋文帝開皇之間□爲隋禪
于唐而唐有天下至開元號爲極治當是時功名卓犖才業
□嶸謂賢宰相者　張燕公其人歟公方少事肄業□比山
寶教院之東巖既富貴而儼於位思念昔日爲學之所乃廣
其□其閒規摸宏遠建立壯麗舊碑具載其詳所謂石□之
金皇統八年三月初日
東别搆一堂後人繪公之真於斯堂之左榏號曰相公堂名
自此始矣自唐開元歷宋景德中間更革五代彫弊之餘茲
院不無殘缺有保塞右領軍衛將軍邢公者於景德年間□
興復之功增而新之鄉人有好事者重其人塑其真次　燕
公對設居堂之右榏燕公之堂因以遷於石廊之南而設次
仍舊焉然則世之相後至今幾百餘歲紹前人之志而□大
□者豈謂無其人哉　本朝奄有遼宋四方久安天下
無事真可謂太平至治之世矣其於安百姓撫軍旅鎮方□
□□　朝庭遴選奇材以付重委者急先務也保塞之
地於燕南最爲衝要今者　金吾衛上將軍順天軍節度使

完顏□和尚持節秉旄來鎮是郡　公本契丹蕭王之族也
以武略輔佐
天子開拓疆土功業無雙　賜姓附　宗光耀
明代年雖六十矍鑠尚健公常以平日公治餘閑據鞍
躍馬張弓挾矢凡所決射發無不中謂子孫曰□□此取富
貴□□□豈可一日輒忘之且人情易習若一隨其筋力有
事何以報　國乎推此則知　公之忠于　國家
盡可尚也　公之才豈止於雄武過人而已加之剸裁吏事
□撫軍容了然明斷於胷中是□大過人者　公性惡卑溢
而樂居爽塏因歲時暑坐夏是院駐　旌斾者幾三月矣
王事未嘗暫輟因燕閑之□訪寺舊跡為其堂之棟宇瓦□
無有存者　燕公塑像移置他所唯是石像暴露於頹基之
上　公甚憫焉詢諸山僧得置堂之由□然念前人之□□
□□□□□增修之遂乃構材鳩工丹艧繪塑不踰時而成
斯足見　金吾之用心也豈小補哉于時本院山主會集徒
□□□□曰寺起於隋隋有天下三十六年而唐受之歷二
百八十八年五代傳繼五十有八年趙宋□□天下數歷庚
申□□之距　今皇統八年綿歷歲時揔而合之幾六
百年寺之興廢不免有之昔者　燕公成於開元　領軍繼
於景□時人慕之塑像於堂載德於碑至今奉事不絕剏乃

本院中有州牧張利一祈雨之文姚師回遊山之記猶列諸
石以□其□則我　金吾崇燕公之德繼領軍之事增建堂
宇有過於昔時可不紀其美耶嗚呼起寺于今六百年間時
不為□久古今名宦官高位顯紆紫懸金者不可勝數其間
崇信　佛事建大功德則惟　張燕公　邢領軍與　完顏
金吾□□而已豈不難其人哉我當立碑刻石繪公真於相
公堂中朝夕奉事與碑同傳於無窮不亦可乎僉曰當哉斯
言乃命愚□之記然記者記其實不記其文愚□撫斯堂之
本末以叙其實云耳俾後之好事者遊斯山登斯堂見其跡
□慕其善永□而不忘也時皇統八年三月初一日進士王
禹臣　記
本院□內都僧主講經論賜紫沙門慈濟大師　智德
立石
忠翊校尉前嵐州省倉草場都監趙　遵□　書并篆
額
任□講經論僧惠琦　管勾□□事僧惠敎惠寬惠
□惠賢惠□
惠發惠□惠□惠□惠瑞惠□惠普惠□惠□惠□惠良
惠□惠□　二行在碑末字徑五分
石□□□人張平　刊人□德全　二行在末二行之下

圖頂格

開化寺僧文海舍利塔銘

高三尺四寸五分八面面廣六寸七分至七寸不等各七行弟一至弟四面刻經弟五六面及七面前三行刻序銘年月行各三十七字餘皆題名行字不一字徑七分題名字略小均正書在元氏本寺

佛頂尊勝陁羅尼經

經文不錄

大金開化寺建殿都功德僧海師舍利塔銘并序

汴陽李□撰并書

師俗姓何氏法諱文海實真定府之元氏董安保人師生知仁讓幼脫塵勞政宋和三年春□□得度禮本寺上生院懷慶為師戒律甚嚴師以歇慮為心勤捨是行不談人之非是

金貞元元年十月

待貴賤□□熏修之餘寂無他慮真物外人也天會八年冬一日作大齋會諸謂徒曰本寺九間殿幾千百□昨經兵火焚毀殆盡惟存基址今日□僧特發重願刱建此殿奉報

國恩啟諸大衆以始何在會各各避席合掌加首言曰善哉翌日跣足禮化於□心時當凝□風霜遍體晨夕不怠人皆驚異師曰佛以財法二施化諸衆生所施無盡所報亦無盡諸佛子□能作是念福利無邊邑人以是知師行業樂施者繼踵不絕未久刻桷已施巧製丹楹載煥榮□佛像粧嚴百色具備壯麗當時斯　吾師之功也於天德四年正月十九日曛暮無疾示終于本院丈堂春秌六十有五僧臘四

南程當有村字　檢拓本校之

十度弟子四人自證自成自悟自修是時弟子號慟居士涕零競散香華各申供養經五日神色不變容光韓怡邑人詣禮者雲集何啻千萬羅列威儀焚師于郊外盡獲舍利而歸衆議欲以浮圖法塔葬師大殿之西南隅越明年秋有弟子自悟者夙承□訓德業清真率諸善士共建茲塔追報法恩丐予作銘以旌厥德銘曰

偉哉釋子　幼悟真空　落髮披緇　戒律精通　有大智慧　寶構興崇　粧嚴畢備　實師之功　六旬有五無疾而終　海日未出　山月何曚　塔葬斯地　舍利其中　刻之銘之　昭示無窮

貞元元年歲次癸酉十月丙辰朔十五日庚午建師兄

長老文奇

建殿都維那龍政村劉政妻蘇氏段氏男劉寶妻趙氏男劉仲妻董氏□塑迦葉佛一尊羅漢一尊　建殿都維那南白棲村郭宜并妻王氏男郭仝妻牛氏同發願心獨施□財粧塑彌勒佛一尊　建殿都維那井下村趙運妻康氏　副維那寶相寺尼法敏雲譚周氏三人管粧塑釋迦佛一尊　建殿副維那杜家庄李遇年九十四歲見帶保義校尉妻吴氏

副維那南程温榮妻李氏男温錦男小三施殿中門一座

建殿副維那北白樓蘇廣并妻温氏施大殿上石香爐一

所　副維那沙窩王村李玘妻張氏董氏　副維那沙窩王
村李慶妻高氏　建殿副維那南程村温靖妻史氏男温顯
妻安氏　建殿副維那高邑縣郭興莊么福　副維那冀州
南宮縣平頭樓潘善友　建殿副化主邢州鉅鹿縣團城鎮
乹明院僧惠聰　維那東韓臺村崔臯續發願粧羅漢五尊
砌三世佛磚花臺座一所　蓋殿本匠都料　贊皇陳和
獲鹿焦村張玘　北泉水曹高　西韓臺張琦　建安村
康真　吴村時遇　贊皇張智　趙同村曹善　施□打
繩人本縣習平　看殿維那李温郭□郭富趙□王謹　北
白樓蘇廣化到衆維那建舍利塔一所　劉政　郭仝　趙
運　李遇　李玘　温靖　李慶　么福　寶相寺尼雲
容　善固雲寛　雲海　維那井下村趙立妻徐氏塔劉演
常山匠人安奇男安窗刊

右經後舍利塔銘李□撰并書李君名已半漫滅僧文海
無孜題名中有郭立是亮字闕筆蓋避海陵名云常山貞石志
常山貞石志無疾示終疾作病誤令搨本漫漶霧據志
補註於旁題名十一行沈氏未錄劉政以下八人皆重
見

僧惠秀石匣誌

高一尺二寸四面兩面廣一尺六寸一刻地獄真言字徑寸許一刻誌及年月七行行七字至十字字徑八分均正書餘二面廣一尺二寸刻梵書經咒在房山

石經寺故秀公石匣誌
師諱惠秀礼融公為師至貞元元年十月十八日終　貞
元二年二月十四日□遇仙女

金貞元二年二月十四日

開化寺崔皐塑像記

刻石香爐外高四寸八分八面面廣四寸各六行行六字字徑五分正書在元氏開化寺殿前階上

真定府元氏縣東韓臺村奉　佛弟子崔皐同弟崔鼎女七
娘新婦鄭氏孫男稱意特發願心捨自己財於本縣開化寺
九間殿粧塑羅漢五尊并龍堂院六師殿塑當陽佛二尊側
坐觀音懸壁閗落花臺共二坐石香爐三坐皆是崔皐自辦
並不曾轉化他人分文錢物將斯功德追薦父崔望母韓氏
亡兄崔興崔稔亡弟崔智亡妻朱氏亡男崔進新婦靳氏崔
仙超昇淨土特發願心命工鑄造石香爐其□坐開化寺龍
堂院永充供養　仲上祝

金貞元二年十二月

皇帝萬歲重　千秋國泰民安法輪常轉四恩三友法界衆
生同登覺岸
大金貞元二年歲次甲戌十二月朔己卯十日戊子奉佛
弟子崔皐建
住持功德主泳門自悟
北白棲村蔫□　北程村趙進　常山安圖鑄造　男安
潤見　同造人李善　九原小釋忠海書丹

仰天山白雲洞鑄像題記四種　陽文正書在臨朐

王氏題記　高一寸一分正面下廣三寸四分七行左側下廣一寸六分三行字徑四五分

本縣朱宅門下王氏施一尊匠人王昇
正隆二年八月□　三行在左側

王展題記　一面高一寸三分廣二寸二行斜面廣一寸一行一面高一寸八分廣二寸六分五行字徑五分

臨朐縣王展合宅施羅二尊正隆二年　以上一面
八月□　三字在題記之前斜面上不相連屬
匠人王昇　在又前一面

王六郎題記　一面高一寸四分廣三寸一分六行一面高二寸一分廣二寸三分五行字徑四分

本縣班首王六郎□揚□　□□仝母岳氏施十五尊正隆
二年十二月

金正隆二年八月

公善題記　高一寸六分正面廣三寸六分七行兩側各廣一寸三分二行字徑四分至七分不一

益□□　以上左側　中和界公善妻王氏大□界劉□妻于氏共
施一尊　末二行在右側

提行低一格寫

常樂寺重修三世佛殿記碑

高六尺五寸廣二尺八寸五分二十五行行六十
四字字徑一寸正書額失搨在武安南四十里

磁州武安縣鼓山常樂寺重修三世佛殿記
宣奉大夫刑部尚書上護軍安定郡開國侯食邑一千戶
食實封一百戶賜紫金魚袋胡　礪　撰
朝列大夫充大興府推官騎都尉汾陽縣開國男食邑三
百戶賜紫金魚袋郭　源　篆額　相州林慮縣瞿
炳　書丹
予舊聞吾鄉鼓山常樂寺多聖賢之遺跡為登臨之奇觀方
少年遊鄉校無意於山林之樂故終不果一遊厥後遠去鄉
閭二十年間以舊所聞想像其處未嘗不形於夢寐也皇統
三年冬會予為河北西路漕司屬官以葬事得省松木始決
意一往未至十餘里雪大作寺依山麓林間精舍已在望中
而雪勢愈急天意若將助我清興抵暮方至寺主僧宣秘大
師師彥迎予館於東軒靜對龕燈萬籟俱寂獨與師彥擁爐
夜語時聽打窻想來日之勝遊通夕不寐遲明開戶深已盈
尺陰雲蔽空山色晦昧無所觀覽逮至辰巳間雪意殊未已
因別師彥以歸所謂聖賢之遺跡登臨之奇觀竟無見焉師
彥於本寺方事興修鳩集材用明年春再見於鎮陽因為予
備言鼓山之靈異與常樂寺廢興之本末山勢崛起壁立千

金正隆四年四月十二日

仞不與他山相連其西則太行諸峯對峙其南則滏水出焉
上有二石如鼓形世傳鼓鳴則有兵起質諸傳記北齊之末
此鼓常鳴而齊為周所併隋文帝末年鼓又自鳴而唐代隋
以興故一名神鉦然則此山之鳴為兵兆其來久矣又聞中
有竹林寺五百羅漢所居隱而不見按齊志云文宣天保末
嘗使人往此寺取經函使者辭以不知文宣曰卿取我駱駝
乘之則自至矣使者入山果見一寺寺門有數僧相謂曰高
洋駱駝來也問使者曰尔天子使汝來何求曰帝命於寺東
廊從北第一房取經函及尺八黃帕等僧共取與之後不復
見至今山中居人時有聞其鍾聲及聞梵音者然皆莫知其
處是知此山為聖賢之居與夫清涼峨眉天台廬阜無以異
也文宣常自鄴都詣晉陽往來山下故起離宮以備巡幸於
此山腹見數百聖僧行道遂開三石室刻諸尊像因建此寺
初名石窟後主天統間改智力宋嘉祐中復更為常樂□自
兵興由茲山險固為盜賊淵藪以致梵毀十不存一二　我
國家應天順人式遏亂略無有遠邇卒俾治安百姓樂生咸
思遷善且像教之設本欲化民况古聖賢棲隱之地興廢有
時吾不作而新之則日壞月頹舊所存者亦將盡矣使數百
年古道場終為瓦礫之墟一鄉之民懷敬信心者無所歸向
興廢補弊久無其人師彥不才欲辦斯事予應之曰茲誠寂

上因緣若非德行堅固懷不退轉志爲鄉人所信重者不能
成此師其勉之後予以左諫議大夫奉使江南廻道過鄉邑
復見師彥於滏陽驛又爲予言舊寺基因山高下大殿前楹
去三門無二十六步往年僧衆以歲時作大佛事雖常病於
狹隘而竟亦無如之何今因其廢壞退舊基一十四步築而
廣之庭宇廓然咸快衆志自皇統八年九月乙亥訖天德二
年六月甲寅殿成高廣宏曠冠才一方又於其中塑三世佛
像中尊釋迦當見在賢劫弥勒居左當未來星宿劫迦葉居
右當過去莊嚴劫貞元二年正月癸亥始立塑像時師彥未
能畢其說以予困於傳遽之勞夜漏已深與衆賓偕退揣其
意者欲得予爲之記而未暇言也翌日以使事還
朝正隆二年秋專遣人致書云所造尊像去年九月丁卯亦
以工畢因具道所以求爲記之意噫三世佛見於浮屠氏之
說者多矣故學佛之徒以像示人然佛者覺之稱非色非聲
無形可擬非名非數無相可觀非去非來不勝其用非久非
近不拘其時而三世三劫又各有一佛名号過去未來又各
有百千萬億那由他佛焉知其未來者俱非過去而過去者
俱非見在者耶是理也予皆不能知之第以師彥之志勇猛
精進卒能成此勝緣使聖賢之居妙盡莊嚴一鄉之民有所
歸向其功德不可勝道因併書其嘗語予者誌歲月云爾正
隆三年二月八日記
大金正隆四年歲次己卯四月乙酉朔十二日丙申本院
受業講經論沙門　福源　立石
襄垣張受刊

法興院順師墓碣

高三尺四寸五分八面面廣六寸五分各六行行三十四字字徑八分正書在曲陽北六十里王子寺

定州曲陽縣龍泉鎮王子寺法興院順師墓碣
中山默軒老人李　之翰撰
古不誌墓自仲尼書延陵之後此禮始行逮至漢魏以來其
人已亡其善可錄則必勒銘于石以傳不朽尔後相襲遂爲
故事浮圖示寂亦舉其禮晉宋以法爲尚故爲碑者多法蕭
梁以禪爲貴故爲碑者多禪至唐柳子厚作南嶽諸碑禪法
兼該無所不備文彩炳蔚冠絕古今然則僧葬刻石其來舊
矣惟師定州曲陽縣龍泉西鎮人也俗姓趙氏鳳爲農夫自
金正隆六年七月初九日
幼及長天資圓古衆咸異之一日有道人不知其所從來忽
謁師而謂之曰子□與語道若海流浪浩渺無邊人溺其中
歷刼不出蓋緣慾障壁立心火焚如貪着嗔癡迷而弗返故
至於此必也背於塵即能合於覺去其妄乃可存其真凡一
切世味不留於心則清淨圓明自然超脫子其記之師惕然
驚釋然悟曰豈天以斯人而教我乎敬受其言㘝何日忘之
遂尓辭家周遊訪道年三十遂投王子寺法興院剃度爲比
丘礼　　進□上人顧頊弟子之列知庄十載勤勤不
懈歲增數倍以此爲常上人既寂師服闋之後□錫南遊至
真定封龍山蕭然無黍下之戀而必人仰師德挽而留之故栖

□於此者屢閱寒暑逮兵火既息
聖朝撫定始還本院堂殿舍宇鞠爲榛莽師徘徊周視不覺
興嗟慨然有營作鼎新之意梵音一唱應者如響緇銖以積
始終無倦遂至瓌材雲集巧匠風馳碧瓦朱甍益增於舊章
飛縹緲光照林巒士庶來觀無不欣懌既喜師之復至而又
喜蘭若之復興也師不下山門幾二十載其閒精修梵行堅
如鐵石灰心槁形纖埃不染清風盤礴巖谷增輝有他郡僧
愛其山川之秀遂挈徒衆來詣几杖設巧詞示厚利意欲奪
其所居師雍容而笑曰是身如芭蕉中無其實倏尔一旦國
魔使至如象觸臺應時碎壞人之形神尚不可常保矧叢尔
之居何所惜耶拂袖便行灑然無毫髮顧藉意郡僧驚歎服
其曠達以手加額自愧而退自後師或處或出隨意無定處
則自修出則化人如空中雲靜而依山則秘跡不露動而作
霖則施澤無窮師之道可謂兩得矣嘗夢至人指示法性既
覺之後無所不通默坐焚香叅始享擘於經綸而四方道友
或禪或律雖博學俊辯與之談道未有出師之右者蓋其天
然慧悟非人意所能測也師之平生不御車馬常謂物我雖
異一□□□塞忠□乘自逸而勞彼哉故有以□輿來請者
師必却之至老亦然步履往返雖遠勿□師又儉於自奉飲
食菲薄見沈麵者則誡之曰天生麰麥氣備四時造物之□

□□□以此養人最爲嘉膳更欲滌麪求筋務快口腹豈不
有愧於天耶亦豈如來□鉢乞食之本意耶自今以往可勿
復作凛然有感覺之遺風師之實德類皆如此實則□□□
□□□故山中之人暨四遠之衆承師之蔭沐師之澤翕然
信服不問童耄革心易慮而向於善者不可勝計常願師在
以爲瞻礼歸依之所正隆庚辰歲孟冬十有七日師蟬蛻于
本院所居之室享年八十有二度僧六人有師姪七人師孫
三人若遠若近還聞師化皆不禁涕淚交流不勝悲慟送葬
者無慮千數其徒衆暨一方之人思德無已遂錄師之行狀
不遠百里求文于余曰儻□昔□刻諸□國俾師遺範久而
彌彰則闔境蒙恩心願畢矣余□其意乃採摭行狀而序之
仍爲之銘曰
剃髮披緇　□□爲釋　□真實□　□□□□　吾師
□異　若行自持　孤峯岌業　莫克攀躋　風障冰銷
天資悟道　與之談論　源流可考　鏗然振錫　化
服四方　蚩蚩頑鄙　薰爲良善　大限俄窮　超脫自
在　撒手便行　無復留礙　浮世夢斷　真宅已還
高天朗月　白雲青山　衆失歸依　潸焉淚落　慘澹
一函　寒風蕭索　既悲復喜　嘉石鐫銘　師道不泯
照若日星

昔大金正隆六年歲次辛巳七月壬申朔庚辰初九日壬午
時建
門人　明覺　明廣先亡
明理　明奇　明壽　明達
師孫　永善　永寬　永喜
中山葛澄丹書、匠人楊俊楊恭楊明張寶刻石

檀山大覺院牒

高一尺五寸廣二尺十一行正書在涞水西二十五里

尚書禮部 牒字徑一寸二分

易州涞水縣檀山村院僧惠性狀告本院自來別無名額已

納訖合着錢數乞立院名勘會是實須合給賜者 二行字徑七分

牒奉

勑可特賜大覺禪院牒到准

勑故牒

大定叁年正月拾伍日令史向昇主事安 中憲大 此行空三格起

夫行員外郎李 以上五行字均徑八九分

金大定三年正月十五日

郎中 二行字徑一寸一分

侍郎

正奉大夫禮部尚書兼翰林學士承旨知制誥修國史□

此行擕寫橫徑一寸三分

甯國院牒并記

高三尺七寸廣二尺三寸上截少半刻牒十二行行字大小正行書皆不一下截刻記二十五行行二十六字行書

在順天東安留檀村甯國寺

勑賜寍國院碑 篆額題六字

尚書禮部 牒 此行字徑二寸

大興府安次縣□□村院僧□定狀告本院自來別無名額

□□院□□□是實須合給賜者 此二行字徑六分 牒奉

勑可特賜甯國院牒至准

勑故牒

大定三年二月十三日令史向昇主事安 押

金大定三年二月十三日

朝請大夫行太常丞權員外郎劉 押

中憲大夫行員外郎李 押

郎中

侍郎

正奉大夫禮部尚書兼翰林學士承旨知制誥修國史王

此行擕寫橫廣三寸一分 右上截

維

大金國中都大興府安次縣惠化鄉留檀村 甯國院碑

記

夫自三王而下至於周公仲尼皆得稱爲聖人者無他以其

能垂世立教有益於斯民而已仲尼既沒歷數百年異人不
作迨於東漢永平間天竺之教始入中國其法去貪嗔癡以
除人之罪障修戒定惠以植人之善根者其立教之旨與夫
周公仲尼之道所謂殊塗而同歸始異而終一者也由是流
蔓四方愈久愈熾塔廟精舍徧於天下雖□家之衆亦皆繪
其象而□事之若嚴親焉由是言之佛之不可思議功德亦
可見□
方今聲教所加廣輪萬里上由萬雄之□□□於十室之邑
苟有佛宇而無名稱者皆得上請爰賜之額蓋將以□聖人
之教而厲釋氏之心又有以助吾治化者也京畿之大縣曰
安次其境有畨積聚者古精舍存焉其正殿宏敞基高數仞
詢之故老不知紀年其規摹簡朴蓋唐之舊加以叢林之秀
衆所依歸其邑里有大檣越張忠勇者鳩率信士同心協力
上其狀於祠部因錫号曰寶國于是里人踴躍並生歡喜將
託斯文以傳不朽其邑僧祖壽来請銘於余乃銘之曰
□□□　萬物出　聖人興　群生律　黄虞□　周孔
述　道德□　仁義立　俾斯民　惠廸吉　天下□
能事畢　數百年　乃有佛　垂教旨　其歸一　推是
道　徧塵刹　一言蔽　五欲窒　遵大路　由同轍
達彼岸　濟同筏　□□□　動陰隲　善惡報　有成
說　始精進　終解脫　廟象嚴　香火潔　名号崇
顯膀揭　毋不敬　疇敢褻　信士喜　衆生悦　銘之
曰　期不滅
當縣東關何（空五格）匠□（空七格）刻石
良鄉縣國業寺花嚴院講經沙門　利賓書丹并
篆額
□□大夫充翰林修撰同知　制誥著作□揚□仁
撰

大明寺碑
高五尺五寸廣二尺四寸七分二十行
行五十三字字徑八分行書在淶水
大金淶水大明寺碑 篆額題八字
大金易州淶水縣大明寺碑
朝奉大夫前行代州五臺縣令騎都尉隴西縣開國男食
邑三百戶賜紫金魚袋李□撰
中散大夫行尚書刑部員外郎上騎都尉弘農縣開國子
食邑五百戶賜紫金魚袋楊 邦基 書
中奉大夫禮部尚書兼翰林學士承 旨知 制誥修
國史上護軍太原郡侯王 競 篆額
金大定三年四月八日
佛道教人遷善遠辠蓋有通于世治前代以來未之或抑也
由是都府郡邑雲墅山林之閒在在處處靡不崇修廬宇以
棲其徒然亦有隆替之異者何哉由得人不得人爾得人倡
導則衆伴能協基本能固道教能弘苟非其人雖欲切求三
事之集惡可得耶從來又多擅自營刱淸混相半莫得而正
焉
國朝爰立新法有能匡攝而非 官建及無舊據所授名者
計立屋楹數若干以爲院若干以爲寺許等第輸錢以給新
額用正其名要之非特設此務蓋 公諷蓋亦甄別人材俾
弘教法而有助于世治也惟是邑有是道場者由來遠矣經
始之迹莫詳所自按唐開元五年所造石像記刻乃開利寺
之遺緒也五代兵火之餘更爲殘缺賴不乏人保護僧完延
歷于茲開利之名久而無聞□由闢地得石羅漢像九十有
六軀故是院也以羅漢名之因而莫更先是祖德詎克盡紀
姑自去遼大安閒有耆宿曰德敬作新佛宇著厥勞績逮
本朝有傳戒悟寂大德善常勘校大師思□淸源長老圓略
講論法師歸戒此四人者号稱龍象迭爲持護由茲以降迄
今上首善聰自餘尊德善琪善才率諸居徒一乃心力共濟
美利土木之功綽有加焉故毗盧釋迦二大殿南北對峙觀
音堂賢聖位列爲肘掖饔廚賓次以居于左鐘閣門欄以處
乎右至於徒侶宴息之寮錢穀弃藏之室簷楾相接翼翼周
環計之足及爲寺之格衆論僉諧應數飛狀往以 上請用
錫是號又請禮部尚書王公競爲書其額製榜高揭振耀
一時非特彼徒慶快榮光抑大爲十方信士歡喜讚嘆以滋
歸嚮意然後知佛之爲道長明而不墮也具道始末屬余誌
之不獨衒其空言爲之夸說又將俾爾徽戒自懼守而勿替
命工鑱石以永昭示其詞曰
天懸日月 是謂大明 張皇寶刹 取象 錫
名 惟佛之道 可兩曜并 宜爲徒者 力贊
運行 茲實得人 居上首位 與衆協心 同修善

利　制作增新　莊嚴壯麗　未媿前人　衡山所置
佗山之石　礱之作碑　載實其迹　匪誣厥辭
既叅榮幸　亦徽修持　緜綿作炳　垂示無期
大定三年四月八日寺主沙門善定等建

普照院記

高二尺四寸五分廣一尺四寸五分十七行行三十至三十四字不等正書在永清信安鎮龍泉寺

敕賜普照禪院
蓋聞西方之教来自漢明帝釋之宫興於梁武故聖人憫悼
衆生欲令觀相廣闢方便門行像教於世俾閻浮提漸而染
之厥後在在處處或塑其像或繪其容足有歸依者哉切以
永清縣南五十有五里曰南信安有古佛刹幾經隳廢不
知何年昔曰王若卞耶耶施地初建又至大康年分王孝之
耶耶重建後至天眷元年查比丘去愛上人與其徒衆躬率
檀那經之營之再建法堂一坐中繪毗盧四智佛像兩之十
六高僧又於西北隅特建土地堂一所及僧房十五餘間皆
以五彩彰施七寶嚴飾究其所産堂東有井一所内出甘泉
可供十方之衆院内家菓一百餘株四向園林鬱鬱葱葱對
影交陰晚旗寒煙蘿籠翠靄諸方未有其比於茲福地建立
叢林宜不宜哉是以内居清衆一蓋約近二十人外貫檀那
四顧方周數伯戶冬宣　大教興利他之悲夏生安居起自
利之行禪講兩全性相俱備處衆雖圓奈無名額至大定壬
午歲有當今
聖明仁孝皇帝至明至聖御國秉籙法政施仁憫滿國佛刹
未有名額者降普天

金大定三年十月十六日

恩宣施寺号此院　特賜普照禪院之名永為修行道場之
會內有院主住持之僧德公者悲心廣大利益弥深恒懷屈
已之心每抱利他之念率内外衆共讃
皇恩處非小緣難任嘉号衆皆議曰若非刊石恐有泯絶遂
乃刻石一時留名万代永為不朽　僕雖寡陋忝託粗識難
辭以諾因具本末附而傳之
僕邦達撰　刊石李文選
大定三年歲次癸未十月戊午朔十六日癸酉庚時建
里人清河張子春書
石兩旁各有重書立石題字搨者未盡加墨

靈嵓院牒并僧俗題名

高三尺五寸廣二尺三寸五分上截牒十三行行字多寡大小不一下截右上列四行下列十一行左十一行行字均不一字徑五分至七分正書在唐縣

重修靈巖院記篆額

尚書禮部牒
定州唐縣嫌薄村住院僧洪昇狀告本院自来別無名額
已納訖合着錢數乞立靈嵓院勘會是實須合給賜者
條奉
勑可特賜靈嵓院條至准
勑故牒
大定肆年叁月　日令史向昇押　主事安假　權宮
印　金大定四年三月
押
奉議大夫行太常博士權員外郎劉　押
中散大夫行員外郎李
宣威將軍郎中耶律
侍　郎
中奉大夫禮部尚書兼翰林學士承旨知制誥修國史王
右上截
院衆列名
興師法嗣昇公長老

淨公長老
晏公長老
右下截右半第一列
慶祥無極縣清涼院廣佺
慶圖蒲陰縣廣福院廣昭
門人
道芳　廣義　廣遷
道福　廣澄　廣欽
道辯　廣速
道壽　廣謹
道鑒　廣順
道普　廣遇
道宣　廣因
廣嚴　龎全
廣定
右下截右半第二列
院子萊蘭墳地一段
東至崖西至李三翁南至分水北至分水　和元施到莊南
約一里山荒地一缺下東至分水西至劉安南至分水北至分
水認青苗貳畝
本村維那頭

進義副尉董立　進義副尉董冠　進義副尉王潤　和
福　蘇平　李千　李寬　劉安　劉興　邵牙推　王
立　董益　趙德　李呂　劉澄　□汶　邵昌
□家莊
進義副尉楊元男楊五郎　進義副尉楊玘　宋佺　王
禮　宋安　楊興　宋慶　宋興　李讓　宋進　李淵
宋定

普照院牒并記 廣二尺四寸上截高一尺二寸二分刻牒大小十三行行字不等下截高三尺四寸刻記二十四行行三十七至四十字不一字徑八分正書在行唐東十二里南莊村

尚書禮部牒 字徑二寸

據真定府□□□萬壽禪寺剃度僧子欽子完元平告爲行
唐縣王山鄉使南庄村佛堂一所自來別無名額已納訖合
着錢數請買普照禪院名額勘會是實合行出給者 此四行字徑五分
普照禪院名額 此二行字徑二寸五分
大定叁年□月□陸日令史向昇押主事安 假
權郭 此行字徑五分
奉直大夫行太常博士權員外郎劉

金大定五年三月五日

中憲大夫行員外郎李
宣威將軍郎中耶律
侍郎 以上四行字廣一寸五分
中奉大夫禮部尚書兼翰林學士承旨知制誥修國史王 此行
摘寫長一尺七分廣二寸三分

右上截

大金國河北西路真定府行唐縣王山鄉使南庄村
普照禪院碑記

竊聞氣肇顯於陰陽形始分於天地槖籥乎一化甄陶乎萬
類三才辯而日月明五穀熟而民人育後別九州以齊七政
昔茅草王之後經數千刼至於淨梵王淨梵王之子寔曰能
仁生而足知因遊四者之門憫見多㪍之苦故行大乘利他
之行也添性海之波□廓法界之疆域非二三之乘也行邈
演法立數萬之正文入聖超凢顯百千之妙頌視之莫識其
指歸挹之罕測其涯際大哀曠濟拔滯溺之沉流一極悲心
鍳昏迷之失性闡大教於十方證金身於丈六□紹於金輪
王超四大而高視既證於如來體過十地以居尊其教也從
之者不迷於六□之中□□者脫苦於三塗之下鷲巖西峙
象駕東馳皆欲速成四德趣樂土之园畝早淨六根□□□
之□□當周穆王即位五十二載仲春十有五日酬因既畢
返本還原應波旬而命卒人天無不悲泣哀哉哀哉佛之去
也本死而不亡則無來無去不生不滅也然經河沙之刼有
功德之大矣哉不可稱而不可量不可拘而不可約愈遠愈
光致小大而無思不服也後至孝明帝永平七年間夢佛於
殿庭興寤而論曰蓋化身而豈可罔哉故一王信心比屋好
善而後而今其行不朽矣有其經論也紀諸佛降靈之際傳
其相貌也感率土懷敬於心東流震旦幾四千年傳習教之
久矣
今皇帝闡法請之教原暢佛慧之園略致大邦畏而小邦懷
遠者來而近者悅澤被四海仁及草木休風翔於八表美道
奉於三無明□門之目稟四聰之德遂使群生向善翫經論

四千餘軸歷年永保同天地長久之美致内平而外成得口
清而海晏莫不從善教而至焉故偏行
覃恩立此以爲普照禪院爲名額豈曰小補哉感十方信士
傾心而向魁首而觀令生於敬仰免有於譸譪者也此間皆
在家孝於二親歸寺崇於三寶其寺者先去九墳精藍後建
東枕古河彎環浸挾龍之岫西連遠墅依倚接王母之峯南
及所屬之縣号曰行唐舊城仍在廟藏　五嶽之尊古跡
而來時越千齡之數北附卧龍之崗飛雲茂靄上連截業之
山喬木多生下接肥濃之地如此四達之境可拭目而觀之
矣今也崛興妙會之緣皆使瞻依之樂故銘碑論古立石談
今致永永而不朽哉
大定五年三月蓂生五葉立石　進士李邦彦撰
仇之用書　李乂刊石
住持沙門僧子欽同住持僧子完同住持僧元平　門
人僧義宣　義圓　義通　村衆維那頭等姓名如
後一　賈五戒　張小大　戎小大　趙小二　趙二
公　乔小大　楊郎　董三哥解大哥解二哥甄元張
明張貴張廉

馬鞍山慧聚寺僧圓拱碑銘

高六尺廣二尺九寸二十四行行五十
六字字徑八分行書在涿州清涼寺

馬鞍山通妙大師之碑 篆額
大金中都馬鞍山慧聚寺第五代門嗣通妙大師塔碑銘并序
奉政大夫充翰林修撰同知　制誥蔡珪撰
通議大夫守吏部尚書廣陵郡侯高衎書并篆額
昔普賢老人在遼中葉居燕之馬鞍山得梁誌公戒本於異
人之手宣揚圜持道著遠近緣法之廣度衆萬億是爲兹山
之第一祖其意蓋欲提挈羣生同入佛地雖草木之微霑我
法雨無不承恩力者於是四方之人皆以鞍山爲真歸依處

金大定五年三月

如禪之宗曹溪教之祖天台餘莫及馬普賢既没遼主命以
戒本付其上足窺師俾嗣傳之至通妙大師四傳矣其師承
淵源如此則其人可知已師諱圓拱字德明姓蘇氏世家范
陽之西馮里幼有至性不喜俗閒居每求出家父母族黨愛
之不即許稍長懇懇不已竟依智度寺傈上人執弟子礼年
二十以明經受具足戒既而一瓶一鉢去之雲中居方廣大
經講肆者五年研賾奥義爲衆稱服業成而歸西州道人有
易東之數馬天會中數夏講於此山寶峰院大衆韓瀋公昉
偶至其所聞師法音歎未曾有明日邀師飯于安集寺右僧
録延洪祥師時亦在焉韓公欲師與祥商搉宗旨師以晚進

退讓再四不得已從之揮麈終日聽者忘倦二公喜曰之子
才辯冠三學矣韓公它日過祐國佛覺大禪師譽師之能因
曰融通禪教不滯不拘圭峰吾不得而見之得見斯人足矣
自尔名振京師左僧録覺山方師聞之引致座下深承印可
學徒質問疑義者每令就師剖析之聲實日彰應者千里久
之復趍鞍山第三代傳戒敏師會中以師礼事之敏知師法
器乃於化度精舍集兩街耆宿俾師升堂演法為經筵師継
居開泰華嚴等寺又往来咸平會甯之間作人天眼施大利
益弟四代傳戒文悟錸師以師名德次當補處每分半座待
之天德五年春錸告老命師嗣世且召其兄香林柔禪師使
為證明傳授之際作大佛事者六日瑞光煥發道俗驚異以
為冥契諸聖感應之祥師所至之處衆從之者常數千指雖
舍宇牢落初無所擇少焉廢者復壞者完齋魚粥鼓用度霈
然人方傾仰則捨之而去矣正隆初師以既老且倦徇少府
監金吾李侯常之請得福勝院居之地因人興遂成名刹已
而以院事授其門人宣徽大德行遠燕處超然退藏於密晝
捨所有分施諸方餘波之廣逮及孤貧悉無遺者大定格行
凡經業得度者許改受服号故人賓客同請命于有司得通
妙師名且製紫方袍奉之師笑曰吾無心欲此口以無心受
之於吾何有哉人益服其高焉三年春正月示疾自謂時至
召行遠等喻以世緣囑之後事二十八日既夕澡身潔衣而
逝世壽六十二僧夏四十二專講授者二十年主戒法者十
年平生所居道場無慮五十所傳法稟受分為人師者蓋百
餘人而行遠者為其上首火化之日送者悲慕巷無居人是
年四月十三日樹塔葬于涿州之東清涼院從遺命也既葬
遠等以謂山門諸祖世有豐碑以昭懿行垂之無窮乃礱石
塔下以文来告珪珪既敘其事以五字偈為之銘曰
稽首通妙師　具足菩薩行　義天星炳炳　學海波洋
洋　能仁道能圍　是為真龍象　後身維摩詰　時現
宰官身　諦觀法王法　心生大歡喜　神交默相契
揚馨乃四馳　三乘有津梁　學者所依怙　度歲六十
二　度人數無邊　水月鏡口中　無生亦無滅　金碧
嚴塔廟　灰骨四山頭　於師涅槃後　一毫無損益
何況碑之石　刻此文字空　大衆悉當知　於此有一
事　衆生去佛遠　信心漸亦微　見師牢堵波　因敬
生悟入　与師利物意　自謂無所別　欲觀是碑者
當作如是觀
大定五年三月望日門人提點鞍山智度兩寺宣徽大德
賜紫沙門行遠立
石經寺僧義藏刻

開元寺重修圓照塔記

高七尺八寸四分廣三尺五寸二十八行行七十五字字徑一寸正書在邢臺

重修圓照塔記篆額

大金邢州開元寺重修圓照塔記
文林郎行沃州贊皇縣主簿兼縣尉劉仲尹撰
襄國醫學博士張天錫書丹
安陽閻崧篆額
鵲水組孝恭任邑馮源廣同刋以上皆在第二行
道以濟物爲功教以逹俗爲要嗟摩浮屠氏之教施之於世
其所以建大功德作大因緣警厲群心皷揚諸瀍偉矣哉宏
金大定五年八月十七日
開方便之門廣闢圓通之路津梁庶彙普逃色幻之空軌躡
群邪共入寶花之妙易苦海爲甘露變炎刼於青蓮雖曰爲
善不同要之乎同歸於治則又焉得謂之無補於教化也歟
夫其教之興也肇自周昭王時按古今述異記云當是時也
國有瑞氣洞貫丹霄周太史蘇繇陳於王曰西域當有聖人
生其教千載之後則入於中國矣而後東漢永平間歲在甲
子果有金人形於帝夢帝意感異因傅毅王遵之言明帝遂
加篤信遣使天竺求索遺像及諸梵法至月支而遇藤蘭輩
因以迎歸加之數譯其法遂著自茲而後東漸於海矣迨至
梁唐枝泒愈熾武帝則大通李閒分朝之暇數幸同泰躬升

瀍座爲四部衆說金字摩訶般若經義太宗則貞觀年間下
詔爲戰陣處崇立閣寺仍命虞世南李伯藥褚遂良岑文本
顔師古許敬宗朱子奢等六人分爲碑銘以至四方風動競
廣福田交搆蓮宮聚爲寶塔塔之爲説也以佛經論之則與
佛偕興梵音云窣堵波其義蓋言其高顯今擧其大者而言
之阿育起於白馬之中則見之於釋論澄觀立於清淮之上
則得之於儒書論其所以大意則不過使一切具瞻共生正
信想象兮千聖音容之所現恍惚兮諸天威神之所移較之
功力則不爲不多矣今邢州開元寺大圓照塔者斯塔之刱
也寺僧相傳及殘碑所紀大略云有僧文籍鄙諺號之曰皮
裘道者大槩據實而言之也衛漳之間一人而已自定武踰
恒山擁徒而南道過於邢時有文殊院主法僧明則稔習道
者之戒行乃白於伊徒曰必欲求功德主假道力以終事捨
斯人而奚擇哉乃率其徒以塔緣恭請於道者道者乃揚眉
竪拂而言曰汝豈不睹金剛經云若人以音聲求我若人以
色見我是人行邪道不能見如來汝何誘我以有相之事乎
明則徐應之曰不然道者豈不欲推悲心於塵刼假妙手於
法輪哉道者亦將以有相爲有乎道者喜其通慧因諾其請
駐錫而爲之立緣然猶罄力殫誠始自寶元至於嘉祐積有
年矣方見涯涘而後至和紀元間爲風雨摧圮柱棟不支幾

至歆撓有主僧摟韞者雖欲繕葺自相緣輕迺請普賢院講
經沙門師安及廣平郡律師用實者仝力贊成至嘉祐七季
大緣復集工像方完塔之初詹以泥金斗帳貯以大聖尊儀
故塔之㫄名曰大聖宋元豐三年而刻石焉大觀三祀秋八
月己亥宋詔復改名曰圓照爾後政還俗變屬宋之殘廢易
緇衣崇尚黄冠法道淪夷龍門凋瘵而塔焉能獨固哉迨自
我國家啓運之初化行代虐道契無爲雖寺僧稍稍復集而
塔之僅存者獨有其遺基敗棟而已率皆赤白漫漶詹甍崩
漏其何以稱萬目之觀哉噫嘻法緣廢興亦有陰數兹者宣
公上人心觀玲瓏慧根明澈洞六法之淵源精五門之旨趣
深恐道緣輕墜聖法難崇而乃發布金之至願擄求寶之堅
誠載集良工一新勝事莫不文塼蹴獸勢奪妙高紺瓦鋪蓮
摸模兜率跨詹楹於天際倚櫨栱於雲閒輪相摇金披崇朝
之海日鈴音碎玉撼永晝之松風恍矣神功寄之塵境可謂
繪染竭弌時之妙裝嚴極四海之妍夜梵起於層棱聲聞三
界晨香泛於□級芬動九天應使神物護持靈心顧諟而又
鵲巖西揖接太行萬仞之秋鴣水東流顯襄國四平之勝南
望乎惡陽之故墟北瞰乎栢林之舊跡一方雄觀千刼聖緣
落成之日士庶駢羅香花散雨師復念其塔之載修今已三
數迺遽覗而嘆曰若不礱貞石以識其始末則何以永傳於
後哉因求文於士夫之輩於斯之際下走方以職事處沃之
屬寓跡穆壇雖沃之與邢其封相接而聞師之行而未覿師
之法觀何其偶耳而適以家府自沃之鄗邑移宰唐山以事
趍州而暇日好談空多與僧流接因與師有舊邂逅掛及俗
累因舉下走而言之無何數月之閒則塔緣告畢師亦不揣
其孤陋獨以其半面之私迺見祝於斯文辭之再三義不獲
已今勉強敍其歲時之實其於發揚妙理徽美大緣斯所謂
圓覺經云若人以思惟心測量圓覺妙旨是由舉螢火而焚
須弥山耳誠亦不免於識者誚焉因復以俚語而爲之銘曰
昔在西域　挺生聖人　智謝五蘊　慧逃六塵　足履
覺岸　舌推法輪　引物歸正　化俗即真　千載而後
教始東至　行之如流　歸者如市　象形旃檀　神顯舍
利　使諸衆生　享此福事　兹者宣公　寶塔是崇　資
以道力　假之神功　彫鏤竭巧　高虛聳空　是窣堵波
與法俱洪　陵谷可變　江湖可窮　刼火飛烈　而礱乎
處中（此行低五格起）
大定五年歲次乙酉八月丁丑朔十七日癸巳邢州開元
寺東石壁院重修塔功德主管内都僧正特授廣明大德
傳戒講經律論沙門　洪宣
儒林郎安國軍節度判官兼觀察判官邊　元

鼎（此行首空十三格行間展格末二字與上一行洪宣字齊）
信武將軍安國軍節度副使兼邢州管內觀察副使
蕭　滿速（此行首空十二格餘同上）
宣威將軍同知安國軍節度使兼邢州管內觀察使
事上騎都尉金源縣開國子食邑五百戶完顏（此行首空格）
（同上末顏字與上行蕭字齊）
金吾衛上將軍安國軍節度使兼邢州管內觀察使上
護軍彭城郡開國侯食邑一千戶食實封一百戶唐括
孛骨的（此行首空十一格末與上四行齊）
同勸緣弥勒院管勾塔主僧　祖靖立石（此行在沙門洪宣下）
（空一格起）

普濟院牒并題名
（石連額高四尺四寸五分廣二尺三寸上截牒十三行行字不一下截題名偏左三行偏右六行字徑八分正書）
勑賜普濟之院（正書徑三寸餘行字）
尚書禮部牒（字徑二寸）
尚書戶部差委京兆府發賣所據同州澄城縣甘泉鄉永
內社住佛堂尼惠秀文彥定應連名狀告見住佛堂自來
別無名額已納訖合著錢壹伯貫文乞立普濟院名額勘
會是實須合給賜者（字徑四分）
牒奉
勑可特賜普濟院牒至准
金大定八年五月初九日
勑故牒（字徑寸餘至二寸餘不一）
大定四年十月二十七日令史向昇押　主事閻權馮　押
（字徑四分）
奉議大夫行太常博士權員外郎劉　押
中散大夫行員外郎李
宣威將軍郎中耶律
侍　　郎
通奉大夫禮部尚書兼翰林學士承旨闕（下）
（以上在上截）
承信校尉行同州澄城縣尉飛騎尉杜

承奉郎行同州澄城縣主簿飛騎尉賜緋魚袋楊
敦信校尉行同州澄城縣令飛騎尉耶律
以上在下截偏左
祖師殁故尼　了珎　小師　法賢　法遠　法立
殁故　惠濟　惠江　惠潭　惠秀　道沂
道學　道雲　文佺　文順　文彦
住持比丘尼　定應　智通　雲愈
大定八年五月初九日立牌　石匠党　其
本社邑衆等程万　李安　王巽　孫興　張思忠
以上在下截偏右

董儀造石香炉記

高六寸餘廣三寸八分六行行十字字徑五六分正書在唐縣西大羊店三官廟

西大□□□
伏為特發願心□
五道廟内□□造石香炉壹座永為供□□養
時大定八年壬戌月　日
謹献維那頭董儀□

金大定八年九月

白士嚴墳碣記

高一尺六寸八面廣三寸餘與二寸餘相間記六面四行三行又弟七面二行行十六字題名二行又末一面三行字均徑六分正書在良鄉劉李村天仙廟

大金国中都大興府良鄉縣金山鄉刘李里白士嚴碣記
竊聞五行之内金乃爲先萬物之中人實最貴惟公姓白諱
士嚴家世大興府良鄉縣囗山鄉刘李里久居人也父[illegible]公崇
祖父囗囗推孝悌之誠生而精粹長自聰明性囗志慈射思
負奇機謀異衆舉錯絶倫積囗化惡輸財濟貧誦持佛教克
敬常存以囗囗門辟難未曾非彛同蹈非禮勿循如囗囗未
囗多能不可備記公前娶祖氏又既没囗囗李氏當里人也能
奉姻親克供祭祀囗家以儉德訓子以義方可揚清潔之名
囗囗年八十有六卒於大定八年十月廿囗囗囗遷葬於西
北之新墳焉公每治生之囗囗囗惟寅寒暑不避自勞於己
悦使其囗囗囗囗圃不廢耕桒未嘗奢侈畢至三字闕六之所
聞見也有妹弟三人有囗囗各適名家有子三人有孫子三人有孫
女囗囗囗孝思不囗善繼惟次子　整奉爲囗囗囗考思囗
其恩命囗淵再三爲之僕自囗不能計無可託强勉成文豈肯
以虚飾囗詞囗撮其事以撫實而言也庶使後嗣一覽而可
知也用立名碣以祈多福可以功垂廣愽名播無窮聊紀其
事云爾

有妹弟三人　長趙　次刘　又次孫　有女一人大
姐　有子三人　長子故夭亡　妻張氏次子整　妻
孟氏　又次子瓊　妻趙氏　有孫子三氏　長初
孫　妻婁氏次囗囗　亡孫有孫女三人　長揭師
姑像李氏次壽哥又次春哥
旹大定八年歲次戊子癸亥月癸酉囗坤時次子整特建
弟瓊同建

金大定八年十月

竹林寺僧善照碑銘

高二尺六寸三分廣一尺七寸八分二十六行行三十九字字徑七分正書在

中都竹林禪寺堂頭懷鑑禪師碑銘

中議大夫中都路都轉運副使上騎都尉武威縣開國子
食邑五百户賜紫金魚袋賈少冲撰

師濡州章義人也姓馬氏法諱善照字懷鑑幼而聰悟長而
恬澹志慕釋氏父母不許强爲之娶季十有九遁去圓山欲
礼宗主禪師爲師其於途次夜夢入海得一七寶小山玲瓏
奇秀宗主聞而異之因命更名佛寶季廿有二復歸舊里時
以皇統普恩受具後再詣圓山宗主師謂曰東京有佛曰圓

金大定九年三月

證和尚大振宗風汝往師之師然其言乃詣惠安投誠掛塔
晝夜咨叅雖未超證已得正脩行路時廣慧通理禪師初爲
立僧以師爲侍者嘗謂左右曰此子將爲吾家大法器也及
廣慧之游方也師振衣而從之至南京慧林廣慧與定書記
□次定以文字數冊問廣慧此是多少廣慧曰這賊師聞之
忽有省處及抵趙家山廣慧普訓學衆一一叩擊較其所見
優劣師探索其妙忘寢食者七日忽於中夜靈機曠發爾後
每於室中辟鋒不可犯皇統四季　太皇妃暨諸　貴戚同
疏請廣慧於北京松林禪院開堂師服勞左右未嘗少息聲
譽已振及廣慧之雲峯一日師入室廣慧舉嚴陽尊者一物

不將來底話師言下大悟超然獨脫和底踢翻更無纖月乃
有頌曰心法雙忘一性幽□然超卓不同流當陽坐斷千差
路舒卷縱横得自由自兹心始靈光現前湛湛不復間斷廣
慧喟然歎曰□哉若人學道之衆無不拳拳至正隆五季廣
慧退堂於竹林師爲□僧次歲公卿大夫暨諸紫褐同疏請
開堂是日觀者如堵不可勝數但聞師子一吼群獸駭然四
方學道之士聞之輻湊衆嘗半千贊□之士日盈方丈且廣
慧通理禪師乃人天一代大宗師也師爲嗣□家風愈振至
大定戊子歲特建海會寮一位罄己所有以畢其功至六月
倏然遁去衆不及追時方暑雨弗克遠邁且遨遊乎□山易
水之間漁陽郡侯贊士大夫暨禪教高士懇請住雙峯重巒
院至於再三師不得已遂住焉至中冬初三日因疾中夜召
知事付囑道具訖乃湯沐更衣枕肱而逝迨一七日顔色如
生火後有齒清白不灰舍利可掬俗壽四十有八僧臘廿有
六以次季三月窆於雙峯院之西南隅噫師之生也偉矣哉
至於得衆若獨有大若虛晦而明微而著其於佛祖之道得
其髓者也衆欲廣其法施於無窮故申明陳辭俾刊之兹碑
爲之銘曰
達磨西來　面壁何久　一旦西歸　隻履不朽　知音
其誰　懷鑑禪師　竹林提唱　十載爲期　法音一震

霆激電馳　佛光一照　雲開霧披　四方高士　聞
之披靡　臨際一宗　於斯爲美　嗟呼吾師　何去之
速　音容雖殊　清光在目　聲滿寰區　法無嗣續
靈骨依然　埋之空谷　吾師之道　雖不在言　銘之
琬琰　傳所不傳

維大金大定九年歲次己丑三月廿三日

院主　善榮　山主沙門　□本　建

銘中法無嗣續句誤刊清光在目後來改正者年月一行日字下空四格後人妄加九年歲三字

大明院額牒

高三尺一寸廣二尺四寸上截十一行下截之末年月一行字體大小眞行字數多寡均不一在淶水縣累子村本寺

尚書禮部　牒　二字徑二寸

易州淶水縣累子村院僧□□狀告本院自來別無名額已
納訖□□錢數□□院名□會是實須□□□者　二行字徑六分
條奉
勅可特賜大明院牒到准
勅故牒　此三行字徑一寸五分

大定叁年正月貳拾柒日令史向昇　主事安　此行字徑六分

中憲大夫行員外郎李

金大定十年

郎　中
侍　郎　此三行字徑一寸六七分
正奉大夫禮部尚書兼翰林學士承旨知制誥修國史王　此行摘寫横廣二寸四分

大定十年村人同□三門　一字徑一寸

大覺院碑

高連額四尺五寸廣一尺九寸二十三行
行五十字字徑六分正書在固安楮林村

敕賜大覺院碑篆額

大金涿州固安縣楮林大覺院之碑

石經寺宗論義梵學沙門　義藏　撰

石經寺僧道煦書刻

□□覺□□將以覺悟群生也生於西土崑峀南岫香醉山
之陽毀向千餘年金山玉毫之容洪文訓詁之籍爰發葱河
化行諸夏□□九域西及流沙東漸于海跨三韓極六戎綿
亘山川皆煙霞禪窟練若櫛比連接刹又名僧間出其所剏

金大定十二年五月十日

道有經書數千卷皆清心釋累□要空有兼遺之宗好仁惡
殺持心蠲弊崇善為行古昔以来賢達君子刻意尚行故相
宇文公盎中謂三家之聚環堵之室一□之地香火存焉而
况于稠人廣衆華鵠之𡋡乎涿郡固安南二舍許厥田豐腴
物産璨麗名楮林者以其前代呼楮㭲為越州□□□因植
木而名之于以見乎風俗敦敎而從化也有梵宇一區前古
所立為民間請福地考叢石刻旌幢乃遼景福元年紀孫□
□□耆艾之所同建也鑽其佛書所云尊勝明言以追塵影
之力者唐李太白曰天下所立兹幢多臨于閫闠闤旗亭
喧闐湫隘□□□□□□水□□有所益唐帝又詔移諸寶
坊俾龍象興嗟仰瞻法印從来尚矣咸雍三年鎔範鑄鐘雷
隱疊閣可以□□□□□□□□□斂輪轂若厥功惟休
不曰壯哉
□□□□□□□趙□□等閭墅重修後堂海陵貞元初
里人周彦興等重修前堂像設二季李孝忠一已命工圖繪
後堂畫像□聿起□□□□垣以至廄庫食厨回廊戶錫伽
藍神宇器用完備廩室霈然正隆末年我
應□□□□□□□仁德聖孝皇帝陛下自華表　龍飛撫
安兆庶首以梵宮仙府崇奉為心量出少貲以助　經費名
于不名為佛□□□□□□□□□大定四年首座道堅投
擻于春官以院額為請春官尚書翰林學士承　旨太原郡
侯王競坐曹决事製佛□□□□處而意合者取便而從所
欲　勅可為大覺院故曰將以覺悟於群生也妙理司南於
是乎在六年物釋迦太子殿七□□□周□□□特建内藏
寶函金格工倖龍宫其道日圓其利代博若非揭懿于金石
以垂不朽卒不白天下後世無以發後人□□□□者□□
□十□年前陪從故山禪師坦公嘗游兹刹見諸夙德詵詵
為道隨喜稱善于今未忘嶄嶄如昨日事宋東坡先生高□
有云□□□律講誦其書崇飾塔廟雖吾佛之化行其亦係
乎人之行止理必而然乃作是詩

□皇覺□□群夢故　群夢維昏覺為用故　覺若不
施夢為縱故　若微覺力愚夢重故　覺從它求為衆
共故　為從□覺□□種故　為是先覺以言動故
為當後覺能博綜故　謂一覺多一能統故　謂多覺
一同力控故　□□□思□□善故　因大覺名金石
頌故　重徵覺義警尔衆故　覺後人芍同雷諷故
皆大定□□年歲次壬辰五月己巳朔十日丙辰時
建
□座講經沙門　道聖立石　同立石講經沙門　道琳
同立石周彥興妻孟氏　同立石傳德興妻高氏

檀山大覺禪院記

連額高四尺六寸廣二尺十八行行四十字字徑一寸正書在淶水西二十里

檀山十方大覺院記　篆額

淶水縣檀山十方大覺禪院之記
距淶川之西十七八里號檀山者北望嶄然列峰特起比龍
蟠虎抱巖腹圍揜八達中開□明□毗有佛屋二□初京師
大昊天寺□□師駐檠於茲雷□之經為人天眼久而化去
雖昔空山□□□水居□□於□汲□□□□或有議曰莫
若平田□□□□之區得以晨夕瞻依便□香火之奉不
□□乎經始於比屋之南□林深□之下以厝之時耆老□

金大定十二年八月

□等四十餘人□□狀蹏□□□□□大□□□□□師
□□□□□主□□同□并連北山□□□□勑□迎之□
□□□□□□師□至□□□□□□□營□□□□
□□□□室四周□□□□□井闘疏圜□置□水□
□□田□□□□既旦□□□故□□□□有林□
□□□□□□古昔以來□□□門林□□□□□□□□
□□□□□以□□□大定□□□佛宇入□□名□
師□比𡈼惠性接□□□□□□□□□□□□□□□
□□□□□□□□□□□□□□□□□□至也初鄉
老□□□□□□□□□□主不許度□□□□□□□□

□□□□□□□□□□□□□□□之區圍□□之□□
□□□□言論之　夫出家之流以□□爲心以□□爲□□
□□□□積厚者流光以道□於人心而□□□□□□□
院門肅清始終如一或□□□□□□□□乎哉□或長與
□衆陪堂□無唯諾此寔□□□□□而行之禪師春秋六
十有□□□□□□力□□□□□明高□□致檀信上首
王禄宋公□趙□□□天□風鍾崇言□□□□□□□□
□□□□而論曰吾□□□其多矣□□□□矣皆□□□
□家傳□□日銷月鑠烏有□□□□山□□□□□方□
□□一□□□□□□□□尚者□□□□□石□不白天
下後世將恐□□□□□□□□□□□□□無不□□爲
之記
大定十二年八月□□日

法雲禪院牒并記及碑陰

高連額三尺一寸七分廣一尺九寸五分上截牒十二行行字多寡大小不一下截記十八行行九字字徑八分正書在曲陽

敕賜濃雲禪院篆額

尚書禮部牒
定州曲陽縣南馬村僧善熙明道村人甄賓等狀告本院
自來別無名額今納訖錢買立法雲禪院勘會是實須至
給賜者
牒奉
勅賜法雲禪院牒至准
勅故牒
大定十三年二月四日
大定三年八月七日令史向昇主事安　假
奉直大夫行大常博士權員外郎劉　權郭
中憲大夫行員外郎李
宣威將軍郎中耶律
侍　郎
中奉大夫禮部尚書兼翰林學士承旨知制誥修國史王
右上截
法雲禪院之記
嘗聞禹治水也開九河而列九州周修德也奉三才而立三

教猶是佛道巨興儒風大顯修設寺觀學校使人歸奉焉大
唐天寶六載村衆建祠於長清溝之南至十一月後三日畢又
至大定三年請本州天圓寺僧善照本院僧明道村衆甄寶
等共贖名額
勅賜曰法雲嶋集資賄命工摸刻于石以記之
時大金大定十三年歲次癸巳二月四日立
僧善照　明道　惠全　石匠人石寶刊

碑陰

高二尺二寸廣一同前十四行行十九字字徑一寸正書

易曰善不□□足以成名故善積而名顯矣今□□□襲先
代□□風敦崇三教□其祠而設其像勅加名額維那頭等
清名豈不偉歟今具諸維那頭姓名如右　何道　何寬
何崇　甄宝　何之　張清　蘇堅　郎準　張玘　何沂
蘇元　蘇全　李□　郎榮　張万　鄭興　董榮　張
和　劉□乂　劉榮　何登　張方　張全　蘇寬　□勉
杜明　何直　何資　張遂　郎俊　杜□□史張氏　亻
欽　張□希　蘇清　杜□哥　孟元董真　史張氏
張林　□善
特授進義校尉何圻
特授保義校尉□進

供奉班祇候前蠡州商酒稅使常□貞

永平院祖師塔記并宗派圖

拓本五面高三尺六寸廣一尺一寸第一二面額下經咒各十行行三十餘字不一第三四面記各十行行三十五字字均徑七八分正書雜行筆第五面圖字剝蝕已甚

佛頂尊勝祖師之塔　額刻兩面經咒之上各二行行二字字徑二寸五分正書

佛頂尊勝陀羅尼

經文不錄

奉為祖師并諸含識刊斯秘呪伏願見聞者脫離幻塵速
登覺岸

右一二面

永平院祖師塔記　金大定十二年七月

大定十二季秋七月以講僧維本緣講終歸本院會住持維
偹論及祖師并諸徒弟亡歿多載但土穴星葬月往歲深難
記其跡然以先師恩厚塔無所建碑無所刊則孝悌無所彰
報恩無所聞當共捨金帛為祖師四靈同建一塔維字下徒
弟共封一塔兼使後寂滅者有所歸焉其僧維偹遂遍諮法
屬皆稱曰善由是斯緣得成辦矣　茲塔所窆者祖師名
彥師翁諱智海師伯諱惠懷三位高蹈歲遠難追先師諱慧
澄姓鄭氏世居濟南家代以奉持五禁崇孝義以清修不仕
不商植桑田而自濟師誕而相異父母因許出家既分桃李
之季卓異常童之操不喜謳曲之聲不視幻惑之色慈孝邁
儉發乎天然年十五猒世出家依本府開元寺東羅漢院礼
智海為師崇寧二年比試經業得度既受戒已德儀益敬
護無虧志潔冰霜童眞梵行三衣備受不衣綾縠糲食必齋
慎無過午克意義學聽習經論緣阻歸本院修大殿一所造
釋迦靈像一龕後於卧牛山建永平院雖隆寒酷暑勇猛逾
堅竭力數年殿堂倫煥鍾魚集雲嶠之賓猊座昇弥天之匠
檀越樂施師心無慳凡得厚味必奉衆僧敬待講師雖胼胝
手足未曾告勞於建炎間遇飢饉之際隨有所積給濟孤獨
死而復生者其數頗多皇統二年遇　皇恩普度度弟子五
十一人常教門人曰今既拔俗出家當習聽經論自濟兼人
無得以世利縈纏妄逐塵染由是盡令依名德師友採聽偹
學其後徒中講法住持者數十人皆師慈誨有所得矣天德
三年十二月十一日無疾而終春秋八十二僧臘五十五四
衆哀送葬於此山之陽今復建塔茲地師立行清高終老無
變其性剛直無諂無佞其心慈仁有救有歸昔以陳□少欲
弊複五錢慧休知足世唯一履師衣估唱僅及千文毋遺一
被終身數設宿止無所繫之房坐卧無織纊之襯杜多上行
孰可繼乎清風令德恐隨塵湮敬勒貞石以旌億劫云

右三四面

東羅漢院宗派圖　橫額七字

智因傳道揚州　此一面剝蝕已甚額下凡八列第一列見此三行第二列似有字數行莫可辨識第三列以下皆維字派僧名可辨識者無幾故不瑣錄

祖師彥和尚□□□

智海□□□□

附諸塔題字五

一　高六寸廣一尺一寸字橫一寸正書

祖
師　無外和尚
之　門公禪師
塔

一　高廣同上字徑六七分正書

立

浮

性□

直歲戒心
典座戒定
維那戒通
監寺道藏
首座性真

真旺　書記惠通

圖　知客戒南

殿□□安

一　高五寸五分廣一尺三行行二字字徑二寸餘正書

進公律師之塔

一　方七寸二行行二字字徑二寸五分正書

詮和尚塔

一　高九寸廣一尺一寸五分三行行二字字徑三寸餘正書

灌師輩普同塔

開元寺提點法性德行碑銘

高四尺六寸三分廣二尺二十二行行五十九字字徑六分正書在易州

提點性公德行之碑　篆額

開元寺故提點性公德行之碑銘　并序

當寺忝學沙門　恒伸　撰并書篆額

昔如来將入涅盤付囑國王大臣有力檀那建立道塲莊嚴佛境法王所以遺敎於後使護持祈福之地迴向由聖之門也蓋衆生以貪着之愛雖金玉滿堂唯能潤屋□□知□度波羅蜜莫先於檀施也若乃祇承佛意心發菩提如給孤布金於祇園者見其比丽性公上人凤廣福田能從事於斯矣

金大定十四年二月

師諱法性字真空定興縣容城鄉劉村人也其本以農桑力穡爲務乃父劉遠母曰佟氏家世相襲質樸柔善時慶雲呈瑞乃生我師初弄泥沙戲作佛事幼學文字□言金經長至十五容貌若愚内敬於行異於常兒因擬議出家語曰鸞鳳不棲棲則高梧鯤鵬不化化則巨海我爲佛子帰依大寺越明年落髮于易州開元寺寺□唐室開元中重建也爰及有遼經之營之僅六百年兂蘭若勝地莫之與京碁布星環二十四院翠瓦朱楹金碧交映屹屹巍巍如地踴出師□錫於西廳氏院礼惠上人爲師適當亡遼建福間承恩具戒心逸日休惟念作德及乎遼季士卒擾攘日往月来十有餘年烽

煙不息土木於是乎皷□□□於是乎凋弊加以急征暴斂
財用不給僧衆遑遑又何暇顧力必以葺之皇統間師爲都
和提㧓寺事往考山之園用已衣資添栽栗樹歷年盡皆□
□□□□□有言曰燕秦千樹栗可同千户侯吾信而行之
良有以也每歲𥼶利供給常住厯幾不失其所迺重修北張
毗盧殿易上釋迦堂贖當寺□□□□□力建西高水磑一
□問寺□典庫一所及施子本錢貳千貫常年息利以爲九
間殿旦望供佛及大衆永遠齋粥之費凡計青蚨不啻數十
萬□□□□□□□緣必假遍户□化師法力自然有神鬼
之加賴如泉貨源流散而復聚酌之而無斁用之而不竭於
是百工皷藝歲無虛月爲力修東西五□□□□□□十五
間弊則新之修十方三世佛殿金墻畫簷寶堦之類弊則新
之修西經藏弊則新之修本院慈氏堂弊則新之又施錢貳
伯貫□本院□□□□□□□利寶塔土址廊欄之類弊則新
之修前後三門至於塼墉崇峻内外華飾儼若天宫又於本
院門外特建舍利石塔一座如是功德舉□大□其□妙□
實以難名於戲非羅漢菩薩示現天神假手孰能致於此耶
師於大定十三年十月三十日示疾遺誡寺中尊宿三綱曰
善讓常住勿令凋弊□□□□也又迺罄其衣資盡與常住
凡百後事一一囑下復云我乃往日常歸依慈氏菩薩今已
見兜率天衆慈氏菩薩来迎吾必生於兜率天宫也言訖□
然坐化其了悟如是尊宿三綱與俗孫沙弥定見并姪劉慶
祥等具威儀荼毗於郡之西郊傾城緇素送行咸皆傷感洒
淚焉師俗壽七十九夏臘五十五三綱門人等收靈骨葬之
于碑堂墳起塔立碑紀其先師德行求文於恒伸不敢固辝
勉乃述其本末以爲銘曰

佛老慈悲　作大誓願　救度群迷　說諸方便　將入
涅槃　付囑垂勸　卓哉吾師　應化出現　莊嚴佛境
施心不倦　諸天之樂　圓覺有岸　巍巍功德　示
衆生見　怡然坐化　高天月轉　□□碑堂　松楸爲
伴　行刻貞石　千古不變

大定十四年歲次甲午二月二十五日寅時尊宿三綱
與俗孫沙弥　定見等　建
天宫院（三字特大在年月一行下）

白馬寺舍利塔記

高五尺廣二尺三寸十六行行四十七八字字徑一寸題銜四行字數大小不一並正書在洛陽

大金國重脩河南府左街東白馬寺釋迦舍利塔記

河南府學正李　中孚　撰

男鄉貢進士　燮　書

浮圖氏之教大矣哉本西方聖人之設教也逍乎東漢明帝時則有若三藏曰摩騰竺法蘭以白馬馱經四十二章始流傳教法至于中州是時迺卜府皇城之東二十餘里建精舍度僧徒創曰白馬寺中州之人奉釋氏者此自始厥後敬供香火相傳魏晉隋唐而下迄于有餘歲不絕洎五代之後粤

金大定十五年五月初八日

有　莊武李王施己淨財於寺東又建精藍一區亦號曰東白馬寺并造木浮圖九層高五百餘尺塔之東南隅有舊碑云功既落成　太祖覲王之樂善賜以相輪王之三子又施宅房廊累角龜頭等僅百間毋遇　先大王夫人遠忌等曰逐季齋僧一千五百人以崇追薦又一百五十餘季至丙午歲之末遭劫火一炬寺與浮圖俱廢維留餘址鞠爲瓦子堆茂草塲者今五十載矣往來者視之孰不咨嗟嘆息焉噫天壤之間古今而來事之廢興何代無之莫不係時與數而使之然爾又奚足恠物極必反無何果　㚐大士自濁河之北底此覩是名刹荒榛圯墟徬徨不忍去一夕遽發踴躍特達心迺鳩工食造覺緣行如流四方雲會不勞餘刃而所費辦集因塔之舊基剪除荒埋重建塼浮圖一十三層高一百六十尺䋲細界宇洞并龜頭一十五所護塔墻垣三重甘露井又立古碑五通左右焚經臺兩所杈子并塔門九座下枷脩屋宇二十八間門總大小三十七座其餘不可具紀不踰季而悉就所願恭以臨濟之宗無畏之壇謹持六齋幸遇明天子在上太守百里賢士大夫在位抑又天時物數若合符節焉可見非我　棲巖㚐來時一舉手孰能起廢嗣興致巍巍之功德能如是乎於告成之明日丐李中孚以記其事中孚于　莊武王係六代孫粗知其要義不當辭是可書也

金大定十五年五月初八日

旹大定十五季五月初八日于是乎書

文林郎行河南府洛陽縣主薄馮　煥

武義將軍行河南府洛陽縣尉驍騎尉孫　口

宣威將軍行河南府洛陽縣令上騎都尉廣陵郡開國子食邑五伯戶高　師旦

定遠大將軍河南府判官輕車都尉潦水郡開國侯食邑七伯戶耶律　重哥

金吾衛上將軍河南尹上護軍彭城郡開國侯食邑壹阡戶食實封壹伯戶唐括　烏也　建

脩塔會首忠顯□□忠顯□□忠翊海岳　立石

本寺主口化緣僧文口

本寺尊宿僧沙門尼泐三行字甚小在記末行及題銜三行之下半就磨滅

壽聖院僧雲潤塔記

高一尺七寸五分廣一尺四寸六分十七行行十九字正書在唐縣西二十里北羅村

大金國定州唐縣東眉鄉北羅村壽聖院塔記

竊以人生而靜外物所誘好惡無節天理滅矣况慕空門而識性者乎其僧姓張諱雲潤本村人氏自童年師定州開元寺觀音院賜紫僧文惠至二十一受戒三十傳法無經不通名振河北自遠方來參問者無數弟子一十六人出倫傳法者四人爲本院僧堂狹小化緣特脩不日而成安喜縣陳村善知識聞其感化特請住持塔院又建佛殿僧堂不勞力而一新後歸本院作資戒大會三十餘日歡喜布施者無限其化緣有如此矣柰何大定十五年三月二日歸真年五十四泣淚送喪僧俗千万瞻仰隨從者數不能計嗚呼聰明過人不及天壽自古有之顏回聞一如十無終食之間違仁短命死矣孔子傷云不幸何彼此異乎哀哉哀哉故刻石以記之

金大定十六年三月

大定十六年三月日門人　智善　智深　張平

張旦　大姐張氏二姐張氏眷屬等

本村院主普仁

石峽懸空寺記

高一尺五寸廣一尺八寸二十二行行十九字至二十四字不等字徑七分末題名二行字較小正書間有行草體
在渾源州南十里大峪口本寺

大定拾陸年重九後一日天晴氣爽日朗風輕因與□□同
游邑之南六七里石峽橋棧頗若巴蜀之道則經商大驛路
也風迴路轉仰首臨瑩之數峯猶美目不暫捨□懸空之巘
古之遺迹□自建興於何代又不知棲隱者誰也山巍峩之
萬丈中焉鑿石為龕插木為榭上不至於山之巔下□於陸
地懸空置屋四山掩映如博壁之翠懈流水□湲瀉清聲之
激玉非丹青而圖畫者哉嗟乎一廢一興迄今幾壹百年矣

金大定十六年九月十日

余閉目想之昔時遊行樂所了然可數若比於斯未之有也
真物事所韜之地也居此者以息其心俱忘物我久涪富貴
於浮雲甘受貧窮不憂戚弃骨肉侶棲枝宿鳥時暫同居凭
欄下覗行人往還有如移蟻不生七情屏絕六慾衣麻布食
□以草木實為吾有形已知是患體輕清而圓同太虛遺骨
骸而復帰地大逢患難而不屈臨死生而不懼然後與天相
終是為常也訪二禪者乃敦朴之人也係雲中宣寧縣石佛
院僧也善慈四十有九住持不入俗門行滿七十二歲荷負
未嘗有憚相挈八季水乳難分順味猶同一日真大善知識
也始我樂而忘歸高述其極焉故為記耳

識破塵緣萬事休翛然帰去罷追求踈人壘壁鑿石磴厭俗
懸崖置屋樓明月清風真衠用皺松瘦栢是吾儔經年掩戶
絕賓容獨樂园中园更幽
不顯名施板橋壹坐在望村内頭陁僧　□□立石望岩村
施主王公□　馬信　馬□□　馬□□

左丞相貞憲王完顏希尹神道碑

高九尺四寸廣四尺五寸兩面刻正面二十七行陰二十四行行五十六字字徑一寸六分正書篆額未見在甯古塔

大金故左丞相金源郡貞憲王完顏公神道碑
翰林直學士中大夫知　制誥兼行秘書監　虞王府□
□輕車都尉□□□開國伯食邑七百戶賜紫金魚袋臣
王吕奉　敕撰
奉直大夫大名府路兵馬都摠管判官□騎尉賜緋魚袋
臣任詢　書
明威將軍東上閤門使兼行　太廟署令上騎都尉□□
□開國子食邑五百戶臣左㬎　篆額
金大定十七年

今天子紹休　聖緒圖任今太尉□丞相濮國公守道□
□股肱心膂□□□□□□□□□□亦重其世功耳
上嘗因清燕顧謂丞相曰朕覩　祖宗實錄見乃祖丞□
□烈深用嘉歎丞相□□□□□開國莫不竦然推重其世
家而□□子□□□□□□孟子曰所謂故國者非謂有喬
木之謂有世臣之謂詩□□武□□召公維翰□□□□□
召公是似書曰世選爾勞予不掩爾善茲予大享于先王爾
祖其從與享之豈不然哉故左丞相贈金源郡王□□□□
□□□□□□□□□名與　昭祖同諱以其賢明
昭祖與之爲友國人□稱之曰賢某贈開府儀同三司邢

國公祖□遜事□□□□□□□□□□□國公父□篤
事　世肅穆康四朝數有大功見任如手足自　世祖
睿曰吾有□篤何事不成贈開府儀同三司□□□□□
□□□□□過□□　太祖以祭禮會於移懶河部長神
徒門家因與其兄弟建伐遼之□時王與　明肅皇帝泰
王宗翰皆侍行與胥□□□□□□□王以□指結納■公江
鐵驪兀惹諸部鐵驪長奪离刺於是獻歎曰謹奉約比其還
也師圍甯江州命王以軍□塹因攻克之及出河□□□□
□□□克天輔五年依本國語製字以進　太祖嘉悅賜
襲衣御馬　詔頒行之　皇弟遼王杲□統內外諸軍攻

下中京王與□□□□阝多□招降□□知遼將兵屯襲
擊之將己遁去悉獲其牧圉□衆從泰王宗翰駐兵北安□
招集□□□□士□□烈□遼來報附詳□□□□□□□
取之□宗翰□□□□□□□遼兵拒鬬我前軍□□王以
□軍□至戰敗之勦殺其衆□獲其甲胄輜重軍及鴐鶩濼
□王已□□□王□□□急追至白水濼相去不遠遼主□
之以輕騎與戰得其內帑貨□追至乙室王所居之□不及
而還杲遣王□諸帥捷奏　太祖□□南路都統招□□
□遷向內地□宜而還　太祖以王從義征以來功多賜
之金器天會二年遼王越在陰山宗翰統諸帥以銳師掩襲

□□□服□爲□□□追甫及之遼主弃營而遁王等以八
騎出軍前窮追日昃復及之遼王師百餘騎逆戰比昏王之
孫□□遼主分三隊而遁□□□使師又襲之於沙漠攻
其不備而及之遼主驚遁惟一二兵從□□□□□□□□
王□群侍從與諸部族之人為先□經略使□木西□□□
□路都統初□□□言□遼為援據有天德雲內六館之地
并招□我已獲奚契丹人我方事滅遼姑置之弗取夏□□
所侵求援於我□始□□□□□□□□□者辭意不遜王
復書責讓且理索當還之人尚復還延至克宋建立張楚畫
大河為界遂盡復舊□□還我官民田先□□□□□□□
□□□□□□□下大舉問罪王與左副元帥宗翰師趣河
東所至城邑關口拒守者攻之降則撫之分道諸將破宋之
諸路援兵先□□原明年將舉師不留□既克汴諸將爭
取珍異王獨先收宋圖籍捷奏　太宗嘉其功賜誓券以
寵異之無何宋康王構自立於睢陽我軍□復渡河□□□
□□諸城攻拔者或屠之師次東平王勸宗翰曰此行止為
彳耳何多殺爲自是攻下者多蒙全釋追至淮陽道精騎遁
淮□□□及楊州構僅以輕舸渡江遁去還軍駐雲中王偕
宗翰如燕就石副元帥□議再□南伐前重九二日王往□
山閼馬道見騎者二人物色頗異□逆戰懼失次搜衣領中

得元帥都監耶律余篤反書約燕京統軍使高六邀□元帥
九日出獵因伏兵舉事王馳報二帥遂執高六鞫之辭伏□
□驛一日而至西京窮治反者無遠近悉捕誅之遣兵追捕
余篤已□□□□為達靼所殺函首以獻結連者前後凡
數十百輩約同日俱獲□王擿發擒捕方略神速則事未易
定偕宗翰還□□□□□□奏請以上正面□□□□□□□□
□□□□□□□□□□□□□□□尚書□□□兼侍□
□開府儀同三司監軍仍舊萌古斯擾邊王偕太師宗磐奉
□□□□□□□□□□□□□□□□□□□□□□□
□□□□□辭日太□□□王曰若獲畜牧當留備邊用王
謂是詔意遵之宗磐悉以所獲□□□士又□□□太□□
□□□□□□□□王爲矯詔訟誰于　□前王乃
表乞還政　帝未有以答太傅進曰希尹自　祖宗□
服勞今且有請者正畏□罹罪耳　詔□允其請先是儲副
虛位宗磐自□□　太宗元子太傅宰令左右元帥與王
来朝相與協心主建儲□□□立　熙宗宗磐心不能無
動　帝既即位罷宗磐尚書令以為□□而相王任政宗
磐知謀出於王憾焉至是交惡深矣會東京留守□□左副
元帥撻懶来朝昏黨附宗磐同力以擠王出爲興中尹宗雋
代□左丞相令人告發王北征日多私匿馬牛羊奏遣使鞫

之無狀告者伏□明年召還拜尚書左丞相封許國公宗磐蓄不臣心連結黨與宗雋與□同惡王與太傅擀知陰為之備已而宗磐等反逆事發朝則執之於□□內　詔詰之伏罪王舉措閒暇而宗磐等已正刑典以定亂功進封陳王天眷中　車駕幸燕　帝當服衮冕乘玉輅以入后欲共載王□□曰法駕所以示禮四方在禮無　帝后同輅者后蔵怒未有以□□都元帥宗弼與王因酒有隙方辭還軍中　帝夜遣使召至諭之曰□尹嘗有姦狀又召朙肅諭以王罪　朙肅諫曰希尹自　太祖朝立功且援立　陛下亦與有力頒加　聖念　帝怒甚至拔劒斥之明旦　詔并其二子賜死諸孫獲宥王奕世勳閥機權方略以戰則克臨事果斷乃能增多前功扶翼　聖統孜孜奉國知無不為自□后正位中宮以巧慧當　帝意頗干預外政王杜遏其漸每以正理□□由是大忤后旨得罪曖昧或者以為后之譖焉性尤喜文墨征伐所□儒士必禮接之訪以古今成敗諸孫幼學聚之環堵中鑿圜竇僅能過飲食先生晨夕教授其義方如此天德初追封豫國王謚曰□憲以雪其□□正隆二年改封金源郡大定十六年詔圖像衍慶宮明年配享　太宗廟庭命詞臣□次之以為銘臣彥潛再拜稽首竊惟

國朝之興由　昭祖以來克篤　前烈至　太祖太宗受命以有天下

今天子丕承基緒以延功臣之賞王之先自邢公而下世篤忠貞至王則□□□□遂為世家今丞相守道亦克負荷用光輔

興運君臣感遇所從來久矣銘曰

古人有言　所謂故國　非謂喬木　臣食舊德　□□一門　世濟其美　邢公之孫　戴公之子　維時戴公碩大孔武　亟濟艱難　佑我世祖　肅穆□□風烈彌劭　矯矯堂堂　王□□□　武元載旆　從以周旋　奉命有光　料敵無前　奮銳涉漠　以□□□　移檄諭夏　復舊疆土　文烈嗣服　問宋□□帝命王曰　爾監師征　克汴之日　先收圖籍　明略□□　鄰侯自昔　軍中不震　亡國凶豎　禍心滔天　陰構□附　王發擿之　如神之捷　火未及燄先事撲滅　天眷繼統　與定策勳　創制立法　作新人文　無何師保　交構內艱　如周管蔡　如漢胥旦　乃心皇家　繄王之忠　執訊悖逆　繄王之功王曰子職　惟正之從　私謁不行　豈予□□　予職當然　忠匪予恤　明明天子　灼見前失　迺命

王孫　仍世作相　無忝爾祖　其猷克壯　維其有之
是以似之　死而不亡　於王見之
碑敘事多與史合且多可糾繆補缺處按守道傳大定二
十年修熙宗實録成帝因謂曰卿祖古新行事有未當者
尚不為隱見卿直筆尋進拜太尉尚書令改授左丞相碑
敘守道官相同又世宗嘗諭守道曰乃祖勳在王室朕亦
悉卿忠謹即碑上嘗因清燕云云也按罕都（原作歡都）傳祖舒
嚕與昭祖同時同部同名土人呼昭祖曰勇舒嚕呼舒魯
曰賢舒嚕其後別去至景祖時舒嚕之子噶順舉部來歸
罕都噶順子世祖初襲節度使罕都事四君出入四十年
征伐之際遇敵則先世祖嘗曰吾有罕都何事不成天會
十五年追贈儀同三司代國公明昌五年贈開府儀同三
司即碑所敘三代也但立碑時罕都已贈開府儀同三司
史乃云明昌五年此可以證其繆矣又史敘舒嚕無贈開
府儀同三司邢國公事此亦可以補史之缺按實圖美（原作石土門）
傳漢字一作神徒門扎蘭路完顏部人世為其部長
弟阿棠美卒終喪大會其族太祖率官屬往焉就以伐遼
之議訪之方會祭有烏自東而西太祖射之即碑太祖以
祭禮云云也考世紀扎蘭原作耶懶碑作移懶蓋音之轉
惟實圖美傳止弟阿索美一人史云卒會祭之前碑云與
其兄弟建伐遼之議殆不止一弟矣太祖本紀二年九月
進軍甯江州諸軍填塹攻城十一月烏舍（原作兀惹）鐵驪降以
碑證之蓋希尹曾奉命先往結納也鐵驪王史作回离保
碑作奪离剌蓋所云者其長即十月来送款之人與十一
月降者係兩人也依本國語製女直字及招降奚部事傳
較碑為詳按遼史天祚本紀保大二年正月金克中京二
月耶律瑪格等將兵屯鴛鴦濼金師敗奚王瑪哈爾於北
安州遂降其城又羅索傳杲取中京與希尹等襲走達魯
和尚伊勒希等即碑知遼將兵屯及宗翰駐兵北安事也
又希尹本傳宗翰駐軍降北安州使希尹徑略近地又遼
王杲傳獲護衛耶律實訥埒言遼主在鴛鴦濼畋獵可襲
取之即碑招集至取之云云也實訥埒史原作習泥烈是
碑文烈上缺二字為習泥無疑又希尹本傳遼兵屯古北
口希尹羅索請以千兵破之盡獲甲冑輜重即碑遼兵拒
關至獲其甲冑輜重事也又太祖本紀天輔六年三月都
統杲等追遼主於鴛鴦濼遼主奔西京宗翰復追至白水
濼不及獲其貨寶希尹追遼主於伊蘇（原作乙室）部不及即碑
軍及鴛鴦濼至不及而還云云也又遼王杲傳杲使希尹
等奏捷且請徙西南招討司諸部於内地上嘉賞之即碑
杲遣王至賜之金器云云也惟希尹傳希尹將八騎與遼

主戰一日三敗之在追遼主至伊實部之前據碑在天會二年蓋傳之誤也按西夏傳西北西南兩路都統宗翰也希尹傳宗翰入朝希尹權西南西北兩路都統碑所敘兩路都統未知何指按北盟會編宣和七年即金天會三年十二月夏人陷天德雲內河東八館之地初粘罕遣使盧毋使夏國許割天德雲內武州及河東兇咎斯刺曷董野鵝神崖榆林保大裕民八館約入麟府以牽河東之勢至是夏人取天德雲內八館又西夏傳初以山西九州與宋人而天德遠在一隅割以與夏後破宋獲二帝乃畫陝西北鄙以易天德雲內以河為界即碑據有天德至盡復舊疆事又

太宗本紀天會三年十月詔諸將伐宋宗翰兼左副元帥希尹為元帥右監軍十二月宗翰圍太原耶律伊都破宋河東陝西援兵於汾河北即碑宋人渝盟至諸路援兵事也克汴賜券傳與碑同又本紀天會五年宋康王即位於歸德又宋史建炎三年二月辛亥金人陷天長軍帝被甲馳幸鎮江府是日金兵過楊子橋癸丑金人入真州庚午金人去揚州碑所敘宋康王至渡江遁去蓋即此三年中事又松漠紀聞余睹姑之降金人以為西京大監軍明年九月約燕京統軍反時晤室為西監軍微聞其事而未信與通事同行見二騎馳甚追獲之搜其鞾中得余睹書晤

室即回燕統軍來謁縛而誅之余睹父子以游獵為名遁入夏國不納投韃靼韃靼先受晤室命以兵圍之余睹父子皆死凡預謀者悉誅即碑前重九二日以下云云晤室即谷神譯語惟取對音無定字各以所聞者著之故不同耳萌古斯擾邊一事本紀與宗磐希尹傳均未載按大金國志盲骨子契丹謂之朦骨建炎朝野雜記蒙古國在女真之東北唐謂之蒙兀部金謂之萌骨紹興初始叛都元帥宗弼用兵連年卒不能討蓋當時征討不止一次無大勝負故紀傳未載碑特著之者為表乞還政所由本傳止言天眷元年乞致仕又宗磐傳宗磐日益跋扈嘗與宗翰

爭論於上前其後於熙宗前持刀向宗翰非碑文尚存幾莫知其故矣熙宗本紀天會八年安班貝勒杲薨太宗意久未決十年左副元帥宗翰右副元帥宗輔右監軍完顏希尹入朝與宗幹議曰安班貝勒虛位已久若不早定恐授非其人即碑儲副虛位至謀出於王事又希尹傳二年復為左丞相俄封陳王與宗幹共誅宗磐宗雋據碑誅宗磐等以定亂功進封陳王則傳稱封王在誅宗磐前者誤矣車駕幸燕一事紀傳亦皆未載惟熙宗悼皇后傳有干預政事宗弼傳上幸燕京宗弼見於行在所居再旬宗弼還軍已啟行四日召還至日希尹誅是希尹之死不特后

之譜宗弼亦與有謀焉考希尹傳皇統三年贈希尹儀同三司邢國公據碑邢公乃希尹之祖又大定十五年謚貞憲據碑天德初追封豫王已經予謚又碑大定十六年圖像衍慶宮按薩哈宗雄傳均大定十五年圖像疑皆傳之誤也又碑前後所謂明肅皇帝者宗幹也按宗幹傳熙宗即位拜宗幹太傅海陵篡立追謚皇帝廟號德宗大定二年除去廟號改謚明肅皇帝二十二年追削帝號今碑中所敘與希尹援立熙宗及謀誅宗磐二事亦宗幹事而文不曰明肅曰太傅殊不畫一按寰宇訪碑録金貞憲王完顏希尹碑在甯古塔大定十六年王彦潛撰任詢書彦潛無可考任詢字君謨易州軍市人書爲當時第一畫亦入妙品登正隆二年進士第歷益都都司判官北京鹽使中州集應省掾大名總幕益都都司判官北京鹽使課殿降泰州節廳其敘官較傳爲詳碑稱大名府路兵馬都總管判官據百官志皇統五年定判官推官爲幕職官也又考奉直大夫爲從六上判官亦從六則騎尉上一字應是飛字元遺山評任南麓書如老法家斷獄網密文峻未免嚴而少恩此碑純用平原法一種莊肅氣象令人目悚南麓蓋詢别字篆額者左姓其名□慶撿金史有左企弓孫名光慶字君錫以廕閤門祗候遷西上東上閤門副使再轉西上東上閤門使兼太廟署令善篆隸尤工大字世宗行郊祀受尊號及受命寶皆光慶篆凡宫廟牓署經光慶書者人稱其有法此額篆法遒勁具有斯冰法度詢不虚也

李桂林

右完顏希尹碑搨本李子丹同年自瀋陽攜還京因以贈余越兩載始得暇日録其文紙薄劣有損失字時客粤東馳書子丹又以釋文及後跋寄示跋殆子丹所作也按孫氏寰宇訪碑録有壯義王完顏公神道碑大定十六年在甯古塔王彦潛撰任詢正書與此碑同而謚則迥異此碑標題貞憲二字完好孫氏不應誤讀子丹謂訪碑録有金貞憲王完顏希尹碑云云孫書實無是條不知因何而誤也孫氏所録疑别有一碑攷金史完顏婁室天會八年薨追封莘王正隆間改贈金源郡王謚莊義與希尹皆配享太宗廟庭莊壯形相近孫録偶遺草首歟然則甯古塔有兩完顏碑皆王任二君手筆子丹方修　盛京志又何以遺之希尹金史有傳本名谷神史或作晤室今作固新一作古新其曾祖名石魯今作舒嚕碑以昭祖廟諱未舉祖□遜父□篤並見歟都傳□篤即歡都今作罕都□遜傳作劾孫今作噶順譯取音同清濁輕重長短隨地而異故無定字也碑敘

希尹及三代官位勲績皆與史合其間有互异者子丹攷證詳核茲弗復及扎蘭原作耶懶碑作移懶按太祖本紀正作移懶孛离剌者太宗本紀天會四年七月以鐵勒部長孛离剌不從其兄蔓里本叛賜馬豕及錢即其人也夏據天德雲内六館之地見於史者皆作八獨碑作六字甚顯則碑之誤矣碑不著立石年月但云大定十六年圖像衍慶宫明年配享太宗廟庭命詞臣□次之以為銘是碑撰在大定十七年也史敘守道進拜太尉在大定二十年修熙宗實録成之後而彥潛於十七年已稱今太尉左丞相濮國公守道云云碑係是年奉敕撰必不遲至二十年後始成文則其為史家敘事失次可知也守道封濮國公傳亦脱漏

薊州三泉院公據暨四至題名

高四尺廣二尺三寸上截公據行書下截四至三行題名十五行字徑七分至九分不一又地畝等四至及地產自碑右空處錯落雜向左凡二十二行字徑七分至一寸不等正書在薊州

薊州□□□公據（此行字一寸四分）

（渤約八字）府衙旨揮奉

尚書（下渤約五字）

都省劄付□

□□□創造寺□神祠等合行禁約奉

聖旨前□為□□□首人等不行覺察□□□言罪名全

月二十□日

金大定二十年四月

□奏□奉

聖旨□□□□創造到冊無名額寺觀等合□罪渤下□□

□□□託神佛容像不忍除毀特許存留罪与免於今□□

□□本人科罪□司縣官知而不糾依□制斷罪並□見

任委官拘撿司縣州府分明附籍仍送各州府排立字号

出給□□合同公據付住持人□照用並造合同文簿州

府□□□分印合同字号申部毒下□□常□委官親自

點撿申□除合□□創造寺院管委是端的各得結罪文

□在案今立□字文号除别行外漁陽縣東□上東三泉

院一所合行出給□□者（以上行書字徑五分）

右仰東圍上東三泉院住持人收執不得透失
大定二十年四月　日給 上二行字徑一寸
□住持僧 下泐此行字徑六分
武略將軍倉同權廳大
忠顯校尉軍事判官高
武功將軍同知軍州事裴滿 以上三行字徑一寸一分
廣威將軍薊州刺史兼知軍事烏林荅　押
以上公據
三泉寺古代山林四至具列於後
東至黃草峪南至古道西至分水嶺西下澗北至神樹橫分

不提行

水嶺
地產內諸般樹木 此行在首行之右地字與四字平
王家東□□地二畝油渠東三步地至□家地 此段在右下角
地產塔臺一段地□□東至馬義陽子南至古道西至張祿
陽子北至墳東北至山張家陽子道务一段六十畝東至山
河南至河西至山北至河寺門前一段荒地東至杏園陽子
南至河西至張家陽子北至寺臺北一段五畝東至陽子
南至□西至王家地北至古道 此段首行在首段末行之下空三格次行高與首段齊平
三行讓後段標題低八字四行以下讓後段題名又低七字九行以下又低三字
王家東南北下車道至河 此行在碑左題名後空處

以下俱不提行

今具內衆開列于後
叅學沙門　志淵　叅学沙門　志鑑
叅學沙門　志良　叅学沙門　志常
叅學沙門　志閑　叅学沙門　志礻
習學沙門　同修　持誦沙門　志義
空一行
志定　志成　志□　志幽　志璞　志雲　志雪
志琮　志顯　志深　志存　志□　志勤　志寶
志璋　志忍　志純　志青
今具外衆檀越開列於後　王憲

馬琛　王仲仁　刘成　刘瞻　賈廓　賈全　馬
俊　丁友成　王仲瞻　賈賢　王仲允　王□
史仲元　王子成　安甫　王民　呂全　丁永
全　王子云　□富　馬公臣　宗瞻　史仲淵
安永昌　安永全　馬君和　賈永聚　張興才
呂興順　以永元　以友進　以六見　靳
仲章　高貴
空一行王家東南云云一行在此下截
女弟子王阿預施財
乙卯年造 此在左下角乙字之上約有十字及前一行均為人磨去

灌城疃弥陁庵公據

連額高二尺八寸廣一尺八寸五分十八行行二十字字徑八分正書在唐縣

灌城疃弥陁庵公據

使衙　　　公據

會驗近准刑案開准奉

尚書刑部符節文承

都省劄付備奉

聖旨創造寺觀神祠然是尽合断罪仍令除去緣其門有繪

塑詑神佛容像者不忍除毀特許存留其創造罪犯亦与免

放若今後有犯本人科違制司縣官知而不糾依制断罪仍

金大定二十年六月

並解見任符仰委正官點撿如係自来已有繪塑詑神佛容

像具執結申覆所屬州府附籍排立字号出給圓簽印署合

同公據付住持寺觀人收執照用使衙爲此行下隨司縣委

自正官准□拘刷到有神像寺觀神祠執結保明是實數內

唐縣灌城疃佛堂壹坐內有佛像　　僧洪遠住持須合出給

公據者　　　背字号

右使衙除已附籍施行外今出詑背字号分印合同公據付

唐縣灌城疃　　僧洪遠收執照用准

大定二十年六月□□

使此字特大　　　　　　　　　　　　　押

捡拓本添篆額一行

八會寺文殊殿碑

高五尺七寸廣三尺三寸五分二十七行行五十字字徑一寸正書在曲陽少容山

山□少容山八會寺文殊殿碑

鄉貢進士中山邸詵撰

鄉貢進士汾陽郭德謙書丹

中山李銖篆額

按中山圖□□容山在曲陽南二十里蓋殷女昌容服食隱

居之所也而耆舊相傳目爲黃山且云黃石公隱處故山之

朝陽淨巖之左有黃公□□馬又云嘗見夢於淨崑院僧普

金大定二十年

圓二按夢穴地得石像其言不經故不復述山之巔曰八會

寺肇建於齊周間寺有八院曰上閣院□閣院菩薩院鍾樓（院）

普同資福壽聖等院故請寺名者指以爲八會云歷唐洎五

代院頗殘廢逮宋景德初遭契丹之乱焚爇殆盡□開皇石

經龕巋然存焉天聖明道間年穀屢豐居人稍安富而歸功

釋氏寺宇勃興十族之鄉百家之聚必有精舍而河朔之郊

殿□相望故皇祐初詔佛祠擅興者皆徹毀之是時僧審焉

者有勇力善射又能見鬼神始郄群盜鋤榛莽巖棲谷汲仍

八會之故基□□□與殿又因巨巒劖爲大佛像架石爲龕

以覆之且謂少容山能□納雲雨爲一境之望而無像設禱

薦之所迺詣五臺大茂葛洪言□九二十四所請水潴而爲
龍池目曰華嚴集聖池泊平熙豐中祈禱輒應故定州路安
撫薛向條其事奏請於朝得錫爵利民侯以□其靈時熙寧
九季也是後每中元日或八月旦歲方有秋縣僚多率吏民
伎樂登山賽謝士女群集爲鄉邑勝遊予少爲兒童時猶及
見其遺俗焉
本朝皇統間輿州建塔僧清萬者以寺□南殿議作新之迺
率居人符普光及先人之道友張永實協心同力經營始終
凡十季殿成而未有□□爲瞻依之所寺僧寶圓者故大師
善智之法嗣也欲補其闕而大備之迺縮衣節食銖積寸累
凡二十三季而造文殊師利大菩薩像及于闐王凡四軀不
待三生七十二現而巍巍真相如天童子櫻伽寶冠五百種
色如現金剛頂上又造層閣以護之其榱桷欂櫨朱軒旋題
金碧璀璨真化人之居也將使遠近瞻仰之人覩像而生敬
因敬而得悟爲大饒益不可思議功旣告成求文於予以記
之予視圖頎軀而貌野其言嗹吶若不出於口無當世姣姣
譽而能鳩貲役衆成此大事因緣其中必有過人者因相與
攝衣登山瞻仰睟容再拜稽首而讚之曰
往昔遊多林　善住樓閣中　文殊及眷屬　遊行來人
間　清淨妙好身　天人莫能議　所行左右路　八步
皆平坦　所住諸道場　十方常隨逐　世主供具雲
諸佛說法光　供養及照曜　無時或暫息　海覺及淨
行　寂慧諸□國　一歷菩薩身　聞法得三昧　今我
與衆生　當此末法世　得瞻仁者像　禮拜及圍遶
合掌作□恍　我此幻假身　一切罪業本　六賊不暫
停　諸趣所迷惑　復爲世網纏　云何得解脫　願放
大光明　破我愚癡闇　願澍大法雨　救我貪愛燃
願載大慈航　得渡煩惱海　願被忍辱鎧　降此諸魔
軍　天龍及四衆　神鬼人非人　等於一念間　同得
無生忍

大定二十季歲次庚子秋　月

武功將軍行定州曲陽縣尉驍騎尉僕散
奉直大夫行定州曲陽縣主簿驍騎尉張
昭信校尉定州曲陽縣令雲騎尉不朮魯

僧善賑石匣誌

高一尺七寸廣一尺三寸八
行行十一字字徑九分正書

師諱善賑姓安龍泉人家傳儒素童年遇恩受戒逾七旬而
化二十年後姪興甫立石匣一坐　門人惠高惠仲　法
第一名善恒從孫曰吉　從孫曰慶　從曾孫二人
掌珠　璜珠
□定二十年中冬朔日建

金大定二十年十一月

天開寺無止齋記

石斷缺中間存三尺三寸廣一尺九寸五
分上截記文二十二行行十六字字徑七
分分書下截施錢題名二列第一列二十二行第二列二
十行行字不一字徑四五六分正書在房山西南五十里

上方
山

無止齋記　額

天開寺上方無止供記　□□義藏刻
大定十五年六月上弦山主□公上人曰山門在昔□□□
□清信□□以浮貲若千數歸之亏□山寘諸質肆歲增子
錢延生於慶誕之朝薦亡於哀忌之日飯僧輯福所願雖殊
會同乎發善也已矣故□藏禪師仁公常欲鐫之园石以昭
厥後勸為善者継踵乎哉師既告寂□□湮隊于□閒良可
惜也山主不以義藏蕪陋俾序而書之亏石云
危□者身　得難失易　同幻漚□電影
身外浮雲　世財聚□　□石火之一等
拔彼巨溺　廣此遐齡　非破慳而莫拯
施門有限　福德無□　由願□其□永
積善餘慶　不□我□　□□□而已省
施一僧飯　勝設千□　其優劣而自烱
八路衢頭　架屋粤居　峰險甚于邛井
郊□僧坊　士女駢萃　永□諠卑之境
斂迹煙霞　諸聖欣賀　適□胡之項顊

金大定二十一年以後

吾佛滅後　寂勝福田　當從山□□請
典□思勤　外□圓□
山主沙門　圓暉　立石
右上截
當寺聰唯識施糸五千貫析利供□□未來□
聰唯識自身六月七日忌辰条　□□□□□□九月□日
忌辰
先考梁玘六月十一日忌辰条　先妣呂氏三月十一日
忌辰条
西菴知□禪师施糸一伯貫正月二十四日忌辰条
故介山主施糸五十貫十一月十七日忌辰条
園業□寺主施糸一伯貫為父母□月十三日設条
園業□首座施糸一伯貫永遠合醬供衆
常□首座施糸五十貫十月十一日忌辰条
永清縣蕭娘子施糸一伯貫為怜〻郎君八月二十日忌辰
条
固安縣吳□□校尉施糸五伯貫自身五月十九日忌辰条
先考三月二十三日忌辰条　先妣四月十五日忌辰条
妻花氏十月十一日生辰条
涿州定興縣成□□□□劉蜍施糸二伯貫正月八日忌辰

条
涿州行□寺李□主施五十貫為老娘劉氏十二月一日忌
辰条
曹張□娘〻施二十五貫為姐〻正月八日生辰条
樂深中保□郎婦施二十五貫為师叔十月初三日忌辰条
樂深中保董開母宋氏施二十貫二月十日忌辰条
涿州豐財坊園農郡夫人王氏施錢壹伯貫文奉為故奉國
上將軍同知壽州軍州事護軍園農郡開□□食邑壹阡戶
食實封壹伯戶楊貞吉大定十八年九月十九日忌辰作条
當寺當山主□錢□拾貫文四月十八日忌辰作条
□□□□□門□□施□伍拾下泐
右下截第一列
主缺在上截第四行下右從此行之右斜斷不知缺幾行
涿州缺
貫文二缺
新城縣□缺
施錢五十貫缺
范陽縣□頭缺
范陽縣蓮泉村劉缺
范陽縣上樂□張□施□缺

自大定二十一年正月三十日□缺
妻康氏正月二十日忌辰缺
男張國昌
涿州清慧大德□□□□□缺
天開寺僧思□施錢三十貫□缺
樂深□□□□施□□□缺
當寺□□□□□□缺
新城縣□下里李缺
又奉為
當□大□里缺
忌辰八月缺
辰七月
右下截第二列

大字居中作兩行寫

沙門智杲善事記

高廣並二尺一寸記七言十四行行二句字徑寸餘前標題後年月各一行字徑五六分均正書在定州慈氏寺

上𫶧龍興寺□□□教門宗主講經論傳戒沙門　智杲　善
事記
十五隨親入大城　依止龍興靠摘星二十受具叅師聽
三十講法利衆生四十九歲傳師戒　鎮陽門下共分燈六
場大啓龍華會　一次精筵百位僧三期資戒高人滿　十
度千華上士盈講貫華嚴為上業　化人同入一佛乘瑜伽
大論親開演　兜率天宮願往昇展討院門崇殿宇　賢聖
安排次第精錣磨難思三百遍　行化功成兩藏經　大小

金大定二十二年二月一日

三門修蓋已　佛寺重新瑞氣生他年若就凌雲塔　鎮國
安民屬老僧上祝吾皇添聖壽　滿宮天眷福彌增恒受苦
辛方契道　歎勝修行未是能莫學出家空回首　普願同
倫似我行
大定二十二年歲次壬寅二月一日建塔都功德主門人慧常立

興國院記 篆額横刻四字徑二寸餘 右按拓本脫此篆文補一行於此

興國院牒記并碑陰題名

石高三尺七寸廣一尺八寸五分上截牒十行字大小不一下截記二十二行行二十五字字徑七分均正書在曲陽北五里興國寺

尚書禮部牒興國院 字徑一寸七分下三字徑八分

㥛奉

興國院　㥛至准

故牒 以上三行字徑一寸及一寸五分不等

大定四年正月十四日令史向昇主事安假

權郭 此行字徑五分

奉直大夫行太常博士權員外郎劉 此行字扁廣一寸

金大定二十二年五月

中憲大夫行員外郎　李

宣威將軍郎中耶律　郎 三行字徑一寸餘

侍

中奉大夫禮部尚書兼翰林學士承旨知制誥修國史王

此行横扁與上三行齊廣二寸五分

右上截

北馬村興國院記

在縣田穎譔文

原夫　無爲覺祖戒正道於

西方　是大空王流法言於

東土始自興於漢室迨及

今朝世世歸崇方方□重繇是模容設像念善修功遵之者

脫滅□□敬之者消除□□生存威惠動殖蒙恩□此勝因

筆舌罔盡今見北馬村久有

佛堂一座雖爲梵宇佀有卑微□念道場寔爲狹隘定四季

期置名額號曰興國院又至十四季有住持僧惠崇善和五

戒劉興等本村趙維那何□雷明同推善願共施練金期建

前大殿一座重簷□□碧瓦朱□約費資金錢及三萬又至

十六年詣定州法華□□到

慈□佛一堂共一十三尊招當州瑠璃院使李俊興運施工

巧遠載來□及命畫工精加彩繪可謂慈風再顯惠燭重明

遠近村民寔爲厚幸所修

功德上祝

皇圖永固

聖壽遐長四夷不戰以來王萬國無私而自化次願重臣賢

佐位□千秋文武官僚恒居禄位更願雨暘協序蚕穀大豐

災殄永消生存獲祐命工鐫記願無泯焉

時大金國大定二十二季歲次壬寅五月庚午朔日立石

在縣田邦基書丹并篆額　北陽石匠楊智鐫并史與

碑陰

敕建南大殿功德主僧惠崇 十四行字徑一寸正書

都維那何□ 雷明 楊因

進義校尉劉深 進義校尉何通

進義校尉□□ 進義校尉陳倚

楊江 劉道 元平 張安 何明

□元 雷□ 何玘 何清

副維那楊□ 劉成 楊恭 劉安

楊□ □□ 何興 楊憲 楊仁

石嵩 劉宝 □□ 李□ 李貴

李□ 李□

□石灰都維那崔□翁 崔琮

□功德都維那 何明 劉□ 楊

□□ 楊□

立石都維那 馬明 楊□ 何真

□宅元氏□心□ 小字在何

工撞土周歲了畢 真之下

蟄窟二大字

高一尺四寸廣二尺二寸二字橫列字徑一尺正書跋三行行廿二字字徑五分行書

蟄窟

宗上人示 師晚年墨蹟疎而無間密而有餘肥不□肉瘦

不露骨觀者如對影想見其人矣方丈屬□□□□□

大定廿二年□八十日中山天圖小師智宗□□□

□□

金大定二十二年

觀稼亭記

高二尺五寸七分廣二尺七寸五分二十二行行二十一字字徑九分正書有行箋在曲陽縣署

觀稼亭記

自三代已還五等既罷有人民者撫之育之導之齊之則守
令之職為尤劇也嗚呼在其位者可不勉哉比□微才忝宰
是邑孜孜矻矻日愼一日惟恐上尸
天子之祿下失吏民之望以是於簿書獄訟征賦勸課未嘗
少懈也一日因暇登縣署之北城以觀禾稼所以閱民勤墮
而樂有年也城舊有亭曰增明隘而且陋其址不固將就傾
仆登者懍懍慨然有意新之未遑也越二年會

金大定二十三年五月望

朝廷命諸郡邑完堵城壁度為若千尸用人之力亦若干不
催督而役徒雲集增卑而高培薄而厚土實石堅可永可久
而民不知倦城既成矣遂出己俸徹其亭而新之而易其名
為觀稼落成之日揖僚佐諸賓客而告之曰自僕之來因二
子之裨贊歲數顧豐訟者益少於是我等亦得宴安今此亭
之作也豈徒以縱宴賞娛賓客引清風避煩暑者乎亦欲使
後來作邑登是亭者愼惜名器退思自公觀禾稼之芃茂知
民之勤墮然後誘導之懲激之則足以擅試才之譽副
朝廷之意而振其職事者也不其偉歟衆曰唯唯因書之以
告來者

大金大定二十三年龍集癸卯仲夏望日武義將軍行定州
曲陽縣令飛騎尉不朮魯 記
太原王□□□ 六字在左下角當是刻石人名

拾拓本補欵

重修文宣王廟記

高八尺八寸五分廣三尺八寸二分三十二行行七十四字字徑一寸正書在涿州學宮

涿州重修文宣王廟記
少中大夫左諫議大夫兼尚書禮部侍郎翰林直學士知
制誥工輕車都尉江夏郡開國伯食邑七百戶賜紫金
魚袋黃久約撰
承德郎充翰林修撰同知　制誥兼修　起居注
國史院編修官飛騎尉賜緋魚袋党懷英篆額
昔吾　夫子禀天縱之能蘊生知之聖生於晚周歷聘

金大定廿七年元

不遇會其弟子門人傳道授業於洙泗之上德至博無位而
不得施衛至大無時而不得行於是刪詩定書繫周易作春
秋使夫後世之人達三綱明五常知君臣父子之禮夫婦長
㓜之序仰事頫育養生送死優游以長而無鬬爭傷殘之患
不然則生人之類異乎禽獸者幾希是以孟軻氏稱其德以
謂出乎其類拔乎其萃自生民以來未有如　孔子者
韓愈氏稱其尊以謂天下通祀惟社稷與　孔子然社
稷其位所不屋而壇未若　孔子用王者事巍然當座
以門人爲配自天子之賢皆北面拜跪禮如親弟子者世靡
然宗之無有異議　孔子既沒秦漢以降時君世主褒
揚尊大惟懼不至崇飾祠宇肖像容貌春秋祭祀務極其奉
承之意以稱徽烈三方郡邑之廣承流宣化亦莫不然蓋不
如是則　聖師範模百代鈞陶萬類之功安在其爲追
敬而展報也頃罹兵難數十年閒黔黎失業百神乏祀前日
之崇階宏構或變而爲榛莽瓦礫之場不則其存者僅足庇
風雨過者徘徊咨嗟而去可勝歎哉
國家開創之初方以混一車書削平僭僞除苛解嬈易法更
制未遑庠序之事然於吾　聖人之道未嘗不嚮意焉
主上卽位之十六年文恬武嬉天下安乂　追述
先猷　潤色　鴻業由是禮隆樂備百蠹一新
乃　詔有司開設學校教養士類內自　京師外
周藩府士有常數官給所須方領矩步之徒振振洋洋抱負
墳素四復畢至文風載郁復見太平自爾遠近慕效一時黌
舍與夫　宣聖祠廟飾陋扶傾稍見隆就眞　至
德之舉也獨范陽舊有　夫子廟在州城東南唐貞元五年
盧龍節度劉公所建逮統和閒始移置於此年祀緜遠不時
繕完將就傾圮前爲守者亦非無意於更新之徒以州治當
南北之衝四方行李取道往來十率八九使客冠蓋旁午晨
夕疲於應接以爲常又獄訟簿書視他州爲繁倥傯日不暇
給故視之漠然以爲餘事大定二十三年冬汾陽郭侯預自

尚書郎出殿是邦下車之初以令從事伏謁　祠下既
而周覽庭宇閔其敝陋爲甚愀然變容退而歎曰爲政之先
獨不在於斯乎矧今
明天子在上闡彌文緝墜典凡所以尊禮先儒誘進多士纖
徵必舉　　發於誠心而吾州近在畿甸之內迺不能欽
識　　德意助宣　　風化況蹤遠者哉於是命工繪
圖亟議改築計所當費約用錢二十餘萬即日移文計司久
乃得報減削三分之止得其一既不足於用方左籌右度未
有以爲計其僚有顯武將軍梁傚先者爲主倉庫官毅然以
身任其責造黄堂而請曰傚先里人也上世以儒學取科名
享爵位小子不肖亦幸賴先人餘蔭入官秩登五品迹所由
来非治心行己仰遵　　聖師遺訓何以臻此今廟在鄉
里廢毀如是以貽使君之憂心實耻之願因斯時會里中一
二大姓及子弟之業儒者各出私財以佐用度傚先雖不敏
苟畢力悉心勸督工徒期辦此事若無難者惟公圖之侯聞
其言而義之即爲割月俸并所得於官者盡付之授之以成
須厥効於後起二十五年夏四月廿日癸酉訖五月八日庚
寅總爲屋十有八楹制度小大廣狹悉因其舊榱棟之腐撓
者則撤而易之垣墉之頽靡者則築而起之階戺之缺罅者
則甓而完之蕪雜荒翳塗雘漫漶中奠廟室旁列東西兩序

提行

以達於大門庖廩齋舍各有次第皆備無缺工募於民厚与
之直役夫則用胥靡之徒豐其飲食皆不戒而勸舊圖六十
二從祀弟子及前代名儒之像於殿壁十哲塑像之後則改
繪於兩廡諸費除官給外猶用錢餘四十萬皆出於衆人之
樂輸非有所畏迫勉強而然者落成之日公私改觀父老稱
讚萬口一辭咸謂不有刊勒何以示久遠侯乃遣人走
京師貽書其故人須昌黄久約爲之記屢辭不獲因爲之
說曰嘗聞昔人有云古者自天子之都至於鄉邑皆有學奠
先聖先師於其中近世以廟事　　孔子蓋識其非
是且謂曾不足以尊崇聖人而稱其德徒爲變先王之法而
已今學之在鄉邑已亾矣學者得見古人奠饗之禮幸廟存
焉爾復又廢焉將遂不復見也則奈何此侯所以日夜疚心
睠睠焉思有以修復之凡以此也噫能推
上崇儒右文之治而致之民且使古人事吾　　夫子之
禮不墜地於後者侯也能成侯之志者傚先也是故不可以
不書迺粗述其大略而□之銘以諗夫郡人使時歌之以無
忘侯之德与梁之功銘曰
卓哉　　素王　　百世之師　　出逢周衰　　大道
陵夷　立言著行　是訓是彝　有國有家　政行令施
祇率　　軌範　　永作表儀　生爲旅人　沒

有嚴祠[衮衣煌煌 巍然面南 春秋奠薦 著令攸
司 范陽遺宫 有年於茲 日毀月壞 風雨弗支
郭侯下車 經之營之 去故取新 付託嚋咨 允毅
梁君 造請以辭] 領幹葺事 惟公之爲 帀材傭工
費鉅不貲 弗旦於公 競捐其私 屹然崇成 曾
靡愆期 學者用勸 祀事以時 之德之功 去益見
思 後來之人 尚敬勿褻

顯武將軍涿州倉都監兼軍資庫事騎都尉安定縣
開國男食邑三百戶梁勉先同立

西溪李嗣周書

少中大夫行涿州刺史兼知軍事提點 山陵輕車都
尉太原郡開國伯食邑七百戶賜紫金魚袋郭預立石

大定廿七年元日石經義瓛刻

范陽舊有夫子廟在城東南貞元五年盧龍節度劉公所
建遼統和中始移置於此大定二十三年冬汾陽郭侯預
自尚書郎出殿是邦周覽庭宇慨其敝陋與僚顯武將軍
梁勉先共謀斯舉起二十五年夏四月二十日癸丑（碑作酉此誤）
訖五月八日庚寅前列銜少中大夫左諫議大夫兼尚
書禮部侍郎翰林直學士知制誥上輕車都尉江夏郡開
國伯食邑七百戶賜紫金魚袋黃久約撰承德郎充翰林
修撰同知制誥兼修起居注國史院編修官飛騎尉賜緋
魚袋党懷英篆額後列西溪李嗣周書不與撰文篆額同
名位懸殊故也立石者少中大夫行涿州刺史兼知軍事
提點山陵輕車都尉太原郡開國伯食邑七百戶郭預金
史世宗紀大定八年十月以涿州刺史兼提點山陵與郭
預題銜合顯武將軍涿州倉都監兼軍資庫事騎都尉安
定縣開國男食邑三百戶梁勉先黃久約傳略其階勳及
爵懷英傳亦失載階勳與充翰林修撰兼修起居注官皆
宜以碑補之日下舊聞據涿州志錄此文多刪削亦由未
見石本也（授堂金石續跋）

馬鈺滿庭芳詞并吳似之跋

高四尺六寸廣三尺二寸五分詞七行行十七字字徑二寸三分跋十二行行四十三字字徑八九分立石銜名一行四十九字字徑一寸餘均正書在濰縣玉清宮

唐括夫人索滿庭芳　鈺稽首上首行行首低三格
冒雪行車迎風訪道授予特地參同說些修養不論虎和龍
講甚嬰兒姹女無龜蛇日月交宮無水火亦無嗽咽更沒按
時功　的端真妙用無爲活計清淨家風鎖心猿意馬
勿縱狂蹤鍊息綿綿來往自然得子母和同全性命　紫書
詔去直赴大羅宮
東晉升平三年女仙萼緑華降於羊權家因曰修道之
大定二十八年孟冬望日
士視錦繡如敝帛視爵位如過客視金玉如礫石無思
無慮無事無爲行人所不能行學人所不能學勤人所
不能勤得人所不能得何□世人行嗜欲我行介獨世
人學俗務我學恬漠世人勤身利我勤內行世人得老
死我得長生噫自升平已未至今八百有餘歲矣其間
學道之人不爲不多有能祖述緑華仙之言而脫塵離
俗者幾何人哉　靈源姑唐括氏　申國太夫人之女
大丞相文正公之妹可爲貴冑矣而自妙年嚮慕真
風耽味囦理大定壬寅春三月　丹陽真人馬公行化
過濰　姑徑往參禮斯道之妙已得其略矣是年冬十
一月又携其次子崇德往圖海之崑崙山再於　丹陽
師前懇祈要訣師於是援筆授此詞其大旨鏁心猿意
馬之狂蹤鍊清淨無爲之妙用　姑乃渙然冰釋如開
青天覩白日　捧詞回轅徑還濰上即其郡北　申國夫
人之舊第刱庵以居弃金珠之飾而頂幅巾釋綺羅之
服而披麻衣謝膏粱之味而甘糲食盡屏塵務專志頤
真其次子亦因　丹陽詞訣雲遊訪道逮今七載而忘
歸嗚呼自古得道之人多因𠙚困事與心違故弃彼而
就此今　靈源母子以外戚富貴之家而能易心悟理
自非往契宿緣孰能臻此千百載中誠無一二矣異時
香雲繞室白晝上昇北海里人必求文以耀其美吾雖
老尚能爲　姑叙述其事以綴列仙之傳後云大定戊
申孟冬望日中順大夫前定海軍節□副使東平吳燮
跋
皇女宿國公主　昭勇大將軍尚衣局使兼近侍局使上
輕車都尉彭城郡開國伯食邑七百户駙馬都尉唐括元
義立石

碑在濰縣玉清宮朱朗齋以玉清宮建於元初謂建宮時
所摹刻山左金石志從之然碑無摹刻確證也仍以紀年
次之筠清館金石記輯目

山左金石志云唐括元義立石下角刻劉珍摸刊四小
字今元義已泐據以補之下角四字未見殆打本從略
耳

如宣立石門樓記

高二尺五寸廣一尺六寸十六行行字不一字徑八分正書在曲陽西南二十里店頭村

定州曲陽縣從化鄉□家疃村居住如宣年三十八歲爲人
性善傳學陰陽事父母能竭其力孝道盡於終□□從云□
之前三代家殷吉善
□祖禰墳遷於莊北宣嘗思父母恩育之勞又於　大定年
閒戊申歲仲冬十一月癸巳日重遷父母之□□於靈監西
□葬之以禮荅賀慈恩伏惟　尊享
大男如海　三男一女　一男如宣三男一
女　次男二哥無嗣　大男泰哥　妻西趙輩氏
次男三哥無嗣　次二男如真妻趙氏一女二娘婿刘
郎
曾祖父□□母甄氏□男祖父如海母高氏父如賢母王氏
次男四哥無嗣　次三男如賢　如真男莊兒　次五
男如信　一女□姐婿高郎一女□姐
婿張郎
西方淨土呪不錄
一孫女德仙
大定二十八年十一月誌

金大定二十八年十一月

董寬為父建塔記

高廣各一尺九行十一字字徑七分正書在曲陽南廿里

定州曲陽縣從化鄉苑內村董寬今為先亡慈父壘世重修
百年坐化歸天孝男□□成心特建
石塔壹所往於墳側
汝建己酉年
月建甲戌月　乙酉日立
旹大定二十九年九月二十八日為記
□平張完楊彥造

金大定二十九年九月廿八日

普淨置地記

高一尺一寸五分廣九寸十行行十二十三字字徑七分正書在曲陽西南十五里某寺

維夫金国定州曲陽縣從化鄉西邱村孫五戒法名普淨苑
內村空伏為　二人布裘□者空命聖因院請功德主遷建
崇修俱宏普淨誠心用自己錢帛置地三畝　命良匠
特建玉石之寶塔力寡鳩功願　師兄李□廣作受緣之
記永為供養者　旹空空明昌元年歲次庚戌

金明昌元年

開化寺僧文景墳石記

高一尺六寸廣一尺二寸十一行行十六字
字徑七分正書在元氏開化寺佛殿西壁

景公長老記
師景公俗姓張氏本贊皇縣南潘村農家也自前宋崇甯二
載出家爲僧係父母捨送到元氏縣在城開化寺釋迦院禮
僧寶長老爲師訓到法名文景具戒之後與本寺常住充尚
坐寺主勾當師自幼年習讀法華經菩薩戒經上生經等齋
戒精嚴未嘗有闕俗壽至七十有六歸化其師剃度到門人
宗滿營葬師於本寺之墳
開化寺住持前管内監寺講經傳大乘戒沙門僧宗
滿立石 此行擠寫字較小
大金明昌二載辛亥五月　日

金明昌二年五月

重修州學宣聖廟碑

高四尺七寸八分廣二尺八寸二十五行行
五十五十一字字徑九分正書在邢臺文廟

闕七字廟記
登仕佐郎邢州教授 下泐不知幾字
忠勇校尉邢州□税務都監邵 下泐
奉直大夫右司諫兼國子監丞□□□□西縣開國男食邑
三百户借紫金魚袋李　□□書丹
昔韓忠□有言曰自天子至于郡邑守長□□□而□□
□惟吾夫子巍然□□用王者□以門人爲配其来久矣□
□□後天地而生則知天地之始先天地而没則知天地之
終仰之□□高鑽之而彌堅用之者□尊之者王
今上龍飛即位之元年紹述　先猷增養士之□　詔京府
州郡分八□□□以經史□□稟餼作斯人材□□□□
□□□芝草生於殿庭□者以爲文□之應又以祠廟載祀
典者咸　命惟新於是郡邑　宣聖廟倒□□□全爲□□
□□□□□□□要地□繁雄□□八縣户十萬□人物
重厚山水明秀異材閒出幺□不絕從古以来目爲巨鎮名
卿良牧多駐車於此故爲河□列城之最郡城□西北隅□
有□□本朝才定之際鞠爲榛區天會十三年節度使班公
子成同知田公毅植僊補壞□□未□□于明昌二年同知

金明昌三年三月一日

前國子監丞黄公子雄郡幕高公舉□提舉學校事□□政
□胥會於學命學正李□淵董至□下□□而言曰宣聖廟
學殘缺如此今隳而不修幾無以避風雨亦不足以備陞行
奠禮則神不以□有司其何以將□甚愳不稱　國家尊師
重道興學養士之意及守臣所以承流宣化之職諸生其如
何哉衆曰諾遂乃考古之制經□揆度□諸生司□□□□
五百□□僚士庶共爲協力以録事判官□□精□練達命
董其事乃即舊址之北爲新殿棟而□之凡五□□□轉□
□□□□□□□尺南北廣三丈有尋東西闊稱是而加
又有𡨋殿之南創爲兩廊分列十楹充從祀位并齋堂廚庫
門墉例加完葺□□□□□之塑者蠹則補之六十二賢像
之石者缺則完之其餘二十四大□像之繪者故則新之經
始於明昌二年春三月□成於明年春二月觀其上棟下宇
高峻壯麗丹雘鮮明不豐不儉□□□圖□大□曰二公繕
修之功載相什百學既成矣闔郡□僚士庶觀者莫不歎美
秀艾之士咸願服儒衣冠進業於其閒歲時行祭禮□獻跪
拜則有其廟于以奠之俎豆簠簋則有其庫于以盛之弦歌講
誦則有其堂閈以辨之藏脩游息則有其齋學以聚之飲食
斂饌則有其廚寬以居之啓閉出入則有其門仁以行之以
日繼月以時繼年鋪席上珎涵泳聖涯而使此邦之人入孝
而出悌□行而□趍變襄國之風爲洙泗之俗則賢倅幕所
以□掖之方豈曰小補之哉昔蜀有揚雄相如然後知文翁
之化亻□□□士□內□□然後知常袞之力將見有光明
碩大之士經□□□以□□□異日登　金門上玉堂如宋
廣平以柱石王室爲己任而□□□三者□出於其閒未必
不繇茲學始而後世□□□□□□文翁常袞必曰邢亦
有焉昕也叨預學官涵沐太平之　聖化□覩治績如此□
可以不書明昌三年三月一日記
信武將軍邢州録事判官□都尉西河□開國男食
邑三百户□□□立石（行首空二十一格）
奉政大夫安國軍節度判官提舉學校飛騎尉賜緋魚
袋高舉□（行首空十四格行末展格到底）
□□大夫同知安國軍節度使兼邢州管内觀察使事提
舉學校上騎都尉江夏縣開國子食邑五百户賜紫金魚
袋黄□□□□

碑多漫漶撰書人名俱不可辨金石分域編云李敬義
書諦審搨本書丹者李某非李也

壽聖寺興化院牒并題名

（高四尺二寸廣二尺五寸牒刻上層行字多寡大小不等下層題名二十二行前五行截分五列餘十七行前三行銜名多少不一後十四行每行十二人末有年月一行字均徑七分人名均較小兩層皆正書在完縣東北十五里吳村本寺）

尚書禮部 牒（字徑一寸六分）
定州永平縣安全村壽聖寺管勾大衆僧雲興諄沼等狀
告緣本寺自來別無官司正賜名額亦無給到印署憑驗
已納訖合着錢數乞立作興化院勘會是實須合給賜者（五行字徑八分）
牒奉

金明昌三年十月

勑賜興化院牒至准
勑故牒（三行字徑一寸七分）
大定叁年捌月初陸日令史向昇 主事安（假） 權
郭（一行字徑五分）
奉直大夫行太常博士權員外郎劉
中憲大夫行員外郎李
宣威將軍郎中耶律
侍 郎（四行字廣一寸二分）
中奉大夫禮部尚書兼翰林學士承旨知制誥修國史王（此行橫廣二寸三分）
右上層

本院僧衆 蒲川李濟書丹
法師僧冉諄慶 僧□雲興
僧劉諄照 法師僧冉雲湛
僧冉諄沼 僧冉雲普
僧韓諄信 僧蔡雲瑞
（右下層前五行之第一列） （右第二列）
□叔村孫益□列
法師僧郭清秀 僧楊智德 僧王智祥
僧張智超 僧亐智震
僧劉智俊 僧劉智惠
僧冉智林 僧陳智朗
僧張智善 僧冉智鑒（此行在後一行之下）
（右第三列） （右第四列） （右第五列）
安遠大將軍烏林荅 妻郡君完顏氏 郡君耶律氏
大男忠翊校尉 次男忠翊校尉 次男忠翊校尉 次
男承奉班校尉
世襲謀克宣武將軍烏林荅 弟將軍
安全村 亐期 盧鎮 康章 劉通 劉存 許忠 劉
全 盧□ 盧國 李政 何玘 何宝 劉友 劉
興 劉賢 衛平 焦永亨 孫信 何孝清 劉恩

石清　許政　何彦　楊林　康顯　王演　張玘
何仲　劉潤　郭政　孫用　孫周　亐靖　卭祐　劉
友　何堅　何瓊　何叢　何國
吳村　李用　李謹　劉靖　苑珎　劉實　劉謹　劉用
冉砂　張佺　劉暈　劉津　劉京　劉澤　劉通
劉思　劉贇　劉靖　張德　李祐　張彥　吳衍
李元　張温　冉進　冉政　冉展　劉思　李嗣
何泉　何潤　呂福　劉儀　賈貴　冉德　張宝
張宗　房㝡　孫安仁　劉欒婆　在城劉均
魚上村　許甫　許經　許通　劉資　賈弁　劉琪　劉
全　石元　石昌　石才　楊奇　杜興　王彥昌
姚子巟　石孛　寺西村　許椒　亐演　亐溓　亐温
亐浩
新莊村　史杲　史廣　王全　曹忠　侯平　張興　王
皋　史成　王清　王平　史祥　史才　王福　王
珎　史皋　史元　史榮　劉太　侯林　王智　劉成
王安　劉通　王□　王□　栢山村　張全　張
明　陳宝　張蓋　賈福　賈榮　賈明　賈德
才良村　忠勇校尉蕭慶贇　呂政　韓倫　新寨疃
郭國　郭資　劉振　郭氏　郭太

大金明昌壬子年十月　日　住持傳法比丘僧清秀
立石
右下層

易州善興寺記幷碑陰善興寺榜
高六尺四寸廣二尺七寸十六行行三十八字字徑一寸五分正書在易州北二十五里馬頭村

大金易州玉溪善興禪寺記
中順大夫尚書禮部郎中蔡珪撰
范陽李嗣周篆
進士□應玉書
西山自太行來至碣石入海雖連延不絕然至析木之分勢
尤高大易□□□□□突兀而特出者謂之馬頭山燕之西
有嶺馬橫亘而中凹者謂之馬鞍山皆以其形似而□之也

馬頭山有僧寺額曰善興者所從來遠矣雖形勝具在而淪
胥圮壞殘僧三數人左枝右梧日不暇給□聖安西堂善禪
師一方有大囙緣道俗之心深所歸向大定二年善興僧紹
□等與山門擅越以寺及四僑山林列狀爲施俾師建立十
方道場以革甲乙之弊師嘆曰寺名適與吾名同豈猶待吾
而興乎緣茍如是不可以不成之即飛錫至山閒周視棟宇
故者使新之壞者使復之缺者使補之令悉如叢林制度以
得法門人之上首者法雲師主持寺事捐衣盂資二百萬付
雲爲營繕費遠近見聞相與來助十年之閒遂成寶坊
皇伯宋王之子以爲功德寺立王祠屋奉以香火無可居士
從善師游久矣聞叢林人談馬頭之勝亦久矣以未得一剎
爲恨會雲以寺成欲居士記其事適欣然許之異時還家山
當枉道過馬容膝適囩之庵放目□□之亭以償平昔之志
願庶因石刻稚故不爲林下生客也大定十四年冬至日謹
記
明昌四年三月二十八日輔國上將軍河南路統軍使駙
馬都尉僕□
住持傳法嗣祖沙門法雲同立石　涞陽趙□先刻
碑陰下截缺存高五尺四寸五分廣二尺四寸十七行行存四十四字字徑一寸二分正書
易縣　榜

據馬頭山善興禪寺勾當人監寺僧□堅狀告伏爲本寺周
圍有古來老輩尊宿已業山林前來奉
皇姑梁國大長
公主劄付護㨾東至黃堝辨空兮水南至南嶺兮水西至馬
頭兮水北至燕子崖兮水其山林四至所㨾爲主至貞下缺中
依奉
聖旨上畔差官行踏申刷訖後至正隆元年九月內却蒙都
綱司旨揮勾追得此日寺主紹穌依奉
聖旨上畔據元刷山林仰勒本寺　依舊爲主占固
見收公驗後來爲有安置軍人户女直撒剌虎等一面下缺内

常川採打柴薪燒用出賣止約不得具狀告過本官轉申赴
安置攴撥地土所勾（到）撒剌虎等各招斷訖當面□（下缺）為主來
又給到公驗然如此切恐已後更有似此無圖人等不畏官
法一面於寺家合為主占固山林內採打柴薪（下缺）年八月十
七日於此日　知州駙馬當厅告給到帖付見行收附顯
驗今來又有隣近流井白馬貯粮白羊等四（下缺）寺家合為主
占固山林內採斫柴薪止約不得有本寺衆僧為見如此因
近聞官中差官彩畫訖所占山林景物切（下泐）內樹木有失元
畫葦務至日本寺虛負招罪詳狀有無出榜各村并占山林
周圍省會人戶若有違犯之人收拏赴（下泐）告所收執照相同
合行榜示者
右具如前除已行下各村勒合干首預人等省會人戶已後
更不得於本寺見告山林四至內將鐮斧一面斫截樹（下泐）約
束切恐諸人不知今出榜曉示人戶不得分毫違犯捉拏赴
官斷罪施行
大定廿一年閏三月廿三日榜
首座僧紹初　監寺僧祖悟　副寺僧祖照　典座僧
福息　直歲僧善淨　檀越梁宗濟

王図等鑄鐘款識

鐘高徑未詳搨本八方有闌各高一尺一寸上廣一尺二寸七分下廣一尺三寸三分十一行行字不等字徑八分　正書在定興縣署前

定興縣都維那吳村王図□□□　男進義副尉王邦政
妻張氏　弟王運妻鄭氏男王邪傑　弟進義副尉
王□妻傅氏
中都仙鹿寺街借屍還魂李白蓮名了正心發願鑄鐘七果
轉經一百藏今有定興縣十方院擅寺請到了正□功德化
主鑄鐘一果
燕中都善友等　以上一方
明昌五年四月
都維那頭吳村王図施办三百貫　任娘〻　楊氏
崔德玉　黑□□玉禪師　定興縣十方院僧善從　监
守思崇　知書圓壽
郭淵郭瓊郭孝李德□李□　李仲斌李福祐刘宗刘資□□
高斌□鄭氏張公立王□王□　刘直李公鎮　喬氏□氏　以上
一方
管佛下項李雲成宗祥成宗明　成宗甫成（偏注）宗義趙崇□君甫
桓秀　成阿王成興祖君度祖三哥祖七郎　又祖君友成□母
阿張李氏成四郎　成五郎成阿□□阿李王及王二郎　王阿
趙王小公盡阿張盡阿李王四公　王九郎刘寬刘阿張刘最

□陳氏宋氏霊□張在田氏祥通□馬□史戒師魏氏張戒
師狗小婆任□見史氏李氏何□通張□□任準陳恩刘四
趙氏 以上一方
管佛下項景貴王全任松□馬阿梁男馬亻昌馬均馬伯昌
馬阿梁男馬進見馬貴田私義田公乂田淵田秀田玉見李
伯昌張貴李均李宗義王彥王阿其刘四郎賈阿王樂阿周
田阿王楊阿王史仲□趙阿張李氏孫子元馬上元孫伯元
趙甫□孫甫慶孫甫仲李君慶孫德史君慶郭大郎郭進史
甫□趙中甫張君立李宗孫子昌 以上一方
管佛下項祖□刘善瑜田□坚趙□□善力僧行長趙平李
善□男黑□女含見善念王善賔田娘
中都坚智令
趙慶賛趙慶遇楊氏李氏霊俊興李氏刘氏成氏尹公直李
存□公進尹公才尹公禄崔祐崔慶杜氏田政張子元成徒
政成永昌成淵靳氏李氏成君甫成君□成道尹公進賈元
賈士全賈仙桂賈□賈斌賈永慶賈永昌 以上一方
先子村張延唐張二官人
張三挍尉張四郎
坊市刘挍尉周小郎李大郎
王奉直張保義張七郎又

陳娘子王娘子
北關楊娘又 李耶又
大田村田四郎
北張
坊市張公□楊二娘又 以上一方
宣武將軍行縣尉乾石烈 □□
保義挍尉司主簿□□ 大吉
縣令押 以上一方
定州唐縣小東閭鄉東高和
鑄鍾大鑑魯禎
母張氏
大男魯小三郎
次男魯小四郎
宋卜士 □□二 宋一□李卜士
本縣王德明 宋四刘卜士
此處空
明昌五年四月初五日 以上一方

無住道人羅漢泉詩

高一尺一寸五分廣一尺四寸序低四格十四行行十五六字詩四行行十五十七字字徑六分序及末一行俱軟小行書

予自興定二年正月十有三日因徇其請來居是剎乘閒有一舊住老衲謂余曰寺之西南百步之外林壑之間昔有一泉名曰羅漢其水甘冷其味非常疏渠引于寺中宛轉旋流大得其用泰和已來歲多苦旱泉遂枯之十三年矣予既聞之感嘆不已興定三稔中夏廿五日泉乃復出于是老衲重謂余曰此泉頗靈人皆不知自昔已來有二奇事一表主者有德一表寺之隆替今則泉湧倍常莫非吾師有德行寺之復興歟敢請和尚下一轉語發揚此一段公案予不肖尒時忻然點筆爲函書鄙語一章用紀其實可爲千古之下松陰之勝事耳　無住道人　福安　云〻

羅漢幽栖地寂靈泉因羅漢便爲名昔年曾向瓶中漏今日還從石罅傾聲雜松風涼枕簟光連山月照簷楹可怜奔走黃塵客來此誰能蹔濯纓

興定四年十月廿五日　副寺元浩　監寺福榮立石

金興定四年十月廿五日

淨照禪師香林十詠

高一尺六寸五分廣二尺一寸五分二十一行行二十二字字徑七分跋七行行二十七至三十二字不等字徑四分正書在

淨照大禪師香林十詠

香林一路少人同步要行即行驀直便去前坡後嶺穿雲入霧是何之路天寒日莫

香林一軒非方非圓纖塵不立誰敢問禪月臨風度簾卷牎穿是何之軒雲斂長川

香林一殿金碧交奐世尊指地長者特建功德圓滿光明顯現是何之殿雙林十勸

香林一塔渾無縫罅白玉琢成從天降下國師起樣眈源合殺是何之塔盧陵米價

香林一松氣勢如龍皮穿古甲鱗挿青銅歲晚自綠夜後號風是何之松不西不東

香林一鍾模範罕同篆經千古聲震虛空息地獄苦警覺聾蒙是何之鍾月似彎弓

香林一席無手人織趙州展開百丈卷起縱橫一色坐卧相得是何之席蓟州織器

香林一箭疾如閃電鐵額銅頭魂驚膽顫石鞏未詳由基不見是何之箭石霜白練

金興定四年十一月一日

香林一燈室内常明不見挑剔無滅無增龍潭吹滅靈隱復
生是何之燈鼠咬枯藤
香林一心非淺非深竹搖牕月風動松琴三尖毬子井底林
檎是何之心罕遇知音
先師淨照大禪師泰和二年歲次壬戌中夏上旬有五日
章宗皇帝詔居漢陽香林禪寺唱道餘暇乃作十詠大弘
佛祖奥妙之旨其辭平淡超然自得於言語意味之外者
也福安幸侍座隅輙録一本秘之錦囊一日法兄山公座
元見訪謂余曰知公久矣
先師香林十詠獨善其美似非仁者之心乎余聞是語命
工刊石龕於松陰羅漢法堂壁間不唯諸方衲子一新聞
見亦□知吾雲門法道有在焉興定四年歲在庚辰中冬
一日嗣法小師福安謹跋空五格副寺元浩　監寺福榮
立石

竹閣禪院記

高八尺五寸廣二尺八寸十六行行六十七字字徑一寸餘分書額失拓當在宜陽

嵩州福昌縣竹閣禪院記
自虞人水衡之官廢而天壤之間山林嘉處皆爲佛老者之
流所專然其徒有勤惰其□徙而喧宋其居之興廢隨之洛
邑天下之中西近崤函山水雄臨關而何之特用丞也陘稍
折而南不三數舍至女几山下嵩崗徑其陰洛水貫也川原
衍沃脩竹喬木彌望泉行竹間泠泠有聲幽其途者蝡忌崤
函塵土登頓之勞而恍焚如行畫圖異境也其封域古韓介
於周秦之間民力穡而能勞苦迄今猶然厥田宜稻與麻極

金元光二年八月初吉

水陸之饒道連宫抵三鄉而西得浮屠也居曰竹閣負嵩崗
而面女几萬竹森然爲之衛自門而陟漸而至其堂跨崗之
高直之有二泉出其腹珠璣冰壺頃刻百斛寺仰以清而竹
仰以茂也或曰竹非山石間物性殊喜水凡山之有竹者必
泉之所在也階級而登有閣也象合是貳物浮屠所以得名
與貞祐初余与友人文士劉景玄嘗盡游焉時龜參之交霜
清氣肅南望女几千騒萬髻嶔崎於風塵之表西睨烏嶙白
馬諸峰皆嶄然柱天黃色連延雞有間斷計卯時也景倏忽
變化而窮難俛視洛川縈紆如縷其灌溉之利不知其幾百
千畝慨然念神禹之功平揖竹君歲寒之色凜然可畏降而

酌泉漣乳留牙頰聞終席有餘味蓋嘗竊歎曰玆殫天下之
美而浮屠氏終日亨之不既幸矣兮十年于今念之不置也
居大梁壹日有僧福汴來謁袖出數詩有島可之姿試與之
語劇談山林之勝而驟及竹閣且避席曰此寺僧德鑒實主
張之顯丐文己為之記玆傴僂□門之意也剮應之曰吾儒
者也談臺浮屠居之勝不若攷其山川風俗之所己然記臺
夫之懃惰不若推本道術廢興之由三代以降田不復井吾
民之貧者斃口之家至躋屠足之地雖石田□确下田斥鹵
有畈畈然終身不能有尺寸者而浮屠氏方鼓其師之說擅
其膏腴占其名勝飽食煖衣若子若孫交手付畀夫道之不
行吾徒實任其責而若等實亨其利者任其責者固負負而
無可言至於亨其利者亦當力求其所以然庶幾不自愧云
竹閣名寺由唐懷簡師則然亞代嘗併於三鄉實雲大定間
佛因之子白雲智海師居之時
朝命頒三方若寺若觀凡彝古可考者皆發之遂還舊牓傳
其徒悟公至德鑒崇慶初再入粟助　縣官經費　錫名仍
舊德鑒王氏子童時以誦經得僧服嘗為本州僧官□錫和
眾大德號既嗣悟公法勤而有立臺方嚮服遂新其門廡像
設奐焉臺變余初未嘗面特福汴云元光二年歲在昭陽協
洽壯月初吉　奉直大夫應奉翰林文字同知制誥兼英

提行低一格寫

王府文學記室參軍渾源雷淵記　資政大夫襲封　衍聖
公知集賢院事兼太常丞孔元措篆額　昭勇大將軍前
南京北一草場監支納官陳仲謙書丹　德鑒小師
嗣祖沙門文奨同立石　□□僧元靡刊

黃玉圃中州金石攷載此碑於襄城縣引金石續錄云寺在三鄉之西孫伯淵寰宇訪碑錄云在湖北襄城蓋據黃氏然而又誤河南為湖北也拓本未詳何路得未按標題云嵩州福昌縣竹閣禪院記福昌唐縣屬河南府宋因之金屬南京路嵩州其故城在今河南府宜陽縣西六十里此記云洛邑天下之中西近崤函山川雄隘稍折而南不三數舍至女几山下崇崗限其陰洛水貫之又云抵三鄉而西得浮屠之居曰竹閣負崇崗而面女几是竹閣禪院當介宜陽永甯閒今其閒有三鄉鎮者在洛水之陰疑即碑所謂三鄉也中州金石攷隸諸襄城殆誤惟太平寰宇記女几山繫郟縣下郟縣與襄城連境則黃氏又似不誤然果在襄城則去洛水尚遠與記所敘不合應再攷定